L'harmonie des plaisirs

Les manières de jouir
du siècle des Lumières à l'avènement de la sexologie

Alain Corbin

快楽の歴史

アラン・コルバン

尾河直哉訳

藤原書店

Alain Corbin

L'harmonie des plaisirs

Les manières de jouir
du siècle des Lumières à l'avènement de la sexologie

1　**婚礼の夜**（1820 年）〔カルナヴァレ美術館所蔵〕

若妻の優美な姿態。むきだしの乳房が期待させるエロス。若妻に敬意を示しながらも興奮に熱くなっている夫。母親の心遣い。室温を調節し、親密な空間の光を和らげ、寝具の快適な柔らかさに気を配ろうとする女中や若妻の連れが示す配慮。これらが、官能の出会いがさし迫っていることを強調し、その神聖な性格を暗示している（Alain CORBIN, Jean-Jacques COURTINE, Georges VIGARELLO, *Histoire du corps*, II, Paris, Le Seuil, 2005 参照）。（本書 498 頁）

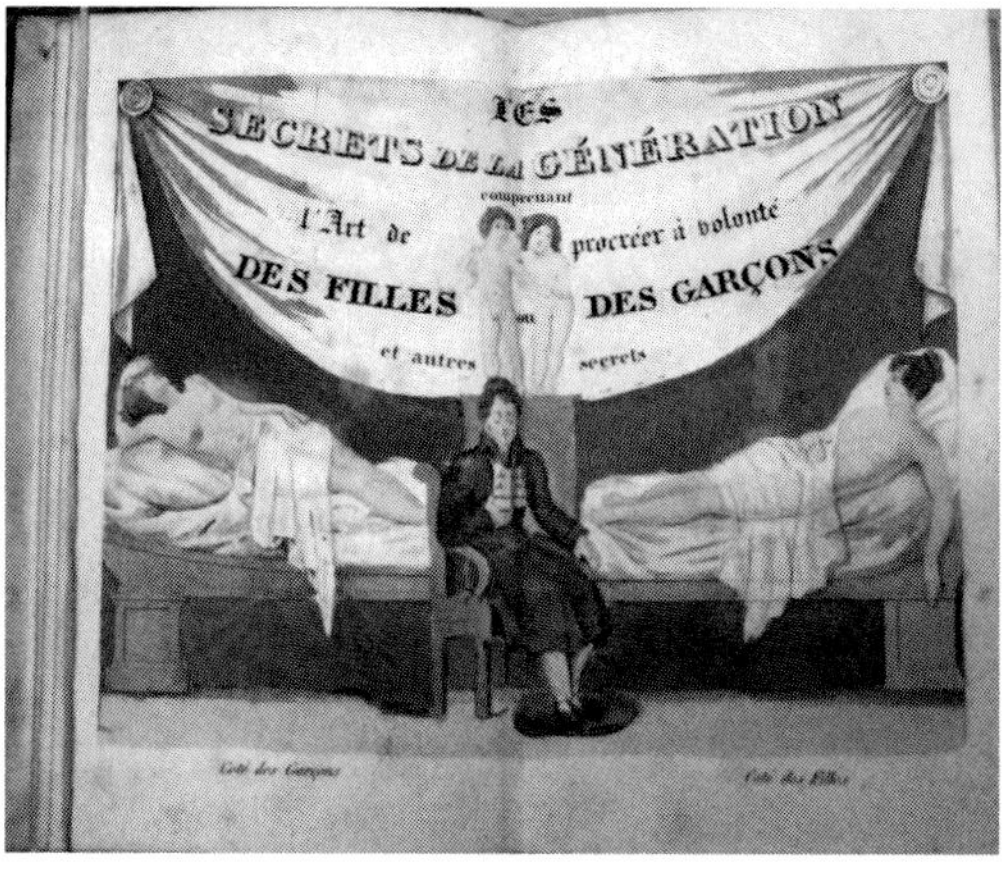

2　**モレル・ド・リュバンプレ著『生殖の秘密あるいは男女産み分け法。「夫の協力なしに母になる技法」併録』の題扉の口絵**（1831 年、ただし初版は 1829 年）

当時普及していた、モレル・ド・リュバンプレのハンドブック。彼は梅毒と性病の専門家であったが、医学的実証に乏しいはったりが多かった。その性格がこのけばけばしい口絵にも現れている。（本書 66 頁）

3　乱交饗宴の場面（1840 年）〔作者不明。フランス国立図書館所蔵〕

酒盛りと酩酊が描かれ、この極上の饗宴に招待された女性の衣服は一部だけがはだけて、尻が剥き出しになっている。メリメ、ミュッセ、スタンダール、ドラクロワらが参加した乱交パーティーはおそらくこのような雰囲気だったと思われる。初物の玩味、手淫、交接とさまざまな場面が配されているが、フェラチオだけ描かれていないことに気づく（Alain CORBIN, Jean-Jacques COURTINE, Georges VIGARELLO, *Histoire du corps*, II, Paris, Le Seuil, 2005 参照）。（本書 498 頁）

4　ラ・モルリエールの小説『アンゴラ』の口絵（1879 年）

『アンゴラ　インドの物語』は 18 世紀リベルタン文学の古典的名作。お伽噺の形を借りて、快楽崇拝が風靡するルイ十五世治世下の貴族社会を風刺している。（本書 430 頁）

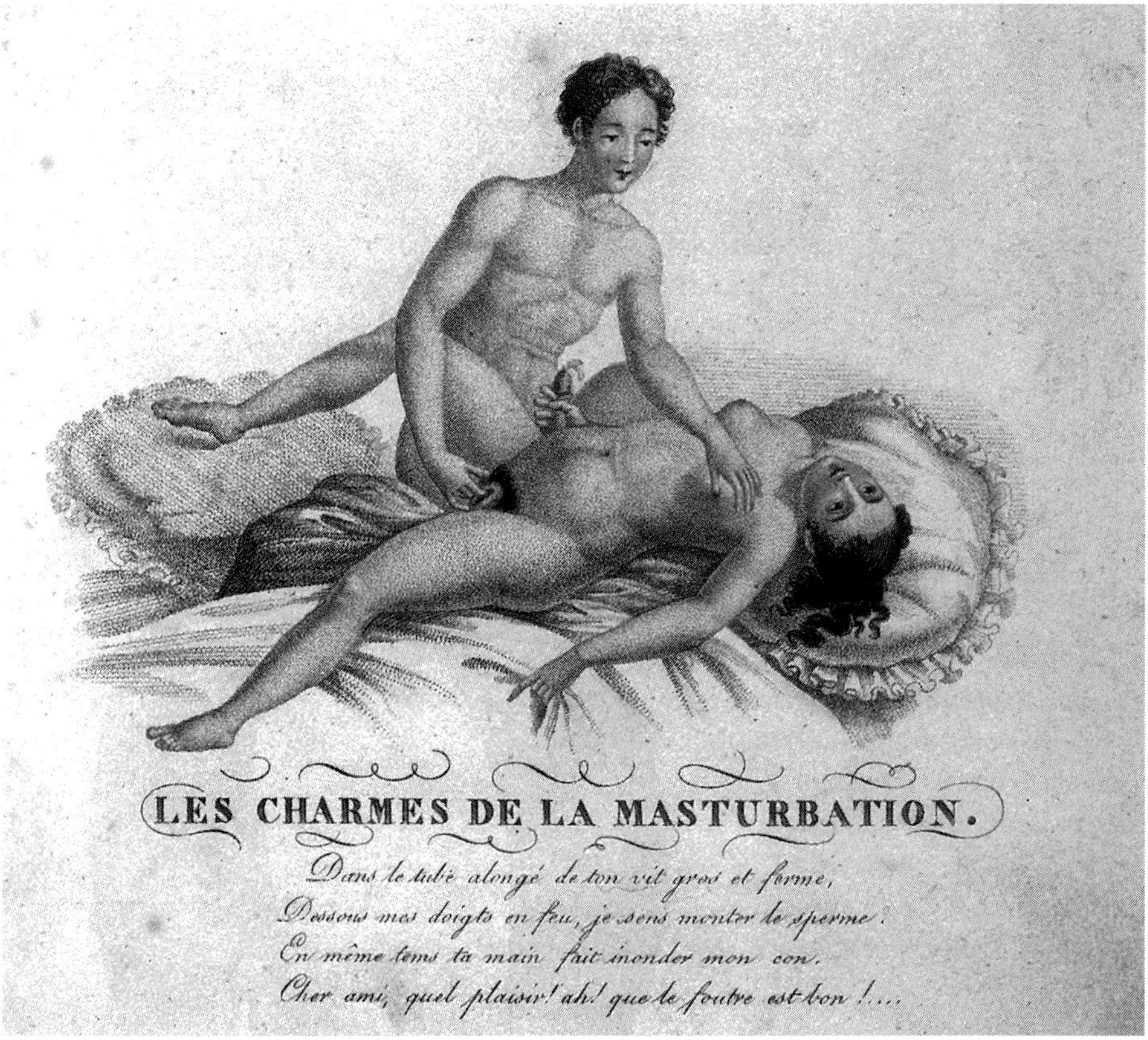

5　愛の祈り　哲学の詩《うた》（1825 年頃）

妊娠にたいする恐怖と官能の追求から、「夫婦のオナニズム」や「夫婦の不正行為」に走るカップルは多かったが、この行為は聖職者と医者から厳しく告発されていた。不正行為に耽る夫が際限のない快楽を妻に与えるために、こうした「恐ろしい手業」は疲弊した既婚女性が罹る病気の大半を引き起こしている、とベルジュレ医師は考えていた。口絵のキャプションには「手淫の魔力」という文字が読める。（Alain CORBIN, Jean-Jacques COURTINE, Georges VIGARELLO, *Histoire du corps,* II, Paris, Le Seuil, 2005 参照）。（本書 204 頁）

6　『シャルトル修道会の受付修道士』の口絵（1741 年）

正式タイトルは『シャルトル修道会の受付修道士あるいは自身の手によるサチュランの回想記（ドン・ブーグルの物語）』。作者はジャン＝シャルル・ジェルヴェーズ・ド・ラ・トゥーシュとされている。左絵には Le Portier des Chartreux（『シャルトル修道会の受付修道士』）の文字が読める。（本書 410 頁）

7　アシル・ドゥヴェリアの版画

アシル・ドゥヴェリア（1800-1857）はフランスの画家・石版画家。ゲーテ『ファウスト』の挿し絵なども手掛けたが、その一方でリベルタンな版画を大量に制作した（本書 498 頁）。本書には以下のような言及もある。「二人組、三人組、四人組となっても、暗示される快感は快適さを維持している。全員が合意したうえで快感を味わっていることは明らかで、そこになにがしかの暴力が介在するとは想定されていない。支配を匂わすリトグラフは存在しないし、本当の意味での過剰さえ仄めかされてはいない。その意味で、ドゥヴェリアと彼の流派の芸術家は、サド作品の流れは汲んでいない。」（502 頁）

8　詩編『梅毒』の口絵（1831 年）〔パリ大学旧医学部図書館所蔵〕

「梅毒は嘘と隠し立てなしには済まされない病理なのである」（本書 124 頁）

9　サド作品の版画

左は 1789 年のオランダ版『ジュリエット物語あるいは悪徳の栄え』及び 1797 年の『ジュスティーヌあるいは美徳の不幸』より。右はオランダ版第 3 版（1800 年）の『ジュスティーヌあるいは美徳の不幸』より。（本書 398 頁）

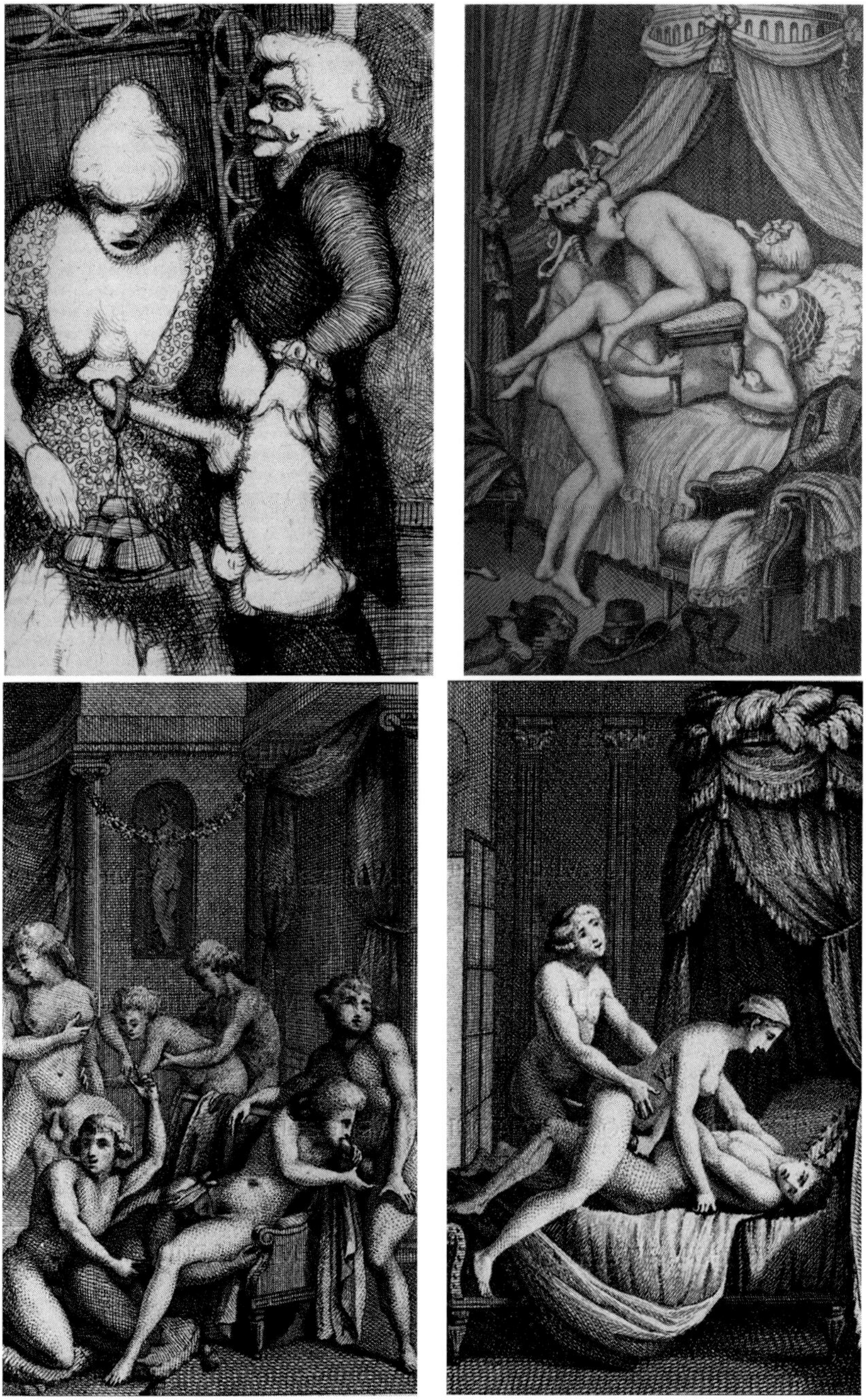

10　アンドレア・ド・ネルシアの本の口絵

それぞれ『アフロディテたち』（上段左、1793 年）、『わが修行、あるいはロロットの享楽』（上段右、1792 年）、『肉の疼き』（下段左右、1786 年）の口絵。アンドレア・ド・ネルシア（1739 年 -1800 年）はイタリア系のフランス人の作家。本書では、当時ベストセラーになった『フェリシア、私の火遊び』（1775 年）が取り上げられている。（本書 470 頁）

Il a faim; il veut apaiser sa faim; les aliments ne peuvent séjourner dans son estomac...

He is hungry, and wants to eat; no food will stay in his stomach.

Sa poitrine s'affaisse... il vômit le sang...

His chest is buckling. He vomits blood.

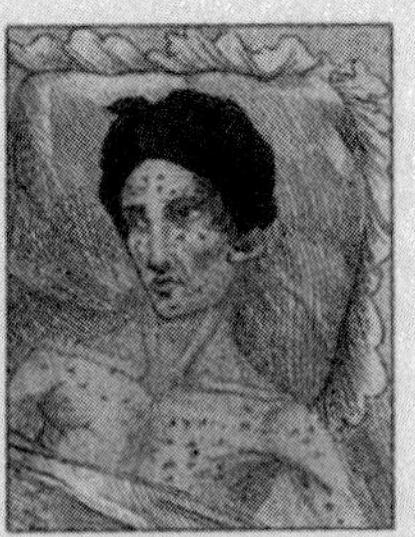

Tout son corps se couvre de pustules... il est horrible à voir!

His entire body is covered with pustules; he is a horrible sight!

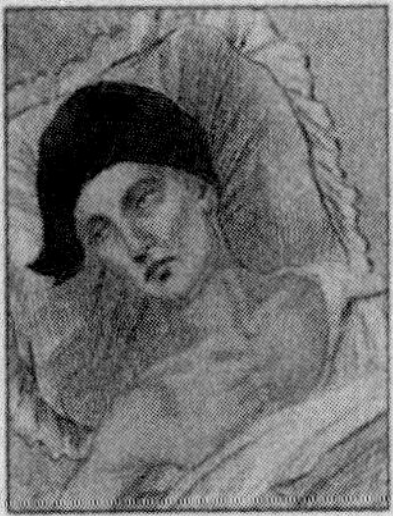

Une fièvre lente le consume, il languit : tout son corps brûle...

A slow fever consumes him. He languishes; his entire body is burning up.

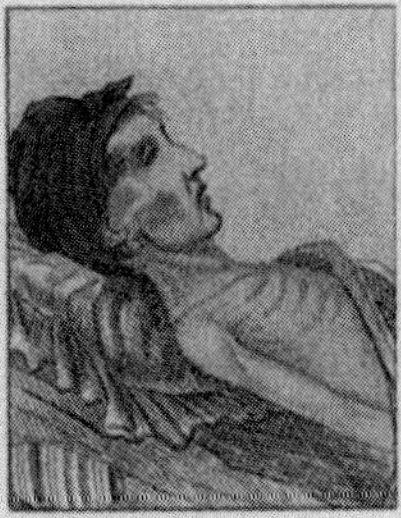

Tout son corps se roidit!... ses membres cessent d'agir...

His body is becoming completely stiff! His limbs stop moving.

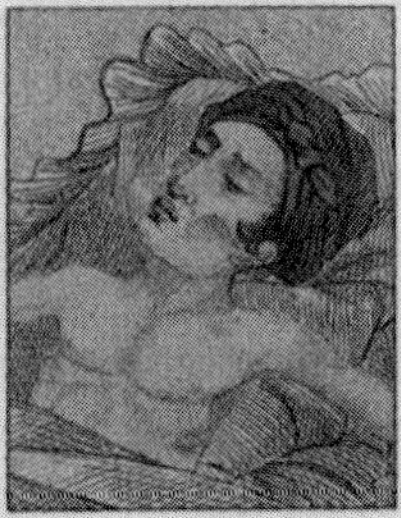

Il délire; il se roidit contre la mort; la mort est plus forte...

He raves; he stiffens in anticipation of coming death.

A 17 ans, il expire, et dans des tourments horribles.

At the age of 17, he expires in horrible torments.

"The Fatal Consequences of Masturbation." From *Le livre sans titre* (The book with no title), 2nd ed. (Paris, 1844).

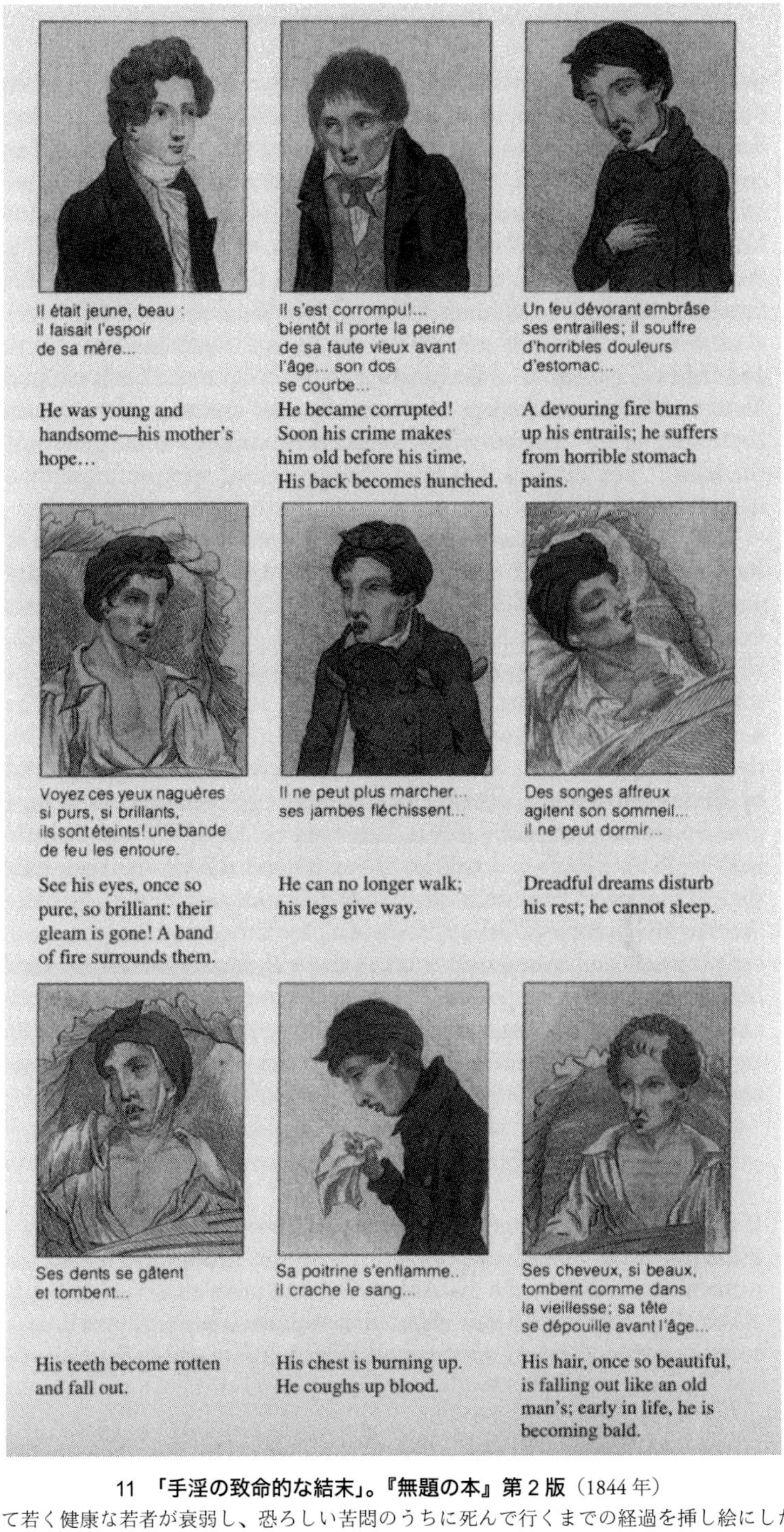
Il était jeune, beau ;
il faisait l'espoir
de sa mère...
He was young and handsome—his mother's hope…
Il s'est corrompu!...
bientôt il porte la peine
de sa faute vieux avant
l'âge... son dos
se courbe...
He became corrupted! Soon his crime makes him old before his time. His back becomes hunched.
Un feu dévorant embrâse
ses entrailles; il souffre
d'horribles douleurs
d'estomac...
A devouring fire burns up his entrails; he suffers from horrible stomach pains.
Voyez ces yeux naguères
si purs, si brillants,
ils sont éteints! une bande
de feu les entoure.
See his eyes, once so pure, so brilliant: their gleam is gone! A band of fire surrounds them.
Il ne peut plus marcher...
ses jambes fléchissent...
He can no longer walk; his legs give way.
Des songes affreux
agitent son sommeil...
il ne peut dormir...
Dreadful dreams disturb his rest; he cannot sleep.
Ses dents se gâtent
et tombent...
His teeth become rotten and fall out.
Sa poitrine s'enflamme..
il crache le sang...
His chest is burning up. He coughs up blood.
Ses cheveux, si beaux,
tombent comme dans
la vieillesse; sa tête
se dépouille avant l'âge...
His hair, once so beautiful, is falling out like an old man's; early in life, he is becoming bald.

11 **「手淫の致命的な結末」。『無題の本』第 2 版**（1844 年）

手淫によって若く健康な若者が衰弱し、恐ろしい苦悶のうちに死んで行くまでの経過を挿し絵にしたもの。この経過は性交過剰が辿る経過ともよく似ている。（本書 189 頁、193 頁）

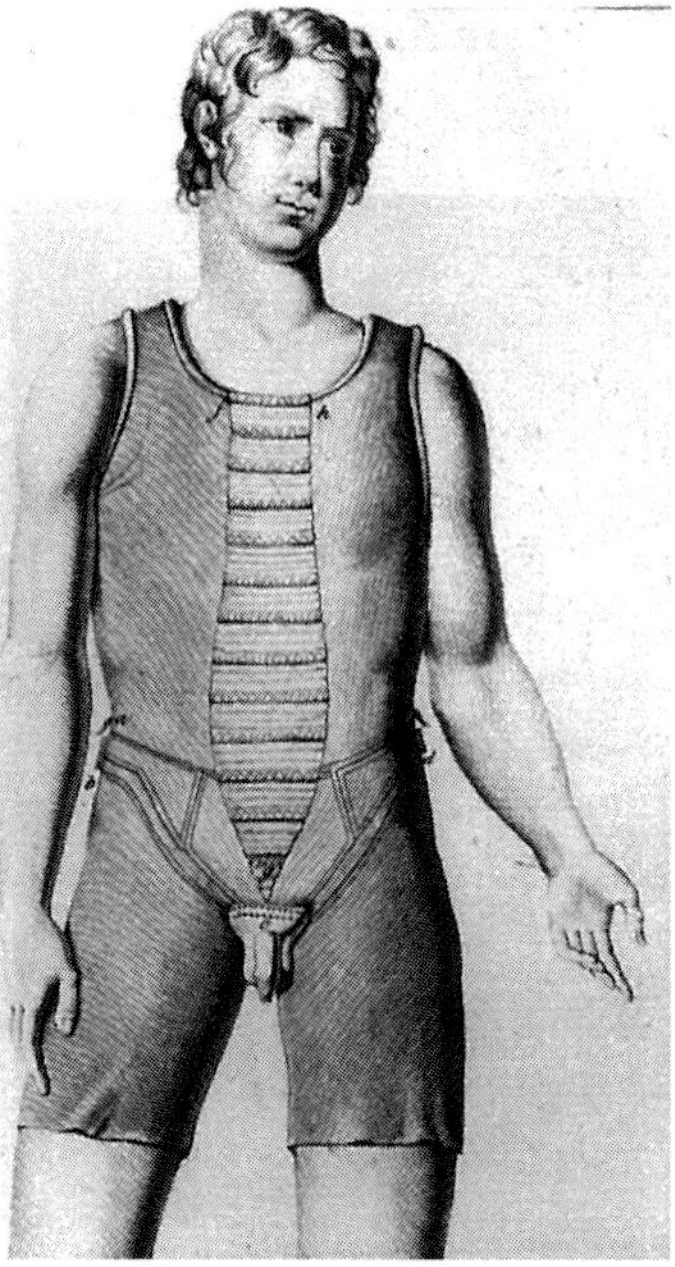

12　男性用手淫予防コルセット（1818 年）〔パリ大学旧医学部図書館所蔵〕
ジャラド・ラフォン著『コルセットとベルトの製作にかんする考察』より。整形外科医のジャラド・ラフォンは夜間の手淫を防止するための男女用コルセットを開発し、その道の専門家になった。（本書 261 頁）

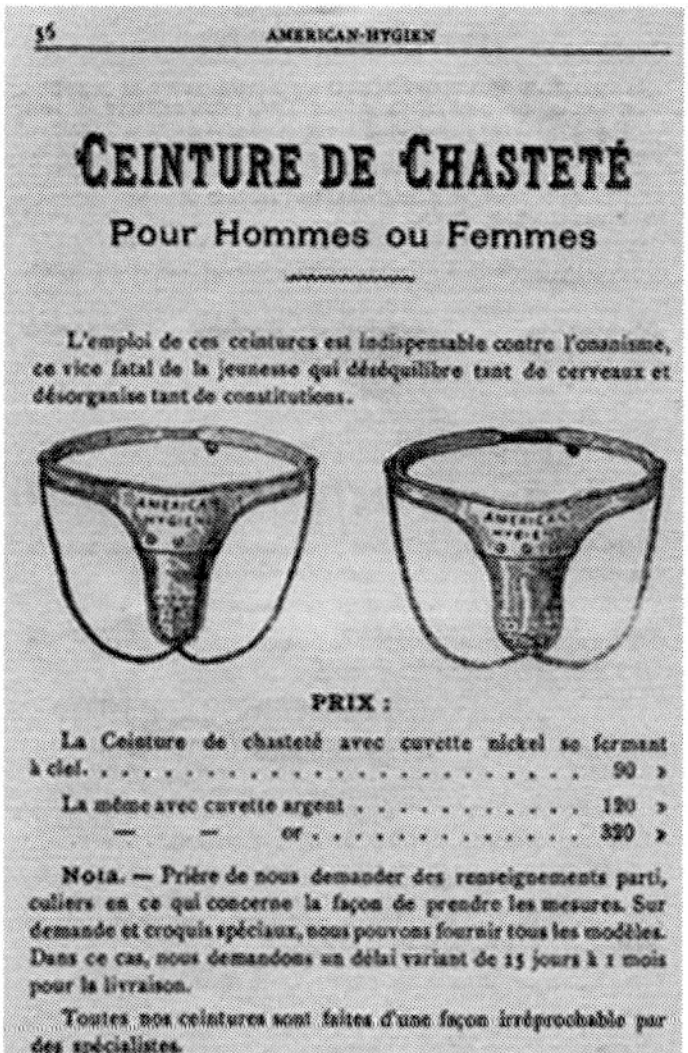

56 AMERICAN-HYGIEN

CEINTURE DE CHASTETÉ

Pour Hommes ou Femmes

L'emploi de ces ceintures est indispensable contre l'onanisme, ce vice fatal de la jeunesse qui déséquilibre tant de cerveaux et désorganise tant de constitutions.

PRIX :

La Ceinture de chasteté avec cuvette nickel se fermant à clef. . . . . 90 »

La même avec cuvette argent . . . . 120 »
— — or . . . . 320 »

Nota. — Prière de nous demander des renseignements parti, culiers en ce qui concerne la façon de prendre les mesures. Sur demande et croquis spéciaux, nous pouvons fournir tous les modèles. Dans ce cas, nous demandons un délai variant de 15 jours à 1 mois pour la livraison.

Toutes nos ceintures sont faites d'une façon irréprochable par des spécialistes.

13　貞操ベルト—男性モデルおよび女性モデル（1905 年 -1910 年）
本書が対象とするよりも後の時代のものだが、性関連用具の製造・販売を行うフランスの会社のカタログ。このベルトは手淫防止の目的でつい最近まで用いられていた。ちなみに、手淫を抑え込もうとする努力のすさまじさは本書第 7 章に詳しい。（本書 261 頁）

日本の読者へ

十九世紀の性科学が誕生する以前に医者、カトリックの聴罪司祭、官能小説家が快楽の調和をどのようなものとして理解し、どのようなものであって欲しいと願っていたか、私はそれを蘇らせてみたが、日本の読者の目にはおそらくきわめて異様なものに映るはずである。それはまず、本書が主として「ラテン的でカトリック的な」西欧を扱っており、官能の規範とエロティックな実践が当時の日本のものとはまったく異なっているからに他ならない。

だが、異様に映る理由はそれだけではない。二十世紀初頭の精神宇宙には、欲望やタブーや快楽という言葉を聞いて今日われわれが抱くさまざまな表象を秩序立てているすべて――すなわち、十九世紀末に確立された倒錯の一覧と語彙、フーコーが追究した原＝性科学、精神分析の開発と二十世紀におけるその広範な普及――がすでに存在していたが、この十九世紀前半にはまだそれらは存在していなかったからである。

こうした二重の異様さのおかげで、本書を読む日本の読者のみなさんは、住み慣れた土地を離れて旅するような飛びきり新鮮な気分を味わえることと思う。それとともに、ロマン派の詩人や小説家の理解をいっそう深めることもできるようになるだろう。

二〇一一年九月一五日

アラン・コルバン

快楽の歴史／目　次

快楽の歴史

凡例

一　原文イタリックの箇所（仏語にとっての外国語は除く）は、書名の場合は『　』、作品名の場合は「　」で括り、強調の場合は傍点を付した。
一　原文の引用符《　》は「　」で示した。
一　訳注は〔　〕に入れて割注とした。
一　原注に挙げられた参考文献（いわゆる「古典的著作」は原則として除く）で邦訳があるものについては、分かる限りで紹介した。
一　邦訳のある引用文献は可能な限り既訳を使用し、ページを示した。ただし、文脈上変更を加えたものがある。
一　原書には図版がついていないが、訳者の判断で本文と関連の深い図版を独自に選んで収めた。
一　引用文中の傍点による強調は、本書著者による場合がある。

序

——熱・忘我・錯乱

まず『売春宿の子』のエピソードをいくつか読んでみよう。ピゴー＝ルブランの作とされる一八〇三年の作品である。脱獄したテオドールが尻軽女優S嬢の家に逃げ込んで女主人といちゃついているところに、男を追いかけてきた看守たちがむりやり扉を開けさせる。以下はこの若者テオドールの語りである。

「どうしろってんだ。他にしようがあるかって。ほんと、気が変になりそうだったぜ。恋人の腕のなかでしか正気を失ったことがないS嬢がよ、どうしようもなくて、おれをベッドに押し倒すと全身でおっかぶさってきやがった。おれの足は枕の上だから、顔がちょうどあいつの股のあいだよ。

「ご主人さまはご病気ですという召使いの言葉も聞かずに、鬼看守どもがS嬢の部屋に入ってきてあちこち捜索し始めた。ところが、あんまりそそられる体位だったから、おれとしちゃチャンスを見逃すわけにいかなくてよ。やばいとはわかってたけど、ふたりであんなに楽しい歓迎パーティーやったばっかの愛の小部屋に、舌を差し入れようってがんばった。S嬢も歓びの瞬間をみすみすふいにできなくてさ、やばいとはわかっててもおれの欲望に身を捧げちゃったわけ。で、さんざんあちこちつっつきまわったサン＝ラザールの手先から、お嬢さん脱獄囚を知りませんかって聞かれたとき、あの娘、あんまり支離滅裂でわけのわからない返事をするもんだから、やつら疑いもしなかったんだな。あれが病気なんかじゃなくて、いっちゃってたからだってこと。で、奴さんたち退却さ…［…］」(1)

ひそかに快感でめちゃくちゃにされたヒロインは他人の眼前で混乱状態を呈するが、それを観ている方は自然に、熱病の症状で頭がおかしくなったのだと解釈するのである。

この少しまえ、テオドールはおぼこ娘セシルと逢い引きをしていた。快楽とはどんなものか知りたくてたまらないセシルは「通りから目に付かないよう部屋の隅に隠れると、椅子の端に両膝をついて上体を前に倒し、狂喜するテオドールに下半身を預け」る。一方、そのテオドールは「若い美しい娘の透き通るような白い尻のあいだから見え隠れする黒々と苔蒸した日陰の美しい洞窟(2)」を発見して目を輝かせる。

と、そこにミサから帰ってきた家政婦の老ジュヌヴィエーヴの声を耳にして、セシルは激しい恐怖を覚える。家政婦が家に入ってこようとした瞬間、セシルはスカートを降ろすと愛人を中に閉じこめる。「ジュヌヴィエーヴは店舗奥の部屋に入ってくると、椅子のうえに跪いているセシルの姿を目にした。セシルは態勢を立て直せないでいたのだ。ところが、セシルがお祈りをあげていると勘違いしたジュヌヴィエーヴが、『まあ、お嬢さま』ともぐもぐ言う……『天使のように清らかで……さあさ、そのままお続けになって……天国への道を歩んでいらしゃいますよ。決してその道から外れないように』。『ええ。ばあや』と、美しいセシルは今にも失神しそうになりながら言う。『お嬢さま、そのまま動かずに。あたしは教会に戻ってお祈りの続きをしてきますから。でもなんですね、あたしのお祈りなんかなんの役にも立ちませんわね。お嬢さまのような激しい〔「挿入された」の意がある〕お祈りを見ていると思いますもの。あたしはここまで熱くなれないって』。そう言って老ジュヌヴィエーヴは足をひきずりながら慈悲深い神のところへと戻って行った〔…〕」。

「この会話のあいだテオドールはなにをしていたか？〔…〕われ知らず舌を（セシルの「ひだひだのある宝石」に）入れようとしていたのである。〔…〕セシルは舌をそこに入れてもらう方法をすでに見つけていたのだ〔…〕そしてジュヌヴィエーヴが信仰心の高揚と勘違いしたあの混乱をセシルの官能に惹起したのは舌のこのくすぐるような素早い動きだったのである(3)」

ここでもまた目撃者は大きな勘違いを犯している。若い生娘の跪いた姿勢。偽りの熱っぽさ。生娘の信仰心を疑わない家政婦。罪を許す慈悲深い神の暗示。こうしたものがエロティックな挿話を偽りの宗教儀式へと変換している。セシルが「天国への道」を歩んでいて、「激しい〔挿入された〕」祈りを捧げているという言い方をすることによって、信仰心からそうなっていると老女が思い込んだ錯乱と、クリトリスへの愛撫により惹起されたこらえきれない動揺とのあいだに起こった取り違いを強調しているのである。

『ある朝、DY夫人の寝室にいたんだけどな』と、しばらくして売春宿に身を落ち着けたテオドールが打ち明け話をする。『フェリシテが入ってきてそっと扉を閉めた［…］DY夫人のベッドに入ると夫人に接吻して、内々で話したいことがあるんだけどって言ってさ［…］それからカーテンを引いて、上半身をアルコーヴの方に向けたんだけど、お尻はこっち向いてるわけよ。しかもカーテンはご丁寧にちょうど胸のところで交差してる。そしたら、前もって仕掛けといたのか、ペチコートがするするっと足許に落ちちゃってさ［…］これ見ちゃったらおれはもうカーッときちゃって、神々しい尻のみまえに進み出るとそっと跪いてよ［…］おれのみだらな舌がそんなかに入ってって、官能で熱くなった蜜を吸い出したってわけ。

そのうちやる気まんまんになっちゃって、固くなった槍を魅惑の洞穴めがけてぶっ込んだ。舌いれて唾をたっぷりつけておいたから、なんなく入ったよ。これまで生きてきて、あんな恍惚味わったことないと思うぜ［…］それでも、おれの方はかなり自分を抑えられたから、身体のなかに隠しているものを外に漏らすなんてへまはしなかったけど、フェリシテはそんなわけにいかなくってさ、相変わらずDY夫人と喋りながら、絶頂の瞬間にはあきらかにおかしくなってたから、DY夫人が笑って訊くわけ。あなた気が変なんじゃないのって。フェリシテは返事をするかわりに唇を恋敵の唇におしつけてさ、相手の注意を逸らすために愛撫し始めた。こんな攻撃受けて逆らえる夫人じゃないから、すっかりのめりこんじゃってさ。で、おれたち三人、ほとんど同時にいっちゃったわけよ。いけるところまで。

［…］フェリシテはまたDY夫人と話を始めたんだけど、夫人が最後に言うのが聞こえたよ。『ああ、あなたってほんと好きものね！』」(4)

結局ここでもまた誤解なのだが、しかし、今度の場合、解釈は錯乱を参照している。場面の熱狂的な性格の原因は、過剰な好色、レズビアニズム的欲望の烈しさ、そのレズビアニズムの充足のためと勘違いされた猥褻行為へと帰されているのである。三人で快楽を味わうこと。同時に気をやること。これらはいずれもポルノ小説の紋切り型的構成要素である。先のふたつの例と同じように性的快楽を感じる女性の身体はふたつに分断されている。男の愛撫に委ねられた尻と女陰が感じる快楽は、性器を通って喉や顔に昇ってゆき、ついには叫び声、顔の表情、言語の混乱を抑えることができなくなるのである。

尻軽女であれ、処女であれ、娼婦であれ、真実を語る下半身が強烈な快感を感じると、上半身はそれを隠すことができずに偽装へと変換する。以上に引いた三つの場面はいずれも官能文学のもうひとつの紋切り型を採用している点で一致している。公的なものと私的なものの峻別を目に見える形にするという紋切り型である。妻は、窓に肘をついて通りを眺め、不意に帰宅しないともかぎらない夫を見張る一方で、カーテンでしっかり隠した剥き出しの下半身を熱く燃える愛人に委ねるのだ。

引用した三つの挿話において、男はつらい使命を黙々と遂行している。男の役どころとはどうやら、差し迫った危険、それに対する巧みな回避策、見る者の勘違いによっていっそう先鋭化する快感をパートナーに与えることだけのようである。三人の女性はオルガスムを隠さないが——隠すことなどとうていできないのは明らかだ——それがオルガスムであることを察知されてはまずい状況を設定している。エロティック文学の歴史においてこの手法は新しいものではなく、タルマン・デ・レオーの『小伝集』〔執筆は一六五七年〕がすでに用いている。

場面の目撃者たちが陥る読み違いは、手許にあって自由に扱うことのできる三つの解釈モデル、すなわち熱《フィエーヴル》、忘我《エクスターズ》、錯乱《エガルマン》に関わっている。かくして『売春宿の子』は、当時の「性生活」を理解しようとするときにわれわれが辿るべき三つの道を指し示してくれる。医学、倫理神学、ポルノグラフィーがそれである。

こうした幕間狂言を読むとき、われわれは未知の土地の探検へと誘われる。心理的な時代錯誤を避けつつも包括的な視線でものを見る、歴史人類学の手続きを採用するよう誘われるのである。系譜学的な方法に正統性がないわけではないが、この方法には頼らない、われわれ現代人の信念、信憑、経験を忘れ、事後的に練り上げられた概念をいっさい捨て去る必要が出てくるだろう。そのためには、フランス語が使用されていた空間に踏みとどまるつもりである。したがって、カトリックの伝統が支配する空間、すなわち罪の概念を理解する特定の仕方、罪が抱かせる恐怖と良心の呵責を体験する特定の仕方が支配する空間の埒外に出ることはしない。西洋における性の歴史を集大成した著作群を読むうちに、わたしはこうした後退がぜひとも必要であるという認識に至った。プロテスタント的アングロ＝アメリカがこの分野において独占状態を呈しているが、性愛関係は、われわれがこれまで好んで観察してきた空間における心的文脈とまったく異なる心的文脈でも展開している。歴史的な経過もまた違う。したがって、フランスという空間において、もう少し広く取ればラテン諸国全体において、性愛関係を語るときに「ヴィクトリア朝的」という形容詞を使うことはまったく無意味でばかげている。

幸運にも一七七〇年から一八六〇年にかけて、フランス語のエリアは固定され、特権的な実験室となっていた。スイスの医者、さらにパリとモンペリエの臨床家は、当時、揺るぎない地位を保っていた。だれにもまして現代のわれわれに関係する中断性交が、神学者に議論のたねを提供していたのもフランスだけである。十七世紀中葉から、フランスがイタリアに取って代わった。ポルノグラフィックな文学の新しいモデルを練り上げたのはこのフランスだったのである。(6)

初期性医学の成果を忘れることにしよう。窃視症、露出症、フェティシズム、マゾヒズム、同性愛など、ミシェル・フーコーが性倒錯の長々しい目録の要素として最近示したもの(7)が中心問題にならない世界に取り組むつもりである。十九世紀末に学者たちが過去のあらゆる偉人の精神疾患を診断しようとしたやり方で、個人を病理学的主体に仕立て上げることがないよう十分に注意しようと思う。フロイト主義を忘れよう。フロイトが「欲望」に賦与した意味を、彼が定着させ世に知らしめた「性《セクシュアリテ》」の概念を忘れよう。性的アイデンティティーの構築、分配、潜在的な間欠性にかんして現在進められている省察にかんしてはなおさら、一切を無視することにしたい。

われわれが取り組む時代にはまだ同性愛も両性愛も、ましてや異性愛もなかった。つまり、当時使われていた語彙体系をわれわれは学ばなければならないのである。「セクシュアリテ」という語彙は使われておらず、「オルガスム」は器官の興奮と同義語であり、「冷感症」はわれわれが現在この語に与えているような明確な意味を持っていなかった。快感の絶頂は痙攣として知覚されている。われわれがこれから観察するのは、女性の快楽の頂点にかんする言葉がしばしば宗教的な語彙によって刺激的な潤色を施されていた時代、「女性にたいする欲求」に悩まされ、回数を数えては男性能力を気にする男たちがなによりもまず自らの性的能力と勃起力を示さねばならなかった時代、男性が女性の白さ、豊満さ、しなやかさを望んでいた時代である。「感覚」の乱れに絶え間なくさらされる女性が、それゆえ、女性に特有の数限りない病理の犠牲者として立ち現れてくる世界。ポルノ作家ばかりか医者や神学者までも、強姦の犠牲となった女性が――既婚女性「オナニスト」のように――快感を味わわずにはいられないはずだと考えていた世界。そういう世界に旅することになるだろう。

自律的排卵は一八四〇年代初頭まで知られておらず、女性にその存在が証明されたのはそれからさらに後のことである。ポルノ作家も一部の神学者と同様に、女性が男性同様精子を出しているという考え方を広めていた。

したがってわれわれが取り組むのは、今日では放棄された、あるいははるか後景に追いやられた信憑が依然として存続していた領域なのである。当時、男女が同時にオルガスムに達することはきわめて重要だと考えられていた。マンヴィル・ドゥ・ポンサン医師はこれを「等時的な痙攣[8]」と呼んでいる。女性は受胎のさいに特別な震えを経験すると信じる学者が相変わらず多かった。女の方が男よりも快楽が強いかどうかというテイレシアスの謎〔テイレシアスはテーバイの予言者。ゼウスとその妃ヘラが性交において男女どちらの快楽が強いか言い争ったさい、九対一で女性の方が大きいと主張してヘラの怒りを買い盲目にされたが、その償いとして予言の能力を授けられた〕は、この時代、まだ人々の念頭を去っていない。つまり、今日では消えてなくなった亡霊が依然として跋扈していたのである。当時の人々は孤独な快楽、精液漏、子宮の憤激がもたらす害を、そのあとでは「夫婦の不正行為」〔夫婦による中断性交その他の妊娠を目的としない性行為全般をいう〕がもたらす害を恐れていた。

医者と神学者はそれ以上に、歯止めなく生殖機能を使うと有害な結果がもたらされるとたえず述べている。性行為の過剰や濫用と同時に、医者は節欲の危険も執拗に力説していた。当時は、開業医の診察室でさえ口にできない種類の異常があった。男性の不能、女性の手淫となるといっそう、その種の異常とされ、今度は聴罪司祭がこれを追いつめようとしている。と同時に、性を分かつ二形性〔同一種の形態的特徴が性によって異なること〕がいかに深遠であるか確信している医者たちでさえ、自然主義治療法説〔自然治癒力を治療の根幹に置く治療体系〕と種の宿命にたいする配慮から、実感に反する見解を抱いていた。「性的な歓び」はたしかに言語に絶するたぐいまれな歓びだが、長期的に見れば致命的だという見解である。かといって、「性的な歓び」を欠かすわけにはゆかない。そこで、性器の適切な用法を守り、感覚を注意深く観察するとともに、性的快楽の質と調和を見極めるよう患者に求めていた。

とはいえ、われわれが考察の対象に選んだ世紀は一枚岩ではない。両性種子説〔男女ともに精子を出しているという理論〕が少しずつ色あせ、生理学の進歩が感覚論と生気論を後退させると同時に、多くの神学者が「夫婦のオナニズム」にたいして寛容になる一方で、性的欲望をそそる新たな形象が次々と現れ、あけすけな猥歌、猥談《ゴロワーズリ》のたぐいはさておき、ポルノグラフィーは最後の数十年で退潮の兆しを見せていた。

日記や書簡をよく理解し、スタール夫人、スタンダール、バルザック、フロベール、ジョルジュ・サンド、ゴーチエの小説に没頭するためには、作品を読むまえに、当時肉体の出会いを支配していた信仰、信憑、規範といったものの体系をまず研究しなければならない。『アルテス・モリエンディ』（良く死ぬ技法）と「健康維持法」のすぐとなりでは、聴聞司祭の手引き書、夫婦向け医学概論、その他の「性技」本が組み合わされて妥当な官能を指南していた。これらの著作には命令、提案、禁止がふんだんにちりばめられ、そのどれにも取るべき態度、身振り、感情の一覧表が示されている。規範を垂れる調子には有無をいわさぬ強さがあった。ありうる来世像。魂と肉体のあいだの線引き。「自然」の要求や個人の使命。歴史、地理、「風土」の影響。気象の気まぐれな変化といったものに著者が与える重要性。それらに従って著者はさまざまなモデルを作り、助言を行っている。

これらすべてがベッドの快楽や良心と違反の意識を律し、良心の呵責や自責の念を吹き込んでいた。

こうした命令や助言のカタログは、玩味すべきあるいは獲得すべき体形、交接の場所と時間、体位、リズム、抱擁の熱中度、誘発される興奮の幅、だれの目にも明らかな快楽や疲労や満足の徴《しるし》の性質などにわたっている。神学者は欲望、合意、悦楽、官能を注意深く吟味するよう要求し、医者は患者が、自分の気質や特異体質を意識化し、自らの習慣をきちんと述べ、諸器官がどれほどの御しやすさで、快楽がどれほどの強度を持つのか評価することを期待する。

医者と神学者とポルノ作家が欲望、性的快楽、後悔を造形する。合一を夢見る態度と相手を手段として扱う態度のあいだで侵犯を生じさせ、他者にたいする態度を処方する。これらのカタログ、お好みとあらばこれらの手引き書と言い換えてもよいが、それらの内容は一致する場合もあれば、矛盾する場合もあった。歴史家の仕事はそのすべてを読み、決して理解を諦めることなく、対立することもある彼らの論理に耳を傾けることである。

この世紀の諸個人は、しばしば絡まり合った状態で供されるさまざまな意見を適宜組み合わせ複合させながら、どのように行動し、どのように性的快楽を得るか選ばなければならなかった。習慣的行動《プラティック》の研究は、先行研究を手がかりにして、頻度、リズム、興奮、感覚、性的快楽、嫌悪、後悔を、すなわち、人はいかにして肉体的結合を経験し、いかにして快楽とともに失望や悲しみを感じえたか、そのあり方を解釈できる者にとってしか意味がない。

したがって、当時の男女が採用していた解を、現代の知の高みから、われわれの道徳的要請に従って評価するという傲慢は避けよう。そして、なにはともあれ、残念ながらまだわれわれのあずかり知らぬあの遥かなるシテール島へと船出しようではないか。

第I部

欲情の制御

第1章

「自然」の要求

この十八世紀末、人間の身体がなにかを感じたり、苛立ったりするのは、神経繊維が働いているためだと考えられていた。人間の身体は、神経網が叢生しているために引き起こされる緊張、震盪、痙攣の舞台であった。当時大流行していた新ヒポクラテス派医学も官能にかんする言説を流布させており、環境から受ける影響を強調している。ただし、病理と臨床との比較による医学が飛躍的発展を遂げた点を忘れてならないことはいうまでもない。これについてはあとでゆっくり論じる予定である。生気論、感覚論とともに、博物学的な観点にも立脚しようとする意思に支配された折衷的なアプローチからではあっても、医師たちは当時、男女の肉体的結合が引き起こす性的な快楽の秘密を理性的に捉えようと努めていた(1)。

この時代、「性《セクシュアリテ》」という語はフランス語に存在しなかった。この語が初めて登場したのは一八三七年、カール＝フリードリヒ・ブルダッハのある著作の翻訳のなかであって、その後二〇年かけて、かなり遠慮がちに広がって行った。この語が現れる頻度はきわめて低く、語義も現在われわれが理解しているものとは違っていた。動植物と人間において、性差による世代交代を可能にするもの、あるいは、種の存続を保障するこのきわめて重要な機能が存在全体に深く浸透しているさまを意味していたのである。そこから、「性《セクシュアリテ》とは種の分離である」というブルダッハの翻訳書に見られる初発の定義が現われる。一方、「性生活《ヴィ・セクシュエル》」という表現は医学的言説に遍在しており、当時個体と種のあいだに察知されていた緊張を説明していた。とりわけモロー・ド・ラ・サルトやヴィレー(2)が広めようとしていたのがこの説明である。「セックス」――当時の著者たちはこの語がラテン語の「セカレ」（分ける）から派生したとしている――とは動物界において一般的に雌雄を区別するものの意であって、「死すべき存在」（個体）「の永続性」を保障するための器官――「生殖器」――によって構成されている。したがって、「世代交代のできる、それゆえ死を免れ得ない生物にしか」セックスはない。「生殖器だけが種を体現する(3)」。摂食、呼吸、血液循環等の機能は個体にしかかかわらない。個体「それ自体は無力であり、死の領域に属している」が、種は存続する。したがって、個体は「生命の根源」を成す「愛と呼ばれる本能」に支配されている。この世から消滅するまえに、個体は「自然の要求」、すなわち子作りを果たさなければならないからである。

動物――ここではあらゆる種の動物をさす――はこうした種の存続の欲望を自発的に表現する。獣と人間が自らの使命を果たすために与えられた「美質の総和」を体現する自然は、自らが惜しみなく与えることのできるあらゆる魅力を「享受する瞬間に、とりわけ美しさを与えてきた」。要するに、こうして大衆化された自然主義は、性交を、個体が生存中に果たさなければならない根源的な行為として、抑えきれない欲望を生みだし、抗いがたい快楽を得させてくれる行為として認めるよう仕向けているのである。医師が性交を指導しようとしても許されるのはこうした重要性があるからにほかならない。

同じ論理により、生殖器の状態が動物の質を決める。だが、ルーセル医師が早くも一七七五年に強調しているように[4]、生殖器がいかに第一義的であるとはいっても、生殖器だけで「セックス」を語り尽くすことはできない。「セックス」それ自体のなかに雌雄を分ける原理が存在する以上、「セックス」は個体をして種の再生産に適応させる「さまざまな手段」をすべて含むからである。となると、逆説的なことに、男女のあらゆる器官に「セックス」が広がっている、と考えざるを得ない。

そこから、たとえば、種としての雌は「一カ所だけが女性なのではなく、考察しうるすべての側面において女性である[5]」という結論が導き出される。男性についても同じことが言えるが、男性の場合より表面的である。というのも、男性が果たす使命は外在性という形を取らざるを得ず、女性とはまったく異なる時間性に属しているからである。当然、自然の要求のこの優位性は、女性が女性として存在する期間内でしか行使されない。その期間とは、幼年時代にあたる個体生活を脱し、受胎が不可能になるまでの、種の保存に向けられた「性生活《ヴィ・セクシュエル》」に到達できる期間である。

こうしたことを述べるさいのルーセルは、「アニミスト的」と呼ばれる医師たちが十八世紀後半に占めていた重要な位置を反映している。アニミスト的医師たちは、ゲオルク・エルンスト・シュタール〔一六六〇―一七三四、ドイツの化学者、医師。生気によってしか無機物を有機物に合成できないとした〕の観念にしたがって、女性性は本質として前もって存在する自然から生じると考えていた。女性性は、存在の発展や開花を導く「臭素的な」生気の志向性を反映しているというのである。そう考えると、女性の幸福はモデルの形で仮定されたこの生命精気に合致することにある、ということになる。ルソーが、そしてルソーのあとにはルーセルが、女性と自然の調和というユートピアを構想する。女性の感覚と母性の開花による調和のユートピアである。

これに対し観念学派《イデオローグ》、とりわけカバニスは十九世紀初頭にこの図式を拒絶した。彼らの関心はなによりも器官と心と社会の相互関係にある。したがって、彼らから見れば、女性性は存在論的な問題に属するのではなく、心理学と社会学が扱う問題である。当時、女性はもはや形而上学的な存在ではなく、観察と分析の対象として考えられていた。

とはいえ、理論的次元におけるこうした転倒は、主として科学史にかかわっていたことは理解しておかなければならない。われわれが扱う時代全般をとおして、男性の表象、女性の表象、肉体関係の表象はみごとに一貫している。十九世紀初期の臨床医と生理学者はたしかに新たな体系を打ち立てるという偉業を成し遂げたが、感覚論やアニミズムや生気論との断絶にもかかわらず、両性のあいだの根本的な差異にたいする信仰は延命させてしまった。両性のあいだには根本的差異が存在するというこの考え方は、それを疑義に付すことになりえたはずの解剖学的、生理学的、臨床的発見を乗り越えて生き延びた。この時期の一貫性は、この連続性が基礎になっているのである。

ルーセルは、「性生活《ヴィ・セクシュエル》」がとりわけ女性において「肉体的・精神的諸関係の連続[6]」を涵養すると考えていた。観念学派《イデオローグ》によってこの観念が深化される以前のことである。思春期と臨界年齢に挟まれたおよそ三〇年間、女性は絶え間ない変化、動揺、変動に晒される。女性がどのように欲望を表出し、いつ快楽に身を委ねる気持ちになるのか理解したければ、母胎と、母胎を他のさまざまな系に結びつけるものによって決定されるこうした絶え間のない変動を研究しなければならない。

狭義には博物誌から派生したこの見地に立ってこそ、ヒトという種の枠内で雄と雌を共に、そしてその差異において考察する必要がでてくる。専門家は、動物界の内部で、性の組織化——分割の原理——が異なった種で習慣、性向、嗜好をどのように決定づけているのか、そのやり方を分析する義務がある。ヒトの場合、こうした性の組織化は最も完璧で、しかも遠い昔から非の打ちどころがない。「諸感覚の一致と調和、触覚の完成度、大脳の発達、直立歩行、社会性にたいする本能」(7)といったものがヒトの絶対的優位の基礎となっている。

このことから、肉体関係すなわち性的快楽が人間科学の中心に据えられることになる。それはとりもなおさず、生殖器が生体系に不可欠な部分であり、男性においても女性においても、肉体と精神のあいだに打ち立てられるものがきわめて重要であることを意味している。

とはいえ、分離の結果を記述するまえに、しばらく立ち止まって、「性生活《ヴィ・セクシュエル》」への到達期、すなわち少年少女にとって思春期となるあの変容期に目を向けてみよう。ビュフォン以来、医師は好んでこの段階にこだわり、詩的に語ろうと努めてきた。やがて消滅する個体に最も重要な使命を果たす準備の整ったこの時期は、人生のうちでも重大な局面にある。われわれが自然と呼ぶあの「内的諸力」は、個体を完成したのちでなければ種にかかずらうことはないが(8)、教育、社会生活、広く取れば文明に結びついた精神的な諸原因の総体によって発達段階が早くなったり遅くなったりすることによって、個体の完成も早くなったり遅くなったりする、とルーセルは書いている。「生命の衝動の新たな発露」から影響を被る若い男女は、ある欲求を突然認識して混乱に陥るが、内部で変容が進行してゆくおかげで、彼らの感覚——まずは「性的感覚」——はやがて快楽を感じる能力を獲得できるようになるのである。

思春期は「性生活《ヴィ・セクシュエル》」への到達期、すなわちシステム全体の「休息状態」から「活動状態」を待つ「覚醒」状態への移行として規定される(9)。この時代に支配的だった生気論者の見地から見れば、この時期は器官が驚異的に活動する時期にあたる。若い娘におけるオルガスム——すなわち器官の興奮——および若い男性における勃起とあり余る精力は強い衝動を生み出すが、これこそ「官能の甘く抗しがたい声に他ならない」[10]。

その後、思春期の描像は真の変化を被ることはないものの、文献の尽きせぬ対象になる。思春期は、まずビュフォンが『人間の博物誌』においてきわめて重要な一章をこれに捧げ、ルーセルが熱意を以て発展させ、カバニスが生殖器と母胎と大脳のあいだの共感にこだわって理論化したあと[11]、ラシボルスキ[12]とブリエール・ド・ボワモン[13]が豊富な資料による裏付けをした。

医師たちはこの変容を、「セックス」を形づくり、「性生活《ヴィ・セクシュエル》」への到達を可能にする分離が起こる時期に始まる激動、動揺、衝撃として感じ、途方もない危険がもたらされる可能性を察知していた。この変動はまず器官の変化として表れる。体内の力が働くことによって「細胞全体が動き出し」、乳房と生殖器の周辺で「準備をする」、とルーセルは書いている[14]。男性においても、女性においても、「栄養摂取の活動が倍加する」時期である[15]。生殖器系と大脳という二人のオーケストラ指揮者の指令で形態学的な修正が開始されるのである。

医師たちは次々と学位論文を発表して[16]、男性の欲望に向けてその後二度とない強烈な性的魅力を解き放つ女性美の絶頂を、倦むことなく謳いあげている。この時期、声は「子宮の状態を示す徴候」になる。ヒポクラテスからボルドゥーを経てガルにいたるまで、生殖器が容量を増すとすぐに首と乳腺が膨らむと信じられていた。肌は色づき、目は新たな欲望を表すようにきらきらと輝く。卵巣の活動によって身体の線が柔らかくなる。「一般に腰の滝という名で知られ、臀部の筋肉と大腿部の後ろの筋肉の張り出しに紛れて少しずつ消えてゆく、肩胛棘下部の心地よく丸みを帯びたあの傾斜[17]」が形成されるのはこのころである。

「生殖器によって興奮した知覚諸力[18]」が女性の身体を豊満にする。サン＝プルーを森のなかで堕落させるジュリの胸のように、〔サン＝プルーとジュリはルソーの小説『新エロイーズ』の主人公〕「最初固く未熟な」胸がやがて膨らんでゆき、そのうち若い娘の乳房は「柔らかい弾力性[19]」を帯びる。「乳房は膨らみ、赤くなり、子宮と共鳴できるほどの敏感な感受性を獲得する[20]」。「恥骨は毛で覆われ、小陰唇は赤くきわめて敏感になり、クリトリスははっきりとしてくる。処女膜は伸びてたるみ、膣道は周囲の器官が膨らむことによって狭まることもあるが、オルガスムによって膨張しやすくなり、敏感な感受性を得るようになる[21]」。血液が子宮に流入し、毎月血液が過剰になる。月経が始まるたびに新たに体温が上昇し、脈拍が亢進し、発汗が促進され、それまでよりも強い体臭を発散する。そして子宮は「それ以後変わらぬ大きさ[22]」を獲得する。

男性においては筋肉系が目立つようになり、声が男らしくなり、髭が生える。とりわけ生殖器の勃起が明確になり、意思に反して我が物顔にふるまうことも頻繁になる。

この同じ時期、とりわけ若い娘においては感じ方に深い変容が生じる。オルガスム、「膨満状態[23]」、外陰部の「むずむずするような欲望[24]」がこの生殖器系に火を点け、今度は生殖器系が、それと無関係な部分に特別な影響力を伝えるのである。「生殖器系によってのみすべてが一変する。本来の意味の感覚がもはや同じものでなくなったり自然のあらゆる対象に新しい相貌と新しい色彩を与えたりするのも、その原因はやはり生殖器系であり、その強力な影響力である[25]」。

支配的な「生殖器感覚」の声を新たに聞き取ることがいっそう重要になる。というのも、「体組織の深み」、人からは見えない内部では「特別な感覚」、「性的な感覚[26]」が育ちつつあるからである。この感覚が新たな状態を特徴づけ、他の感覚を消し去ってしまうらしい。残念なことに、いかに強く抗しがたいも感覚であっても、この性的な感覚は正確に描写することができない。思春期を襲う偏頭痛や涙や熱はこの感覚だけで説明がついてしまう。

医者は「心の嵐」に伴う心の変化を喜々として際限なく描写する。「魅力的な困惑」、「無邪気な羞恥」、漠たる欲望、絶えざる夢心地、「おどけたような陽気さ[27]」の喪失、それが思春期の肖像を穏やかにする。しかし一方でそれは、子ども時代の騒々しい喜びから遠く隔たった「若く柔らかな不安」[28]、魂の不穏な動き、孤独の危険な欲望、いやそれどころか陰気なメランコリーによってさえ曇らされている[29]。「うち萎れ、色あせた」若い娘は「それまで体験したことがないほどに、気分も機嫌も変わりやすい。ふとした拍子に涙が頬を伝う。ときおり洩れるため息。なにかを望んでいるのかいないのか、欲望の対象もはっきりしない。彼女は自分自身がよく分からないのだ」。若い娘は赤らんだり、青ざめたりする。「彼女は燃え、そして凍るのである[30]」。自然はまず若い娘のうちに男性に対する嫌悪を惹起する。しかし、すぐに好奇心が優勢になる。少年においても、若い娘においても、「感覚」が少しずつ異性に向けられてゆく。「思春期は未知なものを探求する。しかし、止むに止まれぬ欲求からそうするのである［…］思春期の想像力が浸る絵は茫漠としている[31]」。若い娘において変化はより急激である。「そのとき初めて世界は存在し始める［…］この不安定な存在が驚きの目を見張るなか突然緞帳が上がり、彼女の魂には、自らの生命の最重要用件［…］にかかわる感情や思いがどっと流れ込んでくる」。

「愛の神秘」を知りたい若い娘はいわば、目の前に現れるすべての人物の持ち物や行動を探る。身振り、言葉の端々、手から落ちた本、「そうしたすべてが若い娘の探求心と好奇心をかき立てるが、発見によってさらにかき立てられた探求心と好奇心は、最後に烈しい欲望を若い娘のなかに産み落とし[32]」、想像力――この大げさな言葉は粗雑だが――はこうした「新しい素材」のおかげで、いっそう強い感化力を持つ。精神はイメージに付きまとわれ、「魂は感情に左右（される）[33]」。こうしたことはすべて、体内の器官が絶大な力を揮っているからであって、ことさら外からの感覚刺激さえ必要としない。

想像力が発動すると――周知のように想像力は古典主義時代以来とりわけフランスで長いあいだ攻撃にさらされてきた――、たしかに豊穣な観念はかき立てられる。しかし、想像力はとりわけ幻影を生み落とす。若い娘は、若い男性よりもよりなおいっそう、この危険な作用にさらされる。「若い娘の体内において最も密やかな器官を引き出してきた」自然が、「その器官の持つ欲望を隠蔽するばかりか再び体内に閉じこめるよう彼女に促しているらしい[34]」だけにいっそうそうなのである。したがって、思春期を結婚適齢期と、次いで、結婚と分かつこの危険な過渡期の脅威は大きい。「わが国民の制度において、処女を取り巻く状況は、自然の衝動にたいする『絶えざる暴力』である[35]」とヴィレーは考える。動物の若い雌と異なり、人間の若い雌は、強い欲求を感じたからといってすぐに雄と出会えるわけではない。概ね、若い男性にたいする好悪を動物ほど表現できないだけになおさら。したがって、思春期に達した若い娘には、自らの想像力に駆られるまま誤った途に迷い込む危険性が存在する。都市ではとりわけその危険性が大きい。というのも、カバニスによれば[36]、都市のような環境においては、思春期にゆっくりと発現するための時間が与えられず、周囲のスピードがそれを凌駕しているからである。したがって、思春期が近づくと若い娘に神経障害がとりわけ多発することは驚くにあたらない。ラシボルスキは、そうした神経障害の例として舞踏病、強硬症《カタレプシー》、嗜眠症、女子色情症《ニンフォマニア》、ヒステリー、精神病などを延々と挙げている。われわれは後に、古代医学から受け継いだ痙攣性という説明図式を見ることになるが、この図式は、ある年齢以降、快楽の必要性に屈服せざるを得ない若い娘たちの苦悩を明確に描いている。

　思春期のこうした描像が、男子色情症においても、女子色情症においても、その後の研究に必要不可欠であることは納得いただけたであろう。過度な禁欲、手淫、肛門性交、獣姦の実践は、いずれも「自然」の要求を満たすことを拒否した結果生ずる病と考えられていたのである。

　最良の治療行為たる性交の実践が奪われた人々、とりわけ女性において、こうした性交の拒否や悪習の実践によって惹起される害を阻止するために当時強く勧められていた肉体と精神の衛生学がいかなる考え方に基づいていたか、これについては、本書の先で分析するつもりである。

　しかし実は、こうして「夫婦の歓び」――当時の医者は出版物のなかでこれ以外の表現を使うことはきわめて困難だった――をどうしても必要とする期間は、若い娘においては月経の開始から、若い男においては自発的射精の開始からわずか一、二年間のことにすぎない。自然に変容を全うさせる時間を与え、「未熟な快楽」の苦悶を若者たちに避けさせるのが、その目的である。

この期間にも、自然は欲望を膨らませ、「性」を構成する分離を促進して止まない。この分離が促進されるにつれ、「他者」の神秘も、「他者」が抱かせる好奇心も膨れあがる。ますます顕著になる違いに刺激され、欲望はいっそう募り、一体化へと駆り立てられる。とはいえ、違いはまださほど大きくない。[37] したがって、自然の要求に忠実であろうとすれば、いかなる過度も控える必要がある。類似は、いや、たんなる相似さえ、神秘や興味を、ということは欲望を消し去るが、その一方で、異質性を生みだす違いも、度が過ぎれば同じ結果に陥ってしまう。動物の雄が雌と番うのは本能によるにすぎないが、この雌は雄と同じ種に属しており、したがって、両者のあいだに根本的な違いがあるわけではない。人間の男女の場合、類似に対する性向は重大な過ちである。自然を欺くからである。だが、その一方であまりに大きな違いも調和を破壊する。そこで、高い識別能力を必要とする男女相互の探求が次第に姿を現し、医者がこれを積極的に進めようとする。余人には感知できない微妙な徴候を読みとる技術によって、医者だけが、どんな不調和も回避することができる。一八二四年、生理学者のアドゥロンは、彼なりのやり方で、相同性と相違性を表現している。ルーセルの説をくり返しつつ、相同性と相違性の思考をこう複雑化する。「男女は本来の生殖器のみにおいて異なるばかりではない。『類似しているとはいえ』、他の諸器官もまた性による『差異の刻印』を受けている」。両性に共通する諸器官はすべて「なにがしかの特殊性を示しているのである」。[38]

差異の刻印を重視するこのニュアンスに富んだ言い回しから、差異にたいしてきわめて繊細な評価を与えていることが看取できる。いずれにせよ、医学の言説において、女性は、生殖器系以外の系におけるあきらかな相同性にもかかわらず、「その存在様式全体が女性」[39] であり、したがって、「その歓びにおいても、また苦痛においても」女性なのである。

主流の自然主義は美の概念に価値を見いだす。美の素描は、他者にたいする悦楽の約束と分かちがたく現れるのである。この説を奉じる医者にとって、美しい身体とは欲望を触発する身体にほかならない。技巧によって装われた美に投げかける彼らの言葉からは、ただ罵声しか聞こえてこない。彼らが讃える美は、芸術のフィルターさえ通していない、完全なる裸形性によって暴露されていることが前提となっている。体毛を描かないことによって生体のもっとも露骨な徴を除去しようと努める画家や彫刻家と違って、医者は、欲望を惹起する美のいかなる臨床的徴候の描写も拒まない。しかし、エロティック文学やポルノ文学とは異なり、医者が描く裸体は、決して読者に性的な興奮を与えることを公然と狙っているわけではない。

医者から見れば、美は「自然」の要求に応えようという明らかな性向、すなわち生殖能力から生じる必然的帰結である。美は、性交がうまくゆくだろうという予感と密かに結び合っている。「自然」はじつに見事にできあがっていて、「それが生み出す存在の諸要素や、諸要素から引き出さねばならない使用法にまで」[40]影響を与えている、とルーセルは改めて指摘する。かならずしも十全に意識はしていなくとも、男女は一連の差異を求めている。しばしば感知しにくいこの差異は、（身体の、気分の）調和を実現するが、この調和こそ、「自然」の要求を十全に満たす前兆なのである。こうして、調和に満ちた全体の再構築へ向けたこのプラトン的飛翔は、アンヌ・キャロルが見事に示したように、[41]微妙な優生学主義を抱え込んでいた。

医者によって素描される男女の身体像は先行する描像から導き出され、両者が互いに比較されてはじめて意味を持つ。

女性の身体は、女性が女性であることを主張できるおよそ三〇年間、ボッティチェッリのヴィーナス[42]に見られるような「幸福な調和[43]」によって特徴づけられるが、その後、この均衡は崩れる。男性を受け入れるためにつくられた身体という考え方は、内面性、中心性、湿潤性の図式に一致している。女性の身体とは、なによりもまず、男性の欲望を煽り、ペニスの挿入と精液の放出に導くことを目的とする罠なのである。

医者たちは概ねビュフォンとルーセルに従って、骨格と「固い部分」の描写から女性の身体描写を始める。骨格を形成する各部分の比率が飽くことなく記述される。男性の骨に比べて脆く白い女性の骨は、分量もまた少ない。男性を受け入れやすいように女性の骨盤はより広く大きく開いて丸みを帯び、股関節はより間隔があり、腹部はより広く、恥骨弓がより開いている。「仙骨、尾骨、無名骨〔現在では寛骨という〕が両性で最も明瞭な差異を示す骨である。「臀部はより突き出し、盛り上がって（いる）[44]」。下肢上部にかんしていえば、女性は大腿の間隔がより広く[45]、「わずかに内側に向いた[46]」両膝関節はより接近し、したがって、間隔がより狭く、大腿はより短く、足もより小さく幅が狭い。そのため、女性の歩行は「揺れが大きく、安定性が悪い」。ブルダッハによれば、女性は歩幅が小さく、速く走るのはむずかしい。男性に比べ、肩幅がより狭く、よりなだらかで、腕は短いがより太く丸みを帯びている。「手はより小さく、丸みを帯びて白く、よりぽっちゃりしていて、指はより細長い[47]」。

胸と腰の比率は男女間で逆比例する。「自然」の要求実現という観点から、すなわち潜在的パートナーに生じる欲望の実現という観点から見るなら、最も重要なポイントは、「内部の忠実な鏡[48]」たる体形の表現力にある。女性においては身体の丸み、艶、均整美によってこの表現力が発揮される。女性における身体的同質性の表現は、球体モデルで安定的に知覚される傾向によって、すなわち繰り返される半球というモデルによっていっそう強化される。もっとも、各著者によってその比喩はまちまちで、たとえばヴィレーは女性の身体を「頂点へ向けた上昇」と考え、ブルダッハはそこに細長い卵型を、アドゥロンはピラミッドを、マンヴィル・ド・ポンサンは螺旋を看取している。ただ、だれもが強調するのは、ブルダッハによれば波打つような、あるいはうねるような線の均整美、モロー・ド・ラ・サルトの見立てによれば「くねくねと曲がりくねった[49]」身体線の均整美である。

医者たちは、女性の丸みを帯びた乳房、腰、大腿部に、明らかに歓びの宿った眼差しを注いでいる。尻はエロティック文学のように語られることはなくとも、その美しさは身体各部の描写から自然に導き出されてくる。彼らが「輪郭線」の重要性を強調するようすは、今日の読者に強い印象を与える。問題となるのはつねに女性の身体の優雅さ、繊細さ、うねるような曲線なのである。「起伏のある心地よい輪郭線[50]」は、顔の骨格にいたるまで、微妙な陰影をつけながら優しくうねる身体の豊満さを保証している。これらの医者は痩せた身体を、女性にとって「ぞっとするような不幸」として忌み嫌う、とラシボルスキは書いている[51]。彼らは、ごつごつとしたもの、尖ったものはなんであれ口を極めてののしるのである。

医者はとりわけ肉体の稠密度、視覚的印象、とりわけそこから生じる触覚的印象にこだわっている。細胞組織の豊富さから生じる「柔らかさ」は体形の柔らかな均整美を保証し、体形の柔らかな均整美は鋭い凹凸を消し去り、窪みを埋めてくれる。女性においては、感覚的印象が、繊維によって宿命づけられた繊細さ、脂肪の適正な比率、血液に対するリンパ液の優位と調和している。

稠密さにおいて男性の肉体に劣るとはいえ、女性の肉体は、とりわけ乳房、下腹、臀部に「弾むような[52]」身体と形容されるあの張りを備えている。稠密度において穏やかであっても、将来、男性の激しい衝撃を受け止め、胎児の成長に伴う膨張を可能にするための強度を失ってはならないからである。この稠密度は、ところどころ薔薇色に染まるくらいの白い身体と調和している。後にまた見ることになるが、白さというこのモデルは中世以来支配的で、純潔さ、処女性、無垢を示していた。

医者たちが描く女性の身体像は、触覚の描写に大きくページを割いている。肉体的接触のさいに演じるべく求められる役割によって、皮膚は微に入り細を穿って描写されることが許される。透明な肌は「静脈の青さ[53]」まで伝えずにはいない。ざらざらしたところのない、ビロードを思わせるような肌の艶と柔らかさは、とりわけ首、腕、大腿部の内側に集中している。しかも、女性の肌は総じて穏やかな反応性を示す[54]。ブルダッハによれば、より滑らかで透き通った女性の肌は、より硬く、張りつめ、臭いのきつい男性の皮膚よりも血液の供給が少なくてすむという利点がある[55]。女性の唇は色も形もどことなく陰唇に似ており、頭髪は恥毛を思わせる。男性よりも小さな口は白い歯をかいま見せる[56]。

女性の身ごなしは動きの緩慢さと、たえず強調される敏捷性、柔軟性、優美さ、軽快さが、まるでその矛盾に気づかれていないかのように両立している。当時の画家や彫刻家が描く女性像とも矛盾しないこの描像全体は、もちろん、「自然」の要求の実現、すなわち肉体的な結合という観点においてのみ意味を持つ。

こうした医学文献が女性に特有のものと考えている感受性は[57]、われわれの考察対象を勘案するとき、きわめて重要な意味を帯びてくる。男性において筋肉が幅を利かせているように、女性においては神経が圧倒的な影響力を持っている。女性は全身が「震え」のなかにある。とりわけ皮膚、舌、目に至る「女性の末梢神経はより太く、より発達しているように見えるからだ」とアドゥロンは力説する。女性の感覚は全般的に敏感だが、この部分の「影響の被りやすさ」もまた強い[58]。そのうえ、より繊細な女性の筋肉は、よりしなやかで湿潤な神経繊維に調和していることをマンヴィル・ド・ポンサンは明らかにしている。女性の横隔膜――啓蒙の世紀の感覚分析において、横隔膜というこの器官が重要であったことはよく知られている――は男性の横隔膜よりも影響を受けやすい[59]。しかも、女性においては、子宮がこの感覚部位に酷似している。これに、持続力に乏しいとはいえ、女性の体組織に特有の被刺激性（ハラー）が加わる。最後に、男性の体組織との比較がなされ、女性の体組織は勃起組織が広く分散していることがその特徴であるとしている。

感受性――われわれにとって最も重要なポイントはこれである――は男性と女性では大きく異なる。女性は「興奮の猛威」に晒されやすく、そのため、「直接的な原因[60]」に屈服しやすい。感受性の強い女性があんなにも鋭敏に深く感じていながら、その感覚の優位があんなにも短いものであることは強調しておく必要がある。女性においてはさまざまな印象が素早く連続し、深く刻み込まれることがない、とカピュロン医師は断言する。(61)「高ぶ」るが、それが長続きしない感受性は興奮状態に似ている。たとえばそれは声の間断なき「変化」、「転調」にも現れる。「女性の顔では、眼差しや微笑みが絶えずなにかを訴えかけている。ちょっとしたきっかけでとつぜん泣いたり笑ったりする。手足は絶え間なく動き、呼吸はしじゅう変化し、ため息をついたかと思えばむせび泣く(62)」とアドゥロンは書いている。

荒れ狂ったかと思えば正反対の状態に落ち着くということをしじゅう繰り返す「慌ただしい動揺」に加えて、痙攣の連続や周期的な意気消沈(63)にさえ晒される女性は、完全に「瞬間」の支配下にある。現在から容易に抜け出せない。女性の気まぐれや一貫性のなさ、たちまち赤くなってはまたすぐに素面《しらふ》に戻るさま、目の輝きが生殖器の状態を伝えるという特徴もまた、ここに由来する。要するに、女性とは「いかなる細部においても自らの生に立ち会う存在(64)」なのである。以上のように素描された女性像は、本書においてもまた、「性的快感」を扱うページの下地になっているが、それについては後に見ることにしよう。

医者は、女性の感受性にかんするこのような総合的な評価だけで満足せず、こうした一般性を各感覚の受容性の分析と調和させようと努める。女性においては、肌の繊細さのおかげで触覚がデリケートである。女性の触覚はさまざまなニュアンスや細部を捉えることができるが、その反面、自分の表皮の肌理よりも粗い男性の表皮を愛撫する歓びは少ない。「丸みを帯びた艶やかな肌を駆け回る歓びを、おそらくあなたがた女性はわれわれ男性ほど感じていないだろう。われわれはその肌に手と舌を這わせるとき、無上の歓びを感じるが、あなたがたの愛撫は、触れる歓びよりはむしろ感情からやってきているように思える。なるほど、われわれの体形はあなたがたの体形のように丸みを帯びてもいないし、われわれの皮膚はあなたがたの皮膚のように柔らかくも薄くもない」とモロー・ド・ラ・サルトは書いている。(65)愛撫をめぐる比較分析的なこの概説は、モロー・ド・ラ・サルトの膨大な著作がまずもって女性読者に向けられているように思える点で興味深い。ところで、『百科全書』の「快感」の項目から帰結するところとは反対に、また、曖昧な先触れを別にすれば、医学的言説には肉体の一体化の与える身体的興奮に加わる感情と幸福感の高揚といったものはさしあたり見当たらない[66]。まるで医者にとっては、愛の一夜の翌日にサン＝プルーがジュリーに宛てて書いた書簡五二の調子などなきがごとしで、むしろ、一七四九年からすでにビュフォンが素描していた見地にとどまっていたようである。

女性の目から見れば、必要なのは穏やかな明るさと「どぎつすぎない[67]」色だけだ、と加えてモロー・ド・ラ・サルトは言う。藤色、淡い青色、橙色、緑色がそれで、赤や極端な白はだめ。大きな騒音や甲高い音も女性の耳を危うくする。女性は「楽しい音楽にせよ、悲しい音楽にせよ、優しくて柔らかいものしか」受け付けない。「嗅覚の官能は、われわれ男性よりもあなたがた女性をより第六感の官能へと差し向ける」、と潜在的な女性読者に宛ててさらにモロー・ド・ラ・サルトは書いている。また、女性は男性よりもいっそう洗練され、いっそう良識的で、いっそう慎ましい食い道楽である。強い風味、濃い味付けの料理、アルコール度の高い酒を嫌がり、あっさりとした飲み物、穏やかな食品、牛乳、果物、野菜等を好む。ブルダッハも他の同業者たちと同じ確信をもってこう明言する。「女性の感覚が持つ感受性はよりデリケートであって、女性をまっとうに心地よくさせるものとて軽微な「興奮」以外にありえない［…］。女性の感覚に力で働きかけるものはことごとく女性を不愉快にさせ、女性の気分を害する」とブルダッハは書いている[68]。女性の嗜好のあり方にかんする医学的言説が、読者を巧みに肉体的快楽の連想へと導こうとしていることは明らかである。

女性は全般的に、自らの感覚の分析において手際の良さをよりよく示す。敏捷で活発な視覚を持つ女性は、細かな違いや細部の把握に優れている。こうした鋭敏な分析能力は第六感の感度の高さを予想させるが、第六感を知覚する能力はあまりに深く秘められているので、さしあたって臨床医が探り当てることはできない。忘れないようにしよう。

「感覚」への曖昧な仄めかしが、当時、卑しからざる女性にたいして許されるたったひとつの欲望の表現、たったひとつのエロティックな感覚への暗示だったのである。当然、この曖昧模糊とした表現は、五感が受け取った印象をきわめて間接的に描いているにすぎない。最も深いところで「性生活」に属している感覚の不透明さが、どんな下品な詳述にもいっさいふれたがらない羞恥心を培っていたのだ。

女性の欲望における生理的な律動性は、避けて通れないほど明瞭なため、臨床医は終始これを強調している。淫奔の周期的変化と月経のサイクルに果たして関連性はあるかという議論の裏には、女性の欲望における律動性へのこうした確信が控えているのである。厳密にいえば動物の雌のように発情期があるわけではない女性とはいつでも性交可能であると医者たちは一致して力説する。ところが、いざ欲望の浮沈を計測する段になるとたちまち意見が四分五裂する。とはいえ、性器の感受性が規則的に高まることは大多数が認めていたようである。その規則性が、オルガスム(器官の興奮、膨満状態)から導き出されたものにすぎないとしても。

最後に、この問題にかんして十八世紀半ばに一定の認識段階に達したことを『人間の博物誌』で示したビュフォンにひき続き、啓蒙主義時代の豊かな人類学の影響によって、医者たちが、「風土」、地理的状況、気温、特異体質にしたがって性行動は多種多様であることを力説している点に注目したい。この「風土」、地理的状況、気温、特異体質については後でもう一度ふれる必要が出てくるだろう。また、学者たちは、「性的生活」の諸段階を通して女性美が次第に衰えてゆくようすも好んで描写する。思春期のあとにたいていやって来る節欲の苦悩から解放してくれるという意味で夫婦の歓びは推奨されるが、その歓びもやがては失われてゆく。定期的かつふんだんに繰り返された快楽は、出産と同じく、女性の身体に痕跡を残す。「『自然』の要求が満たされると[…]、女性はじょじょにその輝きを失う[…]。器官がその色艶と魅力的な形を引き出していた膨張力は弱まり、勢いを失う。そして、通常成年期とともに現れるあの肥満によって肉を支えきれなくなり、かなり瑞々しかったあの雰囲気によって強い印象を与えることもできなくなると、器官に与えられていた柔軟性と「張り」が失せ、後には不愉快な弛緩だけが続く」、とルーセルは書くが、いささか不安になった彼はこう付け加える。「この新たな変化はたしかに思春期の宿命であるしなやかな体つきとは両立できないが、少なくとも貫禄ある美しさと魅力だけは残しておいてくれる」[69]。

　コロンバ・ド・リゼールは同じ事実を認めるが、彼の場合、快楽により大きな影響力を認めている。「頻繁に繰り返されるエロティックな痙攣[70]」は、出産に加え、女性美に悪影響をおよぼす。惚れっぽい体質の女性、あまりに強い感受性を生まれ持った女性は、たちまちその瑞々しさを喪失してしまう。彼女たちは「冷感症体質の人、興奮しにくい人が長いあいだ保つあの柔らかな体の線を、いち早く失ってしまう」のである。

　閉経期を迎えて、女性が「種にたいするあらゆる義務から解放された[71]」とき、自然は「残された最後の時間の利用法を『個人に任せる』」。個人へのこうした転換、むしろ帰還というべきかもしれないが、それは人生の微妙な段階で生じる。「彼女（閉経期の犠牲者）は、昔はさぞやと思わせる魅力の残り香で人の関心を惹く［…］時間はまだ残っている」。ところが次いで「女性の地獄」が口を開ける。「すべてはしおれ、すべては崩れ、女性の諸器官を活気づけていた生命の衝動は内部へと縮み込んで、体の外部ではほとんど伺うことができなくなる。女性を支えてきた豊かな肉づきは消え去り、本来の体重へ戻るに任せる［…］[72]」。

　モロー・ド・ラ・サルトには臨床医のこうした残酷な視線がある。脂肪が止めどもなくつき、腹部が出る。腹部はその張りと艶を失う。やがて大小の皺が増え、首の肉が落ち、胸が垂れ、鎖骨が飛び出し、関節は弾力を失い、子宮は知らぬまに縮む。「女性は自分が種にとってもはや無であることに気づくのである[73]」。

　コロンバ・ド・リゼールも「女性の地獄」にふれている。彼もまた「母体がしだいに効率を落とし、やがて他の器官と同じ範疇に帰る」一方で「肌の張り[74]」も失われてゆくと力説する。それにもかかわらず、この時期に「新たな性的快楽によって身を焼く情熱を冷ま」そうとする女性の苦悩については、後で見ることにしよう。それは「とんでもない事故」に身を晒そうという試みである。

以上の引用から、これら学者たちの言説に含まれる詩的濃度がいかに高いかぜひとも納得してもらわなければならない。これに続く半世紀のあいだに、この詩的な口調も徐々に冷たい科学的記述に道を譲るようになるのだが、それでも医者たちの熱情は、われわれが扱う時代が終わるまで完全に涸れることはない。マンヴィル・ド・ポンサンは、一八四六年、依然として医学の詩情を駆使しようとしており、女性についてこう書いている。「その目には海の魅力がある。その豊かな髪は電気の発生源だ。その処女なる身体のうねりは優美さと柔らかさを、大河の蛇行やつる植物の絡み合いと競い、創造主はその美しい胸に世界の形をお授けになった[75]」。

一方男性の身体論は盛り上がらず、進歩がない。いずれにせよ、医者にしてみれば、自らが間断なく経験している男性というこの対象に女性と同じ神秘の部分が隠されているとは思えないし、筆を熱く突き動かすものを感じることもできない。女性を対象とするときには欲望とないまぜになってあんなにはっきり感じられた幻惑がないために、どうしても素っ気なくなってしまうのである。男性の場合、生殖機能に属するものすべてがさほど複雑でないことも与っている。男性の身体美の描像に含まれる細部がより少ないのは、それを細かく見ようとする目が存在しないからだ、とマンヴィル・ド・ポンサンは力説する。自然の要求は、男性の場合、身体にさほど深く刻み込まれていない。男性は外側に向かっている。生殖器は概ね外部に付いており、いわば周辺的である。こうした相対的な外部性から、必然的に、行動、努力、野望を含意する発揚、膨張、生成変化といった特徴を持つことになる。女性の身体の湿潤に、男性の身体の熱と乾燥が対立しているのである。

「よくできた男性の身体は四角くなる」。モロー・ド・ラ・サルトは、名前を出さずにビュフォンを引きながらそう断言する[76]。ヴィレーはむしろ男性の身体を逆ピラミッドに見立てている。ブルダッハによれば「男性は(女性と比較したとき)その長さにおいて勝っている。より長く、円錐形で、両サイドが引き締まり、下半身が狭小である[77]」。だが、男性の体形が球形の対極にあることは全員の認めるところで、すべてが直線的で固く強いとされる。男性の堅固さ、強固さは、女性の身体の柔らかさと対極を成す。男性の身体においては角張りが支配的である。医者たちは体の輪郭線については語らず、突出部や、他から区別しやすい部位について語っている。「険しい表情をした[78]」筋肉は力のしるしである。女性よりも太く硬い骨のうえにその筋肉が載っている。男性においては繊維の稠密さ、体臭の強さ、体毛の多さが特徴である。筋肉と生殖器系の競争の犠牲となった運動選手のような極端な体躯を実現せよというわけではないにせよ、文人のような虚弱な体形を避けることだけは肝要だとされる。

男性の感受性は女性の感受性の対極にある。あるいは、その陰画だといってよいかもしれない。知覚神経の鋭敏さ、感覚的メッセージの分析能力は女性よりも低い。だが、その一方で、受けた印象はより長続きする。欲望を表出したりエロティックな印象を受容したりする場所は、女性のように体表面に分散しておらず、外生殖器に集中している。陰茎の勃起力と亀頭の感受性は、つまるところ、自然が男性に託した使命、すなわち挿入にかかわるすべてを成就するための道具であることを目指しているのである。そこに触覚と、女性の官能的な丸みを愛撫することによって得られる快感の重要性が加わる。

すでに見たように、性を生み出す分離はその他の器官系の機能にも差異をもたらす、と医者は言う。例えば消化作用にも両性に違いがある。「男性は肉食動物に近く、女性は草食動物に近い[79]」とブルダッハは考える。男性は、自分たちをより大きく、凶暴で、逞しくしてくれる動物性食品が好きで、女性は植物と牛乳を好む。男性は「強力だが繊細さに欠ける自らの被刺激性」に生気を与え、「自らの繊維にふたたび活気を与える」ために香辛料と強い酒を必要とする。呼吸も男女で同じではない。女性の肺はより小さく、酸素の消費量も少ない。女性において酸素の燃焼は「静かで穏やかな赤熱にすぎないが［…］男性にとってそれはパチパチと音が聞こえてきそうな炎である[80]」。

ルーセルはすでに、女性の脈拍がより小さくより速いことを指摘していた。カピュロンの断ずるところによれば、要するに、「女性において循環、呼吸、消化、栄養摂取、分泌は男性よりも少ないエネルギーでより速く行われる」[81]のである。性交における激しい高まりを記述し男女差を強調するさいの医学的言説に、こうした確信と観察の全体が影響を及ぼしていることは言うまでもない。男性は外部に向いているために、行動、努力、野望、「自我の拡大」、拡張を、したがって進歩を促進するものが自然から賦与されている。男性にあってはすべてが運動、膨張、生成変化を連想させる。「女性は在り、男性は成る。ところが成るとはつねに不安定な事柄である」[82]とブルダッハは断言する。男性の伴侶たる女性はそもそも、男性が自然と一体化するために必要な紐帯を結ぶ手助けする、という使命を負っているのである。

一方の女性は、内部性に属するすべてと自己を同一化する。器質や体質に属するものをより鋭敏に聴き取る能力を与えられているのである。女性を孕ませる使命が射精の短さに集約できるのに対し、女性の使命は受胎、妊娠、授乳など母性にかかわるあらゆる責務にまで途方もない広がりを見せている。幸いなことに、女性が外部の危機に左右されることは伴侶たる男性に比べてより少ない。現在と一瞬の感情に敏感である女性は、したがって、細かな違いの持つ意味を理解し、細部や小さなものに配慮する力を与えられている。

女性にとって倫落は取り返しがつかず、身を誤った女性は「自然」の要求を放棄したに等しい。彼女は我が身を外部に開いてしまった。自らの身体を、母性を、目的のない快感に委ね、自らの性の美質を喪失してしまったのである。彼女の前には不可逆的な運命が姿を現す。そのときから、自分はありとあらゆる過激な行為ができることに彼女は気づく。女性は自然の障壁によって悪徳から守られている。だが、その障壁を越えることは女性にとって決定的な行為となる。たしかに強い情念は男性の体質に起因するし、男性は侵犯に対する強固な障害を見いだせない。だが、男性にとっては復活すること、最初の状態を回復することは容易である。

一方、零落の前に立ちはだかる障壁をひとたび飛び越えてしまうと、女性は「ひたすら堕ちてゆくばかりで、転落に転落を重ね、もはやどうにも後戻りする力を見つけることができなくなる。なにも出発点にまで戻れないと言っているのではない。その場で立ち直ることすらできないのだ［…］やがてその人は男でも女でもない、どんな不埒なこともやってのけるぞっとするような存在になる。そうなるともはやモラルなどいかなる歯止めにもならない」(83)とマンヴィル・ド・ポンサンは書いている。こうして性的モラルの自然化と二重基準《ダブル・スタンダード》が完成する。この論理にしたがえば、侵犯の範囲、反道徳性の辿る途、人間存在の変貌は性によって根本的に異なるということになる。パラン＝デュシャトレの目に売春婦が死肉と同じに映ったほど事態は深甚である。(84)医者たちによって流布されたこの自然主義につねに注意を払っていないと、一七七〇年から一八六〇年における性愛関係の研究に手を染めても、対象を真に理解できないまま終わってしまう危険がある。

第2章　快楽の質と細部

ここではハラーとともにすべてが始まる。彼は、一七七四年、「性的快感」を読み解く読解格子を提案するが[1]、そこに含まれる諸要素は十九世紀中葉までたえず取り上げられ、充実されてゆくことになる。ハラーはまず、男性における精子の分泌とその生成を促進する心的要因を研究し、勃起が意志の力に従うわけではない以上、想像力のはたす役割、とりわけ、扇情的な画像を見たり、エロティックな文字媒体を読んだり、快楽の思い出に耽ったりするときに抱く幻想がはたす役割はきわめて重要だと力説する。男性の欲望を刺激する他の要素にも検討を加え、愛撫や女性性器の匂いなどを挙げて、後者に決定的な重要性を認めている。ハラーは医者として勃起の程度、いわば勃起の質にしばらく注目し、陰茎亀頭を快楽の源泉と考え、挿入を記述した後、「快楽が絶頂に達した」ときに「神経の痙攣的緊張[2]」によって惹起されると考えていた射精の強度を計測しようと試みる。この分析からハラーは次のような結論を導き出す。人間は「精子が最も少なく、性交にたいして最も力を持たない動物[3]」で、ロバ、馬、猪と比べるとその性的功績は貧しい。続いて本来の意味での快楽、すなわち「大きな身震い」を伴う「極度の痙攣[4]」の記述に至る。このとき、脈拍は上昇し、心臓は早鐘を打ち、呼吸は苦しくなり、まるで激しい努力を強いられたときのようになる。次に性交が男性に強いる準備期間について考察し、精子の備蓄、欲望の強さ、行為の回数、休息期間の長さといった一連の助変数に応じて変化はあるものの、それを三日とする。最後に過度な性交が惹起する危険について述べ、視力低下、「脊髄痨[5]」、さらには急死をも招くと述べる。ハラーが努めて男性の快楽と女性のオルガスムを区別して描き、前者に多くの叙述を費やしていることは注目に値する。

ハラーが女性の快楽に与える記述からは、快楽の淵源という問題が生じるが、これについては後にふれる必要があろう。いずれにせよ、女性における欲望の亢進についてハラーが与える説明は詳細を極めている。愛撫によってクリトリスが勃起すると、女性は我慢ができなくなる。膝が震えて力が抜ける一方、乳房は熱を帯びて赤みが差し、膨張して円錐状に固くなる。もっとも、ハラーは膣の役割を排除しているわけではなく、外生殖器全体を扇情的にくすぐる効果を過小評価しているわけではない。ビュフォン以後、ただしカバニスと観念学派《イデオローグ》〔コンディヤックの感覚論の影響下に観念の起源や特質を研究し、これをイデオロジー（観念学）と称したカバニスらの学派〕にははるかに先だって、ハラーは母性と乳房の感覚がいかに緊密な同調性を持つか力説している。次いで彼は固有の意味での女性の快感のメカニズムに取りかかる。膣の組織が膨張し、歓びのなかでペニスを締め付けると、まもなく卵管と卵子にもかかわる「性的な痙攣」がやってくる。事実、ハラーはヒポクラテス派とガレノス派の両性種子説を堂々と退け、「女性において精液はいささかも形成されない(6)」と確言し、粘液の役割を取り上げるだけにとどめている。その代わり、受胎の成功を知らせる身震いを排除していない点ではヒポクラテスの基本路線に沿っており、ビュフォンとも意見を同じくしている。

さまざまな法則が快楽の経過にいかなる役割をはたしているのかという問題に、ハラーははっきりとした答えを出していない。その代わり、肉体関係において男女どちらがより強い快感を感じるかという紋切り型の問い、いわゆるトレシアの謎についてはきっぱり裁定を下し、陰茎亀頭がクリトリスよりもはるかに大きく、「性行為」においてより膨張するという事実から、「射精のときに、男性が女性よりもはるかに強い興奮を感じている(7)」ことは明らかだとしている。両性種子説が放棄されてもなお、射精モデルに依拠せずに女性の快感を理解することがいかに困難であったかを示す推論である。

医学文献を読むと、個々人が「自然」の要求に従い、全身全霊をかけて種の保存に勤しむがゆえに人類の最も重要な行為だと考えられた行為に、医者たちがいかに重きを置いていたか看取できる。そのとき、個人は我を忘れ、死と紙一重の強烈な興奮に身を委ねる。この行為は、個人を超越しているからこそ他の何にも比肩できず筆舌にも尽くしがたい快楽を与え個人を圧倒するからこそ、比類ないエネルギーの消耗を可能にするのである。後に練り上げられた性《セクシュアリテ》概念から影響を受けたわれわれフロイトの末裔たちにとっては、男女の肉体的結合力が当時いかなるものだと考えられていたか、理解することさえむずかしい(8)。当時の医学文献にわれわれが感じる違和感はここからやってくる。事情は、当時の芸術裸体画を見たときに感じる違和感といささかも変わらない。

当時人間の諸機能の最高位にあると考えられていたものを成就するさいに惹起される興奮がいかなる広がりを示しているか、これをきちんと把握することがきわめて重要になる。十九世紀のポルノグラフィーやオルガスム機械が、肉体的結合を一世紀にわたって高く評価してきた運動の帰結だとは考えないようにしよう。また、一七七〇年から一八六〇年までのこうした医学的言説を読むとき、異性愛という観念すら考えることができなかった事実も理解しなければならない。異性愛という観念が可能なためには、ふたつの概念が練り上げられていなければならないが、当時それらは知られていなかった。まずは性《セクシュアリテ》という概念。そしてもうひとつは、「『自然』の要求」の成就にともなう欲望《デジール》と快楽《プレジール》とを切り離す、同性愛の概念である。

一七七〇年代初頭から十九世紀中葉にかけては、性交にかんする医学的言説からは詩的な高揚感がいくぶん後退し、臨床的な距離と精度が増大するという特徴が見られる。繰り返しになるが、これは、生気論、さらには感覚論の影響がある程度弱まり、それにともなって観察や計測が可能な生理学が目立ってきたことによる変化である。この時期の描像を読むと、それ以外にもいくつかのことに気づく。まず、当時の医者が頻繁に参照していたルクレティウスの『事物の本性について』を別にすれば、このころの描像には系統学的な要素がほとんど存在しない。また、エロティック文学は、興奮という明確な目的に応えているにもかかわらず、性的快感を描きながら足を止めて悦に入ることも、精緻を極めることも、それどころか高揚することさえめったにない。驚くべきは医者たちの語調の明らかな自由さで、自然にたいする逸脱・背信行為にでもかかわらないかぎり、医者たちは快楽の記述を苦労してまでラテン語で書こうとはしていない。ちなみに、彼らの著作のうちには同業者の輪の外で読まれていたものがある——ベローの著作(9)などがそれで、モロー・ド・ラ・サルトとデランドの概論書にいたっては、教育者や家庭の母親に向けて書かれている。しかも、ロマン主義文学に対して周知のような過酷な検閲がなされていたこの時代に。

したがってわれわれは、エロティック文学と医学的著作を近づけるものと分かつものの分析しなければならない。いずれにせよ、性にかかわる学問の淵源にかんする問いが最も重要であることに変わりはない。ここまで引用してきた文献の著者に、性交の臨床的な観察を思う存分行なえなかったことは明らかである。したがって、彼らの知見は、自分自身やパートナーの興奮を観察したり、いくにんかの患者から苦労して引き出したものだろう。また、痙攣や女子色情症《ニンフォマニア》やヒステリーの発作を観察するうちに知らず知らず転移が働いて、その結果、性交場面全体ではないにせよ、少なくとも、快楽の絶頂にやってくる「性的痙攣」の描像を豊かにすることができたとも考えられる。

一七七〇年から十九世紀中葉にかけて、一連のプロセスが、描像の洗練と解釈の修正に向けて一致協力し合った。両性種子説の完全にして決定的な廃棄。男女の生殖器、とくに陰茎亀頭とクリトリスの神経分布にかんする解剖学的な、とりわけ生理学的な知識の増大。妊娠メカニズムの理解における進歩。この時期の最後に現れた「自律的排卵」の理論。そしてなにより、厳格な自己観察の促進や性行為の苦悩と失敗について尋ねる手続きを洗練させるために払われた努力、などがそれである。こうした歩みは、不能の、次いで冷感症の治療にあたって編み出された欲望の度合いと快楽の度合いの分析に極まる。ただし、この間に骨相学がつかのま流行し、精液漏にしばらく注目が注がれたことによってこの分野に混乱がもたらされたこと——ただし、貢献もいくつかあった——も忘れてはならない。

欲望の高まり

医学テクストに表現されている欲望と快楽の描像をより精密に分析してみよう。十九世紀初頭に色情狂《エロトマニ》と形容されることになる、肉体的結合にも手淫にも至ることのないあらゆる欲望は直ちに除外しておく。医者たちにとって男女の良好な関係とは（一）欲望の相互性、（二）性交の実践、（三）「震盪」の共有である。たとえば、一七七二年、外科医のリニャック[10]は「情念《パッション》の激しさ」と性的快感《ジュイサンス》を混同しないよう求めている。かつてルクレティウスが語ったように、快楽をすみずみまで味わいたいなら、いかなる幻想も避ける必要がある。

十八世紀末から十九世紀初頭にかけておこなわれたこうした性的欲望の分析は、博物学と、それを含む比較研究に大きく依存したままであった。医者たちは、この観点から、人間における欲望の優位と永続性を称揚している。すでに頻繁に現れていたこの主題を、一八一一年にリシュランは再び繰り返している。「いつでも伴侶に近づくことができ、いかなる気候においても、いかなる気温においても伴侶を受胎させることができるのは、ひとり人間だけである[11]」。番っている動物は「生殖器でしかふれ合っていないし、そこでしか快感も感じていない。(動物は)愛撫の力をほとんど知らない。逆立った毛で皮膚が覆われているからである[12]」。「想像することも、じっくりなにかを味わうこともほぼ皆無な」動物は、「粗雑な官能《ヴォリュプテ》」と「ごく短いあいだのあがき」しか知らない。

人間は「あらゆるもののなかで最も官能に恵まれている[13]」。温血動物にもすでに、それ以外の動物より「はっきりした媚態」によって準備され、点火される性的快感は存在する。哺乳動物はとりわけ強い快感を味わうことができ、「淫蕩な資質」をよりはっきり示している。哺乳動物の雌にはクリトリスもあるし、挿入が他の動物より深い場合もある。だが、肉体的にも精神的にも感受性がきわめて鋭く、無毛で「触覚が全身に広がって」おり、「接触の強烈な快感[14]」を受けやすい人間は、快楽の頂点に立つ。人類において両性の関係はより完全、頻繁、親密である、とヴィレーは一八二五年に断言している。「無毛の皮膚が両性に対してより直接的な接近、より官能的な印象、より優しい接触を可能にして[15]」おり、それが「幻想能力」を高めている。人間の「皮膚はうまれつき刺激にきわめて反応しやすい」。そのうえ、「皮膚の機能を生殖器の機能に結びつける、あらゆる親和的な関係[…]が認められる[16]」とヴィレーは加える。そして、手を自由に使えることが、性行為において、人間に高い優位性を与えている[17]。しかも、動物に確認されているところとは違い、人間のあらゆる感覚は調和的に共振するのである。

動物とは逆に、「人間の想像力は、甘美なものであれ、苦悩に満ちたものであれ、あまたのイメージを（人間に）もたらし、それらのイメージはじっさいの経験以前からすでに苦痛も歓びも増幅させている」[18]。さらに、直立歩行によって、人間――とりわけ女性――の「血液はたえず骨盤腔に誘導され」、そのことによって性的感受性がいっそう高まる。動物の雌の場合、膣は腹部に対して平行に走っているが、人の女性の場合、膣は外陰部および子宮に対して斜めに走っているため、パートナーは動物のように「快感の局所」が限定されることのない体位で交わることができる。「人間は伴侶を抱き、快楽に酔い、興奮の諸段階を辿り、官能の細部を知って味わい、いくつもの感覚で幸せになり、自らの持てる能力をすべて参加させて［…］最も重要な機能を行使する」[19]。人間があらゆる被造物のなかで最も惚れっぽいとすれば、それは結局、精子の分泌に必要な栄養分をよりふんだんに供給できる栄養補給が可能だからである。

人間の雄はたしかに、こうした優位と引き替えに、オルガスムの瞬間に高まるあの死の予感を味わわなければならない。男性は性交によって疲労を招き、その疲労が男性にとって消滅の予兆となるが、男性はその消滅を加速させているのである[20]。

われわれが読んでいる資料を書いた臨床医や生理学者たちは、「自然」の要求を実現しようとするさい、動物と人間にいかなる違いがあるか明確にしようと試みたのち、欲望の高まりというところでつまずいている。欲望の高まりを主題にした彼らの言説は、観察の結果と曖昧な仮説を、いや非合理な仮説までもないまぜにして、たいがい支離滅裂なありさまを呈しているのである。概して、観察可能なものと計測可能なもの、すなわち生殖器の状態に閉じこもっており、言説の最も大事な部分は器官の興奮、オルガスム、抑えきれない欲望、刺激という要素に依存している。欲望を持った男性の性器は勃起し、欲望を持った女性の諸器官は血液の大量流入によって膨張する。そこに刺激、系のあいだの親和作用、勃起組織間の連絡といった仮説が加わる。

こうした血液と神経の作用を越えたところにひとつの疑問が生じてくる。これらを統括する指揮者ははたして存在するのか。それは大脳なのか小脳なのか。ところが、これら臨床医と生理学者においては、この疑問は、魂が備えた能力、とりわけ想像力と記憶力の役割にかんするきわめて曖昧な問題提起に導かれてしまう。彼らが研究の対象とする自然の作用を攪乱するものとして情念《パッション》を排除し、むしろ、両性の肉体的結合という芝居を演出する自然な感情《サンティマン》について議論を長々と展開しようとする。

男女に欲望を授け、性差を認識させるものは自然である。男女が自分たちを分かつものを意識するやいなや、互いを冷静に眺めることはできない。「男は女のなかに、女は男のなかに、自らの不安を快楽へと変えることのできるこの世でたったひとつのものを見る[21]」。「一方は他方のなかに、至福に至る手段と自分を補う存在だけを見ている。両者は、自然が種のために語りかけてくる力に応じた激しさで相手に身を投じる[22]」。「意志の力では御しがたい」生殖器は、欲望の自律性、あるいは「その気まぐれで厚かましい思い上がり[23]」とでも言おうか、それを強いてくるのである。

人間は快楽と苦痛によって規整されるさまざまな欲求からできあがっているが、そのトップが種の保存を目的とする媾合の欲求である。「健康な人間であればだれにでも、肉体的な愛の歓びを必要とする年齢がある[24]」。欲望は男性の場合まずもって精子を「排出」したいという欲求から、女性の場合生殖器とりわけ卵巣の鬱血からやってくる、とブルダッハは断言する。以上が「性的興奮の一般的な法則[25]」である。欲求が欲望を生むが、デキュレによれば、情念とは欲求の激化すなわち「欲求の専横[26]」でしかない。しかし、欲求は「われわれの器官が働こうとするたびに[27]」現れる。要するに、欲望は「欲求の満足をより専門とする器官に欲求が与える初発の刺激から生じ、その強度は、人が欲求の実現に賦与する快楽の観念に応じてつねに変化する[28]」のである。

肉体と精神の相互関係にかんする感覚論と観念学派《イデオローグ》の見解に従えば、ぜひとも読み解かなければならないのが欲望亢進のメカニズムである。彼らは、感覚的メッセージ——とりわけ第六感の印象や「生殖本能[29]」——が生殖器に与える作用と、こうしたやむにやまれぬ生理的衝動を受けて采配を揮い、想像力を始動させる大脳の機能の両者が、「説明のつかない相互依存」と「能動的な共感」作用のなかで組み合わされていると見ている。つまり、ここには複雑な相互作用が生じており、この相互作用のプロセスがどのように機能しているのかもっと理解すべきだと考えているのである。

医者たちは男性の欲望にあまり長く立ち止まらない。あまりにたやすく理解できるので、わざわざこだわるまでもないと考えているかのようである。形態、匂い、色、肉の固さ、皮膚の肌理における性の違いが確かめられれば、遊走子をもつ精子の活動によると一部に考えられていた勃起が起こるには十分である。医者には、欲望が陰茎、とりわけ特定の触覚の中枢である陰茎亀頭への印象とオルガスムに集中的に現れているように思える。陰茎亀頭の皮膚はふくらみ、膨張し、それに伴って色合いが濃くなり、「より生き生きとした[30]」色調を帯びる。その結果、「穏やかな熱気」が生殖器全体に伝播するのである。

一八二四年、臨床医アドゥロンはペニスの勃起を精密に描写している。「その動脈は力強く脈打ち、その静脈は膨れあがる。血管を覆う肌は色づき、熱気が上昇する。それまで丸かったペニスがいまや三角形を帯びている……[31]」。勃起は、いまだ神秘に包まれたままの現象で、突如訪れることもあればゆっくりと徐々に訪れることもある。意志に従うことのない勃起は、はかなく、気まぐれで、「さまざまな度合いを取ることができる」。ほとんど同じ状態にとどまっていることができないので、挿入後、任務を完遂するまでは「いかなる気散じも許さず」、「他の行為をすべて締めだそうとする」。アドゥロンによれば勃起は大脳の影響によって起こる。火のついた生殖の欲望が海綿体を刺激する。その一方で、ペニスと、いくつかの内的な共感を経由してペニスに結びついた生殖器すべてに直接的な刺激を与える。

ラルマン教授は描像を簡潔に描いている。陰茎亀頭の「感覚機能を備えた表面積の広い繊細な感受性」は、「他の器官にたいしてたちどころに支配権を及ぼ」す。「飛び出した」巨大「神経乳頭」によって生殖を遂行するのが陰茎亀頭の役割である。[32] コルベルトのかなり以前にラルマン教授はこう断言している。

同時に、愛撫が決定的な刺激を与える。いずれの性の個人にとっても、それは決定的な刺激である。「欲望に両唇はふくらみ、接近し、膨張し、色づく」[33]。相互に与え合う愛撫は「性器が勃起するための準備態勢をほぼ間断なく」亢進させる。性器が聴覚と結ぶ関係はここまで直接的ではない。とはいえ、リュリエは声の扇情的な力を強調している。視覚の場合、感覚的メッセージと性器との相互作用はより複雑である。美のイメージは興奮を誘うが、逆に、生殖器の状態が目に影響を与え、「欲望と、そのあらゆる陰影の特徴を表す最適な表現を眼差しに」与える。目はそのとき、いつにも増して「魂の鏡」[34]となる。色情狂の卑猥な目も、クレチン病患者の扇情的な眼差しも、このことをきわめて明瞭に示している。

一方、女性の欲望の高まりについて医者は際限なく論じている。ひとつめは、生殖器全般の解発因《リリーサー》の役割についての議論である。オルガスムや興奮による血液の大量流入が生殖器を膨張させ、これに赤みを帯びさせるが、それにより子宮と腰部が重く感じられる。それが原因でときおり表れる抑えがたい疼きは、手淫、膣への異物挿入、さらには女子色情狂にまで窮まる体の火照りを引き起こすに十分だと多くの学者が考えている。この確信は、一七八五年、シャンボン・ド・モントーによって明確に述べられている。シャンボン・ド・モントーは外性器の疼きと子宮頸部の疼きを注意深く区別する。子宮頸部の疼きは一般に堪えがたいまでに亢進し、「熱狂、怒ったような様子、胴体の捻り、下腹部の膨張」[35]を引き起こすことがある。こうなると、子宮頸部の熱を冷やして一時的に緩和することができるものとしては精液しかない。

ふたつめの議論は女性の欲望を発動させる解発因《リリーサー》が正確に言ってどこにあるのか、という問題にかかわっている。医者の大半は、クリトリスの果たす役割が大きいと主張する。この所見にはそれなりの重要性がある。というのも、われわれなら性感帯分布図と呼ぶであろうこの地図によれば、性的快感は、外的な場合、子宮および膣の感覚とは無関係ということになるからである。したがって、女性は、男根や張形がなくても自分ひとりで、あるいは女性同士で性的快感が得られることになる。ヴィレーはこのクリトリスの優位を強調する。ただし、彼はクリトリスと同時に唇と乳首も勃起すると指摘している。[36]モロー・ド・ラ・サルトも同じ立場に立つが、クリトリスの大きさは女性によってかなりのばらつきがあるという。「性的快感の味わい方にはかなりの濃淡と多様性[37]」があるのはそのためだと彼は考えている。この問題についてはまた後に見ることにしよう。ルノダンは『医学事典』の頻繁に引用される論文中で、クリトリスこそ女性の官能の主たる源泉だとしている。[38]デランドは、そもそも、クリトリスの切除によって女性は性的快感を感じる能力が減退するのだから、この器官が以上のような役割を担っていることは間違いないという。[39]後に見るように、その後リシュランもこの見解に賛同しており、ルボーは、クリトリスの切除が病的色情亢進を治癒したことを繰り返し指摘している。[40]とはいえ、それだけでは官能の源泉をほんとうに涸らすことにはならない、とルボーは考える。

というのも、それまでの少なからぬ医者と同じように、ルボーもまた、性的快感の解発因《リリーサー》となる器官が他にもあるのではないかと考えていたからである。その証拠に、夫婦は、陰茎がクリトリスに接触できない体位で交わることがあるが、「それにもかかわらず女性は不満を持たないどころか、より強い官能に達しているふしがある」[41]。それどころか、ルボーが本人たちから直接証言を得たところによれば、「クリトリスに与えられる軽い刺激にはまったくなにも感じず」、「陰茎その他の物体で膣壁を擦る[42]」ときにしか快楽を得られない女性がいるのである。手淫を行う女性がかなり多いということが、この意見を補強している。

クリトリス優越説に傾く者は、クリトリスがあまりに開発されると、女性は「男性の愛撫に無関心になり[43]」、「想像力の暴走」によって倍加された「クリトリスの官能」を女性とともに追い求めたいという抗しがたい欲求に屈する形で同性愛にのめり込んでゆく、とはっきり指摘する。ただ、マンヴィル・ド・ポンサンが指摘するところによれば、幸いなことに、「この器官の切除は通常、女性を自然の嗜好へと連れ戻し、妊娠へと仕向けてくれる」[44]。したがって、外陰部――小陰唇――、膣壁、膣壁を覆う小さな生殖腺、これらが欲望の亢進と快楽の触発《リリース》に与っていると考える医者は存在した――この点については後でまた触れることにしよう。ハラーの権威に従うミュラは、小陰唇とともに膣に大きな役割を認めている[45]。女性器研究を専らとした偉大な臨床医のひとりユギエは[46]、膣内分泌物の過多と欲望の強さとの関係および特定の生殖器病の出現との関係を理論化している。一八四三年と一八四五年のあいだに発表された、女性の快楽にかんする彼の有機体論的理論は、この生殖器病が惹起する分泌、火照り、炎症を根拠にしている。ユギエによれば、いましがた触れた抑えがたい掻痒感を媒介する場合とくに、この生殖器病だけで十分に欲望を亢進させることができるという。過剰分泌の支配下にある女性の官能が熱せられると、女性は不規則な性に耽ることが多い。

　コロンバ・ド・リゼールはクリトリスと小陰唇は同時に活動しているという見解に傾いており、女性生殖器から快感を感じる能力を奪う危険を冒さないためにも、外科手術のさいにはどの女性生殖器も丁寧に扱うよう求めている[47]。要するに、あまり白黒はっきりさせるべきではないというわけだ。当時の臨床医は欲望と快楽の源泉にかんして、必ずしもクリトリス派と膣派のいずれかにきっぱり分かれているわけではなかった。ただ、コベルトがこの議論に参加する以前は、高ぶり、オルガスム、火照り、疼き、劇的な亢進にだれもが極端な重要性を与え、こうした現象が触発《リリース》しやすい病気を延々と列挙するに留まっていた。過剰と乱用にたいして当時の医者がなぜあのような態度を取っていたのか理解するためには、こうして延々と列挙された病気をぜひ読まなければならない。

　以上の理路に沿って、デランドのような臨床医のなかには、欲望の突発的亢進に再び重要性を認めようとする者が出てくる。「生理に先立つ期間と生理中の興奮によって淫蕩になる女性が多いことはよく知られている[48]」と彼は声高に主張するが、これは雌の動物の発情期を思わせる。デランドによれば、卵巣もまた「この種の興奮の発生源[49]」である。雌は卵巣の動脈と静脈が太いために好色になりやすいと考えるのである。なにかの都合で卵巣を摘出すると雌は性行為にたいする興味をすっかり失う。家畜の去勢師はそのことをよく知っていて、ある去勢師など、あまりに淫蕩な娘にうんざりして、卵巣摘出手術を受けさせたことさえあった。これが「模範的な行動[50]」といえないことはデランドも認めてはいるが。

欲望の高まりは、女性生殖器や共感によってそれらと結びついた乳首だけに、いつまでもとどまっているわけではない。反応の放散作用によって感覚的印象があちらこちらに伝播し、他の多くの器官も「いっせいに震える」。子宮の共感的放散を認めない医者がいないのはこうしたことによる。その代わり、身体の一部へのわずかな接触でも子宮に影響を与える可能性がある。早くも一八二二年には、ハイデルベルクのフリードリヒ・ティエデマンが、神経経路の研究によってこの放散を説明しようと試みている。

残るは、生殖器に局在する神経だけでこうした官能の印象が伝達できるか、という問題である。リュリエは一八一七年に『医学事典』のなかで「気持ちや観念の影響をこれほど敏感に感じ取る器官は他にない[51]」と断言している。生殖器におよぼす想像力の影響は決定的である。生殖器は好きな対象のことを思うだけでそそられるし、「嫌いな対象のことを考えるだけで冷や水を浴びせられ［…］、悲しみ、恐怖、臆病によって縮み上がったり縛られたりする」。女性の場合も、分泌のリズムと強度が示すとおり、子宮と乳房は感情の影響を受け入れている。それでも、この影響がいかなるメカニズムによって作用するのかはリュリエにとってなお謎にとどまり、「生殖器系の末梢神経が神経中枢にある種の反射を与えるというきわめて曖昧かつ不確実な仮説[52]」と精巣や卵巣の分泌物が染み込んだ血液によって大脳が刺激を受けるという仮説のあいだで揺れている。

この数年前にカバニスはもっと断定的な言い方をしていた。カバニスによれば、きわめて鋭敏な感覚を備えた生殖器は、大脳中枢にとりわけ強烈な作用を及ぼす。というのも、「いずれの性においても、生殖器の神経は」さほど太くないにもかかわらず、「多数のさまざまな神経から成り立っている[53]」からである。生殖器の神経は、共通の場として働く交感神経系によって、それが働きかけることのできる「神経系全体のうちで最も重要な分枝」を通じて作用を及ぼす。しかも、カバニスによれば、本来の性感の本源たる生殖器——精巣と卵巣——は腺状組織である。ところで、あらゆる腺は互いに連絡を取り合っている。しかも、腺の状態は「大脳の状態に大きな影響を与える[54]」。したがって、生殖器は結局「感覚器官全体、および、生殖器と同じくらいきわめて敏感でこれと直接的な共感関係にある他の器官に、強い作用を及ぼしているにちがいない[55]」。腺系がいかに重要視されていたかは、性的快感、とりわけ初期の性的快感が女性頸部の膨らみを決定するという古代の見立てからも窺われる。また、リュリエは、腫れたり膿瘍になった頸部の腺が、結婚後まもなくして、「夫の抱擁を受け入れたり、拒絶したりするのに応じて[56]」大きくなったり小さくなったりした若妻の例を引いている。

ガルによれば、「発情期を司る場所」は大脳ではなく小脳である。ガルの弟子たちにすれば、小脳こそが「性器を司る立法者」であり、「繁殖本能の本源」であり、一言でいえば、「性愛の本拠地」であった。したがって、小脳の容量が生殖欲の強度と関係しているという断言は筋道が通っているように思える。ところで、ガルと弟子たちによれば、小脳の容量は頸部の長さや膨らみを見て外部から知ることができるという。ということは、このような特徴を持った個人は、その好色さにおいて抜きんでている、ということになる[57]。

ガルの一連の観察がこの理論を補強している。また、この理論にかんしては、ショファール博士が記録したある症例が再三再四取り上げられている。敬虔で慎み深く品行方正な三十三歳の男性が倒れた拍子に、運悪く後頭部をベッドの角で強打した。ところがこれよって男は常軌を逸した好色になってしまった。「男は妻や娘ばかりでなく、すべての異性につきまとうようになった[58]」。この妄想は三カ月にわたって悪化し続けた。ある日、妻に関係を拒否されて強い怒りに襲われ、この哀れな男はひきつけを起こした。すると苦痛は場所を変え、エロティックな妄想は宗教的な熱狂に取って代わられたという。

したがって、ショファールもヴォワザンもロンドも、そしてデランドも、過剰な好色を治療しようと思ったらとくにうなじに氷を当てるか、そこを蛭に吸わせるかして、小脳に働きかけるのが良いと考えていた。

以上のような性的解発《リリーサー》因の位置標定は、一方で、とりわけフルランスとブイヨーから強い反論を浴びている。ウィリスは、ガルが小脳の研究を発表する以前、生殖欲は脊髄にあるとしていた。ウィリスによれば、脊髄は精子の分泌・排泄器官、陰茎の勃起、より広くは「性感」[59]に直接作用する。たとえばドュピュイトランは、持続勃起症が脊髄の病巣に由来すると見なしている。またデランドが、男子色情狂患者にたいし、腰部に吸角を、肛門に砕いた氷と蛭を当てる一方で、脊椎に沿って冷水を浴びせるように奨めているのはこのためである。

注目したいのは、以上の医者たち全員が、体型、気質、個人の特異気質《イディオサンクラズィ》などによって性的欲望の強さには幅があると考えていた点である。各人に固有の「性器の感度」がある、すなわち、「性器感覚」にはその人なりの感受性が備わっており、好色にはその人なりの度合いがあるのである。臨床的な診察によって患者各人の気質を見分け、定期的な自己観察を命じて患者自らが己の感受性を評価できるようにさせることが、これ以後、医者の任務のひとつとなる。これによってはじめて臨床医は患者の欲望の激化を回避し、適切な程度に収められるようになるのである。

理解を深めるために、一例として、ルイエ゠ヴィレルメが『医学事典』で素描した性的欲望の特に強い女性の臨床描写を見てみよう。淫乱が疑われる女性は「神経系が優位にあり、筋肉がきわめて発達しており、蜂巣状組織が少ない」ばかりでなく、加えて「体毛系が発達していて色が濃く、髪、睫毛、体毛ともに豊かで漆黒である。目も同じように黒く大きく生彩を放ち、表情は表現力と動きに富んでいる」。「性的器官（性器、乳房、尻）が張り出し、乳房もどっしりとして固く均整が取れている。腰はきゅっとくびれ、骨盤は広がり、突出部分は丸みを帯びている。腹部はよく発達し、全身がすくっと伸び［…］」「口は大きく、唇は厚くて鮮紅色をしている。歯は白く健康で歯並びが良い[60]」。

生まれつき淫奔な女性を描写したこのような記述にいかなる一貫性があるのか、読者にはよく分からない。ただ一点、描写された女性がそれを書いた人物の趣味に一致するということだけを別にすれば。

欲望はまた想像力と、観念学派《イデオローグ》が詳述した心的諸能力総体の働きに反応して高まる。リシャールは、デステュット・ド・トラシーの『観念学要綱』に着想を得て、一八一一年、この心的諸能力として記憶、観念連合、比較、判断、推理を列挙している。欲望の刺激を受けたこれらの能力が高揚すると情念になる。「感じるとは［…］、ある印象を意識すること、記憶すること、経験した印象の記憶を感じることである。判断するとは、われわれの知覚のあいだの関係を感じ取ることである。そして望むとは、なにごとかを欲望することである[61]」。感覚、記憶、判断、欲望は互いに結びあいながらあらゆる観念の複合体を形成している。

性的快楽の濫用などを断ち切った場合にいかなる結果が生じるか、という主題で博士論文を書いたラブリュニは、「欲望に先立ち欲望を開花させる場合であれ、欲望のあとに現れ、欲望によって呼び覚まされ、掻き立てられる場合であれ[62]」、快楽の真の源泉は想像力だと考える。情念から糧を得た想像力が、今度は情念に働きかけ、想像力が情念を強化する。想像力が情念を高揚させるのである。「たび重なる性的快感の重圧に押し潰されると、われわれの感覚は新たな快感を得ることができなくなる、その一方で[63]」われわれを突き動かし愛の快楽を欲望させようとするのが想像力である、とフルニエは断言する。この点こそが、人間と動物を分かつ。

しばしば「初めて官能を与えてくれたイメージ[64]」から生じるモデルをだれもが自らの裡にひとつ持っていて、自分に強い印象を与えてくれる対象が現れるとそのモデル（引用原文ママ）と引き比べる、とすでにルーセルは断言している。フルニエはこう指摘する。「美女を見たときに引き起こされる興奮、美女を所有したときに味わった快楽の記憶によって引き起こされるこれまた強い興奮のなかに知的諸能力が高揚した結果が見られることは、思考する器官が生殖器にいかに強い作用を及ぼしているか［…］［そして］生殖器が自我の決定にいかに大きな影響力を及ぼしているかをあますところなく示している」[65]。それればかりか、エロティックな夢を生みだしているのもまた想像力である。この点について、医者と哲学者は、倫理神学の専門家とほぼ歩調を合わせている。もっとも、倫理神学の専門家とは反対にモレル・ド・リュバンプレは、晩の勃起を容易にし、夜、射出される精子の生成を助けるために昼間のうちに想像力を高めるよう奨めているが[66]〔**口絵2参照**〕。

性交過剰、性的濫用、不能、冷感症を治癒したい医者たちが、想像力の制御と高揚に大幅に依存した一連の治療法をいかにして開発しえたかについては、後に見ることにしよう。感じる能力、想像する能力、考える能力、この三つの能力に同時に働きかけたいという医者の意思は、感覚の訓育、豊かな薬局方、運動と体操、食餌療法と健康的な生活習慣の実践、そして広くは、神学者の戒律を思わせないでもない道徳教育によく表れている。治療しようとする不品行が女子色情症であれ、男子色情症であれ、「あまりに早熟な快楽」であれ、若い既婚女性における性交の過剰であれ、放蕩であれ、若い男女の手淫であれ、それは変わらない[67]。

欲望のメカニズムにおいて羞恥心がいかなる役割を果たすか、われわれはこれまで触れてこなかった。だが、羞恥心は当時きわめて重要な要素であった。男性の自然の興奮をいっそうかき立て、精子の生産を助け、繁殖力豊かな射精を行うための必要条件である男性エネルギー誇示を促すために自然が仕組んだ戦術の総体として、医者はこの羞恥心という感情を理解している。まるで最終的な明け渡しの時に高値がつくように、障害による欲望の高揚はきわめて重要なものとしてここに立ち現れる。身を委ねる前に女性が見せる抵抗は、パートナーの貞節にかんする男性の不安を鎮めるだけになおさら重要である。したがって、医者の目からすると、女性の羞恥心は自然なふるまいであって、策略の結果ではない。

媚態と結びついた羞恥心は、「欲望の活力を強化するために[68]」こそ欲望を押し戻す。以後数十年にわたって問い直されることのないこの医学的言説の基礎を、ルーセルはルソーに着想を得て確立する。羞恥心は「持続させる」ことを任務とする。対象の価値を押し上げ、対象を渇望する者の情熱をいや増しにするのである。欲望と障害のこの必然的な戯れは、欲望の素材を準備し、他者にたいする高い評価を生じさせる。よりよく降伏するために逃げ去る女性の側からすれば、羞恥心はたしかに、「自らが対象となり、自らがかき立てようとしている他ならぬその欲望に圧倒されることの恐怖[69]」を隠そうとする隠蔽工作に近いものを含んでいる。したがって、この隠蔽工作にほんとうの内気さ、弱気が混入しているのもまた事実である。だが実は、女性の抵抗を情熱的に欲しているのは男性の方なのだ。男性は「すべての障害物を退け、連戦連勝を重ね［…］、すべてを足下に組み伏し、あとは快楽を得るだけになったきわにあってもなお、突如として立ちはだかる障害に出会いたいと思っている。最も通過したい通路が閉ざされることを望んでいるのである[70]」。要するに、羞恥心の最良の証拠であり、したがって男性の興奮を頂点へと押し上げてくれる処女膜が庇護されていることで、羞恥心はなおいっそう美化される。快楽を遅延させる障害はいかなるものであれ欲求をかき立てること、性的快感は浪費されなければされないほど強烈であること、以上はこれらの医者たちが繰り返し述べているところである[71]。

羞恥心には他の利点もある。ヴィレーによれば、羞恥心によって女性は「男性を疲弊させ、荒廃させる（引用原文ママ）」のを妨げるからである。女性は「いつでも受け入れ可能」な状態になっているはずである以上、羞恥心というこの称賛すべき感情がなければ、男性はいつ疲弊するともかぎらない。羞恥心は女性に権力を与える。「男性に屈服する権利を手放さなければ、実力行使によって男性に反抗するばかりでなく、弱さによっても（男性を）服従させることができる[72]」のだから。

欲望の素材の準備を促すこうした美徳の証明は、男性が妻や愛人と初めて性交するさいとりわけ必要になる、とモレル・ド・リュバンプレは断言する。男性はこのとき「暴力による甘美な満足[73]」を女性に与えなければならないからである。いずれにせよ、羞恥心、慎み、とりわけ抵抗は、古き良きカリペディア〔美しい子どもを産むための術〕の観点からすれば決定的な重要性を持つ。事実、カリペディアには欲望と快楽の洗練された管理術が含まれていた。モレル・ド・リュバンプレはこう書いている。「世の妻たちよ、愛想のたたき売りは控えて、甘美な犠牲の瞬間をできるだけ延期なさい［…］みなさんのその賢明な慎みによって、力強く活力のある成分に満ちた液体だけをあなたに供給できる状態に夫を保つよう、つねに心がけなさい」。「みなさんがこれから社会に送り出す新しい生命の活力とエネルギーの大部分が依って立つべきこの力強い性的興奮[74]」にこそ、その秘訣はあるのです。

「良き性交」のための諸条件

医者が、自分らの考える良き性交をいざ描写しようという段になると、特別の詩才を発揮しなくてはいけないと感じてしまうのも無理はない。ちなみに、モロー・ド・ラ・サルトは、さながらツチボタルの幼虫のように男性の性行為が観察できないことを嘆いている。どの専門家も一致して、性交とそれに必要な強度、その得も言われぬ快感を讃えると同時に、性交にともなう危険、性交と死との関係もまた暴露していた。快楽を敵視し、快楽の洗練にほとんど関心を示さなかった「ヴィクトリア朝」的な観念をここで一掃しておこう。男性と女性の肉体的結合の波乱に富んだ描像によってこそ、われわれは当時の臨床医学と生理学の核心に迫ることができるのだから。

一七七〇年から一八二〇年中葉まで、この詩的レパートリーは生気論の優勢下にあった。充溢した強烈な生は「愛と生殖の時」にしか見いだせない、とヴィレーは断言する。性交するとは「生の充溢を味わうこと[75]」である。したがって、アリストテレスが忠告するように、全身で快感を味わい、決して「他のことを考え」ながらいい加減に行ってはいけない。動物は「全身全霊を傾けて[76]」番っている。勃起とは実は、個人のものではなく、種のものである。そして、ときおり勃起が阻まれることがあるとすれば、それはおそらく、欲望を引き起こす素材の質が良くないからだ。

意思の命令に従おうとしない性器にかんしてアウグスティヌスが提起した謎に、ヴィレーはこうした答えを出す。しかし、この得も言われぬ快楽は死を予示し、死と隣り合わせにあることを繰り返し言い添えておこう。自らの死を加速しつつ生命を与えることが、女性の二重の使命にほかならない。子どもを産むという行為は、自らの命を縮め、「いわば遺書を制作して死に備えることである」[77]。快楽の強度は、このとき、こうした死の意識を緩和するためにのみ存在する。雄が真に味わっているもの、それはなににもまして生命の伝達なのである。雄が愛しているのは「女性ではなく、女性がその保管者にすぎない新しい生命」[78]、女性から発せられるはずの存在にほかならない、とヴィレーは断言する。

モレル・ド・リュバンプレが先頭を切ってこの賛歌を歌う。「人生を謳歌する」とは、生殖器の機能を十全に満たすことである。「生命を伝播するための行為は［…］、いかなる表現によってもその観念を伝えることのできないほど心地よい感覚を両性に経験させる。生理学の医者ならだれもが認めるあれほど大きな重要性を、この行為に与えているのは、セックスの快楽（引用原文ママ）のこの抗しがたい魅力である」[79]。モンテーグルもまた、性交は男性に「味わいうるかぎり最も強い歓喜」[80]をもたらすと断言している。

より重要度の低い博士論文からもこうした調子が聞き取れる。ということは、博士論文の審査委員をしていた大家たちもこうした調子を直接耳にしていたのだろう。ビロンは『医学事典』で、性交が「生きてあることに価値を与える」ものであり、「生殖行為の完遂」から生じる快感は、「栄養摂取の機能に起因する快感と比べものにならないほど激越」であると断言している。味わうことのできるすべての者に快楽が等しく分け与えられているという点で、性的快感は人権の平等を表しているとビロンは考える。「それだけで感覚能力全体を巻き込むほどの」性交の興奮は、「人が増殖させ、永続させる生命のありとあらゆる力を掻き集め、ある一点に、そしてある一瞬に投入する」[81]。

しかし、そう考えると、真の快楽は自然にかなった快楽しかなく、それ以外は偽りのまがいものでしかない、とユゲットは力説し[82]、返す刀で、節欲、手淫、肛門性交、獣姦を拒絶する。

フルニエ教授によれば、性交とは「同じ種に属し、性の異なる二個人間の愛に満ちた結合」であり、したがって、獣姦、肛門性交、女性同性愛は除外される。「性交は、われわれの感覚が一定のオルガスムに達し、われわれの想像力がある種の酩酊に達したときに引き起こされる自然な行為である。それは、人間という種の伝播を保証するために、自然が各個人に命じる、有無を言わさず、抗うこともできない欲求である[83]」とフルニエは付け加えている。

以上の前提に立って、医者は良き性交の条件とはいかなるものか、しきりに頭をめぐらせている。まず、性交が行われるべき場の全体的な環境である。フォデレは書いている。「良い性交が行われるためには、心遣い、落ち着き、静寂、秘密の保持が必要になる。騒音、不安、恐怖、衆人環視、自信のなさ、嫉妬、軽蔑、嫌悪、不潔、尊敬過剰による距離感などが、まるで魔法の杖のように、性交を遮断する[84]」。

人目を忍ぶ快感を高く評価するというもうひとつの伝統も、たしかに存在する。リュクルゴスはラケダイモンの若い夫婦にこの種の快感を命じていたが、この例を引く著者は多い。したがってふたつの場所が対立している。ひとつはもちろんベッドであり、ベッドの長所については倦むことなく繰り返し述べられている。もうひとつは人目を忍ぶ愛を可能にする場所だが、それについて医者はあまり関心をもっていない。

田舎から出てきてパリに滞在する若いカップルや、熱帯地方に行くヨーロッパ人のように、新たな土地を滞在地に選ぶ場合、媾合の前に「順応すべき[85]」気候を尊重した方が良い、とデランドは言う。また、伝染病の流行中、病後の静養期、睡眠不足のときにも性交は控えるべきだとしている。医者が性行為の場所についてさほど長々と論じないのは、性行為のタイミングの重要性を強調したいからだ[86]。デランドは解剖学の大教室や病院の待合室を頻繁に訪れたときには番わない方が良いとしている。手淫をしたばかりのとき、過剰な労働をしたとき、悩み事、後悔、悲しみなどを抱えているとき「の性行為もまた、かなり受け入れ難い[87]」。困窮状態にあるときや不潔なときは言うまでもない。

パートナーが生理中の場合、性交はできるのだろうか。それまで何世紀にもわたって人々の耳目を集めてきたこの問題は、もはやほとんど議論の俎上に載せられていない。過剰な性交を慎むべき期間はあるものの、医者は以前のように禁忌をふりかざさなくなった。ただ、妊娠期間の性交については以前よりも注意を促している。古代人たちは、妊娠中の女性が性交に伴う震えによって「被るおそれのある混乱」を強調している。ヒポクラテスも禁欲を奨めていた――ただし、アリストテレスは例外的にそうしていないが。というのも、性行為が、妊娠に起因する子宮の例外的な多血症を増悪するからである。しかも、快楽によって子宮の感受性が「激化」し、それが原因で出血、痙攣、収縮、硬性癌、とりわけ早産が引き起こされる危険がある。一八〇三年、モロー・ド・ラ・サルト[88]は、モリソー、マオン、その他前世紀の多くの医者に倣って注意を呼びかけている。「性交の闘い」と「愛と快楽の瞬間に起こる震え」によって女性の下腹部が収縮するために、胎児は苦痛を被っている。「官能の絶頂が全身の調和に招く混乱[89]」については言うまでもない、とカヤールは考える。だが、クルビーはこう付け加えている。愛の快楽が妊娠した女性に引き起こす混乱がいかなるものであれ、熱くなりやすい体質を授かった女性から快楽の機会を奪うことになるとすればまことに遺憾である。全面的な禁欲を行えば、こうした女性の習慣は極度に損なわれかねないが、「節度ある性交」なら、女性に重大な不都合を引き起こす危険はない[90]。

概ね以上が十九世紀の医者の一般的な意見であった。これと意見を同じくし、官能の痙攣によって流産の危険があるため「夫婦の抱擁」のさいには十分な節度を保つよう要求するユゲットも、「妊娠した女性は性行為への嗜好が高まるのを感じる」ことがあり、完全な禁欲を要求することは不可能だと認めている[91]。こうした理由から、モヤール医師は、「生殖器の興奮」を惹起するあまりに柔らかなベッドは避け、官能を刺激するようなものを視界からいっさい遠ざけるよう忠告しているが、同時に、全面的な禁欲は「非人間的[92]」であるとも認めている。とりわけモヤール医師の念頭にあるのは、妊娠によって強い性欲がいや増しになる若妻である。モロー・ド・ラ・サルトと同じく、モヤール医師も、子宮が妊娠期間の活動に必要な活力に恵まれていない粘液質の女性には、官能の痙攣が有益な場合さえあると考えている。したがって、神経質な女性において性交が惹起する過敏症を、粘液質の女性が危惧する必要はない。とはいえ、妊娠期間中に夫が別の場所に快楽を求めに行くことを恐れて、嫉妬から夫婦関係を迫る妻がいることをカヤールは嘆いている[93]。

一八四三年、コロンバ・ド・リゼールは、妊娠直後の数カ月間は「夫婦関係」を禁ずべしという結論を出している。ただし、両性ともにきわめて強い欲望を感じたときだけは別で、そのときは、欲望を控えめに満足させる方がむやみに欲望に逆らうより不都合が少ない。ただ、この時期以降は手加減せず性交に没入できる、と書いている[94]。この三年後、マンヴィル・ド・ポンサンはこの意見に賛同するが、同時に、胎児に悪影響を与えない体位を取るよう夫婦に忠告している[95]。

より興味深いのが、子どもに授乳する女性が取らなければならない態度にかんする発言である。ふたつの快楽の関係に関わっているからだ。子どもに乳を与えているとき女性は性的快感を感じている、とたいがいの医者が考えている。バルザックはこうした共通認識を繰り返しているにすぎない。一八一一年、リシャールは権威者然としてこう書いている。「乳首に与えられる軽い刺激が引き起こす乳房の勃起と、こうした興奮が惹起する引きつったような痙攣性の反応が高まって、女性が液体を一定距離飛ばすほどになることがある。液体の射出が続いているあいだ、女性は乳房にある感覚を感じており、その感覚には必ず官能が伴っている[96]」。勃起から射出と快感へ導くプロセスに気づいていたようである。動物の雌は「自らが満足する感覚」を得させてくれる子どもに好んで乳を与えようとする、とボルドーに続きリシャールも附言している。

子宮と授乳器官は共感で緊密に結ばれている、とマンヴィル・ド・ポンサンは断言する。「一方がある感覚を覚えれば、もう一方には必ずそれに似た感覚が引き起こされる」。彼もまた、「液体を遠くまで射出する」乳首の勃起について言及し、初めての授乳が始まったばかりの患者の言葉を引用している。「わたしは電気的な火花が散ったとしか言いようのない衝撃を感じました。その衝撃は火花のように激しくわたしを高ぶらせ、子どもへと駆り立て、やがてうっとりとするような興奮となってわたしの体じゅうで開花しましたが、その後、得も言われぬ官能は鎮まりました」[97]。一方、リュイエが改めて指摘するところによれば、いくにんもの乳母が強い快楽を経験しており、生殖器がその快楽を一定程度分かち持っていることをカバニスに告白している[98]。「子どもに乳首をくすぐられ、吸われることによって、程度の差こそあれ、官能的な感覚が生殖器を刺激することを知らない者はいない」とコロンバ・ド・リゼールは一八四三年に書いている[99]。

だからといって、授乳中の女性は愛の快楽を奪われなければならないのだろうか。母親や乳母が「性交の快感に耽った」直後に子どもに乳を含ませると、まるで痙攣が伝播するかのように、子どもがひきつけの犠牲になることをおそれて、これを止めるよう忠告する著者もたしかにいる。しかしデランドは、好色な女性が乳母としては不適切であることを認めつつも、たいがいの母親は夫婦の営みを受け入れても不都合はないとしている。要するに、歴史人口学の専門家たちがあれほど力説しているタブーは、あまり守られていなかったようである。それどころか、ボノンム医師は、泌乳期の女性から快感を奪ってはいけないという[100]。ところがその一方でコカンは、その控えめな博士論文において、授乳している女性は――手淫に耽りがちな若い女性や妊娠した女性、性行為の過剰によって引き起こされた病気を抱える女性と同じように――扇情的な画像を眺めたり、欲情をかき立てる淫らな本を読んだりすることは避けるよう忠告している。「母乳の分泌にとって好ましくない影響を生殖器に与える」[101]からである。こうした女性にとっては、夜、小説を読むことが最も良くないという。

カピュロンの場合、もっと厳格である。授乳をしていながら激しい情念の虜になっている女性は嬰児殺しを冒す危険がある、と彼は考える[102]。しかも、アガラクシア――無乳症――は過度な性的快感によって惹起されることがある。

極端に淫奔な女性を除き、授乳を望む女性は性交の快楽を断念しなければならない。したがって、性的なオルガスム（引用原文ママ）のあと、乳を含ませる前には、興奮を抑え、体が鎮まるまで待つ必要がある。[103] その反面、女性が母乳の過剰に悩むときには、性交と下腹部の器官の行使――両者は同じ次元で扱われている――を、「乳房に集中しがちな体液を［…］逸らす恰好の迂回装置[104]」と見なすことができる。

新ヒポクラテス学派の影響とニコラ・ヴネットの古き良き著作が、性交にふさわしい瞬間ではなく、性交に好都合な季節や日や時間にかんする処方を相変わらず提供していた。古代医学は、概して、暑さは寒さよりも欲望の高まりに好都合だと見ている。ヴィレーその他多くの著者によれば、南欧の女性が北欧の女性よりも官能的で、どの女性も冬より夏により惚れっぽくなるのはこうした理由による。いずれにせよ十八世紀末の医者の目からみれば――医者たちはここに至ってもまだルクレティウスを頻繁に参照している――あらゆる動物の行動が明らかに示すように、春こそ房事に最適の季節である。こうして自然の光景を参照する態度は、ことあるごとに見られる。ブルダッハの確言するところによれば、上流社会のさる貴婦人の打ち明け話では、「五月が過ぎると、過ちを犯さないよう引き締めてきた気を緩めていた[105]」そうである。

欲望には暑さが好都合にみえるとしても、受胎には都合が悪い。逆説的なことに、北で交接した女性は南で性交した女性よりも容易に受胎する。暑さは大量の発汗を促すので、神経を弛緩させすぎるのである。したがって、妊娠の確率を高めたいなら、夏は快感を基準にしない方がよいということになる。夏の快楽が冬の快楽よりも長いように思える人がいるとすれば、それは他でもない、暑気によって器官が弱っているからである。その理屈でゆけば、秋は夏より人口の増加に好都合だということになる。リニャックが断言するように、秋には「器官がふたたび元気を取り戻す[106]」。なるほど、都市生活者は媾合の季節に冬を選ぶ。だが、この選好は自然の誘導に応えたものではなく、人工的なものである。冬には暖房が自然に反した熱を身体に伝え、官能がその熱を利用するのだ。富者、とりわけ情熱に駆られた富者は、このとき、「大気と人間の関係を支配する調和を断つ[107]」べく仕向けられる。性交に好都合な季節をめぐる古代の伝統は、当時大成功を収めていた大気論《アエリスム》の影響を受けて強化されていたのである。

性交の日時にかんして、当時の医者は、古くからの紋切り型を繰り返していたにすぎない。ヴネットと香具師たちがこの紋切り型を詳述しているが、それは科学的知見をほとんど含まず、むしろ、民衆の良識に訴えかけていた。周知のように、当時多くの分野、とりわけ気象学は、まったく性質の異なる知の地層に覆われていた。快楽にふさわしい時期についてなされていた忠告もまた、事情は同じである。

いくにんかの医者は、ニコラ・ヴネットの教えを敷衍し、この十八世紀末に依然として、食後すぐに媾合をしないよう忠告している。リニャックはこの禁止を、「快楽がもたらす情熱」が消化を妨げ、「なんらかの遅れ[108]」を引き起こすという意味以外には理解できないと述べている。肺結核患者は食後すぐの媾合をひかえた方がよい、なぜなら胃の充満が呼吸を苦しくさせるからだ、と考える者は多かった。

休息に有利な夜の媾合を奨める者もあれば、いわば春に対応する明け方を奨める者もあった。明け方健康な職人に絶好の時間帯だとヴネットは断言する。職人は快楽に身を任せたあと仕事に出かけるが、一方、妻は横になったまま「今夫から預かったばかりの貴重なものを保管しておく[109]」ことができる。昼間にしか真の快感を得られないという男性もいて、彼らは、陽の光と欲望に火をつける刺激物を必要としている。もし夫の昼間の愛撫を拒否したら、「彼らの妻たちはほとんど愛の証を得られないことになるだろう[110]」。

リニャックはきわめて寛容な考え方をしていたが、それでも警告はいくつか発している。たとえば、職人は「快楽の妨げになるような疲労を肉体が強く感じたとき、官能に耽るために」仕事を放棄するようなことがあってはならないと言う。だが、「日中散漫になった精神が少し休んで回復できるなら、妻への愛撫に身を委ねてもうまくゆくだろう[111]」。

この世紀の変わり目には、生活様式、知的レベル、職業、とりわけ個人の気質による適性と選好の多様化を意識せざるを得なくなっていた。この分野においては習慣の役割が大きく、習慣によって官能が増すことをリュイエは強調している。カバニスと少し前のティソに続いてリュイエは、多くの同業者とともに、文人と学者は性欲の「明らかな減退」の犠牲になっていると考える。大脳の緊張が「生殖器の生命に横道〔diverticulum〕のようなもの[112]」を設けるからである。運動選手もまた生殖能力の減退に悩む。これにたいし、有閑階級の人間や怠け者、とりわけ白痴は生殖器が並外れて大きく、きわめて淫奔である。白痴は「獣のように惚れやすい」とヴィレーは考えている[113]。要するに、筋肉の活動も大脳の活動も欲望を緩和し、快楽を弱めるのである。同様に、客を取りすぎる娼婦もこの分野における「感覚麻痺」に悩んでいる。

医者はこれ以降、性行動の個別性を強調するようになる。房事のタイミングに一般規則などない、と外科医リニャックは断言している。重要なのは、「性的快感を欲する明らかな徴候」そのものを待つことである。「適切な状況が快楽に作用をおよぼし」て妊娠へと導く「季節、日、そしておそらく時間さえも[114]」各個人によって異なる。生殖に好都合なタイミングの追求は、個人の気質、生き方、気候に即した愛し方をもたらす。したがって、インドでかつて行われたように、太鼓の合図でいっせいに「結婚の義務」が命じられるなど、もってのほかだ。性交とは「自由で、何物にも依存せず、気まぐれで、ひとりひとり違う気質を除けばすべてに抵抗を示すことさえある」機能を満たしてやることだからである。それゆえ、いつも同じ季節に子どもがうまれるカップルがいても驚くにはあたらない。

したがって医学書は、房事の間隔にかんする一般的な忠告にはごく軽くしか触れていない。たしかに過剰を避け、夫婦のベッドを出てからも、その後の力と反復を容易にする軽い欲望をつねに保ち続けるよう留意すべきではある。しかし繰り返しになるが、房事のリズムは、欲求の強さや気質や体質によって決まる。性的能力は個々人によって大きく異なるのである。医者が古代人の忠告を繰り返すとき、いくぶんなげやりになるのはこのためにほかならない。ゾロアスター教は性行為の間隔を九日と決めている。ソロンは月三回を好んでいた。より自由だったムハンマドは週に一回を奨め、ヴネットは月三、四回の関係を推奨している。ハラーとブルダッハは、週二回の媾合がほどよいところだとみている。[115]繰り返すが、性交過剰をぜひとも避けなければならないのは男性の方である。女性にとって危険はそれほどでもない。

臨床医は性的能力の追求を警戒すると同時に、逆説的だが、男性の日記にあらわれるあの性交回数への関心にも警戒している。臨床医からみれば、これこそ虚しい行為である。男性において「射精を伴う場合［…］その種の努力もいいところせいぜい六、七回どまりだ[116]」。それ以上やろうとしても「もうなにも出ないか」、血液や粘り気のない無色の精液しか出てこない。したがって、ときに飽くことを知らず、どのみち「頻繁な攻撃により長く耐えられる」女性には警戒しなければならない。たびたび引用されるユウェナリスによれば、メッサリーナ〔皇帝クラウディウスの皇妃。淫奔で、売春皇妃と称された〕は二五回抱いても満足しなかったという。ヴィレーはこんな警句を述べている。十九世紀全般にわたって繰り返され、ピエール・ラルースの辞典にも顔をのぞかせている警句である。「したがって、このフェンシングでは女性ひとりが男性の約二人半に相当するらしい」。女性は消耗が少ないので、「もう十分、と決して言わない」だけの力量を持っているのである。

しかし、繰り返すが、情熱は習慣で変わる。「日々の実践が」生殖器を調整し、その調整のおかげで「前日の快楽が翌日の快楽を呼びさまし、刺激して、満足をいわば促すのだ[117]」とリュイエは書いている。この点で、性交についても手淫と同じことがいえる。習慣が器官の増大を引き起こし、今度は器官が性欲を高める。淫蕩な人間がなかなか自分を抑えられない理由はここにある。逆に「ヴィーナスの快楽をほんの数カ月我慢しただけで、快楽がなくても平気でいられるようになる」。

また、習慣によって、男女のあいだの快楽の時期〔tempi〕と激しさにかんする合意も容易ならしめることができる。快楽にかんして最も重要な点は、結局、パートナー同士の調和である。年齢、気質、体形にかんする同意は、性交がうまくゆく最も重要な条件としてつねに挙げられている。

補い合うふたつの身体が「調和の取れた協和音の感覚」を味わわせてくれる。この点にかんする描像は古典的である。ヴィレーは書いている。「褐色で、毛深く、乾いて、熱く、激しやすい男性が、繊細で、しっとりした、すべすべとして白く、おずおずとして慎み深い異性[118]を見つけるとき、男性が「過剰、力、寛大という原理」を体現し、「欠如でできている」女性が、それゆえに「相手の過剰を［…］集め、吸収」しようとするとき、最も完璧な愛が現れる。あるいは、「非常に乾き、痩せていて、きびきびした身体の男性のためには、しっとりとして太り、いささか物憂げな女性（パートナー）が必要である[119]」と。女性において愛は欠如から生じ、男性において愛は過剰から生じるのである。

と同時に、不調和による損害が甚大になることもある。性行為においては、なによりもまず両性の生殖器のあいだに完璧な調和が必要だが、両性の生殖器に大きさの釣り合いがきちんと取れていないと、重大な不都合を引き起こす場合がある[120]。あまりに大きなペニスは「子宮頸部に激しくぶつかってしまう」。そこから苦痛、炎症、損傷、さらには硬性癌までが引き起こされる。したがって陰茎は膣の大きさと調和していなければならない。膣は平均六プースから七プース〔一プースは約二・七センチ〕の長さがある。ただ、ペニスがこの長さを越えると苦痛を感じる女性もいる一方で、官能を感じる女性もいる[121]。というのも、マルクの説明によれば、膣周辺部は大きさが固定しているわけではないし、周知のように、この管はかなり拡張しうるからだ。その一方で、過剰な収縮に悩む女性もいる。

とうてい、生殖器の一致だけですべてが済むわけにはゆかない。マルクが強調するように、調和はまた器官の性質全体にもかかわってくるからである。そこから、この全面的一致が起こりそうな予感だけを示す、たいていは「気まぐれ」と形容されるものが重要になる。「心の言葉[122]」を左右するのがこれだが、この「心の言葉」を読みとる力はとりわけ女性に備わっている。女性は男性よりも淫欲に抵抗できるからである。

こうした調和の必要性から、ビュフォンは家族間・人種間の異種交配を強く奨めていた。その一方で、家族の遺伝的異常が継承されないように、マルクは結婚のたびごとに健康証明書を作成するよう要求している。医者は奇形の人間や、性病、ハンセン病、肺結核、腺病、くる病、癲癇に罹患した者、また、放蕩や手淫の過剰から衰弱状態を示している者に注意を促さなければならない。「これから共に暮らす両性が要求できる」[123]快感の強度を見積もり、「共同生活がわれわれの神経に与える苦難」を、したがって、「精液の反復的喪失」に持ちこたえられるだけの強さを考慮しなければならないのである。こうしてマルクは、選択の自由に再び疑問を呈している。

性行為においてカップルが取る体位は、古代からずっと医者と神学者を悩ませ続けてきた。体位にかんするかぎり、本書が研究対象とする時期のものにほとんど新味はない。最も大切なのは、欲求、欲望、意思にかんしてカップルのあいだに了解が成りたっているかどうかであると、きわめてリベラルなフルニエは考えている。いずれにせよ、臨床医全体としては、医学書を参照する必要も感じないほど、自然な体位を採用している。すでに見たように、ヒトの雌の形態、膣の傾き、直立が正常位を促している。ブルダッハはこの点を明快に説き、女性は仰向けになるべきだと言う。「この体位は、恥丘の弓状の広がり方、股関節間の距離、膣の方向、男性器の位置によって（女性が）どうしても取らざるを得ない体位である」[124]。その他の体位は人間よりもむしろ獣に属する。この自然な体位は陰茎全体を膣に導入することを許すので、怪我の危険が最も少ない、とモレル・ド・リュバンプレは付け加えている。[125]とりわけ、もっとも快感を味わえるのがこの体位である。

臨床医の見るところ、この体位こそが最も大事な点である。繰り返しになるが、事が快感にかかわると、臨床医の言説は叙情的な抑揚を帯びる。この体位を取るとき、「男は全感覚で幸福を味わう。心臓の拍動は全身に快楽の徴候を伝え、燃え立つ接吻は官能を呼び覚まし、腕のなかで脈打つ妻の百合のように白い肌が薔薇色に染まるところを目にする……快感の絶頂を迎える前にもまた快感を味わうのだ！……『愛』が、陶酔をかき立てる女のまぶたを閉じさせ、いよいよ快楽の源泉が開かれることを告げ知らせるとき、男は全身全霊で陶酔に身を投じる」[126]。放蕩が作り出す「官能の小道具」〔さまざまな体位のこと〕には、粗暴で、人を疲労させ、しかも妊娠に至らない快感しか見いだせない。

医者はまた、立位による交接の害をこぞって指摘する。この体位はそもそも妊娠に不利である。受胎を回避する目的でまさにこの体位を取る民衆は、このことを知っている。窮屈で不自然な姿勢であるとリニャックは断言する。その苦痛と疲労を描写して、全神経が活動し、そのため目が回りそうで、「背骨が痛み、膝が震える」[127]と書いている。この体位はさまざまな病気を生むが、すでにティソがそれを嬉々として詳述している。ショパールが、次いで一八三〇年に出版された『獣医学文集』のなかでブレーが、この体位の危険について説明している。「立位で交接する男性にあっては、本来脊柱の方向に強度を向けるべきさまざまな努力が、骨髄上の腰のふくらみに向けられてしまう」[128]。後にまた見ることになるが、ブルボン博士は一八五九年、博士論文全体をこの体位の研究に充て、とりわけ麻痺に陥る危険性を警告している。[129] セリニャックとオリヴィエ・ダンジェはより一般的に、「腰部において、〔…〕脊椎に過度の鬱血」をとりわけ引き起こしやすい、あらゆる「不自然な体位」の害を告発している。われわれの知るかぎり、ひとりシヴィアルだけが立位の交接を認めている。シヴィアルは、時間をかけた性交を困難にするこの体位が、他の体位よりも、最もゆゆしき堕落の源泉たる放蕩の洗練に向いていないと見るからである。[130] これに似た考えから、この体位に敵意をもつ臨床医のなかにも、慌ただしいカップルが「落ち着かない場所でそそくさと」[131] 快楽に耽ることしかできないときにはこれを容認する者がいる。

最も議論の尽きないのが、一般に四つんばいで交わる後背位である。すでに見たように、その器官から他の番い方ができず、想像力が快楽を刺激することもない動物の場合、この体位は好都合にみえる。ところが人間の場合、この体位を取ると、自然な体位をとったときのように感覚を総動員して官能を味わうことができない。しかも、すでに述べたように、男性器がより奥まで進入してしまい、危険が伴うこともある。ただ、後背位には利点もいくつかある。

ルボーの言によれば、この体位でしか交われない女性もいるという。[132] 妊娠四、五カ月以降にはこの体位が推奨される。リニャックは、さまざまな注意を必要とするきわめてデリケートな女性にはこの体位を奨めている。[133] また、リニャックによれば、男性器が飛び抜けて大きい場合、この体位がどうしても必要になる。女性は快楽を得るためになにも怖がらなくてよいし、外科医の考えるところでは、「愛の抱擁は同じくらい激しくとも、より間接的になるからである」[134]。ルボーはある種の不妊の場合にこの体位を奨めているが、それはあくまでも女性に解剖学的な検討を加えてからにすぎない。[135] というのも、後背位で性交をすると、胸が水平になり腰部が高くなるため、精液がうまい方向に流れてゆくからである。ただ、このとき想定されているのは、女性が手と膝をついている状態ではなく、手と足をついている状態であって、加えて、このとき、あまり扇情的な動きで夫の情熱を刺激し、精液の過度の浸出を促進して疲労困憊させてはいけない。しかも、このような動きは、「畝溝から犂先《すきさき》」を奪う危険性がある。この体位を取るとき、夫婦の営みは妻に「冷淡さも嫌悪感もない、落ち着いた感覚」[136] を要求する。

　本書が扱う時代の末期に、ルボーがこの問題にかんする素材を複雑にする。不妊症の女性のなかには、性交が原因で子宮転位する女性がいる。したがって、どの体位を奨めるべきか決める前に患者をよく調査する必要がある。そのために、医者はまず不妊症の女性が概ねとっている体位を取らせる。これによって仮に子宮転位が起こったときどんなメカニズムによって起こったのか見当がつけられるようになり、確実なカウンセリングを与えられるようになるからである。たとえば、ルボーによれば、「垂直」でしか妊娠しない女性がいる。ルボーが診たひとりの女性は、水平の姿勢で長いあいだ妊娠できなかったが、「骨盤を垂直にさせたら」[137] その後四人子どもを産んだという。

　とはいえ、女性が男性の上に乗る体位、リニャックの表現を借りれば、妻が「快楽の上に飛び乗る」[138] 体位を非難する点において、医者は神学者と意見を同じくしている。このような体位では、営みの最中に男性が犠牲になる事故が多い。ドゥマルケはこうした事例にまるまる一冊の本を捧げているが、そこには、女性の恥骨と大腿にぶつかってペニスが捻れ、切断に至った例まである。三十七歳の馬丁、ジャン・Gは、一八五三年、妻と激しい性交をした。妻が夫の上になり、「誤って、怒張した陰茎に全体重でのしかかり、会陰と大腿部に向けてとつぜん陰茎をねじ曲げた」[139]。不幸なことに、夫は翌日壊疽で亡くなった。

同じ理由からリニャックは、上流社会でかなり頻繁に用いられていた椅子の使用も、ものぐさや怠惰に属するさまざまな体位も止めるよう忠告している。後者は長い時間をかけた交接が可能になるため、射精のパワーを阻害してしまうからである。一方、カリペディア信奉者の一部が男女の生み分けを望む夫婦に推奨する軽業まがいの複雑な体位は、すでに廃れていた。

得も言われぬ快感の瞬間

著者たちは「快感の瞬間」について長々と書き記している。二十一世紀のわれわれが前戯と考えるものにかんしてはほとんど助言を与えていない。彼らにとって最も重要なのは、この前戯という概念に該当するさまざまな愛撫の型ではなく、精子の製造と増加を促進するもの一切だからである。事前の節欲、羞恥心の戦術、房事の戦端を切るために必要な最初の急展開、女性の抵抗とその後の降伏、互いの生殖器に調和が取れており、互いに準備が完了していることの確認、カップルの快楽管理がうまく行っていることを示す相互理解などがその例である。医者はまた、「臆面のない痙攣」に近づく方法についてほとんど助言を与えていない。外科医のリニャックだけが例外で、痙攣の瞬間を巧みに調節し、意のままにこれを引き寄せたり、促したり、早めたり、遅らせたりできる、一部の女性がもつ「あのちょっとした」技をたたえている[140]。ちなみに、リニャックは快楽における自由と個人特有の気質《イディオサンクラズィ》に訴えている。学者の論述が、ここでは、エロティック文学と足並みを揃えているのである。

医者と哲学者は、快楽の絶頂を記述するのは困難、いや不可能であるという意見で一致している。メーヌ・ド・ビランの見るところ、性欲は「知性も、観念の正しい方向づけも、いかなる運動の秩序も呑み込んでしまう」。「自我が積極的な役割を果たさないかぎり、また、自我の協力が得られないかぎり」人間の活動は動物的になってゆく(141)。ヴィレーは書いている。性交は「魂と肉体をすっかり呑み込んでしまう。耳も聞こえなければ目も見えない。快楽以外はすべて死に絶え、魂全体が愛の感覚のなかに埋没する。この危機のために人生が台無しになった人をなんにんも見てきた(142)」。ゾラが一世紀後に書くことを予見するかのような別の文章のなかで、ヴィレーは、分析能力を区別する二段階を明確に示している。「溺れた魂が快楽の海原を泳ぎ、肉体の繊維状組織にたいする優しい愛撫に震え、全宇宙にかけられた魔法に陶然と浸って、あまりの幸福に恍惚とした歓びを感じている状態にある」ことを考えるなら、「より特定化された特別な快感に身を委ねるためには、この全般的な震えから抜け出さなければならないことをやがて理解するだろう。官能が熱せられる最初の瞬間にたいしても平然とはしていられないが、その次の瞬間には、それどころか、呑み込まれ、水没してしまったような感覚に襲われ、どこを探しても自分自身が見つからないのである(143)」。十九世紀における自我の認識史を研究する歴史家にとって、決定的に重要な文章である。

一八三五年にデランドは書いている。快楽に臨んで、人は「富にも、敬意にも、名誉にも、いや、生命にさえも、もはや執着していない。たったひとつの欲求を前に、あらゆる欲求は消え去ってしまう。もう腹も空いていなければ、喉も渇いていない［…］。この先とて空腹や渇きに襲われることはないだろう。それは一種の錯乱状態である［…］あらゆる感覚がたったひとつの感覚に束縛されるのだ(144)」。

「愛の営みが進行するにつれて知性が消滅する。そしてついに、錯乱するための知性すら十分な強さをもたない瞬間がやってくる。こうなると感じることが、共通の源から発され、いたるところで沸き立つおびただしい感覚を掻き集めることが、魂のたったひとつの仕事、魂にできるたったひとつの仕事になる。魂はもはや魂のものではない。筋肉が属する、極度に興奮した神経中枢のものになるのである」[145]。

一八五七年、今度はベローが主張する。射精寸前になると「個人の意識はすっかり消え失せ」、陰茎亀頭とこの海綿体球の筋肉器官の興奮を相互に惹起する運動だけが存在する[146]。後に見るように、まずは心理学に、次いで臨床医学に属していたこのタイプの分析は、十九世紀半ばになると、次第に生理学に属する叙述と説明に受け継がれ、明確化されるようになる[147]。

このころまでには、両性によって感じられる快楽は、一連の複雑な心理的与件に従ってその性質と強度が変わると見なされるようになっていた。この問題を一八二一年に博士論文で論じたベルティエは、その与件を列挙している。実際に経験される感覚は、「われわれの器官の違い、われわれの想像力、感覚を経験するまさにその瞬間にわれわれが置かれた心理状態」、習慣、飽満の度合い、興奮の新しさ、手を変え品を変え快感を喚起しようとする技など「によって無限に変化する」[148]。そしてもちろん、ビシャの警句も忘れるわけにはゆかない。過去の快楽は今味わっている快楽を弱めるから、官能を完璧に堪能したいのであれば、過去の幸福を忘れなければならない、と彼はいう。こうして、つねにその度ごとに異なった快楽を解釈する困難は、アゲットによれば、結局、快楽が魂のさまざまな能力を始動させることからやってくるのである。

交接の短さと快感の強度のあいだに関係があることは、ほぼすべての医者が認めている。その点で、医者の言説は、エロティック文学を支配する漸昇法の威光ときっぱり距離を置く。というのも、医者は「痙攣」や「震え」に関心を集中させているからである。痙攣図式は再考を強いられていたとはいえ、すでにヴィレーがふれ、ブルダッハが詳説している電気ショックの隠喩といまだに競い合っていた。ブルダッハによれば、快感を味わっている男女の間には、正極と負極のあいだのように電流が流れるのである。彼の見るところ、電気はすべての出会いに伴っている。「愛する人との接触は、全身を駆けめぐる電気的なショックを引き起こし、電気的な衝突は、愛の絆で結ばれたふたりの眼差しの力強さに表れる[149]」。

とはいえ、医者は男性の快楽と女性の快感を区別している。男性の快楽に固有の特徴は、まず、いらだちの高まりとして知覚されるさまざまな感覚に続く震え――射精のさいの震え――として認識される。一八一一年、偉大な臨床医リシャールはそこに外部――陰茎の組織――から内部――睾丸と精嚢――へといらだちの伝播を見ている。「いらだちがある程度高まると」、「膜様細胞壁の痙攣的な収縮によって」精嚢の中身が排出されるが、「この排出のさい、肛門の挙筋がそれを助ける[150]」。ヒポクラテス以来の伝統によれば、得も言われぬと一般に形容される快楽を生む痙攣そのものは、他の観察可能な現象、とりわけ癲癇と同じ視野の下に置かれていた。

一方、ブルダッハは、鬱血に相応してよりきつくペニスを締める膣と、括約筋に大きな役割を認めている。膨満状態の襞が接触点を増し、摩擦の効果によって刺激を受けた「粘液の分泌[151]」が男性の感覚の強度を増大させる。

ヴィヒマンは射精に二段階を区別している。彼によれば、最初に漏れ出す精液は「透明で、密度が低く、日中不随意に漏れる精液に似ている[152]」。この精液の排出はあまり快楽をもたらさない。射出するというよりは流れだすという感じに近い。これに続くよりたっぷりとして、白く、濃く、臭いの強い精液は官能のレベルを最高点にまで引き上げる。しかし、ヴィヒマンはこの二つの射精がふつうひとつに混同されており、二番目のものは「一番目のものと区別できない連続体」でしかないことを認めている。とはいえ、ヴィヒマンによれば、いつもそうだとはかぎらない。最初の射精があっても第二の射精がないケースも決して稀ではないからである。「ここから、二つの射精を個別に研究することができる」。ヴィヒマンが「射精の分割」と呼ぶものは、第一の射精の一分後にならないと第二の射精が起こらない人や、ある種の病人や夜間遺精〔夢精〕の患者には頻繁に起こっており、精液漏の分析結果をよく理解したいときには、このことを心に留めておかなければならない。

一方、ヴィルヌーヴは射精の始まりの方がより快楽が大きいと指摘している。「最初の射出がいつもいちばん抗しがたく、いちばん大量である」。最初の射出には、尿道管を「覆うきわめて繊細な膜が感じる甘美な掻痒感[153]」が伴っている。

しかし精嚢で長い期間かけて生成された精液が多ければ多いほど快感が「強烈に」になることは衆目の一致して認めるところである――そしてここにこそ、性科学が到来する以前の医学的言説がエロティシズムを規定するさいの本質がある。したがって、あまり頻繁に快楽が繰り返されると快楽が弱くなり、生産される精液は、性交過剰によって損なわれ、貧弱になる。最初の強烈な快感は、つねに精液の量および、排出の力と速度に相関しているのである。

ラルマン教授によれば、同じ個人が、同じ条件で、同じ女性と交接した場合でも、「長いあいだ保持していた精液がゆっくりと滲出してくるか、貯蔵庫のなかにほとんど留め置かれていなかった精液が慌ただしく供給されるかによって、まったく違う感覚を経験する」という。ラルマン教授は読者を証人に仕立てて、こうつけ加える。「これは、数日間の休養のあとの行為と、続けて行われた行為とを比較してみれば、だれにも容易に確かめられることである」。「精液が水っぽくなるにしたがって、行為はつまらないものになる[154]」。教授の患者は全員この低下現象に気づいていたという。勃起がより不完全になり、勃起の持続時間が低下し、射精時間がより短く、感覚がより弱くなるのである。

一八三五年、今度はデランドが、「性器感覚」と男性の痙攣の開始を結ぶものを叙述しようと努める。「勃起組織は[…]血液を呼び込み、保持し、自らが容れることのできるものでめいっぱい膨らみ、可能なかぎり硬化し、伸張する。と同時に、性器感覚はたちまち興奮の極致へと駆け上り、普段は限界として働く諸器官の外へと溢れ出して他の器官にまで広がり、そこにあるすべての感覚を巻き込んで増大する。やがて性器感覚はそれ以上亢進することも、それ以上我慢することもできない程度にまで達する。すると、生殖器の筋肉と運動神経繊維全体を痙攣が襲う。精嚢、尿道を囲む筋肉、肛門に結びついた筋肉が激しく収縮し、痙攣を伴って精子が排出されるが、この液体は興奮を伴わずに排出されたときでも人を疲労させる[…]この喧噪のあいだ[…]顔は紅潮し、頸部は膨らみ、静脈は満ち、肌は火照って、汗でびっしょりになり、呼吸は速まり、胸の鼓動は激しくなる。つまりそれは、性行為をほとんど病気の一種と見なすことを許すような発熱状態なのである。同時に、中枢神経、大脳、小脳、脊髄は、これ以上ないほどに強烈な印象を受ける(155)」。

フライブルク・イム・ブライスガウの大学教授ゲオルグ・ルートヴィヒ・コベルトは、一八四四年――とはいえ、彼の著作がフランスで翻訳されるのは一八五一年になってからである――、それまで、快感の臨床的な描写と心理的な分析に留まっていたこと、快楽の生理学的問題を真に取り上げてこなかったことにいささか大げさな遺憾の意を述べている。コベルトによれば、「両性に官能を与える感覚が性器のどの部分と関係があるのか」、まだ知り得ていないという。しかも、生理学は、どのようにして「性的感覚を知覚する器官のこうしたさまざまな部分が、同時に起こる、ひとつの行為に向かって協力しあい、個体そのもののうちに、また相反するの性のうちに性的な興奮を生み出すのかまだ説明できていない。生理学は［…］男女の生殖器を中心源とする行為の照応、自然の目的に到達するために生殖器が経験する一連の現象をまだ明らかにできていないのである(156)」。

したがって、この一連の問題に答えるためにコベルトの著作が、コベルト以後は話をフランスに限定するなら、アドゥロン、ベロー、ルボーの著作が用いられている。その後しばらく暗中模索が続き、やがて、性行為の「頂点」たるこのまったく特異な自然の興奮、この「性的オルガスム(157)」の最初の近代的定義に到達することになるのである。

男性においては、動脈と静脈の分岐に富んでいることが以前から知られていた陰茎亀頭が、ほんの少し触れられただけでも「電光石火の速さで生体を駆けめぐる震盪(158)」を感じる。ここに「陰茎亀頭に固有の生活」が始まり、陰茎亀頭は、準備、摩擦による性的興奮、官能的な刺激、射精という一連の段階を通過する、個人にとってまったく新しい器官になったのである。コベルトの貢献は、陰茎亀頭が、こうした状況のなかで、特異な感受性、とりわけまったく新しい感受性を賦与されていると断言した点にある。陰茎亀頭が休息しているとき、これに関わる感受性はなにひとつ関与しない。そのことから以下のような仮説が立てられる。陰茎亀頭には、一般的な知覚のための神経の他に「官能に特化された神経[159]」が存在するのではないか、という仮説である。この神経は血液の力学的な圧迫によって活動を開始し、海綿体球の筋肉器官を活動させると、今度はこの器官が収縮と痙攣運動を触発し、それが射精に導く。「個人の意識がすっかり消滅する[160]」のはこのときである。したがって、最も重要なのはもはや陰茎亀頭外部への刺激ではない。官能の感覚は性器感覚に特有の神経が突然緊張することから生じるのである。それ以外の個人生活において、生殖器と、とりわけこの感覚に特化された神経は活動停止状態にある。

一八五七年、コベルトに影響を受けたベローが、臨床的な精度と心理学の深い造詣をもって、硬直、摩擦、圧迫の諸様態、収縮、射精を構成する三、四回のひきつったような痙攣を描写し、射精の噴射速度とパワーは変化しやすいと述べ、「行為が繰り返されるほど、その質は低下する」と詳述する。ベローは「全身の震え」、「ひきつりのような不随意運動」、「快感の絶頂に引き起こされる、一種の神経錯乱[161]」をきわめて緻密に分析している。いずれにせよ、この新時代に、性交の生理的表出を最も長く最も詳しく描写したのがルボー博士であることに間違いはない。挿入のあらゆる動作、膨張の全段階を逐一辿り、あらゆる摩擦を分析し、とりわけ「ほとんど感じられないほどの身震い」から「高揚の絶頂」まで、あらゆる官能の段階が並んでいることを認めたのちに、ルボー博士は最後の場面を次のように描写する。「血液循環は加速し、動脈が強く拍動する。筋肉の収縮によって血管内に引き留められた静脈の血液が全身で熱気を帯び、頸部の筋肉の収縮と頭部の反り返りによってはっきりと伝えられたこの停滞は、一時的な大脳の鬱血を惹起し、その間、知性とあらゆる能力が無力化される。目はひどく充血して血走り、眼差しが虚ろになるか、たいていの場合、光との接触を避けてまぶたを散発的に閉じる」。

「息が荒く途切れがちになる者もいれば、肺の痙攣性の収縮によって呼吸が中断される者もあり、しばらく圧縮されていた空気が、切れ切れの言葉や、意味不明な単語に乗って外に吐き出される。中枢神経は［…］もはや、混乱した感覚と意思しか伝えない。運動機能と感覚機能は言語を絶した混乱をありありとうかがわせ、四肢は痙攣し、ときには引きつりを起こしてあらゆる感覚に興奮を伝え、鉄棒のように緊張したり硬直したりする。顎は締まって歯ぎしりをする。錯乱が極まって、官能の相手の存在も忘れ、相手が迂闊にも差しだしてしまった肩に、血が滲むほど噛みつく者もいる。

この狂騒状態、この癲癇、この錯乱は通常長くは続かない［…］この興奮過度は、多少の差はあれ、精子の排出で終わる」[162]。

男性にとって、性行為がもたらす強烈な興奮によって、快楽の果てに死を迎える危険は無視しえない。デランドが列挙する膨大な医学文献は、古代よりこの危険の深刻さを喚起しており、むしろ月並みな主題となっている。ティソ、ホフマン、ピネル、ロンドや突然死を扱った論文[163]のなかでディオニが、次いで、ベルティエ、クルビーが博士論文で、この起こりうる惨事にたいして患者の注意を喚起している。「多くの男性が若妻や愛しい愛人の胸の上で息絶えてきた」[164]とベルティエは断言する。ピンダロスとタッソーはこれによって亡くなったと伝えられている。

「気も狂わんばかりに愛する女性を初めて抱いたときに」[165]命を落とした若者たちがいたことをつい最近知った、とディオニは述べている。性交の興奮は「大脳や小脳の卒中」と紙一重で、デランドによれば、たっぷり摂取した食事を消化している最中はとりわけ危険である。古代より「短い癲癇」として知られているものがこれではなかろうか。いささか激しい房事に精を出すその度に、この病気の発作に襲われる犠牲者が出る。加えて、リシャールは心臓病の危険も指摘する。例えば慈善病院の死体解剖室用務員コロワは、若い娘との「陶酔の最中に」亡くなっている[166]。死体剖検の結果、大動脈弓の動脈瘤が破裂していることがわかった。

この不幸はとくに老人、多血質の人、神経質できわめて興奮しやすい人が襲われやすい。「激しい揺さぶりで建物をまるまるひとつ崩壊させてゆく(167)」ような性行為を想像してみればよい、とデランドは書いている。試みられるべきではなかった努力は死をもって罰せられるのである。八十歳の老人が妻の腕の中で息絶えたこの症例はいくどもくりかえし語られているが、それは、処女の若妻が、育った修道院から連れ出されたその日のことであった(168)。

エロティック文学は女性の興奮を死に近いものとして描いているが、そうした感覚にもかかわらず、女性が以上のような悲惨な状況にさらされることはより少ない。こうした誤解を生むのも、女性の過敏な神経は、ときに偽りの興奮をもたらすからである。ブールハーフェは性交のたびに失神する女性の話を聞いたことがあるという。ホフマンもその類の女性をひとり知っていた。きわめて淫蕩な女性で、性行為の後は必ず癲癇の発作に襲われたという。

ここまでの叙述からごく必然的に、女性の快楽を扱う医学的言説の分析にわれわれは導かれる。女性の快楽は長いあいだ学者たちにとって神秘であった。ブルダッハはこう告白している。「内的な現象を明らかにしてくれるものとて、頼りになるのは女性の感覚しかない(169)」。個人によって大きな違いがあるだけに、この対象に接近するのは容易ではない。例えばモロー・ド・ラ・サルトは、クリトリスの感受性と大きさが、性的快感の大きさと感じ方の微妙な差を決めると断言している(170)。すでにリニャックは、「快楽はすべての男性で同一だが、女性にあってはおそらく各個人によって大きな差がある」と書き、慧眼にも「ここで言う女性とは快楽を知っている女性のことだが」とつけ加えている(171)。

学者たちがヒポクラテスとガレノスの両性種子説を放棄してから、神秘はいっそう深まった。たしかにクリトリスは勃起する。だが——と、リニャックは早くも一七七二年に自問している——このごく小さな器官の硬直だけで、「快感において」、「『自然』が男性に与えた特権に」はたして拮抗しうるだろうか。男性が快感を得るのは勃起からだけではないのである(172)。いずれにせよ、快楽は「恥じらいの管と母性の開口部に観察できる腺から滲み出す」体液によって得ることができるらしい(173)。もっともリニャックからすれば、それでも疑問点は払拭できない。「女性の快楽の直接的な原因はまだわかっていないと結論せざるを得ない」[174]と、絶望した彼は書いている。リニャックの考えによれば、観察者は確実な情報を二つしか手にしていない。クリトリスの極端な感受性と、なんらかの液体の排出がそれである。概ねここにクリトリス型女性とヴァギナ型女性の分割が始まっている。

モレル・ド・リュバンプレのように、小陰唇と膣の感受性の活動に傾く者は、不完全な射精という説を持ち出すが、これは両性種子説の矮小化した反復にすぎない。腺性体は「(性交において) 液体を分泌することにより性器の興奮状態に関与するが、分泌があまりに大量なために、ときには外陰部の周囲がすっかり濡れてしまうこともある。きわめて淫奔な女性においては、一般の女性より強力な腺が、精子の射出さながらに力強く液体を射出できる」[175]。ブルダッハもまた、快楽が頂点に達したあとに続いて起こる「突然の噴出」に言及している。手淫のときにもこうした現象がときおり起こるという主張する者すらある、とつけ加えている[176]。

思い出しておこう。数多くの聞き取り調査の結果、クリトリスへの愛撫にはまったくなにも感じず、陰茎あるいは他の物体が膣に入って摩擦が起きるときにしか快楽を感じない女性が多いという事実を、この時代の末期にルボーは確認していた。反対に、ベローはコベルトの意見に同意して、膣は女性の体における官能的な感覚の生産にきわめてわずかしか参与していないはずだとしている。ベローは、カップルを同時に快楽へと導く生理学的なシナリオ、とりわけ女性を快楽へと導く生理学的なシナリオをあまり積極的に提示しておらず、クリトリスの神経に決定的な重要性を認めている。

「一方女性の方は、海綿体球の筋肉が〔…〕血液を送り込んで、すでに膨満状態にあるクリトリス亀頭をさらに膨張させる。しかも、クリトリス亀頭は圧迫器筋肉の前部によって著しく押し下げられ、クリトリス亀頭背面部の表面と陰茎本体が接触するように導かれる。この作用は、折れ曲がった梃子のようになったクリトリス本体にますます弾力と抵抗を与える座骨＝海綿体筋肉の作用によって維持される。こうしたさまざまな力学的現象が今度は男性器に働きかけ、その結果、各運動が同時に両性に影響を与えて、相互の刺激による興奮が頂点に達したところで、射精と精液の受容が起きる」[177]。

その約二〇年前、すなわち、コベルトとその後継者の著作が示す冷たい生理学ではなくまだ臨床医学が支配的だったころ、トゥルソーは女性の性的快感を見事に描写している。「典型例として、この自然な行為の実践に伴う印象を強く感じるひとりの女性を取り上げてみよう。心臓の周辺地域が激しく早鐘のように打ち、呼吸は浅く早くなり、ため息と嗚咽で中断され、眼球は吊り上がり、頭と首は反り返り、骨盤は間代性〔間をおいて繰り返すの運動の意〕の痙攣運動を示し、恒常的な場合もあれば間代的な場合もあるが、いずれにせよ四肢が収縮し、最後の行為の完遂の瞬間には、全筋肉系が痙攣的に震えて興奮し、押し殺した叫び声を発し、ときには完全に失神する……次いで生体は緩和状態に落ち着き、倦怠感が生体を緩慢に睡眠へと導く」[178]。

残念ながら、多数の告白から判明したある習慣が観察をいっそう困難にしている。多くの女性が感じたふりをしているのである。「気をやる」ことがない場合、女性がほんとうに快楽を感じているかどうか、いかにして知しえようか。両性種子説の放棄によって今や動かしがたい事実となったのがこの事態である。ささやかな分泌物以外に物的証拠はないわけだし、その分泌物とて官能よりも苦痛という刺激によって分泌されることもありうる以上、女性が性的快感を感じたふりをしている可能性を拭うことはできない。慢心した男が実は騙されていることなどしばしばである。自らの努力でパートナーに性的恍惚を味わわせていると思い込んでいても、実は、パートナーに欺かれているにすぎない男性たちを、リニャックは早くも一七七二年に揶揄している。その後、カングランは博士論文のなかでこうしたふりが頻繁に行われていることを暴露した。「男性と同じ快感を強く感じているように見せるために、思いつくかぎりのいんちきをしているという告白を、複数の女性から聞いたことがある。男性が快感を分かち合っていると思い込みたがること、自分が感じているときには相手も感じていると思い込みたがることを女たちはよく知っているのである。もしこの幻想が崩れたら男性の情熱は弱まるか、別の対象に向かってしまうことを知っているのだ(179)」。

厄介はさらにもうひとつある。われわれが扱っている時代のうち、コベルトの博士論文が出版される以前、医者たちは女性の快楽を二種類に区別していた。この区別は、女性の第六感、すなわち女性の「生殖感覚」に属するがゆえにさしあたって男性が説明や完全な描写はできないが、少なくとも気づくことならできる「臆面のない痙攣」に関わっている。しかし、この痙攣がなくとも受胎が起こることは明白である。強姦の犠牲になった女性や、麻酔によって眠らされたり、より一般的には知らないあいだに夫に抱かれたりして睡眠中に性交された女性の場合も、痙攣なしに受胎する。ところがその一方で、官能的な痙攣があったからといって必ずしも妊娠には結びつかないどころか、妊娠とは無関係であることがすでに知られている。要するに、自律的な産卵（排卵）の存在がまだ信じられていなかった時代に医療にたずさわっていた医者にとってさえ、最も一般的な意味における快楽が妊娠を決定づけるわけでも、妊娠の指標になるわけでもないことはすでに明白だったのである。両性種子説の消滅が問題を紛糾させる。いかなる徴候を以てすれば、性交がうまくいったことを探知できる、あるいは少なくとも予想できるのだろうか。

したがってそれは、女性が射精するという思い込みの放棄と自律的排卵理論の勝利が切り離されている時代であった。医者、助産婦、患者が妊娠の否定しがたい徴候を探し求め始めるのはこの時代においてである。ビュフォンによってすでに綿密な批判が加えられながらも継承されてきたヒポクラテスの学説に従って、「震え」という語にしばしば要約される並外れた官能的感覚の総体が、妊娠を待ちこがれている女性にその瞬間を教えてくれるはずだと信じる者は多かった。したがって、その感覚とは、官能の欲望と同時に妊娠の欲望にも飢えた母体の貪欲な性格を示しており、「性的痙攣」とは別物の、しかし通常はそれに余分なものとして付け加わる感覚であった。

関心は、特定の聴取能力を前提とするこの区別にある。妊娠した女性のこの震えは、妊娠、出産、授乳、母子関係といったさまざまな激しい感覚の、またさまざまなトラブルの幕開けとなる。こうした感覚は、したがって、固有の意味での官能的痙攣とは別物であっても、それ自体は異性との肉体的結合から生じている。

産婆たちは、産婦とのお喋りのなかから、この震えについて知識を得ていると言う。民衆に、いつ妊娠したか気づくことができると主張する女性は多い。そして、一時期は、医者の多くもこの確信を共有していた。こうして、女性の射精を信じていたからではないにせよ、一定の興奮と受胎のあいだの関連性は捨て切れなかったのである。

したがって、ヒポクラテスとガレノスの理論を放棄したことが、肉体的結合における女性の興奮を過小評価する方向にそのまま直結したと考えてはいけない。妊娠を望む女性たち、あるいはその反対に妊娠を回避したい女性たちは、相変わらず自らの身体に耳を傾けていた。この時期、女性の快楽はまだ信用を失墜していなかった。ただ、新たな複雑さをまとっていただけなのである。

『肉体について』のなかでヒポクラテスが明らかにし、次いでガレノスが表明した意見によれば、「震え」は、受胎するときに女性に痙攣と歯ぎしりをさせる子宮の収縮がその原因であった。しかし、この「震え」は、これ以降、精子と女性の卵子が一体化するときに必要とされる子宮、卵管、卵巣の特殊な刺激、ある種の興奮状態、一定の震盪として叙述されることになる。この興奮状態と震盪が精子の前進、卵管による精子の吸入、さらには卵巣への着床を促すのだろうとされた。このような図式が相変わらず誤っていることはわれわれも知っている。しかし、われわれとて、人々に共有された科学的な誤謬が真実に劣らぬ大役を演じることを知らないわけではない。

いずれにせよ、ときおり起こるこの震えについては議論百出であった。それが必要不可欠な衝動であり、この痙攣がファロ－ピウス管〔卵管〕に伝わることによって「生殖力のある液体〔精子〕」が卵巣に向かって吸入されるという信念を、一七七二年、リニャックは流布しようと努めている。一八〇二年にはギレルモンがこの過程を認める。ただし、この諸感覚の総体は、それだけで妊娠が成功した確実な徴候とは見なしていない[180]。官能的な痙縮が同時に起こればおそらく有益な結果がもたらされるはずだと指摘したあとで、ブルダッハはハラーを参照しつつ、性交がうまく行ったときに現れる感覚の表出について長々と議論している。ブルダッハによれば、いくにんかの女性、とりわけ初めて妊娠した女性たちは、背中から発する震えを経験しており、臍のあたりに痛み――ということは、徴候は必ずしも官能的だとはかぎらないことになる――を、下腹部にある種の動きを感じ、鼠蹊部がくすぐったくなる女性もいるという。ブルダッハは別のところで、全身を震わす特殊な感覚に言及している。相も変わらぬ生気論的見地から、彼はそこに、女性自身の生命が相異なるふたつの生命に変化しようとするその瞬間に、「稲妻のように突然抱き合う」ひとつの生体の嵐を見ているのである[181]。もちろん、個人によって感覚には違いがあるし、感覚が鈍かったり、あまりに激しかったりすると感じない場合もあることをブルダッハも認めている。というのも、強い性的快感は妊娠した女性から震えの感覚を奪ってしまうことがあるからである。この意見は、あまりに強烈な性的快感は受胎能力に対立するという広く人口に膾炙していた確信と一致しているが、強烈な快楽を性交がうまくいった少なくとも好ましい前兆だと考えていた医者たちからは攻撃を受けていた。

こうした医者たちのうちには、特定の震えについては語る必要さえないと考えている者もいた。モロー・ド・ラ・サルトは、官能的な痙攣は、全身におよぶその痙攣的収縮によって臓器全体を揺さぶり、卵管をして朝顔を卵巣に押し当てさせ、「受胎した胚を妊娠器官に誘導[182]」させるに十分だと考えている。ただし、快楽があまり頻繁に繰り返され、刺激に拍車がかかりすぎるとこのメカニズムに支障を来すことは認めている。実際の証言に基づいていると主張されるこの医学的言説は、女性の瞬間的な自己聴取能力を前提にしているが、一瞬にして自己の身体を聴き取ることはじつはきわめて難しいはずで、このことが理解されることになるのは後になってからである。これらの医者たちがいかなる立場を取るにせよ、彼らの言葉は、生殖全体の興奮状態、動揺、痙攣の重要性を強調している点で違いはない。

一般に、両性種子説の放棄と女性の興奮に注目することの無意味さとの関連性がよく強調されるが、この点にかんするかぎり、われわれの立場はそこから遠いところにある。

性交に続く日々に現れる妊娠を示す変調を描写することで、ブルダッハは自らの言葉を引き延ばし、強化する。母胎の軽い痛み。全身のしびれ。持続的なまどろみ。頭痛と歯痛。めまい。顔面蒼白。嘔吐と吐瀉。これらはかつてビュフォンが作成したリストだが、例の「震え」に続いて、こうした感覚や興奮がまるで鎖のように連鎖することをブルダッハは見事に示している。ブルダッハによれば、女性は、全身のきわだって奇妙な感覚により自らの身体が新しい状態にあることに気づく。と同時に、下腹部が充実してずっしりとした感じになり、性交を避けがちになるかと思えば、その一方で熱に浮かされたような衝動や軽い震え、興奮の突発を経験する。古代世界では若妻の首のふくらみを懐妊のしるしと受け取っていたが、このどれもが、その妥当性を裏付ける膨張状態を示している。懐妊当初の感覚に向けられた注意が、遡行的な歩みによって、性行為の瞬間に明らかになる感覚の追究を促している、と考えることができよう。

当時権威として知られていたリシュランは、ガレノス的な見地から、震えよりもむしろ子宮の痙性収縮が交接による妊娠の最も確実な徴候ではないかと指摘し、「このような状況にあっても自己観察できるほどの冷静さを失わなかった[183]」いくにんかの女性の告白を聞いてそう確信したと付け加えている。

一方ラルマン教授はいくにんかの産科医の証言に基づいて、まさしくその瞬間に自らの受胎に気づくことができる女性がいると断言する。彼女たちのほとんどは一度も勘違いしたことがないという[184]。一八四七年、マンヴィル・ド・ポンサンは遅ればせながら、震えや「なんらかの不調[185]」によって自分が懐妊したことを知ったと主張する女性がいることを指摘した。一方、その数年後になってもまだアレクサンドル・メイエはこの前兆を信じている。こうした主題は、一定数の――おそらくかなり多かった――女性が当時どのような性的関係を結んでいたかをひそかに教えてくれる。

医者の心を苛み、おそらく患者の行動にも影響を与えていた問題がもうひとつある。子どもをもうけたいカップルが両者同時に快感を味わうことには利点どころか必要性すらあるのか、という問題である。ルーセルはその効力を強調していた。繰り返しになるが、そこから指摘できるのは女性が持つある種の受動性を称賛し、両性種子説に対して一定の距離を取っていた自然主義療法説の信奉者が、にもかかわらず、女性の快楽の価値を失墜させなかったことである。両性のあいだには調和が必要だという固定観念にしばられていたからにすぎないにせよ。「力を合わせて事にあたる両性が同時に陶酔のなかを彷徨うときに受胎がより確実になること」、「そこに起因するはずの新たな存在に彼らの魂が一瞬でそっくり受け継がれると思われるこの短い（同時の）自己疎外」が必要不可欠でさえあることは「だれしも認めるところであろう[186]」。しかし、そこからこの説のもうひとつ優位な点が現れてくる可能性もある。古代の伝統に忠実なヴィレーはこの「性的調和[187]」に良質の生産物が生まれる好条件を見ている。この好条件は、ヴィレーが「時宜を失した不調和[188]」と呼ぶ、カップルの快楽に生じるずれとはちょうど正反対のものである。「体腔への液体浸出の同時性[189]」は上首尾な性交を促進する、とブルダッハは言う。

マンヴィル・ド・ポンサンは一八四六年になっても依然としてこの視点を共有し続けていた。男女が「性器のより直接的な接触によっていつもよりも強い快楽と、不毛な交接のあとに通常感じる感覚とは区別のできる相互的で、瞬間的で、等時的な痙攣を感じた[190]」ときには受胎がなされた、あるいはそう推定しうる、としたあらゆる権威の言葉を彼は引いている。

テイレシアスの謎

自律的排卵理論のおかげで受精が快楽の高揚と同時性から徐々に切り離されようとしていたと言われる——とはいえ、すでに見たように、この点にかんしては十分な注意が必要だが——この時代に現れた以上のような見解の数々は、古代のテイレシアスの謎がなぜこれほどまでに魅力的なのかをよく説明してくれる。カップルのうち男女いずれがより強い快感を感じているのか。比較のベースとなる男性の快楽の強さについてはすでに知悉している以上、医者にしてみれば、この問題を持ち出すことは女性の性的快感の強度を討議するに等しい。医学的言説がこの謎にこれほど執着する裏には、ふたつの感情の間の緊張感が存在する、あるいは、少なくとも存在すると考えることができる。女性が優っている場合には女性に対する嫉妬が生じるし、逆に女性が知力も理性もまったく失っていない場合には、官能に翻弄される男性が相対的に受動的立場を強いられ、女性に自らを譲り渡してしまう恐怖が生じるからである。

この謎にもたらされた答えが多岐にわたっている背後には、おそらくこうした緊張感が潜んでいるのだろう。医者は、女性の「性器感覚」や内部感覚、それによって女性にもたらされる謎めいた興奮といった、自分たちを掻き乱しも魅了もするものを直接知るすることができないという袋小路に入ってしまう——これについては後で見ることにしよう。その結果、妊娠のときめきや授乳の快楽といったものの性質にまで謎が及ぶことになる。

大多数の医者が、女性の方がより強い性的快感を、男性の快楽とは違ったテンポで経験しているはずだと考えていた。こうした確信は別段新しいものではない。ルネサンス期には大ジャン・リオランが、男性は流出するが、女性は満たされるという事実によってこの女性の優位性を説明していた。女性は、したがって、射出によっても受容によっても快楽を感じるというのである。女性の子宮は、食餌に飢えた腹のように、精子をたっぷり味わう。[191] 女性の方がより強く快楽を感じていると主張するリニャックは、一七七二年、女性の身体が繊細であること、脆弱であるからこそ快楽により飲み込まれやすくできていること、「官能を目覚めさせ」、興奮を生み、他の身体部位にその興奮を伝えることのできる身体部位が多数存在することに、その原因を求めている。また想像力の活動についても女性の方が活発で、女性の神経系の方が「印象を受容しやすい[192]」のだと主張する。そして最後に、女性の方が、性的快感の強さの証拠となる官能の痕跡が見分けやすいことも指摘している。

女性の方がより強い快楽を感じていることは、女性が「飽くことを知らない」という事実によって証明される、とヴィレーは考える。われわれが論じている時代の晩期に、「より消えにくい[193]」傾向という言葉でルボーが言い表した事態である。ヴィレーは書いている。性交にさいし「膣と子宮の空隙を満たす液体がより豊かに分泌される」ため女性は疲弊することが少ない。したがって、その状況が続くかぎり、女性の感受性は「鋭く敏感」になったままなのにたいし、度重なる射精は男性からこの刺激の源泉を奪い、「より迅速に力を奪うので、もはやどんなに欲望が大きくてもその気にはなれない」。

さて稼働率と欲望の鈍磨にかんするずれではなく、固有の意味での性的快感の強度に目を転じ、女性が男性よりもより感受性が鋭く変化しやすい神経系と、より薄くデリケートな肌を持つこと、女性の抱擁がより親密であること――ここではおそらくきわめて重要である――、くすぐるようにさわられると乳房も強く感じること、「女性が優しい愛撫の誘惑により屈しやすいこと」などを考えてみれば、「女性の性的快感は男性の場合よりもその構造全体により広がっており、より緊密に連関しあっていることは納得できるだろう」、とヴィレーは書いている。女性はそのパートナーよりも快楽により深く身を委ねることも付け加えておこう。女性は妊娠期間中も絶えることなく「男性を受け入れる」。これは「受胎と同時に熱が冷める[194]」動物の雌よりもエロティックであることを示している。

ただ、ヴィレーはルーセルに言及しながら、少なくとも「われわれの生活環境においては」、行為においていかなる快楽も感じていないと思しき女性が多数いることを認めている。ヴィレーは著作の末尾でこの問題に立ち戻り、医療記録にその論拠を加えている。女性は、母体の知覚過敏を引き起こす「月々の貢ぎ物」の時期にはとりわけ男性よりエロティックな妄想に取り憑かれやすい。「神経系の支配により屈しやすいか細く厚みのない筋系。欲望をますます締め付け、束縛によってむしろ欲望を倍加させる性的羞恥にたいするより厳しい規範。より気まぐれな想像力。より優しい心。より繊細で、そのためより敏感な感覚。それらすべてが一致して女性にあの抑えがたい興奮を掻き立てる」[195]。全身のより強い感受性。侵犯、内部性、諸感覚の親密さにたいするより強い感覚。神経の優位性。性的快感を引き起こし、増大させる領域間の緊密な連携。体組織の飛び抜けた敏感さ。官能の嵐に抵抗できる力が相対的に弱い肉体的脆弱さ。こうした特徴は、テイレシアスの謎を解こうする著者たちの医学論文で絶えず繰り返されている。エルパンはリニャックから漠然とした教えを受け、性的快楽を誘発する部位の数は男性よりも女性においてより多い、と解剖学的な議論をしている[196]。女性がかくも上手に快楽を与えることができるのは、女性が快楽をよりよく感じることができるからだ、とダンスは考える。かくしてダンスは、女性が快感をリードし、手ほどきするという図式を復活させている[197]。この分野に最も明るい生理学者コベルトによれば、とりわけクリトリス周辺の狭い場所に稠密な神経が集中していることから、女性は男性よりもより大きな官能を、あるいはこう言ってよければ、より強いオルガスムを感じている[198]。

一八五七年、ベローもまた神経支配（生体における神経の分布）にかんする以上の意見を共有し、快楽の強度において女性が優っているという説に与して、「一般的に言えば、官能の感覚は（たしかに）男性においてより迅速に訪れるが、しかし、女性においては（それが）より強い」と指摘している[199]。性による快楽のテンポの違いについては以前から力説されていた。たとえばヴネットは女性における快楽の持続と強度をきちんと区別すべきだと主張している。その後もディドロは、男性が機械的にオルガスムに達するのにたいし、そのパートナーははっきりとした区切りがないだけにより長く官能を味わえる恩恵に浴していると考えている。その他にも、たとえばビヤンヴィルのように、女性は射精をする男性と同じ快感を感じているが、それに加えて余分な官能を味わえるのだとする付加快楽説に従う者もあった。

これにたいし、デキュレは女性の欲望と快楽がより強いとも、より持続的だとも考えていない。とりわけ母親になった「多くの女性において（性）行為は、結合後しばらくすると、欲求というよりはむしろ情熱の要求にたいして与えられる愛情の証になり、その情熱とてもはやほとんど心の中だけでしか感じていない[200]」と書いている。デキュレはその点でブルダッハの衣鉢を継いでいる。男性とは反対に、女性の欲望は外性器よりも卵巣の充血から生じているとデキュレは断言する。したがって、女性の深い趨勢は女性に繁殖という目的へと向かわせるが、一方、男性の趨勢は繁殖に到達するための手段に向かわせるため、男性においては外性器がより活発になるのである。つまり、男性はいかなる性交時の快感も「臆面のない痙攣」の快感も逃すまいとするのにたいし、女性は肉体的結合のさい、すでに妊娠と出産からより大きな快楽が得られることを考えているということになる。ただしそれが、「心の合一と子孫」よりも「感覚の歓び」に重きを置く堕落した女性でないかぎりだが[201]。

ラシボルスキは、女性における快楽の希薄さをもっと声高に叫んでいる。女性のなかにはたしかに「性関係を持つうちに、男性が常に感じている歓びに似たなにか（引用原文ママ）を体験する」者もいるだろうが、「男性が近づくだけでいわば苦痛を感じる女性が四分の三いることもまたそれに劣らず真実なのだ」、と一八四四年に書いている[202]。だが、ラシボルスキが「自律的排卵」仮説の最初の信奉者のひとりであることを忘れないようにしよう。

デュフィウ医師はより重要性の低い臨床医で、処女性の礼讃者だが、彼もまた女性の快楽の強度について指摘をしている。指摘にさいして彼が使う言葉は、医学よりもむしろ倫理神学や夫婦の精神性を説く言葉に近い。デュフィウ医師によれば、女性は「肉体的な官能にたいして」男性ほど強い性向はなく、「女性の冷淡さは無関心にとどまらず、際立った嫌悪さえ示している」。女性が「婚姻の床に身を任せるのは欲望からというよりは感情からであって［…］、肉体の満足を求めているというよりは、愛情の証を与えようとしているのである」[203]。

女性が男性と同じくらい強烈な快楽を男性ほどあからさまに表現しないのは羞恥心に阻まれているからだ、という見方をデランドは批判する。この主張は日々の観察に鑑みれば維持できない。女性の快楽への嗜好は男性ほど強くなく、それに耽った後でも男性ほど疲労を感じていないことはもはや天下周知の事実だから、と書いている。「女性はさほど喜んでこの行為を行っているわけではない。しがたって、彼女たちはそれを拒まない程度の欲望さえ持っていれば十分なのである」[204]。この分野にかんするかぎり、我が国では、「生理的な状況」しか記録する風習がなかった。この専門家は、若い女性が若い男性ほど手淫に耽らないことがさらにもうひとつの証拠だという。「もし交接が男性と同じくらいの衝撃と疲労を女性に与えるものだったら」売春婦など存在しただろうか、とも問うている。そもそも、女性が男性よりも長寿なのは、他ならぬ性行為に伴う興奮が女性においてより穏やかだからである、と。かくして、性的快感の激しさと死のあいだに打ち立てられた関係性がここにもまた姿を見せている。

これらの医者たちが、議論のなかで、いわゆる冷感症と女性が性的快感を抱くさいの快楽の幅とをだれも区別していないことにお気づきになった思う。しかも、紛れもない科学者たちのあいだで意見が交わされているにもかかわらず、その相違が、女性の受動性に最終決着をつける理論的な立場からきているのか、それとも、たんに個人的な交接のなかで行われた観察からきているのか、いまひとつ判然としない。

テイレシアスの謎は偽の問題だと考える第三のグループがある。これは「益体もない問いかけ」[205]だ、と一七七五年にルーセルは書いている。性質が異なる以上比較しようのないふたつの快楽を問題にしているからである。両性を分かつすべてをできうるかぎり深く掘り下げたいという気持ちを持つ者にとって、これは当然の姿勢である。女性の快楽には「それ固有の陰影、それ独自の性格があり、おそらくより強いわけでも、より弱いわけでもない。別物なのだ」

とモロー・ド・ラ・サルトは一八〇三年に書いている。[206] この問題を扱った論文のなかでビロンは、性的快楽は、それを受け入れようとする者を区別しないと考えている。男性であれ、女性であれ、「自らの力だけで全感受性をとらえ、生命の全精力を一点と一瞬に集中させて、その生命を増殖させ永続させる」のだから。[207] デュモンは、さまざまな立場を一定程度認めたうえで、同じ方向に考えを進める。良い性交とは受胎を可能にする性交であり、したがって彼によれば、似ているはずのないふたつの性的快感が結合されることが理想なのである。そう考えると、女性の快楽は、男性のように「行為の激しさ」ではなく、「優しい気遣い」、「穏やかな」だが「冷淡ではない感覚」によって規定される。得るのもかなり難しく、維持するのはよけい難しい均衡である。そこから、不妊の女性は「冷淡で愛に近づくことができない」[208] 女性か、あまりに激しく、あまりに過敏な女性のいずれかである、という考え方がでてくる。アドゥロンもまた、この問題は解決不可能だと考える。自分で経験しないかぎり感覚は理解できないからである。

「穏やかな夫婦」の賛美（リニャック）

もうひとつ別の問題が存在する。生活様式と職業による快楽の質と強度の違いにかかわる、今度は社会的な性質を帯びた問題である。筋肉、脳、生殖器官はお互いに連繋し合いながら快楽の発動にかかわっている以上、この問題を考えるためには、これら三者の潜在的な競合にかかわるすべてを参照しなければならない。頭脳労働者と運動選手の性的能力を問題にする伝統が古くからあることはすでに見た。白痴と怠け者の性的能力を称揚する伝統である。

リニャックは省察の範囲を広げ、事を明確にしようとする。彼の考えはこうである。肉体労働で自らの身体を使う男性より、有閑男性の方が恋により豊かな想像力を持っている。始終快楽を呼び出しているこの有閑男性はこれに強引に訴えかける。不幸なことに、この男の「想像力は、性的快感に到達する以前に歓喜の源泉を浪費し尽くしてしまう」。それゆえ、彼はたちまちその陶酔を味わうことができなくなる。そこから、性交過剰を避けつつ「肉体を鍛え、愛が働きかけるときにしかそれに身を委ねることがないがゆえに快楽をその全幅において味わうことができる」[209]男性の優位性が立ち現れてくるのである。しかも、肉体労働に従事する男性は、より体脂肪が少なく「筋肉質の」肉体をしている。四肢もより堅固で、重量にも耐えられる。立位の交接を実践する場合を考えればよく分かる。

民衆のヘラクレスを称揚することによって、啓蒙時代に支配的だったエロティシズムに対する、より正確に言えば放蕩に対する信用を失墜させようとしている点で、リニャックの言葉は重要である。ところで、リニャックが一七七二年に明らかにしたこの区別は、大革命期の肉体関係を社会的に表象する構造に基礎を与えた。この区別が、性と生活様式にかんして当時進行していた政治を秩序づけることになる。一七七〇年から一七九〇年にかけての期間、エロティック文学も方向性を変え、民衆出身のヘラクレスを理想化する傾向へと転じる[210]。リニャックによれば、想像力の酷使から生じる好色が非難されるべき理由は、それが個人を官能の洗練の奴隷にするからではなく、個人が性的快感をその全幅の広がりと強度を以て味わうことを不可能にするからにほかならない。「自然」に基礎を置く快楽の精妙な構造《エコノミー》とはこのようなものなのだ。屈強な民衆のヘラクレスとその正妻というカップルの性的高揚には、手淫、肛門性交、獣姦、遊蕩の悪化といった性交過剰にたいする断罪の基礎となるエピクロス的な快楽主義の論理が見い出せる。民衆的なヘラクレスとその妻のカップルは、貴族的な放蕩を象徴するしゃれ者とその愛人のカップルのアンチテーゼなのである。

まがいものでないセックスの快楽を感じることができるのは前者だけである。なぜなら性的快楽を加速させすぎて電光石火のように散らすことなく、じっくり準備をしたうえでこれを「定着させる」ことができるからだ。彼は、感覚の「気化」や強い快楽の「蒸散」[211]を引き起こす想像力による逸脱を避け、快楽を希少化する術を知っている。貞節な夫たるこの男は自らの精液の完成にじっくり時間をかけ、射精筋に「己の衝動のすべて」を委ね、その結果、動物のように、静かに快感を味わいながら、性交のさなかに自らの生の感覚を強烈に感じることができるのである。このカップルはだれよりも「エネルギーを官能に」与えることに熱心で、快楽の同時性を可能にするこの調和にだれよりも通じている。

しかし、エロティックなモデル、あるいは性愛の技〔ars erotica〕と言ってよいかもしれないが、それは社会的な帰属と生活様式だけから帰納されるわけではない。この分野においてきわめて重要なのはまた、各人に特異的な快楽という概念、性的快感の形態が無限に多様だという意識である。当時の医学概論、といっても新ヒポクラテス派の影響を受けてはいたが、その医学概論によれば、人間は季節、気象、周囲の状況が欲望と快楽に及ぼす影響に即応して、その人なりの生き方をするとされていた。データをこのように個性化するのは、すでにわれわれが見たように、性交を自由の領域に位置づけているからである。この性交という行為は、「何にも依存せず、気まぐれで、ときにはすべてに従わないこともある(212)」機能の正しい使用法を示している。

以上のことから導き出されるのが、医者が延々と練り上げる「良い性交」像である。医者たちは、主として夫婦の結合という枠内において、推奨すべき抑制されたエロティシズムを練り上げている。リードするのはリニャック。「夫は官能を惹起するいけにえの数を増やすことよりも、エネルギーを官能に与えることにより神経を使う」べきで(213)、放蕩の虚しい洗練さは拒否しなければならない、と言う。こうしたリニャックの警句は、続く数十年間、医者たちの意見となるものを端的に表現している。一八一三年、フルニエは『医学事典』のなかで助言を与えている。「精液が豊かになるように［…］前々から節欲をして［…］事に備える」べきである。「また、子宮を過敏にすると、受け止めるべき胚芽を拒否してしまうことがよくあるので、そうならないようにするためには、同衾の間隔をあまり近づけるべきではない(214)」。他の学者たちも同じ忠告を与えているが、それはまずもって、性交過剰により快楽の強度を減じさせないためである。同じ『医学事典』の「節欲」という項目でモンテーグルが理論化しているのがこれだ。節欲は巧みにコントロールすれば「快楽の」良き「スパイス」になる。欲望はより高まり、快感はより完璧になる。そして、「熱狂のひとときに続く安らぎと歓びが、この行為がいかにわれわれの生体を貫く法則に一致しているか、十分に示してくれる(215)」。

ただし、良い性交には女性の側にも情熱の抑制が必要とされる。過剰な官能は妊娠を阻害するおそれがあるからである。畜産業者はそのことをよく知っていて、雌ロバが交尾をすると、その後、精子を逃さないために熱くなった尻に水をかけたり、乱暴に尻を叩いたりする。

この類の確信は、性行為にかんする医学論文のほとんどに見受けられる。アゲット医師は(216)、アリストテレス的な展望に立って、快楽を抑えぎみに使用するよう勧めている。エベールは、「性的快感がいつでも自由に、かつ習慣的に得られるおかげで、感覚をほどよく十分に満たすことができるという理由で」結婚を称揚する。「最も欲しかったものを手に入れるたびに起こる」自然の限度を超えた抑制なき欲望に、夫婦による性が対立する。要するに、「結婚の節度ある性行為には興奮と放出という属性のみを賦与しうる(217)」のであって、エベールによれば、女性がそこから得られる利益は大きい。

感覚の逆上を鎮めるために「理性は結婚を思いついた」とフォデレは書いている。動物とは違い「常時、愛を交わす（引用原文ママ(218)）」ことのできる人間が、性交過剰による死を免れうるのはこのためである。快楽の抑制された使用はまた、愛をより親密なものにする。なぜなら飽満状態は嫌悪を生じさせるからだ、とブルダッハは書いている。しかも、結婚は「感じ方や考え方や行動パターン(219)」の融合を促進する。幸福な夫婦の一致を称揚するのもブルダッハである。夫婦の一致がなかなか築けないとき、カップルの「性的感受性を修正する」のが医者の仕事になる(220)。

上手にコントロールされた快楽、そこから得られる心理的な調和や実利、その最も適切な唱道者はラルマンである。「賢明な節制は、より穏やかではあっても、似たようなイメージや思想や欲望を――夫婦に――もたらす。そしてそこから生じる実践によって、夫婦は相手の性に寄り添うようになるばかりか、愛情もことごとくその深みを増し、感覚もより心地よくなり、その記憶はより魅力的になる。それはもう、あらゆるものを美しく彩る一種のプリズムである」[221]。

「穏やかな夫婦[222]」の称揚には、感じられる快楽の質への配慮が伴っていることを繰り返し指摘しておこう。良い性交は、官能に満ちた性交でなければならない。十九世紀の前三分の二の医者は、引き続き興奮の強度にこだわり、その方向で仕事をすることになる。

リニャックの目から見た「まがいものではない快楽」とは、「われわれの感覚が受け入れ、その甘美さと力強さを十全に感じ、心地よい恍惚感を味わい、他愛もない手練手管であろうともそれによってこの恍惚感を引き延ばすことができるときに、われわれの感覚に供される快楽」である。「器官にその能力がないかぎり、こうした快楽の細部を得ることはできない[223]」。節制の理想が不節制に罵声を浴びせ、その意味において、当時のポルノ文学に対立するエロティシズムに裏打ちされてはいても、官能の追求を否認しているわけではないことをこの文章はよく示している。「繰り返される努力」は前立腺液の射出を可能にするばかりで、それに淫する者は「熱気のない」自らの行為の貧しさ、自らの快楽の「無気力さ」そのもの[224]に気づかざるを得ないと、続く十九世紀を通して、医者たちは声を揃えて力説している。

どのような手段で「官能にエネルギーを与える」かを決定するために、夫婦は定期的に医者の助言を受けるようリニャックは提案しているが、それは、夫婦のこうしたエロティシズムを念頭に置いてのことである。そうすれば、「夫婦の幸せの前に立ちはだかる障害を吟味し、それを取り除くために取るべき手段を授ける[225]」ことができる。あとは、「実りのない馬鹿げた努力」を回避し、一緒に決めたことを房事のさいに思い出しさえすればよい、と彼は言う。自分たちの快楽のためにはどんな星の下がいいか、雨の日がいいか、晴れの日がいいかと頭を悩ませ、「性的快感にとって貴重な瞬間[226]」を憶測だけで用いようとする人々をリニャックはからかう。つまり、古代のカリペディア〔美しい子どもを産むための方法〕を嘲笑しているのである。季節への配慮と同じく、こうした「実りのないばかげた努力」が十九世紀のあいだに弱まっていったことに注目しよう。

リニャックは加えて快楽の流れを調整するために採用すべきテンポについてふんだんな忠告を与え、はっきりそれと示してはいないが、場合によっては起こりうる避妊操作に罵声を浴びせかけ、なにものも「精子の射出」を遅延させることがあってはならないし、母胎に進入することを阻んでもいけない、と書いている。「こうした官能の小道具、こうした人為的に節約された快楽は器官を疲労させ、そのしなやかさを失わせる。男性は調和力を取り戻すために性的快感に少しだけふれてもよいが、女性は、男性を鎮める前に彼をさいなむ渇きをあまり増大させてはいけない[227]」。こうした文章は、良い性交を促進したい職業人――この場合外科医――の忠告がきわめて高い精度に達していることを示しながら、同時に、医学的なエロティシズムとポルノ文学の懸隔の大きさを再認識させてくれる。リニャックは、感覚よりも想像力に属するすべてを、そして、「恋人たちの悶々とした興奮」を批判する。彼の目からすれば、最悪の事態は「ほとんど精神的な快感[228]」を目指すことなのである。

リニャックが与える忠告のなかに、とりわけ注目に値するものがひとつある。多くの淫奔な女性が耽る快感に耳を傾けては危ないという忠告である。「快楽を分析する技術」、「官能について理屈を述べる技術[229]」を用いすぎる女性は、一般に虚弱な子どもしか生まない。しかも、「想像力が肉体的な力の不足を補っている女性の快感は」「病気に堕する」ことが多い。「感情過多の快楽[230]」は女性を痙攣へと導く。かくして色情亢進が姿を現す、とエスキロルは言う。早漏を心配するモレル・ド・リュバンプレを除けば、神学者とは反対に、医者は早すぎる射精にほとんど関心を抱いていないことをついでに指摘しておこう。

性交が終わるとカップルは疲労を感じる。疲労は男性においてひときわ目立つ。心霊主義者ブルダッハは、射精に伴う動揺の瞬間に「魂が自らの破壊について漠とした概念」を抱くからだと言う[231]。医学的言説において、われわれはすでにエロスとタナトスの密接な関係にいく度も出会っていた。例えばカングランは官能の痙攣に伴う「われわれの死の予感」や恍惚から物憂さへの密かな移行、再び「野獣の状態まで」堕ちて失望する「神の気持ち」について語っている[232]。デキュレは、愛人男性には逃げ出したい気持ちが頻繁に起こることに気づいており、金銭尽くの愛の場合それが起こりやすいことを飽くことなく力説した。

シモンは一八〇五年に書いている。「快楽を満たされた愛人男性にとって［…］、相手の目は輝きを、頬は色を失い、あの魅力的な微笑みはいつもの媚態に堕し、うっとりするような声音も、いつまでも続いて眠気を誘う単調なざわめきにしかすぎなくなる。女神はただの女になる。性的充足は祭壇をひっくり返すのである[233]」。

トゥルソーと偉大な臨床医デランドは、房事に続くこのひとときを精密に描きあげた。性交に身を任せ終えたばかりの男を想像していただきたい、とデランドは書く。「彼の顔からは血の気が退いている。まぶたは半開きで、視線も定まらない。手足を持ち上げようとしても重くぐったりとして力が入らず、まるで麻痺したようである。身体には不調と苦痛しか見つからない。頭は痛いし［…］、打ちひしがれ、傷ついたように思え［…］、頭脳を使おうにも、頭が途方に暮れたまま動こうとしていないのだ［…］。聴覚はおぼろげで、視覚もはっきりしない［…］記憶のなかで、そして眼前でその姿形が頭と心を支配していたあの性器、あの人、あの姿態にもはやなんの魅力も感じない。自分がそれらを手に入れたことには驚いたとしても［…］。魂は［…］ある種の物憂さに、失望に、嫌悪にさえ止めどもなく流されてゆく［…］、これに心臓の鼓動の衰弱、弱々しい脈拍、血管の沈下、血の気を失ったまぶたを加えれば、性行為直後に見られる状態についてかなり正確な理解が得られるだろう[234]」。「ついさっきまであんなに元気のよかった」生殖器が「今では冷たく萎えている。先ほどまで見えないほど縮まっていた陰嚢が今やたるんでだらりとぶら下がっている。もはや勃起はなく、膨張は衰微し、［…］けだるさ、疲労、ひりひりする感覚のため、あれほど惜しみなく与えてもらっていた愛撫も恐れるようになる［…］火が消えると炉心はたちまち冷え切って、もはや灰をかき回すことしかかなわない[235]」。手淫常習者においては、射精に続くこの一過的な状態がいつまでも続いていて、完全な射精がまったくできなくなることがある、とここでもデランドは断言している。

ところが、女性の「臆面のない痙攣」は男性のそれと同じくらい、いや「しばしばそれをはるかに上回って」エネルギッシュなのに、女性はこの極端な疲労を感じていない、とトゥルソーが考えていたことを思い出しておこう。女性の場合、そこから「体力のかなりの消耗[236]」が生じないのである。これにたいし、ラブリュニは、後に見るように、女性の疲労を逆に高く見積もっている[237]。

性交終了後に男性が味わうこうした疲労と悲しさのあいだの矛盾、性行為が招くおそれのある危険と医者が性行為の効用に捧げる果てしない賛歌との矛盾、そうした矛盾はなるほど指摘できるかもしれない。だが、矛盾は表面上のものにすぎない。有益な交接は節制の要求に応える性交である。しかも、悲しみと無気力の状態は一時的なものにすぎない。効果はそのあとでかならず現れる。性交に続く疲労倦怠の時期が過ぎれば、性交は活力を増し、健康を涵養し、幸福感をもたらしてくれるのだから。逆に言えば、健康とは「勃起状態に移行でき、受胎を可能にする精液を女性に供給できる」こと、と定義できる[238]。しかも、それが快楽の強度を高めるのである。

すでに一七七二年にリニャックは、性交が多血質の人の陽気さを維持し、鬱病質の人を陽気にし、粘液質の人を穏やかに温め、有閑人の無気力を癒し、不眠や煩わしい夢から人を守り、鉄欠乏性貧血患者の健康を回復する、と明言している。モレル・ド・リュバンプレは「恋の闘争」が生命に健康な衝動を与え、諸器官の作用を助け、知性の働きを活性化し、陽気な気分を与え、より明るくはつらつとしてくれる、と確言する。「生命のあらゆる機能に穏やかな影響を及ぼす[239]」からである。モンテーグルは『医学事典』のなかで、性的欲望が優れた健康のバロメーターになりうることはまちがいないと述べ[240]、精子を受け入れることによって女性が得る利益についても語っている。女性においてはとりわけ、性交が「あらゆる機能を掻き立てる」。「性交が女性の身体組織をより活動的で活発にする」。そのために女性は「より健康になるのである」(241)。

ベルティエによれば、「官能が与える印象」から生み出された陶酔によって、全身に「自然のあの聖なる火」がもたらされる、という。人間は全身で充足感を味わい、「満足という観念」を抱く。快楽は「われわれの存在を押し広げてくれる」(242)のである。

一連の博士論文がとりわけ性交にこうして熱狂的な称賛を送っていることから、この確信がいかに広がっていたか推察することができる。デュラン医師は、結婚がもたらす快楽が子宮に本来の機能を呼び戻し、しばしば月経の流出を決定し、鉄欠乏性貧血など数多くの治りにくい病気を治癒することはまちがいないと言う。さらに良いことに、こうした快楽は「多血質の女性の陽気さを維持し、憂鬱質の女性に陽気さを生みだし」、リンパ質の女性に「穏やかな熱とほどよいエネルギーをもたらす」(243)。

セルスを参照するブスケによれば、節度を保った性的快楽は身体に活気と軽やかさを与えるという。性的快楽は発汗を促し、食欲を増進し、精神を研ぎ澄ます。「繁殖行為」の実践は、「保存原則を呼び覚ます力を持っている」(244)。アゲット医師によれば、欲望の充足は、健康を回復するために最も確実な治療法である。鉄欠乏性貧血にはきわめて有効だし、癲癇、ヒステリーにも奨められる。エベールは性的快感によって回避できた病気を長々と列挙し、リュリエは「再生産行為」が活性化を促し、栄養摂取に影響を与えることはまちがいないと確言する(245)。

ファーブルによれば、交接は初潮のときからその流れを安定させるので、民衆のあいだでは、友人たちが思春期の若い娘にその目的のためだけに交接を奨めることがあるという。交接は外陰部の神経症にはきわめて有効である(246)。プランティエ医師は、交接の治療効果の喧伝に博士論文をまるまるひとつ費やしている。リンパ体質の女性の場合、性交は刺激治療になる。「性交は必要なエネルギーを器官に与える強力な助けとなり、しかも仕事を首尾良くやってのける[247]」。性交はまた、生体組織全体に引き起こす震盪のおかげで帯下《こしけ》〔女性性器からの血液以外の分泌物〕にもきわめて有効である。交接は、偏頭痛、歯痛、神経痛、胃痛など概ね「待ちきれない子宮の渇望」によって起こる若い女性のちょっとした病気を緩和し、たいていの場合治癒してしまう。女子色情症やヒステリーについてはいうまでもない。ただし、後者の場合、性行為がときに有害な結果をもたらすことはあるが。とはいえ、プランティエは、性交が狂気、癲癇、癆〔肺結核〕、腺病を予防すると考えている。ただひとつ明白な異論がある。それは閉経期を過ぎてからの性交である。

硬化を伴わない子宮鬱血の場合、「節度ある性交の実践ができ、それによって軽い刺激が引き起こされることで、残存した病気を散らすことができる」、とコロンバ・ド・リゼールは裁決を下す[248]。一般的に言って、愛する夫と節度ある快楽を味わっている若い女性は、脂が乗り、落ち着きがでてくるとブルダッハは書いている。「彼女のすべてが満足を示している[249]」。この行為は男性にも影響を与え、強壮と活性化の作用をもたらすとダルダッハは言う。

とはいえ、ラブリュニ[250]やその他の多くの医者は、これ以降、かつてヒポクラテスが実践を奨めたような、また、ヒステリーの場合に長いあいだ実践されてきたような、クリトリスへの刺激と、それによる官能的痙攣の惹起を認めない。

以上のことから、告発の対象が節欲であることは明らかだ。医者の目から見れば、節欲は性交過剰や濫用と同じくらい非難すべきものなのである。

第3章

疑惑から告白へ

生殖器のトラブルを抱えた患者から相談を受けた医者は、解剖学的な検査をし、不調の経過を聞かせてもらい、経過をより精密に明らかにできる自己聴取を要求し、次いで、良好な肉体関係の実現を阻害している要因を見抜こうと試みる。だが、生殖器系を他の系に結びつける共感の複雑さや、いつ変わるかわからない病気の経過においていったいなにを信じたらよいのかわからないといったことが、臨床医の仕事をとりわけ難しくしている。

当時考えることができた機能障害の原因は次の五つに分類できる。（一）性交欠如：すなわち、使用していない、あるいはもはや使用していない機能の変調の原因となる節欲。（二）性交過剰：とりわけ若い夫婦に起こる未熟な、あるいは過度に頻繁な性交。そしてもちろん、閉経後の女性の快楽。（三）性的濫用：「自然」の要求に即さない性的快楽に耽ること。手淫、肛門性交、女性同性愛、獣姦、そして「夫婦の不正行為」や中断性交。（四）性病、より広くは、生殖機能の運用を損なう一連の病理。男性における不随意の遺精（精液漏）、女性における帯下《こしけ》、鉄欠乏性貧血、神経症、生殖器掻痒症、さらには硬性癌（癌）。（五）男性の不能と女性の不妊症を構成するさまざまな失敗。

診断が下されると、医者は衛生学的治療――そこには想像力の制御も含まれる、薬理学的治療、整形外科的治療、外科的治療、社会的治療といった一連の治療を自由に行うことができる。節欲、濫用、病気、失敗など、いずれの原因による弊害であれ、それらをくい止めるために使える手段はすべて打つのである。したがって、これらの機能障害ひとつひとつについてその弊害を列挙するのは退屈な作業になるだろう。

患者と出会うとすぐに医者は臨床観察、問診、身体聴取の勧告を、また必要に応じて実験を組み合わせる。次いで知恵を絞り、最後に、「いっぷうかわった共同討議」を終えるにあたり、診断と忠告を与え、薬を処方する。

臨床観察については多くのことが言われてきたので、立ち戻るまでもあるまい。『医学事典』でモンファルコンは臨床観察をこう規定している。「やってきた医者はベッドの横に腰を下ろして患者に面と向かう。まずは態度、動き、皮膚の色など身体の外的な状態を調べ、次いで、外部感覚、呼吸、循環、脈拍と心臓の状態、消化、分泌、排泄、生殖、感覚、過敏性、声、随意運動、睡眠、知的能力、体温を順次検査しながら、自然な機能状態と現在の機能状態とを比較する」[1]。医者は病気の徴候の状況、性質、強度と、病気になってからの摂食状態を知らなければならない。次いで、年齢、性別、職業を考慮しながら、患者の「情熱、習慣、生活様式」を調べる[2]。患者の家族全員の病気と、患者の既往症について情報を得る……性的機能にかんする質問事項が、こうして臨床検査全般にわたらざるを得ないことはご理解いただけると思う。

二つの感覚が飛び抜けて重要であることを指摘しておこう。視覚と触覚である。この段階では、内部器官への打診や聴取にも、また、嗅覚に属する徴候にもほとんど頼る必要はない。ただ、女性の場合、とくに識別しなければならないのが、まさに身体の内部と外部をつなぐものであることに変わりはない。

生殖器の機能にかんする場合、問診がきわめて重要になる。臨床医にとってそれは、まさに疑惑から告白へ至る歩みである。斯界の大家によって書かれた規範テクストは、さながら聴罪司祭向けのマニュアルを思わせる。いずれも告白を引き出すために使う戦術や、罪を数値化し、その頻度の変化を測定する方法を明確にしているからである。医者は、ときに本物の告解とも思えるようなものを命じる。聴罪司祭と臨床医は人に慰めをもたらすという共通の使命を負っているからだ。

両者の語彙がその近さを物語っている。デュラン医師は医者による「指導」という言葉を用い[3]、メラも自らの「職務」が「治療するというよりはむしろ、安心させ、安定させ、慰めることが多い」[4]と言う。ドゥッサン＝デュブルイユは手淫常習者に「あらいざらい告白する」[5]ことを期待し、医者はどれほどの頻度で罪を犯しているのか聞き出す必要があると言っている。「私は自分のありさまを思い切って先生に告白します」[6]と患者の一人は述べている。ラルマンは患者たちから書面で告白を受けていた[7]。医者は病気を見抜き、「患者の告白のなかに真実を」（絶えず）追い求めなければならない、とモンファルコンは付け加えている[8]。医者は叱責もできなければならないし、懲罰も振りかざせなくてはならない。医者は聴罪司祭のように秘密の厳守を義務づけられている。命を賭しても患者の打ち明け話を暴露してはならない。共通の目的を持つ聴罪司祭と医者の職務はときに結び合うことがある。「結婚前さかんに手淫に耽っていたある若い婦人が」それ以来やめられなくなってしまったこの病癖を治療していたデランドは、次のように報告している。「告解場でしなければならない告白を前にしてつい尻込みをしてしまい、復活祭の聖体拝領中はいつも手淫を中断していた、と私に語ったことがある。わたしの知るかぎり、口頭の告白にたいする恐怖心から、若い患者が同じ結果によく陥っていた」(9)。

告解者と同じように、患者もまた、十九世紀初頭のフランスにおける「性生活」の治療に染み込んだ、検査と告白の文化にどっぷりと浸されていたのである。医者の側ではその権威主義的な口調ややり方のなかに、患者の側では罪悪感や後悔ばかりか良心の呵責までも感じるという事実のなかに、それは現れている。もちろん、聴罪司祭と医者が同じ展望を持っているわけではない。医者は、自分の担当する患者の魂の救済にかかわってはいない。患者に肉体的な結合の快感を十全に味わわせることが仕事である以上、医者の目的は司祭の目的とは正反対である。したがって、医者は性交過剰と濫用の測定を行うだけでなく、聴罪司祭とは反対に、司祭の目からすればきわめて重要な価値を持つ節欲をまずもって攻撃する。

問診の技術は医者に一連の美質を要求する。夫婦に不安を与えず、女性の打ち明け話を粛々と聴き入れたいのであれば、医者は結婚していなければならない。堅苦しい態度も御法度だ。フレンドリーであることが求められる。饒舌は避けなければならないが、かといって寡黙になりすぎないよう考慮しなければならない。「医者は声の変化を抑え、最も愛情に満ちた好意を示す表現を選び、患者に最大限の関心を払っているところを見せなければならない」、とモンファルコンは書いている(10)。打ち明け話を遮るぶっきらぼうな質問は避けるべきであろう。質問は優しく、同情を示しながら行わなければならない。

特に臨床医は、民衆を相手にするときにはとりわけ患者に理解できるよう簡単な言葉を使い、専門的な表現や語彙を避けるべきである。理解してもらうためには、必要に応じて粗雑な言葉を使うこともありうる。

医者には、「冗長なおしゃべり」に思える退屈な時間を克服する努力が必要である[11]。診断に必ずしも必要ない細部を要求して相手の羞恥心を傷つける危険を冒してはならないが、これは聴罪司祭がマニュアルで絶えず忠告されていることとまったく同じである。「表面的な検査と問診をしただけで、品行に一点の曇りもない女性を梅毒に感染していると責め立てたり、まぎらわしい徴候から、非の打ち所のない行動をとっている若い女性に妊娠を告げたりすることは、医者にとってどれほど不名誉なことであろうが[12]」。

だが、同時に、医者はこうした問題にかんして洞察力の鋭さを見せなければならない。患者の明敏さを絶えず考慮に入れ[13]、偽装を見抜く必要がある。「放蕩が原因で苦痛を抱え込んだ人や、恥ずかしくて口にできないことが原因だと分かっている人は、たいがい、自分の病気の原因を別のものにすり替え、真の原因を、それと無縁な事情に置き換えようとする。彼らの巧妙な作り話から真実を見透かす洞察力が大いに必要とされる[14]」。

患者に無意味な脱線をさせないよう、あるいは無駄な細部に埋没させないよう、臨床医は問診の整序に努める。用心深く慎重な医者なら、患者が女性の場合、年齢、「全般的な、あるいは子宮の[15]」気質、生活態度、生活習慣、情熱について確かめなければならない、とカピュロンは言う。メラは、感受性の程度にかんする質問が重要であることを力説する。民衆の場合、感受性にかんしてあまり不満が聞かれることがないのは、おそらく、ある程度不感症の女性とであっても肉体的快感に耽るからであろう。これにたいし、裕福な階級では、患者の苦痛が大きい[16]。

子どものころからの個人の過去と病歴は、診断を下す場合に不可欠なデータとなる。この点もまた、聴罪司祭に要求されることと重なる。性交機能にかんしては、手淫の習慣の有無、膿漏症〔主として淋菌による泌尿生殖器の伝染性疾患〕の回数、性交過剰の程度などを知ることが医者にとってはきわめて重要になる。医者は、症状が現れている場所の医学的に見えた体質に関する環境要因、症状の性質と程度、変調が現れて以降の患者の生活態度、使用薬剤、これらすべてについて知らねばならない。「患者は細心にして率直であらねばならず、病歴にかんしてはいかなる状況も細大もらさず報告しなければならない[17]」。

ここに至って初めて、医者はゆっくりと考えをめぐらす。性的機能にかんする場合とりわけ、症状がはっきりすることは少ない。このような病気の場合、直接的な問いかけを避けるやり方が適切で、「人に言えないような過ち」に起因する病気を緩和するために、別の病気を治療しているふりさえした方が良い。この件にかんする代表的な専門家のひとりがシヴィアル医師である。彼はこう助言している。「始終話題にしている病気を横に置きながら、告白していない病気を治療すべきである。だが、ひとたび治療が終わったら、患者に誤りを気づかせるのが望ましい[18]」。シヴィアルは、羞恥心から手淫を口にできず嘘をつくタイプの女性――女性に最も多いタイプ――を例に挙げている。この場合には、膣血栓静脈炎や尿道血栓静脈炎を治療しているふりができる。そこで、帯下《こしけ》があるかどうか「なにくわぬ顔で」尋ねる。すると「最後には告白を始める[19]」。

医者たちの言を信じるなら、男性は性交の過剰はきわめて容易に認めるが、濫用――たいていの場合手淫だが――は容易に認めないという。男性は自らの不能を認めたがらない。肛門性交、獣姦、そしてさしあたりのところ「夫婦の不正行為」、これらが原因で臨床医の診察室を訪れる人はめったにいない。

十八世紀以降、告白にたいして男性手淫常習者が抱く恐怖は、医学文献の紋切り型にまでなっていた。この不幸な男性は「隠蔽の不安に付きまとわれ」、密かに羞恥心と良心の呵責に苛まれ、本当に絶望して自殺を試みることさえあった。デランドの言を信じるなら、この件にかんする告白は決して自発的になされることがない。したがって、すべてはこれを引き出す技術にかかってくる。さいわい、若者にたいしては、「手淫」という用語を使うことができる。若い男性には決して耳新しい用語ではなかったからである。デランドとしてはまずこの用語の受け止め方をじっくり観察し、それから助言を開始する。たいていの場合、この観察の後でためらいはなくなっている。そこで、医者は患者に質問するよりむしろ、あなたが手淫をしていることは知っているとはっきり言った方が良いという。こうすれば、恥ずかしいとか滑稽とされる告白の苦痛を避けてやることができるからである。「(若い男性患者が)抵抗することはめったにない。あるいは、最初のうちこそ抵抗するが、長くは続かない」[20]。この道の専門家デランドによれば、医者はとりわけ副次的なことだけしか質問してはならない。「もしや手淫の習慣はないでしょうか」と訊く代わりに、「(若い男性が)初めて自分自身に手を持っていったのはいつでしょうか、そして、その後、頻繁に持っていっていますか」と訊くべきである。「手淫常習者にとって最もつらいのは、自分が手淫常習者であると知られることではなく、それを告白することである」[21]。医者は、道徳的な説教を垂れそうな印象を患者に与えないよう注意しなければならない。臨床医は、反対に、生活態度が悪かったり、仕事をしすぎたり、運が悪かったりして病気になったのは仕方がないことだと認めてやって[22]、若い男性を大目に見ていることをわかってもらう必要がある。これによって告白はより容易になるし、告白に涙が伴うこともより稀になる。

より難しいのが不能の告白である。この場合にはとりわけ、患者の証言と彼が主張する原因を信用してはならない。患者はそのときの状況、疲労、近ごろ患った病気の影響などを過大評価する。秘密をぶちまけるときには、しばしば愁嘆場になる。八年から一〇年ほど前から勃起しなくなったある船長についてラルマンはこう報告している。「わたしがそれについて尋ねるたびに、彼の目から涙が流れるのを目にしたものだったが、このつらい告白でも、彼は決してすべてを語ったわけではない」[23]。

女性の問診ははるかに難しく、途方もない如才なさが要求される。医者は彼女たちが客であることを決して忘れてはならない。自然な羞恥心と告白にたいする嫌悪感をすべて乗り越え、女性の「心の深淵」に隠された秘密を探り、手淫やその他の性的快感を発見することが、臨床医にとって魅力的な仕事であることは明らかである。モンペリエのデュナル医師は一八四〇年に、A夫人の症例にふれている。十六歳で結婚し、当年三十三歳のその夫人は三児の母親で、「豊かで烈しい想像力」[24]を持っていたにもかかわらず、性交をつらく厭わしく感じていた。内密なことをこと細かに話さなければならないと思うと医者に会って相談するのも恐ろしく、夫人は二年半のあいだ問題を放置していた。その後、ある臨床医に助けを求めたが、どんな検査も頑として受け付けなかった。ところが、この女性の家族のひとりと関係のあったデュナル医師が、「患者の信頼を得る」ことに成功した。デュナル医師は膣の触診をさせてもらい、骨盤と腹部を努めて波にさらすよう奨めた。おかげで症状が改善されたという。

既婚婦人は医者に「愛情深く感受性豊かな心」、敬意、「繊細な配慮」を要求する、とモンファルコンは書いている。[25]彼女たちは「吐露せずにはいられない無数の小さな秘密を医者に打ち明けるが、それを、無関心な目の前に晒すのではなく、友情に包まれて託したいと思っている」。そのために医者は、さながら聴罪司祭を思わせるような用心をしなければならない。既婚婦人の生殖器を検査するときには、「侮辱された気持ち」になることを考え、「励まし、落ち着かせる」言葉や慰め、「希望を与える」[26]言葉を、自然な口調でかけてあげる必要がある、とギルベール教授は言う。そうしながら、医者は「(女性の)全身を覆うシーツとタオルの準備」[27]に取りかかるべきである。

羞恥心から恐怖心をいっそう抱きやすい処女の場合、彼女たちに意識できない子宮の状態について情報を得るためには、別のこと――下腹部や腰部、腹部後壁部あたりの感じなど――について話してもらう必要がある。若い娘の「最も密やかな魅惑[28]の部分」を検査するときには、医者はぜひとも母親か近い女性の親戚に立ち会ってもらうようにすべきで、既婚女性の場合は夫に診察の立ち会いを頼み、男性が妻と娘の名誉という最も大切なものを医者に託していることを決して忘れてはならない、とモンファルコンは言う。

だが、解剖学的な検査だけがすべてではない。性的機能の不調の場合、医者は女性の性的欲望がどれほど強いか、しかもまずは観察だけで見積もらねばならない。ロビオン医師はその博士論文のなかで欲望を抱いた女性を粗描するにあたり、女性を掻き乱すものに言及しているが、これはガレノスの流れを汲んでいる。「その顔は輝き、突然色を変えるかと思えば、目は興奮の炎できらめき、声はかすれて途切れがちになり、震える唇ではときおり言葉が消え失せる。脈拍は速く、呼吸は短く速くなり、胸はひきつったように高くなったり低くなったりする」[29]。告白に先立つ欲望と疑惑のこうした古典的なエクリチュールは、小説からインスピレーションを得ているのである。

女性は自らの月経や肉体関係の過剰にかんする質問にはなかなか答えづらい。とはいえ、なかにはこの点に詳細な情報を与えてくれる女性も存在する。セリニャック医師は、一八五七年八月二〇日にサン゠タントワーヌ施療院に入院してきた二十五歳の娼婦マリーの症例を引いている。マリーはふつう一日に四、五人の客と、生理中でさえ性交渉をもっていた。八月七日、彼女は生理中にもかかわらず仕事をする。八月九日の日曜日、「一五回の性交の後」[30]下腹部に痛みを覚えたが、仕事に穴をあけられず、その月の一二日、きわめてつらい性関係を二度強いられた。二日休んだあと、八月一五日には一一回の性交渉に従事する。そして九月二日にマリーは死んだ。

すでに見たように、ルボーは、内輪の患者のいくにんかから、肉体関係の最中に取る体位についてうまく話を聞き出し、実際にそれを模倣してもらっている。かくして、夫との関係では妊娠しなかったある女性が愛人によって妊娠したことを知る。愛人と夫で違う体位を取っていたためだ、とルボーは記している[31]。

デランドの言を信じれば、手淫の告白を引き出すためには高度な技が必要となる。「告白するよう仕向けているかぎり、告白は得られない[32]」。大人の女性も「独身娘」と変わらず、手淫の話を耳にすると例外なく顔を赤らめるし、臨床医の話が理解されないこともしばしばである。告白にはたいがい涙がつきものだ。とはいえ、医者たちは、告白が治療に欠かせないという。ロズィエは、ある女性が臨終の床で「目に涙を浮かべながら、密かな災いの種であった自らの弱さに何年も前からほとんどいつも膝を屈し、自分で自分の破滅に手を貸してきた」症例を引いている[33]。悪性の重篤な熱病に冒された「貴族の奥方」もまた、妻であり母であるにもかかわらず、手淫の告白をしている。こうして、医者は、ときにいまわの際に〔in articulo mortis〕悲痛な打ち明け話を聞かされることがある。このことが、終油の秘跡を与える前に瀕死の人から告白を受ける聴罪司祭に、医者をいっそう近づけている。

閉経期を過ぎた女性から打ち明け話を聞くことはさらに難しい。こうした女性のなかには、「性交への欲望が普通より強い」ためオナニーにたいする嗜好を強化させている者がいることは間違いない、とガルダンヌは言う。女性は自らの欲望を明らかにすることに羞恥心を持っているだけに、「内面の闘い」は余計烈しくなる。ところが、閉経以後に手淫を行う「例がかなり多い」ことをガルダンヌは確認している。例えば、彼はある女性患者の症例を引いている。この患者は三十九歳から四十一歳のあいだに、「生殖のための器官で烈しいオルガスム」得ることにより自分自身を満足させていたと告白している。(34)

十八世紀末、シャンボン・ド・モントーは、当時のエロティック文学における重要な場面のひとつにふれたある文献のなかで、欲望と快楽の源泉にかんする打ち明け話を報告している。「初めて味わった感動の原因が両親の愛情のあまりに優しいしるしにあったことをわたしに告白してくれた女性たちは、加えて、両親のあいだに起こっていることをすべてひそかに確かめてみたいという止みがたい嗜好をまもなくして感じるようになったと言った。なかには、見つかる危険を冒してでも、このうえなく甘美なものと考えていた光景を堪能できるくらいの距離に身を置く者もいた。あの錯乱の瞬間に、自らの感覚の陶酔に遠慮なく耽った者も知っている。煽られて興奮に抗しきれなかったのである」。(35)

シャンボン・ド・モントーは、より完全な告白を求めて若い女性患者を呼び出し、聴罪司祭にならって、彼女たちの孤独な快感に火を点けたり拍車をかけたりする想像力の働きについて思い出すよう求めている。「あの嵐の瞬間になにが起こったのか、よく思い出してください。それまでの快感であなたはすでにくたくたになっているのに、あなたの精神は、あなたの情念の最も強力な促進者になってしまった。あなたの精神は、あなたの目を惹きつけた男たち、の記憶から、つらい労役を作り出したのです。あなたの弱った器官の働きに刺激を与えてくれるかもしれない人に、あなたの意識を集中させるためです。さあ、あの混乱のときに、あなたは一体全体どんな男性を選んだのですか(36)」。より深い告白を引き出そうと腐心する医者と司祭の意見は一致する。両者とも、手淫をする女性の想像力のなかでいかなる作用が働いているのか、なによりもそこに関心があるのである。

この半世紀後、トゥルソーは、梅毒に冒された女性から、手淫の経験やパートナーの質、彼らと結んでいた関係の性質について告白を引き出すのは極端に難しい、と力説している。「病気に感染した女性がその病気を隠す理由などいくらでもある。自分がほんとうに『感染した』のか、どうして『感染した』のか、知らないこともよくあるが(37)」。結婚を間近に控えた男性が診察を受けにやってくることは頻繁だが、「女性の場合、それは決してない」。梅毒は嘘と隠し立てなしには済まされない病理なのである〔口絵8参照〕。

ルボーは十九世紀中葉に冷感症の研究に没頭していたさい、患者の臨床観察と同時に問診を深く掘り下げる努力をしている。まず、冷感症の確率を示せるほど十分に女性の物腰や足取りを観察し、その観察を通して、女性の「エロティックな素質(38)」を見抜いて評価できなければならない、と彼はいう。次いで、ルボーは「知的気質」と品行についての調査を行う。「理性が至高の支配権を揮う」「頭脳的な女性は、愛情を取り巻くさまざまなことに［…］不感症である場合が多いからである」。最後に、最も重要な告白の段階がやってくる。大多数の症例で、医者は患者の告白に頼らざるを得ない。とりわけ、「生殖器への刺激剤」を処方するに先立ち、「両者の興奮に調和が欠けていること」を夫婦から探り出すためにはこの方法しかない。

愛人のあいだで行われる「夫婦の不正行為」や中断性交の場合、医者はカップルを一緒に受診させ、彼らに戒告を与える。一八五七年、アレクサンドル・メイエ医師は二十五歳の若者M氏を診察した。M氏は同じオフィスの、すぐそばで働く若い女性を愛人にしていたが、その女性にたいして徐々に勃起しなくなった。自分たちの不品行が白日の下にさらされるのをなによりも恐れたふたりは、「自然を欺く」ことにする。男性は内心を吐露し、臨床医に手がかりを与えた。臨床医は症状を「生殖行為のアブノーマルな完遂」に関係づけ、罪深い関係の完全なる放棄、すなわち「自然」の要求への復帰を命じる。「率直な告白がなされ、その結果、愛人たちのあいだで胸を打つ場面が展開された。若い娘は癒されない心のうちを明かし、その結果M夫人となった[39]」。その三年後、メイエはばったりこの患者に会ったが、彼は幸せで、症状もすっかり治まったとメイエに告げている。

医者にとって、こうして引き出した告白だけで間に合わないことはきわめて多い。そこで、医者は患者に綿密な自己観察を課す。性行為の快感の瞬間に自己聴取することの難しさを嘆く患者が多いことにはすでにふれた。しかしながら、こうした内部検査は、「性交を調整し[40]」ようとする医者にとっては必要なことらしい。そのために自然は「技による助け」を、全本能、全霊感による精妙な技による助けを必要とする、とシヴィアル医師は喝破する。不能と冷感症の場合、これを欠かすことはできない。そこで、官能の強さ、勃起の程度、射精の質、さらには官能の強度、そしてもちろん性交回数にかんする一連の個人的な分析を命じることがどうしても必要になってくる。たとえばシヴィアル医師は、患者の「官能の感受性」を追究し、モンダ医師は「それまでと同じ能力、それまでと同じ官能的歓びを感じているにもかかわらず、性交時に射精能力を完全に失ってしまった」新婚男性を治療している[41]。

ただし、医者は過剰な自己観察がはらむ危険にも気づいている。リニャックによれば、淫奔な女性が自己観察をすると、虚弱児が生まれる危険があるという[42]。ヴェルポは、女性生殖器の働きに不安を抱いたまま聴取をすることで引き起こされる病気は多いと考え、これを心配している[43]。治療の効果を期待しすぎるとかえって不能の治癒の妨げになる、とルボーは書いている[44]。

十九世紀初頭においてすでに、医者から命じられる自己観察は、それなりの歴史を持っていた。自己聴取を行うオナニストも、この「患者」の告白も、啓蒙の世紀にはごくありきたりの出来事であった。イギリスでは『オナニア』

が、次々と現れる証言を満載しているし、ティソ・コレクションは書簡による診察で溢れかえっている。この時期は、内地や海岸近くのスパに逗留にやってくるイギリス人傷痍軍人〔invalids〕たちが発行していた雑誌の流行時期とも一致している[45]。

書簡による診察についてはしばらく足をとめて考察する価値がある。書簡は、「自らの知覚作用に直面した孤独な『自我』が自分を要約して示す機会[46]」となる。慢性化していることが多い病気の変化を叙述しようと試みるとき、患者は、普通の告解のように、過去を思い出すと同時に総括もするからである。こうした文書が残っているおかげで、告白のために自分の感覚を過去に遡ってできるだけ詳細に書き留めた調査報告書からは、病像がくっきりと浮かびあがってくる。

この種の書簡では、内心を打ち明けてもらうために、患者の困惑を取り除くことを目的とした儀式が必要になる。そこには性交欠如や過剰や濫用を秘密にしておこうとする患者の意思も読みとれるが、同時に、すべてを「自然」の要求に従って働かせたい、「自然」の至上権を認めていることを文章からぜひくみ取って欲しい、という気持ちも滲んでいる。「あれをどうやって使ったらいいのか」、規則正しい性器の使用はどうやったら習慣化できるのか、これら書簡執筆者たちはしきりに知りたがっている[47]。自然なものの支配は、ここでは、生殖器の機能の実行という厳密な意味でわれわれが対象とするものの範囲を超えている。

一八三〇年から一八六〇年のあいだに、医者から命じられる自己観察は新たな段階に入り、おそらく絶頂期を迎える。手淫にたいする強迫観念と、ある種の逗留が有益だとする新ヒポクラテス主義的な信念に結びついた伝統が、新たな不安の急速な高まりによって強化される。不随意な精液漏にたいして不安を抱いたり、たんなる一時的な性的不能が宿命的な不能に変貌するのではないかという不安を募らせたり、妊娠を望んだり恐れたりする女性がより研ぎ澄まされた印象を求めようとした結果、感覚の分析が強化され、多くの言葉や文章を触発したのである。

そのころから、診療所はもはや診察や問診を行い告白を引き出す場所にとどまっていられなくなり、かつてないほど、手紙どころか自伝の集積所にまでなる。診療所では病歴書が作成され、集団的調査が練り上げられ、臨床医は、患者はおろか、自分自身にたいしても繊細な実験を行った。こうして、一八三五年から一八六〇年のあいだに、性にかんする新しい知が打ち立てられる。フランスにおいて、専門用語が医学的言説の中におずおずと潜り込んで行く時代であった。

こうしたことが実現するためには、患者はしばしば数カ月、いや数年という期間にわたって定期的に受診し、医者の方では患者を診察し、触診し、問診し、自己分析を課し、薬を処方し、行動を指導していなければならない。かくして、欲望の認識、勃起やオルガスムや興奮の測定、手淫や体位や男女の結合の展開にかんする言述を基礎にして、「性生活」の研究、つまり、生殖器の機能の展開にかんする研究が練り上げられる――ラルマンやルボーらにそれはとりわけ顕著であった。その背景に、さまざまな性病にたいする不安があったことは言うまでもない。この調査の期間を通して、解剖学的な検査は高い評価を維持している。

ときには、患者に自己聴取を勧めるだけでは満足できない医者がいて、同業者から秘密を打ち明けてもらっている。ある同業者は、自分がなぜなかなか十分な勃起を維持できないのか、その理由をルボーにこと細かく打ち明けている。(48) また別の同業者は鉛中毒が性行為の能力に与える影響を詳細に述べている。

もちろんこのような自己観察がなにを対象とするかは性によって異なる。男性の場合、勃起や射精や快楽の質と可能な性交回数がその対象だが、そのどれもが男性の書簡で言及されている。女性の場合、男性よりはるかに複雑な自己分析を要する生体だと考えられていた。月経によってもたらされる感覚、欲望の高まりによって現れる器官の微妙な変化、性交時の快感、ときに受胎を知らせる痙攣、妊娠期間や授乳期間の情動変化といったことから、女性はほぼ連続的に自己観察を行うべきだからである。

精液漏という病理の名付け親と考えられているヴィヒマンはすでに一七七二年、自らの患者に、自己観察は宣誓してから報告するよう求めていた。医者は——聴罪司祭のように——性交の回数と、とりわけ、孤独な快感の回数を報告するよう頻繁に求めている。医者の著作に報告された「医学的症例」を読むとき、現代人はその精密さにしばしば驚くことがある。ここではその一例を挙げるだけで十分だろう。ラルマン医師が診たG参謀将校の症例である。G参謀将校は三十歳から不随意に精液が漏れだし、それが原因ですっかり不能になってしまった。この不幸な患者は一八三六年、齢四十五歳の年に、このモンペリエの医師の診察を受けた。それから少しして再び医師のもとにやって来ると、一年を振り返ってこう報告している。「この一二カ月で夜間遺精は四三回しか起きませんでした。つまり半分以上減ったということです」[49]。

こうした手記のうちには、数字の強迫観念に取り憑かれたものもある。ある将校が書いた手記は十八世紀に確立された伝統の流れを汲みながらも、精密さの度合を増している。「わたしは十一歳のときに手淫を始めましたが、完全にやめられるようになったのは二十三歳になってからです。十三歳から十八歳までは気が狂ったようにやりました。四、五日以上は空けられず、一日に、一〇回・一一回やったこともあります。平均で見積もっても、あの五年間に冒した不節制の回数は平均三六五〇回を下らないでしょう。それ以前とそれ以後の回数は無視します。不規則で、数えることができませんから［…］売春婦に嫌悪感を抱いていたにもかかわらず、一八三五年には一一カ月のあいだに八回助けを借りており、いつも体調不良でした」[50]。ここで、バンジャマン・コンスタン、ヴィニー、フロベール、とりわけミシュレが日記に記録していた数字を思い出さないわけにゆかない。

口頭による報告内容は性交の実践回数にとどまらない。臨床医が打ち立てた分類に従って感覚にも言及されている。セリニャック医師が博士論文に採録した情報カードを考察してみよう。M。二十二歳。「生殖系はすこぶる発達［…］」。きわめて若いころから女性を知っている［…］が、性行為はつねに抑制がきき、長い期間を置いて交わっていた」。「女性が接近するとほぼ一瞬にして勃起し、射精までには長時間かからない」――これは健康な証拠だと考えられる。「九月一〇日一一時、彼は女性と寝た。その女性とは三カ月会っていなかった。ところが自分でも非常に驚いたことに、互いに刺激しあいながらも、彼が勃起したのはやっと一時間後であった。最初の性交では異例の官能を伴う射精があった。それでも勃起は続いていた。三〇分後、女性の欲望を鎮めようと二度目の性交に入った。今度の射精はきわめて早かったが、その後、全身の震えに襲われ、女性の間断ない媚態によって、それが約二時間維持された。と、同時に、女性と接触しないままいくども射精が繰り返された(51)」。明け方の四時頃、患者はふたたび性交を行ったが、「今度は官能はなく、代わりに、極端に強い痛みを感じた」。

デランドは、性交の過剰あるいは濫用の結果、背面性衰弱が疑われる患者の感覚を報告している。「たとえば、二年前から朝に晩に性交に耽っていた男性は、つねに両肩に圧迫感を感じるとわたしに訴えていた〔…〕背中にしこりのようなものがあると言う者もいる……(52)」。

ラルマンは一八二四年から診ているある同業者の症例を詳細に報告し、こう述べている。「毎回、彼はわたしと、症状の細部にますます分け入っていった(53)」。ラルマンは彼を一五年前から頻繁に診てきたのである。この同業者のように、自らのトラブルと感覚を克明に描写するため、進んで記録をつけてくる患者もいる。だがたいてい、観察を文字にするよう要求するのは医者である。ベルメールは、色情症の治癒過程にある女性に、自分の状態の記録を、毎日「しかもできるかぎり細かいところまで」書き取らせているが、これなどまさに「健康記録(54)」の良い例である。

哲学教授M・N氏は十七歳から二十歳まで手淫に耽った後、その癖を矯正した。三十八歳に達し、きわめて詳細な記録のなかで自らの障害を描写している。ラルマンは彼が「とても知的で、自己観察に適した」男性だと考えている。「わたしは年に八、九回以上は決して性交をしません」と患者は書いている。「そして、性交をした直後はいつも神経がひきつり、腱が痙攣を起こし、その後は疲労して意気消沈し、とりわけ麻痺状態になってそれが何日も続きます。

一二年前から行為のあいだに四、五カ月は空けるようにしていますが、それでも行為の翌日は、頭が完全に麻痺してしまいます。一五日から二〇日間は白痴のようです[55]［…］」。このあとも告白は長々と続き、環境の変化にたいする感受性について強調している。

ラルマンはさらに、勃起と性的欲望にふれながら、膿漏症の影響を非常に正確に描写したきわめて知的なある「医学生」の告白を引いている[56]。同業者のひとりがラルマン医師のために書いたきわめて長い告白もあるが、これなどは出版に値する。この告白は十三歳から、精液漏が治った二十一歳過ぎにまでわたっている。自己焼灼術のおかげでこの同業者は、自分がまるで晩年になってから治癒したように見ている。「勃起はより力強くなり、射精はもはや慌ただしくありません。射精には、これまで味わったことのない強烈な感覚が伴っています」と書き、「わたしの頭脳の働きは、これまでになかった活力を得ています」と加えている[57]。この同業者の情熱は強く、今度は、昼間遺精に悩むことになった年老いた父親の治療も行っている。

医学文献にはこの種の症例が何百と掲載されており、そのなかには、まるで性的自伝と見まごうものまである。十八世紀の書簡文学の伝統が存続しているだけでなく、これらの文献からは、ルソー流の「告白」の残響も聞こえてくる。ラルマンは女中にいたずらをして興奮した子どものころの回顧談を長々と引く。「農作業をしている女性の背後にそっと屈み込んだり、女性が昇っている梯子に近づいたり、バルコニーの下から女性の脚をじっと眺めたり、姉の身繕いを覗くために部屋にこっそり潜り込んだり、寝ているところを盗み見たりする子どもをよく見かけたものです[58]」。

ラルマンはこれらの患者についてこう付け加えている。「彼らの観念は漠然としているが、それに結びついた感覚はきわめて鮮明で、彼らの若い想像力のなかに、深く、忘れがたい印象を残しており、壮年になっても、いや老境に入ってもなお、記憶のなかで鮮やかさをまったく失っていない」。それで、彼らはこうしてかすかな記憶をふんだんに呼び覚ますことができるのである。「わたしの患者たちのその後の人生に十分すぎるほどの影響を与えてきた、三、四〇年まえに遡るこの種の状況にかんする記憶はどんなに小さな細部までも」書き留めておくべきだ、とラルマンは言う。ランベルシエ嬢による尻叩きや、イタリア人高級娼婦の「乳首のない乳房」に興奮するルソーに言及したのち、「いずれ劣らず出版に値するこの種の告白をわたしは多数目にした(59)」とラルマンは明言している。

医者のなかには、自分の患者の自己観察力をうまく利用して、ある程度の規模の個数を対象とした、まさにアンケート調査ともいうべきものを行う者もいた。たとえば、デランドは帯下がある女性のコーホートを研究し、そのうちの多数——とりわけ女中——が手淫に耽っていたことを確認している(60)。ラシボルスキは患者に月経があった日付と性交をした日付を記録させ、両者の関連を探っている。妊娠に最適な時期を決定しようというのである(61)。ブリエール・ド・ボワモンは、月経の長さを記録し、血液の量と質を測って血液を容器に採取するよう患者に求めている。デランドは患者に自己観察を促し、性交への情熱や「性的結合」の頻度、要するに「結婚の効果」を尋ね、都市部、とりわけパリとロンドンに居を構えたことがいかなる結果をもたらすのか分析している(62)。

最も興味深いのが、冷感症と考えられる二〇〇人の女性が感じる快楽の程度にかんするルボーのアンケート調査である。「女性のうち一方は乱れた男性関係があり、もう一方は結婚しているか、夫婦のようにたったひとりの男性と暮らしている。告白を収集した二〇〇人の女性のうち［…］、少なくとも一五〇人は生殖器の検診を許してくれた(63)」とルボーは書いている。いくつかの質問にたいする答えを得るために、ルボーは、パートナーに愛人という形を選択したより限られた数のパリ女性を選んだ。高級娼婦と夫に操を捧げる社交界の女性との中間に位置する、「性交に長けた(64)」患者である。

妊娠期間中の女性を収容する施設では、彼女たちのライフヒストリーをより詳しく知るために、性行動にかんするアンケート調査が行われている。たとえば、ユルゲン・シュルンボームは、一八〇〇年頃ゲッティンゲン大学内の産科病院で行われたアンケート調査を厳密に分析している(65)。

主任医師のなかには、インターンの助けを借りて、性的機能にかんする系統的なアンケート調査を院内で実施する者がいた。ユギエ教授が行ったアンケート調査はその最も精密なもののひとつである。患者に悪影響を及ぼしている生殖器の病因を理解する目的で、教授は観察、触診、聴診を行い、肉体の固さと分泌物を測定した後、初体験の年齢、性交渉のリズム、快楽の強さについて患者たちに尋ね、不節制や手淫に陥る傾向があるかどうか問うている。と同時に、ユギエ教授は初めて性交渉を持った年齢にかんして、われわれに貴重な情報を提供してくれている[66]。

しかしながら、性的活動の様態にかんする最も野心的なアンケート調査は、麻痺と立位の性交とのあいだに関連があるのかどうかを探るためにブルボン医師が行った調査である。アンケート調査員の質問は、若いときに手淫の習慣があったか、何歳のときに初体験があったか、膿漏症は頻繁か、性交は頻繁か、通常どんな体位を取るか、というものであった。

たとえば、五十八歳の古物商ヴィクトル・Aは、求めに応じて、子どものころからの性的活動を思い出している。十四歳から十八歳まで彼は月に平均約一〇回、ほぼつねに立ったままで手淫に耽っていた。射精は十六歳になるまでなかった。十八歳からは「ほぼ規則的に一日一回性交したが、結婚(一八二八年に二十七歳で結婚している)前は、二日に五回から六回性交することもかなりあった」[67]。疲れを感じたので立位の性交は一回だけしかしていない。彼のエロティックな情熱は結婚から一五年経って弱まりはじめる。四十二歳になった一八四三年、性的結合は週に三、四回のみ。四十九歳になった九年前の一八五〇年、「身体に復活を感じ、ほぼ毎日性交をした。勃起にいたるために手も人為的な手段も決して使ったことはない」。

われわれが引用しているアンケートを別にすると、歴史家が民衆の男性のこうのような性的自伝を使えることはめったにない。一連の観察を見てみると、生涯を通して性的な実践とリズムはじつに多様であることがわかる。たとえば、六十八歳になる御者のピエールは、ヴィクトル・Aとは違って、いちども手淫に手を染めたことがない。十四歳で女性を「知り」、二十五歳から五十五歳まで日に三、四回規則的に、たいていは立位かベッドに寝そべって、性行為を行っている。(68)

一方教師のバンジャマン・J・Bと、五十五歳のブドウ栽培者ジャン＝グザヴィエ・Dは生涯にわたって手淫を止めていない。後者は田舎に住んでいた九歳のときにこの習慣を始めている。以来十六年間、彼はほぼ毎日、たいがい立ったままで、孤独な快楽に耽った。二十五歳で女性と性交渉をもったが、快楽をまったく感じなかったため、四十八、九歳になるまでその後も手淫をし続けた。(69)

二十六歳の画家N・Yの場合、もう少し込み入っている。「十歳から十一歳までのあいだ、彼は頻繁に、立ったままで秘密の習慣を行っていた。十六歳ころ女性と性交渉を持ち始める。彼は毎日、しかも日にいくども、手淫と性交を濫用した。たいがいが立位であった」(70)。二十歳のときにある医者を受診し、これらふたつの習慣がいかに致命的な結果を招くか思い知らされる。この診察のことが頭に残っていたので、それ以来、手淫を完全に断念した。「性交の方は、それ以来二度しかしていません。気が狂うのではないかと考えただけで恐ろしく、態度をすっかり改めました。この先、この態度が変わることはないと思います」とこの画家は打ち明けている。

われわれが史料として扱っている医者についていえば、医者の方から実験という手段に訴えるケースははるかに稀であったことを指摘しておこう。たとえばルボーは催淫剤が女性に及ぼす効果を観察しているが(71)、それは冷感症を治療するために避けて通れない措置であった。加えて、あまり詳細には踏み込んでいないが、妊娠と、交接のさいに女性が感じる「快楽の総量」(72)との連関にかんして実験をあれこれと手がけたと確言している。両者のあいだに関連はない、という結論であった。

ブルボンは立位の性交を実験し、それがもたらす感覚をきわめて正確に分析するために、三人の助けを借りた――それ以外に詳細にわたる記述はない――ことを明らかにしている。その結果、「この体位では」、小脳が苦痛の唯一の中枢ではないと確信するに至った、という。加えて、患者とこの三人の被験者に認められる徴候は、「この件にかんしてわれわれが得た正確な情報によれば、立位で性交する女性に」も存在する、と書いている。[73]
一方ルボーは、阿片が男性の機能に及ぼす影響を測定するために、娼婦を相手に自己実験を行っている。これは、惨憺たる結果に終わった。[74]
この先では、性交過剰と性的濫用を阻止し、性的不首尾の治療をする目的で医者がいかなる忠告、いかなる処方をするのか見てゆきたいと思う。そしてもちろん、「性交を安定させる」ことを目指すと彼らが考えている「交接にあたっての注意」[75]も見てゆくことにしよう。

第4章

欠如の苦しみと過剰の苦しみ

十八世紀末にはすでに両性種子説が放棄され、体液説医学の信用が失墜していたにもかかわらず、「精液が器官を苛立たせるときの、精液を排出する必要性[1]」はいずれの臨床医も避けてとおることができなかった。だがそれは「体を疲弊させる消散と、心身の機能を掻き乱す節欲との[2]」あいだに微妙な均衡を取りながらなされればければならない。性交欠如と性交過剰はたいていが性的濫用に通じるため、そのいずれもが恐れられていたのである。

性交欠如の弊害

数多くの警句のなかで医者は絶えずこう繰り返している。生殖機能を使わないのは、自然に背く行為である。カングラン医師は一八三八年、自然には「機能をまったく働かせないために与えられた器官など存在しない[3]」と書いている。モンテーグルは、一定の年齢以降になると必要になる愛の快感は、生殖器が精神にもたらす不調や「極端な興奮」を解消させるただひとつの手段であるとしているし[4]、ラブリュニは性交が避けることのできない欲求であると考えている[5]。またリシュランは、各器官に割り当てられた機能を全うすることは、「その人自身の生存にとって[6]」必要であると考え、ケスネル医師はさらに進んで、「自分に似た人物を作る目的に合致した[7]」権利がどの人間にもあって、この機能はその権利に相当するとしている。この点にかんしては、われわれが扱っている時代の末期に至るまで、医者たちの意見に大差はない。人間は生殖器の使命から逃れることはできない、とルボーは一八五五年に宣言している[8]。こうした信念は、「身体を興奮させ、魂を掻き乱す」ばかりか、家庭にトラブルを持ち込み「公序良俗を攪乱する[9]」禁欲生活にたいして、絶えず攻撃をしかける土壌になっていた。

もちろん、節欲を自慢する者がいなかったわけではない。これこそ意志の強さの証しというわけである。だが、医師たちは一致して、彼らの美徳に低い評価しか与えていない。ほとんどの場合、それはごまかしか、欲望の欠如や失敗への恐怖の現れだからである。顕示された節欲にはつねに不能が伴っている。ラルマンによれば、「性的な快楽の完全な不在をいともたやすく支持する者は、生殖器の能力が弱いと推定しなければならない」[10]。節欲生活を送る男性は、魂が強いからだとか、道徳観念がどうだとか、社会的な義務を遵守しなければならないとか、個人的な品位の問題だとか、スキャンダルや妊娠が怖いだとか、尻軽女は嫌だとか、売春婦は危ないとか、場合と状況に応じてさまざまな言い訳を持ち出す。だが、ラルマンによれば実はそれは、性交を試みたさいに「待っている惨めな破局を予感する」[11]からである。性交のチャンスが与えられても、彼らはその機会を先送りにするか、さもなくば拒否されることを望む。それほど自分の生殖器の脆弱さに恐怖心を抱いているのである。

いずれにせよ、性交欠如がもたらす結果は堪えがたく、悲惨きわまる場合さえある。動物は、自然に則った享楽が得られない場合、他の種の雌と番う。「雄のクジャクが雌のアヒルと番っているところをわたしはいくども見かけた」とモンテーグルは書いている[12]。周知のように猿も手淫をするが、この臨床医はさらに、犬が巧妙な手段を使って自慰に耽っているところを観察している。どの雄馬も、雌馬を自由にできないときは孤独な快感に耽る。雄のラクダは「発情期に入ると出会うものすべてに見境なく突進し、腹部を押し付ける」[13]。動物園では象が自慰のしすぎで死んだ。

ヒトでも同じである。節欲による不調が寡婦を苦しめることは、かつてガレノスによって力説されていた。ヒポクラテスと、アエティウスがすでに、処女を脅かす特異的疾患の一覧表を作成している。近代に入り、ボワシエ・ド・ソヴァージュや名高いティソのような多くの医者が、同じ信念を敷衍し、『百科全書』のなかで詳しく述べている。

女性に関しては、古代の医学から着想を得て、陥りやすい臨床的リスクの一覧が、十八世紀末に作られている。一七八五年、シャンボン・ド・モントーがこれに磨きをかける。生殖器、とりわけ子宮と膣が、快楽の禁断によってまず初めに影響を受ける。鬱血や「全身の柔軟腫脹」の犠牲になるからである。分泌物が、濃厚な「精液素材」で満たされた槽を膨張させ、それが神経にトラブルを引き起こし、神経が「過度に不安定」になる。そこから不安、困惑、気詰まりといった感情が生じ、いらだちが強化される。生殖器官で血液が激しく熱せられれば一大事。[14] 興奮の激発である。

十九世紀の学者たちは相変わらずこうした被害を克明に描き、その病因論を練り上げていた。女性の節欲がとりわけ恐ろしいのは、女性の場合、欲望が満たされないと、その影響が器官全体に及ぶからである。女性のきわめて活発な想像力が、愛の快楽も、それによってさらされる危険も驚くほど増大させるだけになおさらだ。女性は男性よりも欲望と不安の綱引きにさらされる。節欲によって勢いを得た過度の激情が幻想のイメージに固着し、そのイメージが女性につきまとって、機能の全般的な不調を頻繁に引き起こすのである。

節欲は月経のリズムを掻き乱す。生殖器の病気をあまた引き起こし、それが癌になることも頻繁にある。長いあいだ、医者たちは、鉄欠乏性貧血の原因が欲求と欲望の不満足にあると考えてきた。一般的に言って、節欲はあらゆる病理の発病力を増大させる。とりわけ腺病の場合にこのことがあてはまる。この「誤った分別」が治癒の妨げになるし、精神的なトラブルと痙攣性の図式に発するあらゆる問題を発生しやすくすることは言うまでもない。女子色情症にまで至ることも間々あるし、自殺に結びつく可能性さえある。[15]

最善の場合でも、女性は憔悴する。このイメージは、医者の書くものにきわめて頻繁に繰り返される。性的快感を奪われた女性は自らの身を滅ぼしているのである。そして、身を清く持するために闘わねばならない不幸な女性は、性交欠如によって、他の女性よりも堪えがたい苦しみを味わうことになる。「修道女や夫と同居していない女性が患う心痛、悲しみ、倦怠、月経不順、嫌悪や奇妙な欲望、さまざまな悪質液もまた同じ原因に発している」[16]。性交と、そこに発する膣分泌刺激という特効薬によって、節欲していた女性の鉄欠乏性貧血、心気症、色情症、ヒステリーが治癒した例で医学文献は充ち満ちている。

一方、諦めて独り身を受け入れた女性は憔悴する。七大罪を結ぶ連通管の働きさながらに、彼女たちは怠惰と大食のなかに引き籠もるか、さもなければ、「消し残した火を［…］犬や、鸚鵡や、果ては植物にまでも[17]」振り向ける。これらの動植物はいずれも、自然から見て彼女たちが無益な存在であることの象徴である。

それまでなかった節欲を新たに強いられる女性が抱く苦痛は最悪である。古代より、若くして寡婦となった女性が「慣れ親しんできた性的快感」を突然奪われるという状況は、女性の数ある状況のなかでも最も堪えがたいものと考えられてきた。ティソは、「長期にわたってきわめて頻繁に肉体的な愛を享受してきた」女性が、その後、それを奪われた悲惨な症例をいくつも発表している。怪我をして活動の中断を余儀なくされたある若い女性ダンサーの苦しみは「震えと痙攣を惹起し、大量の射精を伴なう性器の激しい摩擦」による以外には和らげることができず[18]、それさえあれば「彼女の感覚は回復するのだった[19]」。節欲の犠牲者は処女や寡婦にかぎらない。若い既婚女性の場合でも、「浅く、まばらな性的快感」は「性交欠如よりもいっそう苛立たしいことが多い」とモロー・ド・ラ・サルトは考えている[20]。

節欲は男性においてもほとんど同じくらい有害である。ただし害の形が女性の場合とは違う。欲求に抗う男性は、有痛性持続勃起症や男子色情症、さらには病的色情亢進さえ患うおそれがある。手の届かない想像力の産物が精神を支配するようになる。勃起によっても射精によっても姿を見せない真の妄想である。ラルマンによれば、男性の節欲はそれ自体で病気に匹敵するという。というのも、男性の節欲は「射精管の強直性耐久力」を低下させ、「その感受性を減退させ、機能を悪化させる」からである[21]。精子の生産率を低下させないままに精子で排出をますます容易にする結果、不随意の精液漏を引き起こす。精液漏とはすなわち、強い欲望も勃起もないままでの精液の遺漏だが、欲求と欲望を衰弱させるのがこの病理にほかならない。それがまた「誤った分別」を促し、「誤った分別」がこの病理を悪化させる。不幸なアミエルが陥り悪戦苦闘したのが、この悪循環だった。この点からすると、聖職者の独身状態はとりわけ有害である。より一般的に言えば、唯々諾々と恒常的な禁欲生活に殉じようとする者ほど、この痛ましい病に曝されやすい。手淫ではなく、節欲に起因する不随意の精液漏によって官能の鎮静が得られる場合にはとりわけ、男性はその鎮静に安心してはならない。

医者は異口同音に倦むことなく、聖職者の独身状態を告発する。[22] 大革命中に聖職者の妻帯が認められたが、それに先立つ一七八〇年代から聖職者たちが性的快感にたいする自然権を要求していたこともうなずけよう。[23]

聖職者の独身状態を擁護し、修道士の童貞を称揚するデュフィユ医師だけが例外であった。彼の議論をドゥブレーヌ神父の議論と併せて読んでみると、それが倫理神学から出ていることに気づく。[24] とはいえ医者たちは、性交過剰が性交欠如と同様に恐ろしく、したがって、性愛の基礎となるからこそ推奨している節制と全面的な禁欲を混同してはならないことを忘れているわけではない。[25] したがって独身状態というのは諸刃の剣なのである。独身の身分は、それがしからしむる節制によっても、またその逆に、それゆえにこそ堪えきれずに犯す不節制によっても、身を危険にさらすからである。

臨床医のなかには、節欲に対する告発を政治的、社会的な帰結にまで押し進める者もあった。カングラン医師は、節欲がもたらすリスクを勘案して、労働や服従により特権が認められた囚人を楽にしてやるために、警察の認めた若い女性を週に一度、監獄に入れることを許可して欲しいと要求している。[26] この臨床医によれば、寄港しているとき、船舶に女性の搭乗を許可するかぎり水夫たちは不節制を行わないという。ここには、性愛の分野に規則万能主義を強いる論理が垣間見える。

ラルマンはこの論理をさらに押し進める。若者たちに婚前交渉を許すよう法改正を要求するのである。[27] フランスでは、残念なことに、思春期と婚期は六、七年の期間で分かたれているが、この期間は「セックスライフにとって最も危機的な時期」にあたるだけに事態はいっそう嘆かわしいという。生理的な法則はいかなる制度も凌ぐ強さをもっている以上、制度の方こそ自然の使命に膝を屈し、それに従うべきである、と。

性交欠如から生じるトラブルはふたつの症状に極まる。男子色情症と女子色情症である。男性にかかわる前者の色情症は、後者ほど頻繁には見られない。この病理を扱う大家デュプレ＝ロニによれば、その説明は容易につくという。[28]まず、「男性は、女性ほど生殖器の支配下に暮らしているわけではない」[29]。しかも、男性は羞恥心に縛られることもより少ないから、内心の葛藤があったとしてもさほど強いものにはならない。また、活動的な生活により深く関わっているので、生殖器が及ぼす圧倒的な支配力を免れることができる。

男子色情症の病像は動物の発情期をモデルにしている。その診断には、持続的勃起、過度の欲望、エロティックな妄想という三つの症候群が前提とされる。欲望を欠いた持続的な勃起はたんなる持続勃起症が原因で、それ自体は節欲に起因することが多い。勃起を伴わないエロティックな妄想は、病的色情亢進〔érotomanie〕に属する。妄想のいっさい伴わない勃起と欲望は際立った好色の現れにほかならない。

大多数の臨床医が男子色情症を構成するものをどのように考えていたか知るために、ロッシュとサンソンが全同業者に向けて一八三三年に書いた概論のなかで述べていることに耳を傾けてみよう。この概論は、デュプレ＝ロニが博士論文のなかで、次いで一八二〇年に『医学事典』のなかで長々と提示した病像からかなりの着想を得ている。「最初のころは、通常、さしたる理由もなく、あるいは女性をひと目見ただけで頻繁に起きる勃起にすぎない〔…〕想念が高ぶり、病人はますます強烈な欲望を感じるが、それが原因で想像力に混乱が生じる。官能的でエロティックなイメージに間断なくつきまとわれるのである。そのイメージは睡眠中も病人をさいなみ、頻繁な夜間遺精〔夢精〕によって睡眠は中断される。やがて性的欲望は堪えがたいほどに亢進する。顔には朱がさして活気を帯び、目はらんらんと輝いて眼窩から飛びださんばかりになる。口は泡立つ唾で溢れ、全身からは雄山羊のような匂いが放たれる。性的渇望に身を焼かれた病人は己の愛の怒りを鎮めようと、どんなにぞっとするような女にでも飛びかかってゆく〔…〕この錯乱状態にあるとき、たとえば結婚しているなどで女性を手に入れることができる場合、病人はいく度も、しかも激しく興奮して交接を繰り返すため、生殖器は炎症を起こし、壊疽を起こすこともある。こうなると、そのために急死することさえある。幸いなことに、こうした結末に至る例はめったになく、たいていが恢復に向かう(30)」。

概ね節欲に起因する病気はまた、性交の過剰と濫用からも生じることがある。この病気はどちらかというと多血質の男性を襲うことが多い。医者は、明らかに過剰な節欲が原因である場合を除いて、なるべく女性を目にしないよう患者に奨めるが、前者の場合は、反対に、女性をあてがうことが求められる。

医学文献には、男子色情症の症例がおよそ一〇例ほど示されている。ビュフォンに次いで最も頻繁に引用されるのは、ラ・レオールにほど近いクールの司祭ブランシェの症例である。じつはブランシェは自らが被った劇的な体験を、聖職者の結婚実現に向けて闘っていたころに書いた短い自伝のなかで物語っている。早くも十一歳のときに思春期を迎えた若者は、そのときから夜間遺精に悩まされる。そこで彼は身体感覚に注意を払い、夜間遺精を減じようと食事の量を減らす。聖職についてかなりの年月が経った三十二歳のある朝、目覚めると「生殖のための器官が激しく揺れ」、「官能的なイメージで想像力が過熱している(31)」ことに気づく。その日、ある家の客間に入ってゆくと、たまたまふたりの女性を目にするが、彼にはその女性たちが「光り輝き、まるで電気を帯びたように(32)」見える。この感覚は悪魔の仕業に違いないと考え、すぐにその場を立ち去るが、他の女性に出会っても彼には同じ幻想が立ち現れてくる。翌日、彼は激しい引きつりに見舞われ、次いで、妄想に襲われる。瀉血と水浴をするが効果はない。そのとき「私の想像力はおびただしい数の猥褻なイメージに襲われた」と彼は書いている。ルイ十五世の宮廷のありとあらゆる美女が次々と現れてくる。この不幸な犠牲者は、リシュリュー公が女たちを「しつこく」差し出し、「自分のベッドにまで彼女たちを連れてきて、無理矢理押し付ける」場面を想像する。彼は「恐ろしくなって叫び声」を上げ暴れ回るが、ベッドに縛り付けられると、深い眠りに陥った。

その後、彼のエロティックな妄想は形を変え、このときに現れていた想像上の特徴を地球規模にまで拡張した世界を映し出す。クールの司祭はこう書いている。「私にはあらゆる国籍、あらゆる肌の色の女性が目に見えました。不意を襲われ驚愕した私の想像力は、その数と種類の多さに唖然としたまま圧倒されていました」。彼はその女性たちからいく人かを選び、ひとりひとりとその女性のお国の慣習に則って結婚しなければならないと思い込む。こんなことをしたら不幸と怠惰の淵に沈んでしまうと恐怖心を抱きながら。聖アントワーヌの生まれ変わりだと感じた後で、今度はサルダナパロス〔メソポタミアの神話に登場するアッシリア王。放蕩三昧の末に、圧政に耐えかねた民衆の反乱により、宮殿ごと焼かれた〕の二の舞になることを恐れるのである。ただし、女には愛撫も抱擁もしていないと彼は打ち明けている。音楽にもかかわらず、感覚器官は甘美な感覚を得ていた。エデンの園で恍惚としている自らの姿を想像したという。音と甘い香りが、いままで味わったことのない快楽と堪えがたい嫌悪感をもたらす。と同時に、不随意の遺精が起こった。正気に返った彼は、それでもサン＝ピエール神父の示した解決策を拒否した。感覚を鎮めるために家政婦と寝るという解決策である。

もうひとつの症例も入念な調査がなされている。筋骨たくましい若者の症例で、この男性は十五歳から十八歳までオナニーをしていた。男性は風呂のなかでこの悪徳に耽ることが多く、「日に一五回も自瀆することがあった」(33)が、二年前からその習慣を断ち、節欲に励んだ結果、記憶力その他の知的能力は以前の状態を取り戻していた。ところが、ある卸売商に職を得たこの若者は、商店主の妻が気も狂わんばかりに自分を愛していると思い込む。「たまたま商店主の妻が彼をちらりと見ただけで、彼の一物は勃起し、すぐさま射精するのだった」(34)。ラシーヌの『フェードル』を読んだ後では、自分がイポリットにでもなった気分で、テゼ役の商店主の足下に身を投げ出し、自分が罪を犯していないことは保証する、あなたの妻の懇願と涙にはまだ負けていない、と告げる。「私はもう自分が抑え切れません。そして、もし奥さんを遠ざけてくださらなければ、私はまちがいなく誘惑に膝を屈してしまいます」。驚いた商店主は妻を遠ざける決心をする。そのおかげで若者の妄想は雲散霧消したが、勃起と精液漏だけは続いた。とはいえ、それも刺激剤と鎮痙剤によって最後には抑え込めるようになった[35]。

デュプレ＝ロニも、男子色情症の典型的な発作を観察する機会を得ている。それは九日間にわたる発作であった。患者は体躯のがっしりとした多血質の四十歳男性で、思春期から愛の快楽にたいする嗜好が強かったが、リューマチに罹って以降はエロティックな妄想に取り憑かれていた。ペニスにまったく触れないのに勃起し、その後精液漏が続く。醜い年寄りの看護婦を強姦しようとしたこともある。口を開けば「ハーレムのあるイスラム教徒は幸せだ。たったひとりの主人の寵愛を得るために若い美女が群がり、主人はそのなかからとっかえひっかえ抱けるんだから[36]」と言う。男の顔は生気を帯び、「唇は泡を吹き」、「脈拍は速かった」。

医学文献に男子色情症の激発が記されている事実を、たいがいの歴史家は見落としている。女子色情症の方により強い感心を寄せているせいである。女子色情症は当時、女性の欲望の激化から生じる実体として知覚されていたため、医者たちは魅了されるがままに観察を行っていた。この病理を規定する用語の数はおびただしい。著者によって実にまちまちで、子宮の活動を特権化する子宮興奮、ユテロマニ〔utéromanie〕、メロトマニ〔métromonie、いずれも子宮症と訳せる〕という呼び方をする者もあれば、アンドロマニや子宮性メランコリーと呼んだり、誤って病的色情亢進〔érotomanie〕と呼ぶこともあった。すでに見たように、病的色情亢進〔andromanie〕はこれでひとつの特異的病理を構成している。またジネコマニ〔gynaicomanie〕、エドマニ〔aidomanie〕と呼ぶ者も、またもっと単純に疼き〔prurit〕とか好色〔salacité〕と呼ぶ者もあった。ピネル、カレン、ルイエ＝ヴィレルメは好んで女子色情症〔nymphomanie〕を使っているが、これは誤ってヒステリーと混同する者がいた[37]。

したがって、ルイエ＝ヴィレルメが力説するように、二つの病理を慎重に区別することが重要になる。「愛の快楽にたいする常軌を逸した強い欲望。いかなる羞恥心もたちまち忘却してしまうこと。嫌悪感を催させる猥褻さ。膣の火照り。部分的妄想や際立った部分的狂気。子宮系のすさまじい支配力に知的能力が盲従すること[38]」。これらが女子色情症〔nymphomanie〕に特徴的な徴候である。この病理の最終局面はときに重大な結果に至ることがあり、死体剖検が明らかにするように、子宮やその付属器官に病変が伴っている。これにたいし、ヒステリーは「偶発的徴候はより切れ切れで、発作はより穏やかであるし、知的諸能力の一時的な中断はさほど恒常的でもなければ長びくことも少なく(39)」、転帰はより良好である。ヒステリーの場合手淫の習慣も稀である。これにたいし、孤独な快楽に耽ることの多い女子色情症にはヒステリー球〔ヒステリー発作時の窒息感〕もなければ全身の痙攣もない。「性欲が満たされ、子宮の諸機能がすべて順調であるにもかかわらずヒステリーに襲われる女性を目にすることがある(40)」。女子色情症では妄想はただひとつの対象をめぐって展開するが、ヒステリーの場合、「全般的な妄想」が発作に結びつく(41)。一方、女性の病的色情亢進《エロトマニ》〔恋愛妄想〕は、実在のものであれ想像上のものであれ、ひとつの対象によって惹起される精神病として考えなければならない。この場合、愛する対象による愛撫は愛の証としての訴えかけでしかなく、肉体的欲求を満足させるためのものではない。以上のような区別は、当時の医学概論においてきわめて頻繁に見られた。

学者たちを悩ませる問題がもうひとつあった。女子色情症を精神病の一種と考えるべきか否か、という問題である。ジェルジェ、ルイエ＝ヴィレルメ、ブルッセ、もう少し控えめだがバイヤールは、これを偏執《モノマニー》の一種と見なしている。忘れてはならないが、当時、この種の疾病分類学は絶大な力を持っていた。

この病気はいかに突発するのか。十九世紀前半の医者たちは漠然とビヤンヴィル(42)に依拠しながらも、その臨床的な観察が厳密さを欠いていると非難していた。ビヤンヴィルの時代には女子色情症は多血状態や子宮の燃焼によるもの、あるいは、隣接する内臓と通じ合った内生殖器の炎症によるものと考えられていた。燃焼しやすい体質。贅沢や暑気のなかで送る生活。月経間隔の接近や月経の突発。これらはいずれも、当時女子色情症に影響を与える因子だと考えられていた。処女や、孤閨を託つ寡婦は、過剰に自己抑制すると、貞操をとつぜん激情に豹変させかねない。そうなると、通常は生殖器を愛撫したり擦ったりすることで、さらには引き裂かんばかりの力を加えることで子宮の液体を分泌させないと発作は治まらない。この時代の医者たちは、初期徴候が現れる段階から一時的鎮静に至る病気の諸段階を記述しようとしている。シャンボン・ド・モントーのある観察が当時の権威であった。それは二十四歳のある若い女性の観察で、この女性は子宮の激しい発作のために「両親の反感を買い、その重圧に堪えかねて」一八カ月間、町をさまよい歩いては、出会いがしらに男に身を任せていた。疲労困憊した彼女は父親の家に戻り孤独な生活を送るが、これによって病気の新たな発作が起こる。意を決して、たまたま田舎を通りかかった歩兵連隊に随行して行くが、「駐屯地に着くと、快感の過剰による疲労に堪えきれず、女は死んだ」[43]。ユウェナリスの第六風刺詩に語られたメッサリーナが、このとき著者全員の脳裏をよぎったに間違いない。

次の時代に入ると、医者たちは——ヒステリーの場合と同じように——女子色情症がかかわる病巣と器官がどこにあるのか議論するようになる。ルイエ＝ヴィレルメによれば、子宮の役割には疑問の余地がない。病理解剖学は、女子色情症患者の卵巣とクリトリスがきわめて大きいことを明らかにしている。エルパン[44]もこの意見に与するが、両者ともども放散の作用が重要だと見ている。

ガルと骨相学者たちは、いかなるエロティックな偏執の病巣も生殖器中には存在しえないという。小脳こそ本能と繁殖の器官なのだから、その「過剰刺激と不調[45]」を司るのは小脳だというのである。またジョルジェのように病巣は大脳にあるという者もいる。さらには、ヒステリーの場合と同じように、病気を発現させる原因の作用様式に応じて、生殖器の働きと大脳の働きを組み合わせる者もいた。臨床的観察に依拠したと主張するファーブルや、コロンバ・ド・リゼールの見解である[46]。

したがって女子色情症の原因は、欲望を生み出したり掻き立てたりするすべてのものに、つまりなによりもまず節欲に見いだされる。隠遁、孤独、独身、夫や愛人との離別、やもめ暮らし。女子色情症が現れるにはそれだけで十分である。懲役刑に処せられた「公共のヴィーナス〔娼婦のこと[47]〕」や夫に満足できない情熱的な女性は、その恰好の餌食である。

だが、その他にも原因はいくらでも挙げることができる。飽くことを知らない頑健な多血質の女や、古代すでに信じられていたように巨大なクリトリスを持った女たちが女子色情症になりやすい。暑い気候の場所に滞在したり、生理が不意にやってきたり、性器が疼いたり、皮膚疾患《ダルトル》にかかったりすることもきっかけとなって、この病気は始まる。それはまた「慎みのない前戯と愛撫の(48)」症例でもある。バヤールはエスキロルのある観察を引用して、夫から「めったにない愛撫(49)」を受けて驚き、過度に興奮したある女性に言及している。交接と手淫の過剰もまた、節欲と同様に、女子色情症を惹起しやすい行為であることは言うまでもない。その他にも医者たちは、あらゆる生殖本能不順の原因と考え得る因子について際限なく述べ、生活スタイル、乗馬の習慣、香水や香料の濫用、アルコールにたいする嗜好、そしてとりわけ小説を読んだり、官能的な絵画や猥褻なものを見たり、音楽を聞きすぎたり、淫らな会話をしたり、観劇したり、舞踏会に参加するといった、想像力を刺激するおそれのあるすべて――これについてはまた後に見る――を取り上げている。この点にかんするかぎり、医者の意見は倫理神学の専門家の意見といささかの違いもない。コロンバ・ド・リゼールは、性交場面をたまたま目撃してしまうこともこの長いリストに加えている(50)。

女子色情症の病像は、十九世紀前半に起こるべくして起こった医学文献における変化の一例となっている。病像は患者の年齢、気質、知的水準によって大きな違いを見せている。あらゆる医者の認めるところによれば、この病気は最初見分けるのが難しい。しかも、教育のない女性は一般にかかりにくい。欲望と貞節のあいだで内的葛藤を伴うのがこの病気だからである。

ここでもまた、ロッシュとサンソンの著作から、この病気に充てられたページを案内役にしよう。この著作は臨床医向けのものではあるが、特定の学者に向けて書かれた調子があちこちに散見できる。

女子色情症の前駆症状は、激しい内面的葛藤や想像力を抑え込もうとする絶望的な努力によって標定できる。女性は――とルイエ＝ヴィレルメは書いている――「生殖器の影響力から[51]」理性を守ろうと試みる。医者は患者の表情にこうした前駆感情の徴候を読みとれなければならない。「沈鬱でもの思いに耽ったような表情。苦しげな声。やるせなさそうなため息。じっと一点を見つめるような、あるいは視点の定まらない眼差し。[…] 女はときおり同じ態度を取っていないだろうか。頭を斜めに少し傾け、口を半開きにして、口の端を引きつらせていないだろうか。[…] さまざまな感情が顔にある特徴を伝え、いかにうまく隠そうとしてもその特徴を消し去ることはまずできないし、真似しようにもほとんど再現不可能である[52]」。臨床医はまた、女がエロティックな夢を見たり、夜間遺精〔夢精〕や手淫をしていることを見抜けなければならない。

したがって、初期症状が突然やってくることはめったにない。「初期症状には通常強い欲望が前駆するが、しかし、それはまだ理性の力でしっかり抑え込まれている。女性はもの思いに耽るかのように沈鬱になり、その眼差しは悩ましげに沈むか、逆に生気を帯びる。その場に男性がいたり、聞こえてくるのが男性の声だったりすると、ほとんどそれだけで、たいがいこれといった理由もなく、どぎまぎして顔を赤くする[53]」。女性の想像力は高揚し、言葉はいきいきとして活気を帯びる。孤独を求め、しばしば手淫に耽る。やがて腰が重くなり、下腹部と乳房が熱を帯び、生殖器が疼き、「それに伴い、外陰部からは、量も質もまちまちな液体がほとんどつねに流れ出るようになる[54]」。

次いで発作が明らかになる。バヤールによると、自己観察できる患者たちが彼に打ち明ける症候には、早くもこのときには内面の葛藤は終わったことが示されている。女性は怒濤のような好色に膝を屈する。常軌を逸した想像力の猛襲に身を委ね、思考能力は侵害され始める。ロッシュとサンソンはこの第二段階をたとえばこう描写している。「病は欲望が充足されないことによってさらに悪化する。猥褻な本を読み、会話が淫らになるよう挑発し、もはや卑猥なことしか考えられない。男が見えると目はらんらんと輝き、表情に生気が宿り、顔は紅潮し、呼吸が激しくなる。ため息、言葉、眼差し、態度。彼女のすべてが官能そのものと化し、愛の襲撃を挑発する[55]」。症候がこのように増悪するのは、主に月経が間近に迫ったときである。

最終段階になると、殴ったり引っ掻いたり、さながら古代ギリシアにおけるディオニュソスの巫女になる[56]。このとき、彼女は「厚かましさの激発」下にあり、犬にまで身を任せようとする[57]。「ついに理性が常軌を逸する。狂った情念を満足させるために、女子色情症患者は手当たり次第に男を挑発する。狡知、策略、懇願、哀願、威嚇、暴力。愛撫を得るためならなんでも使う。そのとき、彼女は身を焼く激しい飢えに苛まれている。口は熱く渇き、吐息は悪臭を放ち、唇は泡で覆われる。歯ぎしりをしたり、噛みつこうとしたり、喉が締め付けられるような感じを持ったり、水を怖がったりすることもある。狂気に晴れ間がなくなる［…］クリトリスが大きくなり、大淫唇と膣は浮腫み、擦り傷がつく女性も多い。陰部からはさまざまな濃度の液体が流れ出るが、それらはたいてい悪臭を放っている。病人は、衰弱、もしくは病気の急激な増悪の果てに死ぬ[58]」とロッシュとサンソンは書いている。

医学文献は女子色情症の症例を数多く載せているが、そのなかのいくつかは重要なものと見なされ、繰り返し転載されている。以下は、最も転載数の多い四つの症例である。エスキロルによって再録された最初の症例は、地方の由緒ある名家の若い娘にかんするもので、結婚式の晩、この娘は姿を消し、パリに遁走する。しばらくは追跡の手を逃れていたが、まもなくして、パレ＝ロワイヤル付近で偶然に発見される。娼婦の格好であった。「非難も涙も虚しく、返ってくるのは、今の生活は素晴らしいという返事と満足した笑い声だけ。母親の懇請にも哀願にも耳を貸すことなく、飽くことなく性的快感を求める彼女は、その快感を与えてくれる現在の仕事を止めようとしない[59]」。

若い患者のひとりが民衆地区で売春をしていることに気づいたエスキロルは、そこで何をしているのか尋ねると、「私は病気が治りました、と彼女は答えた[60]」。ルイエ＝ヴィレルメはジョズィオンの観察を引用しているが、聴罪司祭、大工と次々に身を任せた若い娘にかんするもので、この娘は身を委ねる前に『プリアポスへの頌歌』を唱えていたという[61]。

これらに劣らず劇的で、繰り返し転載されるのが、アリベールによって引用された羊飼いの娘の症例である。長期にわたって「茂みのなかで」手淫を繰り返した後、娘は女子色情症に冒される。治療を受けていたサン＝ルイの病院でも、病室で男性をひと目見るだけで淫蕩の発作が始まる。「自分の手に置かれた手がだれの手であろうと、それが男性の手であれば、彼女はそれを膣で感じるのだった(62)」。この娘が入院してからほどなくして、同じ病室に入った女性患者たちが娘の真似をし始めている。

女子色情症を専門にしていたバヤール医師は一連の個人的な観察結果を発表している。医師は、雇い主である貴婦人の二人の息子に夢中になってしまったある若い娘を、十九歳から二十歳にかけて慈善病院で診ている。彼女の病には宗教的な妄想が伴っていた。娘は説教を引用したかと思うと、「猥褻このうえない言葉を口にし、至極いやらしい身振りをあれこれする。愛する人の名を大声で叫んだり、助手を挑発したりする。[…] 両腿をすり合わせたり骨盤を揺らすだけで、至上の快感が得られ、それが顔の表情にも現れる」。静かなときには、キャミソールの紐を緩め、「ベッドから飛び降りると床に突っ伏し、全裸のまま顰蹙を買うような行為に耽る(63)」。この種の患者のなかには、女性にたいして欲望を感じる者も多いと医師はつけ加えている。

医者たちが夫婦の性交に、いやそれどころか「婚前交渉」にさえ、最良の治療法があると考えていたことは言うまでもない。ただし、この治療法にかんしても細心の注意を払う必要があった。というのも、病気を解消する可能性ばかりでなく増悪させる可能性もあるからである。妊娠・出産を経験しないかぎり、欲望が完全に満たされた真の治癒は期待できない以上、たいていの場合、これは治癒のワンステップにすぎなかった。

以上の医学文献は今日、情念のない女性というものをでっち上げ、女性の性的欲望にたいする恐怖心を煽る――両者は結局同じことを言っているわけだが――ためのものであるという陳腐な解釈がなされている。こうした見方のなかで最も興味深いのは、欲望の病理学化が女性によって受け入れられたことを示す症例の研究である。アメリカにかんしてそのことを力説したのはキャロル・グロヌマンであった[64]。ただし、フランスにかんするかぎり、この点には慎重を期すべきで、「女性の脱性化」を嗅ぎつけるアングロサクソンの歴史家たちの轍を慌てて踏むにはおよぶまい。重要なのは、男女の肉体関係を理解し、表象する社会的・知的な方法はじつに多様である点を忘れないことである。次にこの点を考えてみよう。

疲弊させる放蕩

性行為――すなわち性交――の過剰という概念は相対的で、欲求の強度によって変化する。そこで、十九世紀末の性科学にたいしていまだに影響力を持っていた、気質という訴求力のきわめて強い概念に頼らなければならない。ヒポクラテスによれば、四大要素すなわち暖、冷、乾、湿が気質を秩序立てている。血液、粘液すなわちリンパ液、胆汁、メランコリー体液すなわち黒胆汁といった人間の肉体を支配する四大体液に、この四大要素がさまざまな強さで影響を与えるのである。例えばガレノスは、多血質、リンパ質あるいは粘液質または燃素質、胆汁質、メランコリー気質あるいは黒胆汁質という四つの単純気質、四つの複合気質、そしてひとつの中庸気質を区別している[65]。気質理論の衰退に伴って語の再定義が必要になった。一八〇三年、モロー・ド・ラ・サルトは、「気質」という語は今や「個人的な性質《ナチュール》」と同義であると書き、「各個人を区別し、きわだった表現を取るが健康であることとは矛盾しない、各個人の病気の類型や推移につねに存在するひとつの性格を各個人に賦与する差異の総体、個人の全般的な身体的外観、個人の精神や情動の性質[66]」を意味するとしている。したがって、各個人は「健康と幸福の尺度や生き方の基礎となる固有の気質をもっている[67]」。年齢、気候変化の影響、職業上の行為、「さらには習慣、および生命の使用法あるいは濫用法の違いによって多少なりとも現れる効果によって」それが変化することはたしかだが。有機体において個人間の性質の違いの基礎となるものは何か、それを知ることが以後の課題となる。

アレによれば、気質は「人体の組織を構成する各部間の関係や各部それぞれの素質が多様であること[68]」から帰結する。そのさい本質的な部分はもはやある気質の優位性から帰結するのではなく、(一)「過剰な力、つまり、活動範囲が他のあらゆる機能にまで広がっているため、それらの機能を特徴的なやり方で変えてしまう一器官もしくは複数器官の一集合体が有する支配力[69]」と同時に、(二)「支配力や反応の過剰性に劣らず、体質の傾向」を決定する「一器官もしくは一器官系のエネルギー不足[70]」からも帰結する。ある個人は「神経と大脳に直接支配され、またある個人は筋肉が知的器官に勝っている。さらに別の個人は胃袋や生殖器官の活用をより中心に据えて生きている[71]」。アポロン的な類型を構成する人々においては、身体のすべての部分は完璧な調和のなかにある。そのとき「生命は同時にあらゆる方向、あらゆる方角に向かって働き、伸びてゆく」。

一八一一年、リシュランはこの用語の更新を彼なりの仕方で明確にし、今後「気質という名称は、人間が示すいくばくかの肉体的・精神的差異のうち、体組織に含まれる諸部分間の多様な比率と関係のみならず、いくつかの器官が違いを示す相対的なエネルギーの度合いによって決まるものに与えられる[72]」と書いている。

この定義はアレの定義とそうかけ離れてはいないが、リシュランは「かれこれの器官系の優位が人体器官相互の全体的構造を変え、際立った差異を刻印し、[…]肉体的能力にも知的・精神的能力にも影響を与える[73]」という点を加え、最後にもうひとつの概念を介入させる。「各個人にとってはさらに、自分の気質を、それとよく似ているがまったく違う気質から区別する独特なあり方というものがある」。「こうした個人的な気質は、個人特有の気質《イディオサンクラズィ》[74]」と名づけられている。

ついにわれわれは、われわれの主題の核心へと到達した。気質と個人特有の気質《イディオサンクラズィ》の組み合わせは、十九世紀初頭における個人の勝利を裏付けている。それは、個人が絶対的な特異性を有しているという確証の表れなのである。個人の「セックスライフ」はここから生じる。したがって、この領域において、規則性や共通の態度を過度に求めることが重要だと考えられることはなくなった。当時の人々が営んでいた極端に多様なセックスライフの研究は、学者たちの新たな信念を裏付ける例証にほかならない。

近代の科学的な生理学は、かくして、器官のエネルギー差に基づいた「原型的」気質の規定へと導く。気質と個人特有の気質《イディオサンクラズィ》との組み合わせは、医者の目からすれば、個人という概念そのものの基礎づけに見え、聴取と自己認識のいかなる試みもその秩序の下にあるように思えるのである。臨床的観察を導くのがこの組み合わせであった。当時決定的だと認識されていたこの二つの概念に基づかないかぎり、この時期往々にしてなおざりにされていたセックスライフの研究は、いかなる試みであろうと無駄に終わっている。個人特有の気質《イディオサンクラズィ》が可能にする活動と気質とのあいだの緊張は、分析と記述のあらゆる企てをきわめて複雑にし、ひとりひとりの臨床医に、幅広い解釈の余地をもたらしたのである。

自己分析をしようとする個人であろうと、診察にあたる臨床医であろうと、だれであれ、まずは自分自身や患者のなかに、最も激しい情動を惹起する支配的な部分、大きな器質的変異、エネルギーの欠如によって病気の進行を引き起こす弱い部分等を発見しなければならない。病気は、一般的に言って、最も抵抗力が弱い箇所から身体や魂に侵入するからである。

生理学が五つの気質的原型を規定すると、そこから心理学の萌芽が現れた。フランスにおいて心理学は、大革命直後、社会的不透明を克服する目的で練り上げられた大々的な類型化から生じている。それ以来、どの学者も、類型系列の扱いに熟達した腕をみせることができるようになる。

こうして、古い枠組みのなかに新しいものを盛り込もうとするなかで、いくつかの系――リンパ系、血液系、筋骨系、メランコリー系――の優位に基づいた主要気質にくわえて、脊柱、腹部、生殖器、女性の場合の子宮といった、より明確に指定された器官の影響力から生じる一連の部分的気質を区別し、それぞれにおいてさらに「多数のニュアンスと程度」を受け入れるようになる[75]。

リンパ質は身体を丸っこく形成し、細胞組織の膨満状態と腺の目立った発達によって特徴づけられる。リンパ質の個体の外貌は「全身の肉付きの柔らかさ」、「一種の軟白化」を示している[76]。顔の印象は薄く、拍動には力がない。感覚は鋭敏さと深さを欠き、想像力の働きは機敏になることも熱くなることもない。嗜好、欲望、渇望の強度はきわめて低い。リンパ質の個人では無気力、怠惰、平穏が支配的である。

この気質の個人において、勃起は「他の組織の軟弱さに釣り合って、どことなく張りがない」と一八五五年にルボーは書いている[77]。性的欲望の穏やかさと緩慢さを反映しているのである。しかもこの勃起には時間がかかる。「(勃起させるためには)ありとあらゆる種類の愛撫を長時間にわたって行わなければならない」。そしてこの勃起はとりわけ「長続きしない」。「少し疲れたり、意気阻喪しただけですぐに萎えてしまう」。性交の最中、「扇情的な愛撫や手練手管によって刺激を受け膨張した陰茎が、膣の刺激に移ると萎えてしまう」ことが頻繁に起きる。指で手淫するときには決して起こらない現象である。ルボーは、いざ性交という段になると射精ができず、「静かに手淫するとき[78]」にしか射精できない、こうした気質の若者の症例を引いている。女性の場合、この気質が純粋な状態で見られることはめったにないが、生殖器官がまったく働かないことにその特徴があり、性的無関心という形で現れる。

これに対し多血質は、きわめて速い循環、淀みのない「生命活動」、明敏な知性、強い欲求、激しいが移ろいやすい情熱によって示される。健康、美、魅力、幸福の気質だが、同時に、変わりやすく軽薄な気質でもある。ルボーの確言するところによれば、多血質の男性はすぐに勃起し、しかも「鉄棒」のように硬くなるが、リシャールが指摘するように、官能のあとにはたちまち嫌悪がやってくる。感覚の歓びをどうしても諦められないとき、彼らは、「このうえない陶酔を与えてくれる愛撫に身を任せるところを夢想する[79]」。

神経気質は文明化の度合いとともに増加する傾向がある。というのも、概ね後から獲得される気質だからである。肉体的には痩身、筋肉の脆弱さ、敏捷さによって、精神的には「極端に高い感受性」によって特徴づけられる。諸感覚の鋭敏さ、不安定さ、快楽の習慣などによって、情熱が高揚しやすくなっている。[80] この気質の女性は気まぐれな恋を重ねる。[81] 身体が発する気体やあらゆる痙攣的な情動、より一般的には、特に肉体的な結合の最中に起こる最も荒々しい錯乱や動揺に支配されやすい。

筋骨質は、女性が多くこの気質を受け継いでいる田舎は例外とすれば、どちらかといえば男性に多い。この気質は多血質に似ているが、筋肉器官が発達しているためにより力強く、がっしりしており、エネルギッシュである。この気質の人間は情念があまり発達しておらず、感覚は刺激しにくい。この気質が与えられた男性にとって、愛とは肉体的な欲求にすぎないが、「他の気質の男性には見られないほどこの欲求に力を注ぐ」[82]。

胆汁質とメランコリー気質は男女ともに持っている。胆汁質において「体質は乾いており」[83]、感受性はきわめて強く、かつ、きわめて変化しやすい。胆汁質は、圧倒的で一徹な意志と活動亢進状態に結びついている。胆汁質やメランコリー気質に属する人は孤独を愛し、何事も秘密にする傾向を示すが、すさまじい放蕩に耽る可能性がある。

とはいえ、こうした類型的な気質が純粋状態で存在することはめったにない。しかも、繰り返しになるが、年齢、気候、教育程度、生き方、永年の習慣、生活態度、職業、経験してきた情念の質、読書、被った外傷性傷害、身体訓練の有無などによって変化する。

数ある部分的気質のうち特にわれわれに関わりが深く、医者がなによりも識別しなければならないものが、生殖器や子宮にかかわる気質である。この気質は多血質や胆汁質と結合する例が多く、大都市で頻繁に見られる。男性においては、多血質や胆汁質の特徴と結びついた重々しくよく響く声、比較的痩せた体躯、黒く深い体毛、淫蕩な眼差しといった特徴が、この生殖器にかかわる気質を看破する手だてとなる。[84] モロー・ド・ラ・サルトは、子宮気質の女性が「惨めな中性的状態に置かれると〔…〕すべてが沈滞する」[85]と考えている。美しさそのものがすっかり枯渇してしまう。美が生殖エネルギーから帰結することは自明の理だからである。子宮というこの炉心の活動がなくなると、悪影響が現れる。なにしろ「女性に固有の思考、嗜好、悪徳、美徳はそこに発する」のだ。カングラン医師は、古代人が女丈夫と呼んだ女性の肖像を粗描しているが、それは、エロティックな感受性の欠如が男性化のプロセスであることを裏付けている。カングラン医師は書いている。「美徳といっても、好色でないこと、子宮が無感覚で、したがって性行為になんの感情も持っていないことくらいの冷淡な若い女子がいるが、彼女たちは体つきの上で男性に近づいている。声は低く、力強く、顎と上唇の上には髭が生え、肌の色は浅黒く、胸が体毛で覆われていることもしばしばある。彼女たちには月経がまったく、あるいはほとんどない」[86]。これに対し、子宮気質がきわめて強い場合は、堪えがたいことになる例があることはすでに見た。幸いなことに女性は、たいがい「中間的な」子宮気質に恵まれている。

固有の意味での性交過剰のテーマを論じる前に、少し歩みを止めて、いささか議論を呼ぶある特殊なケースを見ておこう。「未熟な性的快感」とか「早すぎる性的快感」という概念で示すことができ、すでにリニャックが「まがいものの思春期」という表現で表現していたケースである。真の快楽は自然の先を行くことはない、と医師たちは声を大にして繰り返す。ヴィレーによれば、熱い気候風土にしばしば見られる未熟な性交〔præmatura copulatio〕は、大都会においては、奢侈の発達とともに広がる傾向があるという。さて、このようなケースにおいては、性的分泌を促進するために身体の成長を停止させてしまう危険が生じる。家畜飼育家はこのことをよく知っている。「刺激を与えて性的快楽を増大させ、未熟な個体をいくども繰り返し繁殖させることほど、種の成長を阻み、台無しにし、その価値を下落させる行為はない」[87]。あまりに若い雌犬からは矮小な子犬しか生まれてこないが、こうしたところにすでに影響が現れている。人間にも同じことが言える。「だから、最も堕落した町にはああいう社会の屑のような輩がむやみと多いのだ」。ヴィレーによれば、若い女性や若い男性に陰部封鎖〔性行為ができないように女性の大陰唇、男性の包皮に環を通す」を施す社会があるのはそのためである。[88] タキトゥスが描くゲルマン人がかくも長身であったわけは、二十歳になるまで女性に近づかなかったからだ。

しかしヴィレーの信念も矛盾は避けられず、全員の賛意を得ていたわけではない。早くも一八一三年にはモンテーグルが、節欲によって被るリスクを計算に入れるなら、若者は手淫に耽るよりも、たとえいささか早くとも性交に入る方が良いと指摘している。

リシュランはこうした宣言攻勢に満足しない。良き臨床医であったリシュランは、早すぎる性的快感――すなわち、彼の見るところ、初潮に先立つ快感――と子宮癌のあいだに関連がないかどうか見極めようとしている。サン＝ルイ病院で彼が行った調査によれば、一見したところ、なにがしかの相関関係が現れている。子宮癌を患ってリシュランの治療を受けている四七人のうち一一人――すなわち二三％――が月経開始以前に初体験を経験しており、七人――一四％――が初潮のときに、二九人――六三％――がそれ以降に初体験を経験している。とはいえ、だからといって、彼女たちがそれまで処女を失っていなかったことにはならない。事実、バライエは、「繰り返し頻繁に意図的に膣に異物を挿入すれば[89]」未熟な性交と同じく悪い効果を生むと指摘している。以上のような結果が当時の女性を代表する個体数についても妥当していなければならないことは言うまでもない。とはいえ、この調査は、病院治療に関係する環境で相当数の若い女性が「未熟な性的快感」にかかわっていることを示してはいる。

バライエ＝ラプラント医師は、「未熟な性的快感」と子宮癌とのあいだには間違いなく相関関係があると断言する。「未熟な性的快感を過度に経験することは」、「諸器官のあいだに極端なアンバランスがある場合にはとりわけ」危険だと書いている。一方リシュランは、早すぎる快感の犠牲になった一八人の女性の大多数――三八％――が生涯不妊にとどまり、そのほとんどが強い悲しみを経験していることを指摘している。

そこでしばらく足を止め、破瓜について見てみたい。ただし、処女を示す明確な徴候が存在するか否かについて学[90]

者たちのあいだで交わされていた果てしない議論に深入りするつもりはない。十八世紀中頃、ビュフォンは、医師の多様な意見を分析した結果、処女を示す明確な徴候はないと考え、この件にかんしてはびこる「馬鹿げた偏見」を打破しようとした。女子の処女性を実体化してきた「一種の気違い沙汰」を嗤い、そんなものは抽象の産物にすぎないと言う。神学者と平仄を合わせ、処女性とは「心の純潔さのなかにしかないひとつの美徳」であって、肉体的な対象ではないと考えていた。処女性が障害となり、若い娘を貫こうとする男性が困難を感じているとしてもなお、処女を確実に見破ることなど不可能だと、その後も大多数の医師たちは考えていた。なかには「有害な騙し」[91]に手を染める女もいただけになおさらである。健康に悪い収斂薬を使う者もいれば、月経を待って男に処女の証を捧げたふりをする者もいる。「膣の括約筋を強く」引き締め、「外陰唇を後ろに引っ張って」[92]苦痛を感じるふりをし、「男性が官能にすっかり没入し観察眼が鈍くなった」瞬間に鋭く切ない叫び声をあげて処女のふりをする名人女もいた。性愛の歴史家も、十八世紀のエロティック文学の著者も、たびたびこうした実践にさりげなくふれている。

いずれにせよ、われわれが扱っている時代に生きていた男性の多くは、パートナーの、とりわけ妻の処女性に大きな価値を与えていた。処女を望み、処女を玩味していたのである。ヴィレーや後のマンヴィル・ド・ポンサンによれば、その理由はふたつある。男たちが妻に「快楽の手ほどき」[93]をすることにこだわる理由は、「愛の最初の歓びをともに味わった」男に女はいっそう執着するものだし、「男に与える贈り物である処女の証こそ貞節の証だ」[94]と考えるからである。「それに、妻が、夫は愛における最強ヘラクレスだと信じるのは良いことである」。

しかしながら、多くの国において広がっているこうした認識が、実はあらゆる男性に共有されているわけではないことを旅行者たちは指摘してきた。いくつかの北国では、膣の通じをよくするために「筋骨逞しい貧民」[95]の力を借りているし、これを奴隷の仕事とする国もある。また、「最良の試運転を受けた」[96]娘は「熟れ具合がいい」と判断されて好まれる国もある。すべては、風習が地域によって相対的だということを意識できるか否かにかかっている。これについてはまた後で立ち戻ることにしよう。

処女性の徴候、したがって破瓜の徴候がいくら当時の医者たちの信頼を得ていなかったからといって、古くからの信憑が、われわれの知る限り多くの世界で長いあいだ息づいてきたことにふれないわけにはいかない。伝統的に処女と非処女は間違いなく見分けられるとされてきた。処女は美しい目、汚れない白い肌、顔の艶、肉づきのよい鼻、透き通った声、ほっそりとした首、控えめな胸、色の薄い乳首、艶々した恥毛を見せている。非処女は悲しく伏し目がちで、白目が濁り、顔に色斑があり、鼻は痩せ、声は耳障りで、首は太く、乳首は赤褐色、恥毛は逆立っている。加えて、処女はいつも尿が透き通っているが、非処女の尿は濁っている[97]。

繰り返しになるが、こうしたいわゆる徴候を医師たちはあざ嗤う。最も確実な方法は、女性の性格や素行、つき合っている個人、年齢、振る舞い、職業、受けた教育などに注意を向けることだとフォデレは言う。しかし、これには綿密な調査が欠かせない。一方、カピュロンはこの方法に疑義を呈している。それまで非の打ち所のない生活を送ってきたのに処女膜のない処女はひとりふたりに止まらないからである[98]。

性行為による快感——すなわち、性交のさいにひとりの女性（ヴィーナス）を伴って経験される快感——の過剰は、その欠如と対をなし、さまざまな害の源泉になる。哲学者のヴォルネーはこうした快感の危険をすでに暴き出している。「われわれの諸感覚のうち最も鋭敏な感覚を節度をもって行使すること」は「健康のさまざまな力を維持してゆく上で必要不可欠」であると考えていた。生殖器官にかんするシヴィアル医師の次の警句が、医師たちの見解を集約している。「生殖器官の使用はこれを強化し、不使用はこれをいらだたせ、過剰使用はこれから活力を奪い、削いでしまう[99]」。ヴィレーは「乱れた官能がもたらす危険な効果[100]」に警戒を促す。動物はそうした官能を知らない。動物にできることはただ、欲求の満足というメッセージに従うことだけである。消耗の妄想にことごとく取り憑かれていたヴィレーは、「頻繁に精子を放出していると、どんな頑健な動物でも力を失い、弱体化し、衰弱する[101]」と確言し、その例として鹿を取り上げている。こうした射精は力を殺ぎ、生殖器を鈍麻させ、性交から得られる心理的な満足を減じ、感じる能力を、したがって官能を弱めてしまう。同様に、性交の過剰は女性から興奮を奪う。器官は次第に無感覚になる。膣が硬くなるだけでも無感覚になるのである。娼婦の例がいずれ劣らずこのことをよく示している。

いずれにせよ、これほど頻繁に話題になる性交の過剰も、その後数十年間の臨床医にとって、定義は容易でなかった。過剰とはなにしろ相対的な概念にすぎない。いかなる性行為が適度で有益なのか、とラルマンは問う。「過剰つまり危険は、どこから始まるのだろうか?」「こうした評価基準を採用しているため、これまで各人自らの経験に従って異なる結論に逢着してきた」[102]。これほどの不均等を呈する調和器官は他にない。したがって、「固定した数値による価値評価がいずれ劣らず幻想である」ことは明らかだ。ラルマンはひとつの警句で自らの省察を締めくくっている。「すべてのケースにあてはまるデータを提供できるのはただひとつ、性的な官能にたいする欲求だけである」。

ところが残念なことに、この欲求は見せかけにすぎないことが多い。となると、本当の欲求を見分けるにはどうしたらよいのだろうか。医師は患者を診る前にこうした現実を見極める必要がある。解剖学的な検査は十分なことを教えてくれない。エネルギーを計測することなどできないからである。患者個人の言葉も適切な判断基準を提供してくれない。男女を問わず患者は自らの欲求を過大評価する場合が多い。まがいものの勃起や興奮を根拠にしているからである。したがって、最良の方法は性行為から得られる直接的な効果について患者がどんな話を組み立て、いかなる描写をするのか、よく耳を傾けて聞くことである。性行為のあとに歓びや全身の充足感、新たな活力が伴っていたかどうか、注意して聞くことだとラルマンは書いている。以前より頭脳が自由闊達になり、身体が柔軟軽快なっているなら、「体を動かしたり、知的な作業に意欲が湧いているなら、とりわけ生殖器が活気と活力を示しているなら、それはやむにやまれぬ欲求が健康に必要な限度内で満たされたからである」[103]。

逆に「性交後に悲しみ、不快、疲労、うんざりした気持ちが伴う」ときや、「毎回そのたびごとに頭が重かったり、睡眠や休息を必要としたり、頭の回転が緩慢になったり、体の動きが鈍くなったり、意欲が減退したりする傾向が見られるときには、行為の回数が多すぎるか、少なくとも好ましくない状況で行われているとみることができる」[104]。それゆえ、患者の方で綿密な自己分析をしなければならない。ラルマンは、ヴィレーや、不用意に性交の危険を語るあらゆる生気論者をあざ嗤う。つまり、人間はたいてい自らを中間的な状態で感じ取っていて、「普段の暮らしのなかで、[…]性交はその後にとりたてて指摘すべき出来事をいっさい伴わない」ことをラルマンは知っていたのである。

一方ルボーは、「交接の過剰」と「官能の過剰」[105]を区別する必要があると力説するが、この区別は性交欠如にも適用できるかもしれない。精液を受け入れないまま「不完全な性交」を過剰に重ねると、そのことがかえって官能の欠如を引き起こし、女性が危険にさらされるとルボーは力説する[106]。

とはいえ、シヴィアル、ラルマン、ルボーの三者とも、男性が過剰な性行為に淫していないと断言できる最良の証拠は、欲望の激しさと射精によって得られる感覚の強烈さだと考える点では一致している。これらはいずれも、前もって医学的に規定されたエロティシズムと矛盾しない。性行為の重さは、欲望の萎縮や喪失、とりわけ快楽の弱さによって示される。三人の専門医が省察と評価の中心に据えているのが、快楽の強度にほかならない。

今この瞬間から性交過剰に入った、と個人がほんとうに判断できるにはどうしたらよいのだろうか。オルガスムや激しい燃焼から適度の興奮への移行はいかに認識できるのだろうか。性行為の始まりを徴づける男性能力の漸進的増加がどこで中断されたか、どのようにして認識できるのか。こうした疑問をシヴィアルは診察のなかで発している。欲望と官能の強度を探るのは難しい。これらふたつの指標は年齢——女性の場合はとりわけ顕著である——や気質、それと結びついた想像力の働き、「生殖器」の活力、そしてなにより大きさや機能における生殖器の質、気候風土とのかねあいで変わってくるからである。しかも、歓び、誇り、ともに味わう幸福を生み出す情念は、性交過剰の限界を押し広げる魔法の効力を持つことが多い。情念は、信じられないような消耗にも堪えさせてくれるのである[107]。いずにれせによ、「性行為の不完全さにともなって危険度が増す」[108]以上、性交過剰への道のりは概ね辿ることができる。したがって、病人自身が自らを分析しなくてはならない。その例として、シヴィアルは自らの患者をひとり思い浮かべている――ただし、病像は自己分析から帰結しているわけではない。この患者は「勃起が不完全で、陰茎を膣に挿入できても射精があまりに早く、そのため以前ほど快感が得られず、後には意気消沈と不快感と不安が残ることに気づいた。精子はたいてい以前よりも水っぽく、臭いも弱くなっているが、量だけは多くなっている。ペニスは以前より柔らかく、弛んでおり、睾丸はだらりと垂れ下っている。欲望は以前ほど強くなく、欲望の間隔も間延びしている」[109]。これは性交が過剰に傾いたからで、積極的な観察が必要になってくる。しかも、各個人は個人特有の気質《イディオサンクラズィ》を考慮に入れたその人特有の用心を必要とする。

シヴィアルは過剰に至る歩みを明確にしつつ、過剰が出現する第二段階を弁別する。以上に述べたように感覚が鈍麻すると、次の段階には、器官の機能不調を示す遺精が現れ、不能と早老が見え始める。この進行が、医者によって夫婦や同棲者の快楽が辿る変遷として描かれる進行を模していることに注意しよう。歳を取れば、習慣化した性行為に倦怠を感じるようになるし、女性の場合、妊娠と出産という別の歓びを発見する。こうしたことから欲望と性的快感は緩和される。そこで、われわれがすでに見たように、夫婦は房事のリズムを調整し、相対的な節欲を心がける必要が出てくる。欲望を維持するためにはこうするしかない。

夫や男性同棲者は、シヴィアルによって以上のように規定された性交過剰の第二段階に達すると、真の危機を迎える。主治医が伴侶のあいだの快楽をうまく調整できなければ、患者は、過剰や濫用がなくても欲望と性的快感を再起動させてくれる唯一の存在、すなわち売春婦に新たな交接の機会を求めにゆくことになる。パラン＝デュシャトレによって理論化された規制万能主義システムの根はここにある。医者は性道徳の二重基準《ダブル・スタンダード》を、しばしば暗黙のうちに正当化するのである。治療ということになると、医者はどうしても金銭ずくの性関係を好んで選ぶことになる。婚外関係と呼ばれる関係における官能は、婚姻関係の官能と十分明確に区別できず、しかも後者は効果があまり期待できないからである。マルクはその点をはっきりと指摘する。後者のタイプの肉体関係は、男性の快楽にたいする欲求と欲望を売春ほど容易に満たしてはくれない。しかも、マルクによれば、健康上のリスクも大きいという(110)。

ラルマンは、夫婦の性行為の過剰がもたらす苦しみについてさまざまな観察を集め、その著書のある章に掲載している。そのどれもが引用に値するが、そのなかでも特に簡潔にまとめられた症例をひとつだけ見てみよう。多血質のN氏が手淫を始めたのは遅く、回数もきわめて少なかった。独身のころ女性と過剰な関係を持ったことは少ない。それでも、二十歳、二十三歳、三十歳の三期にわたって膿漏症を患っている。三十二歳で結婚。日に二回という夫婦関係がしばらく続いたが、いつもきわめてそそくさとした行為であった。三カ月後、性交過剰による最初の変調が現れる。二回の妊娠が性的な熱を緩和するも、その後、新たな過剰接近から、再び不調に陥る。婿のシーツや下着に精液の染みがついていることに気づいた妻の母親がかっとなり、妻を放り出して恥ずべき快楽に耽る夫を非難した。不幸なことにこの夫は、性交過剰が辿る過程の新たな段階に入っただけだった。そこで夫は、勃起も快感もないまま夜間遺精〔夢精〕が起こっていたことに気づく。かくて夫はラルマンの診察を受け、ラルマンは病気の原因を説明した。ついつい妻に手を伸ばしてしまうことを恐れたN氏は、自制を誓い、義理の母親の厳しい監視に従うことを約束する。ラルマンはこう報告している。「最初の数日間の厳格さはまさに折り紙つきだった。ところがまもなくして緩みが出はじめ、若夫婦の観察は終了した」。二カ月後にはふたたび変調と遺精が現れる。失望した臨床医はこう結論づけている。以上が、「結婚によってもたらされる」悲しい「結末(111)」である。

性行為の過剰がある段階に達したときにもたらされる最悪の危険は、「偽の快楽」を追い求めて「自然を欺き」、新たな方法によって欲望と官能を回復させ、器官を目覚めさせようとする危険である。この誘惑が待ちかまえているのはとりわけ老人である。要するに、性交過剰は、売春婦による手技やフェラチオ――よりまれではあるが――、肛門性交、女性同性愛といった、男性の女性化と女性の男性化の端緒を開くあのあらゆる「薄汚い高揚」、「ぞっとするような破廉恥」[112]に人を導くのである。

哲学者と医者たちが嬉々として描く放蕩者の悲しい姿は、こうした零落のなれの果てを示している。「大胆な足取り、淫蕩な眼差し、官能的な唇、蒼白い顔や赤ら顔、程度の差はあれ下品なふるまいや言葉、人に嫌悪感を抱かせ、人を尻込みさせる不純な息づかい。どんなに未熟な観察者でも、これらを目にすれば、その人が放蕩に耽っていることはすぐにわかる」[113]。以上の描像が、やはり以前から自然を欺いている手淫常習者の描像と大きく違うことに注目しよう。ローマ帝国崩壊の原因は「あまりに頻繁な射精」であった、とモレル・ド・リュパンプレは確言する。[114]ヴィレーもこの説を繰り返して、文明が都市の住民に与えた安易さが原因で「下劣で軟弱な世代[115]」が続いてしまったからだ、と言っている。

ラルマンが自らの患者に行った数々の観察を読んでいると、あるカテゴリーの男女に注意が行く。それまで長い事前進行がないにもかかわらず、性交過剰の苦しみに容赦なく襲われる男女のカテゴリーである。結婚初夜、そして最初のころの肉体的結合に特有の危険にさらされた若い夫婦がそのカテゴリーに属する。学者たちもこのカテゴリーを繰り返し取り上げてきた。若い夫婦はとりわけ危険にさらされやすい。というのも、年齢の進行、習慣、妊娠、出産などによって性交過剰が阻止されることがまだないからである。リニャックによれば、「快楽の最初のレッスン」は、だれもがよく知るアクシデントに見舞われることがある。[116]そして、そのためだけにでも、若い娘は将来の夫に適わせた教育を受けておくべきだとリニャックはいう。たしかに女性にかんして、この最初のレッスンは概ね効果が大きい。ヴィレーは受精の効用を繰り返し述べている。受精は器官の働きを活性化し、体組織全体の熱と活気を高めるからである。若妻はこれによってより元気になる。それまでおずおずとしていた若妻は男性のように堂々とし、肉体は香りを帯び、いままでになかった粘り強さを獲得する。[117]一方カバニスは、「愛の最初の試みは、愛の源が据えられた器官の発達を完成させるためにしばしば必要であって、こうした器官の感覚は使用された後でなければ存在しない」と書いている。[118]

とはいえ、結婚初夜が惹起する「衝撃」にある種の危険が伴うことにかわりはなく、そこにはモロー・ド・ラ・サルトが詳述するような注意が欠かせない。両親は結婚が生理の時期にあたるようにするか、生理の直後に来るよう気を配ることが望ましいと彼はいう。こうすることによって破瓜はより容易になるはずである。若妻はサウナや緩和用温布を使うことによって、さらには軟膏を塗ることによって破瓜に備えることもできよう。夫婦、とりわけ夫は、「頑張りすぎ」や、「乱暴で荒々しい動き」は避けなければならない。夫は、「流血によって生じる弛緩」を上手に利用することもできる。「性的快感を初めて味わった後で」、「卵巣がいわばびっくり[119]」して痙攣が起きることがあるが、新婚夫婦はこの痙攣に驚いてはいけない。いかなる状況においても、若い夫は自らの快楽と力のあいだに均衡を保たなければならない、とモロー・ド・ラ・サルトは結論する。[120]ラルマンは、概ね若夫婦の性交過剰原因となる虚栄心と、「初めのころの程度を維持し」ようとして「お互いの愛を証明する[121]」行為に実際の必要以上耽る若夫婦に注意を呼びかける。その後、「快感のために疲れた」妻は、疲労を回復する生活習慣を守らなければならない。

後先のことを考えない新婚夫婦に劇的な結婚初夜を経験する危険があることを、『アメリカン・ジャーナル・オブ・メディカル・サイエンス』に掲載された例は示している。一夜のうちに三度も四度もあまりに激しい性交に耽ったある若い夫は激しい痛みを覚え、性交の中止を余儀なくされた。陰茎から出血が見られ、駆けつけた医者は、灼熱した鉄で苦痛を伴う焼灼術を施し、どうにか止血した。だがそのとき、「若い奥方」は子宮からの出血によって大量に失血していたのである。[122]デランドも、結婚初夜に続いて起きることの多い興奮状態を話題にしている。

後にまたふれるが、より頻繁に見られるのが、こうした初めての試みに伴う性的不首尾の例である。夜間遺精〔夢精〕はあるものの三十五歳になるまで完全に禁欲してきたある若い夫が「夫婦関係の有利な影響[123]」の恩恵に与れることになった。だが、それまでの禁欲が原因で、性交によって結婚を完遂するまで、彼はひと月を待たねばならなかった。患者は、このひと月のあいだラルマンの指導にしたがい、自らの感覚を綿密に観察している。関係の最中に起こる勃起はきわめて力強かったが、最初のころ、少しでも接触があると射精が起こってしまい、行為が完遂できなかった。その後射精はなかったが、精液が緩慢に漏出し、それが原因で勃起不全になった。こうした漏出は夜のあいだに起こり、昼間でも、夫婦が愛撫し合うと起こってしまう。「漏出はたしかに少量であったが、たびたび繰り返され、しかも毎回陰茎の膨張があるのに決して完全な膨張には至らなかった」[124]。こうした観察も著作で一一四回繰り返されると、あるいは無意味に感じられるかも知れない。しかし、指導を受けた自己観察の精度がどれほど高かったかは理解できるだろう。

したがって、若夫婦は彼ら特有の危険にさらされているのである。患者によってたとえばそれは生殖器の毀損――発赤、出血、膿瘍、外陰部の神経症――であったり、痙攣性の神経障害であったり、鉄欠損性貧血や膿漏症といった若夫婦に特異的ないくつかの病気であったり、あるいは、感覚の急速な喪失の危険であったりする。また「生殖器の対置関係」を損なう激しい房事を過剰に行うと、一時的な不妊が起こる可能性があることもつけ加えておく。「不妊の原因にたいして、若い夫婦はともに責任がある」とカピュロンは書いている。「ふたりの情熱の強さ、激しさが、ときに彼らの生殖能力を焼尽してしまうからである。快感に耽り過ぎると、ふたりはオルガスムや炎症の状態に常時置かれることになり、その結果、男性の場合は男子色情症に、女性の場合は子宮の激高に至る。このように生殖器を濫用すると、最後には感覚が破壊されてしまう[125]」。

こうした過剰な情熱は、ときに、夫婦に死をもたらすこともある。デュランは書いている。「私はボルドーの市民病院で、きわめて官能的なある若妻を目にしたことがある。結婚したての彼女は夢中になって快楽に耽っていたが、結婚式の四日後に出はじめた高熱が下がらず、喉の渇き、下腹部の痛み、悪夢、激しい呼吸困難を訴えた[126]」。医者たちは一時的に症状を緩和させることに成功した。「しかし、帰宅すると、彼女はまた夫と抱き合った。すぐに間歇的な発熱が現れ、それが治まらないまま、ついにその三カ月後、彼女は亡くなった。死体剖検の結果、腹部にきわめて大きく腫れあがった腫瘍が発見されたが、それは通常の状態よりはるかに固かった」。死体剖検の結果は診断の正しさを立証するものだった。多くの臨床医にとって万能薬に見える結婚も、決して危険のない治療薬というわけではないのである。

一般的に言って、性行為の過剰は、標定しうる論理と経過にしたがって、ありとあらゆる種類の病理を惹起する可能性がある。それはまず、性交とじかに関係する体組織の病気を引き起こす。頻繁に病気になる女性の場合、(一)生殖器の炎症、出血、月経過多、(二)卵巣あるいは卵管の疾患、子宮の腫瘍あるいは癌、帯下《こしけ》(白帯下など)、大陰唇の病気がかかわっている。生殖器の膿瘍の頻度が高いことをユギエは強調している。その他にも、性交過剰によって膣が縮んだり、乾いたり、硬化したり、不感症になったりすることもある。

かならずしも結婚初夜でなくとも、激しい性交は事故につながる危険性をはらんでいる。ミシュレが日記で言及しているボーの「子宮筋層炎[127]」がその例である。この病気は陰茎があまりに激しく衝突することによって引き起こされる。腹膜炎と、直腸と膣を隔てる隔壁の裂傷もまた、男性の過剰な情熱によって引き起こされる病気である。

性的快感があまりに強烈な場合、神経と大脳に害を及ぼすことがあるし、快楽に頻繁に随伴する衝撃から、痙攣、ひきつけ、身震い、眩暈が生じることもある。病的興奮や女子色情症だけでなく、麻痺まで惹起しかねない。性交過剰が原因で起こる病理に医者がどのような所見を述べているか、分析し始めたらきりがなかろう[128]。ことほどさように両者の因果関係は明白である。

こうした危険をすべて考慮に入れたうえで、ラブリュニは次のように結論する。「肉体が許容するエネルギーの大きさによって程度に差はあれ、快感に繰り返し耽った後の女性は、意気消沈、体力消耗、消化機能の衰弱、全身の無気力、思考の混乱などを経験する。こうなったときには直ちに快楽を中止しなければならない。それ以上続けていたら、健康にとって致命的な結果にさらされることになる」[129]。ここに至った女性は休息を取り、「男性を見ないように注意しなければならない。男性を見れば欲望を惹起されかねない」。

男性の場合、性交過剰はまず、古代の背面性消耗[130]――女性に発生する場合もある――に属するあらゆる徴候として現れる。われわれが扱っている資料はケルスス、ガレノス、アエティウスや前世紀のブールハーフェ、ホフマン、ファン・スヴィーテンやその他ティソといった学者たちへの参照を含んでいるが、ヒポクラテスの描いた病像は、これらの資料を書いた医者たちによって連綿と引き継がれている。背面性消耗の病像はとりわけ十八世紀後半に頻繁に取り上げられた。この疾患は「脊髄」に発し、全身の羸瘦《るいそう》として現れる。患者は「やつれる」のである。次いでエロティックな夢想が現れ、頭部から仙骨にかけて背面に蟻走感が生じる。頭が重くなり、絶え間ない耳鳴りに襲われる。髪は抜け落ち、眼窩は落ちくぼみ、頬は垂れ下がり、蒼白くなる。続いて排尿や排便のさいに精液が漏出する。脊椎は蝕まれ、両脚はもはや体重を支えることができない。直立が困難になり、身体が曲がる。年齢にかかわりなく老人のような外貌になり、全身に不随が広がって、しばしば死に至る高熱が出る。こうして衰退が漸進的に進行し、体力が消耗するなか、すべてに嫌悪感を抱く精神的な劣化が進み、魂の高揚はことごとく封じられる。

性交過剰は、恐ろしい病像を示す背面性消耗に加えて夜間遺性〔夢精〕を引き起こす。夜間遺精は感覚、とりわけ視覚と聴覚を鈍麻させ、知的な麻痺と重度の精神薄弱まで惹起するおそれがある。いずれにせよそれは、知的水準の低下を引き起こす。ブルダッハは脅しにかかることも辞さない。「一晩放蕩の限りを尽くした後、射精を伴わない、あるいは出血を伴う持続勃起症になり、強縮に陥って、突然白髪になったり、はなはだしきは死に至った男たちもいる」[131]。

十九世紀前半の学者たちは、新しい論理に依って、真の修正には至らずとも、この病像を描き直そうと試みた。彼らは解剖学と生理学の進歩をここに反映させている。性交過剰はしたがって、男性の場合、尿道と精巣の神経症を惹起する。あまりに激しい性交は、陰茎亀頭の粘膜に裂傷を引き起こし、陰茎の背面静脈か、さもなくば包皮小帯を破断させ、壊疽を引き起こす。医者によれば、性交過剰は肺結核の進行を促進し、病気からの回復を遅らせたり、困難にしたりする。

一般的に言って、女性は男性よりも重症化しにくい。総合的に判断すると、女性は性交欠如よりも性交過剰の方が凌ぎやすい。ただし、パートナーが過大な要求をつきつけてきたり不器用だったりして、女性を危険にさらさないかぎりだが。女性が被る神経的な痙攣は、男性の過剰な射精よりはどうやら危険が少ないようである。しかも、性行為を喜んで受け入れる妻は多い。リニャックによれば、「形だけでもそこにいるときには、人は食卓でいがみ合うことがない[132]」のだから。

第5章

「まがいものの快楽」と官能の衰弱

性行為の過剰は、いかに重大な危険をはらんでいようとも、臨床医の目からみれば、それでもなお『自然』の要求に応えている。「自分が診ている男性患者に女性を使うよう勧めた医者がいる」[1]とラルマンは書いている。婚姻外の肉体関係全般とりわけ娼婦との関係、思春期の娘の処女を奪う行為、姦通などは、自然な快楽を得ることが目的であり、また妊娠を伴う可能性がある以上、医学的に見て過ちというわけではない。

その一方で医者は、倫理神学における罪を、神に反する行為ではなく、『自然』に反する行為へと移し替える。危険とはもはや地獄の劫罰ではなく、身体機能の崩壊、病気、死なのである。医者は、彼らの考える「まがいものの快楽」に属するすべて、すなわち「官能の衰弱」に導くあらゆる実践や奸策に罵声を浴びせる。自然と種に反する罪とは、したがって、自分自身に反し、性的快感を味わう能力に反することを指すのである。性的濫用は、男女が分かち合う快楽を弱めたり、さらには殺いだりする。こうなると早晩、不能、不妊に、また当時冷感症と呼ばれ始めていた症状にいたることは必至である。

孤独な快楽の痛ましい結末

性交過剰であれ、性交欠如であれ、それによって引き起こされる最悪の損害は、すでに見たように性的濫用である。それ特有の欲求を生み出すことによって本来の性的欲望を破壊する手淫、欲求不満と嫌悪を惹起する「夫婦の不正行為」、医者にはほとんど無視されていた獣姦、さしあたって治療学の対象外とされていた男色、性交の実践によって容易に治癒しうるように見えていたため臨床医の目にはさほどやっかいなものに映っていなかった女性同性愛などが、その性的濫用にあたる。

たしかに男色と女性同性愛にかんするかぎり、これらが欲望の特異な形ではないかという予想は医者たちも持っていた。だがたいていの場合、医者はこれを巧みに回避している。お手上げだと感じていたのである。

明示の度合いに程度の差はあっても、医者が訴えていたのは、性的機能の濫用が増加しつつあるという事実であった。社会的選良のあいだで閑と贅沢が増大し、[2]新たな生活リズムによって神経質が促され、ますます自律的になった個人が、その極端に鋭敏な感受性から己の欲望や葛藤の声と快楽の機会にこだわるようになるとともに、かつてない刺激を受けた想像力がますます高く飛翔し、大宇宙の現象や天候の浮沈と共振して生きる新たな習慣が現れることで、性的機能の濫用は増加していた。医者はこうしたデータとの関連で推論を進めている。彼らの目には、文明が、社会崩壊の徴候である非男性化の、いやそれどころか女性化の過程さえ促しているように見えたのである。十九世紀も後半に入ると、「夫婦の不正行為」、堕落、倒錯、先天梅毒が人々を苦しめるようになるが、それに先立って、手淫と梅毒によって生み出される激しい不安がいくぶん落ち着きを取り戻し始めていたこの時期、学者たちが懼れる損害の描像の前景は、男女ともに欲望や生殖系が衰弱し性的能力が失われるのではないかという強迫観念が占めるようになっていた。

十九世紀初頭、スイスの医師ティソの著名な本を繙くと有益だという認識をもつ医者は多かった。後に、孤独な快楽の痛ましい結末を展示したいくつかの博物館が影響を及ぼしたときとまったく同じように、人々の恐怖心を煽ることが主眼であったティソの著書『オナニスム』は、多くの人々を手淫から遠ざけたようである。[3]『百科全書』において「Manstupration あるいは Manustupration〔いずれも手淫の意〕」の項目を執筆したムニュレ・ド・シャンボーはこのスイスの医師の著作からすでに多大な影響を受けている。外科医のリニャックは、一七七二年、これを「若者が読んだらすぐに頭に叩き込まなければならない本」と考えていた。[4]さらにデランドは一八三五年、「この本を読まない者は少なかったし、それが事態の改善に資したところは計り知れない」と確言しているが、[5]ラルマン教授もこの見解を認めている。[6]

当時の医者の多くがティソの『オナニスム』に直接依拠していた。ティソによって紹介された症例のいくつか、とりわけ、手淫に耽ったためひどく苦しみながら死んでいった時計職人の有名な症例は繰り返し引かれている。病院の問診票にはかならず、あなたは孤独な快楽に耽っていますか、という項目があった。とはいえ、同時に、著名な学者たちはこの著作にたいしてそれなりの距離を取っている。アレはすでに、この本を読んだことから生じる鬱病を嘆いていた。一八一七年には、エルンスト・ヴィヒマンを翻訳したサント＝マリー博士は、過分に称賛されてきたこのスイスの医師が、実は、自分ではなにひとつ考え出したり、発見したり、一般化したりしていない平凡な能力の持ち主であったことを強調している。一八一三年にはモンテーグルが『医学事典』のある項目のなかで、ティソは大げさで、人を脅すような言葉を描像に盛り込みすぎたために、かえって悪影響を与えていると書いている。(7) その六年後にはフルニエが、精子には生命力を与える力があるという価値観を嘲笑し、そんなことは、いかなる直接的な観察によってもまったく立証されていないし、そもそも精子という実体が思春期を発動させるわけでも、知的な活力の源泉になるわけでもない、とした。(8) ジョルジェもまた、『オナニスム』の特徴である大げさな誇張を糾弾している。デランドはさらに突っ込んで、この著作の「嘆かわしい影響」に二度も言及している。(9) 一八三六年、ラルマンは攻撃をいっそう募らせる。彼によれば、ティソの本など「古い権威、勇み足ばかりの誤った理論、たいてい間違っているかくだらない不完全な所見、なかんずく臨床医としての重大な間違いを手当たり次第に積み上げたものにすぎない。文章はどこを取っても正確さを欠き、しばしば大げさで、そのため学者と臨床医のあいだではさほど流行るに至らなかった」。(10) ただし、繰り返しになるが、「自己改善した人々」から得た数多くの私的な証言にもとづいて、ラルマンはこの著作が実用上有益であることは認めている。一方、われわれが論じている時代の末期において、ルボーはこうした美点さえ認めなかった。大げさで、役に立たない危険な本という烙印を押している。(11)

こうしてティソの本をこき下ろしていたからといって、医者がこのとき手淫を無害なものと見なしていたわけではない。医者から見れば手淫は相変わらず性的濫用のひとつであって、一八七五年までこれにたいする糾弾は続いている。しかし、医者たちは自らの見解を、肉体と精神を結ぶ関係の新たな見方や臨床側からの厳正な観察の要求、死体解剖の寄与やビシャが始めた病態生理学、またブルッセによる炎症学説に、要するに医学の漸進に適合させようとしていた。そこから症候、症候群、病理を積み重ねた極端にちぐはぐな描像が生じるのだが、その描像には折衷主義や、さらには、いささか人を困惑させる一時しのぎの小細工までもが透けて見える。医者が現行犯で矛盾を犯すこともまれではなかった。

たとえば、手淫という性的濫用の諸原因の一覧は、古代学説に大幅に依拠しており、混乱した、さらには矛盾した形をとっている。しばしば言及される極端な節欲にかんしても同断であった。器官に原因を求める説明もあり、孤独な悪癖は性器の「先天的な配置」、大きすぎるクリトリスや小陰唇、常に摩擦を受けることなどから生じるとする。ラシボルスキは「神経系の原始的な状態[12]」を引き合いに出している。より頻繁に参照されるのは、やはり古代学説の考え方で、気質あるいは「特発性の」体質に依るというものである。シャンボン・ド・モントーは十八世紀末に、ある頑健な若い娘の感覚が抑えがたく高揚する症例に言及し、感覚の分析を試みてこう述べている。「この娘の生殖器の感受性は、ときおり孤独な快感を味わうことを娘に強いる」。「これらの器官を悩ますつらい不安から、特だん放蕩に耽ろうという考えがなくとも、ついそこに手を伸ばしてしまう。この接触から生じる印象が快楽の感覚になり、反省する暇もなく性的快楽が完遂される。過剰な健康によってしばしば精神に呼び覚まされる甘美な一瞬が忘れられず、快感は繰り返され、やがては癖になる[13]」。その四〇年後にはラシボルスキも、子宮気質から生じる「感覚の抗しがたい要求」という考え方に依拠している。こうして特発性の体質によるものなら、手淫は治療できない。「手淫は、自分ではどうすることもできない感覚により常時維持されている。両親や愛する人のためならすべてを投げ打つことができるような、このうえなく優しい若い娘が、感覚の抗いがたい要求の奴隷となり、知らず知らずのうちにその要求に膝を屈しているのである」[14]。シャンボン・ド・モントー、トゥルソー、ビュエ、マンヴィル・ド・ポンサンは、掻痒感、ダルトル〔湿疹、乾癬、批糠の総称〕、外陰部のかゆみ、回虫を先導的な因子として絶えず取り上げている[15]。

医者のなかには、孤独な快楽が偶発的に発見されることと、快楽を構成する感覚に大きな意味を与える者もいる。ラルマンは、馬術の練習が最初の精液漏を引き起こした若い男性の例を引いている。男性は「手綱を引く一方、引きつる体で馬にしがみつき危うく死の危険を免れた」。「この事件が、彼の性的嗜好を倒錯させる原因になった」[16]。フルニエとベジャンは、知的能力の育成に専念するあまり体育を疎かにする教育から、神経感覚の過剰な発達が出来することは他の濫用の場合と同じだという[17]。こうした観点からすれば、読書が非難されることはいうまでもない。ラルマンは、若い男性がラ・フォンテーヌとピロンを読んでから手淫を始めたという恰好の例を引いている[18]。

重要な症例はまだある。まずは、赤ん坊が「他人によってなされる愛撫」[19]によって新たな感覚を知るという症例である。乳母のなかには、「ぞっとするような好意のしるし〔フェラチオ〕」で赤ん坊を勃起させる者もいれば、性交の真似事におよぶ者もある。教育学者ヨアヒム・H・カンペが著作を広めたドイツの生理学者たちは、一七八〇年代にこの問題に関心を寄せているが、乳母がわざわざ好色を発揮せずとも、金銭目当ての授乳は手淫に影響を与えているとみていた。この十八世紀末、乳母にたいする攻撃と母親による授乳促進のキャンペーンは、手淫恐怖症からその力を汲み取っていたのである。

今日さらに分析を進めたサイモン・リッチャー[20]は、金銭目当ての乳母に頼ると、子どもはやがて授乳の過剰と不規則を学習してしまうと考えている。わが子ではない赤子に乳を含ませる女性は、乳房が張ったらすぐに授乳してしまう。そうすると子どもは頻繁に快感を味わい、とりわけ生理的欲求のリズムの埒外で満足を得ることになる。そのことが、似たような満足を手淫のなかに見つけようとする傾向を育むのではないか、というのである。もちろんこれは、当時の医者には想像だにできない解釈であって、時代錯誤を冒す危険がないわけではない。

子どもは、その後、使用人の行為を目のあたりにしたり、両親のあいだで交わされる慎みのない言葉をたまたま耳にすることによって、好奇心を刺激される。シャンボン・ド・モントーは「慎み深い少女たちが、そこで耳にした行動基準を実践しようと一線を越えるところを目にした」という。そして、「長いあいだ家を空けさせず、帰ってきたときにはよく観察するのが習慣になっていれば、少女が逸脱行為に耽ったときには恥ずかしさから顔を赤らめていることにすぐ気づくだろう」と付け加えている。(21)

幼い子どもの手淫には医者も驚かされている。フルニエはティソを受けて、揺りかごに入っているときから孤独な快楽に耽る子どもがいることを再確認した。モンテーグルは、手淫に耽る四歳半の幼児を観察している。パラン＝デュシャトレは一八三二年、『公衆衛生学、法医学年鑑』でこの件にかんするより詳細な所見を述べ、デランドはフルニエとベジャンに次いで、四歳のときから「まるで本能に導かれるように」手淫をしていた幼女の有名な症例を引いている。この幼女が手淫に耽っていることに周囲が気づいたのは、幼女が八歳のときだった。以後、幼女は手首をつねに縛られていたが、「両の尻をあわせてうまいぐあいに動かしたり、オナニーができそうな家具に乗ったりすることによって」目的を達していたが、十二歳のとき「ぞっとするような衰弱」のはてに死んだ。「この不幸な少女はいまわのきわにも性器から手を放さず、手淫に耽りながら息絶えた(22)」。ロズィエは七歳女児の症例(23)を引き、モロー・ド・ラ・サルトは同年齢の女児二人の症例(24)を引き、ラルマンはこの問題にかんする事実をすべて列挙している。これらの著者によれば、幼児における「特発性の」欲望と快楽の発見は、その大多数が幼い女児にかかわっていたという。彼女たちの好奇心はより強く、欲求の疼きに苛まれる機会が多いからであろう。

長期にわたって手淫を誘引する因子がある。幼いときに目撃したエロティックな光景の記憶である。ルソーやスタンダールの作品を盗み読んでいなくとも手淫にいたる一連の症例があることを、医者は示している。子どもにも以上のような性愛があるという意識は、ミシェル・フーコーによって認められて以来常識になっている。ラルマンは、六歳のときに川で洗濯する女の剥き出しの脚にうっとり見とれてあやうく死にそうになった男児の症例を引いている。川に近づきすぎたため、足許の地面が崩れ、その女が助けに来なければ、男児は死んでいたかもしれない。四五年後、この患者は、女性の剥き出しの脚の記憶が手淫のさいになによりも想像力を掻き立てたと告白している[25]。

七歳の男児が母親に連れられて川に行き、母親の女友だちと水浴びをした。男児は女性の体の形を意識する。「ひとりの婦人の膝のうえに乗ったとき、背中に突き出たものが押し付けられるのを感じて言いようのない気持ちよさを感じたが、その充実した固さを味わいながら強烈な快感を得た[26]」。このときのことが脳裏を去らず、その後、これに想像力を支配された彼は、それを孤独な快楽のネタにしていたが、彼はこの快楽のために健康を害してしまった。

また、いささか大胆な姿態で眠り込んだ女性の姿を覗き見たり、乳母や料理女のはだけた胸を盗み見たりする子どももいる、とラルマンは付け加えている。こうして目にした光景は「終わることのない憶測」を生み、それが後になって、「このような夢想がやってきてネタを提供する不実な快感」を誘発するのである[27]。すでに指摘したように、モンペリエ大学のラルマン教授は、自分のところには、これと同じタイプの証言が多数ファイルされていると述べている[28]。

「思春期以前に［…］女性に頭脳を独占された」子どもは、強烈な記憶を持ち続け、青年期に達すると、「その女性で自分の想像力を養い、女性にありとあらゆる姿態を取らせる。こうした官能的な映像は至極真面目なことを考えているときにもふと立ち現れ、沈思黙考を掻き乱し、夢のなかまで追いかけてくる[29]」。この映像は手淫のときばかりでなく、女性との早すぎる性行為に臨むときにもまた、快感を煽る。神経質の男性の場合、この記憶に脚色を施し、想像上の魅力をあれこれ付け加えて飾り立てる。完璧な美、得も言われぬ快感を自ら創造する。そして現実に裏切られると、自分の殻に閉じこもって手淫に耽り、「自らの創造物に合致した快楽を見いだして、告白の要らない憧れの女性と好みのセックスを思う存分楽しむのである[30]」。

やがて思春期がやってくる。長い伝統に棹をさした医者の目からすると、中学や寄宿学校は悪の巣窟に見える。中学生のあいだでは「手淫がいわば公然の秘密になっていて、恥ずかしげもなく手淫を告白する者もあれば、厚顔無恥にも、教師の目の前でさえ［…］手淫に耽ろうとする者がいる」とフルニエとベジャンは断言している。[31] 先輩は後輩の手を借り、「脅迫にせよ、奉仕にせよ、おぞましい任務の遂行」を強いる。一方若い女性の寄宿学校では、友情の仮面の下に手淫が隠蔽される。「仲良しのふたりが一台のベッドに寝ることもよくある」。[32] ラングロワ・ド・ロングヴィル、ビュエ、ラルマンはこの証言に間違いがないことを確認している。「親しい友だちとの秘密の散歩」[33] はとりわけ疑ってかかったほうが良い、とラングロワ・ド・ロングヴィルは言う。

「感染の温床」たる中学校で悪書がきわめて容易に手に入ることは間違いない、とラルマンは断言する。[34] 本は確実に回覧され、恥じる者とていない。ラルマンもまた、ここに脅迫や暴力が介在していることをそれとなく仄めかしているが、その根拠には一致した「数多くの」証言があると主張する。[35] デランドはこれに、聴罪司祭の慎みのない質問が加えられることをほのめかしている。よりまれな例だが、妻の貪欲さにうんざりした夫が自前のショーを楽しむためにいつも手淫をしているというケースがあり、これは妻の方に責任があるとデランドは言う。[36]

習慣獲得のメカニズムや記憶と想像力の役割にかんして、臨床医の意見は一致している。「経験した感覚の記憶」[37] は手淫を始める主なきっかけになっている、とフルニエとベジャンはいう。美女を見ると、「その女性を抱いたときにわれわれが知った快楽の記憶」[38] が強力に働きかけてきてわれわれの思考を高揚させるが、これはそれと同じである。想像力の働きが、かかる記憶の喚起力に加わると、欲望は激化し、手淫は抑えがたくなる。悪が深刻化するのは、幻想、あるいは幻想的表象といってよいかもしれないが、それが支配力を持ち始めるときである。

「感覚が過ちのただひとつの原因であるなら、感覚の影響が少なくとも過ちの限界となる。だが、想像力がこの過ちを支配するやいなや、たちまち過ちに限度はなくなる。感覚にはまだいくぶんか休息があるが、想像力はもはや過ちと正しさのあいだを隔てる中間地帯を許さない」とロズィエは書いている[39]。これは、倫理神学の専門家が誘惑と歓喜のあいだに厳密な分割を持ち込もうとするときに用いる弁別にかなり似た本質的な弁別で、生殖器と大脳のあいだに打ち立てられた共鳴関係に基づいている。最悪なのが、この両器官系が美徳に対抗して手を結び、それによって、手淫の性癖が強迫になったときであることはいうまでもない。

手淫という行為が想像力に強い緊張を強いるだけにいっそう、想像力は決定的な影響力をもつ。主体は快楽に達しうる十分な強度で欲望の対象を表象できなければならない。ここに、孤独な悪徳と性交を分かつ本質的な違いがある。フルニエとベジャンは、「恥ずべき興奮が向かう幻想の対象を、衰弱した個人にこのうえなく強烈な表象をさせるまで高揚しないわけにはゆかない想像力の」こうした「驚異的な緊張」を強調している[40]。手淫者は「性器を興奮させる想像力と、想像力に火をつける性器の両者にかわる代わる」働きかける。要するに、手淫とはまずもって「精神の作用[41]」なのである。自らに快感を与えるために、個人はたえず新たな工夫を凝らさなければならない。ここに、かつてルソーが暴き出した、この行為の大きな危険が潜んでいる。手淫者が享受する官能的な「衝撃」は、想像力の強度と、その衝撃を肉体に伝えるべく手淫者が用いるやり方に応じて変わってくるので、想像力の労苦はそれだけいっそう重要なものになる。もちろん、性交の最中よりも、巧妙に導かれたすえに到達するこの活動の大団円を遅らせることが容易であることはいうまでもない。「かくして、有害きわまりない技巧によって、この活動が持ちうる全能力を、それを蝕む悪習に与えてしまうのである」。たしかに、このような結末に至るにあたって、手淫者は女性との房事ほど大きな障害に出会うことはない。なにしろ、「生身の女性を好む男性にはじつにさまざまな出来事が起り、いつも気を逸らされたり、活動を停止させられたりしているのにたいし、オナニーに耽る男性の気を逸らす原因などなにひとつとしてない」のだから[42]。

想像力は完全な奴隷だから、手淫に耽る男女の頭のなかにはふたつのことしか存在しない。「人目を避けることと快感を味わうこと、である。彼らはこのふたつ以外になにもする気がないし、また、できない[43]」。ロズィエは孤独な悪習に没頭したある若妻について長々と論じている。手淫が彼女のなかで支配権を確立すると、「羞恥心という品位、親にたいする子どもとしての敬愛の念、夫婦の愛、母の愛［…］すべてが消え、すべてが失われる［…］。婚姻の床はもはや何も感じられない肉体しか受け入れず、その肉体も、かつては優しい妻だった人と今やなんの関係もなくなってしまう[44]」。

男性が通常用いる手技を医者が記述することはめったにない。言わずもがなと言わんばかりである。すでに見たように、ブルボンは立位の手淫の量的な研究を試みているが、その結果強調されることになったのは、その頻度であった。一方、風呂のなかで繰り返し孤独な快楽に耽る例については、すでにひとつ引いている。しかし、絶頂や名人芸に目がない医者たちは、馬上や居間で、家族のいるところや教室内で成功した手淫については詳述しようとする。デランドはある種の手淫者について書いている。「押し付けるだけで、［…］彼らはまったく、あるいはほとんど動かない。したがって服を脱がずとも、座らずとも、手がふさがっていても、会話や読書に集中しているように見えても、なにがしかの作業に専念していても、彼らは自慰を行うことができるのである」。とはいえ、その巧みな技も、鋭い観察者の目を逃れることはできない。「物腰、顔色、沈黙に［…］なにか突飛なところがある」。「注意深い眼差しとなればとりわけ、いかに手淫者が熟達していようとも、最終的な興奮をそこから隠すことなどできない［…］身体が微動だにしないところは完璧というよりはわざとらしいし、下半身の不動性も上半身のようにはうまくゆかない[45]」。

ラルマンはある若い男性のいっぷう変わった例を引いている。男は思春期のあるとき、両腕で何かにぶら下がっていて勢い良く勃起し、その後とりわけ官能的な射精をしたことがあった。しかも、手を使うことさえなくそれに到達したのである。「こうして彼は、家具やドア等にぶら下がり続けた[46]」。ある佐官は十歳のとき、宿題の最中にテーブルの脚で生まれて初めての感覚を得た。「彼は何年にもわたって同じ方法を使い続けた[47]」。

フルニエとベジャンは、銅の環、鍵、燭台、火打ちがね等手淫者のペニスを締め付けることができる道具を列挙し、デランドは手淫のための縫合手術の例を引用している。これらよりもはるかに怖しいのが、生殖器の奥深くで快楽を得るために用いられる手法であろう。尿道を疼かせるために、藁しべ、木切れ、大きなピンなど先の尖った物体を使う者がいる。デュモンは籐のステッキを使う男性を紹介している。トゥルーズの医学校で観察されたこの二十八歳の男性は、十八歳から手淫の習慣に陥っていたが、精液の漏出を避けるために、「自瀆をしたくなったときには（それは日に何回もあった）、陰嚢裏の会陰部に籐のステッキを強く押し当てた。これによって生じた圧迫が、尿道を閉塞させていたのである」[48]。こうすると射精は阻止でき、なおかつ快楽が妨げられることはない。

しばしば引用される、ラングドック地方の羊飼いガブリエル・ガリヤンの例は、こうした恐怖の極限を示している。ガブリエル・ガリヤンは十八歳のときから手淫に耽っていたが、日に八回することもあった。ついには、一時間努力してもほとんど射精できないようになってしまった。一一年間彼は手しか使ってこなかったが、二十六歳のとき、手では達することができなくなったので、長さ「およそ四プース〔一プースは二七、〇七ミリ〕の木の細い棒で尿道を刺激してみようと思いつき」[49]、毎日いくども、しかもかなりの長時間にわたって尿道に棒を挿入した。「この粗野な摩擦の助けを借りて、彼は一六年間にわたり射精してきた」が、あるとき、この手口が不首尾に終わる。そこで彼は陰茎亀頭に切れ込みを入れ、陰茎を真っ二つに裂いて、紐でまた縛るというぞっとするような毀損をし、その後また同じような手淫に耽った。デランドの言を信じるなら、尿道に道具を挿入する手淫者の数は多いという。

医学文献はまた、集団的な手淫の場面、とりわけ羊飼いや普通の村人による集団的な手淫の場面を報告している。モンペリエ大学科学部長デュナル教授が植物採集のためにセヴェンヌ〔中央山地南東部の山岳地帯〕に入ったときのことだった。「ある日、森の真ん中で五、六人の若い羊飼いが車座になり、顔を見合わせたまま恥ずべき行為に耽っている場面に出くわした。不意に現れたデュナル教授の姿を見ても、彼らは平気な顔でその行為を続けた」[50]。ベルトゥロは二十四歳、リンパ質の農夫だが、十歳から十四歳にかけてよく村の子どもたちと一緒に手淫に耽っていた。[51] 以上のような場面から、このようなことが寄宿学校やリセの専売特許ではなく、したがって、人が言うほど贅沢や文明化や感覚の洗練に依存しているわけではない、という見方をラルマンは力説している。

医者は一般的に、男性の手淫よりも女性の手淫を詳細に記述している。ヴィレーのようにこの悪習が「女子においてより広く見られる」[52]と考える者と、フルニエやラシボルスキのように、男子ほど広がっていないだろうが、女子の手淫はより隠蔽しやすく、予想がつきにくいとし、前者の立場を取ることにためらいを示す者とのあいだに論争はあるが、いずれにせよ、女性が快楽を得るために用いる物や道具が数多くあることは、だれもが一致して強調している。「膣はおそらく最も多くの異物が発見できる器官である」と、ファーブルはその『医師・臨床医の図書館』で述べている。[53] ルボーによれば、こんなにも異物が多く見つかる理由は、「臆面もない痙攣の瞬間に」[54]握った異物をつい手放すからだという。この種の手技は女性の欲望を緩和したり苛立ちを鎮めたりするどころか、それらを強化させることにしかならない、と一七八五年、シャンボン・ド・モントーは考えている。にもかかわらず、なかには尿道に異物を挿入することによってまぎれもない快楽を得る若い女性もいると指摘している。とりわけピンが尿道を引き裂いたり、擦り剥いたりするときには官能がある。[55] 事実、何人もの著者が、ガーゼを通して排膿するさいに使う針や髪の毛をカールさせるために用いる針を尿道に挿入し、女性の「犯罪的陰謀」に供した例を報告している。

フルニエとベジャンは、ある女性が、瓶についていた大きなコルク詮を、「自分の想像力の錯乱を満足させるために」[56]用いた例を引いている。だが、その次によく引かれるのは、一八二七年に行った『講義』のさいにデュピュイトランが学生たちに示した例である。それはある女性手淫者の例で、彼女は、ポマードを容れた陶製の小さな壺を同じように挿入している。同教授は、ある女性患者から大量の針を引き出したときのことを学生たちに語っている。針は、「挿入した後に開く」[57]大きな鞘を使って膣に移し入れたものであった。コロンバ・ド・リゼールはこれに似たような手技があることを確認している。

以上のような物にかんするかぎりエロティックな文献も執拗に繰り返し言及しているが、その一方で、固有の意味の張形となると能弁になる医者はめったにいない。医者が言及するのはせいぜいアジア女性用の張形と、より限られた範囲で、南仏女性用の張形くらいである。旅行者から聞いた話という言い訳で、フルニエとベジャンは高尚な『医学事典』のなかにポルノ紛いの記述を持ち込むことを自らに許している。この記述は、必要とあらば、医者が女性の快楽の絶頂にいかに魅了されていたかを示す証拠にもなる。フルニエとベジャンの記述によれば、アジアの女性は中空の玉を膣に挿入し、その玉をテンチ〔コイ科の淡水魚〕の口先にあてがうと、次いで、水銀をめいっぱい入れたもうひとつの玉を最初の玉に接触するように入れる。「太股や骨盤が少し動いても、あるいは外性器が少し勃起しただけでも、ふたつの玉が作用して疼くような感覚を引き起こし、好きなだけそれを引き延ばすことができる」(58)。旅行者が確言するところによれば、「この奇妙なやり方の手淫をいつまでもやっているとやがて痙攣状態に陥るが、ときにそれは硬直と見まごうところまで進むことがあって、そうなると女性は周囲の人に頼んで、快楽の原因であるこの危険な道具から自らを解放してもらう」。

張形には言及しない医学文献も、孤独な快楽が抑えきれないほどだったり、発作を起こすほどだったりする例にはふんだんに言及している。ルボーはある既婚婦人の告白を報告しているが、この婦人は、身を焼くような情熱のため、外国人に金を払って手淫を助けてもらっていた。しかも、「家庭では誠実で宗教に悖ることのない節操を保ちながら」(59)。ベルメール医師はルーアンのある病院で、不幸な恋の犠牲になった娘を目にしている。彼女は膣に石、藁束、木切れを入れていた。手を縛られると、今度は「個室の鉄製の棒に馬乗りになって性器を擦り、ふたたび性的快感を得ようとした」。彼女は息をひきとるその瞬間まで、「このうえなく激しい愛のほとばしり」に身を任せたいという欲望を捨てられなかった(60)。

われわれの観点からより興味深いのは、医者が手淫の指標となる徴候や刻印に注意を向けるその射程である。ちなみに、古代の医者ケルススの観察以来蓄積されてきたデータが、十九世紀前半の医者の鋭い観察眼によって補充されている。長いあいだ、目の輝きは、破瓜や手淫との関係でなにがしかの意味をもつものと見られていた。性的な欲求の沈滞や緊張は目の輝きにはっきり映し出されると考えられていたのである。シャンボン・ド・モントーは若い女性手淫者に向けて書いている。みなさんの情熱は「目のなかにつねに顕れています。みなさんを過剰な性的快感に絶えず差し向けようとする欲望が、ありありとそこに息づいているのです［…］見られたからといって、あなたの額が恥じらいで赤くなることはもはやありません［…］注意を惹かないようかなりぼかされてはいても、淫らな言葉が会話のなかにふと漏れ出すことがあれば、その意味をみなさんの目のなかに読みとることはできるでしょう［…］」。つまり、「隠し立てをしても無駄なのです」[61]。

半世紀後、ラルマンはこの眼差しを診る臨床医学を深化させる。目の輝きが失われるとたちまち視線が不安定になる。ラルマンは手淫者について書いている。「彼らの落ち着かない眼差しは、他人の眼差しをしっかり受け止めることができない。当惑したようにあわてて視線を逸らし、しばらく中空を彷徨わせたあと、最後にはうつむいて足許を見る。こうして視覚器官が不安定に揺れるあいだも、声が震えたり、言葉に詰まったり、興奮してどもったり、立っているときに下半身が揺れたり、手がいつも震えたり、頻脈になったりといった症状が現れる」[62]。

しかも、手淫者のとろんとして覇気のない目は落ちくぼみ、周囲を縁取る青みがかった鉛色の隈は、特に両目の内角側で濃い。以上の症候に、下瞼のたるみと「上瞼の痙攣」[63]を伴うことが多い。痩せた顔、飛び出した頬骨、大きすぎるように見える鼻、赤みを失った唇、蒼白い顔、悪臭のする息、そしてなにより、皺よった額に吹き出たおできの化膿が、臨床医の目には孤独な悪習の証拠に見える[64]。女性手淫者は声がしわがれ、くぐもり、弱くなり、「ついには消えて聞こえなくなる」[65]ことをロズィエは指摘した。

医者にとってより捉えにくい症候もある。男性の場合、早すぎる思春期、次いで弛緩した性器が孤独な快楽を示している。リュイエによれば、両性とも、生殖器の状態を見れば、しかも一瞥で、まともな外観を呈したクリトリスであるか、若い男の性器の場合いっそう、獲得した形態とボリュームがまともな外観を呈しているか、どんな臨床医の診断よりもはっきりと分かるという(66)。リシャールはこの病像をいっそう明確にし、目の周囲に浮かぶ鉛色の隈に加えて、歯のほんらい白い琺瑯質がくすんで灰色になるという病像を挙げている。「肉体はその堅固さを失い、まるで溶解するように」、ただ蒼白く痩せて皺だらけの存在になる(67)。若い女性の胸はもはや「丸い骸骨にしかみえない」。この世紀をとおして「オナニー的」外観を要約するひとつの概念が流通していた。萎れ、という概念である。

臨床医はその後、手淫者の刻印だけでなく、彼の行為の徴候も認識することになる。ときには隠蔽工作や睡眠偽装の裏をかくことに成功することもあった。蒲団に入ってからの、あるいは起床までの短い時間に、手淫者は罪を犯す可能性がある。彼の手がベッドの外に出ていることは絶えてなく、頭はたいてい上掛けの下に隠そうとする。蒲団に入るとたちまち深い睡眠に陥ったように見えるが、この偽装がかえって行為を裏付ける徴候である。そこで近づいて見てみると「顔を真っ赤にして汗だくになり［…］呼吸を荒げ、脈は平常よりも強く速く打ち、血管は太くなって体温が上昇している(68)」。こうして、手淫に伴うある種の「全身の膨満状態」を見破ることができる。「突然上掛けを剥いだら、「この若者の手が［…］性器をいじくり回しているか、その周辺に伸びているのを目にするはずである」。陰茎が勃起していることを確認できるかもしれない。ときには「出たばかりの精液が［…］手にべっとりついている」ことも発見できよう。「シーツやシャツについた精液の染みが手がかりを与えてくれる場合もある(69)」。

手淫を追いつめようとする医者は、こうして、自ら戦術を明確にしてきた。ティソの信用はいささか失われていたとはいえ、依然として孤独な悪習はさまざまな病気を生み出すと思われていただけに必要な進歩であった。ルボーによれば、孤独な快感それ自体が性交によって得られる快感よりも危険だということはまったくないものの、孤独な快楽はより容易なために過剰に淫しやすいという。日常生活においては性交できる機会よりも手淫できる機会の方が多い。性交のためには、男女のあいだに完全な調和がなければならないし、二人がすっかり外界から孤絶されている必要がある。しかも、性交は「ふつう、エネルギーが十分な程度にまで［…］達した男性の専有物である」[70]が、手淫の場合そんな必要はまったくない。

ルボーがここで表明している遅まきの意見は、十九世紀前半の大多数の医者に共通する意見ではなかった。なかにはフルニエのように、手淫は病気の原因になると勝手に決め込むのではなく、ほんとうにそうなのかよく観察するべきだと考える医者もあったにせよ。一方、デランドは、例えば狂気のように孤独な悪習が長い時間をかけて準備した病気と、罪深い快楽によってただちに惹起される病気、そして手淫によって必ず重症化する病気の三者を区別するよう促している。もちろん、手淫がいわゆる病気とは考えられないトラブルも数多く引き起こすことは言うまでもない。デランドによれば、「オナニズムの最も一般的な帰結は、はっきりした形をもつ病気や、疾病分類学の枠組みにおいて揺るぎない位置を占める病気よりはむしろ、特徴がはっきりしない身体不調として捉えられる」という。[71] 一八三五年にはすでに、つい先ごろまでティソが示していた調子とは違っていることが看取できる。

すでに見たように、デランドによれば、性行為に引き続いて起きる状態の永続化が、孤独な悪習により誘発されるこうした特異的な身体不調の最初の顕れになる。そのために、感覚全体が少しずつ性器的になり、あらゆる身体機能がたったひとつの身体機能として感じられるようになる。デランドによれば、この状態に特異的な最初の顕れが、例えば「寒さ、暑さ、乾燥、湿気、雨……[72]」といった環境の変化を過度に感じてしまう「過度の感受性[73]」である。思春期以来、そのうち数年間にわたっては猛烈に手淫を行ってきた二十二歳のある若者が、こう告白している。「わたしはあまりに感受性が強くなってしまったために、天候のわずかな変化でも、嵐のときにはとりわけ、体調がとても悪くなります［…］寒くても、暑くても調子はよくありません[74]」。

また、このロジックは、性行為の過剰から帰結を導くロジックと変わらない。古代の背面消耗性疾患に属するすべてを、この孤独な悪習にふたたび見いだすことができる。ロズィエは、彼の発言を裏付ける権威の一覧表――ブールハーフェ、ホフマン、ファン・スヴィーテン、ハラー、ボワシエ・ド・ソヴァージュ、フーフェラント――に言及したあとで、手淫の古典的な病像を、ただし今度は女性にかかわる病像を示している。女性手淫者は痩せ、消耗する。「頭から脊椎に沿ってまるで蟻が降りてくるような感じがする。ただ散歩をするだけで［…］息が切れ、衰弱し、汗が噴き出し、頭が重くなり、耳鳴りがする。大脳や神経の病気、つまり痴愚や白痴になる。胃の調子が狂い、人は生彩を失って無感覚になり、怠惰になる。若者は老け込んで弱々しくなり、目が落ちくぼむ。腰が曲がり、両脚はもはや身体を支えられない［…］不随状態になる人がいくにんもいる」[75]。さもなければ、微熱や高熱が続いたまま人生を終える。一晩に四、五回も手淫をしていたために四肢が衰え、体重を支えられなくなった若い男性を、ビュエは施療院で観察している[76]〔**口絵11参照**〕。

医者は解剖のなかに、彼らが主張する説の証拠を探し、発見する。背面消耗性疾患の病像はこれ以後、くる病の臨床医学と結びつくことになった。マルク＝アントワーヌ・プティによれば、孤独な快楽は肺結核の主たる原因のひとつだという[77]。性行為が腺に与える影響を考慮に入れるなら、リンパ性体質、そして当然のことながら腺に発するさまざまな病気、とりわけ甲状腺腫にかんしても同じことがいえる。

孤独な快楽と不随意の精液漏との関連については後に再度検討するが、孤独な快楽は生殖系全体の弛緩を誘発する。それは生殖系の神経を高ぶらせ、器官を衰弱させる。生殖器を萎れさせ軟弱にしてしまうのである。孤独な快楽のために、勃起は次第に緩慢になり、不完全になる。性行為の過剰と同様に、この種の濫用も神経系に害をおよぼす。デランドも、手淫によって誘発されるトラブルを得々として列挙しているが、その長々しいリストをここで繰り返すにはおよぶまい。それよりも興味深いのは、手淫者が特定の痙攣に苦しむことに言及している点である。同じデランドによれば、手淫に手を染めた者は、完璧な性交の最中であっても、二度と再び他の男性と同じような肉体的快感を享受できないという[78]。これは、後に先天梅毒が取り返しのつかない罪とされたときの考え方によく似ている。デランドはさらに加えて、孤独な営為に特徴的な一連の「本態性拘縮〔はっきりした外的起因がなく、筋が不随意かつ持続的に収縮すること〕」を挙げている。この本態性拘縮は人を一種の麻痺に導く可能性がある[79]。

手淫者はとりわけ知的な能力を侵害されるおそれがある。ピネルはこの悪習を精神的な病の突発に関連づけている。より平均的な見方は、注意力や記憶や理解力が悪影響を受けたり、荒廃させられたりするというものである。想像力が阻害されることは言うまでもない[80]。

われわれが論じている主題にかんして、最も重要な点が残っている。手淫者が味わう快楽に特有の性質、形、性格はいかなるものか、手淫の心理的影響がいかなるものか、その省察である。手淫の快楽は、真の快楽ではない。それはまがい物で、いかなる意味での交流も含んでない。「だれとも共有することができない快感を、自分だけで集中的に味わう」のがこの快感である[81]。障害にいっさい出会うことなく容易に得られるが、性交が与えてくれる失望よりも危険な種類の失望を必然的に伴う、そうした快感なのである。手淫者はそもそも自嘲的な気持ちをもっており、「自らの性的快感を孤立化させれば、それを損なわずにすますことなどできない。そこで、絶え間ない不安が精神を支配し〔…〕すっかり元気を奪ってしまう。そこには荒涼とした土地がただ広がっているばかりで、さしあたって助けてくれる人もいなければ、勇気づけてくれるものも、欲望も、来るべき未来への希望もない[82]」。孤独な快楽は、世紀病〔フランス十八世紀末の初期ロマン主義にあらわれた反現実的、退廃的な心的状態〕と、その当時、無力感の脅威から生じていた激しい不安に結びついていたと言ってもよい。フルニエとベジャンは、苦い後悔と悔恨に根を持つ心気症を引き起こす「心の中の不満[83]」を、彼らの分析の中心に据えている。手淫者を苛む心理的な苦悩の原因はむしろ「内心の恥辱[84]」にあるとデランドは考えるが、その結果、彼は倫理神学に回帰してしまっている。

医者によれば、手淫はとりわけゆゆしい影響を伴うという。生身の性行為から得られる快感に執着しなくなる、という影響である。孤独な悪習によって生み出される自己への引きこもりや社会的な絆への無頓着が種の存続を危うくする以上、これは折にふれて前景化する主題である。しかし、男性の場合、女性との肉体的結合にたいする欲望の喪失と称されるものは、たんに、一時的な性的不能から生じているわけではなかろうとラルマンは考える――ただしそう考えるのはラルマンひとりであるが。ラルマン以降、孤独な悪習と不能を結びつける研究は、生殖器の状態のみならず、「自己中心化された」性的快感が生み出す心理的破綻にも焦点が合わせられるようになる。

繰り返しになるが、いずれにせよ、大多数の医者は一定の理路に沿って、性交にたいする関心の喪失を、手淫の悲惨な結末だと考えていた。十五歳で初潮を迎え、そのすぐ後に帯下《こしけ》を患った二十三歳のある神経質な若い女性に、控えめなデュピュイ博士が、一八一六年、聞き取り調査を行った。女性は頭痛、胸、腰部、大腿部の痛みを訴え、顔は黄色かった。手淫を疑ったデュピュイは、「できるだけ慎み深いやり方で」探りを入れた。「たいへんな苦労のすえに私が得た告白によれば」とデュピュイは書いている。「十四歳のとき小間使いが孤独な快楽の趣味を彼女に吹き込み、そのときいらい――ということは足かけ九年間にわたって――彼女は夢中でこの種の不摂生な行為に耽ってきたらしい。男性とのつき合いにまったく興味がなくなり、堪えがたく感じたときさえあったという[85]」。幸い、デュピュイはこの「致命的な性癖」を嫌悪させることに成功する。患者は健康と、男性にたいする性欲を回復した。マンヴィル・ド・ポンサンは、女性が独身でいる多くのケースを、孤独な悪習と、そこから生じる「結婚の正当な快楽」にたいする無関心によって説明している。とりわけ彼が遺憾に思っていたのは、女性手淫者のなかに「肉体の刺激を和らげる正当な方法」を生涯にわたって嫌悪する女性がいる以上、この孤独な悪習が「婚姻の床」にまで忍び寄っていることであった[86]。

だが、孤独な性的快感にたいする性癖はどこからやってくるのだろうか。月経の終わり頃にこの快楽が高まることは間違いないとルボーは言う。ルボーによれば、手淫によって誘発される病は全身の感覚を少しずつ荒廃し、「性的感覚」は間接的な被害を受ける。したがって、性交にたいするこうした嫌悪感は、性交過剰によるうんざり感とは大きく異なっている。というのも、前者は性的快感を求める欲望には影響を与えないからである。「オナニズムの過剰が凍り付かせるのは交接欲だけであって」、「孤独な快楽にたいする情熱」はむしろ煽られる。[87] 既婚の手淫者が男女とも、肉体的結合のあとですら彼らの特殊な欲求をまったく失わずにいるのは、こうした理由からである。

ルボーに先立つこと数年、ラルマンもまたこうした区別を深く掘り下げようとしていた。不随意の精液漏を専門とする臨床医ラルマンは、以下の四つの病理的与件を混同してはならないと注意を促している。すなわち、性器の感受性、射精の加速、官能の発達、精巣と陰茎に原発するおそれのある痛みの四与件である。具体的にいえば、個人によって程度の違いはあるものの、手淫によって生殖器が弛緩し、軟弱になった生殖器が逆説的なことにより敏感になって感覚の律動が変化し、射精が起きるまでの時間が早まる一方で、快楽の強度は減じ、苦痛が現れることさえある。一見したところ矛盾に思えるこうした現象をラルマンの格言が簡潔にまとめている。手淫者においては、「性器の感受性が増大するにともなって、快楽の強さが減少する可能性がある[88]」。

したがって、孤独な悪習は、性交の過剰よりもはるかに性器を弛緩させ、勃起を不完全にし、射精をますます意志によって統御しづらくし、官能を減退させると同時にたやすく繰り返すよう導き、性交を困難にし、性交がもたらす完璧な快楽を喪失させる。したがって、われわれがするように、手淫の臨床医学、不随意な精液漏の臨床医学、不能の臨床医学の三者を分けることは、いささか人為的にすぎることが理解できる。

器官と精神を荒廃させるこうした過程、こうした本能の倒錯をとおして、自尊心や男らしさは剥奪され、ひとつの人生を構築してゆこうという自覚の目覚めは遅らせられる。「感覚」が失われたり、「十分に思いをめぐらしながら内的自己を知覚する力[89]」が失われるまでの緩慢な過程をロズィエは暴き出したが、学者たちはこの過程を好んで辿っている。一方、フルニエとベジャンは、ティソに依拠しつつ、孤独な快楽を求める者の「生存感には生き生きとしたところがはなはだしく欠落している」と嘆く。「ある手淫者は、いま自分の目の前で起こっていることが、まるでひとつの夢想みたいに感じられると言っている。もはや、頭を使ってわざわざなにかを考え出そうとする必要なんかない、と［…］」(90)。殺人的な孤独への性向、さらに妄想は、内面の病を最も鮮明に映し出す症候なのである。

こうした文脈を念頭に置けば、孤独な快楽に耽る男女に医者が下す恐ろしい予言が、いかなる災禍をもたらしていたかよりよく理解できる。患者を矯正するために、臨床医はときとして患者から治癒の見込みをいっさい奪うことがある。悲劇的な末路が待っていると脅すのである。デランドは手淫者の末路について書いている。「死が待っていると聞かされると、手淫者はしばしば身の毛もよだつ絶望の淵に投げ込まれる。健康に満ちあふれ、まだオナニズムを知らなかった頃のことがしきりに思い出される［…］致命的な結果をもたらす習慣から身を引き剥がすために他人から言われたこと、本で読んだことを思い出し、思い出したことをさらに大げさに考える［…］予告された終わりがすぐそこまで来ていて、避けられないように思い込む」(91)（口絵11参照）。というのも、彼はまだ「飽くことのない習慣」に支配されているからだ。「これほど恐ろしい精神的状況は想像できない」とデランドは付け加えている。かくして、自殺したか、そうしようとした手淫者は、「犯罪的なフィナーレで自らの苦悶に」ピリオドを打ちたかったのだ、とデランドは考える。

手淫という性的濫用にかんして、ティソを批判しつつも彼から影響を受け、心理的な分析を深めようとしていた医者たちの側に新たな現象が現れた。手淫者、不随意の精液漏や不能の犠牲者、さらには肛門性交実践者たちを眼前にしたとき、すなわち社会から脱落した個人を真正面から見据えたとき、彼らは明らかに狼狽を見せたのである。社会から脱落した個人は、口にはできない秘密を抱え、心の奥底にひっそりしまい込んでいたからだ。

こうした孤独と心の闇が存在することは、男女の別なく明瞭であった。ちなみに、女性の手淫者像と、悲劇的な運命の犠牲となったロマン主義的な少女像とのあいだには明瞭な類似性がある。冷ややかな人物像、痩身、やつれた顔や鼻、欲望のみずみずしさではなく苛烈さを伝える目のまわりの隈、神経の支配に屈した女を待つ肺結核症の脅威、孤独を愛し、奔放な想像力を与えられたあまりに感じやすい人間が抱えていると思われる内面のドラマ。以上が類似性をなす共通点である。

手淫、精液漏、不能は、その犠牲者に、秘密を上手に隠匿したり、巧みに隠し立てをしたり、表沙汰にならないよう自分を抑えたり、手がかりを巧妙に操ったり、臨床医の目に見破られないよう煙幕を張ったりすることを強いる。かくて学者は徴候の類型の一大コレクションを練り上げることになり、その技芸は、微妙な陰影や細部、実体はつかみにくいが示唆に富む徴候を追求する小説家に似てくることになる。ただし、追究する点では小説家に似ていても、詮方なしに追究するのが学者だが。

不随意な精液漏と「早漏」

医者がもはや両性種子説の存在を信じなくなっていた当時、不随意な精液漏とは男性に特有の疾患であった。体液理論のロジックにたやすく組み込まれていたためすでに古代から認識され、トゥヴリー（一六九三年）、次いでモルガーニが記述し、十七世紀中葉にはジャムの『医学事典』に紹介されていたこの病理は、十八世紀の四半期にわたって等閑視されていたようである。ヴィヒマンは、したがってこの追随者にみえないこともないが、彼は一七七二年に初めて不随意な精液漏の観察を公表し、その一〇年後にはそれを論文にまとめている。とはいえ不随意の精液漏は、一八一七年にサント゠マリー医師がヴィヒマンの著作を翻訳して膨大な注と所見と考察を付すまで、忘却の淵から救い出されることはなかった。サント゠マリーはこうして、性交による射精でもなければ、手淫でも、倫理神学の専門家が問題にする夜間遺精でもない精液の漏出に同業者の注意を喚起している。

ヴィヒマンとサント＝マリーは不随意の精液漏の主な症候を記述している。一八〇九年、ある小都市で教室を開いていた男性のダンス教師が一五カ月前から精液漏出を伴う不能に悩まされていた。この男性はそれ以前、愛の快楽にきわめて貪欲だったが、性病に罹患したわけでもないのに、突然、まったく欲望がなくなってしまったのである。「美しい女性を見るといささか気にはなるのだが、心のなかに欲望が喚起されるだけですぐさま精液が漏れだしてしまい、しかもそのさい、尿道に温かい液体が流れているという感覚以外なにも感じない。馬に乗っているときにも、また、歩いていても、陰茎亀頭が包皮によってきちんと包まれていないときには、下着と擦れただけで同じことが起こっていた。睡眠中も、官能的な夢に誘われるわけでもないのに、勃起もないまま、しばしば精液が漏出しているのである。仰向けに寝るだけで精液が漏出する(92)」。

精液漏の病理学が医者の論文から消えるまで、その病像はほとんど変化していない。ところがその後、とつぜん精液漏の存在自体に異議が唱えられるようになった。ブールハーフェは、接触による快感なしに精液が漏出する例など近年見たことがないと喝破し、とりわけハラー、ハンターがこの疑念に賛意を示す。ヴィヒマンの著作が出版されたにもかかわらず、不随意の精液漏はなかなか世に知られず、一八二二年からこの研究をしていたラルマン博士が学者の世界にこれをやっと認めさせたのは一八三六年から一八四二年のあいだであった。二千頁に及ぶラルマンの著作は大反響を巻き起こす。この著作が刊行されて以来、「学術団体、大学、医学界、学校の先生、すべての医師が精液漏に多大な関心を寄せている(93)」ことを、一八五四年に依然としてデュフィユは認めている。精液漏の世界的な伝播を緻密に辿ったエレン・バユク・ローゼンマンは、それはまさにパニックだったと形容している(94)。今や精液漏はあらゆる病気のうちで「哀れな死すべき存在の精神を、狂気に次いで深く苦しめる深刻な病気」となった(95)、と一八三九年にはすでにラスパーユが彼の『病院新聞』に躊躇なく書いている。精液漏という疾病分類学上の単位が、とりわけその致命的な結末において依然異論の余地はあることは認めつつも、デランドもこの存在を強固に信じていた。不随意の精液喪失が人間を荒廃させると信じていても、治療目的でデランドが行っていた焼灼術を批判する者はいたが。この病気が医療の地平から真の意味で姿を消すのは、われわれが扱っている時代以降のことである。『パリ市立病院の臨床医学』の一八六二年号でトゥルソーは精液漏に依然として大きな位置を与えている。

ラルマンが提供するおよそ一五〇の症例を読んでみると、精液漏は、節欲——多くの聖職者がこのケースにあたる、性交の過剰、手淫、そして後になると夫婦の不正行為によって引き起こされるさまざまな害の合流点に位置する、さまざまな淵源をもった疾患だということがわかる。要するにそれは、欲望と快楽の調整不全を裏付ける病気なのである。性器の働きにかんする医療的思考のロジックを把握しようとする者にとって、精液漏が中心的な病として浮かび上がってくるのは、かかる意味においてである。この病の特異性をよく認識し、とりわけ、よく見かけるように、手淫と混同しないことが重要である。

体液医学の視点から見るなら、夜間遺精〔夢精〕は決して悪いことではない。トゥルソーも引き続きそれを認めている。[96] 夜間遺精〔夢精〕とは、とりわけ「精液過剰」に悩む思春期の若者にとっては「自然発生的な排出行為」であり、「健康に良い発作」であるとされる。ラルマンも、射精が体に良いことが分かると同伴者と肉体関係を結ばなくなると嘆きながらも、夜間遺精〔夢精〕による射精自体は有益であることは認めている。彼は夜間遺精〔夢精〕を男性版の月経と考えることを提唱し、これには「強烈な感覚」[97] を伴うことが望ましいと加えている。同業者も認めるラルマンのロジックに従えば、いかなる射精にも必ず快楽が伴うはずで、もしそうならないとするなら、それは病気の圏内に踏み込んでいるからである。この見立てによれば、エロティックな夢が夜間遺精〔夢精〕の引き金になるのは良いということになる。勃起や精嚢の痙攣性収縮の場合と同じように、官能的な映像が「十分に熟成された精液のなかの精子に、素早く絶え間のない動きを」引き起こし、「それが精巣の粘膜を疼かせる」[98]。

一方、不随意の精液漏は、夜間のものであれ昼間のものであれ、夢精というこの精液漏とは機序を異にしている。トゥルソーは不随意の精液漏を受動的射精、[99] デランドは「非痙攣性精液漏[100]」と名づけている。この病気では、「夢も、勃起も、快楽も、いや、いかなる特定の感覚もいっさい伴わないままに射精が起こる」とラルマンは詳述する。それは瞬時に起きる。色も臭いも粘稠性もない液体で「患者の局部が一瞬にして濡れてしまうのである」。患者は、「陰茎の根本や鼠蹊部周辺、あるいは大腿部」に「あの水っぽい排出物」が「家の庭のナメクジが通った[101]」あとのようなあの長い痕跡を残しているのを見てびっくりする。

連続的な段階を辿り、患者も臨床医もはっきりと捉えることのできないほど知覚しにくい推移を描きつつ病は重症化する。ラルマンの考えによれば、病気それ自体は昼間射精とともに現れる。その後の緩慢な経過をラルマンは次のようにまとめている。性交あるいは手淫のしすぎによる「性器の過剰興奮」とともにまず精液漏が始まる。次に「過剰な性交や手淫を止めても、精液関連臓器に執拗な炎症状態が残る[102]」。そのために、「不完全で快楽のほとんどない勃起により早漏が起きる」。射精管の弛緩にともない、まもなく病理的な炎症が起き、最後には、かすかな勃起も、わずかな快感もない精液の排出に至る。この排出はとりわけ排便中あるいは排尿中に起こる。

性交を試みようとしても、性器系の衰弱、諸器官の弛緩、「神経性無緊張《アトニー》症」、器官の不活発によって、精液漏の患者は早漏を託つことになる[103]。トゥルソーは二十七歳のある男性の例を叙述している。この若者は、三年間慢性の膿漏症を患い、九、一〇カ月前に治癒したが、その後、精液漏に悩んでいた。患者が性交に挑もうとすると、ほとんど即座に、完全な勃起に至る前に射精が起こってしまう。「この若者がわれわれに語ったところによると、ある日、愛し合うカップルを描いたショーウィンドーに陳列した店の前を通りかかったが、その扇情的な絵を眺めただけで、勃起するまもなく、大量の精液を漏らしてしまったらしい[104]」。

一方ルボーは、若者の強い欲望や長いあいだ抑えてきた烈しい情熱から生じている場合、「早漏」は病的な現象とはいえないと考える。一八カ月前から手淫を止めていた若者が、ある若い未婚女性に恋をした。「この女性を目の前にしたり、女性のことを頭に思い描いたりするとかならず勃起が始まり、そうなると陰茎に少し触れただけでも射精が起こってしまう。ズボンやシャツとの摩擦を避けるために彼はじっとしていなければならなかった。好きな人に手で触れただけでも精液漏が起こったことさえある」[105]。ルボーは、以上のような欲望の表出が持続的に現れたときにのみ疾患と考えるべきであると認めている。

色も臭いもなく漏れ出すこの粘稠性のない水っぽい精液は、動きの鈍い不完全な遊走子を少数しか含まない場合には特に前立腺液に似ている。ラルマンは、とりわけ絞首刑の処刑者で精子の分析を行ってきたレモン・テュルパンや特にドゥヴェルジーの数多くの研究に通じていた。また、自らもこの液体を顕微鏡を通して日々観察している。彼はまず性行為直後の精子を採取し――ただし、その手順については堅く口を閉ざしている――それが「まったく別の状況にあるときよりも敏捷な動き[106]」をし、寿命も長いことに気づいた。そこから、性交はこの種の研究をする者にとって「最も自然で最も迅速な方法[107]」である、という考えをいっそう強くもつようになる。加えてドゥヴェルジーは、性交が短い周期で繰り返されると遊走子の数が減少することを明らかにした。

一方ラルマンは精液漏患者の精液を観察している。診療所で患者に排便と排尿をさせ、患者が自分の精液を「特別に用意したガラス容器に」入れる。そこでラルマンは「すぐさまその精液を顕微鏡の下に置いて覗く[108]」のである。こうしてラルマンは、遊走子の濃度や形態が患者の年齢によって異なることに気づいた。以上のようにラルマンは昼間遺精による精液を調べていたが、その一方で、夜間遺精による精液も検査していて――ただしその手順は不明――、こちらは病気のステージを探り出すのが目的であった。顕微鏡検査によって、患者自身から受けた勃起と官能の質および精液の粘稠度にかんする報告の不足を補っている。不随意の精液漏は「交接器官の抵抗のはじまり」だとルボーはいう。不能は彼の専門だが、その不能を引き起こす反乱だというのである。不随意の精液漏は、自律的な個人ならだれもがもっていなければならない「性器感覚にたいする支配力」が失われ、性器感覚がもはや「意志の命令に〔…〕従わなくなった[109]」ことを示している。

不随意の精液漏は、たんに、器官的な奇形、ときには「適合的な」奇形から来ていることがある。過剰に長い包皮、体質的に小さかったり柔らかすぎたりする睾丸、尿失禁などがそれである。精液漏はまた既往症から生じる場合もある。膿漏症、さまざまな原因の尿道炎、器官に炎症と刺激を与える可能性のあるすべてがこの既往症として考えられるが、便秘や痔核、回虫さえ精液漏を惹起することがある。性行為をあまりに早く終わらせてしまう神経症やヴェザニア〔長期にわたるすべての精神病〕もまた、十分、不随意の精液漏を引き起こす原因になりうる。「性行為は一定時間続くのが普通である。それがあまりに早い場合、神経症が疑われる。通常の状態で、性行為は立て続けに行うことなどできない。したがって、あの一見過剰に男らしい男性に精液漏がみられる例は多い[110]」。

これらに加うるに、下剤や利尿剤の摂取といった薬理学的な原因も考えられるし、日常の健康管理に属する原因もあまたあることを忘れてはいけない。それは排尿を促す川での水浴び、ぶらんこや乗馬、馬車による旅行、あまりに長い時間座ったままでいる生活、アルコールの過剰摂取からエロティックな読書まで、広範囲にわたっている。

不随意の精液漏によって引き起こされる心理的効果を、その他の精液漏出によって引き起こされる心理的効果と区別するのは難しい。しかしながら、医者たちは、初めての性的関係を前にして不安な感情を抱いたり、性的関係がもたらす快楽の強度が弱かったり、精液の射出力が弱くて受胎に必要な勢いが得られなかったり、あまりに頻繁な射精で成長途中の遊走子がもってゆかれてしまったりすることなどを、あたかも不随意の精液漏に特有な現象であるかのように強調している。一方ルボーはラルマンよりも断定的で、精液漏にはつねに不能が伴うと考えている。一定の形の強い不安が伴うことはいうまでもない。モンペリエ大学ルボー教授の何百人という患者はこの不安を抱えている。

加えて、不随意の精液漏の症候が性交過剰と手淫の症候であることはいうまでもない。脊髄癆〔tabes dorsalis〕、感受性の病理的な鋭敏化、感受性の鈍麻、呼吸を妨げる胸の圧迫感等がその症候である。病気の影響は多様な形を取る。というのも、トゥルソーによれば、精液漏はとりわけ個人特有の気質《イディオサンクラズィ》に左右されるからである。精液漏の展開は個人の素因、精液漏がもたらす状況や合併症にしたがって無限に変化する。いまや病理学の法王になったラルマンは、その病理学という手段を用いて、十九世紀末の性医学者によって採用されることになるアプローチの開祖となる。過去の偉大な著作家の回顧的診断というアプローチである。ラルマンの見るところ、ルソーの示す人格や性的素質はすべて、明らかに精液漏に由来しており、パスカルもまた、不幸なことに、この同じ病気の犠牲者だったのではないかと見ている。

このモンペリエ大学教授は不随意の精液漏が原因でいかに恐ろしいことが起きるか大げさに暴き立て、「内にこもった絶望感」、「不意の自殺」、「栄光の挫折」、より冷酷な、あるいはより単純な「キャリアの中絶」[111]など、こうした事例はいずれも、文明の進歩がもたらした不幸だとしている。敵対者が最も激しく非難するのが、ラルマンのこうした誇張である。

エレン・バユク・ローゼンマンは、精液漏が惹起したパニックはイギリスでは主として中流階級《ミドル・クラス》にかかわり、精液の質量および射出力に集約して性的アイデンティティーの深さを測る役割を、少なくとも結果的には持ったと考えている。ラルマンの著作より後に著された、イギリスの大医師ウィリアム・アクトンによる著作をつぶさに検討したローゼンマンは、この文献において、勃起がいかに男らしさを外に示す一大記号となっているか、男性の意識にいかに誇りと性格の強さを、つまり支配の礎となるものを賦与しているか、力説している。と同時に、良い勃起こそが、男性の肉体的・精神的構造全体に能力を与えるのだという。陰茎は男らしさを意味するだけでなく、それを生産もするとエレン・バユク・ローゼンマンは加えている。ローゼンマンの見るところ、精液漏を扱った文献にはペニスとともに自制《セルフ・コントロール》を称揚する傾向が存在する。精液を、男性の性的興奮と同一視する一方で、男らしさの理想を危うくするものとも考えているのである。精液漏は規格から外れた男性性の全体像を、すなわち、自己の身体と興奮を制御できずに自信と能力を失った男の描像を示していると考えられていた。不能の方が、この時代につきまとっていた脱男性化の描像を描きやすいという点を別にすれば、ローゼンマンのこうした解釈には、いずれもほぼ疑う余地がない。

その一方、エレン・バユク・ローゼンマンが仄めかすように、ラルマン教授の診療や患者の性器の取扱いに、また彼が行っていた焼灼術に、彼の権威主義と同時に密かな同性愛的欲望の証拠を見ようとするのは[112]、あまりに無謀である。

性器の機能の正常化を目的としたさまざまな治療については後に吟味することにする。ここでは、ある精液漏の症例でラルマンが際限なく奨励したり利用したりしていた治療法だけを強調しておこう。女性を使う治療（病気が節欲に起因し、この方法がまだ使える場合）と、尿道の焼灼術もしくは自己焼灼術（「女性に復帰する」治癒途上の病人にもときには可能だが、女性による治療法が効かない病人に可能な治療法）がそれである。性嚢の過剰な充溢を予防し、習慣化した不随意の発作的痙攣を断ち、組織の活力を高めるためには定期的な性交の実践が必要だとラルマンは考える。こうした生理的行為への復帰がなければ、完全な治癒は得られない。ということは、貞潔を誓った聖職者の治療は絶望的だということになる。

多血質でスポーツマンタイプの体躯をした三十代の理工科学校卒業生M・Lは子どものころから二十五歳まで手淫を続けてきたが、一八三六年、彼はほぼ毎日夜間遺精に悩んでいた。それを止めるために女性とつきあい始めたものの快楽はめったにないか皆無であった。射精がいつも「早すぎ」、「とてももやもやした感じ」だったからである。事態を悪化させると思い女性関係を断ち切るも、再発した夜間遺精があまりに頻繁に起きるので、彼はまた「女性に復帰する」[113]。が、はかばかしい結果は得られない。つらい焼灼術を受けた後、ピレネーでの湯治を経て治癒した。

思春期から手淫を開始したある神経質な三十四歳の収税吏は、十八歳から精液漏に悩んでいた。医者は「女性のところに通うこと」を勧めたが、予想をはるかに超えて難航した。彼はラルマンの診察を受けにやってくる。聖アントワーヌ張りの塗炭の苦しみに耐えていたのである。教授はそのときの状態をこう回顧している。「性器があまり成長していないにもかかわらず、エロティックな妄想は尋常でなかった。なにをもってしても扇情的なイメージを念頭から追い出すことができない。どんなに真面目な本を読んでいても、どんなに真剣なことに取り組んでいても、その最中に扇情的なイメージが舞い戻ってくる。観劇や夜会を避けても詮無く、信仰の本に没頭したり、宗教的な対話や科学的な議論に救いを求めてみても無駄だった。彼はのべつ幕なし猥褻なイメージに襲われていた。猥褻なイメージはありとあらゆる形を取って現れ、夢も同じ性質を帯びていた(114)」。ガルの見地に立つラルマンは、小脳の異常な興奮しかこのエロティックな性向を説明できないと考えている。性行為の遂行によってうっ滞を止めることができるとみて、彼は患者に「女性のところに通う」よう勧めたが、この治療も効果のほどが絶対確実には思えなかった。

ラルマンは、悪夢や夢で恐ろしい場面を見る原因を精液漏に求めることができると思っていた。不随意な精液漏の最終段階には重苦しい夢が前駆するからである。次いで眠気がほぼ消失する。病人は体が氷のように冷え切ったり、逆に熱く火照ったりしたまま、ベッドの上で輾転反側する。真夜中の街を彷徨う病人も出る。歩行だけが安らぎを与えてくれるのだ。だが、「衰弱の最終段階」に達すると、歩行すらままならない。病人は「ちょっとした障害物にも躓いてしまう(115)」からである。

ここでしばらく足を止めて、ラルマンの功績、あるいは少なくともその重要性について見ておこう。彼の業績を現在の地点から急いで振り返ると、不随意の精液漏をいたるところで見ようとし、大多数の患者にこれを探り出そうとする彼のやり方ひとつにしても、たしかに軽い軽蔑を感じるかもしれない。一見したところ、なるほど彼は時代遅れである。精液漏の影響を評価する彼の態度は、古代医学の伝統を誇張しながら、自分なりの仕方で再稼働させたものにすぎないし、われわれの感覚はラルマン教授に恐怖さえ覚える。焼灼術——とりわけ尿道の自己焼灼術となればいっそう――非人間的に思えるだろう。この施術の後に知覚麻痺が続くとなれば、よけいにそう思わざるを得ない。だが、この治療法を、当時の治療方法全体のなかに置き直してみなければならない。尿道の焼灼術は、結局、灸療法[116]や性嚢結石を取るための切除手術よりも苦痛が少なかったのである。

ラルマンの重要性はこれとはまた別のところにある。生殖器のさまざまな機能不全にかんする臨床例を何十年にもわたって倦まずたゆまず収集した功績は、もっと強調されてしかるべきだろう。この功績のおかげで、彼は性医学の先駆者になったのだから。これに劣らない重要性をもつのが、精子の状態を観察し、その観察によって病に冒された段階を探り出すために、常に顕微鏡を利用した事実である。精液漏の重要性がかなり急速にその信憑性を失ったからといって、この分野においてもラルマンが先駆的な役割を果たしていたことを見誤ってはいけない。とりわけ、われわれが後に生殖器と名づける部位の臨床医学を永年続けたおかげで、男性の欲望と快楽の研究、患者が感じるさまざまな感覚や興奮の研究を実現しえたのである。こうして診療室のなかで個人的な顧客である患者を相手に、顕微鏡、臨床的な視線、問診、自己診察を組み合わせて行われた緻密な探究は、明らかに先駆的な仕事である。ラルマンは数十年にわたり、倦むことなく、精子の状態、生殖器の状態、その働き方を、個人の全般的な肉体的・精神的状態に関連づけようと試みた。「生殖感覚」の強さ、欲望と快楽の烈しさを、臨床研究と遊走子の分析に結びつけるそのやり方ゆえに、われわれが論じている対象においてラルマンはルボーと並んで第一線級の専門家に位置づけることができる。そればかりではない。時を措かずに刊行された彼の症例集は、当時の男性の実践にかんする貴重な資料を提供しているのである。

「夫婦の不正行為」が遅まきながら出現する

学者によれば、手淫の他にもうひとつ「自然を欺く」行為がある。「夫婦の不正行為」である〔口絵5参照〕。この語についてはぜひ慎重を期さなければならない。当時の医者は、われわれが避妊と呼ぶものに一貫して反対していたわけではない――たしかに多少なりとも気兼ねはあったにせよ。性病にはさまざまな種類があることがようやく分かってきた時期だったから、医者は性病の重大さを知っていた。避妊具でその伝染が防げることもわかっていた。『医学事典』には避妊具の描写、製造法、使用法、流通販路、利点、欠点（脆いものが多かった）を記したページがある。「イギリスのフロックコート」[117]〔コンドーム〕の項目を書いた著者は、これがあまり普及していないことを嘆き、販売の自由化を強く勧めている。避妊具には、性病予防以外の利点もあるからである。不倫による既婚女性の妊娠を含め、「神に見放された妊娠[118]」を阻止することができ、そうすれば、妻が私生児を家族のなかにこっそり潜り込ませる事態は避けられる。独身女性も守れるし、したがって、子捨ての減少に、より一般的には堕胎や嬰児殺しの減少に貢献できる。乳母がこれを使えば、母乳への精液混入という遺憾な事態のリスクも避けることができる。売春宿に衛生フロックコートを置くことを医者が歓迎していたのは明らかであった。要するに、以上の範囲におけるかぎり、医者たちは、衛生、社会的公益、自然にたいする欺罔を禁じる道徳、この三者間の妥協点を見いだそうと努めていたのである。

ところが「夫婦の不正行為」となると文脈はがらりと変わる。この領域に入ると、聖職者が医師団に先回りして手を打つのである。「夫婦のオナニズム」の普及が意識されてから、倫理神学と司教にいかなる変化が生じたかは後で見ることにしよう。十八世紀末、聖職者はすでにこの災禍を糾弾していた。このとき医者はまだ非難の声を上げていない。このズレはきわめて重要である。「夫婦の不正行為」という主題が医療の言説に侵入し、科学的生理学に起源を持つと認識されたのは一八六〇年代以降のことにすぎない。そのとき、この新たな不安が、孤独な悪徳、特に不随意の精液漏が惹起する強い不安に取って代わることになる。

とはいえ、医者が「夫婦の不正行為」にさほど関心を払っていなかったとしても、議論の下地はすでに十分整っていた。おそらく倫理神学に関心を持ち続けていたためだろう、この問題にかんする先駆者となったデュフィユ医師の著作を繙けば分かる。精子と卵子の接触を阻むあらゆる操作と同じく、夫婦の不正行為も自然にたいする濫用にあたるのだ。ちなみに、デュフィユは、一八五四年の段階で自律排卵説に精通しており、この説を認めていた。「女性の精子化」を目的としない「遺精」は、「感覚のエゴイズム」[119]と放蕩の病的洗練に応えたにすぎず、濫用に相当する。中断性交それ自体、マスターベーションにほかならない。女性が精子を奪われることを十分に知りながら、男性は女性の膣内で興奮し、女性は享楽へと駆り立てられるのだから。完全な交接へ向けた準備という意図がまったくない陰茎とクリトリスへの愛撫、肛門性交、口腔性交、膣への指やいかなる器具の挿入もこれと同じであることは言うまでもない。

したがって、夫婦の不正行為は過剰と濫用がはらむあらゆるリスクを含んでいる。しかも、後の世代の臨床医が嬉々として詳述する特異な病気の元凶になっていた。デュフィユは、医者たる者は、聴罪司祭のように、患者から打ち明けられる避妊操作にいつも真正面から取り組まなければならないと考えていたが、その一方で、自ら重大な病理と考えるものが辿るあらゆる段階を記述すべく努めている。男性が途中で撤退することは、「交接行為の全う」のなかにこそ存する自然を欺くことであり、拭いがたい欲求不満と、不完全に終わった性的快感に変化[120]を引き起こす。かくして——ここから第二段階に入る——二人のパートナーのあいだには、正当な官能に枷を嵌めたこの不完全な性交を補おうとして、「放蕩をあらゆる方向に洗練させる」ことにより「快楽の領域を［…］拡張しよう」とする新たな自己中心的欲求が、少しずつ頭をもたげてくる。「生殖器の感覚をいっそう刺激し、それが引き起こす過度に強い印象によって性的快感を増幅すると思われる」手段と「快楽の小道具」〔さまざまな体位〕に、具体的な明言を避けつつも、デュフィユはそれとなく言及しており、読者にありとあらゆる「薄汚い交接」を想像させる。最終段階に至ると、もはや打つ手はない。酷い扱いを受けてきた性器は性的快感を享受する能力を失い、膣の粘膜と陰茎は硬化して、神経は感受性を完全に喪失する。「放蕩の極致は器官の感受性を麻痺させる」。「快楽を与えてくれることができなくなった」行為にたいする軽蔑から、次第に逃れられなくなる。当初は瑞々しい感性で結ばれていた夫婦も、互いにたいして嫌悪感を抱く。いまや精子の生成が鈍くなった男性は、子どもを作ろうにも、不能で受胎させることができないのだから、嫌悪感もひとしおである。

デュフィユは、女性にとって「たび重なるオナニー」は、性交の過剰よりも有害だという。「粘膜の覆いがぶ厚くなるため」、とりわけクリトリスの感受性が鈍化するからである。またこれによって「炎症が起き、子宮口が塞がれて」しまう。子宮頸部が変質し、「組織崩壊」を起こして、「白質の喪失と、とりわけ神経支配にそのとき起こるトラブルによって、衰弱と消耗」を惹起する。要するに、夫婦のオナニーは消耗を引き起こし、感受性を襲い、組織を変質させるのである。夫婦の不正行為で「道具を荒っぽく使えば」、不妊症を引き起こす危険が生じることは言うまでもない。こうして、社会をひそかに蝕み、活力に満ちた樹液を将来の世代から奪う、この「何にもならない莫大な努力」が実現される。薄汚い性交を妻に拒絶された男性は、娼婦に解決を求め、娼婦はたいてい不潔な行為の典型を提供する。それがなおさら夫婦の不和に拍車をかける。さもなければ、カップルは快楽のコントロールと自律を求めて、危険な放縦へと流されてゆく。「自然」の要求をかなぐり捨て、自己中心的な感覚の追求に膝を屈して、追いつき追い越せとばかり孤独な悪徳に耽る者を模倣するのである。

同性愛の女と同性愛の男

医者が女性同性愛にこだわることはほとんどなかった。この「濫用」については、たいがい、気質や生殖器、とりわけクリトリスについて話を進めるなかで、遠回しに言及されたり、話のついでに書かれたりするだけである。とはいえ、彼らも、この悪徳が古代世界ではきわめて広範に見られたことは知っており、依然として事態は変わっていないもの[126]の、今や衰退し始めていると考えていた。レズビアンのなかには、サッフォーのように（医者はサッフォーの性癖を当然知っており、伝説化したパオンとの愛〔サッフォーは美少年パオンとの悲恋の末に投身自殺したと言われている〕によって欺かれることはなかった）、紛れもなく「女性にたいする嗜好」を持つ者がいることは知っていた。ところが、この欲望の説明となると、たいてい、始まったばかりで突然終わってしまう。マリ＝ジョ・ボンネ[127]が女性同性愛にかんする医学論文のなかで示したように、男性はいつも、サッフォー的実践のはるか後景に佇んでいるのである。

例えばマンヴィル・ド・ポンサンは、気質と、それに伴う器質的な特徴によってこの嗜好を説明し、同性愛の女性は男まさりで力強いとしている。同性愛の女性は自分に男性との違いが欠如していることを感じており、かつ、このコントラストが自然であることを知っているから、より女性的になろうとして女性を求め、同様に、女性的な男性はより男性的になるために同性の個人を求めるのだという。「それぞれ自らの性に戻ることで、強すぎる雌は弱く、弱すぎる雄は強くなる必要がある[128]」。理想は、合一のなかで「違いがぴったり同等になること」である。これこそまさに、女性が同性に抱く愛に二つの段階を区別するヴィレーが示唆したことにほかならない。女性同性愛者はまず、自らが愛撫や挿入という男性の役割を演じられる同性の相手を求める。ところが次の段階になると、自分も同じ愛撫を与えてもらいたいという欲望を感じ始め、女性の役割を演じたいと思うようになる。女性同性愛者は「男性とほとんど同じくらい夢中に若い女性を追い求めるが、次いでもはやその関係にさほどエロティシズムを感じなくなり、今度は同じような官能を与えてくれる女性を探す」[129]。これらの医者たちは、彼らの思考を秩序立てている二元論と二形性の枠内でつねに推論を進めている。

より細かい点に立ち入る段階になると、医者は場合に応じて三つの説明を提示する。ひとつめは欠如にかかわっており、手淫について彼らが述べていることと一致する。閉ざされた寄宿学校や修道院では、欲望の高まりを互いの手淫で鎮めるほかなく、その嗜好は性交が実践できるようになればやがて解消する。医者が女性同性愛に臨むときには、クリトリスが飛び抜けて大きいか否かがほぼ必須の参照項目になっている。女性を同性愛に駆り立てるのは、器官の並外れた大きさである、とリニャックは書き[130]、サッフォーもそうであったにちがいないと断言する。一八一三年、ルノダンはよりはっきりと、長さ一二プース（一プースは二七・七ミリ）もある「ガチョウの首くらい逞しいクリトリスを見た」人の話を聞いたことがあると書いていて、この比喩を繰り返し取り上げる他の同業者たちと変わるところはない。「ある種の自堕落な女たちを互いに引きつけるこの目に余る関係、この恥ずべき悪徳に関連づけて考えなければならないのは」、「おそらく」この同じ性向である[131]。マルティアリスを参照しつつ、ルノダンは紋切り型をこう繰り返している。「このような体躯を与えられた女性は［…］男性の方にはるかによく似ている。彼女たちは概ね背が高く、たくましい四肢を持ち、男っぽい顔をしていて、声が太く、居丈高で、身ごなしが大胆である」[132]。

この後かなり経ってから、マンヴィル・ド・ポンサンがこの描像を洗練させる。発達したクリトリスは、レズビアンを男性の愛撫にたいして無関心にさせるだけではない。「クリトリスの官能は、この種の女性たちにとって［…］想像力の妄想をいや増しにする抗いがたい欲求なのである」[133]。とはいえ、「女性同性愛という悪徳」は今や以前よりもかなり少なくなっている。ただ、とマンヴィル・ド・ポンサンは付け加えて、「クリトリスが男性器と同じくらい長くて太いご婦人が数年前、パリで話題になっていた。大金持ちで淫奔なこの男勝りの女性は、愛人たちに金を払い、ほんの短い間に彼女たちを」――若い娘（彼女の好みはむしろこちらだった）であれ、既婚女性であれ――「疲労困憊させ、消耗させていた[134]」と書いている。マンヴィル・ド・ポンサンの話題の中心は、男性との比較を可能にし、「女性同性愛が男性の流儀で実践され、しかも、男性の場合より官能的ではるかに長時間にわたっていた」ことを教えてくれる、こうした既婚女性にある。女性同性愛者が性愛の営みに臨むさい、男っぽい外貌と体躯を欠いたある種の女性たちになぜこだわるのか。その説明は、以上のように、女性と男性の役割の二重性を問題にしないままなされている。女性は飽くことを知らず、容易にオルガスムに達し、際限なく痙攣できるという図式に則って女性同性愛者による性愛の営みが記述されているが、この図式は、貪欲な好奇心に油を注ぐだけの妄想にすぎない。ただし、マンヴィル・ド・ポンサンは、このような実践にたいして不安を抱きかねない人々を安心させようとしている。「この器官（クリトリス）の切除すれば、通常、女性は自然な嗜好性を取り戻し、受胎する[135]」。あるローマ人の妻には同性にたいする嗜好性があった。そこで、夫は自ら短刀を手にして妻のクリトリスを「切り落とし」た。「このとき以来、この女性同性愛者は自然に反する嗜好性を完全に失って女性に戻り、夫を愛し、夫に何人もの子どもを授けた」。クリトリスの過剰発達にたいする信憑から、治療の自明性が引き出されるのである。

医者のなかには第三の説明を示す者もいる。過剰な性交、膣壁の肥厚化、それに伴う感覚麻痺、加えて疲労、さらには行為の過剰反復からくる嫌悪感によって、新たな形の刺激を求める女性が出てくるのではないか、という説である。性的関係が頻繁に行われるだけでも、精子化の過剰によって女性の男性化が促進されるように思われるだけにいっそうそうなのではないか。娼家の住み込み女性に、しわがれ声だけでなく、女性同性愛者も多い（パラン゠デュシャトレはこの点を強調している）のは、以上のような理由によるのである。

だが、この偉大な観察者パラン゠デュシャトレは、女性同性愛にかんする先駆者のように思える。女性同性愛の娼婦はクリトリスの過剰に大きいという信憑と、器官的な特徴と欲望の性質のあいだに打ち立てられた関係に初めて疑義を差し挟んだのが、おそらくこのパラン＝デュシャトレだからである。マドゥロネット刑務所に収監されていた、巨大なクリトリスをもつ娼婦を六週間にわたり監視させたあと、自分は男にも女にも興味がないと言った娼婦の言葉に嘘はない、とパラン＝デュシャトレは結論づけている。監獄医によって行われた「エロティックな情熱の活動」(136)にかんするこの種の調査は、少し前にミシェル・フーコーが力説したあの知への意志を、きわめて鮮明な形で例証している。そのはるか後年に、数々の観察の結果、この売春宿の掃き溜めの専門家は正しかったことをルボーが追認している。パラン＝デュシャトレは女性同性愛者のことをよく知っており、検査も綿密だった。しかし、彼女たちの外生殖器には異常なところも、例外的なところもまったく認められなかった。ただ、「乳房がほぼまったくない」点、そして……「乗馬にたいして目立った嗜好を示している」(137)点を別にすれば。こうした細部は、たしかに器質的な原因を継続して追究する必要性を示すが、それ以上に興味を惹くのは、彼が最後に下した所見である。パラン＝デュシャトレによれば、女性同性愛者は「ほぼ総じて」男性にたいして冷感症だという。かくして学者の論法は大きな変容を被る。ルボーは、女性の欲望と男性にたいする冷感症とのあいだには、なによりもまず徹頭徹尾心理的な性質の関係があるのではないかと考え、器質的な特徴にも、外面的な男性化にもふれず、性交の欠如や過剰への暗示も、際立った淫奔さへの言及もしていない。

一七七〇年から一八六〇年にかけて、「ゲスな野郎」、男色者、オカマ、ホモと形容される個人にかんする、主として政治的で攻撃的な文書が大量に出回っていた。それらの文書は、彼らの肉体関係が正確にいかなるものかということになるといくぶん無頓着であるものの、彼らの外貌を描写し、見分けるときの特徴を示し、彼らの社交のさまざまな形を列挙し、習慣のいくつかを詳述している(138)。これにたいし、医学書、とりわけフランス語で書かれた医学書となると、このテーマにかんするかぎり目ぼしいものはない。それらを読んで感じるのは、こうした行為についてはとにかく回避しようという意思である。行為といっても病理学的に見た行為だが、それにたいする治療法さえまだ考え出されていなかった。わずかに法医学、より詳しく言えば、「ホモ」による風俗紊乱と暴力にかかわる法医学の範囲内において、専門家が独特の報告書文体で、このテーマに着手しているのみである。われわれが扱う時期の末期に書かれたアンブロワーズ・タルディユの著作は、当然のことながら、歴史家たちの関心に焦点を絞っている。

いずれにせよ、男色者《ソドミット》とホモ《ペデラスト》は学者から拒絶される対象であった。彼らにたいする攻撃は、過剰や濫用のもたらす危険ばかりに集中していたわけではない。そこにはまた非常に厳しい倫理的な断罪も伴っていた。医者の目からするなら、彼らのやっていることは、ともども自然と理性と道徳にたいする挑戦なのである。生殖的意味でのおぞましさ、下劣さ、異常さという概念が、われわれの考察している時期全体を通して、医者の言説に染み込み、しかも余すところなく行き渡っていた。レドゥレによれば、男色は、そして男色にたいする態度となればなおいっそう、優れた指標になるという。任意の時代における風俗退廃の程度を測定してくれる指標である。このような行為をいささかなりとも甘く見ているなら、それは、道徳的な縛りがじきに緩みきってしまう徴候である。[139] もっとも医者は、どんなに抑圧的な手段にでも訴えよ、と呼びかけてはいない。人々を安心させようと、「我が国では」自然に反する悪徳は稀になってきた、と繰り返すばかりである。その一方で、集団的な性的羞恥心から、男色を神秘のベールに押し包み、深い闇の中へと隠匿してしまう。男色の研究に展開が見られるのは、たいてい古代とエキゾチックな社会にかんする場合だけで、その古代人はある難問を持ち出して、医者をいわば思考停止に陥れている。「男色」があれほど成人男性を魅了し、古代社会が男色にあれほどの寛容、あるいは少なくともあれほどの無関心を示していたことに、医者は唖然とするのである。女性にたいして相対的な軽蔑があったと考えるしか、このような行為は説明できなかった。

いずれにせよ、一見常軌を逸したようにみえる嗜好には説明を試みる必要がある。ここでもまた持ち出されるのは欠如である。男色は囚人や水夫、また、これほど目立たないが宗教的な理由で独身を余儀なくされている人々にとりわけかかわっている。彼らはみな、要するに、自然に従って性的快感の欲求を満たすことのできない人々である。オリエントでは気候の暑さが欠如の苦しみを煽る。こうした地域では、灼かれるような欲望に苛まれた男たちの多くが、女性不足の犠牲者になっている。

肛門性交は当時、医者から、後天的に身に付けた行為とみなされていた。放蕩の階段を一段一段転げ落ちて行った男女によって、言ってみればおまけのような、別の快楽として発見されたのかもしれない。たとえば、性交のし過ぎでうんざりした結果生じたと考えられる肛門性交がほとんどである。たんなる老化の影響にすぎないと思われる例もある。自らの性器が「ふにゃふにゃ[140]」であることに気づき、心身の無力感や徐々に衰える性的能力を回復したいと感じて回春に努め始めた放蕩者なら、兆してきた欲望と快楽を、この方法によって再度掻き立てようとするかもしれない。それが刺激となって、次第に、女装をしたり、女性的な身ごなしを真似たりするようになる。このような推論は、肛門性交を、不感症になった放蕩者というコーホートに関係づけている。

とはいえ、そこには欠如や欲望の鈍磨や性欲そのもの衰弱に結びついた病因以外にも、探り出すべきなにかがあると考える臨床医は少なくなかった。なかには、肛門性交によってしか得られない特異な快楽が男性にも女性にもあることを知って驚く医者もいた。フルニエは、頻繁にこのやり方でやられたため「ひどい不快感を被った」女性たちに出会ったこともあるが、その一方で、「自然が約束する快楽をはるかに凌ぐ快楽を与えてくれるため、今では肛門性交を断念する力がどうしても湧いてこない」と打ち明ける「上層階級生まれ」の婦人にも出会っている。いわゆる稚児についても事情は変わらないとフルニエは言う。「こうした倒錯者（引用原文ママ）のひとりは、同じ種に相棒がいないとき、飼い犬の巨大なマスチフ犬を使っていた。この常軌を逸した役割を果たしてもらうために飼っていたのである[141]」。

また、男色のなかに、「不幸な特殊体質」の結果を見る学者もいる。男色への傾向は誕生時から、いやそれどころか受胎時から存在していて、すでにわれわれが見たように、その原因は不全感や、それに悩む者をして自らの男性化のために男性を求めさせる差異の欠如にあるとパルメニデスは考えていたが、ヴィレーはそのパルメニデスを参照している。[142]ただ、こうしたタイプの推論は白黒がつきにくい。ひょっとして遺伝子や体質が原因ではないか、「生殖感覚の刺激を与える力」が「根本的に鈍麻している」[143]ために「正常な道から逸れ」て異常が起きるのではないか、と考える医者は決して少なくなかった。こうした原因追究は、手淫欲の原因追究と根本的に違わない。いずれも、「まがいものの興奮」を求める欲求から生じた行為で、「まがいものの興奮」という言葉まで同じである。それは手淫であろうと肛門性交であろうと、あらゆる性的濫用に押される烙印なのである。

生殖器官の働きがいかなる現れ方をするか臨床的な観察をする学者たちにあって最も大胆なルボーは、この問題を巧みにかわしている。欠如や鈍麻や好奇心以外に原因があるとすれば、男色は、際限も途方もない「人間精神の不規則性」[144]の歴史に属する問題となる、というのである。

後年現れる、男色の類的な、さらには種的な解剖学的一覧が、とりわけ性病学の専門家の言説において、遠慮がちに、また、断片的に練り上げられ始める。そうした性病学の専門家のなかで最も偉大なキュルリエは、「漏斗状」[145]をした直腸の解剖学的構造によって、男色家をたちどころに見分けることができると断言する。また、肛門性交を実践する個人には、この器官に硬性癌が頻繁に見られるという。フルニエ・ド・ペスケは法医学の豊かな経験に基づいて、子どもや若い娘にたいしてなされる「肛門強姦」の肉体的痕跡について詳述している。彼はまた「習慣的に稚児として使われている」者の肛門がどのような状態になっているかを描写し、「分厚くなり、緩んで腫れあがった大きな肛門には隆起がみられ、括約筋は意のままに締める力を、つまり通常の収縮力を大方失なっていて、直腸に指をやすやす入れることができる」[146]と書いている。哀れな患者はかなり大きな痔核や痔瘻、硬性癌を患う危険がある。「しばしば苦痛に満ちた死」が、このような形で自然を裏切る者にたいして「自然の科する残酷な懲罰である」。後にアンブロワーズ・タルディユがその鮮明な描像を描くことになる。

第6章　器官の気まぐれ

不能と無性欲症

生殖器の不調をどう考えているのか知ろうとして医者の著作を繙くと、読者は、語義の不鮮明さや混乱、さらには概念の明らかな不正確さにさえ直面する。そんななか、ひとつだけ際立って明快な概念がある。男性の不能概念である。この概念は、罹患者が欲望を感じているか否かにかかわりなく、性交を実現できないことを示している。後に見るように、このタイプの欠陥が女性にかかわることはきわめて少ない。「不妊症」は、性交にたいする適応を示しているにもかかわらず、子どもをもうけることができないことを意味するからである。男性の場合、不能は、エネルギー不足や、精子およびそこに含まれる微小動物の不良状態が原因だと考えられているが、女性の場合、妊娠の不能は、内生殖器の形成不全や妊娠器官の生理学的な機能不全に起因する。読者にとって残念なことに、学者は、女性にかんして不能という用語と不妊症という用語を混同しており、両者を混用している場合が多い。妻の使命は子どもをもうけることだから、その使命を果たすことができないということは、長らく女性版の不能と認識され、男性の挿入不能および射精不能といわば対をなしていた。

たしかに、医者はときに、欲望や快楽の不在である無性欲症と、生殖器官の非形成や妊娠の不能を区別することもある。しかし、医者にとって核心は子どもをつくることであって、女性の欲望と快楽は受胎という観点からしか評価されていなかった。医者のなかには女性の性的快感を有用である、それどころか必要不可欠であると考える者もあったが、有害な役割しかないと考える者もいた。したがって医者は、受胎に有利な条件を生み出すためには、場合に応じて、情欲を刺激する必要もあれば、抑え込む必要もあると信じて、この快楽に対処していたのである。すでに見たように、パートナーが同時に性的快感をもつことに執着する医者もいれば、あの神秘の震え、あの「受胎の瞬間に先立つ、あるいはとりわけその瞬間に起こると思われる、得も言われぬ官能」[1]に執着する医者もいた。くりかえしになるが、こうした医者が女性の無性欲症に対処する必要性を感じていたのは、生殖器官の非形成を避ける観点からであって、性的快感にたいする個人の自律的な欲望を満たそうという意図からではなかった。

ある契機が、依然として漠然としてはいるものの、ひとつの転換点となる。理解を深めるためにわれわれはこの先で「ルボー契機」（一八八五年）と名づけることにするが、この契機以降、受胎という観点を離れて、女性の無性欲症が探知、観察、治療される。性的快楽を味わえば、苦しい妊娠期間や苦痛に満ちた出産というしっぺ返しがやがてやってくる――そんな考えとはいっさい無縁なところで性的快楽が考察されるのである。女性にも性的欲望や快楽を要求する権利がある、とルボーは声を大にする。夫婦の良き調和のためばかりでなく、女性自身の満足や充足感のためにも、官能を感じる権利は義務でさえある、と言う。女性がその感動を知らないなら、それは冷感症という病理の犠牲になっているのだから、治療することが重要なのだ[2]、と。医者の言葉を間違いなく解釈し、十九世紀中葉に起きた転換の大きさを把握しようとするなら、語彙がどのように変化していったか、その詳細を以上のようにぜひとも見据えておく必要がある。

ピネルが「生殖器の神経症」と考え旺盛に記述、分析した能力を、これより五〇年前にこの病理の専門家になったデクルティィル医師は、「性欲の喪失ではなく、この欲求を満足させる力をもった諸能力の一時的な中断や破壊や廃棄」[3]にあると見ている。医者が繰り返し言及する不能にかんする文献は二つ。ひとつめはオウィディウスが『恋の歌』のなかで語っている恥辱の夜だが、これより頻繁に言及されるのが、モンテーニュが若い新婚夫婦の失敗を取り上げた考察で、この耐えがたい出来事における想像力の役割と、不能を克服するための心理的方法についても述べられている。ビュフォンとカバニスに次いで、アドゥロンとショスィエは、『エセー』の著者の言葉に同調して次のような警句を記している。「直接の刺激よりも想像力の方がより容易に、より強くペニスを立たしめる」[4]。神学者たちは、オーギュスタンの後を受けて、不能に罪の影響と堕落の現れを見て取っていた。われわれがこの先で引用する医者たちもビュフォンやカバニスと同じ見解で、『創世記』の名前こそ出さないが、生殖のための器官が魂にも意志にも従わないことを明らかにしている。

しかも学者たちは、不能の男性や「無性欲症」の女性をひとめで見破るよすがとなる刻印があると信じていた。性的濫用に耽っている個人を発見する手続きによく似た手続きだと彼らは言う。ヒポクラテスの時代から、不能の描写は、性的機能を扱った医学テクストにおける腕の見せ所であった。ヴィレーは一八一六年にこの描写を試みている。この類型を構成する諸特徴を、彼は次のように列挙する。「蒼白い顔。あまりに金色だったり白かったりする乱れた髪。白昼に弱い薄灰色の目。湿ってぶよぶよした体は、つるつるしていてほとんど毛が生えておらず、髭もなければ、しかるべき箇所に体毛もない。体細胞は柔らかくて脂肪が多く、女性のように発達している。膨れて水っぽい腺。女性的で脂肪の多い丸っこい身体。両肩は狭く、腰は広く、下腹がぽっこり飛び出している。臆病な性格。なよなよとした物腰。女っぽい習慣。か細く甲高い声。饐えた呼気とむっとするような汗[5]。「だらりと垂れた」睾丸、極端に軟弱な陰茎。老化にともなう、「くぐもって、しわがれた」声。小便の仕方からも不能が看破できる。液体が尿道から緩慢に流れ出し、両脚のあいだを落ちるからである[6]。マルク[7]は一八一八年に、ガンヌ[8]は一八三七年にこの病像を引き継ぎ、同業者の記述をほとんど丸写ししている。

ヴィレーによれば、女性の無性欲症は男性の不能よりも数が多いが、疑念の域を出ないという。しかも彼女たちの刻印は、ヒポクラテス以来、不妊症の女性の刻印とごっちゃにされている。しかし、そこには根本的な違いがあるとヴィレーは力説する。不能の男性がパートナーの女性に快感を味わわせられないのにたいし、性的な熱を奪われた女性でも男性の欲望を満たすことができるからである。この違いは、神学者によっても強調されている。

ヴィレーは冷感症の女性と不妊症の女性をごっちゃに記述している。彼はこう書いている。このひ弱な女性は「金髪と白髪が強く、極端に繊細かつヒステリックで、胸つまり乳房もなければ、月経もほとんどなく、性器を覆う例の体毛もほとんどない［…］彼女たちにはクリトリスがほとんど見つからず、勃起もしない[9]」。一方マルクは、一八一八年に、クリトリスの無感覚と乳輪の退色を強調している。

一八五五年、ルボーは冷感症の病像を明確にし、この疾病単位に与えた新たな意味を考慮に入れながら、冷感症妻の観察範囲を広げる。「ひとりの女性のエロティックな性向について意見を述べる前に、彼女の体組織の外的な現ればかりでなく、身体的習性につねに現れる生命エネルギーの度合いについても吟味[10]」しなければならない、と彼は書いている。しかも、体毛系だけでも「ほぼ確実な」徴候を示しているとルボーは考える。例えば、冷感症の女性の頭髪には「情熱的な女性のように、こめかみでカールする小さな房がまったく見当たらない」し、眉毛は薄く、地肌とほとんど区別がつかないため、鼻根あたりの眉間にはかなりの隙間ができる。腋の下にはほとんど毛が生えていないし、その毛も「色がはっきりせず、硬さもない」。「色の薄い短い産毛に覆われた恥丘にいたっては、目を凝らさなければヴィーナスの丘が見つけられないほどで、その痩せて不毛な様には、官能もさぞや鼻白むだろうと思われる」。その一方、こうした女性の乳房にはとりわけ変わったところはない、というのがルボーの所見である。ルボーはその他の徴候として「知的能力の不活発」と「感情の鈍麻」を挙げているが、お気づきのように、これらはいずれもリンパ気質に属する特徴である。彼は、これに加えて、肉体的な側面ではなく、素行にかんする徴候を挙げている。性格にどことなく男性的なところがある、意志が強い、極端に理が勝っている、「知的要素が優位に立っている[11]」などがそれだが、とりわけ、「通常女性の特性ではない」「自信と尊大さ[12]」に満ちた動きや歩き方にその徴候が現れているということ。いずれにせよ、たいがいのケースで、患者の告白に任せるのが最良のやり方だとルボーはいう。臨床医の観察から打ち明け話の聴取へと移行させることになった重要な指摘である。

失敗を思い出すときに見せる男性不能者の反応を、医者は小説家のように探り出す。無性欲症は、心理分析の手段として、当時の科学の最も重要な素材であった。この病理を語る言説のなかから、ある種の性科学が徐々にその姿を現すのである。[13] 当時、男性不能者の第一の特徴とされていたのは、自らの状態を頑なに認めない姿勢であった。ラルマンは、そこに潜む「自己愛からくる言い逃れ[14]」について延々と力説し、患者の申し立ての長いリストを引いている。曰く、娼婦はぞっとする。愛人の肉体を尊重しているので。逢い引きに向かう前に食べ過ぎた。ポンチを飲み過ぎた。体温を下げる苺を食べてしまった。相手があまりにいつまでも抵抗するので仕方がない。お茶、コーヒー、酔いのまわりやすいワインなどで気分が悪くなったという者もあれば、突然の不安、強い感情、「胸騒ぎ」などに襲われて不調に陥ったという者もある。いずれも、うまく行かなかったときのことを後から思い出して想像力がかじかんでしまい、本来の能力が発揮できなかったのである。男性不能者は「医者にさえ、決してこのつらい出来事をはっきり打ち明けない。致命的な言葉を決して口にしないままでさんざん回りくどい言い訳を重ねた後でなければ、告白にまで辿り着かないのだ」。彼らは「小声で、耳打ちするように打ち明ける[15]」。手紙による診察を余儀なくされている患者は、幾重にも重ねた封筒に入れ、蝋で封印をする。「彼らは手紙を書留にする……」。

いよいよ真実を告白しなければならない段になると、彼らは涙を流す。恥ずかしい、胸が引き裂かれるようにつらい、心の底に怒りを溜めている、自分が嫌だ、「ずっと隠し続けてきた苦しみがうんとある」といった言葉が飛び出してくる。あまりに長い間秘密を抱え続けてきたからである。男性不能者はパートナーの侮蔑を恐れている。夜明けまで辛抱強く待って、夫婦の床を避ける。ラルマンはさらに分析を進める。不能の意識は男性自らを貶め、「微塵の幻想も、ひとときの憐憫も残してはくれない[16]」。「男性の不能はその証拠からしてうむを言わさないものがある[17]」。この終わることのない内なる責め苦に比べたら、自由の剥奪など無に等しい。この責め苦は、名誉や富や最も親しい知り合いを失うよりも酷い。だれを非難することもできず、同類から同情を期待することもできないのだから。憐憫を誘えないことは分かっているから、完全な秘密へと逃げ込むことになる。たやすく慰めを得ることができるのは、六十代に達し、生殖本能がほぼ消滅した者だけだ。

いずれによ、医者は病気の治療をしなければならない。そのためには、まず、病像を描き、原因を特定する必要がある。どの臨床医も分類学を打ち立てようと努力している。その分類目録を延々と再現すればうんざりするような作業になるだろう。ただ、生殖器の不在や、陰茎開口部と膣開口部の先天的閉鎖に起因する絶対的、構成的不能が存在することは、どの学者も一致して認めている。ルボーはそこに、これらの器官が「極端に小さい」現象を加える。患者のひとりは、勃起した陰茎が「ヤマアラシの平均的な針ほどの太さで、二プース〔一プースは二七・〇七ミリ〕の長さしかなく、睾丸はヘーゼルナッツほどしかなかった[18]」と書いている。ルボーは、こうした欠如に、ヘルニアや包茎による影響と陰茎包皮小帯の異常を加えている。以上の病気はいずれも官能に影響を与え、欲望の完全な消滅を引き起こす可能性がある。

以上の学者たちによれば、「生殖機能の無力症」に起因する絶対的不能も存在するという。デュモン医師が「生殖器の神経的なエネルギー不在[19]」と呼び、他の医師が「生殖器の失神」ないし神経症と、ルボーが原発疾患的不能と命名している不能がこれである。これは、「生殖器にも、生殖器以外のなんらかの器官にも、いかなる明らかな病変も認められないにもかかわらず、また生理的な法則からいっても理解できないのに、性交が遂行できない[20]」というもので、したがって、解剖学によっても、「生殖感覚と本能的調和にある他の機能とのあいだの、生理学的あるいは病的な関連疾患によっても」説明がつかない不能である。

それでもやはり曖昧な部分は残る。バルテ以降は、生命の働きの不調や「神経支配の乱調」という言葉を使っているが、それでは、じつに茫漠とした言い方になってしまう。コックビュルヌとリニャックが先導した臨床観察によれば、たしかに、一定の区別はできる。不能の第一の型は「アゲネシア・アンティキパンス[21]〔agenesia anticipans〕」、あるいは、ヴィレーによって最初の接近による射精と呼ばれているもので、したがってこれは、器官的な原因による挿入の不能とは異なる絶対的不能である。この不能はほとんどすべての医学著作で言及されている。後に早漏と命名されるこの不調に注意を向ける医者も稀にいたことは、男女が同時に快感をもつことに重要性を認めていたことから理解できる。デクルティルはこの先取り現象について説明を加えている。性交が実現するためには、「筋系のエネルギーと知覚系の感受性とのあいだに、恒常的な調和や相関関係がなくてはならない[22]」。デクルティルによれば、両性とも想像力の支配下にあるからである。

先天的奇形を除外すると、つかの間の勃起[23]が絶対的不能の第二の型になる。ヴィレーの数十年後、ルボーがこれにこだわっている。「しばらく持続したあと、女性の秘所の門前で萎えてしまう」タイプと、「膣のなかでかなり持ちこたえるが、目的を達したとたんに」消え去るタイプをルボーは記述している。「期待していた快楽が得られず、男性を欲求不満に[24]」させる不能である。「興奮を引き起こす行為を執拗に行」っているにもかかわらず興奮が冷めてしまう、あるいは、性欲があまりに早く萎えてしまうと言い換えてもよいかもしれないが、ここで起きているのはそうした現象なのだとルボーは書く[25]。女性の膣のなかで快感が得られないことを相手に知られないように、愛人に手淫をしてもらっている患者の例をルボーは引いている[26]。こうした観察所見を読んでいると、臨床医の診察所でどんな会話が交わされているか、その様子の一端をうかがい知ることができる。しかも、注目すべきことに、ルボーは一八五五年、こうした行為を「倒錯」と形容しているのである。例えば彼は、「道徳にかなった興奮性」を確立するために「アブノーマルな刺激」が必要な症例を明示している。

先天的奇形を除く第三の不能は、ジュベール医師が「アゲネシア・クンクタンス[27]〔agenesia cunctans〕」と命名し、モール医師が「射精障害」と呼ぶ、「精液が出にくい、あるいはまったく出ない、遅漏[28]」である。リニャックは、早くも一七七二年に、「このうえなく力強い勃起があるのに、官能の大きさを示す重要な射精が伴わない[29]」男性の症例を指摘している。

こうした重度の不調の他にも、器官の一部不適合による障害から、さまざまな型の部分的、相対的、一時的不能が生じることがある。これらは、臨床医の努力によって最もうまく治療できる病理である。こうした器官障害のうちでも臨床医がよく引くのが、勃起したとき異常に大きい[30]、方向が偏っている、極端に湾曲している、片方に湾曲しているといったペニスの障害である。受胎のためにはペニスと子宮頸部が正しく適合していなければならないと信じていただけになおさら、当時の医者にはこうした方向の不正が有害に思え、ひっきりなしに言及していた。膣があまりに狭い「膣狭小[31]」、膣の痙攣や痙攣性収縮、外陰部の神経痛[32]、クリトリスや小陰唇の過剰な長さなども、同じ発想で位置づけられている。それらをここで詳述するには及ぶまい。これらの障害、とりわけ過度に大きなペニスを、医者が当時どのようにして改善しようとしていたかについては後に見ることにしよう。当時臨床医のあいだでよく知られていた俗諺を借りれば、「男のイチモツは、大きさが度を超せば超すほど、硬くならない」以上、過度に大きなペニスは、パートナーからすると特に嘆かわしい奇形であった。一八二九年に記述されたサン＝トノレ街の男性は、長さ一四プース〔一プースは二七・〇七ミリ〕のペニスを持っており、「太さもそれに見合っていた」。勃起は完全なのだが、これに見合う女性が見つからず、男は意を決して器官の半分を「切除」した[33]。

残るのは、明白な原因がなく、パートナー同士の不調和に起因すると考えられる不能である。「自然」は、人の観察を逃れる「両性間の不調和」を引き起こす、とヴィレーは指摘する。ヴィレーの見るところ、生殖器の「気まぐれ」と「厚かましい横柄さ[34]」とは、しばしば神の意図と同じように不可解な自然の恵みの神秘にほかならない。不能は、この場合おそらく、不完全な発生を阻んでいるのである。ヴィレーはオーギュスタンの立論をすっかり逆転させ、もし器官が不従順さを見せているなら、それは全員のためであり、種の保存のためなのだと言う。医者がパートナー間の調和を実現しようとする努力には、こうして自ずと限界がある。

「突然襲ってきて、特定の対象にたいしてだけ冷たくなったり、逆に火がついたように熱くなったりする」「例の不可解な冷却化」と「それに劣らず思いもよらない、あのすさまじい情熱」を前にして学者は驚きのあまり棒立ちになる。「性においていずれも完璧である二人がこのうえなく甘美な関係で結ばれている。なにもかもが、幸せな結婚による豊かな生殖を告げている。ところが、婚姻の床にときおり突如として氷のような冷たさが広がる［…］この関係がご破算になることもあるだろう。それぞれ、一見するとはるかに釣り合わない別の相手と一緒になり、子どもをたくさんもうけ、それ以降は、別れることなく熱烈に愛し合うこともある」。

「官能を感じる力が消滅」する原因

なぜ器官がいうことをきかなくなるのか。この謎は、医者がやっきになって繰り返す原因の分析を寄せ付けない。原因は、決定的なものなのか、それとも素因的なものなのか、はたまた偶然のたまものなのか。そのリストには際限がない。マルクは『医学辞典』のなかで、寒さはペニスの勃起にとって好ましくない「痙攣性の収縮をもたら」し、暑さは「運動能力の高ぶり」[35]をもたらすと主張している。一方ルボーは、気温の急激な変化は有害だと考えている。彼はこの発言を裏打ちするために、一月に海水浴をしたあとで不能になったある卸売業者の症例を引用している[36]。不能にかんして、気質の違いはきわめて重要に見える。リンパ気質と鬱気質の人は、多血質、神経質、胆汁質の人とは逆に、無性欲症になりやすい。青年にせよ、老人にせよ、年齢もまた不能の説明に使われる。この病気が男性を襲うのは平均「六十歳から七十歳」だとモールは見積もっているが[37]、他の同業者のように、嬉々として例外を並べ立てている。八十代の大カトーの例から、百歳代で妻を喜ばせたり妊娠させたりした例に至るまで、枚挙に暇がない。ガンヌ医師は老人についてこう書いている。「彼は欲望を感じるが、性交能力はたいてい欠如していて、射精に力はなく、精液は水っぽい。勃起は不完全、緩慢、困難で、精管は閉塞しかかっており、精嚢と睾丸は萎縮している」[38]。老齢が性交の結果生まれてくる子どもにも影響を及ぼすと最悪の結果になる。「だらけた」行為によって「年を取りすぎた父親[39]」からできた子どもも、未熟な官能からの生まれた子どもと同じように、先天的な不能になるおそれがあるからである。

不能の偶発的な原因として認識される状況がいくつかある。胃にたいする過度の負担、煙草や「清涼飲料水」の濫用などがそれである。ラルマンは三十歳の中学校教師と知り合いになったが、彼は睡眠時間を減らそうと摂取していたコーヒーが原因で「絶対的不能」に陥った。[40] 強いリキュールの濫用でも、同じ結果に至る。

しかしながら、無性欲症の主たる要因と考えられているのは性交過剰と性的濫用である。ヴィレーによれば、娼家通いと性的快感によって枯渇した都市生活者がとくにこの病理に冒されるという。マルクとガンヌも同意見である。これにたいし、ルボーは、性交過剰と不能との関係についてはより慎重な態度を取っている。「性交のための器官の濫用は、この器官を衰弱させるどころか、ときにはオルガスム――すなわち血液の大量流入――を高める[41]」と、いささか挑発的に指摘している。こうした医学的言説において、手淫の習慣は、男女ともに不能と無性欲症に導く王道として欠かすことができない。

ラルマンは、きわめて慎重にある同僚の自伝を要約している。この同僚は早くも十歳のときに孤独な快楽を「発見」した。その後何年にもわたり、ただしかなり間を置いて、この快楽に耽った。十九歳のとき、彼は「絶好のチャンスをものに[42]」しようとしたが、試みは完全な失敗に終わった。勃起もなければ、挿入も射精もできず、快感もなかったのである。その後、一八カ月のあいだ、若い女性と「人為的な快感を互いに」与えあった。彼の欲望は息を吹き返す。医学研究の道を進む一方で、彼は助言を求め、怖じ気づかなくてすむ「練達の女性」――おそらく娼婦のことだろう――の許に赴くことにした。ところがまたもやうまくゆかない。その後三年間、彼は性交をいっさい試みなかった。相談を受けたファージュ教授は、酢の入った冷たいローションを性器に塗るよう処方し、デルフ教授はただたんに自信を持てというだけ。結局、なんの効果もなかった。さて、一〇日前から愛を交わしたい気持ちになっていた彼は、またもや同じ態度であしらわれることになる。彼の状況はじつに惨めだった。彼はラルマンにこう報告している。「最後の恩恵以外はすべて手に入れました。ただ最後の恩恵だけは、手に入れることが怖くて、ぜがひでもという気にならないのです。どうしたらよいでしょうか」。ラルマン教授はいつものように尿道焼灼術を施す。その後数カ月間、患者はあちこちの臨床医を訪ね歩き、逢い引きの二時間前にマラガのワインやカンタリスの煎じ薬を飲んだりして事に及ぼうとするが、うまくゆかない。次第に眠れなくなり、食べられなくなる。最後にはラルマンが焼灼術で治癒に成功した。その後、ラルマンはこの患者を一五年にわたって診察している。

もしこのように手淫が不能に通じているとするなら、両性間の交流の可能性をことごとく破壊するのが手淫だということになるだろう。「このように節度のない孤独な快楽は、性器の感受性や精神的な愛までも枯渇させ、冷たくしてしまう。ナルキッソスのように自分しか愛せなくなり、自分自身が生みだした荒廃によって、女性が近づいただけで恥辱と警戒心を感じ、女性の前でもはや男性であることを示せなくなる。女性の場合、この唾棄すべき習慣に耽る者は、子宮の弛緩が起こり、その結果として、精子を引き留めておくことができなくなり、冷たい不妊症になる」(43)。

デュモンは、トゥルーズの神学校で手淫の習慣に染まってしまったある知りあいの神学徒の症例を引いている。「日に三度も四度も手淫にふけった」(44)ため、彼は病気になってしまった。修道院長は生まれ故郷の空気を吸ってくるよう彼を送り返す。両親にあらかじめ事情を説明していた兄から見張られ、医者からも説教と監視を受けた彼は、悪癖を断ち、立ち直った。ところが、「女性とひとつになりたいという強い欲求を感じているにもかかわらず、(また、)その道に長けているとされる女性を相手にしても、完全な勃起を味うことができない」症状は改善せず、「射精も不完全であった……」。デランド医師が受け持つある女性患者は、寄宿学校で手淫の習慣に染まった。十七歳で結婚したが、彼女にとって夫婦関係は、不調、苦痛、完全な失望の連続でしかなかった。愛撫には良くてせいぜい何も感じず、悪くすれば、それが原因で「つらい痙攣と引きつけが[45]」何週間も続くのだった。

節欲もまた、部分的とはいえ、不能に行き着く道である。[46] 節欲は生殖器官の衰弱と萎縮を引き起こし、その結果、生殖器官は「縮み、柔軟性を失い、無力[47]」になる。デュモン医師は、五年間禁欲生活を送ったある男性について、「快楽の魅力をいっさい感じず、ペニスはつねに虚脱状態で、なにをもってしてもそこから脱却させることができない[48]」と書いている。ヴィレーの格言を借りれば、「使われない器官は［…］やがて活動を停止する[49]」からである。生殖器を使わないでいると、この器官は弱まり、弛緩し、「そのエネルギーと活動力は低下する[50]」とラルマンは確言する。最愛の妻を失った後、誓ってだれにも触れていないというある若い卸売業者の告白についてラルマンは語っている。三十七歳で、彼の健康状態はかなり悪化していた。昼間遺精と完全な不能に悩まされていたのである。肛門性交と女性同性愛もまた、手淫と同じく、無性欲症であることを示している。なぜなら、彼らの「性交能力はもはや、内的なものにせよ、外的なものにせよ、自然の刺激にたいして反応していない[51]」からである。これが「発生能力」からの完全な「逸脱」による不能であることは間違いない、とルボーは言う。もはやアブノーマルな刺激にしか反応できない、心の治療を必要とする不能である。

また、不能を引き起こすと考えられる病理はいくつもあるが、なかでも性病と帯下《こしけ》が挙げられる。ある種の中毒、ガスの吸入、鎮静剤の濫用、麻酔薬とりわけ阿片の使用などによって不能が引き起こされることもある。すでに見たように、娼婦がこれらの物質を使うと衰弱効果が高いことをルボーは確認している。[52]「早すぎる快感」によるばかりでなく、いかなる病気であれ長患いをしているときや病気からの恢復期にあるとき、あるいはたびたび瀉血をしたとき、一般に、娼婦は無性欲症に陥りやすい。

無性欲症は、たんに日常生活の健康管理不全から引き起こされることも多い。夏のあいだはほとんどサラダだけで露命を繋いでいた女性が「不妊症」になった例をヴィレーは引いている。[53] ヴィレーはまた、長すぎる授乳も非難している。乗馬の習慣にたいする攻撃は、繰り返し現れる主題と言ってよい。このとき決まって引用されるのが、ヘロドトスによって記述されたスキティアの騎士の不能である。ラルマンは、患者に、乗馬の有害な影響をいくども確認できたという。一方ルボーは、いかなる筋器官の濫用にも有害な働きがあることを強調している。「歩行その他のいかなる運動であれ、それによって疲弊した男性にたいして、女性がどんなに愛撫で誘惑しても無駄である」(54)。

精神の働きが原因による影響をティソが詳述する以前すでに、この告発はひとつの定石《トポス》になっていた。その後、どの医者もこの定石《トポス》を抜きに語ることができなくなる。ヴィレーは「深く究めようとする研究」を、マルクは「瞑想」と「過度の徹夜」を非難する。「作家文人の場合、脳が活動全体を吸収してしまうため、生殖器官が犠牲になって、やせ細ったり、萎縮したりすることがよくある」(55)。二度作家の寡婦となったある女性は、いつもこの問題ばかりに悩まされ、もし三度目の夫をもらうことになったら、文学者と学者からは選ばないとはっきり語っている(56)。ペリルが講義のときに紹介した数学者の症例を、専門家たちは口を揃えて繰り返している。「解けないいくつかの問題に深く心を奪われていた（彼は）、妻の存在をほとんど忘れており、情熱を妻と分け合うことになるたびに、つまり、行為の最中に想像力がこれらの問題に向けられるようになるたびに、彼は射精できなくなるのであった」。ペリルは診察を受けにやってきたこの女性にたいし、夫に酒を飲ませ、「ほろ酔い気分になった」頃合いを見計らって「愛撫をもらうよう」誘いかけてみたらどうかと勧めた。「そうすれば、深い瞑想に沈みがちな夫もその権利をすべて回復するだろう」(57)。一方モンダは、科学の研究に打ち込んでいる女性の大半を不妊症だと見込んでいる(58)。

とはいえ、われわれが論じているテーマにとって最も興味深いのは、やはり心理的原因である。心理的原因は、臨床医の目から見ると、たいてい個人特有の気質《イディオサンクラズィ》に属しており、それが臨床医を惹きつける。デクルティルの著作の大半がこれに費やされ、マルクとモンダはこの心理的原因をこと細かに列挙している。モンテーニュが確言していたように、不能は「魂の疾患」に由来するのである。

逆説的なことに、ある種の人たちの過剰な欲望、あまりに横溢する「愛の情熱」、「強い好色」[59]は、性的不成功の主因となって現れることがある。若い夫の頻繁な不能は、いずれもこのことをよく示している。マルクは、ごく最近結婚したある男性の症例を引いている。彼は二人目の妻相手に射精ができなかった。勃起が強すぎたからである。[60]モンテーニュにならって、マルクは最初の攻撃が失敗した後、妻にむしゃぶりつくのを止め、「愛情の代償を待つあいだに想像力を使わないようとくに気を配って」二回目の房事を準備してはどうか、とこの夫に助言した。「欲望が和らげられれば、バランスと落ち着きを取り戻し、筋系と知覚伝達神経のあいだの調和が回復できるだろう[61]」。マルクは、このタイプの不能の原因は、「美しく魅力的な妻を目にすると起こるエクスタシー[62]」にあるとしている。

恐怖や臆病や羞恥による麻痺、自らの力にたいする突然の不信。医者が耳にする患者の自己正当化にはこうしたものが多い。ルボーは、傷つくことを恐れるだけで不能になるケースを語っている。だが、愛されない恐怖、両親や周囲や、果ては愛人に現場を取り押さえられないかという恐怖など、恐怖は他にもたくさんある。崇拝が高じる恐怖についてはいうまでもない。ルボーは恐怖を惹起する無数の原因について語っている。[63]

人を凍り付かせる感情は、他にも、良心の咎めから失望までじつにさまざまである。友人の好意につけ込んでしまった後悔や、「無垢な処女を騙して、玩ぼうとしている[64]」ことなどもそうした感情に数えられる。リニャックは、処女を相手にしたときだけ不能になる人を知っていると主張している。ブルダッハは、動物じみた行為のことを考えるだけで不首尾に終わる例があることを指摘している。[65]マルクとザッキアは、怒りがこうした領域に与える痛ましい影響を嘆いているし、ジュベールは嫉妬と憎しみが、ルボーはあまりに大きな喜びが、良くない影響を与えると述べている。ルボーは、富くじで三万フラン獲得したことで不能になった男性と知り合いになったという。[66]例えば愛息の喪失によって引き起こされた悲しみなどのように、より劇的なエピソードによっても同じ影響が現れる。言語に絶する激しい恐怖を体験したときも、「生殖器の失神」を惹起することがある。ヴェルサイユ鉄道で起こった事故の犠牲者のひとりは、その後、六カ月勃起がなかったという[67]。

過去を思い出すだけで不能が起きることがある。女性との「性交が不首尾に終わった」前回のことを思い出すと、あるいはその反対に、過去に感じた恍惚感や以前に興奮したものを思い出すと、勃起が阻害される可能性がある。これにかんして、ある逆説的な効果が存在することをルボーは明らかにしている。「わたしは数年前パリで、活人画と名づけられた全裸女性たちのヌードショーを見たことがある」とルボーは打ち明けている。「その女性たちの容姿端麗さは一目瞭然だったが、彼女たちにわたしは深い嫌悪感を感じた。それればかりではない、このショーのことを思い出すと、いまでも紛れもない無性欲症になってしまうのである[68]」。ルボーの患者のなかには、サドの『ジュスティーヌ』を読むと同じ影響が現れる若者もいる。

患者の証言によれば、不能はときに、性行為のただなかで被った感覚、パートナーと戯れているその最中に被った感覚が原因で起こることがあるという。ペリルの患者の数学者が別のことを考えていた話はすでに見たが、ルボーによれば、こうしたことはさして珍しくないらしい。事実、想像力が「性行為の支配[69]」を止めたときに不首尾は起こりやすい。相手の肉体や態度にたいする失望や不快感、さらには嫌悪感が欲望を萎えさせてしまうのである。なかでも生理に気が付いたときのことにルボーは言及している。男性の自然は淫蕩なパートナーの前で、女性の自然は老いた道楽者の前で、冷たくなったり「縮こま」ったりすることが多い[70]。ルボーは、これに加えて、膣粘液の意気阻喪作用にもこだわっている。女性があまりに乾いているので萎えてしまったと、ある同僚がルボーに打ち明けているが、逆に、濡れすぎのために嫌悪感を催させる女性もいるという。そうなるとパートナーはまるで「お湯に浸かって[71]」つらい仕事をこなしている気分になる。ヴィレーは、ときに説明のつかない「突然の激しい嫌悪感[72]」や不意の反感について語っている。見合い結婚の場合、夫婦は、「快楽を無理矢理」共有し、「憂鬱な興奮」に身を委ねなければならず、「陰々滅々たるエクスタシー[73]」しか経験できないという気持ちに身も心もがんじがらめになってしまう。

「絶頂の不一致」や快感のリズムのずれだけでも不首尾が起きるには十分である。この資料全体を通して読んでみると、なるほどこれは一定の男性が娼婦を相手にしたときの特殊な不能、とくに娼婦が前金を要求しているときに起こりやすい特殊な不能だと考えることができる。リニャックによれば、自らの力を試すためだけに売春宿にやってくる客にも、不首尾が起こる可能性があるという[74]。

ルボーはこのリストに、長い間辛抱を強いられた後で、不意に易々と事が進むときに引き起こされる混乱を加えている。長い間さんざん拒んだあげくに予告もなしにいきなり身を任せる女性は、予想だにしない総合効果を相手に与えるが、この効果は、パートナーの戦意を喪失させるに十分な力をもつ。その逆に、以前愛人だったときには情熱で満たしてあげていた女性に、婚礼の晩、名誉を授けることができなかったある役者の症例をルボーは引いている[75]。これらの学術書では、たんに夫というだけで男性にたいして嫌悪感を抱いてしまうある種の女性たちも問題になっている。

医者はこの他にも不能に陥るケースを際限なく詳述している。病気によってあまりに長期間、異性から離れていると、欲望が萎えるどころか、すっかり消滅してしまうことがある。そうなると再会は悲惨である。マルクによれば、それはまるで「思い出でしか[76]」愛することのできないあの不幸な王子の帰還のようになるという。

セックスが下手だ、「性行為が粗雑だ[77]」と女性が揶揄したり、「夫婦の営みにたいする失望[78]」を口にしても、男性の戦意を殺ぐ結果に終わることが多い。こうした理由からだけでも、夫婦の同衾は止めるべきだとシヴィアルははっきり言う。シヴィアルによれば、夫婦の同衾は、欲望と快感のほどよい節約と両立しにくいからである[79]。

性的な熱に冷や水を差す要因がこれだけあるということは、それだけある心理的実践が頻繁に行われている証拠である、とルボーは言う。ルボーによれば、「他の女性が横にいると考えて自らを掻き立てたり、今腕に抱いている妻を空想や夢に見た美女の姿形に変身させなければ、始めた性交を終わらすことができない[80]」男性は多いという。詩人、大芸術家、学者など、エロティックな想像力は逞しいのに器官が興奮しにくい人々は、こうした精神的操作の常習者である。呪いの根拠、つまり男性を不能にする金縛りの呪いがなぜ起こるかについては、当時の臨床医が対処できる範囲を、そしておそらくその患者が対処できる範囲をも超えていたことを、最後に指摘しておこう。

女性の無性欲症の原因を分析する段になると、医者はがぜん寡黙になる。自己観察はまったく不可能だし、真の意味で臨床的な識別ができないから、対象は謎のままにとどまっていたと言わざるを得ない。女性の無性欲症の場合、欲望や快楽の不在は検証できないから、繰り返しになるが、臨床医は打ち明け話や告白に頼らざるを得ない。それ以上のこととなると、推測の域を出ないのである。

カピュロン医師は、「男性が目に入ったりそばに居たりしても、生殖器に心地よい刺激が生じることもなければ、性交や交接に導くあの悦楽が掻き立てられることもない(81)」女性を無性欲症と考えるよう提案している。彼はこのとき、全裸で、どうやら勃起した男性を想定しているらしい。いずれにせよ、詩人たちが当時持ち出していた、妖精のように軽やかな女性という図式からは遠い定義である。この図式は、医学文献にはほとんど入りこまなかったようだ。

例外的なケースを除いて、女性に挿入の問題はないし、男性の挿入を受け入れられるだけの受動性があれば十分だから、質問は、医者の用語を借りれば、女性の淫奔さ、淫乱さ、好色さの度合い、性交好きの度合いにかんするものに限られる。男性の場合と同じように、この度合いも気質によって大きく変化する。柔らかさ、脂肪は欲望の高揚には好ましくない。疲労、病気、手淫の習慣、そしてある種の女性にかんしては「性交にたいする全般的な嫌悪感」も、これと同じ働きをする。愛情の欠如、調和の不在、パートナーにたいする反感に至っては言うまでもない。要するに、多くはありきたりの事実であって、厳密な分析などほとんど必要としない。ルボーが突き崩そうとしたのは、こうした緊張感のない言説であった。

たしかに、この分野におけるルボーの言葉がまったく斬新だったかといえば、とうていそうではなかった。ほんの一例にすぎないが、例えばシャンボン・ド・モントーは早くも一七八五年に、淫乱さが欠けた女性ではなく、「(自らの)快感をほどほどのところで終える」[82]ことがきわめて困難な女性が一部にいることを指摘している。そのためこれらの女性は、欲望の強さが生殖器への血液の大量流入を引き起こしているときにはとくに、刺激や炎症を抱え込んでしまう。一八一四年にはデクルティルが、一八三七年にはガンヌが、女性の冷感症にこだわりを見せている。だが、繰り返しになるが、この種の性交困難がそれ自体で考察されることは決してなかった。無性欲症が関心を惹くのは、これに悩む女性に不妊症の危険が高まるからである。

夫婦の感情的な結びつきが性的快楽から生まれ、夫婦がその恩恵に浴していることを強調するために[83]、イエズス会士ギュリは快感を繁殖という目的から部分的に分離させているが、一方ルボーは、男性の不能と女性の不妊症を論じながらも、夫婦関係によって惹起される女性の快感について厳密に快楽主義的な観点から考察している。「より一般的な言い方ではこういう問いかけになる。性交は、人類の場合、決して最初の繁殖行為に限られるわけではなく、われわれの精神的な自然から見るなら、いわば社交性を保つためのひとつの手段、ひとつの道具でもないだろうか」[84]。「したがって、性の欲望と快楽は、男性に属するのとまったく同じ資格で女性にも属しており、両性ともに(引用原文ママ)、性交の心理的な諸条件が構成する正常な秩序の中に収まっている」[85]。快楽の不在は病的な状態なのである。肉体的結合には三段階が識別できるとルボーは詳細な説明を加えている。女性の魂はまず性的欲望に悩まされる。したがって、女性はこの段階では能動的である。第二段階は純粋に器官的な段階で、女性は男性の陰茎を受動的に受け入れる。だが第三段階に入ると、彼女の魂と器官は共通の快楽に参与していると推定される。したがって、女性が受動的なのは挿入の瞬間だけだとルボーは考える。ここにおいて不妊症と同一視されることを止めた固有の意味での冷感症は、挿入に続く性愛の営みに関わることになる。

ルボーの診察を受けに来る女性患者の動機は、二つに大別できる。大多数は不妊症の治療を望む女性だが、一部に、無性欲症を治して欲しいと言う女性がいる。後者の場合、なによりも、冷感症の妻が性行為にたいして感じる嫌悪によって危うくなった二人の平和を回復したい、あるいは壊したくないという一念で夫婦がやってくることをルボーは嘆いている。というのも、ルボーとしては、女性が自らの快楽を創造したり修復したくて、しかも、快楽が与えてくれる満足のためだけにそうしたくて受診しに来ることを望んでいたからである。

ルボーの著作を読むと、女性の無性欲症は自律的な現象として捉えられ始めていることが確認できる。性的快感の不能がときにそれ自体として、母親になりたいという欲求や欲望と無関係に研究されているからである。冷感症は気質による場合が多いとこの医者は見ている。彼女たちは「自らの魂をどんな欲望にも、自らの感覚をどんな官能にも開かない[86]」。夫の不器用さや、「お互いの刺激の不調和」に起因すると推定される無性欲症もある。ルボーの関心はクリトリスに集中している。クリトリスは極端に小さい場合、痙攣を惹起しにくい。正常な寸法があるにもかかわらず、この器官の感受性が長期間麻痺している女性もいるが、このような状況は決して絶望的ではない。こうした障害があっても、医者が適切な助言を与えれば、「臆面のない興奮」を惹起できるからである。

冷感症は神経症、すなわち「神経支配の疾患」から生じる場合もある。神経中枢の変調から、あるいは、コベルトが強調したように生殖器神経のより単純な機能不全から、「官能を感じる能力の一部ないし全部が虚脱状態に陥る[87]」のである。無性欲症は、とりわけ女性同性愛者と手淫者の場合と同じように、「生殖器の感受性が倒錯した」ときには——男性の不能と同様に——はっきり看取することができる。一方、過剰な回数の性交が官能を減退させることはすでに見た。また、冷感症、とりわけクリトリスの無緊張症《アトニー》は、単純なお産に伴う偶発的な原因によっても引き起こされることがある。ある若い母親は、「お産の数日後に手淫をしようとしたが、どうやってみても、望む官能がまったく得られなかった[88]」と告白している。

ルボーは、推論を押し進めた結果、女性の快楽と受胎とのあいだにあるとされてきた関係を再検討する必要に迫られる。両性種子説が放棄された後でさえ繰り返し言われてきたこととは反対に、母性は女性の快楽によって揺らぐことはないし、両者のあいだにはなんの関連性もないとルボーは考えた。彼はこう夢想する。「もし仮に、臆面のない錯乱が起きるあの短い時間に母性を調べることができたら、混乱した行為のまっただなかにそれがまったく規則的に働いていることを知って、人は驚くだろう」[89]。母性は、海の深みのように、水面の嵐を感じることなどないのだ。同時に、ルボーは古代からの信憑にとどめを刺す。「受胎した性交に感じると一部の女性たちが言い張る震えと痙攣は」[90]、馬鹿げたお伽噺に基づいた彼女たちの空想にすぎない、と彼は喝破するのである。要するに、快楽は子宮の被刺激性を掻き立てるわけではないのだ。この主張に間違いがないことを証明するために、いくども実験を手掛け、女性が「交接のさいに感じる」「快楽の総量」[91]と受胎との関係についてさまざまな観察を行った、とルボーは述べている。

したがって彼は、快楽という観点から見て、交接器官と妊娠器官、「性感」と母性の働きのあいだにはいかなる関係もないとする。「臆面のない痙攣は、そのまま子宮の痙攣を意味するものではない」[92]。また、卵巣と交接器官とのあいだにも関係はいっさい存在しないとルボーは――一部の同業者の意見に反して――主張している。かつてハラーとカミュが卵巣と睾丸とのあいだに打ち立てた比較は、その存在意義を失う。卵巣を失った女性のなかにも、きわめて淫乱な女性がいるからである。ルボーが認めるのは、せいぜい、月経が近づくと性欲が刺激され、「臆面のない痙攣」の強度が高まることくらいであった。しかし、この興奮も、生殖器官のオルガスムの高まりから来ているにすぎない。一般に、官能的な女性が大量に排出する経血から影響を受けやすいのはこうしたことによる。

したがって、自律的排卵の仮説が広まり、官能による痙攣と妊娠器官の働きとの関連性が否定され始めたこの時期、受胎した性交では、震えが子宮と卵管の運動を示しているという信憑が放棄されたことによって、どう考えても妊娠に用のなくなった女性の快楽は、その信用を失墜していたと考えてもおかしくなかろう。ところが、まさにこうした信用失墜が、ルボーをして、そしてその後の多くの医者をして、妊娠という観点の外で思考し、女性の快楽をそれ自体で考え、カップルと当事者にとって著しい利益があるという発想に導いたのである。

快楽と快楽を得るための手段は、もはや、男と女とやがてやってくる子どもが形づくる三角形のなかに閉じこめられなくなった。ルボーが著作を発表するころには、避妊の実践が止まるところを知らずに広がってゆく。一見すると、彼は、医学の論理を、カップルの行動の自律化と女性の主体の地位向上に適応させただけのように見える。

だが、真実はさほど単純ではない。ルボーと彼の同業者たちが、当時医学文献に華々しく登場した「夫婦の不正行為」の害を力説するようになるのは、ちょうど、こうしたプロセスが姿を見せ、急速に発展する時期にあたっている。したがって、この問題にかんしては、時代錯誤を冒さないように細心の注意を払わなければならない。女性の快楽それ自体の必要性が注目を浴びていたからといって、カップルを構成する二個人が遠慮なく快感を得るためには、いかなる手法にも訴えることができたわけではなかった。医者たちは、ルボーを筆頭に、性交過剰と性的濫用の危険についていまだに確信を抱いていた。パートナーを二人とも満足させるために強く奨められる女性の快楽は、良い条件で「精子化」〔spermatisation〕が実現することを前提にしている。さもなければ、すでに見たように、エロティックな実践はただの「さまざまな手淫」にすぎなくなってしまう。男性にとってその最悪の変種は、制限された性交、射精を伴わない性交である。いかなる種類のものであれ、「夫婦の不正行為」においては、女性に有害な刺激が、精液の反痙攣性作用によって鎮められることがない。「臆面のない痙攣」による興奮が、「自らの震えの内で焼尽し消え去ることを余儀なくされる」(93)。不完全な性交には、同じく不完全な快楽が伴う。しかし、ルボーが、そしてその後はベルジュレが強く奨めるのは、最後の最後にまで到達する快感であった。

第7章

ほど良い好色さ

医者は、個人が生殖器を十全に機能させることができるように留意しなければならない。生殖器の十全な機能こそ、ルボーによれば、他のすべての機能の「到達点であり目的」だからである。(1) 医者は生殖器の状態を評価し、生殖器が他の系と、緊密な共感を考えればとりわけ大脳および神経全体と、良好な関係を維持できるよう保証する必要がある。調和の取れた生殖系の活動を導くために、良い臨床医は、「医者としての直観」を頼りに、まず個人特有の気質《イディオサンクラズィ》を見積もり、次いで、「さまざまな組織体の作用の力と反作用の力を」(2)評価する。患者がかかわった節欲、性交過剰、性的濫用、不首尾などの診断が終わると、今度は、治療方法を考えなければならない。

男性にとっても女性にとっても、こうした行動が原因で引き起こされるすべてのトラブルにたいして、結婚がまず最初の治療法になる。第二の治療法として、医者は、「女性と親しくつき合うこと」をこれに加える。要するに、生殖器の働きが不調に陥ったら、治療目的の性交がぜひとも必要になるのである。著しく淫奔な一部の女性は、妊娠によって治療の効果が高まる場合がある。動物の雌も、妊娠によって発情が治まらないだろうか。ラルマン教授によれば、生殖器官の「規則正しい使用」だけが、「有害な習慣」や不随意な精液漏の治療を可能にするという。もちろん、患者が不能を患っていないという条件つきではあるが。さらに、「女性と親しくつき合うこと」が、いかなる症例においても回復を早めるとラルマン教授は言う。

若い女性で手淫を常習とする者、女子色情症の者、寡婦、節欲をしている者にとって、結婚は特効薬である。「たった一度の性交で女性の過剰な情熱が治まったことは一再ならずある」(3)とデランド医師は書いている。リスフラン教授は一連の障害に悩むひとりの女性を思い浮かべている。「性的欲望が、夜中であろうとおかまいなしに彼女に取り憑き、彼女を責めさいなみ、安眠を許さない。頻度に差こそあれ、たいがいが中途半端でときにはたいへん苦しいエロティックな夢を見て、彼女は疲労する。こうなると、しかるべき用心を十分にしたうえで、夫婦関係を試みることがどうしても必要になってくる。この関係がうまくゆく可能性はある」。シヴィアル医師は大方の同業者よりも先を行っていて、自分の能力に疑念を抱いている男性には、女性と親しくつき合う他に、お試し結婚を勧めている。これでおぞましい夜は予防できる。「最も道徳的な方法とはいえないが、最も確実な方法である」、とこの専門家は述べている。「あらゆる障害が関係している」[4]のは最初の行為だから、平穏裡に試みがなされれば、男性が結果を気に病むことは少なくなる。利点はまだある。この移行期間のおかげで、女性も性的な能力とコツを身につけることができるのである。「ここまで来れば」、あとは「互いの欲求と相談しながら実行の日を調整するだけでよい」。これで「結婚を勧めることができる」。結婚が「障害の改善を完璧にしてくれるだろう」。

いずれにせよ、結婚はそれだけでさまざまな病理を治癒する可能性がある。パリのカフェ、ラ・ロトンドでボーイとして働く二十三歳の若者が、胃病ののち、その影響でほぼ不能になった。「勃起が長持ちせず［…］射精に達するまえに膣のなかで萎えてしまっていた」。しかも、「消化の最中にも［…］臥位を取っているときにも、性交ができなかった」。そこでルボーは結婚を勧め、「家庭で看護してもらえば胃病がどれだけ早く治るか、心地よい夫婦の床でなら、いかに性交が楽に行えるか」[5]を理解してもらった。一八五四年、患者は結婚を知らせにやってきた。それ以来、若い夫は事あるごとにこの治療にたいする満足を口にしている。

結婚が良い治療法にならない場合があることも、また事実である。ときには「性的結合に固有の過剰興奮が、著しく有害（と判明することがある）」[6]。肺結核症や進行した女子色情症の場合がこれに当たる。病理によってこの治療法が妥当かどうか、医者はじっくり時間をかけて判断を下す。病気の原因が性交過剰にある場合、ぜひ症状に応じた休息を取る必要がある。このとき、結婚を勧めるべきか、それとも止めるよう勧告すべきかは症例ごとに変わる。大事なのは「性的機能の行使を［…］エネルギーの残り具合」[7]および器官の状態とつねに均衡させることで、それはひとえに医者による評価にかかっている。

すでに見たように、医者は夫婦の性交を調整するために、性交のリズム、間隔、体位を指示する必要がどうしてもでてくる。一般的な気質や個人特有の気質《イディオサンクラズィ》に沿って過剰になる限度を設定するのが、医者の仕事である。だが、もし完全な治癒を望むのなら、外科手術、整形外科手術、薬局方などに訴えることもできるし、また、生理的・精神的な健康管理だけでなく、単純に力学的な運動を加える方法もぜひ試してみるべきである。それらはいずれも、性的快感への指向性があまりに薄弱な個人を刺激したり、性交過剰や性的濫用に耽っている個人の熱を冷ましたりすることが目的である。

夫を刺激する

まず最初に、性活動を刺激する必要のある人々に向けた療法を見てみよう。この療法に外科医が関わることはほとんどない。せいぜい、膣閉塞や包茎の改善のために切開術を行なうくらいである。一方これにたいし、さまざまな機能障害を整形外科によって緩和する必要があるとき、一部の専門家、なかでも最も優れたモンダ医師は、溢れんばかりの想像力を示している。男性が外傷性障害によってペニスを失ってしまったときには、これを代用品で補わなければならない。陸軍中佐Lはヴァグラムの戦いの直後、陰茎の切断を余儀なくされた。ところがこの不幸な中佐は、出兵のわずか数日前に結婚したばかりであった。したがって、帰還した中佐は、「若妻に夫からの貢ぎ物をする必要［…］を強く感じていた」。ここにモンダが登場する。彼は弾性ゴムで「先端が子宮頸部にぶつかり、根本の広い部分が陰茎の切断面に当たるような長さ五プース半〔一七センチメートル〕の円錐の一種」を中佐のために作らせた。「弾性ゴムの座薬のようなものを直腸に入れ、同時に、会陰部への軽い摩擦があると精嚢と射精筋に収縮が起きるようにした」(8)。L夫人はこの器具のおかげで、二度も母親になる幸せを味わった。

　モンダ医師は、激しい性交の末に腫瘍になった騎兵隊連隊長M・Dを手当てした。医師は、ペニスを中に収めることができる弾性ゴムの筒を作らせ、腫瘍を圧縮できるようにした。M・Dは結婚の二年後、「この道具の力を借りなければ夫婦の営みを遂行できなかったが、それでも父親になることができた[9]」。

逆にペニスが大きすぎる場合も、モンダと多くの同業者は解決策を見いだしている。十七歳で結婚したド・S夫人は、長いあいだ懐妊がなく、性交のたびにひどく苦しんでいた。そこでモンダは、ペニスの長さを短くするために、中央にペニスが通る穴を開けた弾性ゴムの土手を外陰部に装着するよう勧めた。「この補助器具を使って、九カ月後、ド・S夫人は母親になった[10]」。またこの臨床医は、ペニスが大きすぎる夫にたいし、半分だけしか挿入しないように助言することもあった。

モンダはまた、勃起不能の男性やペニスが小さすぎる男性も診ている。彼らのためにモンダが創作した器具は鬱血器と呼ばれ、かなりの人気を博した。この器具は、長さ五プースから八プース〔一プースは二七・〇七ミリ〕で筒型の外観を呈している。「片方の端にはなにもついておらず、もう片方の端には吸引ポンプに接続する器具がついている。包皮が陰茎に覆いかぶさらないよう注意してペニスをシリンダーの中に挿入する。立ったまま、器具を斜め上に持ち上げる。片方の手で鬱血器をセットし、もう片方の手で軽い動きをピストンに伝えながら空気を抜いてゆく。まもなくすると海綿体に全身の血液が少しずつ流入し、ペニスは膨張する。ペニスの勃起感は五分から二〇分続くが、その感覚が生殖器全体に影響を及ぼす[11]」。こうすることによって、勃起を確実に引き起こすことができるのである。しかも、鬱血器を重ねて使うことによって、ペニスの「長さも太さも著しく大きく」なり、筋力もつく。

補助器具のおかげで得られた成功は枚挙にいとまがない。ここでは三例だけで十分だろう。ひとつめは、ルーアンの若者の例で、フロベール医師の診療を受けていた。古典的な治療に加えて鬱血器を一、二週間使用した後、若者には手淫にたいする抑えがたい欲望が現れる。二〇カ月後、ペニスは極めて大きくなっていた。「脊椎は盛り上がり、かつて甲高くてか細かった声は低く太くなり、ペニスの周囲は毛で覆われ、口には髭が生え、等々[12]」。一年前に若者は結婚し、早くも妻は一児をもうけた。彼の勃起は力強いという。「彼は、疲れも知らず、一日おきに性交に励んでいる」。ここでも、医療症例のご多分に漏れず、さながら夢物語である。

二十二歳のある若い理工科学校生は、数学の研究に打ち込みすぎたせいでペニスが「細く」、「締まりを失」っていたが、六カ月にわたる「勃起訓練[13]」の後、通常の大きさを取り戻した。二十三歳のロシア人、アントワーヌ・ド・R伯爵は筋骨逞しい若者だが、それまでに一度も勃起したことがなかった。さて、その彼に婚期が近づいた。ところが、一プースの長さしかない彼の陰茎は、さながら「大きめの小突起」である。「勃起訓練」を八カ月続けた結果、彼の性器は普通の長さになった。二年間の治療の末、「勃起は力強く逞しくなり、性交は欲望も伴って完遂できるようになった。射出される精液も豊かであった。その後伯爵は結婚し、三児を授かった[14]」。

一方、トゥルソーは、授業のなかで学生たちにある器具を紹介しているが、彼はこの器具を正当にも、「驚くほど単純」で「奇抜な治療器具[15]」と名づけ、その後絶えず改良を加えていった。勃起不能になった男性のための器具である。

トゥルソーは一八三五年すでに、結婚を間近に控えて絶対不能に苦しんでいた二十六歳の若者に「わたしが彼のために作らせたある器具を肛門に装着してみるよう」勧めた、と書いている。「それは検腟鏡の案内具に似た木製の器具で、直腸に挿入したらナプキンで位置を固定する」。二週間後、「男性機能が回復し始めた」。さらに二週間後、若者は結婚できる状態にまでなる。「彼の全面的な信頼を得たわたしは、彼が夫婦の営みを他の人たちと同じように全うできるようになったことを聞き知った[16]」。それ以来、トゥルソーは定期的にこの治療器を使い、たびたび成功を得ている。

トゥルソーは、病院の外科器具を製造しているマティユが考案した最新器具を聴衆に示している。それは「オリーブをひじょうに長く引き伸ばしたような形状をした金属製の詮の一種である［…］。この詮は、下に向かって水差しの口のような形にくびれ」、そして「同じ金属でできた平たい軸に溶接されている」。いったん挿入すると、ひと晩中、あるいは昼間のあいだずっと患者から抜けず、「それ以外の支えは必要ない[17]」。大きさは個人によって異なり、使い始めて七、八日目から効果が現れることが多い。

ルボーは血液を海綿体に吸い寄せるためにモンダの鬱血器をしばしば使っている。彼はまた、極小サイズだが勃起状態になることは可能なペニスの持ち主のために、より簡素な器具も考案した。ペニスが極小サイズだと、前後運動の最中に膣壁から受ける圧力がないため、射精に必要な興奮が奪われてしまう。そこでルボーは、小さすぎるペニスを入れるゴム製の円筒を作った。元々は強い性交欲を抱く十九歳のある医学生のために作った器具で、この若者に娼婦相手に実験をさせてみたところ、実験は大成功だった。「この種の交接は完璧に遂行された。すなわち、射精と、それに伴う驚くべき官能が通常の性的結合と同じように起こったのである[18]」。ルボーは、今後可能なかぎり、この器具をつけたとき以外性交しないように助言している。

瘻《ろう》が原因で射精能力を喪失した者のために、モンダはトゥルソーの編み出した器具によく似た器具を考案した。患者の治療のために、ゾンデと弾性ゴムの利用を勧めている。モンダによれば、ある既婚の騎兵隊長をこれで治療したという。つまりモンダは、「ひと組の夫婦の願いを全面的に叶え[19]」たのである。

子宮の不正位置が夫婦の正しい営みを妨げている場合、ルボーは他の多くの同業者と同じく、子宮を押し戻すためにペッサリーを使用するにとどめている。

幸いなことに、あらゆる不全症の症例において整形外科手術が必要というわけではない。もっとも、おそらくお気づきのように、ここまで引用した事例は貴族や高位軍人、ときには外国人や若い学生のそれである。つまり、だれもかれもが考案された補助器具を手にできるわけではない。勢い、医者は、古代の健康管理術に忍び込んでいる単純な措置にあれこれ頼って夫婦の性的ボルテージを高め、弛緩した器官を強化するしかない。臨床医はしたがって、それが休眠状態から来ているのか、器官の疲労から来ているのかあらかじめ把握しておく必要がある。そうすれば、環境(キルクムフサ〔circumfusa〕)にかかわる助言を与え、田舎に行った方が良いとか、新鮮な空気を享受した方が良いとか、患者に助言できるようになる。当時の医療言説では、好色さを促す手段として、旅行が繰り返し勧められていた。一七七二年、リニャックは、十七、八世紀に体系化された新ヒポクラテス派の流れを汲む命令を定式化している。病人は、逗留地の性質だけでなく、その位置や方向にも注意しなければならない。なぜなら、「ヒトの植生に[20]」より好都合な土地というものがあるからである。方角も重要だ。例えば、東向きの町では情熱がより高まる。水質、主たる風向き、季節もまたそれなりの役割を果たしている。いずれにせよ、こうした気がかりは、われわれの対象とする分野にかかわるかぎり、十九世紀に入ると目に見えて影響力を失っていった。もっとも、欲望のリズムと快楽の強度にたいする気候変化の影響だけは信じられていた。ミシュレの日記を読めば、こうした事態が納得できる。そこには、フォンテーヌブローやイエールやポルニクでの逗留が、妻アテナイスの冷感症(?)に効果があったと書かれているからである。

運動(ゲスタ〔gesta〕)も、慎重に行うかぎり、奨励される。運動は適度に、そして「大空のもとで、とりわけ光を浴び、穏やかな気温のなかで[21]」すべし、とヴィレーは述べている。マルクも意見を同じくする[22]。鉄分と硫黄分を含む温泉の強壮作用が体に良いとつけ加えている。

医者は、食餌療法(インゲスタ〔ingesta〕)にかんする助言をつねに惜しまない。ミルクをめぐっては議論百出である。体を暖めることも、冷やすこともできる万能薬だからだ。ヴィレー、マルク、デランドは牛の乳、ロバの乳、ヒトの母乳を勧める。特に母乳を摂取すれば、それだけで欲望を刺激することができるという。ミルクに賦与された効力は、古代の気質医学の観点から見ると、この液体と精液とのあいだに推測される類似関係ばかりでなく、体から汲み上げられる液体すべてに認められる効能とも調和している。この治療薬は、ワクチン接種した発汗——医者はそれも勧めているが——とも共通点をもつ。とはいうものの、サント＝マリー医師は、強壮剤として女性に母乳を摂取させたものの、うまくゆかなかったことを打ち明けている。乳房から直接摂取することを嫌う患者がいたし、また、「自らに信を置かず、濫用があまりに容易で、利用と濫用があまりに近すぎると考える者もいた[23]」。また、「金めあての贅沢な治療と考えられていたこうした治療」に出費できるだけの経済的余裕がない者もいた。母乳の摂取は、それだけの出費を容易に賄える人たちに任せた方が良いのではないか、とサント＝マリーは結論し、この高価な治療は、今のところほとんどなされていないと指摘している。

ミルク以外で体を暖める食品を摂取する方法がより一般的だったようだ。そのリストは長い。「興奮性の食品」、「滋養のあるコンソメ・スープ」、「きわめて消化の良いエキス」など、「内臓系を刺激する」働きのある食品である。最も簡便なのが、滋養がとくに豊富だとされる料理で、これには、卵、クリーム、魚、エイやサメといった「軟骨魚類」、その他の魚の白子や、イカ、牡蠣、タマキガイ、タコといった軟体動物が含まれる。とくに寒い季節には、魚は塩分と、リンをとりわけ多く含んでおり、好色さの不足しがちな人には適している。

タマネギ、エシャロット、ネギ、アーティチョーク、キクイモ、ニンジン、アスパラガスや、イチジク、カカオ、ピーナッツといった「滋養に富む果実」もまた体を暖めてくれる栄養素を含んでいる。次に来るのがキバナクレソン、フランスカブ、カブ、エンドウマメ、ソラマメといった「えぐくて、腹の張る」アブラナ科植物だが、ショウガ、胡椒、シナモン、クローブ、ナツメグ、サフラン、ローリエ、ペパーミント、マスタード、キンマといった「辛い刺激物」や芳香性スパイスは、それよりもいっそう効能があるようである。キナ皮、サレップ、自宅の庭で取れ、煎じたり粉末にしたりするセイバリー、アイスランドの地衣類、「猫のハーブ」と呼ばれるイヌハッカに同じような効能があるが、このグループは薬局方の限界に位置する。

当時の薬局方は催淫剤を豊富にもっていた。その筆頭がカンタリスで、これが惹起する疼きのために、生殖器を最も効果的に「刺激し」、性的情熱を最も有効に喚起する薬剤であった。とはいえ、カンタリスの惹起する粘膜の燃焼には危険が伴わないわけではない。この「腐食剤」に起因するカタストロフィーについては、多くの観察記録がある。セリニャックは、アルフォール獣医学校の二十三歳の学生の例を引用している。彼は、つき合っていた「メッサリーナ」から、「情熱の貢ぎ物をする」(24)たびにカンタリスの染料を飲まされたため、死にかかったという。

ゴム、油、呑み込むとむかつくような臭いがする樹脂をローションあるいはペッサリーとして使うと、女性の場合、催淫剤になると書かれている。麝香、竜涎香、霊猫香といった芳香性の物質も同じ効果をもつ。より一般的なものでは、発情期のあらゆる哺乳動物の外陰部から出る体液があるが、これは、男性器の臭いが女性の感覚に訴えるのと同じ効果を、男性にたいして訴えると考えられていた。

残るは、ドロップ、軟膏、ローション、シロップ、マーマレードなど、とくに大道薬売りによって大量に市中に出回っていた品々の果てしないリストである。医者はこれらに警戒しており、こうした調合薬のなかでも最も広く知られている「ヴェネツィアン・ドロップ」とイタリアからの輸入品と称するすべての媚薬はとくに使用しないよう警告している。ヤクヨウニンジンの根から製した薬だけが医者のお眼鏡に適っていた。周知のように、フロベールは、オリエント旅行への出発間際に、カンタリスのドロップを携帯し忘れないよう気を付けている。

好色さが不足しがちな人たちがすぐに使える機械的な方法、すなわち「物理的な促進法」は多い。まず最も陳腐な例を挙げておこう。車である。車の震動が女性の器官に働きかけると推測されている。マンヴィル・ド・ポンサンによれば、女性の器官はそこから「これまで以上の活力と原動力を受け取る」(25)のだという。

結紮《けっさつ》と鍼術に言及されることはめったにないが、その代わり、鞭打ちその他の皮膚鞭打ち療法〔体表の一部をたたくマッサージ〕は、どの専門家も必ず言及する頼みの綱である。カピュロンは同業者全体に向けて書いた概論のなかでこの療法を推奨している。ルボーが読者に提示しているのは、この分野にかんするまさに図書館ともいうべきもので、テラソン神父のような苦痛愛好症《アルゴフィリ》を論じたピコ・デッラ・ミランドラの著作や、ドレの概論（『愛の物理学あるいは外的性欲促進方法にかんする鞭とその効果についての論攷』一七八八年）とボワロー神父の『鞭打ち苦行者の歴史』までが含まれている。たしかに、鞭打ちを、「わが国の聖職者が決して手を貸してはならない放蕩のための異常な補助行為[26]」と見なす医者たちはいる。こうしたお上品な躊躇をものともせずにルボーはこの技術を勧め、自らもいくどとなくその効果を確かめている。ただ、その効果が「本質的に長続きしない」ことを残念がっている。ルボーはこう書く。「一日一回、多くて二回、患者によって腰部であったり臀部であったりするが、五分から十分、危険のない程度に鞭打ちをさせている。通常、皮膚が赤くなったら止め、打擲部に血が滲むまでは決してやらせない[27]」。ルボーは陰茎を縛る革ひもやロープをやめ、「金属製のブラシ」を作らせた。「このブラシからは、そこに含まれるさまざまな要素によって一定量の電流が発生する［…］普通のハンマーの柄の先に、銅製のきせ金具を取り付け、長さ四・五〇センチの銅、真鍮、鉄、プラチナ製の針を八〇本から一〇〇本植えた。柔軟性に富みながらも硬いこの針の自由な先端部分は、使用中に触れ合ったり、絡み合ったりする[28]」。その一方で、ルボーは娼家における蕁麻疹誘導法を放棄している。これにたいし、ガンヌ医師は、イラクサのみを使うのが適切であると明言している。

これよりも一般的なのが、あらゆる種類のリニメント剤（皮膚にすり込んで使う液状または泥状の製剤）を使ってマッサージしたり摩擦したりする方法である。冷感症の場合、マッサージは有効である。この治療方法は、ときにきわめて高度に洗練されることがある。例えばサルランディエール医師は、馬の毛を詰めたヘラを自ら開発し、それで叩くマッサージを勧めている[29]。摩擦は塗布剤を用いないこともあれば、用いることもある。塗布剤を用いない場合は、手のひらかフランネルまたはウールのブラシを用いて行う。塗布剤を用いる場合は、液体を浸した織物を使う。モンダはこのためにサージを用いている。摩擦する場所は脊柱、会陰部、陰茎基部などで、この方法には「興奮を受けると同時に興奮作用を促す[30]」働きがある。

熱作用に訴える手段も有効である。単純に患部を日にあてるか、何らかの熱源にさらすだけでもよいが、二五度から三五度のお湯に浸けるのも良い。いっそう良いのは、蒸気を浴びることである。トゥルソーは半時間ほどの温浴や座浴を勧めている。[31] カピュロンは、好色さが不足している女性、とりわけ「若い盛りに自然の呼び声に耳を傾けなかった」女性にはこの療法を勧める。器官に「失われていたしなやかさ」[32]を回復してくれるからである。こうした女性は、座浴に皮膚軟化温布剤を併用してもよい。ルボーは、生殖器、腰部、会陰部、後頭などに噴霧器を当てて[33]温風を吹きかける療法を推奨している。彼はまた、陰嚢と陰茎に温めた小袋や布きれを当てる方法も勧めている。

医者のなかには、いささか投げやり気味ではあるが、人や動物の体に触れるという古代からの伝統療法を勧める者もある。[34] ルボーは不能の患者にきれいな若い女性の間で寝るよう助言しているが、これは温熱療法というよりはむしろ催淫療法に近い。

逆説的なことだが、冷たいものに触れるとその後その部分が熱くなり、激しい作用がしばしば起こることを考えれば、冷たいもので情熱の欠如を治療することもできる。海水浴や川での水浴、生殖器、腰部、会陰部を毎朝冷たい水で洗う療法が指示されるのは、以上のような理由による。サント＝マリー医師はかち割り氷をこの場所に当てさせている。[35]

芥子硬膏〔芥子を基調とした罨法や膏薬〕もまた、その「特殊な刺激」のゆえに推奨されることがある。リュイエは、女性患者の内性器を刺激するために、ペッサリーを使って芥子硬膏を入れている。ルボーは亜麻と芥子の種子で芥子硬膏を作り、陰茎を引き締めている。彼は患者に、一〇分から一五分間我慢させる。ルボーによれば、この療法によって陰茎は「大いに役立つ」状態になったという。ただし、この治療を施した後は、交接前に必ず冷水でペニスを冷やすよう助言している。[36] マルクは芥子泥浴にもふれているが、[37] また会陰部への温布と生殖器の刺激に適したアロマ蒸気をとりわけ支持している。ルボーは、水銀薫蒸によって梅毒患者を治療する要領で、穴の空いた椅子に座る薫蒸を勧めるが[38]、シヴィアルは硫黄ベースの調合薬の方が良いという。

以上のようにさまざまな治療を羅列してみても、それらが情熱不足と戦うための治療法であることがよく分からないかもしれない。臨床医はたいてい、これらの治療を組み合わせている。例えばルボーは、性器に特化した物理療法に磨きをかけている。彼はまず、毎朝、性器と会陰部に冷たいローションを塗るように助言し、次いで、彼が調合を教える「刺激剤」を使って、性交の一、二時間前に最低一〇分間会陰部と陰茎基部を摩擦するよう男性に指示する。そのうえで、患者は局部にアロマ薫蒸を行ないながら、接吻と「好色な愛撫」を受けることになる。この加療を可能にするためには、患者は裸のまま穴を開けた椅子か肘掛け椅子に浅く座り、「骨盤を覆うカバーで腰部をきつく締めなければならない。その後、火鉢が「生殖器のすぐ下に置かれる」。

この加療が終わると、いよいよ男性は「性交の試練に臨む」ことができる。だが、せっかく生じた勃起を維持するため、保護カバーを外さず、胴回りでぎゅっと締めつけたまま、あらかじめ温めておいたベッドで交接を行」わなければならない。性的な熱が冷めないようにするために、「とくに最初のうちは、ある程度急いで性交まで持っていかなければならない[39]」。こうした医師の指示全体が、「はかない勃起[40]」のためのテクニック、とルボーが名づけたものにあたる。

モンダは、ある王宮に派遣された行政官で、妻の処女を奪うことができない男性を治療していた。「わたしは患者に、読書と職業上の雑用からすっかり離れて、狩りや乗馬や庭仕事のような手仕事に打ち込んでみるよう勧め［…］アンチ無性欲症リニメント剤で尻の内側を毎日擦ってもらい、徐々にリニメント剤の量を増やしていった。朝と晩に、香草の浸出液や［…］アステラジック〔キク科シオン属の植物アスターから調和された〕軟膏で性器をマッサージし、性器と腰回りにバレージュ〔ピレネー山脈中央部の温泉地〕の鉱泉を浴びてもらった」。治療は二カ月半続いた。「M氏は（そこでついに）夫婦の行為を完遂でき、渇望していた成果を手中に収めたのである[41]」。

四十五歳のさるポーランド貴人は、若いときに耽っていた乱れた性行為が原因で、一〇年前から不能に陥っていた。モンダは、何人かの友人とともに田舎の小さな家に六カ月間隠るよう彼に要求した。アンチ無性欲症シロップを処方し、アンチ無性欲症リニメント剤を使ってマッサージを行い、竜涎香のチンキ剤とオリエンタルローズのエッセンスオイルが入ったアステラジック・コルセット[42]」を昼も夜も装着するよう指示した。続いて、男を逗留のためニースに送り出す。その後このポーランド人は結婚し、三人の子の父親になった。

ある若者の不能が結婚初夜に判明した。「彼の想像力は官能的なイメージでいっぱいなのに、性行為に及ぼうとすると勃起不能になるのである」。モンダは、腰部をアステラジック剤でマッサージし、沐浴を行って、しばらく芥子泥に足を浸けたのち、今度は、鬱血器を使用するよう指示した。ペニスは勃起できる状態にまでなった。「勃起が弱いときにはスプーン数杯のアンチ無性欲症シロップを摂るだけで、勃起は完全になった[43]」。

医者が勧める治療は、ときに、あまりにもありふれていることがある。例えば、男性が早漏で悩んでいる場合、「同衾のまえに」風呂に浸かるようマンヴィル・ド・ポンサンは助言している[44]。しかし、治療の面目を一新するような新たな療法もある。その筆頭に挙げられるのが、デュシェンヌ・ド・ブローニュが成功を収めた一連の電気療法である。精嚢と射精管と尿道を刺激するため深部にまで治療作用を及ぼしたいと思っていたルボーは、電気が使えることを大いに信じ、接触や磁気スパークや誘導によってそれが得られると考えた[45]。例えばマザールは、手淫や女性との性交過剰によって不能になった患者に電気を流し、治療に成功している。彼は「会陰部、脊髄、仙骨に電気的な摩擦を起こすことで、これらの部位からスパークを引き出した[46]」のである。

十八世紀末にはすでに、グレアムがロンドンに開設した『健康の殿堂』で、休眠状態の器官を覚醒させ、それだけで性的快感を喚起できる電気ベッドを使っている。ペルシャ絨毯が敷き詰められ、官能的な絵画が飾られた豪華なマンションのなかに電磁気ベッドが設えられ、音楽と芳香が漂うなか、夫婦はそのベッドを褥にすることができる。「これらのベッドは水晶の脚で支えられ、青い房飾りのついた紫色の繻子に覆われ（ていた）［…］。隣の部屋には天なる火を発生する機械が置かれていて、外からは見えない導体がベッドの上まで引かれている。このベッドに横になった人は、生気を与える炎に抱かれているような感じがし、どんなにそっけない女性、どんなに冷たい女性でも、欲望を駆り立てられて思わず身震い(47)」し、不能の人も本来の活力を取り戻すのである。この魔法の褥こそ、紛れもない「結婚の祭壇」だと考えられよう。ベルトロン医師は、この方法の有効性を信じていた。例えば医師の知り合いのカップルは、寝室の隣室に据えられた機械を使ってベッドに電気を通している(48)。

残るのは、つらいことの多い感応電流療法である。トゥルソーがこの療法を指示するときには、したがって、慎重に慎重を重ねている(49)。この感応電流療法は直腸に放電叉を入れて行われ、通常、射精を引き起こす。

以上の諸治療が行われるときには必ず心の療法が伴っていた。器官に持続的な活気を与えるためには、この心の療法がじつは不可欠なのである。シヴィアルがまず「患者を取り巻く気がかりの種を消し去り(50)」、自分は不能だという強固な思い込みを打破するよう指導していたことはすでに見た。最悪の場合、医者は患者に、徐々に諦める勇気をもたせることも必要になるだろう。シヴィアルによれば、ことこの件にかんしては、どの患者もその人特有の用心が必要になるという。「生殖にかかわる完全な倒錯」の場合、肉体的な被刺激性を治療しても無駄だとルボーは言う。このような病には、心の治療しか対応できないからである。

ある男性が、一八四八年二月の革命直後、ロンドンで贅沢な暮らしをしている愛人を追いかけて出て行った妻と別れ、それ以来、不能に陥ってしまった。男性に好意を抱いていた若い未亡人と行為に及ぼうとすると、そのたびに最初の妻の記憶が蘇ってきて、男性の性器は凍り付いてしまう。そこで男性はルボーの診察を受けた。ルボーは男性の機能を回復できたが、かつて妻のものだった品々を目にしたり、妻と交わした愛撫を思い出したりすると、それだけで再び不能に陥ってしまった(51)。そこで男性は医師の指示に従い、逃げた妻と暮らした部屋や、とくに同衾したベッドでは決して愛人と寝ないようにしている[52]。

ビネがフェティテシズムの概念を世に知らしめるには一八九〇年まで待たねばならないが、ルボーは一八五〇年にすでに、十九世紀末に見取り図が描かれることになるこの病理的枠組みに入る患者を診察している。第一帝政のとある将軍の息子M・Xは父親の城館で育てられた。その城館で、彼は十四歳のとき、両親の友人である「若い貴婦人」から「愛の快楽」の手ほどきを受ける。このとき貴婦人は二十四歳。見事な金髪をイギリス風、つまり「渦巻き毛」にして結い上げていた。隠密に交接しなければならないため、彼女は愛人と関係を持つときにはいつも「昼間の服装で、つまり編み上げ靴を履いて、コルセットを締め、シルクのドレスを着て[53]」いなければならなかった。

若者は、この「早すぎる快感」が原因で重い病気になったが、十八歳で士官学校に入学する。ある種の女性にたいして、特殊な状況でしか「性的欲望が起こらない」ことに気づいたのはそのころである。パートナーが寝巻きを着ているだけで性的な熱は冷えてしまう。相手の女性は金髪で、それをイギリス風に結い上げ、編み上げ靴を履いて、コルセットで胴を締め、シルクのドレスを着ていなければだめだった。しかも、愛も感情もない行為にしか反応できなかったのである。この不幸な男性は、家族から結婚を勧められても頑なに拒んでいた。「ネグリジェを着た妻と夫婦の床で性交などできない[54]」からである。ちなみに、この男性は頑健な体つきで、しかも、情熱的でエネルギッシュな性交ができるという。

一八五二年、受診に訪れたこの男性に、ルボーは二つのタイプの治療を組み合わせている。コルセットをしていない褐色の髪の女性と性交に及ぶさいには、その二時間前にカンタリスとリンを含む水剤を飲むように指示した。二回目の挑戦で、それが功を奏する。六カ月のあいだは、事前に水剤を服用しないかぎり性行為は不可能だったが、その後、この若者は、事前の服用なしで、コルセットをしていない褐色の髪の女性と「交接」できるようになった。このように難しい症例の場合、医者は患者の愛人や妻の合意を得たうえで本人に働きかけることが望ましいとルボーは考えている。[55]

アリベールもまた赫々たる成功を収めている。患者は芸術家で、男性の理想的な姿形を思い浮かべただけで勃起し射精していた。アリベールはこの芸術家に女性の理想的な姿形を深く追究するよう指示した。[56]このような「倒錯」と心の刺激への言及は十九世紀中葉に起こっており、これが十九世紀後半の世界を、医療の表象と論理の革新を基礎にした別世界へ持ち込むようになることはご理解いただけよう。

ともあれ、夫婦の心に訴える療法に話を戻すとしよう。ルボーは説得に賭けている。パートナー間における「性交失敗」のケースでは、医者はなによりもまず、自分の治療法は有効で、かならず治癒できる旨を確言し、発言に揺るぎない自信を見せなければならない。不能はたいてい「生殖器の性交エネルギーにかんする誤解[57]」から生じており、それが苦悩を生む。キナ皮とサフランを飲ませても効果のなかった二人の夫を診ていたアメデ・ラトゥール医師は、しばらく海水浴に行くよう指示し、逗留のあいだにはきっと恢復するはずだと太鼓判を押している。[58]

たんなる生殖器の疲労であれば、臨床医は逆療法を取るだろう。体を休め、節欲し、精神を静かに保って、性的活動と想像力を呼び戻す可能性のあるものをことごとく遠ざけるよう指導するに違いない。一方、生まれつき性的情熱が薄弱な場合、医者は知的な刺激に訴え、エロティックな著作を読んだり、扇情的な絵をゆっくり見たり、舞踏会に参加したり、観劇したり、「女性たち、とりわけ遠慮があまり要らず、ある程度性的な話が自由にできる類の女性たちとつき合う[59]」ことを勧める。ただし、こうした女性の場合、嫌悪を催させない程度の女性であることが条件である。すでにヴィレーは、恋を描いた本を読んだり、恋を囁き合ったりすることを推奨している。ただし、それに「没頭しすぎ[60]」ないよう注意しなければいけないと言う。性的失敗が起きる危険が出てくるからである。マルクもまた官能的な絵画や、エロティックな作品を読むよう勧めているが、これらに加えて、音楽が「生殖器の被刺激性[61]」に及ぼす影響力の強さを力説している。マルクは、ショムトン医師のように、裸体を眺める効果にいっそうの期待を寄せている。

裸体を眺めていると、「どんなに優しい愛撫をもってしても興奮させることができなかった器官にも活力が与えられる」[62]。かつてティベリウスが裸の美女に傅《かしず》かれていたのはそのためであった。この種の療法は好色さが不足した女性にも応用できる、とルボーは考える。「舞踏会、観劇、男性との社交が必要な女性もいれば、詩や小説を読んだり、独りで美術作品を鑑賞することが必要な女性もいるだろう。また自然を眺めることが必要な女性もいれば[63]」、田園の魅力や旅が必要な人もいるにちがいない。

熱すぎる人を「冷ます」

医者にはまた、熱くなりすぎた欲望を「冷まし」、緩和し、鎮め、性交過剰や性的濫用を治療する任務もある。シヴィアルによれば、それは、興奮を引き起こす任務よりもはるかに難しい。手淫や激しすぎる性交を止めさせるのは、絶望的な試みであることがきわめて多い。現実を悟ったこの臨床医はこう書いている。「孤独な快楽の習慣があまりに抗しがたく、結婚もこれを断ち切れなかった若い女性をわたしは二人知っている。そのうちの一人は、せっかく才能を育んできた画道を諦めざるを得なくなった。制作中もその悲しい性癖に打ち克つことができなかったからである[64]」。女性がひとたび女友だちと陰核勃起に耽る習慣を身につけると、治癒はしばしば絶望的である。

女性の性的情熱を緩和するとき、医者は食餌療法や生活習慣に働きかけ、古代の薬局方を使う必要があることはもちろんだが、それ以上に監視や、さらには強制権の発動にまで及び、社会環境に合わせた心の治療に訴える。性交過剰や性的濫用によって惹起される個人の荒廃にたいする天罰、独りで、夫婦で、あるいは集団で耽るこうした放蕩にたいする天罰は、不調な性的情熱をただ蘇生させるためだけの場合よりも広範な療法が不可欠になってくる。監視や強制権の発動とはいっても、医学的言説のなかでは、真に懲罰的な企図が随伴するわけではない。臨床医は情報を与え、予防し、治療するために存在するのであって、罰するために存在するわけではないからである。手淫の脅威がその強い影響力を発揮する裏には、こうした事情が存在する。欲望の濫用にたいする闘いとなると、若い男女が医者の主なターゲットになる。ただし、忘れないようにしよう。医者の多くは、女性の過剰な好色さを不妊の原因と考えていたのである。そこから、常軌を逸した夫婦の房事にたいする闘いも避けて通ることはできなかった。

患者が若い娘の場合、臨床医が私生活の中心に介入するためには、母親のサポートがぜひとも必要になる。悪習を予感させる徴候が、若い患者に向けられた臨床医の眼差しをもってしても看破できる段階に達していないとき、それらをまず監視し、探り出し、看破するのは母親の仕事である。娘の様子がどことなくぎこちなく、どぎまぎしたり困惑したりしているとき、孤独を求めたり「結婚にたいして距離を」感じているようなとき、注意深い母親なら、娘に孤独な快楽の実践を疑うだろう。痩せたり、急にいらいらしたり、斜視が現れたり、歯が欠けるほど頻繁に歯ぎしりをしていたら、病気の明らかな証拠である。眠っている若い娘の様子を見に行くべきだ。ベッドに染み出すまでびっしょり汗をかいていたら、もう疑いを容れない[65]。

そうなると、母親は「優しく諭したり」、理責めで迫ったり、感情に訴えたり、懇願したりしなければならない。手淫は、やがてやってくる性交の官能と将来母親になる快楽を危険にさらすことになることは間違いない。そう母親は力説するだろう。ルボーは、このようなやり方がときに良い結果を生むことを指摘している[66]。しかも、母娘を結ぶ愛情に訴えることができれば、有益である。こうした情に訴える作戦がうまくゆかない場合、母親は罪深い娘を寝かしつけることも厭わず、日中は一瞬たりとも娘から目を離さないようにする必要がある。想像力と官能が「結託して美徳に逆らう[67]」のを感じたら、娘は急いで母親の許に駆けつけ、助けを求めるようロズィエ医師は忠告している。そのうえ娘は、欲望を満たすのにあまりに好都合な「部屋や、あらゆる奥まった場所」を避けなければならない。また、人通りの少ない「自然の逃げ場」は避ける必要があるだろう。ただこうなると、この療法は、エロティック文学を地で行くようなものである。

患者が少年の場合、より正確に言えば、思春期直前の少年の場合、医者の関心は私的な生活領域の外へと向く。犠牲者が集団で暮らす中学校その他の場所を注視するのである。ここでは、譴責や強制がより強固に行われる。とりわけベッド、便所、教室が専門医の標的になる。専門医は共同ベッドどころか相部屋さえ禁止し、明るく、カーテンのない寮にするよう求めている。そのうえで、若者が両手を上掛けの上に出して静かにしているか舎監が見張り、教師が「抜き打ちで」「無言の検査」[68]を行う。

彼らはまた、寮生たちがひとりで「秘密の場所」に潜り込んで長いあいだそこから出てこないことのないよう監視しなければならない。また、そうした場所を明るくしておくことも欠かせない。より一般的に言うなら、若者が、いかなる場所であれ、身を隠すことを阻止する必要がある。教室では、どんなに静かに過剰行為を行っていても[69]、疑惑を生じさせないわけにはゆかない。教師は、授業中、生徒たちを「頭の先から足の先まで」[70]怠りなくつねに監視できなければならない。ドゥッサン＝デュブルイユ医師は、机には陽の光が当たるようにし、椅子の背もたれは簡単な横木を渡したものにするよう求めている。「人目を盗もうという気配を見せたり、あまりに静かすぎたり、こちらを見つめているわけでもないのに目が据わっていたり、本のあいだに顔を埋めたり、その他あれこれこそやってたら、教師はすぐに強い不安を感じなければならない」[71]とドゥッサン＝デュブルイユは書いている。生徒の表情が「引きつったり」、目が「らんらんと輝いたり、逆に目力を失ったりしたら、学業とまったく無縁な何かが起こったことはほぼ間違いない」。そうなると、教師は問いつめて自白を引き出す必要が出てくるが、それらはすべて極秘で行い、決して学校内で行ってはならない。教室に戻った生徒は学監のすぐそばに座らせられ、「書き方の練習をたくさん」[72]やらされる。ここでは教師と聴罪司祭がいかなる関係にあるか、ご理解いただけると思う。

若者の監視がぜひ必要だとするルソーの命令に応えるかたちで、ドイツの教育者の一群が、手淫にたいする闘いを自らの権威を強固にするために利用した。たしかに、性的行動が全体的な行動と精神的な特徴を反映しているというテーマを論じるときに、まずもって例として挙げられるのがオナニストである。宗教的な罪であると同時に病気とされていたものとの闘いは、教育学がその固有分野を確立しようとしていたこのとき、とりわけドイツにおいて、教育に認められていた高い価値を強化する働きがあった。繊維状組織と神経に認められる重要性を考慮するようになったその結果、身体が以前よりも脆弱なものとして立ち現れ、自己の保健衛生と感情の分析をより深く、より完璧なものにしようという動きが出てきて、教育学者たちは、乳母、里親、家政婦、家庭教師、さらには聴罪司祭を批判するために、孤独な悪習を糾弾するキャンペーンを足がかりにすることができたのである。とはいえ、フランスでは、こうした展開はドイツほど明瞭ではなかったようである。

欲望が抑えられないところまで行くと、強制権の発動が避けられなくなる。たいていが納得ずくであるだけに、なおさらこの発動は避け難かった。こうなると、男子の手淫常習者も、女子の手淫常習者のように、夜間に見張られる可能性がでてくる。孤独な快楽にも、不随意の精液漏にも注意が必要になるからである。ドゥッサン＝デュブルイユ医師は、猥褻な想念で頭がいっぱいで、欲望に打ち克つことができないある若者を治療している。キナ皮とミルクと運動はまったく効を奏さなかった。患者をまず就寝前に両手を縛ってみた。無駄であった。オーステンデの湯治も、スパの水も、旅行も効果なし。「今は、夜のあいだ、自分で自分を見張っています」と患者は書いている。「二、三時間しか眠りません。それ以上眠ると遺精の心配があるからです。そこで、起きあがり、少し歩いています［…］。掛け布団がわたしのあそこに触れないよう、下腹部に木製の輪を載せています[73]」。

この不幸な患者は、断末魔の苦しみを四八時間嘗めたあとに逝去する。彼は「生涯の最後の数年間、勇敢にも、夜のあいだ、椅子に座り、首輪をはめ、両手をそれぞれの側に置いた椅子に縛り付けていた」と、最後にドゥッサン＝デュブルイユは書いている。患者を監視していた兄によれば、患者は縛っていた紐を引きちぎってまで「性器に手をもってゆく[74]」ことがあったという。ティソの系譜を思わせるこうした描写は、性的快感にたいする欲望がいかに抑えがたく、その暴力を緩和することがいかに難しいと医者たちが考えていたか、あますところなく伝えている。手淫と不随意の精液漏と不能のあいだを知らぬ間に移動したり、さらにはそれらをごっちゃにしているところから、三者の縺れをほどこうとする者がぶつかる困難のほどが偲ばれる文章である。それはまた、今日、不幸なアミエルの置かれていた状況を理解しようとする文学史家の困難でもあった。

固有の意味の手淫を阻止するために考案された器具はじつにおびただしい〔**口絵12・13参照**〕。フィリップ・アリエスの有名な論文が発表されて以来、それらの器具の描写は、歴史家の著作においてむしろ月並みなテーマになった。ロズィエ、デランド、ラルマンをはじめとする当時の専門家たちもすでに、嬉々として器具を列挙している。若い娘にかんして、他の治療法がすべて暗礁に乗り上げたときには、「産着や矯正肌着、またはブラシのように短く切った馬のたてがみをすべての袖口と端に縫いつけたアンダーシャツなどを着せるという方法に頼っている」とロズィエは書いている。「炎症を起こしている患部には、この疾患のために考案されたバンドをする[75]」。一八二七年、シモン医師は、両手をベッドの柵に括りつけるという実に単純なやり方を勧めている。デランドはこの方法をさらに精密化し、手ばかりでなく足も括るようにさせた。背中を閉じ、袖が交差して腕が胸の上に来るようにしたキャミソールも推奨している。彼はまた、両太腿が触れることを阻止するさまざまな器具を使うよう指示している。両太腿の内側に貼り付けるコルク製の板。「先端が松葉杖のように二股に分かれた木の棒」。後ろに開口部のあるパンツ[76]。包帯製造会社が商品化した銀やブリキなどの金属製の薄板でできた反オナニーバンドなどがそれである。女子用の反オナニーバンドは三角形をしており、男子用に製造された反オナニーバンドには陰茎と陰嚢を象った部分がついている。パヴェ・ド・クルテーユは「体よりも長いネグリジェを着て、足の先を中通し紐で結ぶ[77]」ことを提案しているが、デランドはこの方法の効果に対して疑念を抱いている。残念ながら、デランドが言うように、中学校でこうした器具を使うことはほとんどできなかった。衛生管理が難しく、これらの器具はかえって性器を加熱、刺激、加湿してしまう危険があるからである。

シヴィアルがなによりもその効果を信頼しているのは、尿道に固定し、患者に引き抜けないようにしたゾンデである[78]。欲望を衰弱させるもっと穏やかな方法もある。デランドは、陰嚢に氷や蛭をあてたり、冷たいパップ剤を貼ったりする方法を指示している。一八四五年、ラスパーユは樟脳入りのパンツを使うか、やはり樟脳の粉末を大量に撒いた層で性器を覆う方法を勧めている。樟脳の粉末層はマットレスとシーツの間に敷くと良いとラスパーユは言う。

一八四二年、ラルマン教授は二十五歳の患者の症例を発表している。宗教的なためらいから、この若者は手を生殖器にもってゆくこともなく、女性との関係も最小限にとどまっていた。ところが、陰茎の抑えがたい欲望が夜中に勃起を引き起こし、意志に反して手淫をするようになった。患者はそれを阻止するために最初両手を縛ったが、「夢を見ながら寝返りを打ち、ベッドに擦りつけて痙攣を得るようになった。ついに彼は、昼間にその痕跡がくっきり残るほど、数年にわたって毎晩、自らの両手両脚をきつく縛った」。それにもかかわらず、一晩に二回から三回精液が漏れる。「陰茎と陰嚢の感受性は、少し触れただけでも癲癇様の痙攣が起こるくらいに高まっていた[79]」。ラルマンは陰茎包皮を切除する。治癒には二週間もかからなかった。奇蹟の治療を成し遂げたこの専門医の果てしない著作には、長い殉教史が繰り広げられており、ここに挙げた症例はそのささやかな一例にすぎない。

さる高名な医師の息子M・Dは八歳のとき陰茎にコートハンガーを這わせながら自慰の快楽を発見した。この致命的な発見には、あるお針子の姿形の記憶が結びついていたが、それから三年後のある夏の日、ほとんど素っ裸でベッドに横たわっていたときにその記憶がふとよみがえってきて、それ以来この男の子は「怒り狂ったように[80]」手淫に耽るようになった。やがて成人したラルマンのこの患者は、孤独な悪習から逃れようとした。いかなる摩擦も回避するため、彼はいちばん硬いベッドに下着も着ずに寝て、上掛けは一枚だけにし、それも直接触れないように下に輪を入れ、両腕は持ち上げて頭の後ろで組むようにした。使用人が夜、寝ている彼を見回って、もし体の位置がずれていたら起こすように命じていた。

患者は起きると、袖無しの鎖帷子——重さは二二リーヴル〔一リーヴルは五〇〇グラム〕ある——を直接肌の上に羽織った。「古代の騎士が着ていたような」鎖帷子で、性器を収めるための「銀製の受け皿」が下部に付いている。この鎖帷子には、両腕と両太腿のための計四箇所しか開口部がなく、脱ぐときのために前面にスリットが入っていて、そこを閉じるときには「コルセットの紐の要領で強力な鎖を鳩目に通す」。鎖の最後の輪を南京錠が封じ、鎖帷子をひとたび閉じたら、鍵を使用人が預かり、いかなる口実を聞かされても鍵を主人に渡さないよう命じられた。こうして性器は「完全に閉じこめられ」、尿を排出する小さな開口部しか存在しなかった。「患者は、念には念を入れ、少しでも勃起が起こったらそれに直接対抗するために、正中線に沿って内向きに針の先端部分を四つ溶接させていた」。睾丸と精索とその周辺がしじゅう炎症を起こしていたにもかかわらず、九、一〇年前から患者はこの帷子を着ていた。南京錠をヤスリで擦り切ったことはいくどもある。「猛り狂ったように、自らの暴力に抗う帷子を」叩くこともしばしばだった。

ラルマンはさらにもうひとつ、勃起が起こったさいに苦痛を与えることを目的とした名高い器具を描写している。それはペニスを容れるチューブで、内部は綿や羊毛の層で覆われているが、そこに細い針が隠れており、「陰茎が膨張して」針を覆っている「柔らかな層を押し戻すと」[81]針が皮膚を刺すという仕組みである。ラルマンはこの器具の評価にためらいを見せている。ひっきりなしに勃起を引き起こし、したがって逆説的なことに、勃起を促してしまうというのである。ラルマンは、これにとどまらず、あらゆる道具とバンドに明らかな懐疑を示しており、この先、手淫恐怖症が、きわめて緩慢とはいえ、確実に衰退してゆくことを予想させてくれる。

お気づきのように、ここまでの症例はすべて強制権の発動というよりも自己束縛固定である。デランドが言及している若い娘は、自ら両親のところへ出向いて手淫を告白し、毎晩、自分を束縛固定してくれと頼んでいる。その後、夜が来ると「彼女は父親に念押しをし、外れないように紐の縛り方を自ら指示したが、たまたまうまくすり抜けてしまったときには、自分から父親に知らせに行っていた」[82]。臨床医は無遠慮にも、私生活のまっただなかにわれわれを導き入れ、父と娘のあいだにどんなに誠実で感動的な関係があるか教えようとしている。

万策尽きたときに残っているのが、外科手術である。クリトリスが異常に大きかったり、クリトリスが手淫や女性同性愛の欲望を惹起している場合、その切除を口にする著者は多い。たしかにこの手術は行われていたが、その数はきわめて稀であった。しかも、フランスでは、イギリスほど不安も議論も醸すことはなかった。一例を挙げれば十分であろう。一八一二年、ペルタンとデュボワは、結婚してから何年も経っているのに手淫をやめられずにいた二十八歳の若い女性のクリトリスを切除することに決める。この医者たちによると、切除の効果は覿面だった。衰弱の淵にあった患者は、溌剌とした健康を取り戻し、母親になる歓びを知ったという[83]。

卵巣の切除となると、これに比べて医者たちのためらいは大きい。すでに見たように、娘の淫奔さにうんざりして、それを緩和しようと、この貴重な器官を彼女から取り除いてしまった去勢師の症例を、デランドは嫌悪感をもって引用している[84]。一方、われわれがここまで読んできた著作の著者たちは、過剰な好色を阻止するための睾丸切除も推奨していない。こうした器官が失われれば子どもが産めなくなるわけだから、彼らの目から見れば、クリトリスの比ではないのだろう。とはいえ、デランドも、彼の同業者のいくにんかのように、失われた落ち着きを取り戻したい一部の患者から去勢を頼まれることがあったと言う。宦官になる危険を覚悟のうえで「オナニー症患者」の精管や精巣動脈を結紮することを勧めているのは、シモン・ド・メスただひとりである[85]。それゆえ、男性にたいして行われる手術は、手淫や不随意の精液漏の原因である欲求を解消するための包皮切除だけであった。とはいえ、稀ではあったがペニスの結紮があったし、言うまでもなく、尿道の焼灼術が、とりわけラルマン教授によって何十年にもわたり行われていたことを忘れてはいけない。

運が良ければ、健康管理だけでも過剰な欲望の突発を治癒、少なくとも予防できる。医者はこうした健康管理にかんする療法の一覧を長々と展開しているが、それらはときに性的情熱を刺激するための療法とよく似ている。例えば、新鮮で乾いた山の空気は、場合によっては、冷感症を加熱することも、性的情熱を冷やすこともある。

医者はベッドの危険という強迫観念に取り憑かれており、穏やかで体力を回復してくれる睡眠を保証しなければならない床について、長々と議論を展開している。孤独な快楽から身を守る楯としてベッド以上に良いものはない。危機にある若い女性たちにかんしてロズィエはこう書いている。彼女たちのベッドは「耐えうるかぎり硬く、馬巣織で織られた部分がほぼ直接体に触れるようにし、その他の部分は藁にすべきである。頻繁に場所を移して有害な熱を避けられるよう、きわめて広いことが求められる(86)」。この臨床医は、医者たちが好んで口にする警句のひとつをここで発している。「爽やかな床は人を丈夫にし、熱い床は人を苛立たせる(87)」。しかも、「この種の患者はとりわけ、できるだけベッドに寝ていてはいけない」。

男性を診察しているラルマンは、いっそう細かい指示を与え、性的興奮をそそるグレアムのベッドに対置すべき医療器具さえ考案している。「ベッドは硬くなければだめである。ボトムとシーツの間には皮革もしくは鑢引きの麻布を敷くのが良い」。もしそれでも不十分で、自慰者が手業をやめなかったり、夜間遺精が止まらない場合には、「腰部に鉛の板を当てさせるが、この板にコルクの切れ端やきわめて軽い木片を取り付けられればさらに良い。こうすれば、どんなに睡眠が深くとも、体が仰向けになることは絶対にない［…］、この器具が発する少しの熱も、麻布のベルトに固定した鉛の板が防いでくれる。しかも、効果をいっそう確実にするためには、ベルトを脇腹に固定してもよい。この位置に取り付ければ腰部を熱することがない(88)」。なによりもまず避けるべきだとされていた姿勢が背面臥位――つまり仰向けの姿勢――であることにお気づきになったと思う。当時、この姿勢は勃起を促すとされていたからである。子ども用の椅子に注意深く座り、眠らずにいることを勧める医者もいた。そのさい、ロンドは座が藁か木の椅子を、重症の場合には石か大理石の長椅子を奨励している。

性的情熱を一時的に鎮める最も簡単な方法が冷水浴と冷水シャワーであることは言うまでもない。カピュロンは、官能が強く、生殖器があまりに硬くなってしまう夫婦には、「緩和性の〔皮膚を柔らかくする〕風呂から出たときにしか会わないよう(89)」勧めている。シャリーヌ(90)、ロズィエ、デランドは好色な若い女性は二〇度から二五度のぬるま湯に浸かり、思慮分別のある人にいつも傍らにいてもらうよう助言している(91)。

あまりに激しい欲望に襲われる人は、閑な時間を回避し、つねに何かをやっていなければならない。それにはウォーキング、ジョギング、跳躍、球技、バドミントン、石投げ遊び、ビリヤードなどがよいとされる。とはいえ、「生殖器を擦るような動きを含む(92)」運動はすべて御法度である。それらは、フリートレンダーが『男性の身体教育』という概論（一八一五年）のなかですでに禁じている。その概論で彼は、例えば少女に揺り木馬を禁じ、少年に階段の手すりを跨って滑り降りたり、滑らかなロープを使ったりすることを禁じている。オーギュスト・ドゥベは一八四八年に刊行されたその著書『結婚の健康と生理』のなかで、床に就く前には、疲れるまで井戸の水を汲み上げるとか、コーヒー豆を挽くとか、ロープを巻き上げるなどの運動をする方がよいと若い男性に助言している。一八五五年には、クロムランクがその著書『社交会の人士のための人類学概論』のなかで、これと同じ目的のために、平行棒を部屋に設置することを勧めている。

体力のない若い女性は、平行棒のような遊びの代わりに、シーソーやぶらんこを使ったり、「船乗り」をしたりしてもよいとされる。例えばロズィエは、未婚女性に水上散歩を勧め、「軽量ボート」漕ぎを習ってもらいたいと書いている。これと同じ観点から、ラルマンは体育館の充実を要求する。以後一世紀以上にわたって、運動とスポーツは、性道徳を保障する最良の手段と見なされ続けることになる。「土地に明るく、風紀のしっかりした案内役(93)」が付くという条件が満たされるかぎり、旅行もまた好色の過剰にはよい治療法である。

仕事も、それが毎日の、規則正しい、節度ある「穏やかな習慣」になっているかぎり、貴重な楯になってくれる。若い女性なら刺繍、ブーケ作り、服の「直し」などもよいだろう。

好色過剰を自覚している――あるいは好色過剰と指摘された――個人に勧める食品は、火照りを鎮め、性欲を抑えるもの、少なくとも「緩和作用のある」[94]ものをベースにしなければならない。この人たちに欠かすことができない食品は、野菜や甘い果物、若鶏、子牛、子羊といった加熱すると白くなる肉、ブイヨン、ティソがすでに勧めていたバターミルク、牛乳などだが、牛乳はミネラルウォーターか、必要に応じて、当時特効薬と見なされていた母乳で割る必要がある。一方、家禽類、魚、「貝類」、マスタードは御法度。飲料として適しているのは、水、軽く煎じたお茶、果汁だけである。

スイレンは、アッサ・ファエティダ〔assa faetida／樟脳〕および、灌木から抽出されるかの有名なアグヌス・カクトゥス〔agnus cactus／セイヨウニンジンボク〕とともに性欲減退薬の主力で、修道院の尼僧に色欲が生じたとき、それを和らげるためにシロップにして与えられていたが、効果のほどには異論が多かった。著者によっては、これにアンモニア水の入ったゴムと樟脳を加える者もある。これらよりも厳密な意味で薬局方に属するいくつかの製品もまた、欲望を和らげるものであるかぎり、推薦されている。調合された硝石と鉛がその例だが、シヴィアルは[95]、母乳とともに特効薬と見なされていた含鉄鉱泉と併せて、これらの調合薬に反対している。欲望を和らげる薬局方は、無性欲症治療のための薬局方に比べて著しく限られていた。おそらく、自らを欲望過剰の犠牲者だと感じる男女よりも、自らに性的刺激を与えたいと思う患者の数が上回っていたからだろう。前者は依然として適切な瀉血をしたり、刺激の中枢部を蛭に吸わせたりして治療していたのかもしれない。

医者たちは、患者の性的情熱を鎮めるために、実は、とりわけ社会的な環境と心の治療に頼っていた。患者の周囲には、彼に範を示してくれそうな人たちしか置いてはならない。執事を確保することが望ましく、女中にすべてやらせることは避けるべきである。欲望に襲われた男女は観劇を避け、なによりも淫らな会話をしないよう注意しなければならないし、堕落した人々とのつき合いからは逃れる必要がある。こうした指導にあたって医師たちは、倫理神学の専門家が発する命令を繰り返しているにすぎない[96]。手淫の誘惑に駆られた若い女性は慈善活動を行うべきだが[97]、そのさい、できるかぎり母親が付きそうべきだという。

ロズィエ、ドゥッサン＝デュブルイユ、デランドは、すべての専門医と同じように、孤独な悪習の恐ろしさを見せるためにつくられたベルトラン医師の博物館をぜひ訪れるよう勧めている。これを見れば孤独な悪習に不安を抱いてもらえるかもしれないからである。例えば「死に瀕する手淫常習者の図[98]」など、きわめて有用性が高かった。不正な性的情熱を治す主要な活動と考えられていた知的諸活動を考慮に入れるよう仕向けてくれるからである。もちろん、あまりに淫奔な個人は、小説、とりわけ、当時出回っていたなかで最も危険とされていた『新エローズ』〔ジャン＝ジャック・ルソー著〕など読んではいけない。若い女性は、とくに夜、こうした本を読んではならず、「これらの本によって引き起こされる動揺により自由に身を任せ[99]」られると感じてこの時間を選んではいけない。

ラングロワ・ド・ロングヴィル医師は読書に没頭する女性と手淫常習者を巧妙に混同している。「私が知るある家族の若い娘さんは、しばらく前から大量の帯下《こしけ》に悩まされていた。この症状が不安を与えていたちょうどそのころ、私はたまたまその家庭にいた。娘さんはベッドにいた。近づいてゆくと、枕の下から怪しげな冊子がのぞいている。ついてきた母親が隣室に移ったので、その短い時間を利用して、私はその本を素早く手にした。予感は当たっていた。病気の原因を取り除くと、症状は治まった[100]」。すでに見たように、冷感症の女性を刺激することのできるエロティックなイメージも、性的快感にたいして過度に貪欲な人には有害な結果をもたらすのである。

幸いなことに、医者によれば、激しい欲望を緩和できる知的活動もある。文学史の専門家には顧みられていない側面だが、ここでいささか力説しておく方が良いだろう。過剰に好色な若い女性は研究、ただし入念に練り上げられたプログラムに沿った研究に没頭するべきだという。手淫矯正のための概論は、この線に沿って、エリート層に属する、ということは想像力のトラブルにとりわけ曝される未婚女性に向けた教育モデルを描いている。彼女たちのために、医者は性欲を抑え、節度をもたらし、爽やかな気分にさせ、「彼女たちの魂と感覚の沈静化[101]」を可能にする「適切な文学」を推奨する。ロズィエは、猥褻な想念やイメージで頭がいっぱいになった女性にたいしては、「本への愛[102]」――とはいえ、すべての本ではないが――を大いに勧める。とりわけ歴史書、哲学書、倫理学書を集めた蔵書が良い。手淫への欲望に負けそうな女性は、モニュメント史、建築概論、美術館やギャラリーの記述などを読むと良い。ただし、注意が要らないわけではない。というのも、「当然しかるべき図版やページを抜き取ら[103]」なければならないからである。それは母親の仕事になる。思念を凝らし、知識を詰め込み、省察をもたらし、判断を導き、とりわけ、嵐を遅らせるために情念の方向付けを行うために、「懶惰と官能」を退け「高貴と崇高[104]」を求めることが肝要である。

良き蔵書には例えばフェヌロンの本の他に、ドリールの詩、ベルナルダン・ド・サン＝ピエールの『自然の教育』、ゲスナーの『田園恋愛詩集』、アベ・プレヴォーの推薦する旅行書、ラ・アルプやルメルシエやノエルの文学講義、ダンマルタンの『貴婦人用文学随想録』、ランベール侯爵夫人の著作が含まれていなければならない。これに教育学概論書が加わる。例えばヨハン・ゲオルク・ツィマーマンが孤独にかんして綴った教育学概論などがその例だが、この本は、孤独が手淫を促進するだけに有益である。一八三〇年に刊行されたロズィエ医師の蔵書は同時代の書物にほとんど場所を与えていない。宗教書にかんするかぎり、著者はきわめて慎重である。たしかに彼は『キリスト教精髄』〔シャトーブリアン著〕を推薦しているし、その他にも、ボシュエ、フレシエ、ブールダルー、マシヨンといった十七世紀末の大説教師から若い女性は益を得ることができるだろう。だが、感覚の支配力が高まるように感じた女性は、法悦の物語、形而上学や哲学の概論、苦行の実践を推奨する著作を注意深く避けなければならない。それらよりも、聖ヴァンサン・ド・ポールの伝記の方が望ましい。

音楽もまた治療に貢献するが、これには注意が必要となる。「懶惰で感傷的な」音楽は「致命的な影響を及ぼす」からである。治療向きともいうべき音楽があって、それには「気高く、崇高なものもあれば、優雅で生彩に富んだ」ものもある。(105)ロズィエは音楽についてかなりのページを割いているが、これは彼が、たとえばラファエル、プッサン、ルドゥテといった画家の傑作と同じように音楽に期待をかけていた証左である。想像力によって混乱が生じた若い女性によく勧められるのが素描だが、これは花や風景の絵とか歴史画や風俗画の模写に限るべきであるとしている。

逆説的なことに、ロズィエの好みは科学で、とりわけ鉱物学、植物学、昆虫学を偏愛していたが、そこには動物学、解剖学、生理学は含まれていない。大学の医学部や医学校が、鑞型の陳列室と同様に、女性に門戸を閉ざしていた時代だから無理もあるまい。天文学がポルノグラフィーに頻出していたことは知られているが、その一方で、植物学はどんなに推奨してもしすぎることがない。植物学は堕落した都会を忘れさせ、田野の空気を深呼吸させ、マンネリ化した日常生活を中断し、「戸外の印象」を増加させ、とりわけ「全感覚を同時に」使わせることによって「印象の秩序」を変容させてくれるからである。(106)植物学のおかげで、食用が刺激される。植物標本の作成と、それに伴う分類は「軽い疲労」を与えてくれる。徒歩で遠出をするおかげで、帰宅後、睡眠が夢に邪魔されることもない。『新エロイーズ』に対する嫌悪とカバニスへの依拠がなければ、ロズィエのこれらのページには、言及こそないものの、ルソーの影響が指摘できるだろう。「植物学は女性の好む研究になるはずである」(107)とロズィエは結論を述べている。それが無理な場合、「大きすぎず、また、小さすぎない」庭で植物栽培をしてもよいという。

淫蕩な若い女性はまた作曲、歌謡、詩作、朗読などを試みてもよい。もちろん「針仕事」はいうまでもない――もっとも、まるで指の敏捷さに不信感を抱いているかのように、ロズィエはこの針仕事にほとんどこだわっていない。

とはいえ、若い女性を感覚の奴隷、とりわけ手淫の奴隷から遠ざけるには、まずもって医師の言葉が重要になる。「改心」を引き出したいなら医者はぜひとも「強い印象を与え(108)」なければならない、とデランドは言う。と同時に、不能の場合にはとくに、希望を失わせないようにする必要がある。この点に関するかぎり医者と聴罪司祭とのあいだでは意見の一致を見ている。もっとも、デキュレはこの両者に共同戦線を張るように勧めているが。

デランドは、手淫常習者にたいしてかけるべき言葉のこんなモデルを提案している。「三カ月後に、あなたはお亡くなりになりますよ。こう言うと、言われた相手はたちまち青ざめ、動揺する。心臓が止まりそうになり、力が抜けて、いまにも卒倒しそうになる」。そこでこう付け加えればよい。「でも、あなたの致命的な習慣を今すぐ完全にやめれば、三カ月後には治癒します」[109]。

節欲、過剰、濫用、不能、冷感症がおよぼす害悪との戦いは、すべて、特に夫婦間の良き性交を目指している。夫婦間の良き性交は、医学が考えるエロティックなものによって定義された深い性的快感の威光に包まれている。安楽で、規則的で、穏やかな環境において肉体を結合させ、その先で母親になる欲望を満たしてくれるからである。これは侵犯の感覚によってもたらされる性的快感の対極にある。「統制された」売春もまた医者によって推奨されており、ある意味で、このモデルをなぞっている。こうした売春は夫婦関係をできるだけ妨害せず、したがって、害悪を最小限にとどめなければならない。しかも、すでに見たように、金銭で解決のつく女性は治療において活性剤の役割を果たすことができる。

節欲、過剰、濫用がもたらす、衛生上、社会上の悲惨な結果を回避できるのは、家庭医によって調整された夫婦の性的交わりだけである。医者たちはさまざまな療法を練り上げてきたが、カピュロン医師が冷静にこうまとめている。夫婦に情熱と活力がありすぎるときには臨床医は夫婦を和らげ、熱が足りないときには刺激できなければならない。こうした治療の楽観論を反映した好例を最後にいくつか挙げてみよう。

妻がリンパ質の夫婦の場合、異性にたいする敬意も、また家庭の名誉と美徳も決して蔑ろにしないのなら、「精神的な刺激」に加えて「交接器官」へ治療を行ったとしてもなんら不当ではない。海水浴、女性の外性器と腰へのローションの塗布、会陰部へのなにもつけない摩擦や塗布剤をつけた摩擦、「芳香化合物による外生殖器の燻蒸、そしてときには通電[110]」などがその治療である。内側から性欲を促進する催淫薬については、ルボーは経験から、それらが男性と女性にたいして違う作用を及ぼすことを認めている。

コロンバ・ド・リゼールは一八四三年、夫婦にたいするさまざまな治療法を組み合わせた一覧表を作成している。妻が「性行為に過剰な情熱を見せている場合、[…]入浴、刺激の少ない食事、清涼飲料水など、穏やかな食餌や生活による療法を勧めると良く、とりわけ一カップあたりスプーン一杯の石灰水を落とした冷たいミルクに効果がある。普段より長い散歩や旅行はとりわけ効果が期待できる」。夫婦の営みには「一定の間を置くか、少なくとも、感覚の快楽に一定の抑制を持ち込むべきである[…]その反対の場合、つまり妻が[…]夫婦の愛撫に冷淡であったり無関心であったりする場合、田舎の空気、刺激や活力を与える入浴、とりわけ海水浴や、フォルジュ、サン＝タルバン、ヴィシー、エクス＝ラ＝シャペル、バレージュ、エクス＝アン＝サヴォワの温泉のような鉄分と硫黄分に富んだ温泉がお勧めである。また、しっかりとした食品、黒肉、卵、こくのあるワイン、ココア、サレップ〔ある種の洋ランの球根から抽出される粘液〕、セロリ、オレンジ、トリュフ、ヴァニラ、その他興奮性、刺激性の食品からも効果を得ることができる。さらに、完全な無性欲症の場合、舞踏会や劇場に通ったり、小説など多少なりともエロティックな作品を読んだりすると良い[111]」。

こうした処方をするにあたって、問診票に慎みのない言葉があれこれ並ぶことは言うまでもない。要するに、医者が女性に――ときには男性にも――性的快感の享受が少ないのか、多すぎるのか、不十分なのか尋ねることを前提にしているのである。

マンヴィル・ドゥ・ポンサンも同様の助言を与えているが、好色の度合いにアンバランスがある場合を織り込んでいるため一覧表が複雑になっている。こうなれば、医者がお手上げだと感じることはない。医者は両パートナーの協力を得て治療にあたる必要がある。ときには「ヴィーナスの実践にあまりに意欲的な男性が、性的にあまりに冷淡な女性とかかわりをもつことがある。こういう場合、女性には香辛料の利いた熱い食べ物、強壮剤、あらゆる種類の刺激物を勧め、その一方で男性には、体温を下げ体を穏やかにするものやミルクなどを摂取させなければならない。この簡単な方法によって、私はいくども、夫婦が生まれ変わる喜びを味わうところを目にしてきた」[112]。医者たちの詩的な楽観主義は、彼らの言によれば、経験に基づいているからだが、その経験はおそらく注意深く選別されているに違いない。というのも、この夫婦の微妙な治療法が失敗に終わることはめったにないからである。

第Ⅱ部

肉体の反逆

緒言

情欲《コンキュピサンス》の系譜を粗描する

ここでは、いかに簡潔なものであろうとも、情欲《コンキュピサンス》にかんする神学者の思想史全般を扱うことはしない。われわれが取り組むべき固有の対象を理解するために不可欠なアウトラインへ立ち返るだけにとどめておこう。固有の対象とは、アルフォンソ・デ・リグオリの著作執筆とイエズス会士ジャン・ギュリの著作刊行を隔てる時期である。

パウロによれば、肉体は、神と、神の恵みに対立するかぎりにおける人間的自然を表現していた。原罪以降、肉体は罪の砦となり、魂との戦いへと駆り立てることになる。肉体の所有欲に膝を屈するとは、自らの裡に堕落の種を播き、悪の働きに唯々諾々と身を委ねることなのだ。『新約聖書』では、こうして早くも一世紀から、人間の脆弱さをはっきり示す肉の弱さが強調され始める。肉体を持った存在は、神および天使と対立するのである。

己自身との和解を追い求める個人の意識を永遠に引き裂くこの悪しき原理。肉体の裡に住まい、ただただ死へと向かうしかない罪に膝を屈してきたこの肉体。この敵意に満ちた力。神の恵みによってしか制することのできないこの内なる敵。これこそが、数々の過ちを生み出し、「肉体」と呼び慣わすものを正道から大きく逸らせる源泉であることは言うまでもない。猥褻、放縦、放蕩ばかりか、憎悪、嫉妬、偶像崇拝、魔術その他の悪習までもが、精神の戦場における悲痛な敗北を証立てており、その戦場では、物質的富にたいする精神的富の勝利は、決して永続きしない。後になると、肉体はとりわけ、精神生活の開花を阻む身体感覚に執着し、その快楽を過度に追求するなかで現れる性欲の放縦を指し示すようになる。

パウロの書簡はひっきりなしに注釈と改竄を受けているが、肉体にかんする彼の考え方を考慮に入れて言えば、パウロはそこで、神学者たちが情欲と性欲の正当な快楽と不当な快楽に言及するさいに依拠すべき原理をいくつか述べている。まず第一に、パウロは処女性とやもめの貞潔を称揚する。それが許されているときでさえ、妻は感覚の快楽を放棄することが望ましいとパウロは考える。パウロは婚姻の床を穢れから救う結婚の目的を次の三つに規定している。（一）創造主を永遠に褒め称える地の信者と天の選民を殖やすべく運命づけられた存在を産むための欲望。（二）二人の対等な配偶者のあいだに結ばれ、キリストと教会の結合を象徴する慈愛。(三) 男性の情欲と女性の情欲を、相互の義務――あるいは債務――によって鎮めたいという欲求。ただし、情念に駆られることも、婚姻を利用することで得られる官能をそれ自体のために味わうことも決してあってはならない。

キリスト教時代の初期には、純粋で気高い仕事から魂を遠ざける官能にたいして不信感が存在したことをアリーヌ・ルーセルは示した。(1) 一方、ピーター・ブラウン(2)は、肉体的快楽の放棄の論理と、したがって、童貞、独身、節欲の称揚の論理が初期キリスト教の中心部分にあったことを明らかにした。ヒエロニムスやアンブロシウスといった初期教会の教父たちは、性的な関係を、アダムとイブが最初にもっていた天使的な荘厳さが衰弱したことと結びつけて考えている。こうした衰弱から帰結する以上、結婚と肉体的結合は、彼らの目から見れば、人間の本源的な自然に由来するものではありえない。そこから、彼らは処女性を称揚し、節欲を勧めるのである。

アウグスティヌスの貢献は倫理神学の歴史において決定的に重要だが、そのアウグスティヌスによれば、罪を犯す以前のアダムとイブにも肉体的結合はあったという。したがって、地上の楽園にも性的な欲望がなかったわけではない。ただし、それは自覚された意思の働きと完全に連動していた。意思と感覚の一体化が、肉体的結合を、バランスの取れた恍惚、曇りなき愛、尽きせぬ悦びになさしめていたのである。(3)

アダムとイブの堕落には、それ以前の調和を掻き乱す永遠の不調和の源となった肉体の反逆が相連れ添っていた。アダムとイブから神の恵みが退き、二人は困惑のさなかに取り残され、裸体でいることに初めて赤面する。肉体のうちに、かつて知らなかった動きを、意思から独立し勝手に欲望を出現させ勝手に器官を活動させる「臆面のない奇妙な感覚」(4)を感じるからである。こうして魂が「自らの自由の濫用に酔い、神への奉仕を侮る」(5)とき、今度は「神への第一の奉仕者である」身体が「魂を侮る」ことになる。魂が、それまで自らのものであった身体にたいしてもっていた絶対的支配権の喪失を感じるのである。「このときから、精神に抗う肉体のあの欲望が」、情欲を構成する「あの内面の戦いが始まる」(6)。われわれが性《セクシュアリテ》と名付けるものを越えて、神よりも権力や知や快楽を好ませる欲望のダイナミズム全体にかかわるのがこのコンキュピサンス〔情欲や淫欲を核にもつが、広く、現世の富や快楽にたいする欲望を言う〕である(7)。コンキュピサンスは、精神に、欲望を禁じられるだけの自制心と、器官に言うことを聞かせられるだけの支配力を残さない。そこで人は「自らの意思に従うことができないという不可解な状態」を経験する。「死の淫らな変則性と同じくらいショッキングな(8)」人格の解離である。

このとき、男女を圧倒するのは、蘇りを約束された身体の実体ではない。アウグスティヌスの目から見れば、人間の肉体性も感覚も神にかなった人間の精神的条件を成している(9)。魂に重くのしかかるのは、今や、堕落した肉体なのである。この堕落は、自らを喜ばせようとして神を顧みなかった魂の、その罪の原因をつくるわけではない。堕落は、実は、傲慢からうまれるのだ。「魂を罪深いものにしているのは堕落した肉体ではない。罪深い魂こそが肉体を堕落させているのである(10)」。

アダムとイブの堕落以降男女が感じる羞恥心は、繰り返しになるが、魂にたいする肉体の反逆の運動、精神にたいする身体の抵抗の動きが知覚されたときに生じる。だからこそ、それが正当な仕方であっても、自らを満足させたいと思うとき、肉体の所有欲は陽の光と他人の目を避けるのである。羞恥心は、娼家のなかでさえ、性行為に秘密を命じる。放蕩者でさえ、自らの行為を外に曝すことはない。彼らは「光の辱めを受ける」ことを恐れているのだ。「男性にしてみれば、兄弟にたいする不当な怒りを千の証人に見咎められるよりも、結婚の正当な性的快感に身を任せているところをたったひとりの証人に見られる方がつらい(11)」。

身体感覚の官能的な悦楽であるコンキュピサンスは、堕落した人間の知性を曇らせ、意思を圧迫し、自由を弱める欲求の変調であり、欲望の混乱である。アウグスティヌスは『創世記』の最初の数章を新たに解釈し直しているが、それは、夫婦の絆を、あるいはむしろ「良き結婚」を彼がどう考えているかよく示している。教会の他の教父たちとは反対に、アウグスティヌスは、アダムとイブの堕落以前に存在していた荘厳を処女性のなかに探し求めることは無意味だと考え、せいぜい勧めてもよいという程度にとどめている。その一方で、彼は結婚を擁護し、それが友情に満ちあふれた博愛心にもとづくべきだとする。博愛心は「性的行為の比較的短い幕間」を超越しているからである。[12] 夫婦は弱いときにも、互いの欲望を認め合うときにも、助け合わなければならない。結婚は善である。イエスはカナの婚礼を受け入れたではないか。夫婦のあいだに君臨すべき和合は、神の国における最終的な合一を象徴しているのだから。夫婦関係のさなかに身体がアダムの堕落を語るということが嘘でないとするなら、それは、結婚が夫婦の房事とその快楽の熱に重みを与えるためにほかならない。

　アウグスティヌスの思想を極端に単純化したある読み方が、コンキュピサンスを肉の欲望および原罪の欲望と同一視しようとしたのはかなり早かった。姦淫の罪に挑む修道士の戦いが、より正確に言えば、性的清廉さを、身体の忘却、快楽の拒否、「感覚の監視」、器官の監督、禁欲として追求する戦いが、最重要課題として立ち現れる。[13] 姦淫の罪を、なによりもまず魂の悪徳に、つまり「イメージ、記憶、想念、情動」を構成する罪深い心理的活動に[14]仕立てるモデルで、この心理活動は、少し前まで下劣な行為そのものよりも重要だとカッシアンが考えていた内面の動きである。となると、その目的は、「魂が考え、想像し、思い出し、補佐し、聴き取ること、要するに、魂が身体に仕えることを止め[15]」させ、身体がもはや過剰で混乱した欲望の場つまり肉体であることを止めさせることにある。というのも、罪は内奥においてすでになにひとつ欠けていないからである。欲望の知的な表明、言語化、行為による成就は、内面においてすでに完全な罪をなんら発展させるものではない。この歩みはただ、罪の可視性を増大させ、相互主観的な次元の可能性を明らかにするだけである。こうした論理に従って、一二一五年、第四回ラテラノ公会議は、われわれの研究対象である個人の性《セクシュアリテ》にたいする調査を体系化した。[16]

　七世紀に教皇グレゴリウスによって淫蕩《リュクスュール》と名づけられたものは、やがて七つの大罪の階《きざはし》を昇ってゆく。さまざまな感覚器に中枢をもつ唯一の悪徳として認識される一方で、全身の堕落を引き起こし、複合的な病理を惹起する悪徳として考えられたためである[17]。

第四回ラテラノ公会議の少し後で、今度はトマス・アクイナスが生殖機能の行使について思いをめぐらせている。その後数世紀の神学者たちが彼の言葉からとどめたものは概ね以下のとおり。トマス・アクイナスにとって、自然と理性と神法のあいだに矛盾はなく、そのことは人間の身体についてもあてはまる。「神法は、人が身体と感覚の現実にたいして理性に従うよう命じている[18]」。そこから次のような断言が引き出される。身体と感覚の現実をとおして「人の精神は神にまで高めることができる〔…〕、もし精神をとんでもないやり方で使わないならば[19]」。身体の諸器官は魂の道具である。それらのひとつひとつにそれぞれの目的が対応している。あらゆるものを動かす神は、魂のなかに自然な傾向を据えているからである。ところで、生殖器の使用とは肉体関係である。肉体関係は、したがって、自然に沿い、それゆえ神法に沿っており、それ自体が悪であることはありえない。

とはいえ、人は感覚事への埋没である性行為によって、ましてやそれがもたらす快楽によって、心を奪われてしまってはならない。というのも、それは幸福への道のりではないし、究極の目的でもないからである。性行為の快楽は沈思黙考を妨げる。知性に属する人の高貴な部分と能力に対応するものではない。むしろ、人を野獣の水準に引き下げようとする。神の姿に似せて創られたこの被造物が、動物と同じ快楽に、その至高の幸福を置くことはできない。

こうした断定は結婚の解消不能性を正当化する。結婚は動物界のすべてにあてはまる自然の法であり、精液の射出は種の伝播という目的を持っている。それ以外のいかなる射精も、自然に反している以上、それは罪である。一方、「いかなる動物も性行為の官能〔voluptas〕を自由に享受したいと思う〔…〕ところが、いくつもの雄が同じひとつの雌に、あるいはいくつもの雌が同じひとつの雄に接近できるとき、この自由は拒否される[20]」。さて、人間は自らの子孫を確実に残そうとするが、いくにんもの男性パートナーがひとりの女性パートナーと番うならこの願望は実現しない。しかも夫婦間の友情や「優しい愛情に満ちた協力関係[21]」、「家庭的親密さの共有」が不可能になり、不和が生じるようになるだろう。たとえ同居を強いられている相手全員と交接できたとしても、「この快楽を使いすぎるはめに陥るにちがいない[22]」。

結婚による結合の目的は生殖だけでなく、子どもが産まれてきたときの教育と矯正にもある。自然の法と理性が、長続きする結合を命じるのである。「姦淫の罪を犯す者がするように、性行為の後、すぐに別れてだれかれとなく番うよりも、女性のそばに居つづける方が人間の自然に適っている[23]」。適切な教育ばかりでなく、慎みを覚える年齢に至るまで不可欠な矯正も、持続的な結合だけがこれをよくなしうる。そのとき人間には指導が必要であることが明らかになる。「というのも、人間において、教育するための理性はより完全であり、懲罰するための力はより強力だからである[24]」。理性が証示する自然の法は、神の法に一致する。解消できない結婚とは、キリストとその教会の切り離すことができない結合の象徴なのである。

淫蕩の罪――その一覧は早くも十二世紀に作成されている――はこうした原理から導き出されている。婚姻外の肉の行いはことごとく不正である。姦淫の罪が単純な場合もある。女性がすでに処女を失っており、男女ともに独身で、霊的親子関係〔洗礼や堅信を受ける人と代父母との間に結ばれる関係〕を含めていかなる親子関係でも結ばれておらず、俗世に生きている場合に、欲望されたり、想像されたり、遂行されたりする交接がこれである。婚姻関係の外で思念や欲望や行為において罪を犯した夫もしくは妻は姦通者になる。純潔の誓いに縛られた個人（男性女性を問わず）、とりわけ聖職者の身分にある個人が、想像のなかであれ、実際の行為であれ、肉の罪で喜びを得た場合、それは瀆聖の罪になる。男女が神聖な場所でひとつになったり、愛撫に及んだ場合、あるいはそれを夢想した場合、これもまた同じ種類の罪を犯したことになる。若い娘の処女を奪って結婚しなかった場合は淫行にあたり、誘拐や強姦が伴う場合罪はさらに重くなる。しばらく抵抗を試みた後であっても、心中で性交に同意し、行為に深い歓びを感じた場合、女性の犠牲者であっても同じ罪に問われる。たとえ精神的な親子関係であれ、すでに親子関係で結ばれているパートナーと交接したり、交接を欲望したり想像したりした場合、近親相姦を犯したことになる。もちろん、いずれも致命的であるこれらの罪が重なることもありうる。親戚関係にある修道女の処女を奪う——あるいは奪おうとする——既婚男性がその例で、彼は姦通、淫蕩、近親相姦、瀆聖という四重の大罪を犯すことになる。

とはいえ、最悪の罪はやはり、自然に反して犯される罪、すなわち、生殖を可能にする自然の器の外に精液を射出する罪である。この罪には三つある。孤独な行為にさなかであれ、交接のさなかであれ、女性の膣の外に意図して精液を漏らすこと。同性であろうと異性であろうとひとりの人間を相手に行われる完全な、あるいは不完全な肛門性交。そして獣姦。この三つである。

以上の分類を貫く論理ははっきり看取できる。われわれが扱っている主題にとってきわめて重要なのは、繰り返しになるが、数世紀のあいだに、一直線ではないにせよ淫蕩の罪が七つの大罪の階《きざはし》を昇ってゆき、われわれが扱っている時代に及んで、ついには他の罪を抑えて圧倒的に倫理神学の専門家の関心を惹くに至ったという点である。さらにつけ加えれば、そのときの関心は、射精全般に、とりわけ夫婦の床で繰り広げられることすべてに集中する傾向があった。

第8章

夫婦の床

――そのタブーと快楽

近代の黎明期には依然として、夫婦の房事に激しさや官能を追い求めたり、神への愛を忘れて、一被造物にすぎないものに情熱を滾らせることを、神学者たちは非難していた。聖職者はあまりに頻繁な交接、淫らな眼差し、手による愛撫、さまざまな体位を糾弾している。典礼暦に合わせて設けられた節欲期間を告発していたことはいうまでもない。パウロの双務的な負債という概念が、依然として、夫婦関係を命じていたのである。結局、結婚は危険なものだと考えられ続けていた。

夫婦の霊性と、愛に溢れた夫婦生活

一五四五年から一五六三年にかけてトリエント公会議に集まった高位聖職者たちは、夫婦の快楽を復権したプロテスタント教徒、とりわけカルヴァンにたいする対応を迫られた。そこで、肉的な愛と霊的な愛は相容れないという考えをすっかり取り除こうとする。カエタン枢機卿（トンマーゾ・デ・ヴィオ）の『罪についての要綱』や、スペインのドミニコ会修道者ドミンゴ・デ・ソトの『裁定』といった、十六世紀初頭の神学者たちの著作にすでにうかがえる、肉体にたいする悲観的態度の緩和を有効だと認めた。結婚という身分に救いを求めることはできるのか。この本質的な問いに、彼らは具体的な回答をもたらしたのである。その背後では、当然、処女擁護論者とのあいだに議論があったはずである。

結婚が聖化の恩恵を受けられることを明らかにするため、トリエント公会議のテクストと『公教要理《カテキズム》』は、結婚の三つの目的を新たな仕方で再序列化している。結婚の第一の目的はもはや、地を、次いで天を満たすべき子どもを産むことではなく、夫婦をひとつに結ぶ友情である。この見方からすれば、夫婦関係はまずもって慈愛の行為として認識される。双務的な負債は、救済への共通の欲望のなかに書き込まれているのである。

こうした夫婦の霊性を促進するために、[1]公会議の教父たちは、カップルの神聖化に通じるすべてを強調する。聖職者の身分に比べて夫婦があまりに軽んじられている状況に終止符を打ちたいと思ったのである。結婚の聖性を称揚すれば、同時に、大家族を否定し、その代わりに夫婦を中心にした基本家族単位を促進することになる。こうしたカップル化の促進が、個人化の促進に結びついた可能性は考えられる。その証拠に、十六世紀後半には、回想記、自伝的な詩、回顧録、書簡による告白などが氾濫しており、要するに、歴史家のロベール・ミュッシャンブレが取り上げたあの「紙の自我」が膨張期を迎えるのである。[2]しかも、モーリス・ドーマの指摘によれば、十六世紀末の数十年間には既婚男性が愛の言葉を口にするようになり、「夫婦の愛」を表す言葉が登場するという。トリエント公会議がこの社会的プロセスを増進させたのではないか、とこの歴史家は考えている。これ以降、肉体の正当な快楽にたいする欲求をしっかり認め、しかも天国への門をこれまで以上に大きく開け放ってくれる結婚に、若者たちはかつてないほど憧れることができるようになった。[3]そのうえモーリス・ドーマは、夫婦の結合の表象にかんするこうした大転換が、ひそかに女性の評価も引き上げたのではないか、という仮説を述べている。

　トリエント公会議の『公教要理《カテキズム》』は、結婚による結合が帯びる秘跡の性格を力強く再確認している。婚姻の儀式は契約を厳かに祝うばかりではない。それはなによりもまずひとつの宗教的な行為であり、結婚した人々に固有の霊性がこれから大きく花開くことを祝う結束の瞬間なのである。夫婦の結合は、これ以後数十年のあいだ、新たな執拗さで繰り返し繰り返し、キリストと教会の結合と同一視されることになる。アニェス・ヴァルシュが指摘するように、それはとりもなおさず、婚姻の秘跡を受肉の神学に取り込むことであった。

　トリエント公会議で出された婚姻にかんする信仰箇条において中心を成す夫婦の霊性は、秘跡によって与えられる特定の神の恵みによって可能になるが、神学者はこの秘跡について、本書の終着点である一八六〇年代に至るまで絶えず詳細な説明を続けている。たとえば、一八四八年にトマ・グッセはこの秘跡の結果について長大な分析を行ない、こう言っている。[4] 結婚式は、教会で執り行われるのだから、これから始まる結合を他ならぬ神聖な場所で確認するものである。儀式のあいだ中心になるのは、祝福式と夫婦の聖体拝領ではなく、両者が恐怖も暴力もなく自由に交わす同意であり、そのとき初めて夫婦は秘跡を相互に授けあうことになる。

かくしてトリエント公会議は、決然と、夫婦の結合を神聖な領域へ転じた。と同時に、秘跡が解消不可能性の規則を強化する。貞節の厳命にいっそう力を与えるのである。秘跡は、したがって、姦通の重大さを強調し、夫婦生活を相互の慈愛の場とする秘跡の恩恵の重要性に注目させる。

夫婦を結びつける感情は、純粋かつ神聖で、他の愛着との比肩を許さない独特な愛だと規定される。その感情とは、なによりもまず、救済という共通の営為におけるふたつの魂の結合から生じる「永遠の旅路」[5]である。したがって、夫婦は互いを聖化すべく努め、ともに信仰に励まなければならない。トリエント公会議の『公教要理《カテキズム》』は「夫婦が祭壇の下にいるところを想像している」とアニェス・ヴァルシュは書いている。かくして、家庭は教区教会の延長上の私的な聖域になるのである。そのため、これ以後新たな霊によって息吹を吹き込まれた儀礼的節欲期間は、言うまでもなく、遵守しなければならなかった。

公会議の決定から、宗教文献にその影響が現れるまでには一定の時間差がある。こうした宗教文献を二六件綿密に研究したアニェス・ヴァルシュは、『夫婦生活の手引き』がほんとうに熱狂的に迎え入れられたのはわずか一六四〇年から一七四〇年のあいだにすぎないことを明らかにした。当時、結婚は数限りない説教やホメリア〔福音書解説を中心とした説教〕、霊的講話や戒告のテーマになり、福音書のカナの婚礼の逸話には際限のない注釈が施されている。

このため、愛し合う夫婦の秘密が少しずつ溜まる集積所になり始めていた夫婦の床は、ついには聖職者の注意を引きつけるようになる。フランスで形成されはじめていたエロティック文学が、少女の教育と肉体的啓示への準備に注目していたのは、ちょうどこの頃である。[6] 夫婦の床がそれまで以上に聴罪司祭の注意を惹くようになったのは、トリエントの教えがこれを神聖化しつつ親密化したからであった。秘跡が情欲《コンキュピサンス》を消し止める神の恵みを授けてくれる以上、欲望の制御と衝動の緩和はなおさら避けて通ることができないテーマである。だが同時に、夫婦関係への関心がこうして強化され、夫婦関係が賛美されることによって、視線はひそかに、夫婦が「思うがままに味わう」この「快感」に向けられるようになる。もっとも、少し前にエチエンヌ・パスキエが考えていたように、こうした悦楽は結局のところ「こっそりと」味わう快感ほど興奮をもたらさないのだが(7)。

サンチェス神父の著作『聖なる婚姻の秘跡について』がちょうど良い時機に出版されたのも(一六〇二年)、こうした関心が以前より強くなっていたからにほかならない。この著作は、快楽の追求を許可する方向で書かれている。もちろん、その一方で、生殖を目的としない快楽の探求と自然に反した実践はことごとく断罪しているが。ヴァチカンに追随されることはなかったものの、その著作が十九世紀においてなお重要な参照文献であり続けたサンチェス神父は、まさに愛撫といわれるものを夫婦に許可し、百年後にアルフォンソ・デ・リグオリ〔聖アルフォンソ・マリア・デ・リグオリ。司教、レデンプトール会の設立者〕が証言する精神へと途を開く好意を示している。

夫婦の床は、十七世紀と十八世紀の倫理神学の専門家たちに数多くの問題をつきつけた。決疑論者〔決疑論とは、宗教的ないし道徳上の規範を特殊・個別の事例に適用するに際し、類推によって一定の結論を得るための実践的な法のこと〕たちは次の四つの問題に強い関心を寄せている。いずれも両性種子説の信憑に基礎を置く問題である(8)。(一)女性は行為のあいだに自らの精液を射出すべく努めるべきか否か。この射精は、結婚の目的のひとつである生殖に必要な、あるいは少なくとも有益なものと認められるので、大多数の神学者は努力すべきだと答えている。(二)射精を終えてしまった夫は、受胎を促すために、また相手の情欲を鎮めるために、妻が射精に至るまで行為を続行すべきか否か。これについては、見解が分かれている。(三)夫婦は同時に射精すべく努めるべきか否か。ジャン＝ルイ・フランドランによれば、決疑論者の半数が努めるべきだとしていたという。(四)夫が行為を中断した場合、夫婦の行為を十全に遂行するために妻は自らを愛撫することが許されるのか。この問いを提起した一七人の著者のうち一四人は許されるとしている。医者によって放棄された両性種子説が神学者によって再び問題にされ始めたころ、これらの問いが再浮上することになる。夫婦の負債の新しいヴァージョンを作らねばならなくなり、それに伴ってさまざまな問いが生じてきたときにも、これらの問題は相変わらず人々の関心を惹いている。

だがここで、無愛想な決疑論者しか話題にしないなら片手落ちになるだろう。夫婦の霊性という概念は、この概念を大きく越える夫婦の床に、ある眼差しを投げかけさせていたからである。十七世紀初頭に発表されたが十九世紀に入ってから広く知られるようになったフランシスコ・サレジオ〔フランソワ・ド・サール〕の著作が、その眼差しをいかんなく示している。『神愛論』もそうだが、とりわけ『信仰生活入門』が肉体の結合について多くのページを割いていて、そのなかでフランシスコ・サレジオは、夫婦の床は異教徒や野獣のような自然の愛の場であってはならず、また、「狂った愛」の場でも、情念の場でもあってはならないと述べている。理性と慈愛によって命じられ、本来夫婦における教会世俗領であるあの長期持続に組み込まれた貞節によって維持される肉の行為の舞台とならなければならないのである。信仰深い夫婦の床とは、霊的な高揚に支配され、秘跡の恩恵によって維持された愛の関係の証である。夫婦は、「(彼らの)心が分かちがたく結ばれている」ことを証立てる、慈愛に満ちあふれ、「まったく神聖で、神に満ちあふれた愛で」互いに慈しみ合わなければならない。[9]

「ああだから夫たちよ、あなたの妻にたいして、優しく、常に変わることのない、誠実な愛を失ってはなりません」。「そして汝妻たちよ、神が与えたもうた夫を、優しく誠実な、しかし尊敬と畏敬に満ちた愛で」永遠に「愛しなさい」[10]。夫は貞節の範を示しながら「大きく包む愛と優しい甘美さ」[11]をもってこの権限を行使しなければならない。そして最後に、「優しく、静かで、揺るぎなく、永続的な愛で、夫と妻は深く愛し合わなければなりません」[12]という。フランシスコ・サレジオの甘く優しい言葉は、夫婦の房事を指し示す語彙の甘美さに調和している。これ以後、夫婦の床は

「婚姻の営み」、「婚姻の行使」、「結婚による交流」といった言葉が使われるようになった。十八世紀後半の宗教文学や倫理神学は「婚姻の義務」という表現を用い、十九世紀の文献は「夫婦の行為」という言葉を好んで使うようになる。

フランシスコ・サレジオは、『信仰生活入門』をとりわけ女性読者に向けてフランス語で書いたが、夫婦の床にまるまる一章を捧げ、さらにつっこんだ叙述をしている。夫婦の床は「汚れなきものであらねばならず[13]」、素材においても、量においても過剰を容認してはならない。夫婦は節度を保たなければならない。アウグスティヌスから影響を受けたフランシスコ・サレジオは、「われわれが享受すべきは霊的なものであって、肉的なものは利用するだけにとどめなければいけません[14]」と書いている。この場合、一定の節欲がどうしても不可欠になる。伝統的な禁欲の忠告に代わる命令である。夫婦の床においては、妻は控えめさ、つつましさ、従順さを示す必要がある。結婚まで処女の貞節を守ったのなら、なおのこと容易であるに違いない。「したがって、あなたの最初の愛をあなたの最初の夫のために大切に取っておきなさい[15]」。「まったき誠実な心の代わりに、愛に悩んで擦り切れた不純な心を差し出すとすれば、それは大いなる不貞です」とフランシスコ・サレジオは厳しく言い放つ。

ひとたび結婚した女性は、秘跡によって偉大になった愛を危険にさらすような真似は避けるべきである。たとえ「かりそめの恋、浮かれ調子、虚栄心、二心、気取り、策略、みだらな考え［…］にちょっと誘われただけだとしても[16]」。おしなべてベッドのなかで行われることを知っている夫は、妻の美徳を危険にさらさないように、自らの情熱を抑制しなければならない。妻にかんしてフランシスコ・サレジオはこう書いている。「もしあなたがたが妻の貞潔を望むなら、妻にたいして貞潔にふるまいなさい」。もしあなたがたが「妻に悪賢い行為を教えるなら、あなたがたが妻を失うことになって名誉を傷つけられたとしても驚くにはあたりません[17]」。羞恥心を示せるほどの夫婦なら、人前で裸にはならないだろう。

とはいえ、フランシスコ・サレジオにインスピレーションを与えた夫婦の霊性も、ある種の愛の仕草をふんだんかつ濃密にすることは禁じていない。夫婦の霊性は接吻を称揚しており、フランシスコ・サレジオもこの接吻にこだわっている。聖人聖女も「結婚生活では互いに愛撫をたくさん与え合っていました。本当に愛に満ちた、でも、貞潔で優しく、それでいて誠実な愛撫です」[18]。依拠するモデルはイサクとリベカ、あるいは下って、聖ルイとマルグリット・ド・プロヴァンスである。接吻は愛の言葉を堅固にする。「魂を互いのなかに流し込み、完全な結合によってひとつにしたいことを示すため、接吻をするときは口を相手の口に重ねます」[19]。

象が交接のあとかならず水に入って身を清めるように、「享楽と官能」の後では心を洗うようフランシスコ・サレジオは夫婦に勧めている[20]。

彼によれば、エクスタシーと恍惚には二種類があるという。野獣の状態に貶め、それゆえ人間の自然状態にふさわしくないエクスタシーからは身を守る必要がある。『神愛論』の著者は、「享楽的な官能に心を奪われ、[…] 理性と悟性への配慮も働きかけも失った野獣のような」個人を公然と非難する。「なぜなら、彼らの惨めな魂は、獣じみた行為にすっかり注意が奪われて霊的な作用から逸らされ、動物的で荒々しいことに埋没し、すべてをそこに向かわしめるからである」[21]。不幸なことに、「心の内なる一部の感覚と能力が、それ固有の結合に向かうことはよくある」[22]。それゆえ、「荒々しい愛は、[…] より激しく、より荒れ狂っているがゆえにより力強く、より粗野で世俗的であるがゆえにより堅固で、より感覚的で未開であるがゆえにより偉大である」と考える者をフランシスコ・サレジオは非難し、「その反対に、愛は、素材が繊細であればあるほど明るく美しく燃える火のようなものである [...]」と言う[23]。動物の愛は嫌悪を生む。「肉欲の愛」だけに導かれる者、つまり利己的な利益だけを追求する者は、性交が終わると「悲しく陰鬱になり、茫然としてしまう」[24]。

その代わり、「博愛心による愛」、「この人のためならなにかを愛することができる」という愛は[25]、他人の満足を考える「心遣いの愛」や他人の快楽を考える「欲望の愛」のように、無上の深い快感を与えてくれる。
これと平行して、フランシスコ・サレジオは、典礼暦に伴うさまざまな制約や、月経と妊娠の期間の性交禁止を、緩和の方向へと不可逆的に向かわせる貢献をしている。性交を終えたばかりの夫婦が聖体拝領を慎まなければならない理由はない、と考える神学者のひとりであった。

古典主義時代をただ抑圧的とだけ評するのはあまりに単純であることはおわかりいただけたと思う。トリエント公会議の『公教要理《カテキズム》』や『神愛論』を読むと、古典主義時代がそれなりに肉体と快楽を復権させていたことがわかる。ただし、あくまでそれは、愛と貞節と貞潔と官能の緩和に、さらには聖性に裏付けられた結婚の枠内であったが[26]。モーリス・ドーマは、このモデルが結局近代の結婚の、すなわち、私的領域の支配の確立後に了解された意味での結婚の呼び水になったのではないか、と書いている。『信仰生活入門』が十九世紀に入って五二回版も重ねていたのは、この本のメッセージが、少なくとも若い娘と信仰篤い女性の関心を呼び覚ましたからにほかならない。

反対推論により、カップルの親密さの深化、自律性の上昇、相手の快楽にたいする配慮の増大、以前よりしっかり守られるようになった夫婦の歓びの秘密は、いずれも、中断性交に有利な要因と考えることができる。トリエント公会議の霊性やフランシスコ・サレジオの優しさは、逆説的なことに、まもなくして最も重い罪と考えられるものを容易にしてしまったのかもしれない。最も重い罪、それは、婚姻の第二の目的、すなわち生殖・出産という目的に沿うことを避けたうえで、体と魂の結合のみを享受しようとする夫婦の罪である。いずれにせよ、フランシスコ・サレジオは婚姻の身分がもつ危険から生じる恐怖心や強迫観念から一般信徒、とりわけ女性を解放したのである。

十七世紀末の数十年以降、肉体的結合の表象とこの結合を命じる規範のあいだに緊張が生じ、矛盾さえ孕むようになった。この時期は厳格主義への明らかな揺り戻しが指摘できるが、その一方で、愛する夫婦のモデルが徐々に台頭し、大革命の前夜ついに花開いている。感覚を備えたふたつの魂の結合として認識されていたセンチメンタルなカップルを称揚するときがやってきたのである。

ポール・ロワイヤルの精神が広まり、ピエール・ニコルと大アルノーの作品が広く世に出回っていた十七世紀後半に、魂の結合であり救済への道でもあるような夫婦のモデルが影を薄くする。眠っていたアウグスティヌス主義が、ジャンセニスムとともに突然ふたたび目を覚ます。夫婦の結合とその快楽は、この世の全面的な断罪のなかで理解されることになる。一六八〇年以降、司教区の公教要理《カテキズム》は、肉体にたいする恐怖や憎しみへの回帰、罪を中心に据えた教育法の練り上げ、女性は淫乱で誘惑に長け悪魔のような官能性を備えているというイメージの復活を示している。(27)たしかにこうした見方は、女性に敵愾心を抱く説教師のテクストしか歴史家は取り上げていない、とマルセル・ベルノスが批判するときの見方である。(28)ただ、いずれにせよ、女性に敵愾心を抱く説教師のテクストが結婚を語るときには、恐怖と怯えを吹き込むことが多い。したがって、処女性が再び誇張を伴って力強く賛美、称賛されており、夫婦を称揚するトリエント公会議とフランシスコ・サレジオに矛盾しているのである。

神の恵みにかんする論争。頻繁な聖体拝領にたいするジャンセニストの、より広くは厳格主義者の攻撃。罪の赦しの拒否あるいは延長にかんする議論。これらが人々の注意を集めていた。そうした状況を背景にして、フランシスコ・サレジオが描いた夫婦の貞潔は、独身者に要求される貞潔よりも守りにくいと判断されることになる。夫婦の義務をいつ要求したり、遂行したりすれば正しいのかを知り、うまく自制しながら夫婦関係を営み、姦通はもとより禁じられたいかなる愛撫も自らに断つとするなら、それは、快楽への嗜好も習慣もたいがいすぐに失ってしまう独身者の貞潔よりもやっかいで難しい衝動の制御に習熟しなければならないことを意味するからだ。聖職者の言説は、改めて、夫婦の情熱の過剰がもたらす劫罰の危険に集中していたのである。

秘跡の恩恵を得ようという夫婦の祈りが宗教文学のなかに一大ジャンルを形成する一方で、危険に満ち、しかも生殖を主たる目的とした夫婦生活にたいして、悲観的な表象が急増する。そんななか、「不吉な秘密」、すなわち、神にたいする反逆のなかでも最悪のものと思われ、一般信徒の嘆かわしい離脱の徴候と見られていた避妊の習慣にたいする告発が、鬱勃として湧き上がる。

したがって、信仰深い夫婦の霊性、ジャンセニストの厳格主義、放蕩《リベルティナージュ》の高まり、感覚を備えた魂と幸福という観念の支配下に培われた愛し合う夫婦のモデルが示す感性の世俗化、これら相互の緊張関係から生じる状況の複雑さを考慮に入れる必要がある。いずれにせよ、このプロセスのひとつひとつが、それなりのやり方で、より自律的な夫婦の形成に導いていったのである。夫婦の霊性が自律的な夫婦の形成に導いた理由はすでに見た。ジャンセニスムと厳格主義も、秘跡を頻繁に利用する夫婦を遠ざけることによって、個人的な意思決定に好都合な孤独のなかへと夫婦を押し戻す。放蕩も、愛し合う夫婦の称揚も、宗教的規範の忘却と自由な官能の追求を促すことになった。

この愛し合う夫婦というモデルにあてはまる夫婦は、自らを愛人や情婦のように感じていた。彼らは、救済の道を歩んでいることを忘れて、あの世に行ってからも自分たちの愛が続くのではないかという淡い期待をときには抱きながらも、さしあたり現世的な快楽を二人で楽しもうとする。こうした態度をアニェス・ヴァルシュは「夫婦の前ロマン主義」と呼んでいる(29)。夫婦の結合のこうしたセンチメンタリズム化は、時代の厳格主義的空気に真っ向から対立し、夫婦の霊性と混同されることもなかったと思われる——二つのモデルが互いに浸透し合うことはままあったにせよ。

モーリス・ドーマは、このセンチメンタルな夫婦の場合、結婚に先立って愛が存在し、それが結合の祝福のさいにきわめて自然に夫婦愛に変わるのだと力説する。これにより今や結婚は情熱と両立できるようになる(30)。その代わり、夫婦の愛は、フランシスコ・サレジオに従って、秘跡の恩恵に支えられているかぎり婚姻から派生するとされていた。

夫婦を結合させるセンチメンタルな愛のモデルは、若い男性の自律性を公けに認める。若い男性は、結婚前に婚約者に言い寄り、誘惑しなければならない。これが、社会からも認められ、個人の評価も高める恋愛《アヴァンチュール》になる。社会が個人の視点を取り込むのである。と同時に、愛の表象が思春期のときめきへと引っ張られてゆく。当時の医学分析もこの動向と一致しており、性の見習い期間という主題に取り憑かれたポルノ文学もまた、ある意味で、これと軌を一にしている。

以上、かなり以前に始まったプロセスにこだわり、時間をかけて論じてきたが、それもやむをえまい。というのも、聴罪司祭や説教師が結婚の危険にたいして激しい怒りをぶつけていた十九世紀前半に、教養豊かな子女や妻たちは、『信仰生活入門』とフェヌロンの著作ばかりでなく、『新エロイーズ』も同様に深い感銘を抱きながら繙いていたからである。とはいえ、この社会階層の男性の多くは、エロティックな小説や、古代作家のなかでも最も淫らだと信じる作家を探しだしては、その作品を堪能していた。こうした参照項目の錯綜が、肉体的な官能の表象まで折衷主義に支配されていたこの時代の、欲望と快楽の複雑さを生みだしていた。

しかも、十八世紀初頭から聖職者の言説は一般信徒夫婦の注意を基本家族単位に移そうとし始める。周囲のセンチメンタリズムの空気を反映してのことである。アニェス・ヴァルシュはこの「優しさと性的な衝動の融合」のなかに、感受性を備えた魂を倫理神学の流れに組み込もうとする静寂主義《キエティスム》の間接的な影響を探り当てている。(31) この観点から見てみると、「家族の人間的かつ霊的な成功は、一にかかって、夫婦の成功にある」からである。(32) そして今や聖職者は、夫婦だけでなく、基本家族単位全体をもその対象とするようになる。

十九世紀の男女は、以上のモデルと影響力を組み合わせようと努めている。この領域においてもまた、折衷的で革新性に乏しいこの時代は、以前から練り上げられてきた情動の堆積のなかに位置づけることができる。それでも、周囲の主たる影響力からなにがしかのものを受け取っていたことは間違いない。

一八二〇年代から始まる聖職者の言説の復活は、伝統的な倫理神学、とりわけトリエント公会議の倫理神学への復帰を可能にする。トマ・グッセも、リグオリ主義の伝道者ではあったが、かつてパウロが唱えた婚姻の三つの目的を繰り返し述べ、その秘跡としての価値を強調し、イエス・キリストと教会との結合の象徴として夫婦がその身分を聖化することを許す神の恵みの重要性を示している。グッセは、内的でありながら、虚構的ではなく現実的、条件的ではなく絶対的であり、かつ外的な、すなわち両性のいずれからも自由に示される、そうした夫婦の同意が必要であると力説する。そのいずれもが、個人と夫婦の自律性を確認し堅固にする命令であった。[33]

十九世紀に入ってからポスト・トリエントの宗教文学が爆発的に成功したことを見ても、それが同じ淵源に発していることを看取できる。当時出版された霊的著作のじつに四一パーセントが、一八〇〇年以前のものであった。カトリック改革に由来する著作物が陳腐化するのは、一八七〇年以降のことにすぎない。[34] したがって、われわれ現代人が「性生活」という言葉で呼び慣わしているものの描象を描こうとするときには、ぜひともこれらの著作を読み、考慮に入れることが必要になる。

夫婦の霊性を称揚する流れとサレジオ的な優しさへのこの全体的な回帰は、一八二〇年代のあいだに、新たな夫婦愛のテーマと、基本家族単位の枠内で起きる感情の濃密化に結びつく。基本家族単位の構成員はだれもが「夫婦の愛、親の愛、子の愛、姉妹の愛はどれも同じ性質のものであること」、したがって、解消不可能であることを「肉体の裡に感じているのである」。[35] こうした家族の優位性は、母性を称揚するためにあれほど男女の二形性を深めてきた自然主義と軌を一にしている。

われわれは、夫婦の霊性と、この場合ロマンチックな愛と言うこともできるセンチメンタルな愛との融合の見事な例を、このあとで分析するつもりである。フレデリック・オザナンとアメリ・オザナンの夫婦のただなかに神の恵みのようにやってきた愛がその例で、一八六〇年ころ寡婦になったこの妻は手帳にこう書き記している。[36]「愛が強ければ強いほど、愛の快感にはうち消しようのない苦しみが混じる。愛する人の魂のなかまで入りこむことができない苦しみ。愛するふたりがこのうえなく親密な自己放棄と混乱を迎える短い瞬間に、たしかに肉体は所有することができる。でも魂は、目から零れだし、言葉になって出てくるものしか所有することができない。そう、あれはまだ魂の全てではないもの［…］。そこから不可解な、途方もない悲しみがやってきて、もっとも親密な発露の一瞬に入りこみ、幸福のもっとも鮮烈な瞬間の終わりを支配してしまう。あれは飽満状態なんかじゃない。あの世にまで行きたいという止みがたい欲望よ。幸せだったあのとき以上に強く死にたいと思ったことがないのは、なぜかしら。それが自分にもわからない」。本書第I部で分析した、肉体の結合にかんする医者の文章と比べたくなる、女性らしい言葉である。

逆説的なことに、十九世紀初頭に認められる一連のこの支配的な影響力は、厳格主義を背景にして、倫理神学の分野に作用を及ぼした。たとえばドルドーニュでは十七世紀末から連綿として非妥協性な空気が領していた、とラルフ・ギブソンは書いている。[37] 聖職者たちは、聴罪司祭が強く依拠していたカルロ・ボッローメオのメッセージを厳格主義的な視点から解釈していたのである。[38]

七月王政下に実現したリグオリ主義の勝利が空気を一変するが、一八五〇年代末ころになると、およそ二〇年ほど前から表に現れていたサレジオ的オプティミズムと倫理神学の寛大さが色あせ、アウグスティヌスに影響を受けたより厳格な教義へと回帰する。これ以降、宗教文学のなかでは結婚した人々の性をあからさまに語ることが、不可能ではないにせよ難しくなった。無原罪の御宿りという信仰箇条（一八五四年）およびマリアの顕現に歩みを合わせて、天使のように敬虔な心が勝利を収める。花嫁が白いドレスを着る時代、ばら冠の乙女の祭りとマリアの子ども信徒会が各地に広がる時代がやってきたのである。

夫婦のオナニズム、最大の危機

夫婦のオナニズムは、医者が「夫婦の不正行為」という言葉で告発するはるか以前から聖職者を悩ませていた。神学者の目からすれば、それは大罪であった。セーの大神学校の総長であるルーヴェル大修道院長は露骨にこう述べている。「夫は、自らと妻を潰《ポリュエ》す手段として以外、妻の壺を使ってはならない」。妻は自らを潰すために「自らの手であれ、他の四肢であれ」「外陰部に触れては」ならないが[39]、その一方で、「妻の壺に精液を貯蔵する」ためなら、夫婦はできるだけのことをしなければならない[40]。

十九世紀前半に夫婦のオナニズムが神学者を悩ませるさまは、数十年前から歴史家の特権的な研究対象になっているが、聖職者が肉の罪について考察を述べるさいにそれを秩序づける概念がふたつあることを強調する専門家は少ない。そのふたつの概念とは、「霊の動揺」と「自瀆《ポリュシオン》」である。自瀆《ポリュシオン》は、手淫《マスターベーション》よりも考察にとって豊かな概念だが、そもそも手淫という用語は、医学的な言説に遍在していたこととは対照的に、聖職者のあいだでほとんど使われていなかった。手を使った行為しか含意せず、分析を過度に物化するきらいがあったからである。

神学者から見れば、自瀆はたんなる手淫にとどまらなかった。したがって、思考と想像の淫蕩から帰結する自瀆、孤独な者の手業によって人為的に引き起こされる自瀆、婚姻枠内のパートナーを含むパートナー相互の手による接触および愛撫から帰結する自瀆、女性の膣を使った手淫と考えられていた中断性交という自瀆を、それぞれ区別する必要があった。たいてい夜間遺精となって現れる不随意の精液漏は、それによって官能を感じている者が臨終に際して同意するおそれはあるものの、以上の自瀆と別物であることはいうまでもない。

以上のケースにおいて、自瀆とはすべて自然の壺の外への射精、あるいは、いわゆる女性の精子を性交によらずに射出する行為である。それは自然に反する罪であって、その起源においては、誘惑にたいする同意という罪や、前もって犯され、射精がその悪意を暴き出す罪をいわば引き延ばしつつ締めくくる、さまざまな形の罪である。一方「霊の動揺」はこの罪に至る道の途上に位置しており、聴罪司祭がその全体を再構築しようと努めるものの、その罪の深さは、すでに見たように、真の意味で深刻化するものとはいえない。「霊の動揺」は自瀆を促したり、惹起したりするのである。

自瀆が、肛門性愛と獣姦という別の罪の領域に属する奸策に結びつくこともある。罪の深さを計るとき、自瀆はいわば試金石になる。自瀆は同意と悦楽を証立てている。誘惑への屈服に引き続いて射精がなされた場合、それはもはや赦されうる小罪ではない。ただし、他者の利益のためになされた行為によって惹起された射精の場合は別である。これによって、患者の加療中に射精してしまう内科医や外科医、あるいは、罪の告白を聴きながら職務中に精液を漏らしてしまう聴罪司祭を大罪から救っているのである。(41)

当時倫理神学者たちの特権的な標的であった夫婦のオナニズムは、繰り返せば、官能それ自体を追求する段階や強度を探索することによって、かえってカップルの飛躍と自律性を承認・促進してしまう。この時期は、クロード・ラングロワが力説するように、まさに、夫婦の床の個人化が急速に進み、夫婦の思慮深い行動が新たに出現した時期であった。夫婦のオナニズムによって、「カップルは自らの選択の能動的な主体となり、もはや神の御心にすべてを任せる受動的な主体ではなくなったのである」(42)。ジャン＝バティスト・ブーヴィエ〔神学者、司教〕は、その同僚とともに、出産をコントロールしながらも性的快感を諦めない若い世代の夫婦が出現したことに気づいていた。とりわけ、この点について今や夫婦は意見を一にしている、とブーヴィエは強調する。このことが、享楽の行為によって神学者に課された問題をよりいっそう厄介にしているのである。

事実、カップルの自律性の基礎となるこの一致に、ペテレ〔petere〕（要求する）とレデレ〔reddere〕（与える）というパウロ的な展望をどう適用できるだろうか。「要求する」が根本的に男性の要請で「与える」が女性の服従である関係概念から、たったひとつの身体とたったひとつの魂をもった夫婦というイメージにどうやって移行できるのだろうか。(43)「カントが啓蒙主義時代の人間について述べている、偏見からの解放、自律性〔…〕、出産を制限する合理的な決定」、自らの行為の制御、「自らの行為を道徳の枠内に組み込む意思」を「実際に行なうことのできる」――とクロード・ラングロワが書く――カップルに。(44)

聖職者が、古い時代の決疑論によって練り上げられた神学的倫理を、司牧としての配慮に迫られ、女性が大多数を占める告解者に促されて寛大な態度に切り替えるのはむずかしい[45]。そうなれば、理論上は平等であっても実際は不平等な相互負債の概念を、ふたりのパートナーが身振りの表現だけでも、放棄しなければならなくなるからである。

近代決疑論の法律を思わせる形式主義は、言葉遣いを硬直化させてきた。婚約者の慣行にかんする新たな疑問。両性種子説の放棄と自律的排卵理論の採用。卵子無形成期間の存在。こうしたものが今や神学者に難しい問題をつきつける。医者にしてトラピスト修道会士のドゥブレーヌ神父が起用されたのは、こうした問題に解決をつけるためであった。カップルにおけるオナニズムの禁止は、夫婦だけにかかわる問題ではなかったことに注目しよう。それはまた、姦淫者、姦通者、淫行や瀆聖を犯す罪人にも適用されたのである。

リグオリ主義の普及が行われたのは、こうしたかなり難しい問題にできるかぎりの解決をもたらすためであった。このリグオリ主義には注目する必要がある。夫婦のオナニズムは、一八四〇年代初頭にはじめてこの言葉で名指されることになったが、きわめて早くから神学者たちの非難を浴びていた[46]。まだアルフォンソ・デ・リグオリが生きていた十八世紀末から早くも、聖職者たちは司牧的配慮から、快楽のみの追求から生じる避妊の急速な普及を告発している。しかし、とりわけ田舎の司祭たちは、行き過ぎた厳しさは信徒の離反を招く危険があることにいちはやく気づいていた。聴罪司祭は、今や、非妥協的な態度に傷ついた若いカップルから不平不満を浴びせられることになる。彼らは聖職者に文句を言い、秘跡を放棄していたのである。

一七八二年、今度はフェリーヌ神父[47]が新たな振る舞い方を激しく非難する。彼はこれがきわめて陳腐な罪であると考え、聴罪司祭に注意を呼びかけて、この慣行が男性によってなされる場合、煽動者はたいてい妻だと言う。一般信徒の大多数が劫罰を受けるはずの罪を告解者はめったに認めようとしない、と彼は嘆いている。

十九世紀初頭、医師団が両性種子説を決定的に放棄したにもかかわらず一部の神学者がこれを放棄しようとしなかった時期にあたるが、この災厄は聖職者によってきわめて深刻に受け止められた。これ以来、聖職者は自らの目に大災厄と映るものにたいして攻撃を仕掛けに出る。とはいえ、夫婦のオナニズムにたいする批判運動は、夫婦のあり方にたいして一定の支配権を失うまいとする聖職者によって、おそらく口実としてしか用いられなかったのではなかろうか。批判運動は、十八世紀中葉以来医師団によって支配されていた性的規範の世俗化を阻止するための一方途、医者たちを悩ませていた手淫《マスターベーション》と精液漏《ポリュシオン》に「自瀆」を対置させるための、ということは、学者の専売特許の外に聖職者を置くための一方策にすぎなかったのかもしれない。というのも、聖職者は、ブーヴィエやドゥブレーヌといった最も寛容な者たちでさえ、「性生活」が聴罪司祭の監督下にとどまるべきだと考えていたからである。

いずれにせよ、その後、頻繁な中断性交が多くの地域で証言されている。一八二二年には、モンペリエ司教区を担当するタイラン司祭、[48]ドルドーニュのジュミラク主任司祭が、頻発する中断性交を嘆いている。[49]一八二七年には、今度は、何十年も前から告解に耳を傾けてきたジャン＝バティスト・ブーヴィエ自身が訴え、一八二八年には、リヨンのラザリスト会会員ヴェルニエが、その手引きのなかで、大災厄の拡大を告発する。[50]その二年後にはガップの聖職者会議の試験官が「悪」[51]の広がりを力説している。一八四三年、今度はドゥブレーヌが、夫婦のオナニズムと彼が呼ぶものを激しく非難する。おそらくこの命名はドゥブレーヌが初めてであろう。十九世紀の半ばにルヴェル神父もこれを激しく非難したことはすでに見た。こうした非難には、ときに、女性特有の過ちにたいする告発が伴っていた。たとえばこのルヴェル神父は――彼ひとりにとどまらないが――、精液を排出しようとして行為のすぐあとに起きあがる妻を批判している。その他にも、同じ目的のために大急ぎで放尿したり、ていねいに体を洗う妻もいた。ルヴェルによれば、房事の最中に自らの気を逸らせようとする罪深い妻もいたという。[52]以上のことは、セーの大神学校の教師が、十九世紀の半ばすでに、生殖行為のメカニズムにおける女性の快感の役割について確信を抱いていたことを示している。

したがって、ジャン＝バティスト・ブーヴィエ以前にも、オナニスト夫婦に、とりわけ、罪深い夫をもつ妻に、どのような態度で接したらよいのか不安に駆られて教皇庁内赦院に問題を提起した司祭はかなりいたはずである。ローマ教皇庁は三〇年に満たないあいだに少なくとも一九回、この件で質問を受けている[53]。とはいえ、この問題がこれほど執拗に俎上に載せられるのは、さしあたり、フランスにほぼ限られていた。この問題が告解の手引きに登場するのは最近のことである。とりわけ一八二〇年代初頭から十九世紀半ばにかけて、夫婦のオナニズムはあからさまな議論の的になっていない。当時、ローマ教皇はこの件にかんしてはっきりした立場を取っていないし、司教が一般信徒に介入することもなかった。

　聴罪司祭に注意を喚起し、そのうちのいく人かには教皇庁内赦院に見解を具申させ、それよりも多くの者に回答の内容を問い合わせさせたのは、むしろ夫婦の不安の方であった。こうした疑問は、アルフォンソ・デ・リグオリの思想が少しずつ広がりを見せる前の厳格主義的な雰囲気のなかで発せられている。ラルフ・ギブソンは、ペリグー司教区の聖職者がこの点にたいしていかなる態度を取っていたか綿密に研究しており、早くも一八三二年には、これ以上堪えられないと感じられていた状況から逃れるために、ドルドーニュの聴罪司祭が、トマ・グッセの『福者に列せられたるアルフォンソ・マリア・デ・リグオリの倫理神学の弁明』に飛びついた、と書いている[54]。

　とはいえ、ここでは微妙なニュアンスの違いがきわめて重要である。リグオリと同時代の厳格主義者ドミニコ会修道士シャルル・ビュアールの影響が長いあいだ重くのしかかっていた。一八〇四年から一八二五年のあいだに二〇版を重ね、ブーヴィエとグッセの著作の影響が取って代わるまで大神学校で長いあいだ使われてきたルイ・バイイの『神学の教義と倫理《テオロギア・ドグマティカ・エト・モラリス》』の教えのなかに、その反響を十分聴き取ることができる[55]。バイイの思想は数十年にわたって聖シュルピス会の教えを支配し、たとえばペリグー司教区などにおけるフランス教会聖職者の典拠になっていた。

　とはいえ、リグオリ主義の勝利がわれわれにとって最も重要な点ではない。ジャン・ドリュモーがこのメッセージの重大さをこう要約している。「この〔アルフォンソの〕倫理は、近代の人間に、倫理的責任をみずからが負い、したがって危険をも引き受けるよう促した。しかし同時に、真摯な心で、またしかるべき保証を得て決心した人間の罪悪感をぬぐい去ることによって、人間に安心をもたらしたのである」[56]。これにより、聴罪司祭は告解者を自律的な主体として敬意をもって遇し、たとえ誤っていてもその人なりの良心の権利を考慮に入れるべきだとされるようになった。リグオリ主義は、狭い意味での倫理神学を越えて、ひとつの精神的な態度に、理解のある寛容な意思になったのである。それは、以前の恐怖による司牧神学とは相容れることがなかった。法的な判断が犯罪の状況を考慮に入れるとき、リグオリは、過ちが犯された状況、その意図、罪を犯した告解者が意図するところに、第一義的な重要性を与えている[57]。この態度に従えば、聴罪司祭が罪の重さを量るとき個別のケースしか存在しないことになる。悔悛として課される罰の確定にも、同じ精神が貫かれている。罰は軽く、しかもつねに各々の力を考えて課されることが重要である。なによりも大切なのは、あまり深刻に扱わないこと、そして良心を満足させること。まずは相手の気持ちを落ち着かせるために、聴罪司祭のなかでは、好意、寛容、同情が他のあらゆる感情に勝っていなければならない。

温厚さと中庸にまで至るこの動きが人々の心に浸透するためには、人が長らく想像してきた以上に時間がかかったが、現れたその効力は絶大であった。一八三二年、トマ・グッセがリグオリ主義を広める著書『倫理神学』を出版したとき、ベレー司教区のようないくつかの孤立した拠点を除いて、まだ影響力はもっていなかった。しかし、一八四〇年から一八四五年にかけて、クロード・ラングロワが「オザナンの数年」と呼ぶ期間に事が成就する。トラピスト会修道士ドゥブレーヌ、ゴーム神父、聖スルピス会司祭ヴァランタン、ルースロ神父その他が運動に加わり、夫婦のオナニズムにかんしてブーヴィエの立場を強化したのである。

リグオリ主義を、歴史家フィリップ・ブトリは真の「コペルニクス的転回」として語っている[58]。われわれも告解のやり方にその影響を見て取ることができるだろう。というのも、この新しい流れによって、頻繁な秘跡への回帰が可能になったからである。したがって、この回帰の成功の裡には、神学よりも司牧のためのビジネスを見て取ることができる。

こうして寛大さへと促された聖職者は、罪悪感を取り除く三つの主要な道を模索し、試みている。当時、蓋然説〔疑わしい行為に関して、蓋然的な考えを選択すべきであるとする説〕と厳格蓋然説〔ある行為について合法・非合法両方の疑いがある場合、どちらの見解にしたがってもよいとする説〕と同等蓋然説〔疑わしい行為に関して、もっとも蓋然的な考えを選択すべきであるとする説〕が引き起こした議論に深入りするのはやめよう。ただ、こうした原則があれば、罪を名づけ、とりわけその深刻さを評価するときに迷った聴罪司祭が、キリスト教の黎明期以来神学者が発言してきた山のような見解のなかから、最も蓋然性が高いとは言わないまでも、少なくとも蓋然的であるか、他の見解と同じくらい蓋然的であるように見える見解を選べるようになることだけは言っておく。これが司祭に自由の余地を与え、寛大さを促進したことは納得できる。

すでにリグオリによって強く勧められていた逃げ道がもうひとつある。告解者の尋問の最中には立ち入ったことを訊かないこと。いやそれどころか、一般信徒から質問がないかぎり第六の掟〔姦淫してはならない〕および第九の掟〔隣人の妻を欲してはならない〕にかんして沈黙を守ることである。リグオリによれば、女性配偶者に尋問をする聴罪司祭は、義務（債務）を受け入れているか否か訊くにとどめなければならない。その他にかんして、聖職者は沈黙を守るべきである。こうした沈黙によってオナニストの夫婦の罪悪感を取り除こうとする意思は、一八二二年、教皇庁内赦院によって承認されている。リグオリに依拠するグッセは、自分が尋問されるとき以外、聴罪司祭はこれらの問題を避けるように要求している。ゴーム神父は、いずれにせよ、これらの問題について問われた聖職者は、「できるかぎり短く、できるかぎり控えめに」答えなければならない、とはっきり述べている。(59) われわれも知るとおり、フランスでは大多数の聖職者がこうした繊細な主題について問わないという選択をしてきた。

大罪を犯した者には、善意があったという認識や、さらには、神学者の目にいかんともしがたい無知と映るものが、罪悪感を取り除く第三の方法になる。「行為のさいに、それが赦されると信じたまま、悪意にかんするいかなる予想も疑念も兆すことなく、混乱した想念を含め一切の想念が心に浮かばなかった場合、その人には」「いかんともしがたい無知」がある。[60]それは、繰り返しになるが、神の目からすれば無罪である。たとえば、一七八二年にフェリーヌ神父が書いているところによれば、大多数の夫婦は、結婚においてすべてが道徳にかなっていると勝手に思い込み、自らの行動を正当化する目的で論を組み立てることがしばしばあるという。筋金入りの厳格主義者であるフェリーヌ神父は、こうした態度を強く非難している。[61]しかし、リグオリの目から見れば、罪の不完全な認識、十全な知識の不在、不慮のトラブル、不完全な同意、熟慮を経ない行為は、それだけで無罪に値する。たとえば、告解を習慣にするイタリア農民のなかには、姦通が悪であることを知らない者が数多くいた。[62]

ブーヴィエとグッセによれば、善意による逃げ道はオナニスト夫婦の多くにも適用できるという。いかんともしがたい無知の犠牲者である告解者は中断性交を習慣にしておらず、したがって大罪を犯しているわけではないので、わざわざ警告しない方が良い、とグッセは忠告する。夫婦の霊性が辿るべき道への誘導と同時に行わないかぎり、無知の犠牲者に自分の行為の重大さを教えるのはかえって軽率な行為になるからである。[63]一八四二年、教皇庁内赦院は善意が存在する可能性を認めた。ところが、ドゥブレーヌはヴァランタンとまったく同じく、この件について教皇庁内赦院に助けを求めることはもはやできないと考える。というのも、男女の結合にかんするかぎり自然の法はあまりに明白で、それを知らなかったという主張はたんなる欺瞞にすぎないからである。

「夫婦の営み」における愛撫の体位と強度

われわれが扱う時代に夫婦の床でいかなる房事が繰り広げられていたか、いよいよ見る段階にきた。夫婦の房事にかんして神学の言説を秩序立てていた主題は主に次の五つである。すなわち、夫婦の営みの特殊性、および負債にかんする旧来の議論の再燃。交接の行為そのものに抵触する禁止事項。夫婦間の性交にあって何を正当とし、何を不当とするかの定義。許される愛撫の持続と強度。狭い意味における夫婦間オナニズムに属するすべて、である。以上の五つが、すでに見たように、当時の本質的に重要な主題であった。

当時の神学者は夫婦の負債にかんして新機軸を打ち出すことはほとんどなく、旧来の見解を取捨選択しながら、聴罪司祭向けの命令を明示しようと努めていた。性交を求めたり、その求めに応えたりしやすいよう、夫婦は同じ家に住むだけでなく、同じベッドに寝ることを義務づけられている[64]。これは、夫や妻が切迫して欲望を満足させたいときのことを考慮した結果である。ただし男性は、教会のお勤め、家族の利益、その他に立派な理由がある場合には、たとえ妻の意に沿わなくても、短期の旅行が許され、不当とされることはない。これにたいし、妻は夫の同意がないかぎりこうした短期旅行は許されなかった。妻は夫に従属しているからである。男性の欲求が一般に女性の欲望に比べて強く激しいだけになおさらであった。

夫婦のいずれも、一方が自制できない危険な状態になることが予想されるとき以外、性交を求める義務はない。妻は、夫があからさまに求めてこないかぎり「関係を遂行する」義務はない。ただし、妻が狷介かつ権柄ずくな性格で、妻を前にして男性が自らの欲望をほとんど口にできない場合、このかぎりではない。一方、妻が口には出さなくとも読みとれるくらいのサインを送ってくるかぎり、夫は彼女に接近する義務がある[65]。したがって、夫には微妙なサインからその真意を読みとる力が求められる。フェリーヌ神父によれば、妻たちはしばしば「欲望や欲求を十分に示すサインを送っており、女性の側からの愛撫を伴った形で執拗に発されることがある。ただ、女性は男性よりも元来羞恥心と慎ましさが強く、その程度の表現しかできない。もしもその表現手段が奪われたら、自らの情欲には救済の手だてがなくなり、自制は危機にさらされるだろう[66]」。「経験の教えるところによれば、婚前にはきわめてたやすく自制でき、つねに分別のあった若い女性も、ひとたび結婚して『婚姻』の快感を知ってしまうと、それ以後なかなか元に戻れない[67]」だけにいっそうそうである。

負債（義務）返済の拒否にかんする議論は本質的に女性とかかわっている。夫の求めに応じないということは、いずれにせよ罪になるが、少なくとも懇願が真摯かつ執拗になされているときにはとくにそう言える。もし妻が気まぐれや不機嫌、あるいは腹いせに夫を拒否する場合、とりわけ罪は重い。夫婦のいずれもが、相手に「歓びと満足のあらゆる種を」与える努力をしなければならないからである[68]。ということは、グッセによれば、一度か二度の拒否であって、しかも相手の求めがそれほど真剣でない場合や、拒否する側の懇願を相手がたやすく受け入れる場合、それは小罪にすぎない。妻が、たとえば、昼の義務を夜に、あるいは夜の義務を昼に「遅らせる」ことは許される、と考える神学者もいる[69]。

したがって、すでに見たように、義務をきちんと果たしたか知るため聴罪司祭が妻たちに質問できるとすることは、道理に適っている。というのも、リグオリによれば、以上のような理由で地獄に堕ちる者、配偶者を地獄に落とす原因となっている者は多いからである[70]。

ただし、いくつかの場合には――その判で押したような一覧表は長い――拒否が許されている。まず最初に、性行為を拒否しようとする者にとって、年齢が決して合法的な説得手段にならない点に注意しよう。配偶者の意図のなかには、拒否を正当化するものがいくつかある。たとえば、官能のためだけであれ、あるいはその他のいかなる邪悪な目的であれ、「夫婦の営み」にかかわって大罪になりうる状態で相手が性行為を懇願してきた場合がそれである。「壺の外に精液をまき散ら」そうとする欲望が、その邪悪な目的のひとつである。同様に、体液説医学の観点から、不機嫌を散らし健康を保とうとする目的でしか妻を求めない夫も、妻は拒否してよいとフェリーヌは考える。また、自らが現在不貞を犯しておらず、かつ、かつて不貞を赦された経緯もない配偶者が、相手の不貞を知っているときには義務を拒否できる。(71)

身体の状態によっては拒否は正当化されることがある。狂気に陥っていたり、酩酊状態にある配偶者には義務を果たす必要はない。ただし、これは完全な狂気や烈しい酩酊という場合に限られる。つまり、このような状況下では、躓き〔他人を道徳的悪に導く可能性のある行為〕にならないかぎり、拒否は義務的ではないのである。夫が病身であったり不自由であったりする場合、あるいはたんに虚弱であったり衰弱している場合にも、その病気や衰弱や不自由が続くかぎり「負債の返還」は免除される。産褥熱を発している女性についても同じである。

「夫婦の同棲」によって感染の危険があると妻が判断した場合、妻は夫を拒否することができる。たとえば腺病、くる病、癲癇、グッセやとりわけドゥブレーヌによれば、癩病、肺結核、梅毒などがそれである。(72)もちろんこうした一覧は、現代の伝染病概念と一致しない。子どもが不完全であったり、重病を抱えて生まれてくることが確信できる場合、妻は夫を避けることができるだろうか。この点について神学者の見解は割れている。危険があるからといって負債を返還しなくてもよいことにはならない、と考える神学者もいる。新たな命を授かった場合、遺伝的異常によってそれが完全でないことがわかっていても、新しい存在の出産の断念が好ましいか否かを決められるのは神だけだから、というわけである。(73)

「夫婦の営み」が妻の健康にとって重大な危険をはらむ場合、妻は義務の「遂行」を拒否できる。ただし、その危険が明瞭でないかぎり夫を避けることはできない。いずれの配偶者も神聖な場所や公共の場で番おうとする相手の要求は避けることができる。ただし、要求を出している相手が切迫していて、自制心を保てないような状態になっているときは別である。

最後に、過度の要求から生じる問題が残る。配偶者が過度な頻繁さで求めてくるとき、夫や妻は義務を果たさなければならないだろうか。これはもはや質の問題ではなく量の問題である。節度のない要求は拒否しても不当にあたらない、とほとんどの神学者が考えている。しかし、どの程度が許される頻度なのか、ということになると彼らの見解は一致しない。リグオリは、一晩に四回の要求は過剰だと判断しているようである。[74]

夫婦の営みが禁じられるという状況も存在する。キリスト教徒たるもの聖体拝領の前には性交を控えなければならない、とヒエロニムスは言う。ヒエロニムスほど厳格でないグレゴリウスも、生殖の欲望ではなく官能の欲求を満たすためだけに夫婦の営みに及んだ信徒は、聖体拝領台に近づいてはならないと考えていた。だが、トリエント公会議以後のサレジオ的緊張緩和のなかで、この点にかんする聖職者の態度は柔軟になった。生殖のために性交が滞りなく行われた場合、聖体拝領の延期は好ましいものの、かといって、夫婦が聖体拝領台に近づいてはならないということにはならない、とリグオリは言う。子どもをもうけることが、性的営みにおける慎みのなさを埋め合わせてくれるからである。[75] サンチェスはかつて、禁止事項に一連の例外を認めるための論陣を張っていた。特別な祈りの日や荘厳な祭日、聖餐の拝領に寛容が伴っているとき、また、禁欲が躓きを惹起したり不都合な結果を招く状況を引き起こしたりする危険があるいかなる場合にも、夫婦の房事のあとで聖体を拝領することは不当でないと思えるからである。こうした議論は十九世紀に入っても倦むことなく繰り返されている。[76]

しかも、この問題にかんして、性行為を求める者と、依然として美徳の行為とされていた義務の遂行にとどまるその配偶者とを区別することは伝統になっていた。となれば神学者も当然、慈愛によって、あるいはたんなる服従によって行動する妻に、聖体拝領を控えるよう忠告はできても、禁止はできない。したがって、慈愛に富んだ妻は、はばかることなく聖体拝領台に赴くことができる。もっともそれは、義務を果たし終えた妻が、そのさいの烈しい動揺を肉体にとどめず、終わったばかりの結合のイメージを押し返そうと努めるかぎりであって、肉の思念で精神が満たされ、霊的な物事に従事できなくなっているときには秘跡から遠ざかっていなければならない[77]。

アルフォンソ・デ・リグオリは、聖体を拝領しにくる夫婦には性の求めを控えるべきだと説くが、求める行為自体は罪にはならないと考えていた。それどころか、義務の遂行は相変わらず称賛に値する行為だったのである[78]。

月経中になされる夫婦の営みにかんしては、見解が分かれている。出血が不自然に多く、それが長く続く場合、交接は不当でないとグッセは考える。逆に出血が自然な場合、夫婦は罪を犯すことになる。ただしそれは小罪である[79]。一方、フェリーヌ神父は、月経中の負債の返還を女性は拒否できないと考え、妻たちは夫に自らの現況を知らせる以上のことをしてはいけないという[80]。ドゥブレーヌはより厳格で、月経期間は生殖にあまり好都合でないと考え、この時期に媾合する夫婦は罪を犯すとしている。もちろん小罪ではあるが[81]。

リグオリによれば、流産を誘発しないかぎり妊娠期間中の交接は小罪にしかならない。性交は、夫婦のどちらかが自制できないという切迫した危機的な状況にあるときには不当ではないとしている[82]。現実主義者のフェリーヌ神父は、このときの肉体的結合は罪にならないと考える。というのも、彼によれば、男性の欲求は「女性の欲求よりもより頻度が高く、より切迫している」ため、我慢しようとしたら多大な苦しみを強いられるからである[83]。トマ・グッセも、流産の心配がないかぎり性交は許されるとしている[84]。一方、医師でもあり流産の危険を知っているドゥブレーヌは、これほどの寛容論者ではない[85]。

産後まもなくの交接は、母親の健康が脅かされないかぎり、小罪に止まるとグッセは言う[86]。また、授乳期間中の性交に抵触するはずの禁止事項も、神学者たちは忘れがちであった。サンチェスにせよ、リグオリにせよ、また後のグッセにせよ、授乳期間中の性交は許されるとしているからである[87]。

彼らは、夫婦間で通常交わされる性交が正当あるいは不当である条件について長々と論じている。昼であれ夜であれ「婚姻を利用する」ことはできる、とフェリーヌ神父は書く。というのも、「欲求にはいつなんどき襲われるかもしれない」が、男性にとっても女性にとっても、性交は情欲にたいする「最も迅速にして最も確実な」治療法だからである。「このことはとりわけ若い妻たちに理解してもらわなければならない。彼女たちは的外れの羞恥心から、夫に夫婦の義務の遂行を思い切って要求できず、自らを汚しているのだから[88]」。

衛生学者の理論概論書が過剰な性欲を吐き出すように勧めるこの時期には、外からのいかなる視覚的侵入もシャットアウトするために、夫婦は家から離れた建物のなかのカーテンで仕切られたベッドに寝なければならない、とフェリーヌ神父はつけ加えている。もしそれが不可能なら、他人に「自分たちのあいだで起こっていることを見咎められないよう」細心の注意を払わなければならない[89]。夫婦はだれも自分のベッドに上げてはならない。五、六歳の子どもでさえ例外ではない。子どもが眠れないからといってベッドに上げてもいけないのである！

たとえ壺の外への射精が頻繁であっても、老人が番うことは全神学者が認めている。それでも、女性性器のなかに精子が放出される可能性は残されているからである。この種の論法は子どもができない夫婦にも適用できる。というのも、子どもをもうけることができない原因が不能にあることを示す証拠など、なにひとつないからである[90]。聖書のサラの例〔アブラハムの妻。九十歳で最初の子イサクを産む〕が、この場合の必須参照項目である。

すでに見たように、神学者は、夫婦のあまりに頻繁な性交に警戒していた。警戒の対象となるのは若い夫婦で、医者の忠告とも矛盾していない。夫婦の結合には、その特殊性を基礎づける一連の規範の遵守が伴っていなければならない。そのためには慎み、節度、貞節が求められる。男性は、獣性を解き放ったり、放蕩のさなかで姦淫者や姦通者が耽るあの過剰に陥ることを避けなければならない。当時の聖職者から見れば、性交とはすなわち、挿入と男性精子の射出に他ならなかった。生殖のためばかりでなく、夫婦はもはやただひとつの肉体であるというパウロのメッセージを成立させていたあの「真の類似性」のためにも必要だとサンチェス神父が当時考えていた女性の射精は、もはやほとんど問題にされなくなっていた。ドゥブレーヌは、両性種子説の過ちを強調し、女性の快楽の肉体的な現れにたいしてそれまで払っていた関心を神学的な考察から外している。

夫婦の営みは、もしそれが官能のためだけに遂行され、精子の射出が女性性器の外部になされるなら、不正となる。最も重大な不正は、この営みが「後ろの壺」でなされる場合である。たとえそれが房事の最初の方でしか行われなかったとしても。(91) 自然の壺を尊重する性交において夫婦が身を任せるものであっても、アクロバット的な行為はときに禁止事項に抵触することがある。ここから、立位、座位、後背位などさまざまな体位が孕む罪の度合をチェックしようという態度が生じる。リグオリによれば、正しい目的——受胎を容易にするなどの——のためになされるかぎり、また、精子を壺の外にまき散らさないかぎり、こうした行為は全体として小罪しか構成しない。(92) フェリーヌはこれに比べ寛容度が低い。自然の体位が与える快楽よりも大きな快楽を得るための奸計を、ことごとく拒否するからである。(93) これにたいしルヴェルは、この一世紀後、以上の体位をすべて認め、加えて、女性が横臥して男性に向かい合ったり背を向けたりする体位も認めている。ただし、義務の遂行へ仕向けられたときにそれを受け入れるか拒否するか、意向を表明する権利はあいかわらず女性が保持していると指摘している。(94) ところで、「婚姻の営み」の最中に体位を変え、それによって精子を浪費してしまった場合罪になるのだろうか。十九世紀の神学者はこの問題にほとんど取り組んでいない。少し前までサンチェスは、この場合、男性の意向は壺の外に射精することではない以上罪は構成しない、と考えていた。

この主題にかんしてわれわれが最も興味をひかれるのは、性交中の想像力の罪深い作用が抵触する禁止事項である。「婚姻の使用」は、それが想像上の姦通、つまり精神や心情における姦通が伴う場合には不当になる。より強い快楽を得ようと別の女性を思い描いたり、別の女性の美しさを想像上で玩味したりすることは、大罪にあたる。そのなかでも最大の罪は、神聖な図像を見ながら自らを興奮させることであろう。また、姦通の罪の他にも、「夫婦の営み」の遂行中に男女の想像力を働かせる個人の資質によって、姦淫の罪、瀆聖の罪、肛門性交の罪など、さまざまな種類の罪があることを言い添えておく(95)。

妻との合意が成立しており、なおかつ精子の浪費の危険がいっさいない場合を別として、射精前に性器を引き抜くと、夫は大罪を犯すことになる。その代わり、「自　瀆《ポリュシオン》の差し迫った危険」が待ちかまえているときに肉体関係を中断することも許されていない(96)。というのも、それによって壺の外で自　瀆《ポリュシオン》が起こってしまう危険があるからである。一定数の神学者のあいだで長いあいだ執拗に信じられていた両性種子説の論理によれば、女性がすでに射精をしているのに男性が性器を引き抜いた場合、その後に男性の射精が伴わなくとも大罪は構成されることになる。女性が性行為に全面的に参加しながらも、男性が精子を撒いた後に「婚姻の営み」を十全に実現しなかった場合も、これと同断である(97)。繰り返しになるが、ここから、射精を済ませた男性が性器を引き抜いた後でもなお、妻は手によって自らを興奮させることができるのではないか、という疑問が湧いてくる。当時の神学者たちは、この疑問に「できる」という答えを出していた(98)。というのも、一方には女性の精子が生殖に必要であるか、少なくとも有用であると考える神学者がおり、一方には、射精が与えてくれる官能が、情欲を鎮火する行為の充足に欠かせないと考える神学者がいたからである。

ドゥブレーヌの理屈は別である。当時医者であったドゥブレーヌは、女性が膣内分泌物しか出していないことを知っていた。彼の考えは、夫が撤退した後に妻が自らを興奮させる手技はたんなる自瀆にすぎず、したがって自然にたいする重大な過ちであるというものであった。もし性交に満足していない女性が手淫をしてはいけないなら、彼女が「欲求を満足させる」療法は、「性行為を延期するか、完全で正常な性行為を新たに行うかのいずれかしかない」(99)。ドゥブレーヌは、こうした「性交後の行為」は、女性に孤独なオナニズムにたいする情熱を吹き込む可能性があるとし、

「われわれはそのことを最近経験から学んだ」と断言している。(100)

自瀆の危険性がまったくない場合の両者の合意を別にすれば、性交の中断が許されるのは、死の危険が迫ったとき――たとえば敵が武器を手にして闖入してくるなど――や躓きになる蓋然性が高いとき――子どもや使用人が日常的にやってくる危険が高いなど――だけである。「婚姻の営み」の終了後、妻がそそくさと服を着たり、立ち上がったり、体を洗ったり、勢いよく排尿してはいけないことはすでに見た。しかし、妥協的なルヴェル神父は、それでも妻が長時間にわたって動かないでいる義務はないとはっきり述べている。

神学者たちは、夫婦にはいかなる愛撫がどの程度まで許されるのかをしきりに議論している。慎みのない愛撫であっても、またそれらが感覚的な衝撃と精神的な動揺なしには与えることも受け入れることもできない性質のものであっても、婚姻が正当化することをアルフォンソ・デ・リグオリは力説している。(101) 婚姻は性交を楽しむこともまた正当化するのである。愛撫とそれが与える性的快感は、交接の下地を作るという目的に適っているかぎり許される。ただ、この目的をストレートに目指さない場合にも、小罪にしかならない。さもなければ、夫婦はあまりに頻繁に罪を犯すことになってしまうからである。だが、自瀆を目的とするとき、愛撫は大罪になる。概して厳格主義的な態度を示すビュアールでさえ、自然な貞節を逸脱しないかぎり、また自瀆に向かう心配がいっさいなく、交接を目指す覚悟と意志をもってするかぎり、いかなる行為も、接吻であれ、手による愛撫であれ、扇情的な言葉でさえ、夫婦のあいだでは許されるとしている。(102)

この点にかんしてはトマ・グッセも、愛撫は決して「自瀆の誘い水」になってはいけないとしながらも、リグオリの説を繰り返しているにすぎない。(103) 夫婦が愛撫に引き続いて精子の射出が起こることを予想している場合、その罪は大罪となる。手による愛撫によってその危機が間近に迫っている場合、たとえ自瀆にいっさい同意していないときでさえ、愛撫は止めなければならない。このような場合に愛撫が許されるとすれば、それは、いったん冷えた体をふたたび熱くすることが難しく、どうしても愛撫に頼るしかないというときだけに限られる。

フェリーヌ神父は、リグオリに同調して、「肉体関係の完遂に必要なすべてを夫婦は行うことができる」と主張する。[104] 彼はまた、「快楽をできるだけ長持ちさせ」たり官能を増大させたりする目的で行う愛撫も禁じていない。[105] フェリーヌ神父はここで、感覚の緩慢な漸増の追求に基礎を置くポルノ文学を当時（一七八二年）組織化していた原理とは正反対の原理を述べている。フェリーヌ神父は、自らの論理に忠実に、「あまりに長く、あまりに烈しく、あまりに持続的な準備期間によって誘発される、あの種の淫乱や精液の醸成」を禁じている。[106] こうした淫乱や精液の醸成は、自瀆の危険が伴うかぎりにおいて有罪なのである。とはいえ、「突発的に不随意の」精液漏に襲われた告解者に罪はないとしている。こうした精液漏は、きわめて貞淑な夫婦間の愛撫からさえ起きることがあるからである。そのかわり、「必要もないのに妻の体に指を差し込んで、たいてい婚姻の営みが完了する前に妻を自瀆に陥らせ、その精液をまき散らさせてしまう」夫を烈しく非難している。[107] また、イラマチオ〔irrumatio〕（フェラチオとオーラス・セックス）は、獣じみた行為のひとつとして考えられ、すべての神学者から全面的に拒絶されていた。これもまた、不完全な肛門性交と同様に、自然の壺の外でなされる関係にたいする断罪の対象である。[108] ただし、「娼婦」たちがあまり口にしないからとはいえ、娼家のなかでかなり習慣的に行われていたある行為について神学者たちがまったくふれていないことは認めなければならない。[109] もちろんフェリーヌ神父は、「結婚前に、その準備として（男女が）始めていた行為を、結婚」後に続けてはいけないと命じている。[110]

神学者は夫婦が、快楽が目的で自分自身を愛撫することを禁じている。こうした実践は、自瀆と配偶者にたいする躓きというふたつの大罪に極まるからである。ただし、夫が交接の準備のためにそうする他ない場合は不当にはあたらない。十九世紀中頃に、ルヴェルはこの点にかんして寛大さを見せている。サンチェスとリグオリにふれながら彼はこう書いている。「夫と同時に交接の最後に達するために、燃えにくい気質の妻は手による愛撫で自らを刺激し、[…]

情欲の誘惑を感じさせる疼きがなくなった後でも［…］愛撫を続けるように、とまで医者は忠告している」[111]。お気づきのように、ここでもまた、女性の快楽の満足に神学者の注意が払われている。

この分野における決疑論上の複雑さを考慮して、聴罪司祭に忠告している。トマ・グッセは、夫に淫らな愛撫を許したか問うことで女性に不快な思いをさせることは避けるよう、聴罪司祭に忠告している。夫はこの点にかんして、常に剃刀の刃の上にいるような気持ちを抱くかもしれない。たまたま起こってしまうかもしれない自瀆に同意しないよう警戒しながらも、自らに刺激を与えなければならないからである。

夫たちが交わしても不適切にならない言葉にかんしては、神父たちの厳しさは疑う余地がない。たとえばフェリーヌ神父は、「自らの状態にかかわるすべてにかんして、慎み深くきわめて控えめな」話し方をするよう夫たちに求めている[112]。こうすることで彼はひとつの特異な言語を提案しているのである。夫たちのあいだで交わされていた書簡を分析した専門家が、その言語の特異性を力説している[113]。

残るのは、すでにリグオリが決着をつけたにもかかわらず繰り返し立ち現れてくる問いで、離婚した夫婦が、過去の交接を思い出したり将来の性交をあらかじめ考えて陶然とすることは許されるのか、という問題である。いずれの場合にも大罪にあたるとする神学者はたしかにいる。彼らは、ビュアールの例のように、この行為を自瀆の始まりと見ているのである。だが、大多数の神学者は、精液の遺失を伴わないかぎり、またそれが官能だけを追求した結果でないかぎり、大罪にはあたらないとしている[114]。「夫婦の行為とそれに伴う感覚の予想、またはそのたんなる記憶」は、夫婦の側から見た場合、それ自体ではエロティックな行為の堪能にはならない、とドゥブレーヌは書いている[115]。しばらく前までアルフォンソ・デ・リグオリもこのように判断していた。とはいえ、この記憶や予想が官能の「軽い疼き」を惹起し、精神事を越えて肉体的な悦楽を目指すことになると、危険は大きくなる。結局、夫婦はこうしたことを考えたり妄想したりすることは、慎んだ方が良いということになる[116]。

もちろん寡婦、とりわけ若い寡婦なら、かつての房事の思い出に喜びを見いだしたい気持ちを抑えられないときもある。しかし、こうした官能的な思念は、寡婦の場合、将来の性交の実現という正当な目的が奪われている以上重大な罪になる。同様に、婚約者の想像力もまた神学者に省察を促している。リグオリはこのことをはっきりと問題にする。男性許婚者は、相手の女性が「妻になったところを考えて」いずれ一緒になる女性との交接に悦楽を求めても良いだろうか。[117] リグオリも、寛大主義者で知られるサンチェスもそれぞれに、それは許されないと考える。悦楽は相手を現在の対象にしてしまうが、女性と肉体的結合を結ぶことは将来においてしか許されていないからである。一方、この点にかんしてさほど厳格主義的ではない一部の神学者は、官能的な渇望に火を点けず、自瀆の危険を生み出す霊的動揺も伴わないというすでに述べた条件を満たすかぎり、このような夢想は許されると考えている。

オナニストの妻は「交接を遂行する」義務があるか？

聖職者たちが一八四二年から夫婦のオナニズムと称するようになったものにかんする特異な問題に話を移すことにしよう。神学者による考察と命令の中心になるのは、夫が中断性交を行なった場合に妻が取るべき態度である。議論の目指すところは、妻が無罪か有罪かの決定にある。この議論は、妻が夫に依存し、その束縛を受け、「夫婦関係においても肉体的に支配される立場にある」[118] という前提に基づいた夫婦人類学の一環をなしているが、議論を秩序づける「神学的シナリオ」が間違いなく罪人であると名指しているのは夫である。ブーヴィエのように、妻の多くが夫にオナニスト的行動を促していると考える者の指針になっているのも、実は、この信憑なのである。こうした前提はまじめな妻を安心させはしたが、多くの夫に宗教的な習慣をことごとく放棄するように仕向けてしまった。

当時の倫理神学は、思慮深い妻に微妙な心理的位置取りを強いていた。「犯罪的な夫」によって日々抱き締められている妻は、自分たちが情熱的になっている最も熱い瞬間においても、夫を是が非でも良識へと立ち戻らせなければならなかったからである。

結局夫に合わせて行動してしまうか、さらに悪質な場合には、夫を唆して罪を犯させることで自らオナニストになり、夫の欲望を無視して精液の排出前に自ら体を引くとき、その妻は大罪を犯すことになる。

厄介なのは、前もって性交が完遂されない虞《おそれ》があるとき、オナニストの夫をもつ妻は義務の遂行を拒否しなければならないか、という問題である。疑念にすぎない場合でも妻は拒否を要求できるのだろうか。一八二七年、ブーヴィエはこの問いに「できない」と答え、このような場合妻は義務を遂行できるが、この忌まわしい行為が行われそうになったら間髪入れずに夫に不同意の警告を発し、夫から離れる必要がある、としている(119)。譴責のあとで、もし夫が行為を最後まで完遂することを約束するなら、そして今までに少なくとも何回かその約束を守っているなら、妻は義務を遂行しなければならない。少なくとも何回かというのは、この場合、濫用行為の疑念が拭えないからである。ここから、夫が妻の肉体を享受する確実な権利は放棄されていないことがわかる。ドゥブレーヌはこれに、生理学に依拠した議論を加える。夫がいかに巧妙に避妊しようとも、経験の教えるところによれば、妊娠の可能性はつねにいくぶんかでも残っているからである(120)。

では、夫が射精前に性器を引き抜くことが確実にわかっているとき、妻は義務の遂行を拒否しなければならないだろうか。厳格主義者は、早くも十八世紀に「拒否しなければならない」と答えている。クロード・ラングロワは、このテーマにかんして、十九世紀初頭にまだ頻繁に参照されていた神学文集『アンジェとパリの会議』の著者であるアベールとコレを引用している(121)。なにしろ、もしこれを拒否しなければ、妻は、自瀆のためだけに刺激を求める夫の術中にはまってしまうのだから。そうなれば、自然に背く行為に妻もまた力を貸すことになる。バイイが夫婦のオナニズムを不完全な肛門性愛から区別しなかったのは以上の理由による。ちなみに、バイイの主張していることは、十九世紀の最初の四半世紀のあいだ神学校で教えられていた。[122]

その一方で、夫にオナニズムの習慣があることを確信している妻は、それでも、義務の遂行をどうしても拒否しなければならないわけではない、と考える神学者もいた。夫の要求を受け入れることで、婚姻の秘跡によって与えられた権利を使用しているにすぎないからである。ただし、ここでもまた、妻が自然に背く行為にたいして全面的に反対するかぎりにおいて、という条件が付く。夫は妻のなかに自らを挿入するかぎり罪を犯さないが、そこから自らを引き抜き、自然の壺の外に精液をまき散らすとき罪人となる。以上がサンチェスの見解であり、リグオリの見解であった。ブーヴィエはこの考え方に加わったが、重大な理由を持ち出すことで寛大さをいっそう加えている。

こうした姿勢は、われわれがすでに指摘した、罪悪感を取り除こうとする一連の戦略の一環である。トマ・グッセはこうした手段に訴えることを認めたが、重大な理由の概念をどこまで拡張するかという問題が残った。[123] オナニストの夫が体を許さない妻にたいして殺害や暴力の脅しをかけてきた場合についてはすでに了承済みで、妻は夫の欲望に膝を屈してもよかった。一八二二年に教皇庁内赦院がこれを認めている。しかし、聴罪司祭に強い影響力をもつ神学者は、夫の態度を批判しながらも、妻に義務の遂行を許す重大な理由のリストを際限なく引き延ばしてゆく。夫が妻を虐待したり、売春婦のところに通ったり、他人の妻を堕落させたり、夫婦の家に同居女性を住まわせたりする心配があるだけで十分だった。したがって、自分が体を拒むことで夫が冒瀆に走ったり、宗教に敵対するような言葉を吐いたり、聴罪司祭を侮辱したり——これらは使用人や子どもへの躓きとなる——することになると判断した妻は、義務を果たしても不当ではなかった。醜聞を起こすような騒ぎや離婚を避けたいと思わせる羞恥心や不安もまた、このリストに入る。礼儀正しい環境に馴染んできた内気で教育のある妻や敏感な魂をもった妻は、面倒を避けるためだけにオナニストの夫に義務を果たすことが許される。その一方で、殴り合いに慣れっこになった民衆の生活環境では、このような不和はほとんどなんの不都合にもならなかった。

困難の本質は別のところにある。あれこれ許容しうる理由で義務の遂行を受け入れたオナニストの妻に、受動的態度を要求すべきだろうか。ということは、妻は、「性交に固有の感覚を引き起こ」さないために「エロス的無感動」の状態に身を置く努力を重ねなければならないのか。[124] 一言でいえば、妻は、肉体の感動をいっさい断念しなければならないのだろうか。一八二二年、教皇庁内赦院はこうした問いにたいして「断念しなければならない」と答えている。このような場合、無感覚でいることが、罪から身を守る方法だからである。残る問題は、「受動性」という用語がこの場合正確に言ってなにを意味するかである。ただ精液の射出——つまり医者の言う「性的な痙攣」——をしないことだけを意味するのか、それとも一定以上の悦楽を心の中でいっさい受け入れないことを意味するのか。厳格主義者は、このふたつをともども要求する。一方ブーヴィエは、心の中で夫の罪を受け入れていない妻には、「もし夫が婚姻の営みを正常に完遂していたら許されるべきすべてを」享受できるはずだ、と考えている。[125]

ドゥブレーヌはこの問題を生理学の観点から考えている。彼は受動性、すなわち犯罪に荷担しないことと、無感動を区別する。房事の最中に快楽を感じないようにすることができない女性が一定数いることは間違いない、と彼は言う。「夫婦の営みに結びついた固有の感覚は、空腹を満たしたときに人間が感じる快楽と同じであって、たいていの場合、人間の意思の支配を完全に逃れている。[…] したがって、無感覚はほぼ不可能である」[126]。もちろん、とドゥブレーヌは付け加える、無感覚になれる特権的な女性がいないことはないが、「その数はきわめて少なく」、その他は「生まれながらの特異体質」[127]でそうなっているにすぎない。しかも、「エロティックなオルガスム」——ここで用いられているこの語の意味は、われわれが現在用いているものとあまり違わない——の嵐のなかにあって、女性が「愛情と意思を調整できるようにするために、自己観察を行い、自らの感覚を分析し、魂で起こっていることを見極めるなど、ほんとうにできる話だろうか」[128]。したがって、良心の呵責や咎は、受動性の命令を生み出しかねない危険をどれほど孕んでいるのだろうか……

同じドゥブレーヌによれば、正反対の戦略を勧める聴罪司祭もいるという。「全面的に自らの意思で夫婦の営みに身を委ね、とりわけ情熱的に抱き締めることによって夫を引き留め、肉体的にもエロティックな意味でも共通のオルガスム（引用原文ママ）を感じるように引き込む努力をする」よう妻に求めるのである。(129) こうすることによって、夫は性器を引き抜くことができなくなる。

たんなる受容では済まされない問題がもうひとつある。オナニストの夫に妻は義務を要求できるのか、という問題である。ブーヴィエはこれに「できる」と答えている。そのとき妻は、自らの権利を用いているだけだからである。一方グッセは、節欲が真に危機的状況にあり、誘惑に襲われて夫を遠ざけることがきわめて難しくなっていないかぎり、妻が夫に働きかけることは許されない、としている。(130)

クロード・ラングロワは、不幸にもオナニストの妻になってしまった女性の苦しい胸の内を思い描こうと試みた。彼はこう書いている。「相手が自分のためにあんなに気持ちよく決心してくれたことになぜ同意しなかったのか絶えず自問しなければならない状況で、肌を合わせる正常な快楽に、はたして心おきなく身を委ねることなどできるだろうか［…］感覚の麻痺によって自分が無罪であることを少なくとも感知できるかたちで証明できるからといって、また、それがようやく手に入れた貴重な証拠だからといって、強い快楽が得られないことをこれ幸いと、相手に委ねる肉体を麻痺させるだけで済ませていられようか」。(131)

こうした議論の背景には、夫婦の床の個人化《わたくし》と、すでに述べた自律的な新しい夫婦の出現に直面して、聖職者が夫婦への介入をより寛大にする必要に迫られ始めていたという事情がある。こうした過程は、「ギュリ契機」とも名づけることができるある頂点に極まる。この「ギュリ契機」は、年代的に見れば、医学文献における「ルボー契機」に相当する。

イエズス会士ジャン・ギュリが試みたのは、たんなる煤落とし以上であった。倫理神学を新たなカップルの感覚に断固として適合させるため、倫理神学の決疑論の硬直性と法律偏重の伝統を打破しようと努めたのである。ギュリの目から見れば、典礼期間にかかわる禁止にも、女性の生理にかかわる禁止にも、根拠はいっさいなかった。ギュリはこうして、典礼の集団的な時間と個人的な信仰の時間を分離した。彼によれば、婚姻の営みに聖体の秘跡の機会を奪うような穢れは含まれず、受胎が可能であるかぎり、禁じられた体位もない。ギュリにとっては、肛門性交と自瀆を除く夫婦の挙措は、ことごとく良いものに思えたのである。もっと急進的なことも書いている。著書『倫理神学概論』の「夫婦の義務について《デ・デビト・コンジュガリ》」と題された第八章で彼は、「夫婦の肉体的結合は、各々がそこに満足を見いだすために必要な時間的余裕が残されているときにのみなされなければならない」と考えていた(132)。このイエズス会士は、夫婦のあいだで愛を豊かにする快楽の価値を復権しようとしている、と考えたとしても無理はない。同じ理屈で、もし性交があまりに拙速で期待していたような快感が得られない場合、女性は自らを興奮させても許される、とギュリは考えていた。官能の沈静化は罪を遠ざけるのだから。ギュリは、それ以前の一部の神学者のように女性の快楽の必要性を認めていた。ただし、彼の信憑は両性種子説に根拠を置いていたわけではない。彼の論理は、それ自体で考えられた快楽にかかわっており、受胎に必要な射精の徴候としての快楽にかかわっていたわけではないからである。快楽の開花を促す時間的持続を強調しているところからすると、繰り返しになるが、前世紀のエロティックな著作を支配していた官能の漸増を暗々裏に参照していたと考えられる。

この「ギュリ契機」は短かった(133)。ヴァチカンでは早くも一八五一年、教皇庁の検邪聖省がこの問題に介入している。このときはもはや、たんなる教皇庁内赦院の具申では済まされなかった。権威の言葉のこうした制度的な転移と、それに伴うブーヴィエの不評が、それまでフランス人の夫婦にたいして許してきた神父の寛大な態度をヴァチカンが放棄したことを物語っている。教条主義的な断定への回帰は、ローマ教皇の新厳格主義を反映していたのである。そのときから夫婦のオナニズムはヨーロッパ全土に波及する。これが及ぼす問題のスケールもしたがって変化した。一八五七年、ポワチエの司教ピ猊下は、その後評判になるある司教区の書簡のなかで、伝染病にように広がっている夫婦のオナニズムが罪を構成すると考え、これを告発している。近代の決疑論者たち――ブーヴィエ、グッセ、ゴーム、ギュリらを暗に指している――は許されざる者の最前線に立っているのだと彼は言う。第六と第九の掟について告解者に質問を拒むなど、変節にほかならない、と。フランスでは、厳格主義が「夫婦の不正行為」に対抗する医者たちの新たなキャンペーンによって強化された。人口減少の脅威が明らかになり始めた一八七一年以降、避妊は国民的な問題へと発展する。

第9章

淫奔さに対する自省の洗練

良心の糾明と告白場内における告白は淫蕩《リュクスュール》だけにかかわるわけではない。しかし、本書が対象とする時代において、肉欲の誘惑、官能的な悦楽、貞潔に背くあらゆる違反行為は、告解者の犯した過ちを追及する活動をめぐる最前線に位置していた。「淫らなことを考えた。猥褻な欲望を抱いた。不謹慎な眼ざしを送った。卑猥な言葉を発した。扇情的な接吻をした。ふしだらな手つきで相手に触れた」といったことが、「告解者の最も日常的で、最も頻繁な話題であり、神に見放された人々の最も多い破滅の原因」になっている、とトマ・グッセはリグオリに再び依拠しつつ書いている。(1) 猥褻さはおそらく最もありふれた悪徳であろう、とジョゼフ・ポシャール神父も言う。「赦しをなかなか与えられないのは、たいていこの汚らわしい罪による。聴罪司祭はほとんどつねにこの罪と闘っている……」。(2) 先にふれた規範が良心にどのような影響を与え、どのような不安を及ぼしているか、糾明の手続とそこから生じる告白の手続に手間暇かけることなくどのように行動を統制しているか、それについてはよくわかっていない。

ジャン・ドリュモーは、キリスト教の黎明期から命じられてきた内観の長い歴史、より広い意味では、内的な自己探求のすべてにかかわる長い歴史を辿り直した。(3) 今やその発展の諸段階を汲み取ることができる。一二一五年の第四回ラテラノ公会議のさい、良心の糾明は促進され、宗教的な文化変容というより広範な過程に組み込まれた最も重要な霊的実践になる。というのも、聴罪司祭は、尋問によって、公教要理《カテキスム》を教える機会が与えられるからである。十五世紀初頭には、神学者ジェルソンの著作の重要性も力説されていた。中世以来、罪ばかりでなく意向の分析も含んだ内的痛悔に一段と重要性を与えられたことを、ジャック・ル゠ゴフは明らかにしている。

十六世紀から十九世紀にかけて、個人的な良心と私的な責任にますます高い価値が与えられるにつれ、内省の手続きがますます洗練されてゆく。自己にたいして糾問主義的な好奇心が募り、そこから生じた尋問に絶えずさらされることから、人は自己にたいして強迫的な恐怖心を抱くようになる。キリスト教徒は、自分がどんな思考や欲望を持ち、それらをどう楽しんだりどのように悪に同意したかを自らの内ではっきりと見届けるために、自らを絶え間なく追いつめ、詮索するよう促されていたのである。良心の糾明は「当然ながら、[…]自己と他人双方の絶えざる改善へ向かう、活動的で明晰で心配性な西欧人の包括的な歴史の中に位置づけられることになる」とジャン・ドリュモーは書いている(4)。

すでに見たように、十七世紀末になるとこの好奇心は、部分的な権威をもった人々に鼓舞されて自らのことを聴取したり書き留めたりするより広い過程に組み込まれてゆく。医者によって命じられる自己分析や、聴罪司祭から内容にかんして助言を受けることもある日記、多くの個人が記録を自らに課していた手帳、メモ帳、時間割の類がそれである。そこにはたいがい、悔悛ではないにしても、決意は含まれている。この同じ時期にエロティック文学は、自らを自律した人間と感じる放縦《リベルタン》な主体の自由感覚を称揚した。救済の道徳からの解放、自然法の優位性の認識、極端な快感の追求といったものもまた、それなりの仕方で、内的分析を促したのである。

淫蕩《リュクスュール》にかんして、神学者は決定的な問いを発している。情熱的な行為のさなかにあって、意向を正確に分析し、意思の同意がいつなされたか決定することがどこまで可能か、という問いである。オナニストの妻にかんして、われわれはすでにこうした問いに出会っていた。その一方で、糾明と告白にかんしては慎重さと慎みを要求する声も多い。悦に入っていつまでも罪の分析を続けていたら、かえって疑念に捉われ、誘惑を再燃させてしまうのではないかというのである。

洗練された良心の糾明と、それを可能にする繊細な知的作業は、とりわけ全般的な告白が問題となる場合、良心の導きに素直に従えるエリート向きだろう。少なくとも、聴罪司祭がいくらでも時間を取って辛抱強く耳を傾けられるときだけにしかできないと思われる。

あなたの心に取り憑いている情念から不協音を見つけだし、それを取り除くためには、リュートの弦のように「ひとつひとつ手で触れて確かめてみる」必要があります、とフランシスコ・サレジオは女性読者に語っている(5)。サレジオによれば、糾明は、たんなる過ちの直接的動機以上のものを探り出すことを課している。過ちを生みだした習慣や習性の根っこはどこにあるのか、悪しき傾向はどこにあるのか、それを見つけ出さなければならない[6]。その習慣がどれほどのしつこさで魂に居座っているのか、その習慣がぶり返す危険性はどれほどなのか、それを計るためには、その習慣がどれくらい続いているかを見積もる必要がある。

われわれが論じている時代のあらゆる神学者にとって、罪に至る道には次の三つの段階があった。誘惑――トマ・グッセはこれを教唆と呼んでいる――、悦楽、同意である。この区別がわかっていないと、信徒を何に従わせようとしているのかまったくわからなくなってしまう。女性の告解者は、誘惑とそれにたいする同意の違いを「よく観察する」必要がある、とフランシスコ・サレジオは書いている。「誘惑をまったく感じない力はかならずしも魂の能力の守備範囲内にないが、それに同意しない力はその守備範囲内にある」[7]。こうして、外部性――誘惑はサタンからやってきて、しばしば感覚の門をくぐり内部に忍び込む――と意思が存在する内部性との、絶えざる駆け引きが語られることになる。

誘惑そのものは過ちにならない――聖パウロ以来、神学者は繰り返しこう述べている。アッシジのフランチェスコは誘惑を追い散らすために棘のある木に身を投げ、聖ベネディクトゥスは雪の上を転げ回っている。聖アンジェラ・ダ・フォリーニョが感じた肉体的誘惑はあまりに過酷だったため、話を聞いた人たちの憐情を誘うほどだったが、彼女としては決してそれに同意しなかった[8]。教育学者としての才能があったフランシスコ・サレジオは、神の恵みの進展とともに内省のレベルと諸段階をよく理解してもらうため、ヤコブス・デ・ウォラギネの『黄金伝説』に部分的に着想を得た場面を『信仰生活入門』のなかに多数挿入している。この内面的な位相に入るために、彼の才能を利用したい。最も極端な淫乱の誘惑にたいするカトリーヌ・ド・シエンヌの闘いを語るサレジオの言葉に耳を傾けてみよう[9]。

悪霊は神の許を去ると、あたうかぎり猛々しくこの聖処女の貞潔に襲いかかろうと考えました。［…］そこで悪霊は、ありとあらゆる淫らな唆しを聖処女の心に吹き込みましたが、それでももっと揺さぶりをかけようと、男女の姿をした仲間を引き連れ、聖処女から見れば淫らで官能的としか思えないあらゆる種類のことをやってのけ、最後に破廉恥な言葉を使って厳しい説教までしたのです。こうしたことはたしかに外から降りかかってきたことでしたが、感覚を通して処女の心のなかにずっと以前から忍び込んでいたので、処女自身が打ち明けて語るには、彼女の心はこうしたことですっかり満たされてしまい、この卑劣な嵐と肉の悦びにも動揺することのない純粋な強い意志はもはやわずかしか残っていませんでした。この状態は長く続きましたが、ついにある日、主が彼女に現れたのです［…］。

そして以下の対話が続く。

「優しい主よ、あなたはどこにいらっしゃったのですか？［…］わたしの心のなかに住んでいらっしゃったのですか？　こんなにいやらしいことばかりの心のなかに。とすると、こんな淫らな場所にお住みになっていらっしゃったのですね？」すると主はこう言われました。「答えなさい。おまえの心の穢れた伝染病は、おまえに悦びをもたらしたのか、それとも悲しみをもたらしたか、つらい思いをもたらしたのか、それとも歓喜をもたらしたのか」。彼女は答えて言いました。「つらい思いと悲しみです」。すると主はこう応じました。「かくもつらい思いと悲しみを与えた者が、おまえの心の中心に隠れているわたしでないとするなら、それはいったい誰だというのか。娘よ、信じなさい。もしわたしがそこに居なかったら、おまえの意志に巻き付いたまま追い出すことのできないその思いが、きっとお前の意志を凌いでいただろうし、中に入ってきて、おまえの自由な裁定者に喜んで迎え入れられ、お前の魂に死を与えていたはずだ。だが、わたしがおまえの中にいたから、おまえの心にこうして悔しさと抵抗を置くことができ、そのおかげでおまえの心はどうにか誘惑を拒むことができたのだ……」

ここには問題のテーマにかんするすべてが詰まっている。フランシスコ・サレジオは、まず、肉の誘惑の激しさと強さを女性読者に伝えたかったのである。サタンのあいだで発作的な乱交が繰り広げられ、それを機にサタンが性差をもつようになったという話を思い出した方もいるだろう。さて、こうした悪の表象が純な魂をもった女性の良心に襲いかかる。思慮深く信仰篤い若い娘たちに示されるこのような場面は、いかに貞潔であっても取り憑かれるおそれのある誘惑を描くことによって、彼女たちの心を乱そうというフランシスコ・サレジオの意図に応えていた。著者は淫蕩《リュクスュール》の罪の極端な例を巧みに操っている。闘いを繰り広げるあいだに、カトリーヌ・ド・シエンヌの敵は彼女の心のなかに悦楽を導き入れることにまんまと成功するが、しかし、意志を取り去ること、つまり同意を取り付けることだけはできない。聖女はサタンによって攻撃を受けた砦を、「しっかりと根付いた悪にたいする憎悪」のおかげで、「つらい思い」と「悔しさ」を通して、守り抜くことができたのである。からくも得られた勝利は、魂のまさに中心にキリストが存在することによって可能になったのだ。欲求、精神、心、意志の区別へと導くこの内的な位相は、しばらく後に、『神愛論』のなかでかなり詳述されることになる。

さしあたり第一の段階、すなわち誘惑だけ取り上げることにしよう。誘惑にかんして神学者が一致して挙げる第一の命令は、決して告解者が原因であってはならない、というものである。告解者にとっては「近い機会」をことごとく避けることが重要になる。(10) 誘惑が立ち現れたら「それをまともに眺め」たりすることで、つまり、時間をかけて見たり、後から思い出したりすることで誘惑を再燃させてはならない。「貞潔を脅かすサタンによって極端に苛まれているように見える」人には、誘惑をあまり恐れてはいけないとヴァランタン神父は忠告する。恐れれば恐れるほどよけい苛まれるからである。[11]「貞潔を脅かす誘惑と覇を競わぬよう、慎重に注意しなければならない。誘惑を跳ね返そうとする努力が度を超すと、かえって危険が増すことが多い。そうなるときまって魂に混乱が生じる。最善の対処法は、精神を別のことに集中して誘惑に頓着しないことである。背中を向ければサタンはころりと負ける[12]」。

さもなければ、確固として揺るぎない抵抗に打ち克つ最も効果的な行いを、神学者たちはこれまた全員一致で勧めている。誘惑というとき、神学者は明らかに肉の誘惑、とりわけ自瀆に導くおそれのあるあらゆる刺激を考えている。フランシスコ・サレジオは「蝿や羽虫のような」悪への取るに足らない誘惑は手の甲で追い払う。[13]こうした誘惑は軽蔑する必要があるからである。一方、「大いなる誘惑」の犠牲になっている告解者は、十字架の下に駆け寄り、イエスが自らの前で十字架に架けられるところを想像しなければならない。[14]犠牲者は「称賛すべき良き」仕事によって精神を紛らす必要がある。ここには、手淫の欲望から患者を守ろうとして医者が——後に——勧めたやり方を思い出させるものがある。

リグオリはサレジオほど甘くない。おそらくフランシスコ・サレジオよりも「姦淫の罪」を強く感じていたからだろう。リグオリもまた十字架の下に熱烈な祈りを捧げ、マリアに助けを求めるよう命じているが、彼はそのさい、主が誘惑を遠ざけてくださるよう、告解者が「涙にくれ、呻き主の慈悲に縋り付く」ところをイメージする。[15]こういう場合には、できるだけ速やかにあらゆる感覚的快楽から逃れ、急いで聖体拝領をするよう勧めている。孤独な悪徳に導く扇情的な幻想と淫らな思いが行き着くところまで行ったときには、次のようなよりピンポイントの戦略を取るようそれとなく勧めている。サタンの囁きとサタンによってすでに覚えさせられた快感に同意したくないことを、告解者がいつ果てるともなく繰り返すという戦略である。アルフォンソ・デ・リグオリはこのさい、ヨハネの福音書など聖人の遺物を胸に抱いて十字を切り、ベッドや寝室に聖水を撒いて、自らに（私的な）悪魔払いを行ない、恭順を示すへり下った行為の実践回数を増やすよう勧めている。

「誘惑にさらされたら直ちに熱烈な祈りに入り、神を見失わないように努め、聖母マリアに加護を祈り、跪き、身を低くして地面に接吻し、腕を十字に組んで祈るように命じなさい。ベッドには長居させず、ベッドにいるときに誘惑が最も強くなったら、両手を布団から出し、十字架と祈祷書と聖書に接吻をさせ、指を組んでロザリオの一連を唱えさせ、それでも誘惑が終わらないときには、ベッドから出てお祈りをさせなさい」とジョゼフ・ポシャールは聴罪司祭たちに忠告している[16]。十九世紀に入ると、忠告と命令の範囲が広がる。自瀆がかつてないほど聖職者の考察の対象になる。ブーヴィエはかなり控えめな言葉で、誘惑にさらされたら「静かに神に助けを求め」、聖母と自らの守護天使と守護聖人に祈りを捧げ、精神を「なにか他のこと」に集中するよう勧めているが、一方ドゥブレーヌは、淫らな思いや欲望の犠牲になったら週に少なくとも一度は告解をしに来るよう命じている[17]。ヴァランタン神父は、アルフォンソ・デ・リグオリとブーヴィエが与えていた忠告に加えて、肉の誘惑にさらされた者は悲しみを逃れ、孤独を避けて、もし罪を犯しているときに突然死がやってきたら地獄にどんな責め苦が待っているか想像するよう要求し、選ばれたキリスト教徒に味わわせるために神がしばしば良心を引き裂く最もつらい苦しみを用意して、彼らの魂が完全になるまで高めようとしていることを忘れないように命じている。ヴァランタン神父も、誘惑が去ったら、誘惑がまた息を吹き返さないよう、自分がそれに同意したか否か直ちに糾明することは避けた方がよいと忠告する。彼によれば、サタンが「誘惑されたかどうか糾明するため、相手を魅力的な思いにたえず立ち戻らせることによって打ち負かした者の数は一人二人にとどまらない。したがって、誘惑の種類と原因、誘惑との闘いの長さについては、たとえ困惑を抱いたとしても、忘れてしまいなさい[18]」。「精神的な姦淫の罪」にたいして抱く内心の葛藤は、女性においてとりわけ強いというのが聴罪司祭としてのヴァランタン神父の見解である。

　悦楽《デレクタシオン》は中世の古い概念に由来する。猥褻な想像をして味わう快楽と定義される「意思的悦楽《デレクタシオン・モローズ》」という概念がそれである。悦楽《デレクタシオン》にはしばしば「官能的な動揺」や「霊的な動揺」が伴うが、これらは「自瀆」に通じる危険があるため、神学者の目にはとりわけ罪深く見えた。「意思的悦楽は現在という時間にかかわり、罪の現実的な完遂を想像して、それをまるで自分が行っているかのように悦楽として感じるときに起こる。これが意思的《モローズ》と形容される所以は［…］そこに意思がなすあの了承したうえでそれを選ぶ姿勢にある」[19]。それは、未来にかんする欲望とも、以前成した悪の記憶から得られる誤った歓びとも違う、とアルフォンソ・デ・リグオリは書いている。一方ブーヴィエは「意思的悦楽すなわち観想的な悦楽は、外的な対象によってではなく、外的な対象にたいして人が抱く表象によって区別され、その点で欲望とは異なる」ことを強調している。

　これらの定義は互いに矛盾していないわけではない。先ほど読んだように、アルフォンソ・デ・リグオリによれば、悦楽のなかには意思による決定があり、したがって明白な同意が存在する。トマ・グッセもドゥブレーヌ神父もこうした肉の悦楽を軽い問題とは認めないが、そこにはこうした理由がある。意思的な姿勢を保った思念のなかにある肉の悦楽はすべて、彼らから見ればつねに大罪なのである[20]。

　とはいえ、ドゥブレーヌは、この「肉の悦楽」と、たとえば美しい女性を見ただけで生じる「自然で器官的な悦楽」とを区別している。ドゥブレーヌは、同時代に活躍したビュアールとブーヴィエに平仄を合わせて、後者の悦楽それ自体に間違ったところはないとする。ただしそれでも、危険であることに違いはない。たとえば彼が知り得た人物のなかには、「ひとりの女性やひとつの女性的対象のことを考えたり、思い出したり、その声を耳にしただけでエロティックな混乱が起こり、そのさなかに影や亡霊のようにつかみどころのないものが侵入し、ついには肉体的な堕落にまで至る」者さえ複数いた[21]。しかも、こうした危険は女性だからといって免れうるものではなく、全身が神経で「満たされた」女性の場合とりわけその脅威にさらされる危険がある、とドゥブレーヌは言う。それどころか、「女性の場合、エロティックな感覚が生殖器の感覚に極限されず、全身を捉えて体と心のすべてを支配下におくことがあまりに多い」と、医者からトラピスト修道士にして聴罪司祭に転じたこの人物は言い添えている[22]。

いずれにせよ、フランシスコ・サレジオやその他の神学者によれば、感じることから直ちに生じる悦楽だけでは、かならずしも意思の決定の支配下にないことに変わりはない。わたしが仄めかしていた矛盾が生じるのはここからである。彼らによれば、悦楽はたしかに、淫らな思念とそれがもたらす快楽の上に止まる同意すなわち了承したうえでそれを選ぶ姿勢と混同することはできないということになるだろう。しかし、そのとき強い抵抗を試みなかったとすれば、それはだれにとっても大罪となる。「混乱のさなかだとはいえ知性がその悪意を十全に認識し意思によって同意する、了承したうえでそれを選ぶ心の動きには、重大な過ちがある。これはあらゆる神学者に共通した教義である」、とアルフォンソ・デ・リグオリは書いている。[23] したがって、ここでわたしが指摘した悦楽の定義上の差異は、感じることと同意することの微妙な境界線上に位置していることになる。

同意は、そのあますところのない完全な定義においては、闘いが終わり、意思が屈服し、好色さが魂を支配するまさにその瞬間を指す。淫蕩の罪は、人にも獣にも共通の快楽を感じるという事実のなかにあるわけではない。それは、この罪が猛威を揮う魂の中に起こるのである。この同意の瞬間はときに後続情欲と呼ばれ、先行情欲と区別される。後者は意思の降伏に先立っているのに対し、前者は魂が情念の支配に屈したときに介入してくるからである。

神学者は、言うまでもなく、同意を阻止する適切な方法も教えている。それは、たまたま犯した過ちにおいてあらゆる歓びを魂の中ですでに感じていたとしても（これが悦楽である）その誘惑に膝を屈しない、ということに尽きる。リグオリは再度この問題に立ち返っている。「肉の悦楽」と同意――このふたつをリグオリは区別していない――にたいして果敢に抵抗するための武器は、祈りであり、地獄とイエス・キリストの受難と死を思う敬虔な思いである、と彼は言う。また、同意を犯しそうなキリスト教徒は、神の恵みが失われたときに魂を引き裂く自責の念について考えねばならない、としている。

大罪の重み、神の恵みの中断による不幸、劫罰を受ける危険などを考え、信徒は悪の道から逃れるためならあらゆることをしなければならない。そのために信徒が守るべき大事な注意点とは、誘惑の機会を避けること、誘惑にたいして感覚の扉を閉ざすこと、このふたつである。そのためには会話、観劇、読書を統制しなければならない。誘惑の機会を避ければ罪人が少なくなることは間違いない、とゴーム神父は言う。悪に陥るには条件がふたつある、とヴァランタン神父は付け加える。良心の弱さ、これをある内面的傾向と言い換えてもよいが、それと堕落を挑発したり促したりする外的な状況である。

感覚的な快楽にかんしてとりわけ危険なのは「差し迫って起こりそうな危険」が現れる機会である、とゴーム神父は力説する。差し迫っているというのも、その危険にさらされる人は、会話であれ、淫らな接触であれ、欲望であれ、果ては「最も下品な猥褻」行為であれ、機会が与えられればほとんどいつも、あるいは少なくとも頻繁に、自分が罪に陥ることを経験上知っているからである。(24) われわれがいま耳を傾けている神学者たちは、差異をいっそう洗練させてゆく。間近に迫った意思的な罪の機会もある。すなわち、誘惑に身を委ねようとする者が自らの全面的な同意でそれをなし、その罪の機会から遠ざかることが難しくないにもかかわらず離れようとしない場合である。その機会が持続的であろうとなかろうと、この場合罪人は「近接機会的」と呼ばれる。

われわれの理解を深めるために、ジョゼフ・ポシャール、トマ・グッセ、ゴーム神父から例を借りてくることにしよう。ナイトクラブで催される夜会や集まり、夜の舞踏会の類に行く男女は間近に迫った罪の機会を了承したうえで意図的に選んでいることになる。売春宿に入ったり、猥褻な見せ物を鑑賞したり、ポルノグラフィーを読んだりする男性については言うまでもない。自宅に女性を留め置いて、その女性と姦淫の罪を犯すことが習慣になっている告解者も、愛人を囲って定期的に訪ねる者も、すでに罪を犯した場所や、まだ身を委ねたことのない強い誘惑にさらされたことのある場所に赴く者もまた同断である。神学者の著作に最も多く情報が寄せられているのが、下女との恋や、婚約者と恋愛関係にある若い男女の訪問にかんするものである。ゴーム神父は間近に迫った意思的な機会のうち、こうした範疇に属さない例を挙げている。放蕩者《リベルタン》がしょっちゅういる部屋に、すぐに撤去できるはずの愛人の肖像画を置いた例、「話したこともなければ、困っているわけでもない若い女性にのぼせ上がり、その淫らな愛をいささかなりとも打ち明けていないにもかかわらず、毎晩家の窓の下にやってきて佇んでは姿を見て心の炎を燃やし、しょっちゅう下劣な思念に同意している」「自堕落な」若者の例などがそれである。(25)

これにたいし、「避けがたい、あるいは無意思的な近い機会」、すなわち遠ざけることのできない罪の機会というのもある。オナニストの夫を持つ妻や、親の家に同居しているため、誘惑の相手である下女に暇を出す権限がない若い男性がこれにあたる。ゴーム神父はさらに、自分を悩ます使用人や定期的にやってくる夫の友人から離れられない妻のケースを挙げている。誘惑が兄弟や義兄弟、姉妹や義姉妹からやって来る場合も同じである。(26) 彼らと別れようとしたら大変な醜聞を、ことによっては不名誉までも惹き起しかねない。神学者が言及する離別困難なケースは、家の主人からつけ回されているが、その家からしか収入がないという女性使用人のケースがほとんどである。また、誘惑の元凶である家政婦も、家事の良好な運営に欠かすことができないときには解雇しにくい。要するに、避ければ必ず醜聞や重大な差し障りが生じてしまう「差し迫った機会」が、「避けがたい」機会と称されるのである。

神学者はまた、だれにでもあてはまる近い本性的機会——「男女が夜一対一でつき合う機会」や、すでに罪を犯した相手の男性または女性と重ねる「密会」など——と、(27) 特定の人だけにかかわる近い偶有的機会を分けている。多くの人にとっては罪のないことのように見えても、悪への特別な好みがある個人にとっては堕落の源泉となることがある。一見きわめて立派な身分の人たちにも、避けがたい誘惑を感じる人たちは一定数いて、それは商業、医療、行政官、弁護士といった職業ばかりか、聴罪といった職務にまで及んでいる。こうした職業や聖職に携わりながら自分がすでに罪を犯したことを知っている個人は、自らの弱さに気づき、できるだけ速やかに職を辞するべきである。(28)

機会はまた、それが唆した過ちの頻度によって、すなわち稀なことなのか、断続的なのか、習慣的なのか、毎日のことなのかによっても区別されている。ジョゼフ・ポシャールは営業で六カ月毎にリヨンに出張する代理人を想定している。彼はこの出張のあいだ、リヨンに住む愛人と会っているとしよう。たとえばこれが、意思的で定期的な近い罪の機会の例である。[29]

一方「遠い機会」はどこにでも転がっている。たまにしか過ちに導かない機会がこれである。もちろん、同じ機会がある人にとっては遠いこともあれば、ある人にとっては近いものにもなる。違う目的で売春宿に通う二人の個人についても同じことが言えるだろう。ひとりはこのうえなく破廉恥な行為に耽るために行くが、もうひとりは売春婦を改心させるために行くからである。現実主義者のトマ・グッセはこう結論している。「遠い機会を避けようとする必要はまったくない。そんなことをしたら社交界から出て行かなければならなくなるだろう[30]」。

誘惑を予防するためには、信徒はつねづね感覚のメッセージに気を配っていなければならない。そのために、聴罪司祭のなかには、修道院の行動モデルを告解者全体に敷衍しようする者さえいた。たとえばヴァランタン神父は、「敬虔な人なら」、「感覚の突出部分や不調を」見つけるために日々糾明を怠らないようにしなければならないと書いている。「虚しく無益なすべてから視線を背けることによって目を苦しめ〔…〕、己の存続と健康に必要かつ有益ではない一切を自らに禁じることによって嗜好と欲求を苦しめ〔…〕、感覚そのものを満足させるためにしか貢献しないすべてを拒否することによって嗅覚、聴覚、触覚といったその他の感覚も苦しめ〔…〕、感覚が一瞬一瞬死滅するよう全身全霊を」傾けなければならない[31]。

これほどの自己統制と苦行を目指さないまでも、ヴァランタン神父以外の神学者もまた、外の世界と通底させることで魂を危機に陥れるこうしたサタンの門を監視するよう促している。自瀆を準備する「官能の震盪」という概念で示されるものを別にすれば、医者が当時その力を力説していた第六感を神学者たちが問題にしていなかったことは、指摘しておこう。

眼差しの取り締まりは倫理神学の黎明期以来ありふれたテーマであったが、われわれとしてはアルフォンソ・デ・リグオリ以前に遡るつもりはない。リグオリによれば、若い女性に眼差しを注ぐことは、触れたいという欲望が露わにならないときでさえ、罪になる。[32] トマ・グッセは、視覚使用の深刻さを計るための基準を述べている。その基準を適用することは、信者の側からすればとりもなおさず、自分がいかなる欲望を抱き、その結果どうなったかについて常に自己観察し、精密な分析を行うことを意味する。眼差しの罪深い働きを見積もるためには、(一) 視線が注がれている事物の性質、(二) 視線が注がれる動機、(三) 随伴する感情、(四) そこからふつうどのような結果が出来するか、これらについて検討する必要がある。[33]

したがって、自らとは違う性に属する人の恥ずかしい身体部位に眼差しを注ぐことは、悦楽の危険がいっさいない、きわめて遠くの場所からの場合を除き、大罪になる。視線を受ける人の性質にしたがって、この大罪は姦淫、姦通、淫蕩行為、瀆聖などと呼ばれる。その代わり、男性の水浴客が同じく泳ぎに来ている男性の生殖器に視線を向けたり、女性が隣で身繕いをしている女性水浴客に視線を向けたりしても大罪にはならない。悦楽の危険がないかぎり大罪にはならないからである。したがって、こうした状況の糾明は各人に任されている。[34]

女性の恥ずかしくはないが適切とはいえない部位――胸、胸元、剥き出しの腕など――に目を向けることは、淫らな気持ちで視線を注がないかぎり、それ自体では大罪を構成することはない。同じ道理に従って、授乳している女性を見つめることは許される。ただし、女性が慎み深く振る舞い、男性の躓きにならない場合にかぎる。一般的に女性はとりわけ「はだけた胸元」を見せることによって男性の官能を挑発してはならない、としていることを思い出させる記述である。

性交中の男女を見て楽しむことが大罪にあたることは言うまでもない。動物の生殖器、とりわけ交接最中の生殖器を眺めることにはたしかに危険はあるものの、それ自体が重大な過ちにあたるわけではない。裸体を表現した絵画や彫刻を眺める場合も、それがたんなる好奇心によるなら大罪にならないが、悦楽と「官能の震盪」の危険を孕むときには大罪となる。その代わり、このような作品を発注する者、制作する者、展示する者はつねに大罪を犯すことになる。というのも、彼らは躓きを創り、若者を淫奔へと走らせるからである。(35)

最後に、自らの性器を眺める場合が残っている。正当な必要性があって見るなら罪にはならないし、好奇心からであっても、ちらりと見るくらいだったら小罪にしかならない。心のなかに後続情欲を抱いたままうっとりと眺めるときに、それは大罪となる。

魂にとっては、触覚の使用は視覚よりも危険である。アルフォンソ・デ・リグオリはその点について、婚姻の埒外では、悦楽への欲望によって生じた接触はことごとく大罪である、とはっきり述べている。(36) それは告解者が自らの生殖器に及ぼす接触も、隣人にたいする接触でも同じことだとドゥブレーヌは加えている。必要のない接触で、「精神の震盪」や単純な悦楽の危険が伴うケースである。ビュアールは元来厳格主義者だが、戯れに行うならこのような行為も許される、としている。(37) いっそう寛容主義的なブーヴィエは、世の中には石や木のように無感覚な人間もいて、そういう人たちは「自らに触れても」悦楽も、震盪も、躓きも犯すおそれがないと言う。良き医師であったドゥブレーヌは、体を洗うときや、痒みを抑えるためだけなら自らの生殖器に触れることは認めるが、ただしそれは、本人が虚弱であったり淫蕩でなかったりする場合にかぎられるとしている。(38) リグオリも似たような寛大さを示しているが、やはり、事のついでに行い、いつまでも続けたり、躓きのきっかけをつくったり——つまり他人の居るところで行ったり、わけもなく繰り返したりしてはならないとしている。いずれも、悦楽へと至る道にひそかに変わるかもしれないからである。ドゥブレーヌが要約するように、要するに「こうした行為の悪意はすべて、それがもたらす危険に由来する」(39)。

一方、婚姻の埒外でなされる異性の性器への接触はつねに大罪となる。われわれもすでに見たように、夫婦の接触であっても、そのすべてが無罪というわけではない。恥部とは考えられていない異性の身体部位への接触であっても、その部位が剥き出しになっているときには重大な過ちを構成する。ただし、医療検診、外科手術、専門医の診断のように、必要があってなされる場合は除く。

とはいえ、身持ちの堅い女性が慎み深く触られているときには、相手の意図の潔白を信じているかぎり、いかなる罪にも問われない。ただし、その女性が接触によって官能の悦楽を感じた場合には重大な罪を犯すことになる。強姦によって生じる問題を扱う段になっても、当時の神学者たちの頭にあるのは魂の純潔の保護だけだった。彼らにしてみれば、暴力によって惹起されたこの淫奔にたいするいかなる同意からも犠牲者の魂が守られることが重要だったのである。意思が誘惑を押しとどめようとしていることを示すために、妻――あるいは処女――は物理的に抵抗し、叫ばなければならない。叫ばなければ同意したと見なされる、とアルフォンソ・デ・リグオリは書いている。これは暴力行為が受け入れられたことを意味するのではなく、肉体的結合の展開によって喚起された快楽に、ある段階で同意したということを意味している。ひとたび男性と事に及んだ女性には性的快感を避けることが難しいという考えを、当時は医者も神学者も官能小説の作者も執拗に繰り返していたことを忘れてはならない。それなのに、この場合、強姦された女性は、淫奔さに同意することを避けるためならなんでもしなければならないというのである。とはいえ、寛大なリグオリは、もし女性がある瞬間に同意を犯す危機に瀕したとしても、罪はいっさい許されるべきだと考えていた。[40]

しかも、強姦された若い娘や妻が、心の中でいかなる同意にも屈しないつもりだったとしても、もし相手を惹きつけかねない自らの行動によって恥ずべき行為に陥れたのなら、叫び声を上げても許されない。とはいえ、声を上げなかったからといって、全力で物理的に抵抗してはいけないということにはならない。

聴罪司祭の日ごろの職務で、接触にかんして最も関心を惹き、最も多くの問題を惹起するのが接吻である。[41] 婚姻生活の霊的な過程で夫婦が交わす接吻についてはすでに考察したが、ここで扱うのはその接吻ではない。結婚していない両性の個人間で交わされる淫らな接吻はすべて大罪を構成する。本質的に交接へと導くものだからである。とりわけ身体を強く接触させながら舌を挿入させて行う「鳩の接吻」は大罪になる。乳房への接吻も同断。生殖器への接吻はさらに悪質である。というのも、神学者にしてみれば、こうした挙措がいっさい「自瀆」の危険なしに遂行されるとはとうてい思えないからにほかならない。顔への口づけもまた、ただ快楽のためだけになされるならば大罪になる。神父にとって真に問題になるのは、若い男女、とりわけ婚約した若い男女が普通に交わす接吻である。若者は男女ともに、愛撫ごとに、会話の種類ごとに、それがどんな結果につながるのかよく見極める必要がある。このような場合、に聴罪司祭の方は、若者たちに危険を自覚させなければならない。

ダンスも同種の問題を孕んでいる。ダンス「それ自体は本性上犯罪的でも不正でもないが」、危険なものになることがかなり多い、とドゥブレーヌは言う。[42] すべてはダンスをする人の意図にかかってくる。[43] これがアルフォンソ・デ・リグオリ、およびその後のブーヴィエやトマ・グッセの見解であったが、彼らの見解は新たな寛大さを示していると言える。というのも、オリジェーヌ、ジャン・クリソストム、その後のカルロ・ボッローメオは、「ダンスは快楽とあらゆる種類の官能を肉にもたらす」としていたからである。主任司祭と司祭は自らの小教区でダンスが行われることを黙認してよいが、根付くことを許してはいけない、と十九世紀の神学者たちは考えていた。[44] 礼拝の時間帯にいかがわしい場所でダンスが行われることはなんとしてでも阻止しなければならないとしている。こうした相対的に寛容な態度にもかかわらず、ダンスは罪が「近い機会」のひとつとして常に考えられていた。慎みのない服装、「目にあまる淫らな言動、口にされる猥褻な言葉」といった不都合は毎日のように起きている、と神父たちは証言している。ドゥブレーヌからすると、ワルツと「ギャロパード」は最悪であった。[45] 一方、ブーヴィエとトマ・グッセによれば、仮面舞踏会は弁解の余地がまったくないという。

唯一不当でないと感じられたのは、家族による舞踏会と社交的舞踏会、とりわけ若い娘や妻が父親や夫に連れられてきた場合の舞踏会であった。ダンスが行われる場所、時間帯、時間幅、状況、舞踏会に参加する人々の性格、年齢、志操の堅さ、集まる頻度等々が、その舞踏会の評価を決める基準になる。年に数回、若い男女が含まれなくてもばかにされることのないような舞踏会であれば、参加しても罪になることはない[46]。

聴覚を考察するさいに神学者が論じていたのは言葉の慎ましさである。「淫らな言葉が弱い心のなかにぽとりと落ちると、服に落ちた一滴の油のように染み広がってゆく」。そしてその言葉がときに「心をあまりに強く支配し、そのために心が淫奔な思いと誘惑でいっぱいになることがある」とフランシスコ・サレジオは書いている。「心に貞淑さと貞潔さをもつ者の［…］言葉は、いつも穢れなく、公徳心があり、慎ましやかである[47]」が、「気取って遠回しに、微妙な表現で」語られたとしても、淫らな言葉ははるかに「危険である。というのも、鋭ければ鋭いほど毒針の先がわれわれの身体に刺さりやすいように、鋭ければ鋭いほど悪の言葉もわれわれの心の奥深くに入りこんでくるからである」。この二百年後、ドゥブレーヌは語気を強めてこう述べている。「いかなる猥褻な話も、いかなる淫らな言葉も、放蕩や堕落に導こうという良からぬ動機から口にされた場合、たとえそれが両義的であったとしても、間違いなく大罪になる[48]」。

この点にかんしては、むしろ医者の方が少し前のリグオリよりも厳しいほどだった。というのも、リグオリは、猥褻な言葉でも怒りに任せて口にされたときには、あるいは刈取り人や葡萄収穫人がよくやるように冗談で口にされたときには、大罪を構成しないと考えていたからである。猥褻な言葉は、それを耳にした人の精神的弱さゆえに真の躓きを惹起するのでないかぎり、重大な過誤と考えるべきではないとされていた。これにたいし、情熱が高揚するあまり発された淫蕩な言葉や、相手を放蕩に巻き込もうとして発せられた淫蕩な言葉は大罪である。同様に、若者に悪を教え、混乱に導こうと彼らの前で発せられた猥褻な言葉は大罪を構成する。最悪の大罪が、大衆にたいする猥褻行為の煽動であることはいうまでもない。当時の罪人は次の三つの罪を兼ね備えていた。すなわち、猥褻な言葉を口にした罪、躓きの原因となったことの罪、以前犯した罪に歓びを見いだしたことに由来する罪の三つである。[49]

以上のことはまた猥褻な歌についても言える。猥褻な歌を作った者、歌った者、聴いた者はいずれもたいてい大罪を犯している。聴いた者もまた罪を免れ得るわけではない。猥褻な歌をたんなる好奇心から聴いただけで、悦楽の危険がいささかも伴わない場合には小罪にとどまるが、好色な意図でそうした場合には大罪になるだろう。ジョゼフ・ポシャールは猥褻な歌詞の持つ罪の重さについて説明し、こう書いている。「(一) この致命的な毒は回りやすく、したがって、こうした歌詞を聴いた後では執拗で強力な誘惑が頻繁に続く。(二) この致命的な毒は人の心に強く働きかける。というのも歌詞を聴くと人は笑い——福音書の記述によればキリストは決して笑わなかった——話し、語り、そこに楽しみを見いだすからである。(三) この致命的な毒はほぼ万人を傷つける。純潔にたいする罪を犯す人たちのほとんどが、こうした歌を耳にした結果そうしているからである。この種の罪を犯した人のほとんどが、もし愛すべき美徳」——すなわち純潔——「に反するようなことをいっさい耳にしていなかったら、いまだ清らかであったにちがいない」[50]。

読書による堕落と想像力への影響を告発することは、長いこと聖職者の文献の定石《トポス》となっている。「読んだ本の金言から自信を得たあなたは、束縛にゆさぶりをかけ、感覚の帝国に身を委ねる。あなたを押し止めるものはなにもない。もはや獣の本能以外にいかなる歯止めも、あなたの欲望以外にいかなる規則も、あなたの情念以外に満たすべきいかなるものもないのである」[51]。そのおよそ一世紀後に、ジョゼフ・ポシャールが羞恥心を傷つける本を論じるときも、これに劣らぬ断固とした口調を帯びている。「持つ者からそれらの本を奪い、ただ燃やすためだけに用いなければならない」。さもなければ「それらはまた読まれ [...] 貸し出され、売られてしまう……」[52]。手淫を誘発するとして医者がこうした軽薄文学を警戒していたことを思い出させる記述である。より新しいのがドゥブレーヌの攻撃で、「若者の想像力を炎上させたり、遊蕩《リベルティナージュ》に導いたり、少なくとも「神経質でエロティックな感受性を途方もなく高ぶらせ」たりする文学を彼は糾弾している。彼が主に攻撃しているのは「家庭、サロン、閨房、公共の場、読書室など、どこにでも入りこむ」新聞小説で、[53] 彼はそれが「社会のまぎれもない傷」、「サタンの発明品」で、これに劣らず有害な戯曲文学とともに「今日の若者たちが読んでいるほとんど唯一の文学」だと考えており、[54] それゆえに、こうした破壊的な文書を読んだ者に聴罪司祭は罪の赦しを与えないよう求めている。[55]

第10章

告白の綿密さと罪の算術

告解場となる「良心の法廷」の中では、告解者と聖職者の対話が発展を遂げてきた。罪の糾明の拡大、深化、洗練が進むとともに、告白の綿密さが不可欠になってくる。カトリックの告解における「漸進的心理学化」[1]を物語るものがこれである。カトリックの告解史には、繰り返しになるが、自伝モデルの台頭、次いで、私的で親密なものに属するすべてにたいする支配が随伴している。贖罪と悔悛にたいする古くからの嗜好に加えて、身を苛むやっかいな道徳がますます内面化されていったことで、十九世紀のあいだに告解の習慣は強化され、充実していった。[2]しかも、こうしたプロセスは、肉体にかんするすべてを特権化していったのである。

悔悛の対話は独創的である。この「秘跡の会話」[3]は口承文化の一環を成している。したがって、これが行われる時間と場所の重要性、これを区切る諸段階の重要性を決して忘れてはいけない。厚いカーテンに包まれた暗い空間のなかで、服従と痛悔の姿勢を保ちながら声を抑えて《メッツォ・ヴォーチェ》〔mezzo voce〕自罪を表現しなければならないこと。告解者の発する典礼上の定詞に一心に耳を傾けてくれる存在を、格子の向こうに漠然と感じること。罪の告白前後の祈り。すべてが決して外に漏れないという安心感。こうしたことすべてが会話にきわめて特異な陰影を与え、非日常的な話し方を強いている。言葉の儀礼化が神秘的な印象を強め、その印象が同時代人に強い影響を与える。告解場の闇は、とりわけ反教権主義者に付きまとう。告解の秘跡は社会的な序列をひっくり返し、神の下における人々の平等を露わにするだけにいっそう。

司祭の耳元にささやく告解は、打ち明け話、すなわち、心の支えや慰めを期待して、自ら選んだ人に自由な言葉で自発的に打ち明ける告白とは異なる。良心の糾明と告解は教会の権威により定められている。信徒は、教会が指定した聖職者に定期的に心の内を明かすことが義務づけられ、その聖職者とは友情ではなく権威の関係で結ばれる。信徒は伝道師が立ち寄った場合を別にして、小教区の司祭に告解しなければならない。聴罪司祭は秘密の打ち明け相手ではなく、ひとりの父親であり、審判であり、魂の医者なのである。彼は質問をし、告解者の霊的な出来事について尋ねる。会話の最後に忠告を与え、ことによっては生活の規範までも厳しく言い渡した後、罪の償いを決定する[4]。告解場内部で行われる交流は、激しい感情が渦巻く機会にもなる。この会話の遥か彼方には最後の審判が待っているのだから。最後の審判のときには、告解者が打ち明けたこと、いや、とりわけ隠蔽してきたことが、混乱と恥辱の瞬間に知れわたるのである。そのとき神は、全員にたいして暴かれた魂の最も密やかな「襞にまで入り込んで入念に調べ上げられるであろう[5]」。それによって救済が脅かされるのではないかという強い不安を人が抱くのも無理はない。シャトーブリアンは、告白に続く瞬間の大きさを生き生きと描き出してみせた。「山のような重みから解放されたとしても、これほどの安堵感は感じないだろう。わたしは幸せのあまり泣き伏していた[6]」。アルスの司祭はしばしば告解者の涙に釣られて自らも涙を流している。このような涙の交流が、秘跡の告白を通常の打ち明け話から区別している。

以上のことから、こうしたタイプの告白が与える不安に満ちた魅力をなぜ女性は感じるのか理解できる。十九世紀に入ってとくに、告解の対話が肉体的結合の歴史に参入してくるのはこうした理由による。女性による告解は、男性に三重の不快感を与える。そのひとつめは、話に耳を傾けてくれる男性に自罪を語るために娘や妻や愛人がこのうえなく孤絶された薄暗い場所へ行くことから生じる。この聖職者が、ミシュレの言葉を借りれば、教育と淫らなマニュアルによって汚染された独身男性であるだけに、この不愉快はいっそう募る。その結果、聖職者は感覚の不慣れを「ぞっとするようなものにさえなることのある想像力」に結びつけなければならない[7]。「自然の羞恥心によって長いあいだ悪の観念から守られてきた年齢になって、女性が聴罪司祭のぶしつけな質問によって初めて悪の観念をもつようにならなかったかどうか、こっそり尋ねてみなさい[8]」とフランシスク・ブーヴェは助言を与える。ミシュレは、逆に、対話の相手よりも長きにわたって悪の観念を知っている表向きは立派な、だが実は罪深い女性と、「才気煥発で人を小ばかにしたような女性」が恭しく跪きながら司祭に与える教訓を嘲笑している[9]。事実、ヴィクトル・マルシャルはその『思い出』のなかで一八五二年のことを思い出し、「わたしに罪を告白した女性たちは無邪気そのもので、その無邪気さたるや、それまできっと何人もの人を驚かせたに違いない」と書いている。[10] クーリエ、ミシュレ、ゾラ、下ってレオ・タクシル、ル・サール・ペラダンといった反教権主義の作家たちは、聴罪司祭が女性告解者の官能にいかに多大な影響を与えているか力説し、それを糾弾している。

とはいえ、最も重要なポイントはそこではない。より強い不安を生み出す感情が他にふたつある。そのひとつめは結婚生活の自律性に対する侵害である。聴罪司祭の口から発せられた禁止事項は、夫婦の房事の自由を制限する。たとえば、オナニストの夫をもつ妻に譴責を加え、受動的であることを命じたり、この妻が痛悔を感じてそこから性行為を控えることになれば、夫婦の怒りは募る。少なくとも、これまで引用してきた著者たちはそうなることを匂わせている。ミシュレは書いている。「意志も気力もない、まるで死んだような妻と別れられないとしたら、夫はもはや魂の男やもめ。もうそれだけでうんざりだ。かつてはあなたのものだった者から許可と寛恕をもってしかなにものも受け取ることができず、あなたを規制し、あなたの分け前を決める見えない証人によって最も親密な世界を覗き込まれ、つけ回されるとは、何たる屈辱だろうか[11]」。

司祭が、罪の告白を受けている女性の夫にばったり出くわす。ところがこの司祭は、自らの告解者でもなければ、永遠にそうなることもないこの夫の性的衝動や淫らな行為をすべて知っているのである。「あなたの秘められた弱みをあなた自身よりもよく知る男に道でばったり出会うとしよう。男は控えめな会釈をするが、角を曲がったとたんににやにやするのだ」。その場面を考えるだにまた腹が立ってくるとミシュレは言う[12]。そこに想像力の暴走を示す徴候がなかったとしても、不安という現実を否定することはできない。最悪のケースは、聴罪司祭が娘や妻や愛人の欲望、誘惑、ことによっては悦楽、同意、密かな淫乱、さらには姦通までも知っていて、一方その父親や夫や愛人がこうした悪習について何も知らないという場合である。「昼も夜も長いあいだ一緒にいる夫が知り得なかった妻の秘密を、この男は知っているのだ」と聴罪司祭についてミシュレは書いている。[13]

反教権主義者によれば、聴罪司祭用のマニュアルには猥褻な言葉が含まれているという。彼らの憤怒にはそれにたいする告発も伴っていて、彼らはいそいそとこの言葉を伝えている。クロード・ラングロワはこうした聴罪司祭用マニュアルのさまざまな版を個別に論じながら痛烈に批判しているが、[14]それらはすべて今日まで続いている。カトリックの作家や歴史家のあいだには、こうした著作がいささか淫らだと考えたり、キリスト教擁護の視点から内容が時代錯誤気味であることを惜しむ傾向さえ、あからさまではないにせよ、見受けられる。そのいずれもがわれわれの立場とは違うことは言うまでもないが。

以上のような不安から、聴罪司祭を攪乱させる目的でなされる気安い告白に警戒しなければならないことを神学者は何頁も割いて書いている。犯したこともない忌まわしい行為を告白することで、聴罪司祭、とくに若い聴罪司祭を誘惑しようとする人たち、[15]あるいは、「それを口にするという忌まわしい快楽を得るため」だけにそうした行為を並べ立てる人たちが間違いなく存在する、とジョゼフ・ポシャールは言う。シスター・マリ＝ゾエのケースがそれで、「わたしはしばしば罪を語りましたが、そうした悲しいことを口にするのがなんとなく嬉しかったからです」と告白している。今度はまったく別の観点からだが、神学者はまた、おぞましさゆえに告解者がなかなか口にできない自瀆と獣姦について、とりわけ頻繁に起きる中途半端な告白にも不満に感じている。

とはいえ、告解場の内部で繰り広げられる日常的な情景の激しさを、あまり大げさに取らないようにしよう。やりとりはたいてい平凡である。十七世紀末すでに、「告白のときだれもが［…］くだらない罪を告白したり、笑ったり、貧しく悲惨なさまを語ったり、言い訳をしたり」、[16]怯えたふりをしながら特大の下劣な罪を不安げに語ってみせては司祭を担ごうとしたりしていたことを、セヌリ＝アン＝ソローニュの小修道院長は認めている。[17]ドルドーニュでは十九世紀に入ると、通常の告解はたいてい手を抜いて行われており、復活祭の時期の大変な混雑時にはとりわけ二、三分で済まされている。[18]「告解に」行くことは、当時、一年間司祭から間違いなくサービスを受けるために払うコストくらいにしか考えられていなかったのである。告解場の前では順番が来るまで笑ったり、おしゃべりしたりしていた。ここでは、長々しい魂の調査などほとんど存在しなかった。女性は自らの評判を落とさないために必要とあらば告解に行く。召使い、寄宿生、子どもたちは自罪を告白しに行かなければならなかった。フィリップ・ブトリが「従属者の告解[19]」と名づけたものだけが、真の社会的有用性を帯びていた。それは、若い女性の純潔や妻の貞潔を守っていたのである。

その一方で、一定数のエリートは自らのために良心の指導者を選んでいたが、これは通常の告解の範囲を逸脱していた。一六六〇年代から告解文学が急増し[20]、それと同時に良心の指導が発展する。[21]したがってこの動きは、たんに告解の秘跡への訴えかけが広がったということとは区別して考える必要がある。十八世紀になると、最も熱心なカトリック信者のなかに女性の数が増え、霊的な指導が再び重要性を増す。[22]「瞑想、観想、苦行、秘跡の励行」という四つの主要な活動を進めるために魂は誤りのない働きが求められるとアルフォンソ・デ・リグオリは言うが、女性信者たちはこの魂を完璧なものにしようと望んでいたのである。[23]

良心にこのような指導を行うかぎり、糾明はたんに自己踏査であるばかりでなく、ステージアップのプロセスにおいて自らがどの評価レベルに達したかを確認する行為にもなる。そこには、肉からどれだけ離れられたか、という評価も絡んでくる。たとえば、観想の祈りの段階を一歩一歩昇っているあいだ、告解者は、神との一体化への欲望をますます強くするために「感覚の不毛[24]」、つまり被造物にたいする無関心へと接近してゆく。告解者はつらい闇のなかに落ち込み、そこで「あらゆる官能的快楽にたいする嫌悪感」を吹き込まれる。[25]この「感覚の不毛」はある段階で「喜びに満ちた観想」に入り込ませ[26]、その観想が続くあいだ、魂は「形とイメージと人物像に満ちた官能と物質的なあらゆる傾向」から離脱してゆく、とアルフォンソ・デ・リグオリは書いている。その後魂は、われわれがカトリーヌ・ド・

シエンヌについて見たような、悲嘆と恐ろしいほどの肉体的誘惑によって識別できる一段と高いステージに接近し、最後に「神と一体化できる能力を身につける」[27]のである。こうした魂の上昇のための方法は、われわれの扱う主題を越えているので、以上のような簡単な粗描にとどめておきたい。ただし、霊的な指導を渇望する女性がとりわけ十九世に数多く存在したこと、聖職者が彼女たちの要求を考慮せざるを得なかったことだけは忘れないでおこう。[28]

十九世紀以前、聴罪司祭向けにおびただしい数の見解、忠告、実用的通達が、特にカルロ・ボッローメオ、[29]フィリッポ・ネーリ、フランシスコ・サレジオ、アルフォンソ・デ・リグオリ、レオナール・ド・ポール＝モーリスによって刊行されてきた。これらの神学者の意見はある一点で一致しているが、トマ・グッセがそれを簡潔な表現にこうまとめている。告解を聴くことは、「聖職者の最も危険な」職務である。[30]ジョゼフ・ポシャールもまた、それが危険な職務であることを力説している。[31]第六の掟にかんすることには、つねに想像力を燃え上がらせる危険がつきまとう。もう少しはっきりした分析を要求すれば、誘惑を克明に描かせることになり、その誘惑が今度は聖職者に襲いかかることになる。最初の誘惑は、「必要のない事柄や余計な状況を知りたい［…］罪を犯した経緯を知りたいという」たんなる好奇心の過剰にすぎない。[32]困惑した告解者は、そこで、もっと露骨な言葉で表現せざるを得なくなり、その結果、自分の想像力も聴罪司祭の想像力も損なうことになるわけである。これよりも恐ろしい第二の誘惑は、告解者が認めた罪を今度は聖職者が犯すことにある。告解者が「邪悪な対象を」示すと「そこから邪悪な思いが形成される。サタンが聴罪司祭の心の中に忍び込み、邪悪な欲望や不純な媚びを掻き立てようとする」[33]。こうして聖職者は「世間一般のつき合いには見あたらない」特殊な罠に身をさらしている。「他人を浄化させることによって自らを穢す」危険に身を置いているのである。したがって、ヴァランタン神父は「他人の悲惨を耳にしているあいだに自らが穢れてしまわぬよう」聴罪司祭は「［…］自分自身に注意」しなければならないと言う。「もし気を付けていないと、彼の想像力は穢れ」、「この汚辱と悲惨の淵に」沈んでゆくだろう。[34]

誘惑者となった聴罪司祭が、ラブレーの『第三の書』とマルグリット・ド・ナヴァールの『エプタメロン』に登場する。その数年後、タルマン・デ・レオーは、反対に自罪の告白を聴いた司祭をあの手この手で誘惑しようとする女性を取り上げている。その後、エロティック文学がこのテーマを独占するようになる。サドの小説では、ジュスティーヌの不幸な出来事を聴きながら聴罪司祭が手淫を犯している。『シャルトル修道会の受付係修道士』〔ジェルヴェーズ・ラ・トーシュの作とされる一七四一年のリベルタン小説〕においてすでに現れているこの定石《トポス》は、一八〇三年、ピゴー＝ルブランの『売春宿の子』に再び顔を見せている。

　カルロ・ボッローメオを範とするグッセによれば、そこから祈りと苦行の必要性が生じることになる。聖職者はつねに神と共にいることを忘れてはならない。神にすがり、時には自らの創り主にまで心を高める必要がある。とりわけ危険のなかにあるときにはそうしなければならない。嵐の中の使徒のように「ドミネ、サルウァ・ノス、ペリムス」[35]（「主よ、われわれをお救いください。われわれはいま滅びの淵にいます」）と叫ばなければならないのである。告解者によってこうした罪を目の前に並べられた聴罪司祭は、自分自身に警戒しなければならない。後で立ち戻ることになっても、この件について質問を長引かせることは避ける必要がある。淫蕩の罪について尋ねるときには、言葉に一点の穢れもない状態をつねに保ち、揺るぎない節度を示さなければならない。告解とはいつ果てるともない瞑想であり祈りでなければならず、一方、司祭は「心にたいする警戒」を、したがって目と言葉にたいする警戒をつねに怠ってはならない、とゴーム神父は言う[36]。

　ある特殊な危険が良心の指導者を脅かす。魂の漸進的な上昇を導く運動が長い時間をかけて少しずつ進むなかで、女性の告解者とその指導者の関係は、知らず知らずのうちに霊的なものから肉的なものへと変わってゆくことがある。すぐに危険に気づかないだけに二人の対話者にとってはなおさら意識しづらい変化である。この二人は少しずつ「互いを目で求め、まだ最初の信仰心から発しているように見える優しい言葉に身を焦がす。次いで、二人は互いの存在を強く求めるようになり」、最後には「霊的な崇拝が肉の崇拝へと鞍替えする」[37]。これ以上大きな不幸はない。

こうした危険をよりよく把握するために、告解の秘跡を考えてみよう。告解場は四方から見える剥き出しの場所に位置しなければならないが[38]、そこで交わされる対話の秘密がしっかりと守られるよう、周囲に障害物を置くことは避けられない。内部では、据え付けられた格子が司祭と告解者を隔てている。告解を望む病人のところに赴いたときには、外から中の様子が見えるように、聴罪司祭は部屋の扉を開けっ放しにするか、少なくとも半開きにしておかなければならないことは、カルロ・ボッローメオを受けて繰り返し言われている。加えて、聴罪司祭は告解者の目を避けなければならない。

ローマ・カトリックの典礼定式書によれば、聴罪司祭はスータン、スルプリ、ストラを着用し、頭を覆い、できるだけ顔を隠す。告解者をしげしげと見てはならず、声がよく聞こえるように、また最大限の注意を払って聴いていることを示すために、耳を告解者の方へと傾ける。

熱意、忍耐、学識、慎重さ、慎み深さといった聴罪司祭の全般的な美質が謙虚で誠実な態度を要求し、この態度が周囲に厳粛さと信仰心を醸し出す。したがって、聴罪司祭はたとえば煙草を吸ったり、花や扇子を手に持ったりという、聖職者の威厳に反する行為はことごとく避ける必要がある。告解場の内部では決して大声で話してはならない。そこでは声の調子と視線の両方とも低く抑えることがぜひとも必要である。

強迫観念になっているのが、とりわけ「性の異なる人々」にたいする用心で、ヒエロニムス、アウグスティヌス、その他の神学者以来連綿として、女性はひとりの例外もなく誘惑者として考えられている。聖職者は夜明け前にも日没後も彼女たちの言葉に耳を傾けてはならない。それが無理なら、告解場の隅に蝋燭を灯しておく必要がある。決して教会内で女性と二人だけにならないよう、最後の告解を聴き終わるまで、内陣にだれかを置くように留意しなければならない。

「若い女性を相手にするときには、一般的に言って、愛想良くするよりも厳しく接しなければならない。面と向かって話させてはいけないし、ましてや手に接吻などさせてはならない。告解を聴いているとき、彼女たちを知っているそぶりを見せてもいけない［…］。慎重の上にも慎重を重ね、女性の告解者を見たり、告解場から出て行くところを目で追ったりしてはならない［…］。聴罪司祭はいささかなりとも教会のなかで立ち止まって話しかけてはいけない。いかなる種類の親しそうな振る舞いも避け、どんなささやかな贈り物ももらってはならない[39]」。告解のときには「わが愛しい息子よ」とは言ってもよいが、「わが愛しい娘よ」という表現は避けよ。「最後に、女性の告解者との対話においては、彼女が淫らな行為にかんする大きな弱点と大きな罪を告白できるように、あなたは対話をなるべく簡潔にすまさなければならない」とゴーム神父は断固たる調子で述べている[40]。いずれにせよ、聴罪司祭の言葉は簡潔かつ厳格でなければならない。加えて、女性に気を使いすぎるあまり、逆に男性を蔑ろにしているような印象を決して与えてはいけない。男性は告解の秘跡をなおざりにすることが多いだけに、彼らを引き留めておくことは重要である。

カルロ・ボッローメオが告解者の態度を粗描しており、これが至る所で引用されている。告解者の男性――あるいは女性――は跪き、聴罪司祭の足下にひれ伏す。彼はへりくだって頭《こうべ》を落とし、胸の前で手を組む。男性は無帽で佇み、女性はベールをしているときにはそれに接吻をする。十字を切ったあと、告解者は司祭の祝福を要求する。告解者は罪を犯したことを明らかにし、自らの悔い改めをはっきり示すために痛悔の祈りを唱える。

聴罪司祭は自分のところにやってきた告解者をひとりひとりよく研究し、その人の態度を分析して状態を知り、気質を探るように努めなければならない、と神学者たちは通告している。最初の審問を統べる三大典礼執行規定〔典礼書中赤字で書かれた言動指示〕がそれである。まず最初に、聖職者は心理的な分析を行い、告解者の良心の現状に通じなければならない。告解者がやって来たのは善意からか、それとも悪意からかを知り、その人が犯したさまざまな罪のうち、性格が絡んだ罪を探り出す必要がある。「たとえば、純潔にたいする重大な過ちはたいてい、密かな傲慢にたいする罰にすぎない」とジョゼフ・ポシャールは書いている。「告解者の特性、弱点、主たる情熱が何なのか」見極めることがきわめて重要である、と彼は言い添えている。[41] 宗教と道徳にかんするその人の知識がいかほどのものであるかを測定することも、これに劣らず重要である。この人は罪の犯しやすい環境にあるのだろうか。大罪に値する悪習に染まっているのだろうか。宗教の真実と己の義務を知らないのだろうか。こうした問いにたいする答えによって、聴罪司祭が告解者に与える「その人の魂の現状にふさわしい」見解は違ってくる。[42]

聴罪司祭はまた、告解者の社会的な条件と身分についても調査する必要がある。「その人は独身なのか、既婚者なのか。子どもなのか、使用人なのか。職業は何か。商人か、それとも耕作人か、等々」[43]。司祭は、告解者のなすべき義務を速やかに教え、その義務の果たし方を知らせなければならない。これこそ、十九世紀のあいだに聖職者がますます注意を払うようになっていった通念である。[44]

とはいえ、真に斬新だったのは、気質という概念にこれ以降与えられた重要性である。当時この概念をモデルに用いたヴァランタン神父と、とりわけトラピスト修道士のドゥブレーヌは、長大なページを割いて気質概念を記述している。聴罪司祭は、守るよう勧めるべき生活上の諸規則や、誘惑にたいして用いるべき戦略を、各告解者の気質に合わせて選ばなければならない、と彼らは言う。たとえば、「絶えず生体の法」と犯罪的な魅力「に支配された」多血質の人たち、キリスト教徒の悔悛と禁欲の敵たるこの多血質の人たちにたいしては、苦行は避けた方がよい。ますます熱を帯びさせることにしかならないからである。その代わり、彼らには「自分の肉体をとりわけ嫌いにさせる必要がある［…］というのも、多血質の人たちほど自分の身体を愛している者はいないからである」。胆汁質の人たちの場合、とりわけ「火を点け」ないようにする必要がある。聴罪司祭はかなり抑えた口調で、「できるかぎり穏やかに語りかけなければならない」[45]。

こうした類型論に神学固有の範疇が継ぎ足される。告解者のなかにはたとえばたんなる弱さの犠牲者となった者もいる。「初めて感じた激しい情念の動きや、思いがけない魅力的な（単独で孤立した）機会、あるいは」外的な機会から生じ、内的な働きに先立たれることのない[46]「強い誘惑に出会って」罪を犯した人々である。また、悪意によって堕落した告解者もいる。さらにはまた、習慣的な罪の犠牲になり、したがって、自らの過ちに深く結びつけられている告解者もいる。良心の呵責も、痛悔もすっかり息の根を止められ、神の恵みによる救済を阻まれている人たちである。

「習慣という言葉は、同じジャンルに属する行為を繰り返すことで罪を犯しやすくする性向や性癖や傾向を意味する」とトマ・グッセは書いている。[47] 常習性を生みだし、「第二の自然」を作るものがこれである。[48] 習慣は、場合によって程度の差こそあれ、「凝り固まって」いるおそれがある。しかも、「間近に迫った機会から生じた場合、はるかに危険性を増す」[49]。アルフォンソ・デ・リグオリは、自分が習慣をどのように捉えているか、この少し前ですでに説明している。「姦淫の罪、肛門性交、獣姦にかんしていえば、習慣化したと言えるまでになるために（月に）五回も同じ事を繰り返す必要はない。たとえば月に一度一年間にわたって姦淫の罪に耽った人は、この習慣を身につけたと見なしてかまわない」[50]。神学者たちは、「まだ告解していないなんらかの罪を習慣的化させている」人々を「常習者」と呼んでいる。[51] トマ・グッセは「なんらかの邪悪な習慣を初めて告解にやってきた者」もこの範疇に加える。[52] こうした罪人は、「犯罪的な習慣」のなかで過ごした時間の長さにしたがって、また、その人の「倒錯の度合いに」したがって程度の差はあるものの、自らを矯正することはおそらく困難であろう。[53]

悪を根から引き抜くためには、「困難な働きかけを繰り返し続けること」が求められる。[54] したがって、「常習者」にはとりわけ同情と、強い励ましが必要となる。自らを正したいと強く思いながらも、彼らが「累犯者」の範疇に陥る危険性はきわめて高い。「告解のあとでも、改悛の気持ちをもつことがなく、以前と同じように、あるいはほとんど同じように淪落してしまった人々」が「累犯者」と呼ばれている。[55]「内在的な弱さ」の犠牲者となった人々である。

トマ・グッセによれば「累犯者とは、邪悪な習慣を聴罪司祭から警告されたにもかかわらず、同じ罪に再び陥ってしまった人のことである」[56]。

十七、十八、十九世紀の神学者たちが「累犯者」の問題に取り組むとき、彼らの関心は「密かな不節制」に、次いで夫婦のオナニズムに集中していた。つまり、習慣の根絶が概ね緩慢で漸進的にしか進まない罪の範疇に集中していたのである。再犯の場合、金銭関係にある女性や同棲女性との姦淫、さらには姦通でさえ、比較的容易に根絶できる罪で、告解者にたいしてさほど遠慮せずにものが言えた当時の聴罪司祭にとってみれば、比較的たやすくけりのつけられるケースであった。ところが、その他の「累犯者」にたいしては、聴罪司祭が罪の再犯を徐々に避けてゆく方法を連日指示しなければならない。

したがって、「自瀆」の「累犯者」は真の意味での精神的な治療を受けなければならなかった。ゴーム神父は、彼らにたいしては大いなる善意と忍耐をもって接し、絶望に陥ることのないよう十分に注意するよう勧めている。累犯者が再び罪を告白しに来ても、聴罪司祭は驚いたり苛立ったりしたそぶりを微塵も見せてはいけない。綿密な糾明と祈りと苦行節制に先だって総告白から始めるように促すと良い、とヴァランタンは言う。数多く罪の点検をすれば、告解者は追いつめられて謙虚になり、より強い悔悛の念をもつようになって、告解の秘跡で二度と再び同じ罪を犯さないための神の恵みを受け取れるようになるだろうと期待しているのである[57]。

医者が手淫と呼ぶものは、自瀆や密かな不節制という言葉で神学者を悩ませていた。この罪は、おそらく十六世紀末にはすでに特別な扱いを要求している。したがってジャン・スタンジェ、アンヌ・ファン・ネック、トマス・ラカーの断言には含みをもたせる必要がある。たとえば、一五九五年に没したフィリッポ・ネーリは、自瀆者が罪を犯したら、その度ごとにできるだけ速やかに告解をしに来るよう促している。「告解者がいくど過ちを犯しても、決して意気阻喪してはいけない」と、その三世紀後にはゴーム神父が厳命している[58]。

「累犯者」の過ちを評価するためには、一連のデータ、とりわけ年齢、性格、罪の機会の性質、この罪の機会が予見できたものだったか、自ら求めたものだったかなどを知っておく必要がある。誘惑の力と回数、それに抗うために費やした努力の質と量、罪を犯した後の悔悛と苦痛を、再犯ごとに見積もることが望ましい。したがって、密かな不節制の回数だけしか考慮しないとすれば、それは間違っている。ジョゼフ・ポシャールは、ティトゥス〔ローマ皇帝〕とカイウス〔ローマ教皇〕は没したその月に自瀆をしたと考えている。ポシャールは聴罪司祭に向けてこう書いている。

> (一)すでにそれまで罪に陥ったことはあるか。(二)月に一度以上罪に陥ったことがあるか。もしそうだとすれば何回か。(三)誘惑が強く、その機会が与えられたとき、よく誘惑に負けるのか。あるいは機会が与えられなくても、誘惑はやってくるか。(四)淪落のさいに呻き声を発したか。自分たち自身で自らに悔悛を課したか。以上のことを二人に問いただしなさい。
>
> 二人がそれまでに罪に陥ったことがなければ、あるいは、前月すでに一度罪に陥ったことがあっても強い誘惑に頻繁にさらされていたのであれば、二人の罪は赦しなさい。というのも、この二つの淪落は、習慣よりもむしろ弱さによるものだからです。とりわけ彼らが呻き声を上げ、何らかの悔悛を行ったのなら、よけいそうしなければなりません。
>
> しかし、一方が頻繁に誘惑にさらされ、もう一方が一、二度しか誘惑されないのに(自瀆や自己への淫らな接触などによって)何カ月も前から毎月一度罪に陥っているとするなら、一人は赦しても、もう一人を赦してはいけません。後者においては[…]習慣的で悪意のある罪に現在なっているか、少なくとも時期になろうとしているからです。[59]

前回から今回の告解のあいだに「累犯者」に罪に陥っていた頻度をこっそり告白させようとするためには、彼らを問いつめる必要すらない。ジョゼフ・ポシャールは照会を求めるという単純な方法を提案している。聴罪司祭が罪を犯した人に、以前何の罪で悔悛させたのか尋ねるのである。自分の告解者が犯した過ちの数に従って悔悛の目盛りを上げてゆくように心がければ、聴罪司祭は自動的に情報が得られるわけである。ここでも聴罪司祭に向けて、ジョゼフ・ポシャールはこう書いている。

罪に陥り、毎日のように苦行節制を行い、祈りの後に日夜地獄を思っている者にあなたが指示を与えているとしよう。その人が再びやってきて、以前あなたにこれらふたつの悔悛を課せられたことがあると言ったなら、あなたはそこから、まるで初めての告解のように、その人が密かな不節制に日常的に手を染めていることを知るのである。(60)

尋問のあいだ、聴罪司祭は告解者をいささかなりとも憤慨させてはいけない。告解が信徒にとって忌まわしいものにならないよう、大いに慎重さを発揮する必要がある。告解の秘跡の唯一の目的が魂の救済に、すなわち、罪を犯した者の悔い改めにあることを決して忘れてはいけない。ゴーム神父(61)はこの必須の「精神的慎重さ」を明確に示している。告解者と対話しているとき、聴罪司祭は告解者を急かしてはいけない。たんなる好奇心から無駄で無用な質問をすること、過ちを縷々述べている最中に相手を咎めること、告解と無関係な会話をすることなどは避けなければならない。告解者を非難することも厳に慎まなければならない。繰り返しになるが、聖職者は父であり、医者であり、宗教的学問の博士であり、審判であらねばならない。したがって、信仰と風紀にかかわる教育を告解者に与えられるだけの知をもつ必要がある。たとえば、結婚の直前には婚約者たちに教えを施さなければならないし、結婚式の二週間後には新たに二人を招かなければならない。

アルフォンソ・デ・リグオリは、審判としての役割以上に父と博士としての役割にこだわっていた。以前の自分に立ち戻ることがまったくできない告解者の良心の糾明を、少しずつでもしなければならない理由がこれである。こうした告解者には、荷車引き、御者、召使い、兵士、警官、旅籠屋の主人、「その他の同類」などがいた。(62)

悔悛の対話の手順はローマ・カトリック教会の典礼によって決められている。司祭は手始めに、いつから告解をしていないか、課された悔悛を果たしたかを信徒に訊く。ついで、たいてい相手の選んだ順番に沿って、前回の告解以来犯した罪の告白をさせ、必要に応じてコメントを加えたり、詳しい説明を求めたりする。アルフォンソ・デ・リグオリは、対話の最後まで質問とコメントを控えるよりはこうした方が良いとするが(63)、ゴーム神父は逆に、悔悛を決して中断させなかったという。

本来の意味での尋問にかんして、聴罪司祭は、一見すると矛盾する二つの要請を両立させなければならない。尋問は過度に細かくなってはいけない。たとえばアルフォンソ・デ・リグオリが日常的と呼ぶ罪についてしか告解者に尋ねてはならない。とはいえ、尋問の目的がこの悪習の種類、数、起源の調査にあることに変わりはない。したがって、聴罪司祭は、過ちが犯されたその度ごとに原因と状況を尋ねなければならない(64)。罪を犯したときの意思と状況にかんする執拗な尋問が、リグオリ主義の基本データのひとつを作りあげているのである。

尋問を行うと決めた聴罪司祭は、最も重い過ちから始めて軽いものへと段階を踏むべきだろうか、それともその逆を辿るべきだろうか。これにかんしては意見が分かれている。「常習者」の告解を聴くときには、聴罪司祭は、その人の住所と暮らしぶりを尋ねたあと、罪の質についてできるかぎり詳しく話してもらわなければならない、とリグオリはいう。そのためには、日、週、月にかんする「さまざまな数字を引き合いに出し」てもよい。「たとえば三、四回なのか、それとも八回から一〇回ほどなのか」、こちらから数字を出して、告解者がどの数字で立ち止まるかを見るのである。もし数字が大きくなりそうなら、「新たに大きな数字を使って尋ねればよい[65]」。思念、欲望、悦楽といった「内的な行為」の場合、聴罪司祭は大まかな数量で満足せざるを得ない場合、つまり、「はっきりしない状態で判断せざるを得ない場合が多い。告解者に「犯罪的沈黙[66]」が疑われるときには、告白を容易にするために、その告解者が「種類においても、数においても」とてつもないことを犯しているはずだと素直に推測するよう、ヴァランタンもドゥブレーヌも勧めている。「その他の罪よりも有罪を認めるのがむずかしい貞潔にたいする過ちがかかわる」場合にはとりわけそうである。

ほとんどお祈りもしない、秘跡にもめったに来ない、なにも告白しないという育ちの悪い若い男性の告解者にたいして、ヴァランタン神父が用いるように促しているのは次のような言葉である。

「さあ息子よ、良からぬことをたまには考えたりしたことがあるだろう?」もし告解者が「ない」と答え、どうしても認めようとしないときには、諦めずにこう訊きなさい。「楽しいことに気を取られたこと、あるんじゃないかね?」それでも「ある」と言わなかったら、さらに続けて、「落ち着いて、気を落とす事はないよ、たとえそれに同意をしたとしてもね。こんなこと今までにもよくあったの? 何回くらい? で、あなたは何か悪いことしたんじゃない?」。話をまだよく聴かないうちから真実を言い当てられた告解者が驚いて、はい、神父さま、と小声で言うことがよくある。そうしたら、さらに新たな過ちがあるか、それがいくつあるかを探りなさい。隠そうとしていたことをすべて告白し終えたら、彼を安心させ、あたうかぎりの慈愛と心遣いをもってこう言ってあげなさい。「こうして罪をはっきりさせて、あなたもほっとしているでしょう[67]〔…〕?」

聴罪司祭を指導するためのこうした著作は、貞潔にたいする過ちで充ち満ちている。肉の罪がこうして大部分占めてしまう理由の一部は、猥褻な思念や官能的な欲望や、したがって、誘惑や悦楽や同意に属するあらゆるものの種類や数を突き止め、それらを追いつめることの明らかな難しさから来ている。聴罪司祭には「純粋に内的な欲望や意思にかんして告解者を糾明する」だけでなく、「まだ欲望も意思も伴っていないうちから、邪悪な思念を取り除く」義務もある。[68]

ここでは、告解者にその思念、欲望、「意思的悦楽《デレクタシオン・モローズ》」、その同意の度合いなどを尋ねるよう要求するアルフォンソ・デ・リグオリに、聴罪司祭はただ従っているだけである。想像による過ちにかかわっているのが若い女性なのか、寡婦なのか、それとも既婚女性なのか知らなければならない。加えて、告解者はその女性とともにいかなる悪を犯す思念や意図をもったのか、告解者は週に、あるいは月にいくども日常的に心の奥底でその罪に同意してきたのか、こうしたことをつまびらかにする必要がある。[69]この一世紀後には今度はドゥブレーヌ神父が、悦楽の思念、対象、持続、強度、およびその有害な結果について尋ねるよう聴罪司祭に命じている。彼は一連の質問のモデルさえ提案している。「あなたはひょっとして、なにかしら淫らな、あるいは貞潔に反する思念を抱いたことがありませんか？」もし告解者が「はい」と答えたら、聴罪司祭は続けて、「その思念は長いあいだあなたの中に居座っていますか？ あなたはその思念に自らの意思で目を向け、なにがしかの満足を得ましたか？ それはどんな対象にかんする思念ですか？ あなたはそのとき、たとえば、あなた自身にかんすることにせよ、あなた以外の人にかんすることにせよ、頭のなかで考えていることにたいしてなにかしら邪悪な欲望を持ちましたか？ その人は異性、既婚者、親戚、縁者等々でしたか、それともそうではありませんでしたか？ あなたはその人を見ましたか？ その人に話しかけましたか？ あなたの思念には、その後淫らな視線、動き、接触が伴いましたか？ そうしたことすべてに引き続いて、はっきりとわかるなにがしかの効果がありましたか？ その効果はどんなものでしたか？ 不都合なものでしたか？[70]」と問い詰めながら、告解者を徐々に自瀆の告白へと導いてゆくのである。ドゥブレーヌによれば、重大な行為の罪を認めたあと、「淫らな意思的思念と欲望や猥褻な眼差しをどうでもよいものと考えてしまう」告解者がいるという[71]。彼らには、それがまた別の罪であって、改めて糾明と告白が必要であることを理解してもらわなければならない。

告解者が接触や、さらには「肉体的結合」の罪までも認めたときは、尋問をさらに進め、その行為をどこで、だれと、どのような機会に行ったのか、その行為は中断されたか否かと問う必要がある。聴罪司祭はその回数と持続についても調べなければならない。繰り返しになるが、罪が犯されるどれくらい前にこの行為は決定されていたのかも知る必要がある。自瀆にかんする場合、司祭はそれが悦楽から帰結したものか、それとも悦楽に伴なうものだったのか、自瀆の瞬間、思念のなかで交接をして満足を得た相手はひとりの女性だったのか、複数だったのか、子どもだったのかを問うことが求められる。したがって、思念それ自体と、自瀆あるいは肉体的結合に結びついた思念とを混同すべきではない[72]。

若い女性と妻の密かな不節制に話を絞れば、これにかんする質問方法はブーヴィエ、ドゥブレーヌ、そして後のルヴェルが洗練させている。ポイントは、罪を犯した女性が自らに「触れた」のか否か、触れたとすればどのように、どのくらいのあいだ触れたのか、といった点で、それらはいずれも日常的な質問事項を構成する。しかし、この場合、質問にはとりわけ感じた官能の性質と強度にかんする質問項目が含まれている。したがって、自らを愛撫し「きわめて強い官能的な痙攣」を得たあと、女性が感覚の飽満や「器官の萎縮」を感じたか、安らぎが戻ってくるのを感じたか、そこのところを尋ねることがきわめて重要になる。もしそう感じたとすれば、女性が真の自瀆を犯したことは間違いないからである[73]。

一方、ドゥブレーヌ神父は生理学者としてこう自問する。「多少なりとも悦楽を伴なう体液の体外ないし体内への流露」や「粘液性物質の滲出」を確認し、「勃起や痙攣といった変化の中心になっていた生殖器において強度に差はあれ快楽を」感じ、「エロティックな混乱やオルガスム（引用原文ママ）を」得たあとで、女性ははたして「生殖器系の飽満、消散、休息状態」に達するのだろうか。

夫婦の貞潔にかんしては、レオナール・ド・ポール＝モーリスとアルフォンソ・デ・リグオリからヴァランタン神父に至るまで、同じ命令が見いだせる。聴罪司祭は夫婦の貞潔にかんして夫には事細かに問い質すことはできても、妻にたいしては立ち入りすぎないよう十分に気を付けなければならない、という命令である。したがって、夫には、「婚姻を利用していながら」他の女性を欲望したことがあるか、いつ、そしていくど想像上の悦楽をそれで得たか、空想の女性はどんな状況にある人だったか、などと尋ねることができる。一方女性の告解者には、義務を従順かつ慎み深く果たしているか、せいぜい婚姻を悪用していないかという程度の質問にとどめなければならない(74)。

結局のところ、これら倫理神学の専門家の文章は深い矛盾を呈さないわけにはゆかない。厳密な質問事項のモデルを提示しながら、同時に、とりわけ若い聴罪司祭に向けて慎重さと慎み深さを求めているからである。なすべき質問を事細かに記述したアルフォンソ・デ・リグオリでさえ、貞潔にたいする罪の場合、告解者には短く、控えめに質問せよと求めており、その結果たいてい、無知を克服できないまま善意の罪人を放置することになってしまっている。

神学者の発言はときおり、ある特定の範疇の告解者に注目する。たとえばジョゼフ・ポシャールは、結婚を目の前に控えながらも自瀆や姦淫をやめられない特殊ケースに注目している(75)。男女ともに配偶者を失ったやもめは特別に注目を浴びることになる。寡婦にたいしてとりわけ注意が必要なことは、繰り返し言われている。まず女性が本当に寡婦なのか、すなわち本当に貞潔なのかを知らなければならない。そして、男性の召使いや雇っている職人の誘惑から女性を守らなければならない。とくに一時雇いの労働者には警戒が必要である。「生涯にわたってほとんど常に誘惑に曝される(76)」こともある男やもめにたいしては、女中や義理の娘に罠を仕掛けることがないよう要求する必要がある。この場合、聴罪司祭は彼らに大急ぎで結婚するよう強く勧めなければならない。

子ども相手に聴罪を行う場合には、とりわけ慎重さが求められる。子どもにたいして神学者たちが共通してもっているのは、彼らに余計なことを知らせてしまわないか、一連の質問によって悪徳を誘発してしまわないか、そのことによって生じた悪を根こぎにできなくならないか、という恐怖心である。リグオリ、そしてその後にはブーヴィエ、グッセ、ゴーム、ヴァランタンがこの問題のために繰り返しページを割いている。思い出しておこう。第四回ラテラノ公会議（一二一五年）以降は、初聖体拝領を済ませるかなり前でも、「秘密をもつような年齢」つまり六、七歳になったらすぐに告解をさせるべきだということになっていた。ゴームによれば、十九世紀中葉において、それはごく普通の習慣になっていたというし、ミシェル・ラグレによってブルターニュ地方でもそのことが確かめられている。問題の核心はもちろん「純潔さ」、はっきり言えば自瀆である。

したがって、この悪徳について聴罪司祭は慎重に尋ねなければならなかった。ロモンは『子どもの告解のための手引き』のなかで、この問題については触れない方がよい、とまで言っている。子どもを恐怖に陥れることだけはなんとしても避けなければならない、とヴァランタン神父は言う。なるほど、「見られたくない」ことは何であれ絶対にしてはだめだと言わなければならないことだけは間違いない。「子どもには、せめて、邪悪な考えをもったことがないかと聞き、そしてもし『あります』と答えたら、『なにを考えたんだね？』と訊くくらいがよかろう」。子どもたちが誰と一緒に寝ており、「寝たり起きたりするときやベッドのなかでふざけるかどうか、そこでなにか悪いことをするか、するとすればどんなことなのか」を聞き出すために尋ねることは不当ではない。「彼らが悪を知ってしまわないように、したことを自分たちの方から言うようにさせるのです[77]」。残念なことに、「悪ふざけが年齢よりも先を行っている」ケースがある。明らかに「堕落した」十歳以下の子どもたちに向けた質問票のモデルをヴァランタン神父は提示しているが、そこには口にできないような淫らな言葉や「恥ずかしい事柄」が盛り込まれている。とはいえ、以上に引いた著者たちの見解はリグオリと同じで、自分たちの行為が射精で終わったかどうかを少年・少女に訊かないよう求めている。

特別告解とも呼ばれる総告白は、糾明と告白の時間を際限なく引き延ばすことができる点できわめて有利な実践である。それまでの人生全体にたいして行われるこの反省は、『霊操』の聖イグナチオ・デ・ロヨラ、聖ヴァンサン・ド・ポール、『総告白論』の著者レオナール・ド・ポール＝モーリス[78]によって推奨されてきた。レオナール・ド・ポール＝モーリスによれば、総告白は「聖なる人生の始まり」[79]でなければならない。また、総告白を「生き方の激変」[80]とか「霊的革命」[81]という言葉で言い表す者もいる。この機会に「あらゆるところから火をつけ、良心を浄化する」のである[82]。不完全なことが多い通常告解の儀式的な惰性を、総告白は断ち切る。というのも、よく知る司祭に自分の淫蕩の罪を語ることに羞恥心を覚える告解者は多いからである。

総告白を行うための特別な機会は三つあった。ひとつめの機会は、宣教のさいに教区教会において見られる集団性にかかわっている。総告白を広めることは、宣教修道会を創設するほどきわめて重要な目的のひとつであった。十七世紀、この特別告解の対話は、宣教の大きな契機のひとつであった。信徒はこのとき告解場の周りに集まり、押し合いへし合いになる。なかには、罪の重さの自覚から生じる夜の激しい不安を沈静化する手段をそこに見いだす者もいた。総告白の日になると、告解者の泣き、咽び、呻吟する声が教会じゅうに響きわたり、失神する者もいた。宣教師は日に六時間も聴罪を行う[83]。十八世紀になると、宣教は告白に過大な価値を与えるようになり、重大な過ちの告白を促した。集団のまっただなかで、感情的な勢いが告白を可能にする。というのも、魂を解放したいという欲望をこの勢いが掻き立てるからである。十九世紀のちょうど中頃、ヴァランタン神父は総告白の必要性と総告白から告解者が得られる利益について、長々と力説している[84]。

告白を促進する機会は他にもある。復活祭がその機会であることは言うまでもないが、司教の来訪もそれにあたる[85]。大赦の年、さらには伝染病が猖獗を極め、死と来世を否が応でも考えさせるような時もまたその機会になる。なんらかの盛儀や、より一般的には贖宥〔赦された罪にたいする現世での罰が神から許されること〕の恩恵に浴することができる機会には、四〇時間にわたって、「尋問がいつもより少し多くなされ〔…〕、神の恵みも普段より多く、感動する人もより多い」とジョゼフ・ポシャールは書いている(86)。これは、日常的な告解と、今し方述べた告解との中間的な形態と考えることができる。初聖体拝領の準備期間と結婚式に先立つ時期もまた、総告白がなされる機会である。

総告白は、個人の人生に関する好機でもある。思いがけない改宗があったとき、退職の折、不幸あるいは試練に最近襲われたとき、日常的な告解では不十分だという気持ちを抱いたとき、アルスの司祭の場合のように、優れた聖性で評判の高い聖職者に突然告解をしたくなったとき、人はやはり総告白をしたいという気持ちに駆り立てられる。

総告白にはなにがしかの危険が伴うこともある。忘れかけていた「複雑にもつれ合う数々の」「今となってはすでに古くなった穢れ」が、「いくつかの細部に立ち戻ることによって情念や誘惑を」目覚めさせたり、告解者を害する「疑念や悲しみや嫌悪感」を蘇生させてしまうことがよくあるからである(87)。その代わり、淫蕩の罪を犯した「累犯者」にはとりわけ総告白を勧めることができる。

ゴーム神父はこの特別な実践の内容を明確に規定している。告解者にとってそれは、七、八歳まで全人生を遡ることである。あとは、底知れぬ時間的深さをもったこの告解の展開を見据えればよい。まずは過去を明確に異なる時期に区切ったうえで各段階を追って告解を進める方が良いと言う者もある。しかし、レオナール・ド・ポール＝モーリスもヴァランタン神父も、同じ罪の告白を繰り返すことにしかならないこのやり方を非難している。ゴーム神父は、告解の一連の実践を細かく分割するやり方を提案している。この方法に従えば、告解者は、たとえば一週間のうちに三回同じ聴罪司祭のところに告解をしに来ることができる。加えて彼は、人生の点検を第六の掟にかんするところから始めたらどうかと提案している。第六の掟という岬を通過すれば、最も重要な部分は完了したと考えていたのである。これらの神学者たちが、頭の中でいかに肉の罪を過大に評価していたかよくわかる。

このような機会のためにレオナール・ド・ポール＝モーリスが提案している尋問モデルはあまりに長く、とてもここに漏れなく〔in extenso〕引用することはできない。そこで、ゴーム神父の著作に書き写された短い抜粋を引用するにとどめたい。[88] 以下はとりわけ、密かな不節制の罪を犯した告解者にかんする条りである。

――若いとき、君は自瀆というおぞましい習慣に耽ったことはあるかい？　と告解者に聴罪司祭が尋ねる。こんな重大な過失に何年間執着したの？　月に、あるいは週に何回手を染めた？　どのくらいのところ（頻度）がいちばん妥当だか、正直に言ってごらん。そして、神を冒瀆するこの恥ずべき行為のあいだ、君の心はどんな対象にひっぱられていったのか説明してごらん。

――はい、神父さま。私はあるとき、忌まわしい友人にこの哀れな行為の手ほどきを受けてから、一度も立ち直れませんでした。この罪に手を染め始めたのはたしか十二、三歳のころです。週に二、三度はやっていたと思いますし、毎日してたことさえあります〔…〕。私の心がひっぱられていった先はさまざまです。ある女性のこともあれば、別の女性のこともあります。若い女性だろうが既婚の女性だろうがおかまいなしでした。みんなに欲望しました。そしてここ数年は、自分の行為を正そうという気さえ起こりません〔…〕神聖な場所でも七、八回この罪を犯したことがあります。

〔…〕

――仲間からこの忌まわしい行為の手ほどきを受けたというのだから〔…〕、当然、君は他の人にも同じことを手ほどきしたんだよね。それは何回だい？　君が正しい道から逸らせた人のなかには、親戚はいたかい？　その人とは一緒に罪を犯したの？　それとも別々？　あるいは、お互いに刺激しあったのかい？〔…〕そうした仲間と男色行為に及んだことはあるのかね？　あるとするなら何回？　私としては、君が獣とそのような犯罪を犯したことを告白したら同情さえするよ。だって、考えることも言葉にすることもできないくらいの悪意だからね。

——はい、幼いときに一〇回前後。しかも一〇人前後の人にこの悪徳を手ほどきして、四、五〇回自瀆をし合いました。そのなかには親戚もひとり含まれています。その人とは七、八回罪を犯しました。[…]それだけではありません。今言った人たちのうち三、四人とはおぞましい罪を一五回から二〇回くらい犯したと思います[…]だいたいいつも私が男役になって結合していました。(89)

そしてこの告解者は、結婚後にも月に一、二度手淫を続けてきたと告白している。三〇年のあいだ、彼は毎週女性と接吻をしており、そのうちの五、六人とは二〇回から三〇回性交をしたという。ちなみに、この数字には、性交をしそうなところまで行った回数は含まれていない。ありとあらゆる過ちを点検するだけに、いつまでも終わらないこのタイプの告解にはとりわけ多くの罪が詰まっている。だが、レオナール・ド・ポール＝モーリスとゴーム神父も、同業者に向けて発信する司祭であって、それゆえ信憑性という要請が義務づけられていた。とりわけこの告解対話モデルは、多くの聖職者の目から見れば、特別告解とはまずもって性的自伝を打ち立てるための努力であることを証明している。それは、肉体的な結合にかんして次々と立ち現れる自らの思念、欲望、行動を告解者が振り返る機会を提供しているのである。

総告白は書面で行うこともできる。ヴァランタンによれば、この場合、無駄に思える部分はすべて削除し、あまり意味のない副次的な事実や状況についての話は差し控える必要があるという(90)。総告白はこのとき自伝に近づき、書簡による診察に似る。だが、形式がいかなるものであるにせよ、総告白はある特定の問題を提起する。倫理神学が要求する数字を満たすにはどうしたらよいのか、という問題である。ひとつの人生が形作る「罪の混沌(91)」のなかから、たとえば淫蕩な思念や接触や自瀆の数量をどうやって正確に割り出したらよいのだろうか。算術に固執するかぎり、罪深い行為の強度に必ずぶつかってしまう。数量の正確さに、頻度と持続の回顧的な計算を加えなければならないことは言うまでもない。こうした困難が頂点に達するのは密かな不節制が問題になるときで、以上の神学者たちの発言において、密かな不節制は、一生の罪を正確に計るためのいわば単位になる傾向が見られる。ここには、医学的な症例の一覧表においてわれわれが確認した歩みによく似た歩みが見いだせる。

ヴァランタンは、「記憶で再現できるくらい蓋然性の高い数字」のテクニック、とでも名づけることのできる方法を提案している。告解者は「およそ」という単語を加えるだけで済ませてしまう。「たとえば、私はこの罪をおよそ一五回から二〇回ほど犯しました、と言うとしよう。罪を犯したことには信憑性があるとしても、これは、罪を記憶に再現できない同じ質、同じ種類で把握している、ということを言っているにすぎない。そして糾明のときには思いもしなかったにもかかわらず、その罪をたっぷりと告白してしまうのである[92]」。

一方持続と頻度は、蓋然性の高い数字に近づくことを可能にしてくれる。たとえば「私がそのような罪を犯し始めたのは十五歳か二十歳のときで、それ以来、三十歳になるまで続きました。週に二、三度、週に一度だけということも間々ありましたし、まるまる一週間、ときには二週間も罪を犯さずに過ごしたこともあります[93]」。このようなデータがあれば、かなり複雑な計算はしなければならないが、それでも蓋然性の高い数字に辿り着くことができる。したがって、告解者に「自らの罪の並外れた多さ」を気づかせることが総告白の利点のひとつだと厳格主義者のジュール・ポシャールが考えたとしてもおかしくないことはお分かりになるだろう。「あなたは一年間にいったい何千の大罪を犯しているのだろうか。淫らな意思的思念を日に三、四回持つとすると、年間で一二〇〇以上の大罪を犯すことになる。さて、あなたは六、七年前からその犯罪的習慣に染まっている。ということは、あなたは四万回以上大罪を犯しているのだ［…］あなたほど罪を犯さなかったのに神から見捨てられた人がどれだけいることか！[94]」算術的な強迫に加えて、数の記録が淫蕩の罪だけにしか、より正確に言えば、内面性と自瀆に属する過ちにしかかかわっていないことにお気づきだろう。

痛悔――神を侮辱し、神に帰すべき愛を侵害してしまったことにたいする悔恨――を不完全痛悔――懲罰を恐れての後悔――から分かつものは、固有の意味での神学にかかわっており、われわれの扱う主題からはやや外れる。一定の寛容主義、少なくともアルフォンソ・デ・リグオリの流れを汲む寛容主義の支持者を、厳格主義者から真に区別するのがこの観点である。赦免の猶予や拒否にかんする議論が、このことを明確に示している。告解者の資質や意図をどのように考慮するか、信徒のやる気を失わせて信仰の実践から遠ざけてしまう危険をどう考えるか、その態度の違いにこの分裂は根を降ろしているのである。リグオリ主義者のグッセは、なによりもまず告解者の救済を考慮するよう求めている。

揺るぎない意図――すなわち罪を避けようとする真正な意思を示す徴候――と痛悔の形と強度を評価するやり方はいくつもある。リグオリもグッセも、ゴームもまたヴァランタンも、この問題については長々と議論を展開している。厳格主義者はまがい物でない痛悔を要求し、悪を嫌悪しているからこそそれを避けようとする態度を揺るぎない決心で貫くよう求めている。一方、アルフォンソ・デ・リグオリの門弟たちは、一瞬でもその意思があれば十分だとする。聴罪司祭は、告解者がそのとき――つまり告解の瞬間に――罪を避けようとする気持ちが実際にあることを確認しさえすれば、それでよいのだという。もしこの罪人の悔悛にいくらかなりとも希望を抱いているとするなら、聴罪司祭は、将来の誘惑に抵抗するという約束だけで満足できるかもしれない。しかし、だからといって、対話者のいずれも、この性癖がその誘惑以前に克服されていると考えているわけではない。

不完全痛悔と痛悔を示す日常的な徴候というものもある。たとえば、全力で罪に抗いますという約束を聴罪司祭にすることがそれである。並外れた徴候もある。涙やため息、「心の底から発せられた言葉」がこの徴候だとトマ・グッセは言う。[95] 祈りや施し物や苦行を増やす告解者もいる。このような場合に曖昧なところはない。だが、数週間後に再び罪を犯して告解にやってくる「累犯者」の痛悔はどのように評価したらよいのだろうか。ここでまたわれわれが論じている問題が戻ってくる。こうした議論を命じているのは、明らかにここでもまた「密かな不節制」だからである。

フィリッポ・ネーリの見るところ、頻繁な告解は自瀆にたいする最良の治療法のひとつである。自瀆にたいしては寛大な態度で接し、赦免を遅らせるたり、いわんや、拒否することなど一切あってはならないという。フィリッポは、射精をするたびに告解をしにくるようある若者に仕向けなければならなかった。彼はそのたびごとに若者の罪を赦し、何カ月もしないうちに若者を治癒したという。十九世紀、大方の聴罪司祭はこれほど寛大ではなかった。彼らはヴァランタンに倣って堕落の数を減らし――ただし、誘惑の機会の数と強さを考慮に入れて――サタンの働きかけに強く抵抗するよう求めている。そこから、手淫常習者だったティトゥスとカイウスにたいして取るべき態度を命じる複雑な方程式が現れてくる(96)。

倫理神学は知への強い意志を露わに示す汲めども尽きぬ性の言説から生じており、聴罪司祭にとっても告解者にとっても、それは抑圧された欲望のはけ口になっていた、とミシェル・フーコーは考えていた。以上に見てきたような精密さがどうやら彼の思想を強化しているらしい。このような解釈は、性医学の前兆について考える系譜学的なアプローチから生じているが、このようなケースを扱うときのご多分に漏れず、言うまでもなく、ここには時代錯誤が潜んでいる。いずれにせよ、ここでは、この先起こることを無視した包括的アプローチを採用することによって、馴染んだ見方から抜け出すことが重要である。もっとも、ミシェル・フーコーとその亜流たちによって採用された見取り図のなかにいるかぎり、この解釈を議論の俎上に載せるのはなかなか困難ではあるが。

一方、あまり重要でない議論がひとつある。罪人の精神のなかで過ちはすでに手つかずの状態になっているのに、神学者がいつまでも肉の運動に問いかけたいという欲求を感じているからこそ、こうして知への意志が自律性を得てしまうのだ、という議論である。私に言わせれば、告解の対話の手順を貫く論理がほとんど分かっていない議論である。聴罪司祭にとって、罪を名づけ、その重大さを決定することは容易な作業ではない。思念や行為に悪意がどれだけ認められるか、同意の水準はいかほどか、内面の潜在的な弱さに対して誘惑の力はどのくらい強いのかといったことによって罪の重大さは左右されるからである。罪の重大さを見積もるときには、状況や意図も考慮に入れないわけにはゆかない。そのいずれもが、質問を裏付ける情報なのである。

だが、もっと重要な議論もある。聴罪司祭は学者、裁判官であるだけでなく、父親でも医者でもあるという議論である。聴罪司祭の任務は見解や譴責や忠告を述べ、悔悛を定着させ、必要に応じて日常生活の規則を命じることにある。彼は自らの告解者を劫罰から守り、神の恵みを強く感じられるように指導し、それによって、死後、永遠の至福に到達させる任務に身を捧げなければならない。このような魂にかかわる任務があるからこそ問題提起が許され、それにもかかわらず、あたうかぎり慎み深くあるよう神学者が彼らに命じていることを十分認識しなければいけない。

本研究のために選んだ時代において、こうした糾明と告白のやり方が多くの男女にとって身近なものであったことは、われわれにとっていまだ最も重要な点であることをやめていない。たとえそれが反教権主義者であっても変わらない。倫理神学の規範や心的図式は、当時の人々の精神に多かれ少なかれ浸透し、彼らの行動に重くのしかかっていたのである。

第Ⅲ部

快感の絶頂

文学史の専門家によって提起されたエロティックなものとポルノグラフィックなものの区別は、あまり納得のゆくものには思えなかった。われわれが資料体として扱う著作のほとんどが猥褻さに属する以上、レチフ・ド・ラ・ブルトンヌが命名した「ポルノグラフィック」という言葉が後に生まれたことは知りつつも、これらの著作のほとんどをポルノグラフィーのジャンルに属するものとして扱うことにする。

第11章

猥褻なものの魅力と快楽の予備教育

ポルノグラフィックな本は読者を興奮させ、行為へと駆り立てることをその目的とする。マニュアルであると同時に活性剤でもあるこの種の本は、官能にたいしてどう振る舞い、どう順応すべきか、読者に教えるのである。この分野においては、十七世紀後半に大きな変動が起きている。この頃から、エロティックな作品は書棚の奥に隠れた文学を形成し始め、それを読むことが「特別で密やかな占有」[1]を含意するようになる。この種の文学に属する作品は、もはや、天下公認の文学とはかけ離れた存在になってしまった。ラブレーの作品やその後のソレル〔シャルル・ソレル、一六〇二頃―一六七四、悪者小説の流れを汲む『フランション』など〕の作品で快楽を得たことを吹聴するようには、『娘学校』やニコラ・ショリエの『貴婦人たちのアカデミー』（一六八〇年）で快楽を得たことを口にできなくなった。このときから、ポルノグラフィックな書籍はそれ独特の読書条件を生みだすようになり、そのため、潜在的読者というものを想定せざるを得なくなったのである。

とはいえ、新しい古典と見なされた著作とともに人の口端にのぼる回数が増え、そのために古典作品として格付けがなされるにつれて、エロティック文学は徐々に真の文化的ステータスを得るようになる。少なくとも、インテリや学者の世界、一部の超富裕層、買売春にかかわる人々の仲間内でそうなっていったことは間違いない。[2]文学を自任するテクストと科学的なテクストの分離が進行する十八世紀という時代を通じて、男性の欲望は、小説のなかにますますおおっぴらに自らの自律的な表現を見いだすようになったのである。[3]

男女の読者を刺激する

エロティックな物語の主人公は一人称で語る。この種の物語では主体が二重化されており、「自分で性的快感を経験しながらも［…］まるでそれを自分の外側から見ているような、同時に演技者〔物語分析において、構造的単位である行為項が個々の物語において具体的に現れたものを言う〕にして話者」になっている。[4] 読者は、孤独のうちにありながら、あらゆるもののなかで最も密やかな秘密[5]の扉をこじ開けることができることを感じる。自らの快楽に没入しているために見られている意識がなく、まるでそこに目撃者がいないかのごとくに振る舞うモデルを、じっくり眺めて楽しむことができるのである。[6] 読者はややもすると主人公に同一化し、感化されかねない。倫理神学者がこの種の文学をあれほど恐れ、それがもたらす誘惑を抑制できないものと考えていたのはまさにそのためである。

　したがって、視線によって不法侵入を犯す自分自身を想像することが、エロティックな図像とともにエロティックな文章の機能を担保するうえで欠かすことのできない手続きになる。読者はいわば不意打ちをしかけると同時に、自らが陥った異様な状況に唖然としなければならない。話者が演技者でない場合、こうしたことが話者にもかなり頻繁に起こる。そこから、アパルトマンの秘密を発見するびっこの悪魔〔ル・サージュの悪者小説『びっこの悪魔』。悪魔はマドリードの屋根をはがして家のなかで起こっていることを見せてまわる〕、房事を感じ取り暴くソファ[7]、自らが経験した快楽ではないにせよ、少なくとも自らが確認した快楽を伝える『不謹慎な宝石』[8]といった文学的成果が生じるのである。隠し扉、屋根窓、仕切壁の割れ目、鍵穴、裏箔を貼っていない鏡が、誰にも見られていないと思い込んだ女性の裸体を、肢体の密かな美しさを露わにして眠り込んだり眠ったふりをしている女性を、手淫に耽る女性を、じゃれ合うレズビアンを、性交中の愛人たちを覗き見させる。衣服の裂け目が乳房や尻や女陰の真実を暴く。こっそりと垣間見られた肉体の輝きが、吊り足場の場面が成功したことを物語る。十八世紀末、肉体関係が個人《わたくし》化、親密化してゆくなかで、不法侵入の重要性は増大していった。たとえば、ルイ十六世とマリー＝アントワネットの床の秘密がなぜあれほどの魅力を発し、貪欲に嗅ぎ回されたのかは、これによって説明がつく。

　エロティックな版画は不法侵入の状況に文章よりもいっそう深く根を下ろしていた。女性手淫者の場合、股間に手や指を置いていれば、これからお望みの錯乱を得ようとしているところか、あるいはたったいまその嵐を鎮めたところであることが想像できる。しかもこうした作品の場合、ステレオタイプ化されたメッセージが数多くちりばめられていて、読解を容易ならしめている(9)。脚のあいだに潜り込んだ小犬や鳥籠から逃げた鳥、これ見よがしに置かれた女性の普段着などがそれである。こうした比喩的な表象に加えて、身体部位の不均質なリアリズム、臀部を強調する解剖学的な歪み、彫像のような裸像、ライティング、性交が描かれるさいのアングルが刺激の手続きを強化する。洗練の極みは、淫らな本を読んで刺激を受けた若い女性が手淫に耽るところをたまたま見てしまった人の反応を描くという、悩殺の二重化である。

加うるに、われわれが取り組んでいる時代を通して、猥褻さが光学器械とつながりを持っていたことを忘れてはいけない(10)。眼鏡や、さらには望遠鏡までも使っていることを執拗に暗示するとき、そこには、これ以上ないほど深く隠された内面の秘密をかすめ取りたいという欲望が存在していることを明かしているのである。そして、内密さを冒瀆することで性的快感を得るのが女性であれば、その刺激は倍加される。不法侵入と不意打ちが読者を緊張と渇望状態に追い込み、読者は手淫や身近にいる女性を襲うという行為でしかそこから逃れられなくなる(11)。

機能を十全に果たすため、ポルノグラフィックなテクストには肉体的結合の完遂を阻むものをいっさい場面に登場させてはならない(12)。そこが、放蕩《リベルタン》文学との根底的な違いである。自発的欲望、人目にさらされた裸体、遅延なき官能、共有される快楽といったものが、つねに発情しつねに欲望している「身体（にとって）途方もなく素晴らしい使用権」を保障するのである。読者は、性的快感の欲求充足を遅らせる説教くさく気取った言葉に逐一苛立つ。通常主張されることとは反対に、ここでは哲学的駄弁など問題外である。読者は煩わしい条りなど省いて、刺激を与えてくれる次の箇所へと飛ぶ。官能の喜びだけが真の目的だからだ。したがって、文章はたいてい「単義的で、いかなる混信《ジャミング》にたいしても敵意を抱いている(13)」。

混乱させ、次いで燃え立たせるための手続きは、不法侵入と自由にできる身体の誇示だけにとどまらない。最も強いタブーを侵犯することにより、刺激は頂点に達する。姦淫、姦通、遊蕩、近親相姦、瀆聖、そして自然にたいして犯される最悪の罪である手淫、肛門性交、獣姦。ポルノ文学がこうしてあらゆる淫欲の罪を次から次へと展開してゆくのはそのためである。乱交の描写は、最も重い過ちと組み合わされてこそより鮮烈な生理的効果をもたらす。たとえば、手淫とレズビアニズムを遊蕩と瀆聖に加えることができる修道院内の禁域のもつエロティックな負荷は、これによって説明できる。サドの主人公たちにおいては、侵犯が惹起する興奮の強度に応じて、回復される精液の貯蓄量が変化する。(14)

読者が言葉をリアルな現実として感じ、(15)それによって興奮し、最終的には「タネを抜き」やすくするにはどうしたら良いのだろうか、とジャン＝マリ・グルモは言う。打ち明け話めいた調子や告白調を用いたり、自伝的な文章を取り入れて演技者の一人に語らせたりすることなどが相乗効果を奏して、こうした企図は実現される。親密な事柄が、女性の手淫のように最も綿密に秘匿されたものでさえ、第一人称の語りで誇示され、虚構の作中人物のエロティックな「私」が暴かれると同時に、身振りの脚色と声の存在への暗示が加われば、現実味の効果はますます強化される。総告白を真似て人生のエロティックな出来事を語るというこのやり方は、加えて、テクストをエピソードの連続に切り分けることを可能にする。これによって物語に新たな作中人物を登場させたり、カップルや人物の組み合わせを分配し直したり、とりわけ、状況や房事を予想どおりに展開させたりできる。同時にまた、決して完結しないというのも官能小説の本質である。(16)

とはいえ、こうした打ち明け話の形で語られる人生の出来事は荒削りのままにとどまっている。これらの物語は――総告白のときに分析されるあらゆる種類の罪や、書簡による診察が暴き出す自己糾明の深さとは対照的に――、虚構の主体が経験した出来事によって自らを説明するのが目的ではない。主人公についてはせいぜい体躯、ペニスや尻や乳房の形状、気質、社会的ステータスくらいしか描写されないからである。

ときに作者は入れ子構造を使い、刺激の手順を洗練させることがある。『ソドムの百二十日』において、「語り女たち」の言葉の現実味の効果は、明らかな経験と語られる「性癖」にかんする細部の積み重ねによって強化されているが、この言葉の任務は、それに耳を傾けている者の埒をあけさせることにあり、著者が読者を手淫へと駆り立てなければならないことと変わらない。虚構の聴衆にせよ、現実の存在である読者にせよ、彼らのなかに我慢できない差し迫った欲望を生み出すことが肝要なのである。「語り女たち」の物語に聞き耳を傾けている人々は、やがて堪えきれない衝動がやってきて、自分たちが——あるいは少なくともその一部が——部屋に引き籠もって快楽に耽らざるを得なくなることを期待している。この引きこもりが、語り女たちの眼の前にいる者の興奮をいっそう掻き立てる。自らのグループに属する妻や処女や稚児を相手に放出する者の呻き声が聞こえてくるだけに興奮はいや増す。これらのエピソードは、集団的な錯乱を極限まで押し進める最後の乱交場面を、ということは、孤独のなかに閉じこめられた読者の最後の場面も準備しているのである。少なくとも、作者がそう考えていたとしても不思議はない。

身体的な過激さもここでは「物語に欠かすことのできない要素」である。[17] 医者の命令とは反対に、エロティックな文章には抑制の効いた快楽とか、単調な快楽というものはない。ジャン＝マリ・グルモの見るところ、これは、喪失と無縁な貴族階級の乱費に一致している。もっとも、物語がたいてい弱音器をつけたような印象から始まり、[18] 徐々に熱狂と錯乱の絶頂へ、理性の隷属状態へと進んでゆくことに変わりはない。際限なく繰り返される性的快感を描くために用いられる大げさな連禱やさまざまなエピソードの蓄積と埋め込みが効果を発揮し、読者に息つく暇を与えず、興奮を途切れさせない。こうした観点からすると、主人公たちは、めざましい快感を邪魔するおそれのある本物の心理的な厚みを持たないことが重要である。[19] もっとも、心理的な厚みといったところで、その先のエピソードの十全な展開のために主人公たちを自由に利用できることを阻むおそれのある痕跡は、そもそもすべて欠けているのだが。

読者がこの種の本を買い求め貪り読もうとしたとすれば、それは彼が性的快感にたいする欲望に苛まれおり、優れた作品、つまり手加減なしに刺激を与えてくれる作品に出会うことを期待していたからにほかならない。そこで、人を惹きつけ購買を促すテクニックが重要になることを、ジャン＝マリ・グルモは力説する。タイトル、口絵、銘句、イラスト、出版社と印刷所への言及などがそのテクニックで、こうした情報全体から通《つう》はたやすく本の質を読みとるのである[20]。

とはいえ、読者の期待する質をすべて満たしてくれるエロティックな本となるとそう多くはない。身体器官、哲学、心理、感情、社会といったことにかかわる叙述ばかりで溢れかえった本も多い。性的絶頂の敵である「皮肉な距離[21]」や軽み、投げやりな態度によって損なわれていることもあれば、現実味の効果を減じる嘘くささによって損なわれている場合もある。

猥褻なものを決定するのは、「射精を期待しつつ欲望する性的身体」である、とジャン・メニルは断言する[22]。それは、いかなるためらいも脇に置いて、モンスターの発する魅惑にすぐさま遠慮会釈なく身を委ねるよう駆り立てるものに他ならない。猥褻さとは、したがって、直接行動へと駆り立てるものなのである。直ちに性的快感を享受したいという欲求が読書の欲望と混じり合う。「本はあらゆる解消手段のなかで最も強力である」、とさらにジャン＝マリ・グルモは書く[23]。本はどんな明晰さも、どんな分析能力も奪ってしまう。エロティックな著作の読者は「自己聴取と性的快感の自給自足体制《アウタルキー》に近づ」こうとする[24]。あらゆる思い込みを覆す「物質世界の現実の乱暴な肯定」から強い影響を受けるのである。しかし、この現実界への有無を言わさぬ暴力的な回帰から抜け出すとたちまち、先ほどまであれほど混乱を極めていたというのに、それと同じ暴力的な力で今度は「この紙の存在たちとは別の世界に立たされている」身体の日常性を、読者は再び発見しなければならない。

読書が及ぼす生理的な効果の証拠を追跡する作業が残されている。マシヨンもルソーもあれほど生き生きと感じ取り、あれほど激しく糾弾した生理的な効果の、その証拠を追跡する作業である。アレティーノ〔ピエトロ・アレティーノ、十六世紀イタリアの作家〕によって叙述されたさまざまな体位を描いた皿を眺めているうちに三二人の宮廷貴婦人に引き起こされた器官の興奮を、ブラントームがすでに綿密に描写している。もっとも、ブラントームの断言するところによれば、かつて「『アマディス・デ・ガウラ』〔十六世紀の出版されたスペインの騎士道物語〕を読んで興奮し、自瀆に走り、処女を失った」若い女性は多かった。[25] オウィディウスの作品に至っては、これを読んで同じように堕落した若い女性の数を見積もることをブラントーム自身が拒んでいる。ジャン・メニルは、旧体制《アンシャンレジーム》下の女性が猥褻な本を読む習慣についてかなり長々と書き記しているし、[26] ビュッシ＝ラビュタンは、ドーフィネ公妃のお付きの女性のなかに『娘学校』を読んでいるところを見つけられた者が何人もいると報告している。ルイ十五世の四女アデライドは一七四六年、二十四歳のときに、『シャルトル修道会の受付係修道士』を楽しんでいる現場を目撃された。一六五七年二月二八日、『恋愛術』を見つけた青年ドラモンド〔一六一七年―一六七七年、スコットランド生まれの貴族、植民地総督〕は二度手淫をし、別の日には『娘学校』を読んで埒をあけるに及び、その後も彼は読書に刺激されて射精を二度したと書き留めている。[27] 周知のように、サミュエル・ピープス〔十七世紀に活躍したイギリスの官僚。詳細な日記で知られる〕がきわめて洗練された仕方でこの種の習慣に耽っていた。[28] すでに見たように、医者たちは沈黙の読書が広がるとたちまち孤独な悪習がはびこることを指摘している。

十八世紀には、手淫を沈黙の読書と結びつけて考えることがひとつの紋切り型になった。ルソーは、ジュリーの手紙が哀れなサン＝プルーにどのような影響を与えたか、それとなく伝えているし、ハウ嬢〔リチャードソンの書簡体小説『クラリッサ・ハーロウ』の作中人物〕は友人のクラリッサ・ハーロウに、ラヴレスの手紙を読むと顔が赤らんだり胸が高鳴ったりするか尋ねている。アレクサンドル・ヴァンジェは、文学や医学の表象が当時の読者にいかなる身体的・心的影響を及ぼしていたかを研究しており、[29] その感性を司る器官のたおやかさ、豊かな想像力、鋭い感受性のために、エロティックな情景の描写にふれると、若い女性や妻はきわめて強い興奮を余儀なくされると書いている。小説は夜べッドでひとりになって、つまり家族のコントロールが効かないところで読むだけに、その影響はよけい恐ろしい、と彼は繰り返し書いている。

十九世紀に入ると、こうした快楽の悪循環の証言は、どちらかというと男性にかんするものが多くなる。ラルマン教授はピロン〔十八世紀フランスの詩人、劇作家〕を読んで手淫をする若い男性の症例を報告しているし、[30]スタンダールは、ラ・フォンテーヌの寓話と、とりわけフェリシア〔アンドレア・ド・ネルシアの小説『フェリシア、私の火遊び』の主人公〕のアヴァンチュールを読んで官能的な興奮が掻き立てられたことを告白している。この習慣は男性だけにかぎるものではない。アンヌ・リスター〔後出、十九世紀イギリスの女性日記作家〕はユウェナリスを読んで初めて性的快感を得たという。[31]とはいえ、エロティックな本の読者が当時みな手淫に耽っていたと考えてはならない。手淫に傾く気持ちとそれに抗う気持ちのあいだに生じる距離やアイロニーを勘案すべきだし、男性も女性も蝋細工のように可塑的だと考えるべきではない。[32]医学的著作を読んだり、告解を行ったりすることによっても、同様の問題は生じる。こうした問いかけが今日数多くの、最も実り豊かな研究を生みだしていることはきわめて興味深い。

哲学的企図

すでに述べたように、性的快感の邪魔をする哲学的企図がエロティック文学の本体部分を構成することはない。しかし、医療言説の規範や倫理神学の命令と比較対照させなければならないとき、この哲学的企図を無視することはできない。闇の産物がすべてそうであるように、エロティックな文章にも反＝価値が伴っている。たとえば、「性生活」の表象において「自然」を超え出るものはないが、この「自然」の絶対的な優位性を認めるなら、性的快感への欲求に極限まで高い価値を与えないわけにはゆかないし、そこにはセンチメンタルなものの否定が不可避的に伴うことになる。[33]

ポルノグラフィーにおいて快楽は、それ自体が真の目的としてみなされ、自己に固有の自由の象徴と捉える個人が、その自律性を表出したものとして捉えられている。エロティックな探求に全面的に耽る自分を受け入れることによって、主体は自分自身を目的として捉えているのである。彼は超越的なものと完全に縁を切り、救済の可能性を忘れ去る。同時に、快楽へ貪欲に身を捧げる者は、自らの意識をできうるかぎり増大させたいという欲求を満足させるのである。

虚構のエロティックな場面に登場する演技者はもうひとつ別の切断を完遂する。この演技者が追求し感じる性的快感は、他者性となんのかかわりも持たないからである。[34] この快感は融合したいというなんらかの夢想や一体感に基礎を置いていないし、肉体的合一の延長上にある子どもへの欲望にも由来していない。医者のメッセージとは正反対に、この演技者にとって快楽とはたんなる消費にすぎず、精液の純粋な消耗であり、母体の機能の完全なる忘却にほかならない。したがって、その果てにあるものはまさに種の消滅である。サドはこのロジックを極限まで押し進める。というのも、彼の作品において「ファルスは［…］範列的に見れば」、始終呼び戻される「膣ではなく肛門に対峙している」からである。[35] 他者の身体は快楽を与えてくれるかぎりでしか重要性を持たず、他者の快楽はそれを惹起する者に官能を与えるかぎりでしか許されない。ここでは、欲望と官能の心理学と美学が、一種の休止状態にある神学者の性道徳に取って代わっている。[36] 以上のような切断、転倒の重要性がエロティック文学のかなめになっているのである。[37] その意味では、名前が明かされていようといまいと、至る所でルクレティウスが参照されていることは言うまでもない。以上のさまざまなテクストがもつ哲学的な意図には、興奮した身体にこのメッセージを根付かせる、たいていの場合、暗黙の試みが加わっている。とはいえ、ミシェル・ドゥロンが力説するように、この文学は――サドの作品を別にすれば――侵犯的であるよりも罪悪感を取り除くものであろうとしている。

今日省察と議論の的になっている視点がもうひとつある。男女の肉体関係を繰り返し描く猥褻な小説は、男女関係をよりうまく語るために、そしてそうすることで男女の読者をより強く刺激するために、自然と性を分割することになる、という視点である。一六五五年――『娘学校』上梓の年――にはすでに、この性的二形性がエロティック文学に書き込まれていたとジャン・メニルが考えるのはそのためだが、彼の考えはおそらく間違っていない。ポルノグラフィーはこうして医者たちの認識に先立っており、早々と差異を生み出すことで、いわばイデオロギー的な近道を辿ったのだとジャン・メニルは見ている。[38] エロティックな場面において女性の演技者が自らの女性的自然を意識すれば、それはただ欲望と快楽の高揚にのみ役立つ。その結果、猥褻な小説はしばしば夫婦関係の凱旋に帰結することになり、その結果、最後には〔in fine《イン・フィーネ》〕医学の言説に近づいてゆく。この種の文学は、種の永続にたいする配慮からはほど遠いものの、それでも房事のエネルギーを賛美していることは言い添えておこう。古代文学への言及が示すように、この文学は力強さへの郷愁を表現しているのである。

時間的・空間的な参照項目

エロティック文学に形を与える参照項目は、さまざまな時代のものが積み重なって層を成している。もっともこれは生殖器の機能を扱うときの医学的著作の場合と違いはない。たとえば一八六四年に出版されたアルフレッド・デルヴォーの『エロティック辞典』のように、この折衷性はわれわれが扱う時代のとりわけ末期になって顕著にあらわれている。この著作は、この種の文学の愛好者が義務として知っていなければならないものの寄せ集めにすぎず、ブラントーム、テオフィル・ド・ヴィオー、ソレル、タルマン・デ・レオー、ラ・フォンテーヌの引用から『高踏派詩集』と『サチュロスの陳列室』〔十七世紀に出版された作者不明の本〕の抜粋、ピロン、パルニ、アンドレア・ド・ネルシア、グレクール、ルヴェ・ド・クヴレー、そしてルイ・ポトラのような同時代の作家の抜粋に至るまで、すべてがごちゃごちゃに並んでいる。著作がこれ見よがしに陳列しているのは、あの共通の文化資本であり、すでに聖別すべき古典を擁するに至ったあの書棚の奥なのである。

このジャンルを構成する項目のうちで、最も頻繁に参照されるものを詳しく見てみよう。読者は、とりわけ医学的な著作を繙くとき、聖書への依存度がきわめて高いことに驚かされる。また、族長たちが巨人のような性的能力の恩恵に浴しており、(39) その能力はゆっくり退化していったものの、ローマ人までまだ完全に保持されていたと当時かなり広く信じられていたことにも驚きを禁じ得ない。

中学と高校に通い、外国語を自国語に直す翻訳練習を苦労して行ってきた当時の男性エリートたちは、ラテン語の著作をよく知っていた。ルクレティウスの『物の本質について』の講読は、難易度に差はあれ、当時、ほとんどの筆記試験に潜り込んでいる。精子で溢れかえった器官を折悪しく刺激する幻影――すなわち愛の想像力と幻想の働き――の告発。欲望を女性の身体に精子を放ちたいという欲求に還元すること。他人が真の意味で入り込むことなどできないこと。したがって、他人から吹き込まれた渇望は鎮められるような性格のものではないこと。性交に続く極度の疲労とつらさの指摘。にもかかわらず快楽による分かち合いを求めてしまうこと。受胎のために各々が取るべき有利な体位の一覧。妊娠を避けるために女性がしうる動きの描写。そしてなによりも、欲求の苦しみを終わらせるためには満足を必要限度内に抑え込まなければならないという基本方針の表明。これらはいずれも医者の言説を全面的に飾り、ポルノ作家の言説を部分的に飾る、しばしば暗黙の紋切り型や参照項目を構成している。とはいえ、ポルノ作家は欲望の制限を求めるメッセージにほとんど耳を傾けず、性交後の不満にこだわることもない。彼らを直ちに快楽主義者《エピキュリアン》と呼ぶのがためらわれるのはそのためである。

ユウェナリスから借用してきたメッサリーナの人物像は、エロティックな作家の書き物であろうと医者の著作であろうと、ところかまわず顔を出している。「男性にうんざりしてはいるが満たされない(40)」皇妃は女子色情症のモデルであることをはっきりと示している。夜な夜な外出しては娼家を訪れ、その後、夜明けになってクラウディウスのベッドに帰るメッサリーナは、マリー＝アントワネットを標的にした攻撃文書にインスピレーションを与えた。水飲み場の傍らに寝転び、驢馬による奉仕にも怯まない、飽くことを知らぬローマ女が夕な夕な、夜な夜な耽る乱交は、ローマを描くさまざまな場面においてその後景に控えている。

オウィディウスの存在は、一時的不能による自らの痛ましい性的失敗を語るとき、いっそう重要になる。その後、この性的失敗はモンテーニュの著作に読むことができるし、次いで医者の著作にも見いだせる。だが、これから見るように、ポルノ作家がこうした衰弱の経験を語ることはほとんどない。その代わりにポルノ作家がオウィディウスから借りてくるのは体位の一覧、女性の肉体美を描くときのいくつかの要素、交接がもたらす快感の熱烈な賛美、『恋の歌(41)』の読者を圧倒するような、障害と侵犯がもたらす性的快感の高揚であった。

そのエロティックな文章で作者に――そして読者にも――霊感を与えることができるラテン文学のうち最も読まれていたものは、おそらくスエトニウスの『ローマ皇帝伝』であろう。初老のティベリウスが引退先のカプリ島で催す乱交と快楽を暴いた条りやネロが炸裂させた淫奔な遊戯の条りは、当時の中学生の想像力を大いに刺激した。以上の四人が、肉体的結合が話題になるとポルノ作家や医者が好んで参照する古代作家である。他にもよく引用される古代作家もいるにはいるが、ついでに引き合いに出される程度にすぎない。奇妙なことに、私の読んだかぎり、ブラントームを除いてルキアノスの『遊女の対話』に言及した例はほとんどない。ティブルス、プロペルティウス、カトゥルス、マルティアリスにも必要に応じて言及されることはあるが(42)、作者が教養ある読者にちょっとした目配せをしたいだけなのか、たいていはほのめかし程度にすぎない。

こうして依存度にさまざまな違いのあるラテン文学への参照だが、その上には、ルネサンス期の著作への参照が重ねられている。奇妙なことにボッカッチョへの言及はあまり見受けられないが、その一方で、アレティーノの翻訳出版は十八世紀に増加している。とはいえ、当時この作家の作品が暗に言及されるのは、ほとんど体位が列挙されるときに限られていた。十九世紀前半を通して明らかに熱狂的に読まれていたのがブラントームである。彼の全集は一八二二年から一八五三年のあいだに六版も重ねられている[43]。その数年後、メリメがブラントームの著作に序文を寄せ、この作家を一流のエロティック作家に祭り上げた。一方モンテーニュは、すでに見たように、一時的な不能による性的失敗が問題になるときの必須参照文献になっている。欲望と快楽のあいだに生じる矛盾について主張するとき、あるいは、溜まった精液を排出したいという欲求だけで愛の行為に及ぼうとするとき、モンテーニュは引き合いにだされる。ラブレーは明らかに作者からも読者からもよく知られていた。パニュルジュの結婚にかんする議論と駆け引きは記憶に残っているはずだが、にもかかわらず、参照は大した数にのぼっていない。せいぜい、人目を盗む恋を称賛するとき、あるいは、性的能力の成熟を妨げるものを酒、薬、過剰な性行為、過酷な労働、勉学と列挙してゆくときに『第五の書』の作者の名前が言及される程度である。

十九世紀に入ると、エロティック文学の古典は『高踏派詩集』と『サチュロスの陳列室』に大きく道を譲る。『娘学校』やコルネーユの作品だけでなく、ラ・フォンテーヌの作品さえ以前より仄めかされなくなる。性的快感の権利要求を厚かましくも面と向かって主人に突きつける女中や庶民出の旅籠屋の娘を称賛するときには、ソレルが参照されることもあった。この暗示は、十九世紀にきわめて意味深長だった社会的遁走の系譜に属している。

大革命に続く数十年間に十八世紀文学がもたらした影響は、ある問題を提起している。「淫乱詩《フトロマニ》が猛威を揮った[44]」旧体制《アンシャンレジーム》最後の一五年間にポルノまがいの作品が氾濫したことは知られている。例えばルイ＝セバスチャン・メルシエ〔十八世紀末の劇作家、小説家。大革命直前のパリを活写した『十八世紀パリ生活誌――タブロー・ド・パリ』で有名〕は義憤に駆られ、パリ、パレ＝ロワイヤル、チュイルリー、オペラ座周辺、スービーズ館の中庭、ヴェルサイユや町なか、邸宅、公園、大市などで行われていた怪しげな商売を活写しつつこの現象を証言している。まずロベール・ダルントン[45]が、続いてアントワーヌ・ベック、モーリス・ルヴェ、ミシェル・ドゥロン、ジャン＝マリ・グルモが、そしてスイスにかんしてはミシェル・ポレが、金銭ずくの愛の展開と軌を一にしたこうした氾濫を分析した。ミラボー、アンドレア・ド・ネルシア、ルヴェ・ド・クヴレー、サドの大流行は、この絶頂期を物語っている〔口絵9参照〕。

残念なことに、十九世紀にかんしては十八世紀に匹敵するような研究がない[46]。周知のように、とりわけ王政復古期には、当局がポルノ文学をきわめて厳しく追い詰めた。第二帝政以前に廃棄が命じられたポルノ文学は枚挙に暇がない。アンドレア・ド・ネルシアの『フェリシア、私の火遊び』は三度にわたって廃棄が命じられた[47]。それでもロンドンで一度（一八三四年）、ブリュッセルで一度再版されてはいるが。ピゴー＝ルブランの『売春宿の子』の廃棄は二度決定されている（一八二七年と一八三八年）し、『快楽の子』は一八二五年に廃棄が決定されている。この年に発禁となったディドロの『不謹慎な宝石』は一八三五年に廃棄が決定された。『お喋り女マルゴ』〔ルイ＝シャルル・フージュレ・ド・モンブロンのリベルタン小説〕は三度（一八一五年、一八二二年、一八六九年）、ゴダール・ドクールの『テミドール』は二度（一八一五年、一八二二年）、ミラボーの『エロティカ・ビブリオン』は一八二六年と一八三三年にこの処分が下っている。こうした廃棄処分に加えて、たとえば猥歌集の流通を阻み、エロティックな生産物を逐一妨害していた検閲や、同時代のほぼすべての小説家や詩人を苦しめていた禁書目録を見れば[48]、この不幸な時代にこの種の文学が普及していったとは考えにくいことがご理解いただけよう。

とはいえ、差し押さえや繰り返される断罪は、逆に、根強い人気を伺わせる。このことを考えるさいには、外国での再版や、大革命末期に書かれた著作のうちかなりのものが次世紀の初頭にならなければ出版されなかったという時間的なずれを考慮に入れなければならない。執政政府と帝政時代には、それ以前の数十年間に書かれた著作の人気を利用するために、それらを真似たり、それらに手を加えたりして延命を図っていた。要するに、十九世紀前半のあいだ、普及の程度は確認できないにせよ、エロティック文学は読み継がれていたのである。一八一三年、スタンダールは妹のポーリーヌに、ピノ・デュクロの『＊＊＊伯爵夫人の告白』を読むよう勧めている。[49]ということは、作品が容易に入手できるとスタンダールは踏んでいたのだろう。また、サドを読まなかったら、『ガミアニ』のような熱狂文学が誕生したことは考えにくい。ピロンの『プリアポスへの頌歌』が大成功を収めたのは、人々が十八世紀の作品をたえず手に取り直していた、噂の伝わりやすい社会のただなかにおいてであった。一八三〇年代の猥褻なリトグラフも、『マユー氏の密かな愛』のような淫らな風刺も、旧体制《アンシャンレジーム》の版画から着想を得ていたのである。

過去の作家に助けをもとめていたことと同じくらい重要性をもつのが、エロティックなものへの言及が世界的スケールに拡大したことである。それはとりわけ医者たちのあいだに起こったが、フィクション作家のあいだでも起こった。この問題について語れば何巻もの本が必要になるだろう。ここでは二、三の寸評にとどめておきたい。フランス文学の専門家のあいだでは、これまでブーガンヴィルの旅行記だけに関心が集中してきた。[50]しかし、地球を歩き回る物語はその他にも数々あって想像力や省察を促し、地理的な位置や当時「気候風土《クリマ》」と呼ばれていたものによって、いかに規範や習慣が異なるかを示してきた。

その結果、十八世紀末になると、性行動は人文地理と人類学にかんするデータの大部分を占めるようになる。[51]文化的相対性が確認されると、人は地球規模で自らを位置づけ、自身の行動の特殊性を意識するようになる。繰り返しになるが、とりわけヴィレーやモロー・ド・ラ・サルトの膨大な作品を読むと、それが紛れもない事実であることがわかる。地球上のさまざまな地域における女性の風習を検討することによって、フランス人女性やパリジェンヌがどのような位置を占めているのかよりよく分かり、美しさと猥褻さの空間的な序列が打ち立てられる。そのための尺度はカムチャダール人からホッテントット人まで、タヒチ島の女性からタスマニア島の女性まで、カナダ人女性から南アメリカのインディオの女性まで、極端な寒冷を堪え忍ばなければならない女性たちから灼熱地獄で暮らす女性たちにまで及んでいる。

あらゆる分析が行き着く先は、絶好の地の利に恵まれて均衡の取れた、節度ある、道徳的な風習を示す西洋世界――それは大西洋からグルジアまで広がっている――の優位性の称賛であった。行動の相対性と相対峙することによって、裸体にかんするタブー、処女に与えられる価値、処女喪失の重要性を再検討する必要に迫られる。近親相姦にたいする寛大さ、歓待の売春を暗に強いるやり方、社会における男女の役割分担の多様性、「気候風土《クリマ》」[52]によって変化する情熱と能力の強さの関連で考えられた形態の多様性、女性が快楽を得るための素質、肉体関係の頻度の比較、こうしたものすべてが混乱を招き、ひそかに再検討を迫りながらも、公然とヨーロッパの風習を強化していたのである。

もちろんエロティック文学は医学的言説とは違って、その目的から読者を逸らせるおそれのある以上のような考察にはあまり深入りしていない。しかし、読者は旅行話を大いに好んでいたと考えてよさそうである。しかも小説家のなかには、そして哲学者のなかにはいっそう、ときにこの相対性を広める者がいた。ピノ・デュクロの『＊＊＊伯爵夫人の告白』は早くも一七四一年にこの例を示しているし、アベ・デュボスの『文学美術論』やモンテスキューの諸作品についてはいうまでもない[53]。われわれの議論にとって重要なのはやはり、当時の人たちによって捏造されたタヒチのエロティック文化である。これがまったくの誤りであることを今日のわれわれは知っている。

主たる偏見は、旅行者がタヒチ島原住民と初めての接触したさい、この島における唯一の正当な立法者たる「自然」の発顕を是が非でも看破したかったことに淵源している。つまり、ヨーロッパ人の風習を人為的な所産と考えたかったのである。島の娘と、彼女たちに連れ添う成人女性の行動の一部は、当時誤って、女性の欲望、自由恋愛の支配、性的な歓待の日常的実践が露骨に発露されたものと解釈されていた。

旅行記の著者は、そしてその後はその注釈者は、羞恥心、純潔さ、処女崇拝、夫婦の貞節、近親相姦にかんする規範をまるで疑問視したいがために、タヒチにおける性的関係を「虚構化」していたふしがある。こうした規範はいずれ劣らず「自然」に対立する、ということは理性に対立する、人為的な所産と見られていたのである。

公然とさらされるタヒチ島女性の穢れなき裸体、衆目から隠されることのない房事、結婚によって占有されない肉体、自然だと判断されてしまうその浮気性は、そのいずれもが、欲望の許された表現形態、さまざまなタブーの妥当性、情念の性質を揺るがしかねない解釈を孕んでいた。[54] 同時に、そこには、ヨーロッパ人の不意の来訪が地上の楽園を破壊し、羞恥心を吹き込み、性病を持ち込むことになるという確信から来る良心の呵責も現れている。まもなくして捨て去られることになる、堕落を知らぬ無垢の世界というこの表象、観念のなかの異国というこの表象から生じる心理的帰結は、たしかに、情熱の地理的な相対性が「気候風土《クリマ》」から生じているという確信によって緩和されてはいるが。

以上のようなタヒチ社会の読解がさまざまな誤解の上に成り立っていること、とりわけ、始原の国に立ち返らせようとする解釈に基づいていることは、今日われわれも知っている。だが、それはまた別問題である。ちなみに一言だけ付け加えておけば、ダントルカストー提督によるタスマニア旅行の物語（一七九一年―一七九四年）が、まもなくして、ブーガンヴィルとその仲間によって粗描されたオセアニアの風俗像を真っ向から否定することになる。[55]

十八世紀後半のエロティック文学は、いくつかの場所を特に好み、重視していた。修道院、とりわけ修道院の禁域がその最良の例である。[56] この種の小説には、売春宿よりも修道院の方が頻繁に登場する。理由はさして難しくない。囲い壁は侵犯を重ねるには好都合であり、したがって激しい興奮を促すからである。自然に反する手淫やレズビアニズムや肛門性交、男女間で犯されうる最も重大な罪である淫蕩や瀆聖、こういった最悪の罪が壁に守られて芽生える。修道院で繰り広げられるすべては瀆神であることも言い添えておこう。

修道院の禁域内で性的快感を味わうことは、最も神聖な権威を槍玉に挙げることにほかならない。それは服従と純潔の誓いと縁を切ることであり、身体の制御、肉欲の抑圧、苦行の場であらねばならぬその場所に淫乱を導き入れることなのである。(57) しかもこの禁域は、とりわけ、個人と集団の最も侵しにくい秘密の領域であり、したがって、盗み見られるべき性的快感を最も多くもたらす領域である。全身全霊で祈りを捧げなければならない個室のなかで、若い修道女がだれ憚ることなく官能的な悦楽に耽ることができるのだから。

強いられた禁欲生活にたいする「自然」の勝利として描き出される性的な実験を、この秘密は包み隠してしまう。修道院で繰り広げられる房事を描くことは、すなわち、性的快楽による解放の場面が醸し出す快楽を読者に提供することにほかならない。一方、修道女の側から見るなら、この場面は己の欲望の強さの——初めはほとんどありそうもない——発見を孕んでいる。(58) 個室はこうして回心という天啓の舞台になるのである。この天啓は、糾明の手続きを倒錯させた自己探求から生じる。官能的な行為から引き出された満足によって、その後、この変容は正当化される。

修道院のなかで、ポルノ作家はとりわけ二つの場所を重視する。まずは個室である。ここは、若い女性の寝室よりもしっかりと手淫の秘密を守るし、レズビアンの房事を保障する唯一例外的な場所でもある。また、面会室とその格子窓も、エロティックな場面の、ただし別の性質のエロティックな場面の展開に好都合である。ここでは外部との接触が、欲望を焚きつけ駆り立てる障害と組み合わされている。誘惑の舞台にたやすく変わる面談室は露出や愛撫の場に、ときには交接の場になりうる。

エロティックな小説を読むと、老いも若きも個室に守られて手淫に耽っている。たいていの場合、どこにでも現れて「恍惚=法悦《エクスタティック》をもたらす挿入(59)」を可能にする例の張形の助けを借りている。ポルノ作家は好んで神秘主義的な語彙を利用する。若い尼僧が経験豊かで老練な尼僧から受ける手ほどき=秘技伝授《イニシエーション》は紋切り型と言ってよいだろう。個室で繰り広げられるエロティックな実習は、ときに、哲学的な予備教育を伴っている。喜びを与えてくれるレズビアン関係は、必ずしも、性的なアイデンティティーを意識して熟慮の結果選ばれたものではないし、欲望には別な形もあることを証すものでもない。特殊な快楽として考えられているものを与えてくれるわけではないのである。修道院で行われる女性間の肉体的結合は、人手不足によって強いられた一種の代替措置であり、一時しのぎであって、支離滅裂な冗談ではないにせよ、ときには慈悲の所産である。いずれにせよ、『修道院のヴィーナス』の著者アベ・デュ・プラが書いているように、いずれときが来れば啓示されるもうひとつの性交に比べて快楽の強度に劣る。

手淫とレズビアニズムはスタートラインを引く必要から描かれていて、この先これらの快楽は、後に置かれる快楽の絶頂へ向かって引き上げられてゆく。クリストファー・リヴァーズ[60]はここにあるパラドクスが存在することを見抜いている。囲い壁の外ではこれら二つの欲望充足手段を快楽レベルが低いものとして評価しているその同じ作家が、修道院のなかではこの二つに関心を集中させているからである。その結果、修道院はレズビアニズムを閉じこめ周縁化することによって社会をそれから守り、同時に、レズビアニズムが象徴する脅威によって混乱しかねない読者を安心させる働きももつようになったのだという。こうしてポルノ作家の描く修道院は、十九世紀に出現する統制された公認の娼家の先駆けになった。この娼家もまた、囲い壁と女性同性愛によって特徴づけられるからである。[61]ただし、パラン＝デュシャトレが痛切に嘆いているように、修道院に閉じこめられた修道女たちと違って、「公娼たちは」最後には「外の世界に出て行く」のだが。[62]

クリストファー・リヴァーズの仮説は魅力的である。ただし、読者がそのような恐怖を感じていたこと、そして、作者の戦略が熟慮の上のものであったことを示さなければならないだろう。レズビアニズムの脅威によって不安を抱く可能性のある信心家にかんしていえば、最も神聖な場所の内部で繰り広げられる過剰な悪を読んだからといって安心することはおそらく微塵もないはずだ。ポルノ作家が修道院を手淫とサッフォー流快楽の楽園に作り替えるにとどまらず、気ちがいじみた乱交を好んで描いていても、その発作的な展開が囲い壁に守られているだけにいっそうそう言える。
売春宿、というよりも「ハーレム」は、エリカ＝マリ・ブナブ[63]が見事に描いているが、これもまたポルノ作家にとってとりわけ好まれるもうひとつの舞台である。そこは、十八世紀後半に風俗の監督にあたっていた、あるいは、家庭を脅かす混乱の鎮圧にあたっていた警察の報告書とポルノ作家の文章とのあいだに打ち立てられた明らかな類似を映し出していた[64]。わざわざ力説するまでもない類似である。
城がしばしば物語の舞台になるのは、秘密を洩らさぬ地下や迷路を伴っているからである。雪深い山の奥地にあり、孤立によってなおさら近づきにくくなっているサドの要塞シリングは、こうした悲劇が起きる場の原型である。一四日目の朝、話者はこう明言する。

快楽の追求にとってそうした安全こそ最も役立つものであって、「ここは自分一人しかいないのだ、自分は地の果てにいるのだ、いかなる目からも逃れているのだ、いかなる人間も私には近付けないのだ、私は自由だ、もはや私を邪魔するものはないのだ、何一つ障害になるものはないのだ」と自分に言い聞かせることができてこそ安心して快楽に取りかかることができるのです。そうした瞬間から、欲望は止まることを知らない力で沸き起こり、処罰の恐れを知らない欲望は際限がなく膨れあがり、えもいわれない快楽に酔い痴れることができるのです[65]。

ご存じのように、こうした環境は、処女性を脅かすものすべてに怯える若い娘を好んで描くイギリスのゴシック・ロマンスにきわめて適している。サドの作品において、それは叫び声を封じ込め、拷問を促し、外部からの侵入を防ぐ役割を果たしている。他の箇所では、かつての精力は失ったが前代未聞の潜在的能力を想像する力だけはある老人が、官能の科学における洗練をだれにも邪魔されずに示しているが、これができるのもこの環境のおかげである[66]。

作者たちはまた、自然のただなかで行われる房事も好んで描く。だが、十八世紀もぎりぎりの終わりになるまで、田舎が——それどころか地方さえ——描かれることはめったになかった。当時、快楽の展開には「人工的な生息場所《ビオトープ》」、「観念的な交流の場」[67]、つまり都会における貴族の社交界生活が必要であった。贅と淫蕩が手を携えて愛の快感の正当性を仄めかす場所である。[68] その結果、庭園やその散歩道や木立は多くの場面の舞台になった。美徳の武装を解除させる効果があるからだ。ときに、ストーリーの引き金になるほどの威力を発揮することがある。ある場所で交わされたたった一度の接吻[69]がジュリーとサン゠プルーの運命を決めたのだから。小説には庭園の場面が溢れている。[70] 宵闇が欲望を募らせ、肉体を解放するときにはとりわけ、作者は「芝生の褥《しとね》」や「神秘の揺りかご」に重要性を与える。しかも庭園は、エピソードと快楽をネタ切れにさせないためのさまざまな場所を提供してくれる。

十八世紀末にイギリスで展開したエロティック文学と比べてみると、[71] フランスのエロティック文学は、アパルトマンの私的な空間で繰り広げられる房事の描写を好まない。だが例外もある。貴族の館の居間、「ためらいと大胆さの空間」[72] たる閨房、奥まった部屋、とりわけ「小さな家」がその例外にあたる。ときに、作者はそれらをじつに巧みに案配する。内的な欲望の進展に合わせて、ある部屋から別の部屋へと巧みなルートを辿らせる。ここでは、欲望される身体とそれを取り巻く物とのあいだに一定の等価性が成り立っているのである。うっとりするような調和が「渦巻装飾から愛撫へ、陶器から肌へ」[73] と生み出される。たとえば、『新ジュスティーヌ』（サドの小説）では「エロティックにされた全空間は、肉体の期待であり、快楽へのいざないであり、性的快楽の付属物である」[74] とミシェル・ドゥロンは書いている。エロティックなエクリチュールは、十九世紀を通じて売春宿への撤退が進行していったが、それ以前には、時間も空間も満たそうとする傾向があったことを決して忘れてはならない。

読者はまた、馬車のなかでエロティックな場面が頻繁に繰り広げられることに気づくかもしれない。「膝と脚が絡まり合っていた。すぐ近くに寄せ合った顔が、躍動する情念の熱を伝えていた。外の世界から隔絶され、この世で二人きりになったように見つめ合いながら、すぐにでも官能へと落ちてゆきそうだった』。[75] 十七世紀にはすでに、『フランシオン』(一六二二年)〔シャルル・ソレルの小説〕において馬車の役割は欠かせなかった。フージュレ・ド・モンブロンの『コスモポリタン』、『シュゾンの回想録』〔作者不明〕、ピゴー゠ルブランの『売春宿の子』、その後はバルザック、次いでフロベールらの作品にその影響が見てとれる。

十八世紀もいよいよ終わろうとするころ、おそらく都会の病理にたいする告発の影響だろうが、田舎で繰り広げられる房事は通俗化し、もはやル・リニョン〔ローヌ川を臨むスイスの町〕の川岸も、ソレルのコミカルな田舎も舞台にならなくなった。羊飼いが行き交う流域の牧草地で、性欲旺盛な、ということは触れなば落ちそうな田舎娘が、男の挿入を待ちながら素っ裸ではしゃぎまわり、ときには手淫をする。たとえば、ピゴー゠ルブランは『売春宿の子』のなかで、欲望を抱えた若い娘たちが集団で教育を受けている場面を描いているが、ただしそこにはありふれた哲学すらない。エロティック文学は民衆の経験に近づいており、それを見るためにはまた別の本を参照しなければならないだろう。この民衆の経験を、メネトラ〔『わが人生の記』の著者ジャック゠ルイ・メネトラ〕やレチフ・ド・ラ・ブルトンヌが疲れを知らぬ熱意で描いている。

女性の好奇心が目覚める

ポルノ作家は、性的好奇心の目覚め、その見習い修行、とりわけ若い娘を驚きからさらに驚嘆へと導く道程に重要性を与えている。手淫が位置するのは、言うまでもなく、この道のりのちょうど中程である。しばらくこの手淫について考えてみたい。官能の教育は、それが直ちに獲得できるという点を抜かせば、学校教育のパロディである。エロティック文学と教育文学の類似はイタリアでもフランスでもイギリスでも確認できるが、この類似は、模倣への訴えかけを基礎とした学課形式の応用として現れる。その意味で、エロティック文学も教育文学と同様、人文主義と近代性に結びついているのである。(76)

フランスにおいては、『娘学校、あるいは奥方の哲学』(一六五五年)の出版——二次的には『発情したヴィーナス、あるいはある有名な女放蕩者《リベルタン》の一生』の出版——が重要な日付である。繰り返しになるが、エロティックな作品がそのようなものとして頭角を現した決定的瞬間である。十九世紀に入って重要な基準となる『貴婦人たちのアカデミー』〔ニコラ・ショリエの小説〕は、一六六〇年(ラテン語版)と一六八〇年(フランス語版)頃に、この新ジャンルの自律性をいっそう裏付けている。

快楽のレッスンは、欲望はすでに稼働し始めているものの、身体は出来上がっておらず、クリトリスもまだ未熟で、セックスをまったく知らない若い娘に与えられる。(77) したがって、教育が関係してくるのは、ひそかに破瓜を待つ処女である。たとえば、かなり後の一八〇〇年になるが、『売春宿の子』のなかでピゴー゠ルブランは、感じやすいセシルの待ちきれない苛立ちをこう描いている。「魅力的な犠牲者の下腹部と尻を煽るわずかな痙攣からでも、彼女がまもなく知ることになる快感を前もって味わっていることが十分に見てとれた」(78)。初めは無邪気であることが見習い小説には欠かせない。ジャン・メニルは、旧体制《アンシャンレジーム》期のポルノグラフィックな場面にはアニェス〔モリエールの戯曲『女房学校』の登場人物〕のような無知で無邪気な娘が数多く登場すると指摘している。(79)

教育は、閉じられ、視覚的にも聴覚的にも隠れた場所で、つまり完全に親密な場所のただなかでしか真の意味で行うことはできない。(80)『修道院のヴィーナス』(一六七二年)〔アベ・デュ・プラの小説〕においては、すでに見たように、レッスンは個室の中で行われる。二人の女性の親密さは決して誰からも目撃されることがないとわかっていると、読者の興奮はいやがうえにも刺激される。

肉の交わりに至る諸段階はたちまちコード化される。エロティックな見習い修行は「男性のみ与えることができる見事な教え」[81]に導くことを目的としている以上、娘に与えるエロティックな教育は一種の待機期間にすぎない。教育的な効果という口実のもとに女性同性愛が実践されるのはこうした理由による。これらの小説において、女性の快楽は「放出する」という形で描写され、レッスンの要求を満たすために男性の役割は積極的に模倣されるが、クリトリスが巨大である必要はないことに注意しよう。繰り返すが、このオルガスムは、いかに強烈であろうとも、手淫によって得られるオルガスムと同様に、「至上の快楽」との関係によってしかその意味をもたず、その前兆、パロディー、いや、そのお芝居でしかないのである。

赤裸々な男性の身体を前にした若い娘の驚きと、次いで、それまで経験したことのない性交の感覚によって惹起される甘美な不意打ちが、手淫や、場合によっては女性同性愛に続く見習い修行の第二段階として描かれる。『ファニー・ヒル、ある遊女の回想記』には貪欲でありながら臆病なふたりのヒロインが、頭の弱い男性の途方もなく大きなイチモツを目の当たりにして驚き、最初は恐れをなしていたが、その恐怖を克服した方のヒロインがやがて信じられないような快感を得るという場面があって、まぎれもなくこの小説における見せ場になっている[82]。言葉の見習いが実地の見聞を仕上げる。命名が理解を促し、「交接の悦びを味わ」いたいお喋り女マルゴ〔ルイ＝シャルル・フージュレ・ド・モンブロンのリベルタン小説『お喋り女マルゴ』の主人公〕を苦しめるこの貪欲な好奇心を増大させる[83]。

したがって、見習い修行は視覚的な体験から触覚的な体験へとたちまちのうちに移行する。カップルの激しい房事をたまたま目にしたことからその動作を真似たくなった若いヒロインは、すでに見たように、我慢できずに手淫に手を染め、その後ほとんど間を置かずに破瓜へと至る。最初の痛みを克服し、ついには快楽の秘密の魅力を経験し、自然によって必要とされる官能が突然侵入してくるその瞬間から、作者は強烈な場面を描く機会を与えられるのである。『閨房の哲学』〔サドの対話体小説〕においてドルマンセがそうしたがっていたように、処女が最も大きな「イチモツ」[84]に身を委ねるのがこの本の論理である以上、ますますこうならざるを得ない。第二の破瓜、詳しい説明があるわけではないが、これはおそらく肛門性交による快楽の啓示だろうが、その描写を得々として行うポルノ作家は多い。乱交とその組み合わせによって得られるオルガスムの蓄積が見習い期間を終わらせる。

十八世紀末になると、官能小説は典型的な道程の段階や、少なくともこの凝った予備教育の洗練が、一部放棄される傾向を示すようになる。破瓜が不器用で荒々しく民衆的になされる場合もでてくる。それでも恍惚に終わる点に変わりはない。一七四八年にはすでに、「死にそうな情熱」に喘ぐマルゴが壁に押し付けられたまま立位で処女を奪われ、「官能の小部屋」がどうにか半ばこじ開けられるまでのようすを、フージュレ・ド・モンブロンが語っている(85)。

そのころから、性的指導者の技巧が複雑化しはじめる。その意味で、『幕は上がった、あるいはロールの教育』〔ミラボー伯の小説〕は意味深い。ここでは父親とその愛人が協力しあって教えを授けている。若い娘が「早められた快感(86)」によって惹起される悪徳の犠牲者にならないよう、医師の教えに従って、まずは長い修練期が彼女に課される。この待機期間のあいだ、娘は自らの手本になる男女の房事を目で楽しむだけにしなければならない。しかるべき時がやってくると、たんなる通過儀礼と考えられる近親相姦が行われ、それによって家族のこの長い実地教育は終わりを告げる。「わが生涯の最も輝かしいこの〔日〕」、「わたしはすでにくたくたでした」とヒロインは告白している。「わたしはあの並外れた感覚に深い悦楽を覚えましたが、それでもまだ足りません(87)」。この巧みなレッスンのすぐあとには、最も強い快楽が続く。肛門性交がもたらす快楽である。

エロティックな文学と画像がとりわけ女性の手淫の場面にページを割くのは、そうするだけの理由があるからである。小説中のどこにでも顔を出す手淫は、たいてい見習い修行が進行するなかで現れ、読者を奇妙な位置に立たせる。読者はこのとき、「不完全でその場しのぎ」ではあるが、自らの快楽を孤独に追求する自我の自律性の発見をこのうえなく力強く示す行為を覗き見る「窃視者(88)」になるからである。『修道院のヴィーナス』、『シャルトル修道会の受付係修道士』、『哲学者テレーズ』〔一七四八年に出版されたジャン＝バティスト・ボワイエの小説〕でもまた、女性の手淫場面が見せ場になっている。まず、『シャルトル修道会の受付係修道士』に目いっぱい詰め込まれた男性の孤独な快楽に寄せる賛歌について考えてみよう。現代の歴史家たちが分析するものを先取りしているのがこの賛歌である。[89] ある司祭がこう断言する。孤独な快楽は「あなたが思うほど重大な罪ではないが、あなたにはそれを好きなだけ繰り返せる能力がある。あなたの想像力が働き、目を楽しませてくれるあらゆる対象の上を飛び回る。ブルーネット、ブロンド、小さい女、大きな女。指先ひとつで地球上のすべてを支配できるのだ！　欲望は身分の違いさえ乗り越えて王座にまで及び、最高の美女さえ屈服して、あなたの命じるがままになんでも受け入れる」[90]（口絵6参照）。

『哲学者テレーズ』では、今度は女性の快楽の実践から得られる効用が、まるで同時代の反手淫キャンペーンに対抗する演説のように、延々と理論武装されている。ヒロインは指導司祭の教えを受け入れる。「それは気質にとって、飢えや渇きといった欲求と同じく自然な欲求なのです」と指導司祭は断言する。「［…］必要とする摩擦を与えることでこの場所を楽にしてやるためなら、あなたの手や指を使ってもなんら不都合はありません［…］。この治療はやがてあなたの心許ない健康状態を立て直し、あなたをつややかにしてくれるでしょう」。事実、「わたしは逆る官能のなかを、どこにも辿り着くことなく、六カ月近く泳いでいました［…］が、気がついてみたらわたしの健康はすっかり回復していたのです[91]」とテレーズは告白している。

したがって、ポルノ作家による手淫の描像は、医者による悲劇的な調子とは根本的に懸隔している。なるほど、学者の言説は女性の孤独な営みを「それが目的としない効果を通して」しか分析しておらず、「快楽にかんするいかなる言説にもこの営みがあらわれることはない[92]」。医学文献では、手淫が惹起する肉体的、精神的堕落にポイントが置かれている。「となれば、なるほど、性的快感にかんする言説など表明できようはずもない[93]」。医者によれば、手淫で死ぬことはあっても快楽で死ぬことはないからである。医者にとって孤独な悪徳は見返りのない自殺行為でしかないことをジャン＝マリ・グルモは力説している。

これにたいし、エロティックな言説は、女性の手淫がもたらす性的快感の強さを断固として強調する。時間的な制約をいっさい受けず、感覚の聴取能力を研ぎ澄まし想像力を自由に繰り広げることができる完全なる情動の孤立状態にあって、自律した密やかな「私《ジュ》」が欲望し感じ取る第一人称の官能の特殊性に、この言説はこだわるのである。交換をいっさい拒否し、「器官内部の感受性が受けた印象と動揺[94]」だけに意識を集中することで、繊細な快感をどこまでも追求できるようになると、やれるところまでこれを繰り返そうという欲望が生まれる。女性の神経の感じやすさといわれているものに当時許されていた探求である。女性によるこうした手業から読者が独特な興奮を得られたのは、惹起する快感全体が読者にとっては依然として謎で、外から眺めているかぎり、ほとんどその病的な表れしか把握できなかったからである[95]。

したがって、作者と読者＝窃視者は、孤独な悪徳によって女性に引き起こされる快楽を男性の手淫が惹起する快楽とは違ったものとしてしか本当の意味では想像できないし、ましてや感じ取ることなどいっそうできない。この快楽は、内的な膣の快楽と外的なクリトリスの快感、「中指」の手業と張形の使用が併せ持つ両義的な快感として現れる。ジャン＝マリ・グルモが、性器全体とりわけ内性器全体の湿潤化によって得られる官能に射精妄想を結びつける「外部と通底した内部[96]」の快楽に言及しているのは、こうした理由からである。しかし、お喋り女マルゴにとっても、他の多くの官能小説のヒロインにとっても、十四歳という年齢で性交を待ちながら耽る手淫が惹起する「激しい情熱」は、性的快感への欲望を刺激するだけでしかない。マルゴは「孤独な気晴らし」に言及し、こう明言している。「わたしは精も根も尽き果て、虚しく神経が高ぶっていましたが、それもせんないことでした。あれ以上身体が熱くなったことも、あれ以上高ぶったこともこれまでありません。激しい情熱と愛と欲望でわたしは痺れたようになっていました[97]」。ご覧のとおり、ここにおける調子は『哲学者テレーズ』と同じではない。

見習い修行が展開するなかで手淫がトラブルを生み出す危険もある、とジャン＝マリ・グルモは鋭く指摘している。

男性と分かち合う快楽の幻影を追い求めながら、若い娘は「自分だけでこと足りてしまう充足感[98]」を発見するからである。そこから、孤独な習慣が想像力と取り結ぶ複雑な関係が生じてくる。この複雑さゆえに、空想の世界に根拠を置いた活動つまり愛撫と挿入の混乱した夢想から、真に自足的な、とはいえ特殊である点では依然として変わることのない、紛れもなく現実的な興奮へと不意に移行するのである。小説の描写を読むかぎり、手淫が惹起する快楽そのものは、身体の潜在的な能力の啓示であり、「エロティックな自我《エゴ》の自律的な宿命[99]」の初めての経験である。手淫もまた、この種の小説でひき続き描かれることの多い女性同性愛と同じく、経験の王道すなわち性交への正道から逸らせる危険を孕んでいる。だが、医者にかかっているある種の女性患者たちとは違って、エロティック文学のヒロインがこの袋小路に彷徨い込むことがないのは作者の配慮がなせるわざに他ならない。

テオドール・タルクジロはこの種の作品に現れる以上のようなエロティック場面の数を綿密に数え上げ[100]、男性読者を満足させるために、大多数が女性の手淫である（七三％）と結論している。しかもこれは成人に限られている。医学文献に書かれた事実とは違い、赤ん坊と小さな子どもがここに占める場所はない。欲望に呑み込まれた女性は男性を待っており、彼女をあんなにも激しい性的悦楽へと導いているのはこの感覚であって、決して自律的な快楽を味わいたいという欲求ではないこと。作者にとって最も重要な点はそれを示すことだからである。

したがって、女性の手淫は小説にとって欠かすことのできない重要な主題を構成している。この種の小説では、手淫はしばしば交接の光景を目にすることによって惹起されるだけに、いっそう強い読書効果を発揮する。ロールが自らを愛撫するのは、父親とリュセットのあいだで繰り広げられる房事を見ながらであった[101]。その結果、父親は娘に反手淫用の下穿きを穿かせ、十六歳になるまで脱いではいけないと命じる。支配的な医学的信憑がエロティック文学に闖入していたまぎれもない例である。ミラボーは『エロティカ・ビブリオン』の「タバラ」で、孤独な習慣が過度に繰り返されることから生じる被害を克明に描いているが、これもまたこうした影響を示している[102]。

手淫は人を窮地に追い込みかねないが、それを避けるためにも、また、エロティックな物語がタブーを徹底的に拒否する唯一の場所ではないという理由からも、作者は、孤独な快楽が生む快感の強度と神秘的で曰く言い難い特徴を仄めかしたのち、すぐさま、この孤独な快楽をやむを得ざる手段、将来男女で分かち合う官能を予示するたんなる物真似として組織する。手淫は交接が生み出す快楽の絶頂を明らかにしたあとすぐさま放棄されることになるのである。もっとも、男性の目を楽しませるためになされる手淫、また、いうまでもなく恋人同士の手淫はこの例外にあたるが、これらの場合はもはや女性の性的自律性の次元には属していない[103]。

一方、男性の孤独な快楽についていえば、これ以前の作品にも実はすでに存在している。ただし、たいての場合、そこに読者を興奮させようという意図はなかった。十七世紀初頭——あるいはおそらくそれ以前——に、マレルブが男性の孤独な快楽に見事なソネットを捧げ、想像力の働きとともに、男性器が意思から独立していることについて述べている。ネレの魅力的な女陰を頭のなかで堪能した話者は思わず精を漏らしてしまうが、甘美な感覚のうちに落ち着きを取り戻す。このソネットが『オナニア』の出版に百年先立っている（一六〇六年—一六〇七年）ことに注意しよう[104]。同じ時期、この害悪として認識されていたものにたいして執拗な警告がなされていた。寄宿学校では手淫が寄宿生ほぼ全員に広がりますます広がる気配を見せていたこと、若い処女も巻き込み手のつけようがなくなっていたことは間違いない、と一六二二年にシャルル・ソレルは述べている[105]。ジャン＝ジャック・ブシャールもその伝記のなかで、この悪徳がコレージュ内部で激しさを増していると告発している。ブシャール自身も、十三歳から十八歳まで（一六一九年—一六〇七年）毎日「通常二回」「タネ出し《スペルマティゼ》」をしたという。彼は十一歳のときにこの快楽を発見し、それを近所の子どもたち、次いでプティット・ソルボンヌ中学の生徒たちに教えた。その十七世紀初頭、これらの生徒たちは「ひとりでいるときには裸の女性や鑞でできた女陰と男根といった、なにか美しいものがいつも目の前にあればよいのにと思いながらも」想像力の働きを当てにしていた——時代は啓蒙の世紀までまだ遠い[106]。タルマン・デ・レオーは若いルイ十三世の手淫に言及し、セナック・ド・メランは「せんずり狂い《マステュルボマニ》」(107)を作詩する。一方、カミーユ・ブレスボワは、この悪習が「五人に一人の割合で」広がっていると指摘している。だが、これらの文書のうち、マレルブのものを除けば、どれも手淫を欠如のしからしむるやむを得ざる手段としている。

十七世紀初頭、手淫は宮廷でも町中でも笑いの種であった。とはいえ、手淫についてあまりあけすけに打ち明けることも話題にすることもできるわけではなかった。不評を買うからである。歴史家のデイヴィッド・スティーヴンスンによれば、フランスでエロティック文学が自立する時期にあたる王政復古期（一六六一年）(108)のイギリスで、遅まきながら、手淫が会話に話題を提供し始めている。とはいえ、手淫が現在形で言及されることはめったになく、ほぼつねに回顧的な形で話題にされていた。この数年前から青年ドラモンドは孤独な快楽を記録し始めている。エロティックな企図を目的としない文学に話を絞るなら、この一五〇年後に、ジュリーがサン＝プルー宛のある手紙のなかで、手淫が惹起する男女で分かちあうことのないあの「味気ない軽蔑すべきつまらない快楽」を告発していることを思い出そう。ジュリーはさらにこう書く。「そういう孤独な悦楽は死んだ悦楽ですわ(109)」。身を清く持しているかぎり愛する人がこのような手業に頼らざるを得ないことを確信したジュリーはこう加えている。「仕方のない方ね！　あなただけが享楽なさるのでは一体何を享楽なさいますの？」告発はここでは快楽の本性と美質にかかわっており、この快楽が病気の原因になることを暗示しているわけではない以上、ルソーもよく知っていた医者の反手淫言説と同じ対象を批判していたわけではないことにお気づきであろう。

第12章

「性技」とエロティックな錯乱

女性の身体と肉体のしなやかさ

われわれが対象とする時期のエロティックなテクストは、いずれにおいても、女性の身体が男性に対して開いていなければならないどころか、扇情的で、たちまち能動的になる義務さえあった。いつでも自由になるこの身体は、まるで待機しているように見える。美女がベッドやソファで横たわっていたり、ときにはダナエ〔ギリシア神話の美女。塔に閉じこめられていたが、あまりの美しさにゼウスが黄金の雨の雫に姿を変えて交わった〕のような姿勢で眠り込んでいる姿が頻繁に描かれるのはそのためである。こうして女性の身体は不意を襲われ、ただちに探査と操作ができるものとして感じ取られ、自発的な欲望の不意の出現によって一気に燃え上がる。こうしたテクストにおいては即時性という条項が重要であることを強調しておこう[1]。ちなみに、たちまちのうちに身体が自由に扱える状態になることと、読者が慣れ親しんだ文化的な音域に属する観念的なレトリックとのあいだに生じるコントラストが、読者の欲望を最大限に刺激する方法として利用されている。

断片化され、いわばバラバラに引き裂かれた身体を、作者は読者に提示する。身体の各要素はそれほどまでに解離していたのである。描写は、身体の各部位が凝視の対象になるほど非人間化と物象化が進行したブラゾン〔十六世紀に流行した平韻定型詩で、女体の美を賛美したものが多い〕の――あるいは、必要に応じて逆ブラゾンの[2]――伝統を汲んでいる。この断片化は、強迫的な眩暈を引き起こすためのフィックス・ショットにこだわることによって、細部の詩的印象は可能にするものの、女性の肢体の全体的提示は妨げてしまう[3]。

とはいえ、この時代の文学では、ルネサンス期のブラゾンとは違って、上半身と下半身を分離するものに沿って身体の再構築がなされている[4]。前景には視覚性、公共性、社会性、また大脳に属するすべてが配される。顔の表情、目に宿った炎や閃光、唇の形などがそれだが、ポルノ作家はここにあまりこだわらない。下半身は隠されたもの、プライベートなもの、親密なものの領域であり、器官や勃起組織の、子宮の真実の場である。生殖機能を司るこの中枢から、繊維状組織と神経を介して、他の系へと放散が及んでゆく(5)。ポルノ作家の呈示する描像においては、描かれたり、仄めかされたり、暗々裡に示されたりするものが想像力を「さまざまな快楽の中心」へと運んでゆくのである。

ちなみにジョルジュ・バンルカッサは、女性の身体を描写するために二重の言葉遣いが用られいていることを指摘している。一方では「素晴らしい」外的な形態を称賛しながらも、他方で、ディドロが慎みのない箇所と語った(6)「うっとりするような(7)」秘部に関係しているからである。肉体的な描写をするにせよ、後から表れる興奮を表現するにせよ、その段階になると猥褻な言葉やあられもない単語の使用(8)が不意に荒々しく侵入してきて場面を切り開き、やがて快感を絶頂へと導いてゆく。

もちろん、この場面において、話者と読者の視線には、それをとりわけ強烈に刺激できる特権的な標的が与えられる。そのためには「胸《ゴルジュ》」や「乳《テトン》」——医者は乳房《マメル》というが——にどうしても特別な地位が与えられなければならない。欲望の解発因《リリーサー》たる胸の描写が途中で必ず入ることになるのである。こうした胸の強調は取り立てて新しい現象ではない。ルネサンス期には「乳房《テタン》」美の賛美という形で仄見えており、マロやロンサールは乳房の円やかさ、柔らかさ、ふくよかさを讃え、乳房を崇拝の対象、欲望の誇張、性差の象徴に仕立てている(9)。「胸《ゴルジュ》」はたしかに上半身に属しており、むき出しにされる場合さえあるが、それが結びついた生殖器圏にもまた属している。強いエロティックな感受性の場であって、乳房への愛撫は男女いずれの官能にも火をつける。とりわけ——ここではきわめて重要な概念だが——乳房は勃起組織に属している。

ここで少し足を止めて、ジーモン・リヒターの業績について見てみたい。主として十八世紀ドイツの業績だが、ハラーの影響を受けているという理由にすぎないとはいえ、ここで国境はあまり重要ではない。当時の男性は、優しく愛情をもって呼び覚まされると勃起する乳房の能力にことさら魅惑されていた。リヒターによれば、当時ドイツの生理学者たちは――事は医学の世界にとどまるわけではないが――乳房を「男根化」し、触覚の象徴として考えていたという。(10)「胸《ゴルジュ》」に手を這わせれば、女性の身体のすべての勃起器官が、ということはとりわけ感受性の強い器官が刺激を感じ取っているはずだと信じていた。生理学者は乳房への愛撫が場合によって女性に惹起する快感の強度を強調したあとで、その複雑さに注目している。乳房が愛人や子どもによって「弄られる」ときに感じる興奮。乳房が接吻されたり吸われたりするときに感じる官能的な感覚。「しなやかで弾力のある」乳房のによるペニスの愛撫から射精に至るあらゆる男性の気まぐれを受け入れる快感。以上がそうした複雑さの例である。

こうした性感器官によって感じられるすべて、性感器官が感じ取らせるすべてのうち、どこに力点が置かれるか、その違いによって両性の非対称性が浮彫りになるとリヒターはみている。乳房は、男性と違って、たえず液体流出の支配下にある女性の象徴である。唾、涙、(11)経血、交接のさいの分泌液、母乳といった分泌物全体にエロティックな包括的価値が賦与されており、乳房を女性の換喩的イメージとして押し上げている。十八世紀に入って、まるで女性の身体がそれまでよりもいっそう流出に見舞われやすくなったようであった、とリヒターは付言している。一部の学者とすべてのポルノ作家がしぶとく両性種子説を信じていた理由も、おそらくここらへんに求める必要があるだろう。このころ展開し始めた授乳キャンペーンも、母性の役割が上昇したというだけでは説明がつかない。

これにたいし、男性は己の身体から出る流出物を抑え込まなければならない。この抑え込む力こそ、男らしさの証なのである。そこで、十九世紀に入るとなおいっそう、泣いたり手淫をしたり精液を散らしたりしないことが、自律的で「自己完結的《セルフ＝コンプリート》」で「自己養育的《セルフ＝ナリッシング》」(12)な揺るぎない市民である証になった。

生理学者は快楽を交接と授乳が錯綜したものとして受け取っていたが、想像界の乳房もこの快楽に影響を与えていた。すでに見たとおり、専門家たちは、性交から生じる分泌物が女性にもたらす快感と母乳が女性にもたらす快感とを結びつけるものにこだわっている。男性は、子どもが乳房を吸うように膣が精子を吸い込むと感じていたらしい。これもまた、以上のような相同性のもうひとつの側面である。(13) 以上、医学的文献であれ、エロティック文学であれ、神学の書物であれ、当時の文書が乳房《マメル》や乳房《テタン》や乳《テトン》や胸《ゴルジュ》にたいして明らかに関心を集中させていたその理由を、思いつくままに述べた次第である。

女性の身体の中央には、横に一本の線が引かれている。十八世紀のポルノ作家が「蝶番《シャルニエール》」という言葉でたえず言及していた線だが、ブラントームは少し前にこれを「中央《ミタン》」という言葉で呼んでいる。腰の高さに位置するこのゾーンは交接のさいに房事の動きを可能にする。著者があれほど悦楽を感じながら注視する運動の、その重心になっているのである。本書の冒頭に引用した文章〔ピゴー＝ルブランの『売春宿の子』からの引用〕は、この分割線をはっきりと示していた。分割線は官能表出の限界となり、抑えきれない真実の表現は下半身に取って置かれている。一方、この「蝶番」より下で感じた興奮を装い、偽り、変形させてごまかすのが上半身である。

今度はポルノ作家による女体美について考えてみよう。女体美はなによりもまず興奮を与える見せ物だが、官能の絶頂においてこの見せ物は消滅する。というのも、『シャルトル修道会の受付係修道士』の話者が力説するように、性的快感に没入した男性はパートナーのことなどもはや目に入らないからである。(14) ようやく目が使えるようになるのは、快楽から抜け出した後のことにすぎない。どんな読者もまず、著者が執拗に描く肉体の輝きに伝統的な形式主義《アカデミズム》とは異なり、また、美術の世界で新古典派に依拠するもの一切とも違って、エロティック文学は描線よりも色彩にこだわる。目に見える部位の描像は、それを見ている人が見当をつけようとしている歓喜を予想させるものであることがきわめて重要である。女体美の描写はやがてやってくる性的快感の前兆にすぎない。一言で言えば、視覚はすぐさま話者を、さらには読者を興奮に引き込み、できうれば勃起させせなければならないのである。

この種の文学では、薄暗がりのただなかで女体がハレーションを起こしたようにくっきり浮かび上がることがよくある、とミシェル・ドゥロンは加えて指摘している。象徴的に見た場合、ここには熱狂と抑制を調停する働きが存在する。薄暗がりがあるために、身体は「所有の核心[15]」へと到達できない。薄暗がりが、欲望を現実世界と混同させないからである。ここには一瞬の交接を永続化させることのできる落差があるが、その一方で、空間全体を隅々まで圧倒する光は「裸と性交を、生理的現実に単純化する」。そこで、当時の文学は光の細部にますます敏感になっていた。

十九世紀のエロティック世界における闇の役割は、おそらくあまりきちんと評価されてこなかったと思われる。薄暗がりでの交接は、強いタブーの結果として受け取られていたからである。ちなみに、突如として「電気という妖精[16]」が登場する以前に人々が経験していた性的な快感を理解、想像するためには、そのころ房事を包んでいた最も微弱な光を含め、さまざまな光のもつ輝きのタイプを考慮に入れなければならない。

この種の文学において鏡の役割が重要であることはつとに知られている。女性の身体を初めて発見するにあたっても、女性が発する印象をこっそり捉えるにあたっても[17]、鏡の役割は重要である。性行為の光景を拡散させるために用いられた鏡により惹起される興奮も忘れてはいけない。

女体の石膏のような白さは、つねに至上命令であった。この評価体系は、十八世紀末、新古典主義に属するテクスト、とりわけ、ギリシア＝ローマ芸術に影響を受けた理想型を紹介したいと考えていた考古学者ヴィンケルマンのテクストに極まる。

白はあらゆる色のなかで最も光を反射し、したがって、最も感覚に訴えかける色であるから、身体の美しさは、その白さゆえにいっそう引き立つ［…］白の美よりも褐色の美を好む者がいたとしても非難されるいわれはない。ただし、褐色の支持者は、視覚よりも触覚によって魅了されるタイプの人ではないかと推論することはできる[18]。

日焼けした褐色の肌は、当時、ほぼ全面的に嫌悪されていた。したがって、顔はもちろん、胸も、太腿も、尻も乳のように白くあらねばならなかった。上半身の乳のような白さは下半身の白さを予想させ、薔薇色――とりわけ乳首の薔薇色――は処女性、優美さ、羞恥心を象徴する。情熱や熱情は鮮やかな赤によって喚起され、唇の鮮やかな赤は、外陰部の鮮紅色を想像させる。かといって、肉体の薔薇色を帯びた白さと褐色の豊かな髪による火のような色斑の調和が生む恍惚が排除されているわけではない。少し前にブラゾンのなかでいくども強調されていたこの対照は、白い太腿と尻と、漆黒の陰毛の見事な隣接性を告げているからである。『シャルトル修道会の受付係修道士』の話者は、ダンヴィル夫人が「まばゆいほど白く、丸く、ふくよかで、しっかりとした太腿と、黒玉《ジェット》よりも黒々とした陰毛の低い生垣に囲まれた洋紅色の女陰をもっていた[19]」と報告している。

話者の目と読者の想像力を魅了するためには、太り肉《じし》であることが欠かせない。まずは胸が豊かでなければならない。胸が豊かであれば、それだけで太腿と尻の豊かさは想像がつく。目に見える箇所――あるいはちらりと見える箇所――はいつでも隠されたものを指し示すからである。コルセットを使って「身がしまっているように人目を欺こうと努めて[20]」も、パリジェンヌに胸がないことをサン＝プルーは痛切に嘆いている。

奇妙なことに、香水の繊細な香りの描写がいくつかあることを除けば、身体の匂いと味覚への仄めかしはほとんど存在しない。麝香や竜涎香や霊猫香が流行遅れになり始める時期に、こうして匂いが貧弱になる理由をわたしは他の場所で示そうとした[21]。この点から見るなら、エロティックな言説はその後圧倒的な重要性をもつようになる衛生学の規範を先取りしている。肉体の頻繁な洗浄、清潔さ、自由な発汗を暗々裡に奨めているからである。匂いを放つ女性は、ここでは絶対に受け入れられない逆モデルであり、しかも、かなり以前からそうだった。たしかに、作品に登場する人物たちは、たいてい、ビデの使用にすでに馴染んでいた貴族階級に属している。だが、こうした通則には重要な例外もある。サドのテクストにおいては、腋や汗やよく洗っていない身体の匂いが欲望を発動させたり、掻き立てたりしている。

感覚の使用と興奮をもたらす女体とのあいだを結ぶ関係にかんし、大事な指摘が残っている。肉体的な接触と接触にまつわるあらゆる感覚に極端な重要性が賦与されている点である。エロティック文学は、身体への愛撫によって引き起こされる興奮を読者に感じ取らせることに執着する――そしてそのことが、エロティック文学を医学文献や神学テクストから区別している。

女性の――白い――肉体はしっかりしていなければならない。学者がこだわるあの「輪郭の柔らかさ」はあまり重要ではない。惜しげもなくさらされる肉体は――それが乳房であれ、尻であれ、太腿であれ――抵抗感と反発力をもっている。たえず繰り返される資質、すなわち弾力性を備えているのである。専門家によってほとんど強調されることのなかったこの魅力をしばらく見てみよう。

森のなかで感じ取られたジュリーの乳房の「しっかりとした弾力性」についてはすでにふれた[22]。この美質は、視覚的な快楽に結びついたかたちで、『新エロイーズ』のかなりのページに見いだせる。サン゠プルーはヴァレ州の娘たちのまばゆいほど白い大きな乳房に感嘆の言葉を述べたあと、欲望をそそるこの豊かな胸を「人目を忍ぶようなシルエットの」ジュリーの胸と比較している。というのも「できるだけ油断なく警戒されましても、最もよく整えられた身じまいにもふと僅かな隙間がいくつかできるものでして、それを手がかりに視覚は触覚の効果をあげるのです。貪《どん》婪《らん》で大胆な視線は花束の花の下に罰を免れてもぐりこみ、飾紐や紗の下をさまよい、とても手では勇気の起こらない弾力ある抵抗を眼は手に感じさせてくれるのです」[23]〔傍点はコルバンによる〕。諸感覚の照応への暗示が、ここでは、強力な現実味の効果を生みだしている。

十八世紀後半のエロティックなテクストに現れる肉体の抵抗感と弾力性を指摘し始めたらきりがない。一七四一年にはすでに、後の『シャルトル修道会の受付係修道士』が、この門番修道者に性の手ほどきを授ける貴婦人の乳房の

「しっかりとしていて弾むような」感触を強調しているし、アンゴラ王子は、仙女ゾベイドの胸が「自らの弾力」[24]で支えられていたとはっきり述べている。ミラボーの『わが改宗』で紹介されたおぼこ娘サランシは十六歳で「弾むような」胸をしているし、『売春宿の子』はセシルの「肉体の弾力性」を仄めかしている。一八一二年に書かれ、『明日はない』に減り張りをつけて書き直したヴィヴァン・ドゥノンの作品『魔法の夜』では、話者が二度にわたってテルヴィル夫人の尻に立ち返り、その丸さ、弾力性、柔らかさ、しなやかさといった美質を丹念に描いているし、その先で房事の描写になると、相手の「弾むような肢体の巧みに抑制された」動きを話題にしている。話者の言葉に耳を傾けてみよう。「触れなばたわむ彼女の胸は、しかし、申し分のない弾力を備えて」おり、その乳房は「ふたつの薔薇色のつぼみで終わっていて、指先でつまむと心地よく押し返してくるのだった……[25]」。

手で感じ取ることができ、指で押せばたわむもののまた元の状態に復する抵抗感を備えた肉体の弾力は、女性の身体の弾むような特徴、その可動性、その能動性を三つながらに予感させつつ証拠立てており、おそらく受動性を示す柔らかさとは対極に位置している。十八世紀末には、肉体の弾力は「気体で膨らみあらゆるところが丸くなった[26]」風船というエロティックな姿形で象徴的に示されるようになる。それはまた、軽さと上昇の効果から生じる官能的な快感にも結びついていた。字義通りには「空に昇らせ」たいという意味をもつ「めちゃくちゃにしたい」〔le faire en l'air〕欲望が、まるでリフレイン句のように繰り返し立ち現れている、とパトリック・ヴァルト・ラソウスキは言う。

女性のふくよかな身体は、バネの反発性に支えられたソファやクッションの柔らかさと調和した心地よい弾性を維持する必要がある。太り肉《じし》の尻と太腿は「後背位で」挿入しているとき、肛門性交を行っているとき、「素股をしている」ときなどに男性の官能を高めるからである。ミシェル・ドゥロンが力説するように、この種の文学においては、尻が特権的な孤立した性感帯を構成している[27]。臍の美しさを別にすれば、腹部の美しさに言及されることなどめったにないからである。なぜこのように尻に固執するのかは、以上のことからある程度説明がつくように思える。ベルモールが現実の、そして想像上のジュリエットの尻をどのように評価しているか、ここで思い出しておくべきだろう。「これがおまえの尻だ、ジュリエット。いま目の前にある。おれはそれが綺麗だと思う。でもな、自然よりもつねに輝かしく、もっと巧妙なおれの想像力は、おまえのその尻を、言わせてもらうが、いっそう美しくしているんだよ。この幻想がおれに与えてくれる快楽は、真実が与えてくれる快楽よりも好ましいとは思わないか。おまえが与えてくれるものはただ美しいだけだ。でも、おれが想像しているものは崇高なんだよ」[28]。ついでに言い添えれば、このテクストはエロティックな営みにおいて、想像力への依存が手淫をはるかに越えた範囲まで行われていることを示している。想像力への依存を手淫だけにしか結びつけない狭隘な考え方をすると、想像力の領域を誤って限定してしまうことになる。「幻想」による快楽は、性交にも浸透しているのである。

以上に述べたことは、もちろん、やせぎすの身体にたいする全般的な嫌悪と平仄があっている。すでに力説したように、医者はこれを「女性の地獄」と呼んでいた。三世紀後に頻繁に引用されるようになったブラントームは、太い腕、広い尻、力強いふくらはぎに深い悦楽を見いだし、「骨皮筋」と皮がしわくちゃの腹と「だらりんこと垂れ下がったオッパイ」[29]しか見せるところのない痩せ女に罵声を浴びせていた。十七世紀において、痩せた女は逆ブラゾンの恰好の標的になっていたのである[30]。

接触から期待できるさまざまな感覚の最後に、女性は狭い「女陰《コナン》」をもっていなければならない、という点も強調しておこう。十六世紀から十九世紀中ごろまで、この強迫観念は同じで、広すぎるものにたいする嫌悪感も変わりはなかった。「広い」女性は、満足させることのできる少数のヘラクレスにさえ文句をいうものと考えていただけに、男たちは締まった膣を求めた。狭い穴を求めるあまり男性は、神学者が不完全肛門性交と呼ぶ肛門性交に惹きつけられる。ブラントームは、妻が「余裕たっぷり、大道無門といった感じ」で、「行き交う人に踏み固められ」、「とんと道に迷うきづかいなし」であることに気づいた夫の話を伝えている[31]。繰り返しになるが、口の形が——その類似性からも対照性からも――狭さや広さというものを全体的に予測させるという定型《トポス》もある。女性が処女のふりをしようとするだけでなく収斂薬も使うのは、男性の側にこうした評価体系があるからである。女性がよくやる締め付けもこれで説明がつく。エロティック文学はこうしたことをすべて表現している。

絵画的表象に重くのしかかっていたタブーに抵触する、まさに猥褻と形容するにふさわしい視覚や触覚がある。たとえば密生した恥毛がそれである。この種の文学では剃られた陰毛にほとんど評価が与えられていない。とはいえ、せいぜい短かい陰毛や縮れた陰毛が生えているにすぎず、ここに魅力が生じる場合も、控えめなものにとどまらざるを得ない。「花の散り敷いた道と毛深いコンは、馬に乗るにはまさに絶妙(32)」というブラントームの有名な警句の魅力よりもはるかに繊細な種類のものだろう。

乳房と下半身に絞って性的興奮をそそる美しさについて述べてきたが、この描像を完結するにあたり、最後に、目に見えるいくつかの部分について言及しなければならない。ほとんど言及されることも顧みられることもなかったように思える部分である。新しいフェティシズム概念の影響から数少ないテクストに集中しすぎたきらいがあるのではないかとわたしは考えている。女性の手は描写されることがあるときには――その機会はかなり少ないが――白く、柔らかで、すらっとしながらもぽっちゃりと描かれている。要するに、「手による男性器の愛撫《マニュエリザシオン》」の心地よい感触を男性に伝えるためである。足について語ろうとするとすぐに思い出されるのが、レティフ・ド・ラ・ブルトンヌの諸作品、とりわけ『ファンシェットの足』だが、この作品には専門家たちが強い関心を寄せている。実を言うと、身体のこの部分に言及した作品は、われわれが扱う資料体においては依然としてレアケースに属している。たしかに足は、たいがい部分的であるとはいえ、下半身において剥き出しになった唯一の部位で、想像力を掻き立てることができる。くるぶしと足は太腿と尻を約束するからである。事実、サンダルを履いた足は、裸であると同時に服を着た身体の換喩になっていることを、ジャン=マリ・グルモは見事に示した(33)。かわいらしい足は、全身がその美の似姿であることを暗示している。したがって、足をじっと見ているだけで全身を所有したいという欲望が猛然と湧いてくることがある。ただ、『ファンシェットの足』の主人公の場合に限っていえば、彼が魅惑されたのはおそらく、バルコニーにいる女性の上半身だけを、つまり、「蝶番」の上部だけを目にしたからであろう。

女性の体形の描像は、旧体制《アンシャンレジーム》の末期と大革命下に大成功を収めたポルノグラフィーにおいて鮮明さの度合いを増し、敢然として猥褻になる。その広範囲への普及を考えると、この時代のポルノグラフィーも、前世紀の官能小説と同じかまたはそれ以上、想像力に影響を与えたに違いない。大量の宣伝用チラシやカタログが、パリでもロンドンでも、売春婦の美しさ、美質、長所、得意技を大いに喧伝した。こうした出来事の背景が、イギリスで研究の対象になった。たとえば、一七六四年から一七九三年まで刊行された『ハリーのリスト』の各号が、エリザベス・キャンベル・デンリジャーによって分析されている。[34] この刊行物は女性の身体を脚色しており、読者はその裸体を頭のてっぺんからつま先までゆっくり眺めることができたのである。当時これに載ることは第一級の娼婦の証であった。著者たちはひとりひとりの体の形を克明に描くべく努めている。身体のいくつかの部位が強調されるが、とんでもない嘘にはならない。すでに存在するものを強化しているだけだからである。これらの「宣伝」は乳房の美しさ、あの「雪のように白い丸み」、その太り肉《じし》、「愛情を込めておすと」たわむその重み、そのしなやかさを強調する。これらはまた、尻にも、またより一般的には、活発な神経と筋肉の活動がその重みを補っている豊満な肉体にも意識を集中させる。女陰は挿入したときいかに甘美かが語られ、この女性たちが女陰に与えることのできる巧みな動きがこれでもかと褒め称えられる。唇の美質と、抱き締めるのに適した両腕についても同じ。要するに――当たり前といえば当たり前だが――描かれるポートレートは、交接のさいに待っている快楽に直接関係しているのである。たとえば、ある娼婦は自らの身体を明け渡すさい実にうまく目を半閉じにすることができると書かれているし、自らの性器を見せるだけで男性器を挿入にまで誘える技が第一級のチャームポイントとして紹介されている。

イギリスでは、こうしたポートレートは、いかなる裸体も描写してはいけないという禁止に真っ向から違反していた。この禁止によって、とりわけ紳士階級《ジェントリー》では、女性の身体を絵画的風景に変える隠喩がさかんに使われるようになっていたのである(35)。

十八世紀も最終盤になって、男性の欲望の原動力が変化する。「娘」を求めるロンドン子たちが、「快適なもの」に大きな価値を置くようになり、アパルトマンへの言及が顕著になったのである(36)。猥褻文学は、美しく着飾り、火照って近づきやすく、望むだけ埋没していられる身体の魅力を称賛する。それは肉体関係に先立ち、それを囲繞するすべてのものにたいする関心を反映しているのである。楽しむ前に、これから所有しようという女性からもてなされ、かしづかれていると感じることが重要である。暖かな住まい、美味しい食べ物や飲み物が、身体の奉納の甘美さに調和していなければならない。同時代のパリの「ハーレム」からはほど遠いが、スタンダールがその後の一八二一年にロンドンに気晴らしに出かけたさいの話は、この新しい風潮を例証している(37)。

以上のような文脈は、不幸な運命の結果高い身分から転落して恥ずかしい思いをしているが、その恥ずかしさによってかえって性的な快感を高めることができる優しくて欲望をそそる女性にたいする同情の余地を生み出す素地になっている。性的隷属にふれるかぎり免れ得ない罪悪感をどうにか取り除こうとするさまざまな感情がからまりあい、こうした同情が生まれるのである。この猥褻文学で描かれたイギリスの風土は、十九世紀前半のあいだにフランスで繰り広げられた類のエロティックなリトグラフがもつ雰囲気を先取りしている(38)。

女体の刺激による男性の興奮は、欲望をそそる美の真価が愛撫の交換と交接の性的快感の高揚においてめいっぱい発揮されれば、それで解消される。そこで、まず、挿入を準備するものとそれに随伴するものを考察し、次いで身体同士の融合、すなわち、「性的快感の絶頂」に先立つ漸増と動作学について考察することにしよう。

皮膚の愛撫と快感の想像世界

他者の愛撫によって先鋭化する自らの身体の意識化、官能的な感覚の聴取、相手の呼吸のリズム、反応、ため息。要するに、肉体と肉体が出会った最初の段階で起こるさまざまな出来事のなかでエロティックな「私《ジュ》」が自らを感じる瞬間に学ぶこと。それこそ、われわれが関心を寄せるエロティック文学の主たる対象である。

最初の場面の描写は、すでに力説した即時性という命令の他にも、一連のさまざまな命令のくびきを背負っている。瞬間、状況、手技、感じられたり引き起こされたりした感覚の多様性は、次に来る交接の体位や乱交の組み合わせの多様性と同様に、避けることができない。

男性はつねにイニシアチブを取って、いかなることも敢行しなければならない。こうした官能小説は、すべて、今直ちに〔hic et nunc〕の圏内にある、とレモン・トゥルッソンは指摘する。(39) 男性の大胆さは、性的役割の二形性を強調していた当時の状況を反映していた。愛撫の繊細さは、のっけのやりとりから、超越性への訴えかけではなく感覚の強度への訴えかけによって非存在を救う必要に応えている。エロティックな場面の行為者にとって、「存在するとはすなわち感じることであり、したがってそれは、自分自身の存在」の、また、他者によってもたらされる存在感覚の「原因であること(40)」にほかならない。この観点から見るとき、愛撫は第一義的なものとして立ち現れてくる。ところが残念なことに歴史研究から顧みられないのが、身振りにもましてこの愛撫なのである。

まずは、当時のエロティック文学で喚起される第一の標的を考察しよう。ディドロがその『不謹慎な宝石』のなかで描いている恋人の接吻は、まず手から始まって胸を経由して唇に移り、今度は下半身に転じると、脚から出発して膝を這い上がり、ついには「快楽の中心」へと至っている。(41) 実を言えば、以上に描写された経路がこれほど複雑になることはめったにない。最も重要なポイントはふたつある。男性を乳房の愛撫に駆り立てる最初の激しさが関係を開始させる。いきなり「胸」は測定され、いじりまわされ、接吻され、吸われる。以上が真の下準備であり、これによって男女ともに官能のための器官が燃え上がる。ゾベイドの乳房への愛撫がアンゴラに猛威を揮う。「陶然となった王子は［…］魅力的な片方の胸にその手をもってゆき、激情に身を委ねた。ああ、その胸のなんたる魅力、なんたる白さ！　そのしっかりとした手応え！　その丸さ！　肌理の細やかさたるや！　まもなくすると王子は思い切ってそこに口をあてがい、心ゆくまで堪能した……」[42]（口絵4参照）。直接的な愛撫がいっさいなくとも、乳房はその谷間によってさえ恋人の欲望を掻き立てることができる。ジュリーが脱ぎ捨てたコルセットを眼にし、いじっているだけで、待ち焦がれる女性に向けてサン＝プルーの生理的欲求は始動し、彼は乳房がコルセットに残した痕跡を味わうのである。[43]ミラボーが――たとえば『わが改宗』で――濫用し、フロベールのペン先からも頻繁に零れ落ちる「豊乳女」という表現は、「震えることができるほどの感受性[44]」をその「胸」が備えているときにはとりわけ、女性のもつ魅力を十分に喚起してくれる。

この乳房への愛撫は最初の興奮を表面化させるが、男性パートナーの勃起もしばしば暗々裡に惹起する。ところで、本書が言及する全期間をとおして、女性の欲望は男性の勃起を確認するだけで高まるとされている。この信憑は、一世紀後、厳めしいピエール・ラルースの『十九世紀大百科事典[45]』にも看取できる。硬直したイチモツを初めて目にした若い処女が、いかに強烈な好奇心といかなる渇望に襲われるかを、われわれはすでに見た。

繊細で大胆な愛撫がそれ以上克明に描かれることはめったにない。まるで女性の身体の描写とこの下準備への言及だけで読者は十分に興奮しているはずだ、と言わんばかりである。かくして、恋人は乳房への愛撫をやめると、それ以上の詳報もなく、たちまち「下半身を略奪しに」行くよう描かれている。というのも、即時性、多様性、大胆さの命令を考慮に入れるなら、男性にとっての最喫緊事とは「快楽の中心」への道を切り開くことだからである。

挿入の序章となる「略奪」が行われるあいだには、少なくとも、指によるクリトリスへの愛撫と、より珍しくはなるが、舌を使ったクンニリングスが仄めかされる。ちなみに、サドのテクスト、とりわけ『ソドムの百二十日』は、女性の肛門に関心が集中している点で際立っている。男性は本のページでも確かめるように矯めつ眇めつ眺め、手で触れ、吟味してから侵入したり交接したりするのである。

繰り返しになるが、女性の身体において真実を語るものは、したがって、惹きつけると同時に不快感も与えるものは、その下半身である。というのも、女性の秘密を見抜くことは、途方もない侵犯行為だからである。しかも、不謹慎な宝石は女性のエロティックな秘密を握っている。女性の経験度を暴こうとするのがこの不謹慎な宝石なのである。要するに、女陰のベールを剥ぎ取り、それを踏査し、貫くことは、とりもなおさず、男性の狂おしい欲望に火をつけた女性の真の姿をくまなく知ることにほかならない。

下半身の発見には心地よい驚きが秘められていることさえある。女性のベルトより下はほとんど歳を取らず、外見から想像できるよりも美しさを失っていないことが多いことは間違いない、とブラントームは秘密めかして言っている。女性は、お盛んな頃に「この道一筋に研鑽これつとめ、斯道の裏表が身に付い[46]」たときにはとりわけ、古代遺跡の基礎部分のようなものだ、と彼は言う。

男性が攻撃をしかけている最中に女性の抵抗が仄めかされることはあまりない。いずれにせよ、女性の抵抗は激しくないし、長くも続かない。失神さえ、羞恥心を失わないために取られた計略にすぎない。恋人はその策略を見抜いてしまう。仙女ゾベイドの見せかけの気絶にたじろぐアゴラにはそれができないが[47]。

したがって、ポルノ文学は、医学的なエロティシズムと根本的に異なっている。後者は抵抗から得られる長所、猶予、さらには長い待機期間の強要から得られる長所を当てにしている。男性の欲望を掻き立てるために、精子の良好な錬成と力強い射精に賭けているのである。官能小説を読むと、これとは逆に、男性はつねに準備ができており、容易に素早く興奮できるものと見なされている。ここでは、男女間の合意がたちどころに成立するため、快感の炎に包まれて一体となることが予想できる。身体間の調和は前提となっており、証明される必要などほとんどない。男性は若いか、さもなければ長い経験の恩恵に浴していて、いずれにしても、その性的能力に疑問を容れる余地はない。性交の官能的な感覚に道を拓く「快楽の深淵」への挿入が遅れることなどあり得ないからである。

とはいえ、女性が男性に身を委ねる準備作業について、著者はかならずしも黙っているわけではない。女性が実際にしていたにもかかわらず、エロティックなテクストにおいて明らかに言い落とされているのが、お気づきのように、フェラチオである。このことは、売春という環境においても確認できる。時代錯誤に注意を払わなければ、この拒絶には驚くだろう。フェラチオ、少なくとも精液の吸飲に終わるフェラチオは、ときに糞食と同一視されていた。『ソドムの百二十日』の「語り女」のひとりデュクロがそのことをはっきりと述べているし、シリング城で繰り広げられる出来事はフェラチオと糞食の対比を強化している。『貴婦人たちのアカデミー』〔ニコラ・ショリエ（一六一二年—一六九二年、フランスの作家、弁護士、歴史家）の小説〕においてはフェラチオの克明な描写があるし、たとえばミラボーが『エロティカ・ビブリオン』でフェラトリクス〔fellatrix〕と呼び、この古代の習慣をたまさか仄めかすことはあるが、それらを別にすれば、旧体制《アンシャンレジーム》期の官能小説にこの種の愛撫の描写はほとんどないことが確認できる、とジャン・メニルは言う。[48] たしかに、男性はフェラチオにたいする欲求をほとんどもっていなかったように見える。

ただし、ひとつだけ重要な例外がある。男女が互いの口のなかで同時に埒をあけるためにフェラチオとクンニリングスを組み合わせるという場合である。両性種子説のロジックに組み込まれたこの営みは、『シャルトル修道会の受付係修道士』ですでに詳細に描写されていた。その後、ミラボーが『わが改宗』のなかでその発展形を克明に描き、自らの発明品として紹介している。たしかに、十八世紀末になると、このエロティックなアクロバットを長々と描写する著者はかなりの数にのぼっていた。『幕は上がった、あるいはロールの教育』[49]と『ここに《ヒク》、そして《エト》、これが《ハエク》』の見事なページがその証言になっている。『ここに《ヒク・》、そして《エト・》、これが《ハエク》』から引用しよう。

ヴァルブイヤン夫人はわが誇り《マ・グロワール》に飛びつくと唇で挟むように愛撫しはじめました。そして愛情深い舌で輪郭をちろちろ舐め回していましたが、それがあまりにも気持ちよかったので［…］夫人を長椅子に連れてゆくと、私の両脚があの人の顔の下にきて、口があの人の神殿の上にくるようにし、舌が快楽の果汁《ネクター》を掬い取っているあいだに、あの人の口は私の官能を刺激するのでした。私たちはそのままの体勢で数分間無上の歓びを味わっていましたが、まもなくして、貴重なバルサムをたがいに放出し合いました［…］私たちはふたりとも陶然としたままそのバルサムを飲み干したのです［…］(50)。

著者たちが手による愛撫を執拗に描くのとは対照的に、フェラチオについてはあまり語られることがない。手による愛撫は女性が獲得しなければならない知識になっていた。この手技は当時、本番前の前戯というよりも——ペッティングという時代錯誤な用語は避けることにしよう——ひとつの特殊な快楽だったようである。それは交接による快感の領域よりも、むしろ孤独な官能の領域に属していた。この点における女性の器用さは、漸増と抑止を通じて、男性パートナーにもたらされる「快楽の最終的な痙攣」の強度を保証できる性の秘技《アルス・エロティカ》〔ars erotica〕に含まれる。『ファニー・ヒル、またはある遊女の回想記』のなかでジョン・クレランドは、男性性器への手による愛撫を、フージュレ・モンブロンの仏訳によれば次のように描写している。

ポリーはふざけてそれを撫でまわし、小さな子どもがガラガラを振るようにそれを揺すったり、手に取って太腿のあいだに挟んだりしました。ときにはそれを魅力的な乳房のあいだに置くのですが、それはまるで大きな蕾薇のつぼみのようでした[51]。

とはいえ、この種の愛撫に捧げられた最も美しいテクストを提供してくれるのは、売春宿に熱心に通い詰めていたといわれるミラボーである。問題の条り全体を引用したい。十八世紀のエロティック文学によって示された感覚分析の白眉である。

> 鏡に覆われた閨房で、娘は［…］最初、生殖のための器官に触れぬよう細心の注意を払う。近づいてくるその足取りは緩慢で、その抱擁は柔らかい。扇情的というよりは優しい接吻。控えめな舌の動き。官能的な眼差し。しとやかで柔らかな四肢を絡ませてくる。娘は指で（男の）乳首を軽く弄《いら》って興奮させる。まもなくすると男の眼が潤んでくるのが娘にはわかる。全身の勃起が完了していることが感じられる。そこで親指をそっと亀頭の先端にもってゆくが、そこはリンパ液で濡れている。この先端から親指は根元に向かってそっと降りてゆき、また戻り、また降り、王冠をひとまわりする。感覚の増大が早すぎることに気づいたときには、動きをとめ、全身に軽く触れて疼かせるだけにとどめる。そして最初は片手で、次に両手であちこち同時に直接触れ、全身で迫っていって、勃起がこれ以上堪えきれないところにまできたところでやっと娘は、自然のなすがままにさせるべき瞬間を判断し、助けたり、駆り立てたりして目的地に到着させる。なぜなら、男に生じる痙攣があまりに強烈で、知覚伝達の欲求があまりに激しいため、もしそれを終わりにしてやらなければ失神してしまいかねないからである。
>
> しかし、この種の完璧さ、ここまでの快感の高さに達するには、この娘はわれを忘れて、タバラ（オナニスト）の魂が経巡る官能のニュアンスのすべてを研究し、理解し、把握し、自分が惹起した快感の増大が要求する洗練

手段を次々と利用する必要がある。人はふつう、繊細な触覚、正確な接触によってしかこの種の技を一定の完成度にもってゆくことはできない［…］。[52]

著者の意図が教育的なものであることはお気づきになったであろう。事実、男性を手で喜ばせる術を学ばねばならない娘たちは、『ソドムの百二十日』のように、[53]さながら本物のような授業から経験を得ている。こうした教育的なテクストにおいては、愛撫の洗練への期待が、すでに述べたように、女性の指の器用さとその鋭敏さにたいする関心を惹起しているのである。

十八世紀末のポルノグラフィーは、[54]売春宿を舞台にする傾向を強める一方で、年老いて無感覚になり、ほとんど性的快感を享受できなくなったため手による愛撫を好むようになった放蕩者《リベルタン》を登場させる場面を増やしていったが、この手による愛撫にたいする禁忌は、繰り返せば、フェラチオほど厳しくなかったようである。エリカ＝マリ・ブナブのおかげで、それが売春婦のきわめて日常的な営みであったことをわれわれは知っている。たとえばポルミ侯爵（アントワーヌ＝ルネ・ド・ヴォワイエ・ダルジャンソン）〔一七二二―一七八七、フランスの政治家、外交官〕は、パリのさまざまな「ハーレム」で手による愛撫をしてもらうことが習慣だったという。[55]肛門や膣へのデリケートな指の挿入がまれに仄めかされるのを別にすれば、当時のエロティック文学においてこれ以外の愛撫が描かれることはなかった。

催淫手段に訴える場面もめったに描かれない。もっとも鞭打ちと棒打ちだけは別で、これらは売春婦たちのあいだで広く使われていた。サドの物語のなかでは、当然、このふたつは扇情的な手段に組み込まれている。サドにおいて、女性の身体は、「家」のなかで使われる意味での「家庭用品《ムーブル》」、つまり、淫欲を満足させるための道具でしかない。テクストはもはや男性的な領域と女性的な領域――すなわち二形性――に属しておらず、中性的な領域に属しているのである。女性は手で弄《いじ》られ、玩ばれ、鞭打たれ、棒で打たれ、吸われ、さらには小便や大便をかけられる存在にすぎない。

愛撫にかんするかぎり、十八世紀末のポルノ小説は、売春宿で頻繁に行われていた好みをより平凡な形で反映しているにすぎなかった。「手でやってくれる女」、「扇情的なポーズ、ぽっちゃりとして柔らかな手、素早く動くビロードのような舌、毛が密生した弾力のある恥丘」、火の点きやすい体、そして「いつまでもやれるありあまる豊かさを備えた[56]」娘がぜひとも欲しいという要望を濃縮した形で書き写したのが、この時期のポルノ小説だったのである。

交接の山場への序曲

ひとたび挿入が行われると、ここに向けて物語を展開してきた交接の山場が始まる。当時のエロティック文学は、一対一であれ複数組の組み合わせであれ、男女の身体の接触と融合を微に入り細を穿って白日のもとにさらしている。この場面はもうひとつの主要なエピソードである女性の手淫のエピソードに対置されているのである。

性交を描かなければならない段になると、ポルノグラフィーは、身振りの演劇化、行動の儀式化、また、ジャン＝マリ・グルモが視力の高まりと呼ぶもの[57]を避けて通ることができなくなる。したがって、猥褻なものの語りは、舞台装置として分析する必要がある。房事が進むなか——とはいえ、愛撫においてすでにそうであったが——話者の二重化が起きる。話者は見たり聞いたり女性の反応から確認したりしたことを叙述すると同時に、現在進行中の自らの行動を描出するからである。「したがって、話者とは目として働く声である[58]」。これにより、話者に同一化した読者は興奮を最大化することができる。

ひとたび挿入が完了すると、ペニスやクリトリスや膣壁で感じた感覚の正確な分析が少ない、さらには存在さえしない理由は、以上のことから説明できる。こうしたことはすべて内的感覚を参照しており、身振り表現や動作学、場面の演劇化だけを参照しているわけではないからである。ジャン＝マリ・グルモはこの言い落としを強調して、こうした猥褻なテクストの中心部分に、器官の内部性にことごとく課される禁忌があるからではないかと見ている。(59) そこでわれわれは、今日の文学で繰り広げられる猥褻からこの猥褻を最も鋭く区別するものについて考えてみよう。動きや激しい身振りのように演劇化できないこの内的な感覚は、むしろ、教育的なテクストのなかに求める必要がある。官能を教える者は、男性であろうと女性であろうと、その官能を描写しないわけにはゆかないからである。たとえば、『娘学校』（一六五五年）の授業のひとつが、甘美な刺激、摩擦、締め直し、ちょっとした揺さぶり、痙縮、相互に埒を開けあったときに痙攣や震蘯をどのように感じるべきか、その指摘に充てられている。(60)

十八世紀後半とその後数十年のエロティック文学における快楽は、交接、交接が惹起した欲望、交接が暗黙のうちに惹起するはずの感覚だけでこと足りていた。感情、幻想、見せかけといったものに言及する必要性は微塵もない。この点から見ると、繰り返すが、ポルノグラフィックな物語は、『百科全書』に読むことができる「性的快感《ジュイサンス》」という論文の内容と矛盾する。ミシェル・ドゥロンによれば、人の取り違えという場面が頻繁に現れるのは、まさにそうした事情を裏付けているのだという。(61) ときおり暗闇のなかで、美しいパートナー――男性であっても女性であってもよい――が望まない醜い人に取って代わっても、この人は同じように性的快感を感じることになる。交接とは結局同じ結果に至るもので、繰り返された性的快感の総量こそが幸福にほかならないと考えられていたからである。(62)

交接の山場を支配する紋切り型というか暗黙の前提がさらにもうひとつある。『シャルトル修道会の受付係修道士』の出版（一七四一年）から『売春宿の子』の出版（一八〇三年）に至るすべての小説において、交わった男女はいずれも性的な快感を味わっている。男女は欲望と快楽の前に平等であり、いずれもが気を遣る。それは読者を興奮させるために必要不可欠な要素なのである。ちなみに、ジャン・メニルは、エロティック文学が、自然科学や医学にさえ先だって、性には間違いなく二形性の深みがあるという考え方を基礎づけたと断言しているが、この議論が納得のゆくものであることをわれわれはすでに確認した。エロティック文学において、女性の快楽は男性の快楽のたんなる原因や結果としては認識されていなかったのである。女性の快楽は男性との関係では考えられていなかった。ヒロインはしばしばパートナーの快楽を増すためばかりでなく、自らの身体をより楽しむためにもイニシアチブをとっている[63]。われわれは、以上の点すべてをぜひとも強調しておく必要がある。

われわれが対象とする時代のエロティックな物語において避けて通ることのできなかった房事の劇場化に話を戻すことにしよう。十六世紀に強い力をもっていた三つの心的図式がきわめて緩和された形ではあれ依然として人々の心にのしかかっており、分析はここでその過去にまで立ち戻らなければならない。情熱的な房事に身を委ねる女性は、少し前まで二つの執拗で強力な隠喩とかかわりをもっていた。『好色女傑伝』の著者の語彙において「自分の足で歩く」とは性交を断念することを意味している。あまり積極的でない、疲弊した男性は「荷車ひきの馬[64]」に喩えられ、その反対に良質な性交はいずれも騎行となる。男性は騎士の姿を、女性は乗用動物の姿を取り、前者は雌馬に跨って、広かったり狭かったり、扱いやすかったり扱いにくかったり、日陰になったりならなかったりする道――すなわち女陰を――駆けめぐるのである。必要な場合、夜間に「行われた」「歩哨」の回数を数えあげることもある[65]。

こうした馬術的な展望に置かれると、女性は調教の対象となる。実際、女性を服従させ、「手綱を引き締める」ことができるのは良いことなのである。そのとき男性は自らの「見事な乗用動物」を誇りにする。ブラントームによれば、興奮の頂点にいる女性は、ときに、パートナーの男性を落馬させる力を備えていることが明らかになるという。ちなみにこの著者は地位の逆転についてたっぷり紙面を割いている。女性はしばしば男性に跨るが、そのときにこそ「高く跳」べることが判明する。また、「下に組み敷かれて圧さえつけ[66]」られたくない女性は、そうした機会に、支配されることを拒否しているのだと彼はいくども仄めかしている。

こうした騎行の隠喩は十八世紀のエロティック文学からは表面上消えているが、アルフレッド・デルヴォーが一八六四年に出版された『エロティック事典』で証言しているように、ひそかにテクストに働きかけていた。以前は房事に運動や律動性が要求され、二人のパートナーが調和の取れたリズミカルなひとつの動作学に参加しなければならなかったが、その中に騎行の隠喩がはっきりと現れていた。ブラントームは「巌《いわお》さながらに[67]」動かない無反応な女性にたいして嫌悪感を繰り返し露わにしている。

二つの隠喩のうちのもうひとつもまた、同じように執拗に存在を誇示している。「竈のように燃えさかる女性」という隠喩がそれである。十六世紀のエロティック文学にはきわめて重要な要素で、体液理論の影響と軌を一にしていた。女性は、腐り、腐敗する体液をつねに生みだしている。そこで、「磨きをかけ[68]」、詰まったところを通じさせ、掃除する必要がでてくる。この腐りやすい危険な物質は——夏にとりわけ——押し出し、追い出さなければならない。それができるのは逞しい男性だけである。女性が淫蕩なとき、ひとりの男性では間に合わないおそれもある。この作業において、有効性のない同性愛の女性は、その本性上失格とされている。

こうした腐敗が危険なのは、母胎が「窯」であり「大釜」であるからで、子宮をリフレッシュするためには「窯入れをし[69]」、それによっていささかの乾燥たりとも防がなければならないからである。乾きすぎてしまった火の女性は、こうした観点からしても、ぜひ解放してやらなければならない[70]。夫はこの竈の火種を切らしてはいけないが、かといって過熱させることも禁物である。夫は、妻が「長いあいだ熱をもったままで」いられることを弁えていなければならない。「パンを焼くかまどでも古いやつは新しいのなんぞよりもずっと熱しやすいもので[71]」、したがって、熱を保ちやすくより美味しいパンが焼ける古いかまど——これまたもうひとつの定型《トポス》である——の場合にはとりわけそう言える。たしかに高齢の女性の場合、とくに「燃えるもの」で干上がっている。そのパートナーの体液を「蒸留」する[72]——つまり汲み尽くす——能力がとりわけ高いのもこのせいである。

したがって、結婚はまったく正当なものだとされる。結婚によって、パン焼きかまどには「火をつけて、その火を煽りたてる[73]」からである。竈は燃料や、水や、薪や、火種を消さないための炭火しか必要としない。ただし、夫の火よりも「カマドの奥でカッカと燃えている」火を抱えた妻は不幸である。愛に乾燥から守ってもらい、「残骸」にならないようにしてもらうためには、いくにんもの男性に「窯入れをして」もらう必要があるからだ[74]。

　これにたいし、同性愛の女性は、同じ理屈から、まったく有効性がないということになる。女性がきちんときれいにリフレッシュしてもらうためには「奥の方まで精密検査を[75]」してもらうべきなのに、同性愛の女性は壺の縁までしか作用を及ぼすことができないからである。

　要するに、ここでは交接が生理学的な側面から治療のひとつとして解釈されている。外的「過熱」——欲望の疼き——および内的「過熱」にたいする不安と同時に、リフレッシュしたいという欲望に応えるのが交接なのである。それは、挿入、前後運動、射精によって満足させるべき生理的欲求であって、たんなる視覚や聴覚の悦楽によって、いや、たんなる接触によってさえ満足させるべき欲求ではない。

　こうした隠喩のネットワークは、もし男性が女性を必要としているのなら、女性もまったく同じように男性を必要としていることをはっきりと告げている。体液理論の衰退にもかかわらず、これらのイメージは十八世紀と十九世紀に残存した。欲求。性的な熱の必要性。節欲。禁欲。欠如。さらには女性の欲望の確実な強さが惹起するリスク。こうした概念の根底にあるのがこのイメージである。その点で、エロティック文学は医学的な言説と軌を一にしているが、それでも食い違いは一目瞭然である。医者によって放棄された両性種子説を依然として信奉していたエロティック文学は、古代の体液身体観にもひそかに依存していた。十八世紀も中頃になって、その隠喩が無傷のまま突然現れることになる。たとえばヴォルテールは聖処女《ラ・ピュセル》の「燃えさかる火」に言及しているが、それはルーアンの火刑台の話ではない〔大文字で始まる聖処女《ラ・ピュセル》とくればふつう、ルーアンで火刑に処せられたオルレアンの聖処女《ラ・ピュセル》ジャンヌ・ダルクを指す〕。後に見るが、この種のイメージは、「シュゾン式集中暖房装置」への当てこすりが流行したことに見られるように、十九世紀のあけすけな猥歌につきまとっている。

一方、第三の隠喩は立ち消えになってしまった。騎馬槍、馬上試合、戦争における攻撃、夜明けまで計算し尽くされた攻撃を伴ったといわれるタンクレディとクロリンダの戦い〔ムスリムとキリスト教徒の闘いの史実を踏まえ、タッソが描いた叙事詩『解放されたエルサレム』のなかの戦闘〕を思い出させる戦闘の比喩である。十八世紀に入ると、この図式はこれ以降ポルノ文学の規範ではなく、放蕩者《リベルタン》の規範に属することになる。征服する。自分の欲望を押し付ける。新たなるアレキサンダー大王を気取る。征服した女性のリストを広げて見せたり公にしたりする。抵抗する敵を敗北に追い込む儀式化された暴力に適した勇敢な「閨房の戦士(76)」であることを示す。リベルタン小説の構造そのものを形づくる以上の行為は、ポルノ文学とは無縁である。ポルノ文学の作家にとって重要なのは征服することではなく、たんに障害なく性的快感を得ることだったのである。

残るは隠喩ではなく、十六世紀から十九世紀中葉まで議論の的になっていたジレンマである。閨房の中央の「広々としたシーツの上で(77)」下着に埋もれたまま時間をかけて交接するのがよいのか、それとも「ドレスを着たままの愛」、つまり人目を盗んでそそくさと済ませる交接がよいのか。豪華に着飾った女性を「打ち負かす」快楽は、ある種の人々にとっては価値のある行為であり、特別な感覚と性的快感をもたらし、ときには高い身分を示すしるしになっていて、性的快感を刺激する明らかな侵犯と不法侵入の脅威を表出している(78)。

このジレンマは終始つきまとっていた。十九世紀のリトグラフは、こっそりと繰り広げられる愛の情景を好んで題材にしている一方で、当時の私的な文章では、姦通や社会的な遁走によってもたらされる魅力と相俟って人目を忍ぶ快楽がいかに強烈であったかを物語る数々の逸話が報告されている。たいていが、女中、洗濯女、とりわけ宿屋の娘との楽しみにすぎなかったが。

以上の系譜学を離れ、われわれが対象とする時期に著者たちが描いていた交接に戻ることとしよう。動作学とリズム学、あるいは運動とリズムのエロス化と言ってよいかもしれないが、以前にもましてこれにたいし明確な関心を向けたこと、それがこの時期の新機軸であったと思われる。エロティック文学が自律的なジャンルとして構造化され始めた十七世紀中葉からすでに、「動きにかんするレッスン」は現れている。ブラントームが描いては悦に入っていた女性の騎乗位の他にも、女性の側からの動きが『娘学校』で長々と教えられ、生徒は、動かなかったり、受け身であったりしてはいけないという教育を受けている。[79] しかも、避妊の効果が、当時、身体の動きに帰せられていたことを忘れてはならない。[80] 避妊の効果については猥褻な小説の著者によってもときおり言及されることはあったが、この文脈においては副次的なことにすぎない。

このリズムのエロス化について考えようとすると、当然、「蝶番」と弾力性の評価に向けられた関心についてわれわれがすでに述べたことを参照しなければならない。リズムのエロス化はまた、ヴォーカンソン〔十八世紀フランスの発明家。ロボットと自動機織り機の発明で知られる〕が一世を風靡していたこの時代に、機械的なもの、自動的なものも参照している。官能を増大させるための機械が数多く作られ、ギロチンという殺人機械が発明されたこの時期、密接に絡み合ったふたつの身体は、最後には「一種の快感機械になる」[81] しかない、とジャン＝マリ・グルモは書いている。

官能小説の著者の筆になると、交接の場面は女性の動きを描くために提示されることが多い。「美しく動く女性」を高く評価するミラボーの『わが改宗』には、こうした技法の例が数多く見られる。それ以降だと、『魔法の夜』の話者とテルヴィル夫人のあいだに展開する房事が、揺れ、腰や尻への打撃、外陰部のしばたきだけをひたすら描いている。ふたたびミラボーに戻れば、彼は女性の敏捷さを、社会的な帰属を知るための基準として提示している。「田舎女」どころか地方の女性でさえ、最初のうちは不活発という性格づけがなされる。「そんな女には蝶番もなければ動きもない[82]」とミラボーは書いている。もちろんこうした評価は、都会の女性がもつとされる活動性との比較でしか意味をもたない。その一方で、自然のすぐそばにいることによって、田舎女の身体には都会の女性にはない力と強さと偽りのない情熱が徐々に与えられてゆく。パリジェンヌのまとまりを欠くことが多い、ときに技巧を凝らした動きとは違い、ミラボーが『わが改宗』で描く「ぼくのナネット」はいくつかの美質を示している。「その逞しい腰は、わたしの下でぎしぎし音を立てていたが、やがてその揺れでわたしを揺すり」、「その小ぶりで綺麗な尻を動かしていた」と話者ははっきり述べている。最後に「彼女が気を遣るときには、全身の繊維組織が興奮し、激しい痙攣に襲われる」[83]。大革命前夜のこの時期、十九世紀を特徴づける自然で原始的な民衆へと逃げ出す社会的遁走の魅力がはっきりと姿を現すようになったのである。

一七八三年、コデルロス・ド・ラクロ[84]は、野性味に溢れ、溌剌としていて、大柄で——医者が主張するように、大柄であればそれだけ接触点が増加し快感も増大する——とりわけ抱擁において力強い女性を描くときに、この評価方法を強化している。この著者には弾力性への賛美が見られるが、それは弾力性が動きに伴う圧縮力に結びついているはずだと考えていたからである。サドの乱交を構成する組み打ちにおいて、弾力性という美質の重要性が最近ギイ・ポワトリによって強調されたことも指摘しておこう。

とはいえ、あまりに激しい動きは、一般に、うんざりするような、とまでは言わずとも、少なくとも過剰な好色さを示すため、女性の運動性が恐怖心を掻き立てることもある。動きが激しすぎ、ややもすると落馬する女性がいることはすでに指摘したが、エロティック文学は、こうした女性にたいして、古くからある誹謗を蒸し返している。

動きを伝える方法がもうひとつある。ルネサンスのエロティシズムの流れを汲むその方法とは、ベッドの軋みや恋人たちの活動を伝えるありとあらゆる音を描写することである。バルザックはずっと後に、このような軋みは不実の夫婦にとって確実な危険になると面白そうに述べている[85]。ギヤール・ド・セルヴィニェの小説の主人公は、ベッドに結びつけた鈴を巧みに使って、宿泊客の房事の強度やリズムを知るようにしていた。

当時の官能小説の著者は概してテンポに大きな関心を払い、筋の展開とエピソードの継起にブレーキをかけるおそれのあるものをことごとく避けなければならなかった。つねに待ちかまている退屈は、それほど脅威的に感じられていたのである。まずは——ということは、交接のかなり以前である——放蕩《リベルティナージュ》を実行するときのように、男性がいつ手抜きをしてはいけないか、その瞬間を探知することが重要になる。そこから、さまざまな特権的状況に、とりわけ一日のうちでいつが最も好都合な瞬間かということに著者の意識は向かう。官能小説において、この種の警戒は、登場人物に次々と突飛な行動を取らせる移り気の主題と足並みを揃えている。官能小説は、感覚の失われた連続性を「諸瞬間の連続した隣接性」[86]で替えるよう命じる、とレモン・トゥルッソンは書いている。先入観から解放され、生きている実感を証すものの数を増やしつつそれらをゆっくりと享受するよう誘われた読者にたいして、メッセージは向けられている。要するに、この十八世紀末、官能小説における持続は、交接の強烈な瞬間が締めくくるさまざまな瞬間のたんなる連続になりまさる傾向があった。これについてはまた立ち戻るつもりである。

だが、男女を結ぶ房事のテンポは、漸増の技巧に服さなければならない。欲望の強さ。エネルギーの要請。官能をゆっくりと味わうための源泉である巧みな緩慢さの要請。以上の三要請の綱引きから生じる緊張に沿って、ソファやベッドの場面はどれも繰り広げられている。いずれにせよ、漸増はテクストの要請に応えたものである、とジャン＝マリ・グルモは書いている。シナリオの展開は、自分自身の経験を場面に読み込もうとする読者が期待するものでなければならないからである。[87]読者は自らが期待しているものをすでに知っている。新しいものを望んでいるかさえ疑問である。読者の興奮が辿る道には標識が立っており、彼はその道に沿って進むべく身構えている。エロティックな場面のテンポとリズムは、当時の音楽家が馴染んでいたテンポとリズムに一致しており、[88]行為中の恋人たちの調和《ハーモニー》は、サロンで二人を結びつけた声や楽器やダンスの和音《アコール》＝調和を反映しているのである。

いずれにせよ、ラ・メトリが『快楽の技法』[89]で明確に提示した漸増の原則は、たとえ夫婦間であってもそれ自体のために求められたいかなる官能も断罪する倫理神学の要請に、根本から違反している。それはまた、医者の意見にも反していた。医者は、念入りに準備して性交前に欲望を高めることはたしかに支持するが、ひとたび挿入が行われたあとの緩慢さや相手を歓ばせようという媚びはいっさい受け入れない。それによって精子の質と濃度が低下し、射精の力が減衰するばかりでなく、射精を遅らせることにより疲労が蓄積し、エネルギーの回復に支障をきたすからである。[90] したがって、官能のリズムを案配しようという意思はいくつもの禁止事項の侵犯を演劇化するのだが、ポルノ作家の眼から見れば、かえってそのことが性的快感を強めるように見えるのである。

加えて、挿入へと導くあるいは導かれる男女の愛撫と房事の性質や強度における「漸増《グラデーション》」、「段階」、「度合い」[91]は、公然と機能するある肉体の美学に属している。その点で、これら二つの局面を区別するのは人為的である。事実、身体の各部位のエロティックな可能性を飽和させた愛撫は、中断なく交接へと延長されている。[92] 性的な快感のうちにいるかぎり、いかなる不調和も起きてはならない。感覚の絶頂へと滑らかに向かうイメージがどうしても欠かせないからである。クレニールの女陰に挿入したアンゴラ王子は「(こうして) 徐々に最も強烈な快楽へと至った」[93]。『悪徳の栄え』では、サン゠フォンが「錯乱状態をわれわれの能力の極限まで徐々に高めることによってしか、本当の意味で、人はこうした種類の快楽が目指す真の目的に漸近することなどできない」と明言している。

「快楽の絶頂」から隔てられた猶予を楽しむこと。細部への気遣いを示すこと。逸る気持ちを抑えながら段階を洗練させること。待機と遅延を管理すること。こうしたことが想像力の働きを促し、錯乱状態と意識の維持のあいだを調停する。このエロティック文学においては、性的快感の漸増《グラデーション》、抑制の技巧、休止時間に与えられた配慮が感覚の現前を引き延ばす。そのとき、一時的に官能を引き寄せたり押し返したりできる女性の技量が高く評価される。加えて、愛撫と興奮の増大を繊細に利用できるということは、互いに注意を払い合っている証拠であり、そのことが「相手と自分の発見」を促すことになる。「官能から見れば、せっかちはいずれも過ちである」という言葉を『明日はない』に読むことができる。また、その点で、ベッド上の快楽は、社交界の人士たちの生活リズムと対立していたことをミシェル・ドゥロンは指摘している。

とはいえ、気を遣る場面が道のりの最後に来ること、この場面の不意の侵入が欲望の現実的で並外れた対象であり続けていることは、著者も読者も決して見誤っていない。繰り返すが、漸増《グラデーション》はいかなる場合でも、エネルギーの低下や、必要な精力の欠落、男性の自己愛に属するこの「突然」の軽視に導いてはならない。加えて、両性種子説を参照し続けていたことによって、男性の射精の強さが女性の精液の射出を引き起こすと考えられていた。女性の快楽の表出は、まだ、たんなる神経の痙攣としては認識されていなかったのである。

漸増《グラデーション》の要請とエネルギーの要請のあいだに生じる緊張は、ときに、物語の二つの段階が連続して起ることによって解消される。おそらくこれによって、読者が感じるおそれのある失望は緩和されているのだろう。最初の場面では、素早い射精が男性の抑えきれないエネルギーを露わにする。そこに第二段階が続く。一回目にあまりに慌ただしく消費されてしまった快楽を丹念に描くことを可能にしてくれる「元に戻れ」の段階である。要するに、性行為へと逸る気持ちが少ないぶん、よりよく快感が味わえる瞬間へと到達させてくれるのである。この第二エピソードのときには、女性は当然、繊細な手技を使い、柔らかな手の助けを借りて、相手を再び臨戦態勢に導くことができなければならない。このシナリオは手淫を構成するシナリオと似ている。したがって、性的快感の追求、想像力の作用、さらには接触とそのテンポの技量における自己への配慮と主体の自律性の表明を、ただ手淫にだけ割り当てるとすれば、それは誤りである。二人で味わう性的快感と孤独な快楽は、後者が人的交流の可能性をいっさい奪われていることは否定できないにせよ、近代性を規定する同じひとつの過程にかかわるからである。

次に、ポルノ作家が愛の体位と言っているものがいかなるものか、見てみよう。どの教育的小説もこの陳腐な対象にかんする教えを含んでいる。『娘学校』然り。『貴婦人たちのアカデミー』(94)にはさらに克明な記述が含まれている。残念なことに、以上の二作品を除くと、一覧表は、アクロバティックな名人芸から導き出された感覚の分析というよりは、記述的な分類学にすぎない。

逆説的なことに、この時期のエロティック文学が体位にかんして医学的な言説と神学的な言説に加えているものはきわめて少ない。ほとんどの場合、むしろ後退している印象さえある。というのも、さまざまな交わり方がもつ官能上の長所や欠点について詳細を語ることが少ないからだ。とはいえ、ポルノグラフィックなテクストにおいては、最初オウィディウスから着想を得たポーズは、その後、算術的にそのリストを増やしていったことが指摘できる。ブラントームは一二のポーズを提案し、アレティーノの『淫らなソネット』は一六にとどまっていたが、『マッダレーナとジュリアの対話』ではそれが三二に、『ここに《ヒク》、そして《エト》、これが《ハエク》』に登場するイタリアの高位聖職者では三〇になり、一七九〇年には『四十手の性技』が出版されている。こうした算術的漸増には、もちろん、たとえば『シュゾンの回想録』が証言するように、複雑さも増大している。この小説における体位は、まさにアクロバティックである。ミラボーの『わが改宗』のなかにも体位の洗練を示す好例が示されている。ある啓蒙的なページを開くと読者は狼狽させられる。体位が極端に難しく、指示通りに行うのが容易でないように思えるからである。

最初に少し突いてから、というのもやる気にさせる必要があるからですが、そのあとであなたの美女の胴体をしっかり抱いて、ほんの少しだけ斜交いになるようあなたの上に寝かせてください。彼女との位置関係から必然的に生じた中空にあなたの左腕を差しだし、指を曲げ、彼女の左乳房をもみしだきます。もちろん後背位になります。ただ、彼女の頭がもたれてくるので、あなたはその舌を口で捉え、右手をクリトリスにあてがうことができるはずです……蝶番の上と下の平行した運動、左右両手首の運動、小刻みに動く舌、甘噛みする歯……こうしたすべてが同時に動き始めるところを想像してみてください。どんな熱しにくい女でもいってしまいます。(95)

文学に描かれたこうした体位の例を読むと、興奮させてはくれるが楽しむには複雑な動きがいったいどんなものなのか、読者は想像力を刺激され、脳裏に描いてみたくなる。

その点で最も興味深い著作は、やはり、一八三三年に出版され、最近ミシェル・ドゥロンによって紹介された『四十手の性技、あるいは高級娼婦が使う技巧[96]』であろう。この本は、当然のことながら、十九世紀初頭に特徴的な類型化のプロセスに組み込まれおり、社会的な分類学を精密化しようとする意志に、ばかげたやり方で応じている。七月王政下において、一連の生理学に全面的な実現の道を見つけようとする企画であった。カタログを作ろうというこの意志は、十八世紀から十九世紀への移行期のポルノ文学にも、古代の女性がもっていたエロティックな得意技の系列化や、売春婦の精密なカテゴリー分けという形で現れていた。パラン＝デュシャトレが王政復古期に最も精密化させた、ありふれた実践である。またたとえば、『ソドムの百二十日』の「語り女」が繰り広げる「性癖」、「嗜好」、「情熱的な執着」のカタログも忘れてはならない[97]。

こうした観点から見てみると、『四十手の性技』の関心は、主に、描かれたアクロバティックな体位をさまざまな職業、とりわけ職人の手仕事と関連づけることにあったことがわかる。まるで作業台、事務机、露店、兵営の大寝室から夫婦のベッドに至るまで、職業に類似したノウハウがあるかのようであった。仕事で身につけた身体的スキルを利用して、妻とのお勤めに励もうというわけである。こうした性交のやり方が夫婦関係の枠内に組み込まれていたことを加えて指摘しておこう。つまり、民衆のヘラクレスと市民たるその妻のあいだでなされる結合という革命的なロジックに、こうした性交のやり方が組み込まれていたのである。ひとりひとりにふさわしい体位が割り当てられるわけだから、夫が苦心して行う動作に馴染んだ妻には、それが必然性をもって目に映る。著者は、たとえば食料品店主の番い方、ロンバール街とヴェルリ街の店員の番い方、ベルシーの酒屋の番い方、モンルージュのイエズス会士の番い方、お針子の番い方、婦人帽や下着を作る女工の番い方、さらには薬屋の見習いの番い方までも想像している。

体位にたいする無頓着さについてはすでに指摘したが、当時の官能小説を読んでみると、それでも、自然と考えられている体位――これはわざわざ描写することもなかろう――が高い頻度で現れていることに気づく。この点にかんしては、神学者も医者もポルノ作家も一致している。

一方、女性が上にくる体位も繰り返し現れることに気づく。十七世紀中葉の『娘学校』では、男性の上に女性が跨る騎乗位で興奮が高まると、愛撫の克明な描写、とりわけ乳房、臍、下腹部、クリトリスへの愛撫の克明な描写が促される点を強調しておこう。男性の触覚的快楽が、読者を相変わらず興奮させていた女性の活発さから刺激を受けるからである。百以上の体位があると主張する――具体的に詳述しているわけではないが――『娘学校』の教師シュザンヌは、それぞれが違う快楽をもたらしてくれると力説しているが、女性が男性に跨る体位についてこだわり、そのとき男性が経験する視覚的快楽をとりわけ強調する。「男性は自分の上で女性が味わう自然な動きを目で見て、体で感じています［…］男性は、こうしたことをあれこれする女性の姿に見惚れるのです［…］女性が動くたびに男性は悦びの声を上げ、愛撫を感じて幸福感にしびれます。そして愛されていることを確信して、何にもまして女性の善意をありがたく思ってくれるのです」。女性がこの体位で性の快感を味わっているとき、男性はそこに強い悦楽を感じる。「男性は、女性の目のなかで快楽が溶けてゆくのを見て、その目からやってくる明るい光と［…］女性の身体、乳房、頭、尻、そして男根を満足げにすっぽりと収めているもっとも密やかな部分が形づくる体位、自然に歪んだ顔を次々と見比べ」、今度は彼が快感を得るのである。

シュザンヌによればこの体位は男性の想像力を刺激するという。しかも、このときの男性は謙虚さと礼節を示している。そして、これが一過的なものであることをわかっているだけに、侵犯行為であるこの位置の転倒は――カーニヴァルがそうであるように――ますます刺激的になるのである。このやり方によって「男性は女性の情念を身にまといますが、その一方で、女性は完全な男性になった自分を想像し［…］男性と同じ役割を演じたいという欲望をかなえようと夢中になるのです」。ジェンダーの構築方法を研究する者なら、この経験を語る言説の分析を無視できないことは言うまでもない。一時的な倒置によって快楽が強調されているだけに、『娘学校』のテクストは、差異にかんする想像界の力をいかんなく示している。ジャン・メニルが指摘しているように――そしてまた、この前で引用したブラントームの意見とは反対に――男性が女性に許可を与え、女性に自らの位置を自由に取らせたと推測できることは、シュザンヌが示唆しているとおりである(98)。

この体位でエクスタシーまでもってゆく動作学は『シャルトル修道会の受付係修道士』にも、その六〇年後の『魔法の夜』にも克明に描かれている。『シャルトル修道会の受付係修道士』の話者は、パートナーの下になったままこう報告している。

彼女の両の乳房は身体の小刻みな震えに堪えきれず下がってきて、わたしの口の上で憩っていたので、わたしはそれらを吸っておりました。すると官能が、卓越した快楽の近いことを教えてくれたのです。自分の突進を相手の突進に結びつけてわたしは気を遣り、彼女も気を遣りました。そして気がつくとわたしは液だらけでした。彼女がわたしをびちょびちょにしていたのです(99)。

とはいえ、十八世紀から十九世紀の変わり目において最も顕著だったのは、「バック」と呼ばれる体位にますます高い地位が与えられるようになっていたことである。このことは膣性交と肛門性交の境界が曖昧になっていたことを示唆している。これらの小説には「怠け女風」と呼ばれる体位〔顔を見合わせる形で横向きに寝て、太腿を絡ませる体位〕の描写がないことを指摘しておこう。性的高揚を暗示するには、したがって読者を刺激するには、ほとんど適さない体位である。とはいえ、最も重要なのはかれこれの軽業的な動作に専念することではなく、一回の性交場面の流れのなかで体位を変えてゆくことにより欲望の更新を保証することである、とボワイエ・ダルジャンは適切に指摘している。

この房事のスタジアムにおける数ある決定的な愛撫のなかでも、ある愛撫が注目をひく。挿入を模倣した愛撫である。「フィレンツェ風」とか「鳩風」といわれるキス〔男女が舌を絡ませあうキス〕の役割は挿入に先立つさまざまな前戯のなかでは副次的なもののようにみえるが、その代わり、「快感の頂点」に向かって歩み始めたときには欠かすことができないものになる。イタリアからやってきたという評判のこのキスは、十六世紀後半を通して革新的であったようである。すでに見たように、フランシスコ・サレジオはこのキスにたいして妙に寛大な振る舞いをしている。十八世紀に入ってもなお、完全には大衆化されていないが、これにかんしては時代錯誤を犯さないよう細心の注意が欠かせない。舌を絡ませることは、挿入の働きを仕上げ、興奮を絶頂にまでもってゆくために絶大な効果を生み出すと見なされていたからだ。房事の描写にしばしばこのキスが入っていたのはこうした理由からである。

アベ・デュ・プラは一六七二年に『修道院のヴィーナス、あるいは下着の修道女』で、このキスの絶大な効果を強調している。アニェスの舌に「自分の舌をやさしく」絡ませてほしいと誘うアンジェリクは、フィレンツェ女のようにキスをすると「全身がものすごくぞくぞくするのよ」と言う。「あたし自身のいちばん密やかなところすべてに広がって、心のいちばん深いところまで入ってくるキスだもの。あたし、そのキスを、至高の官能の大要って名づけたっていいわ[100]」。一世紀後、ヴィヴァン・ドゥノンは『明日はない』（と『魔法の夜』）でこれにこだわっている。

錯乱の絶頂あるいは自我所属感の喪失

交接の極みにおいて男女が味わう錯乱の徴候について語るときが来た。男女がこうした錯乱を味わうことができるのは、繰り返すが、この文学において快楽が男女につねに共有されているからである。冷感症の女性は存在せず、存在したとしても、まれに女性に性的失敗が起こって悔しがるのがせいぜいで、その失敗もいつも一時的なものにすぎない。

著者は読者を最大限に喜ばすため、両性種子説の信奉者にとどまっていなければならない。というのも、この理論は、女性の快楽がこのうえなく強く現れ、性的快感の一致が容易に実現できる理由を明確に説明してくれるからである。したがって、テイレシアスの謎――ここでの答えは暗黙のうちに女性に軍配をあげているが――が、医者の場合ほどくだくだしい議論を引き起こさないことも頷ける。

興奮の作用を描き、快楽の絶頂へのアプローチを語る物語において、著者は言葉、とりわけ女性の言葉の刺激的な役割に道を譲らなければならない。女性の発する言葉にならない言葉と、男性の沈黙のあいだには鋭いコントラストがある。話者はたいてい耳にしたことを報告し、自らは語らない。興奮に期待する読者は、なによりもまず、挿入が女性に惹起する効果を待ち望んでいるからである。耳から聞こえてくる肉体的表出を今や遅しと待ちこがれているのだ。性的快感を表出する度合いの違いは、性を構成する二形性から生じている。いずれにせよそれは、ジャン＝マリ・グルモが強調するように、はっきりとした言葉にならない声である。とするなら、「最終点に達しようとしている官能の濡れた眼差し(101)」を男性が女性のうちに味わっているとき、たいてい叫び声よりも多く発される女性の咽び声をどう伝えたらよいのだろうか。ため息に似たものをどう表現できるのだろうか(102)。心神喪失――よく誤って混同されるが気絶ではない――をどうしたら感じ取ってもらえるだろうか。とぎれとぎれの言葉を、切れ切れの単語をどうテクストに再現すべきか。途切れた節や貧しい間投詞や中断符を使わないとするなら(103)。「ああ、神さま［…］」と、（ミラボーの）『ここに《ヒク》、そして《エト》、これが《ハエク》』のなかで、話者に肛門性交されながらヴァルブイヤンの妻は叫ぶ。「わたし、どうしちゃったの、頭がくらくらする、熱い、ああ！　なんていいの、溶ける、あぁ……あぁ……死ぬ……またいく……助けて、あなた……もうだめ(104)」。若い修道女の言葉の特別な趣について、ついでに指摘しておこう。小説に登場する修道女たちは、ガチガチの女性信者と同じく、神聖な、したがって冒瀆的な用語でうめき声を刺激的に引き立てている。たとえば『わが改宗』の話者は、「けがれなき処女」がこの至高の瞬間に発した言葉をこう伝えている。「ああ、わが救い主さま」と彼女は言った。「あぁ……あぁ……しあわせ……死にそうよ……やさしいイエスさま！……ああ！　あなた……あたし、死ぬ(105)」。

エロスとタナトスが恐ろしい損害を生み、過剰性交によって男性がその犠牲者になることもあるという心配を抱いていた医者は、両者の結託についていくども繰り返して口にしたが、快楽で今にも死にそう――十九世紀のエロティックなテクストにはまれに実際死ぬものがあったが、それ以前にそういうテクストはまったく存在しない(106)――という女性の予告は、本当の意味でこうしたエロスとタナトスの結託に属するものではない。それはただ、肉体の営みに埋没した女性が、自我の所属感を喪失してしまったことや、自分の外にいるような感覚、強い刺激に襲われた結果、分析能力を失ってしまった感覚と言い換えてよいかもしれないが、その感覚を口に出しているにすぎない。生きている実感がまさに頂点に達したときにそれを死として語っているのである。

ここでは医学的な語彙を駆使するなど論外である。ポルノ小説では「性的痙攣」も、「臆面もない痙攣」も語られない。語られるのはマルゴの「甘美な恍惚」や「うっとりするような震え」であり、「快楽の絶頂」であり、せいぜいのところ混乱した身振りである。というのも、女性の身体とは、精液の大量射出の先駆けになる震えと跳梁に向けて駆り立てられる快感機械にすぎないからである。

当時、医者や神学者、ましてやポルノ作家のあいだでは、強姦された女性が、しばらくのあいだは激しく抵抗しても、その後は器官に抑えがたい快楽を感じるものだと広く信じられていた。以上の描像はその必然性を証明している。フワンソワ＝アントワーヌ・シェヴリエの『行商人』のなかで、追い剥ぎに強姦されたＤ公爵夫人は「快楽にすっかり身を委ね、魂がいまにも消滅しかかったときにこう叫んだ。『ああ！　いとしいあなた！(107)』」。サドは、処女が激しい強姦を受け、しかも、男性が自分にたいして敵意を抱いていることを完全にわかってながらも強い快楽を味わい、その反応を表にだすさまを描いている。このときこの処女は、性交している自分を感じると同時に、そのことに恥辱も感じているのである。[108]アウグスティヌス的な堕落の極端な一例で、ここには意思の命令にたいする肉体の反抗が描かれている。

エロティックなテクストの著者は、女性の性的快感を描くだけでよい。受胎を告知する身震いや、感じることがあるといわれている独特の感覚にたいする暗示も、著者の側からはない。生殖を示す閃光にはいっさい言及されないのである。ましてや、性交後の無関心や悲しみ、さらには嫌悪については言うまでもない。エロティックなテクストにおいて「快感の絶頂」は、新たな性交への序曲にすぎないのである。

とはいえ、十八世紀末、とりわけ『幕は上がった、あるいはロールの教育』においては、避妊目的の中断性交や、性的快感に貪欲な男女がこの中断性交を実践しようとしたときにぶつかる困難について教育的な長談義がエロティックな文章のただなかでとつぜん展開され、著者は加えて絹の細い紐に結びつけられた膣用海綿（ペッサリー）の使用について論じている。[109]官能小説はこうして、当時増え始めていた習慣を反映し、偏見を批判する機会を提供していたのである。

興味深いことに、発せられる言葉に言及している点を別にすれば、快楽の絶頂にある女性の描像は、結局、医学文献に表れる描像よりも貧しいし、正確さにおいても劣っている。ただし、例外もいくつかある。たとえば『シャルトル修道会の受付係修道士』がそれで、トワネットの快楽の描像はこうなっている。

> 彼女の目は潤んで、顔は一面に紅潮していました。息を切らし、両腕はぶらんとしたまま。胸が驚くような速さで上下しています。ときどき身を固くしたり大きなため息をついたりしながら尻を締めていました。[110]

一八〇三年、アンドレア・ド・ネルシアは女性が快感を感じるさいの症状を臨床医にも劣らぬ筆致で克明に綴っている。著者は、生理的な徴候をよく観察すれば女性の偽りない快感を見分け、それによって「痙攣させたり喘ぎ声を出したりして感じているようなふりをする」女性の芝居を暴くことができると豪語する。真の快楽は「熟練者なら見事に聞き分けられるあの内部のかすかな音」で探知できるというのである。「フィリピーヌはびくとも動きませんでもかすかな尻の震えと、なにやら時計の打音にも似たクリトリス奥の脈動が表にあらわれていて」隠すことができないと書いているが、これなどその例である。(三)

男性の「埒の開け」方にとりかかる前に、次のことをぜひ理解しておく必要がある。すなわち、両性種子説を依然として信じていたからといって、ポルノ作家は男女の達し方が同じだと考えていたわけではなかったということである。達し方が違うだけでなく、そこから得る感覚も似ていない。ポルノ作家においても医学的言説においても、女性の快感の絶頂は依然として謎のままで、待ちかまえていた官能の徴候からしか推しはかることができなかったのだ。エロティック文学においてこれらふたつの達し方を区別するものは、繊維組織と神経組織の違いに起因する感受性の差だけではない。男女の精液を描くときに使われる用語や、そこから得られる効果をよく見てみると、このふたつの精液は粘性が違っている。男性は「甘美な液体」、「甘い果汁《ネクター》」、「貴重な霊薬」を射出するが、この液体は、それと接触しただけで「掻き立てられる」女性の快楽の絶頂を射出の力で鎮めたり、開始させたり蘇生させたりできる。ここで男性の精液が絶対的な参照項目になっていることは言うまでもない。「行った」女性が射出すると考えられていた液体を、エロティック文学の著者たちが描いたり、名づけたりすることはほとんどなかった——その液体自体が存在しないからである。男性はこの仮定された射精の回数を注意深く数えるだけで我慢している。女性が精液を射出したことにどうやって気づくかは、きわめて曖昧である。『魔法の夜』の話者によって肛門性交された女中のように、液体が腿や脚を伝うことがあれば[112]、せいぜいそれに言及するくらいにすぎない。要するに、両性種子説が残存していたからといって、二重の射精が克明に描かれていたわけではなかったのだ。神秘的な内性器の内でしか女性の射精を思い描けない以上、そうなるしかなかろう。

一方、男性にとってこの文学における交接とは、「埒を開ける」という言葉や大量の精液によって示される頂点への明らかな歩みである。腋、乳房、耳、髪、手、さらには眼など、男根——ファルスという言葉はめったに使わない——を受け入れる膣の代替物のリストを、エロティック文学の著者たちは得々として繰り広げている。ベシール・ガルブージは身体についてこう書いている。「この起伏のうち、欲望に還元できない部位などひとつもない[113]」。とはいえ、飛び抜けた極点がふたつある。陰門とアヌス（肛門）である。

女性にたいする肛門性交は、しばしば、女性パートナーに快楽を与えることが仮定された、たんなる前置きとして提示されている[114]。しかし、強い官能に刺激されて男性がこの準備的な場で射精をすれば、それは犯罪行為となる。一方、膣における前後運動から得られる性的快感となると、繰り返しになるが、めったに描写されることはない。まるで、性器の内部性に結びついたいかなる快楽への言及にも、タブーが重くのしかかっているかのようであった[115]。

埒を開けるときの身体表出と、そのときに味わう感覚の分析もまた、かなり割愛されている。とりわけサドのテクストにおいて明瞭に看取できる崇高なるものの支配が頭角を現すまでは、少なくともそうであった。サド以降、男性が射精をするとき、そこに表れるのは生《なま》の「自然」になる。かくして、自らの種を排出する者は、意思を免れ機械的かつ抑えがたい形で振る舞う器官にたいする支配の完全な喪失に直面することになる。これは、精液の循環と噴出に伴う感覚以外の全感覚を忘却させる水没感であり、文字通り得も言われぬ局面なのである。ジャン゠マリ・グルモは著者たちが直面する問題を的確に指摘している。話者の言葉を消さずに、語りの現在における射精の瞬間をどう表現したらよいのか、という問題である[116]。なるほどサドの作品において、射精には叫び声、激高、快感の道具に追い込まれた身体＝対象への命令がしばしば伴っている。

したがって、サドが描くタイプの射精には注目する価値があるだろう。いかなる限界も拒否し、圧倒的なエネルギーを発揮することによって得られる侵犯のエスカレートのあとで、主人公の射精は火山の噴火にも似る。言ってみれば、地球的な営みのあとで噴出が起こるのである。肛門や陰門で噴出が起こらない場合、他人の体から選んだ場所をびちゃびちゃにしたり、めちゃくちゃにしたり、塗りたくったり、覆ったりするという形を取る。『ソドムの百二十日』で陰に陽に描かれる数々の射精は以上のようなものであった。激高した男性は精液を娘や稚児の顔や口や肛門に向けて発射する。必要な場合、部屋や階段にまでまき散らすのである。

射精は精液が存在する証拠、あるいはむしろ、その誇示である。古代医学の伝統によれば、それは癲癇の一種として現れる。サドのいくつかのテクストには、我を忘れた状態を証言する聴覚的な記号が随伴しているが、その記号は、自己へ注意を集中させ、読者を刺激する効果をもっている。[117] だが、結局のところ、演技者と話者は「性交を理解すること」の不可能性[118]に、つまり、当時、はっきり表明できるような性科学がなかったという限界に行き当たってしまう。

そこで重要になるのが電気的な震盪であり、自然の課す感覚が自らの存在とひとつになる至高の瞬間である。この自然に直面して感じる心地よさと恐怖には、自らの意思が取り付く島などない。これを官能的なショックと言い換えてもよい。ただし、それは各人の気質に従って形成されている。『ソドムの百二十日』では、あまりに感受性の強い大司教が痙攣して気を失い、濃い多血質のブランジ公爵が激高して大声を上げて泣きわめき、引きつった手であやうく罪を犯しそうになり、キュルヴァル法院長が叫び声をあげて、性交に伴う幻想が消え去ってしまったことにときおり残酷なまでの怒りを覚える一方で、「悪意」によって痙攣にまで導かれてしまった財界人デュルセは「奉公人」のひとりに肛門性交してもらうよりほか仕方がなくなっている。

埒を開ける瞬間になにかを口走ることの意味をサドは法院長にはっきりこう説明させている。「私のささやかな叫び声は、私の神経組織の過敏さから来ているんです」と、法院長はブランジ公爵に明言する。「我々の情念を刺戟する対象が私の神経の中を流れている電気流体に激しい震盪を与えるからなのです。電気流体を構成している動物霊気が受ける衝撃があまりにも激しいので、組織全体が揺れ動くのです。ですから、苦痛という激しい情動に耐え切れないのと同じように、快楽という恐ろしい痙攣をどうすることもできなくなって叫び声が自然に出てきたんですよ」[119]。

お気づきのように、この引用の条りには情念、震盪、痙攣、神経の衝撃といった言葉が使われている。要するに、当時の生理学に沿った語彙を使っているのである。ただその背景には精液を無分別に失う恐怖、いや強迫観念すら控えていた。つまり、至高の快楽を伴わずに消耗することや、再び欲望が高まってきたとき劣勢に置かれてしまうことにたいする恐怖や強迫観念である。要するに、こうした文脈のなかにも自制めいたものがあるとするなら、それは、するに値する射精のために精液をとっておく必要があるからにほかならない。

シリング城で取られることになった戦略がその例で、漸増というか、可能な限り長期にわたる制限と言った方がよいかもしれないが、それを基礎に据えている。医者が推奨する一時的な束縛固定と似たような効用をもつやり方かもしれない。最初「陰門」と「肛門」の処女を散らすことが禁じられ、その代替物、すなわち「太腿への接吻」で満足しなければならないことが、この戦略をよく示している。さまざまな興奮の連鎖の長い果てには、この漸増が行き着かなければならない先、つまり乱交によって得られる快楽の絶頂が位置する。過剰から過剰へと歩みを進め、悪によって自らに興奮を惹起させるのである。というのも、サドの小説において、最も勃起を促すのは最悪の大罪だからだ。とはいえ、暴力に満ちたサド的な射精の快感が、当時のポルノ小説で最も広く紹介されている快感であったと思い込んではならない。当時のポルノ小説の快感はたいがい、欲望するふたりの主体によって共有される恍惚感から生じるものだったからである。

いずれにせよ、いかなる状況においても即座にもう一度気をやれるようになっていることが不可欠である。ちなみに、女性の飽くことを知らぬ貪欲さに見合った「繰り返しの効く大げさな性的能力」、「全面的な持続勃起力」が必要であることをミシェル・ドゥロンは力説している。(120)

性交回数を正確に数えることに関心が高まっていた十八世紀末、この欲求は激化した。そのため、医者によって勧められていた慎重さや過剰にたいする恐怖、中庸のモラルなどから、エロティック文学はかつてないほど断固たる距離を取っている。なるほど、量的な壮挙へのこだわりは、男性能力喪失の脅威を取り除きたいという欲求のなせるわざだと解釈することができるかもしれない。

埒を開けるときの発作の強さを考えればあり得ない迅速さで、大量の精液が回復されなければならない。追求する幸福を得られるためには、このふたつの要件が満たされなければならないからである。かくして、ここでは浪費という貴族的なイデオロギーが勝利を収め、ブルジョワジーを特徴づける効用至上主義から遠く離れた、自然の限りない回復力への信頼に基づく楽天性が姿を見せている、とジャン＝マリ・グルモは指摘している。(121)

十八世紀末、身体の出会いを構成する愛撫と房事のこうした描像全体を背景に浮かび上がってくるのは、もはや魂の運動としてではなく、激しい感情的状態として考えられた「性癖」、「嗜好」、「情熱的な執着」の描写である。状態のこうした多様性は、医者が馴染んでいた個人の自律性や個人特有の気質《イディオサンクラズィ》という本質的概念、つまり、各人の器官がどのように形成され、どのように影響を与え合っているかということと関連づけて考えるべきである。「情熱的な執着」は改めることなどできないのだから、とミシェル・ドゥロンは書いている。

「嗜好」の多様性も性的な享受の仕方の多様性も、さまざまな気質を参照している。たとえばミシェル・ドゥロンは、サドの登場人物、とりわけ『ソドムの百二十日』の登場人物を、医者が練り上げた一覧表に従って振り分けることに成功した。ただし、こうして個人特有の気質《イディオサンクラズィ》や気質を参照しているからといって、「性癖」や「情熱的な執着」にすべて説明がつけられるわけではない。身体の美学から見たときにそれらが非合理になりがちなことは、しばしば力説されるところである。サドの登場人物たちはこの不整合性を極端まで押し進めているが、それは、おぞましいもの、汚いもの、恐ろしいもの、堕落したものが燃えさかる想像力に働きかける魅力によってはっきり示されている。とりわけ堕落は、動揺や震盪を極限にまで至らしめることが多い。

『ソドムの百二十日』の四人の「語り女」は、しばしば細部の詰まった好色な「性癖」を一覧表に仕立てている[122]。全年齢にわたる人間の放蕩を百科全書にまとめようという試みである。この女たちは、医者や神学者の言説から理屈を見つけだし、こうした「性癖」の物語が身体にいかに拭い去れない恥辱の瘢痕を残しているか示す。「嗜好」がこうして語られることによって、つねに好奇心が、頻繁に驚きが、ときにそれらの嗜好を満足させようとする女性演技者の興奮が惹起されるのである。

とはいえ、小説に描くことによって強力な現実味の効果をもたらしてくれるこの「性癖」は、警察調書に記載される性癖と密接につながっている。当時の売春文学は「気まぐれ」、「移り気」、「常軌を逸した行動」など、快楽に変化をつける技巧に紙面を大きく割いていた。この「娼家《セラーユ》」の規則は、この点をすべて満足させるよう命じているが、なかには、この目的のために、「さまざまな種類の情熱的執着」を持つ娼婦たちもいた。尼僧院長〔売春宿の女将〕は来訪者の「嗜好」を尋ね、その人を満足させるために必要な「備品」を備えた閨房に適任の娘を送り込む。そのおかげで、事前の準備も試験も、また待ち時間も必要とせず、「性癖」を即座に堪能させることができたのである[123]。

大革命下において、『お喋り女マルゴ』を参照するならそれ以前から、ポルノグラフィックな文学は売春に紙面を大きく割いていた。風刺文や請願書、中傷文なども、おそらく売春の拡大と結びついたこのブームに与っている。たとえば、大革命が始まったころ、「クイユ＝プラット〔「さえない玉」の意〕騎士がコン＝ファンデュ〔「割られたお股」の意〕子爵夫人宛に」送った想像上の請願書は、「娼家《セラーユ》」のように、「客が要求するポーズの猥褻さの度合い、股の開き具合、恥丘の弾力性――またもや――太腿の輪郭、乳房の固さに応じて[124]」前払いできる料金体系を提案している。当時の男性の欲望と要求を包む闇にかすかな光を投げかけてくれる史料だが、お気づきのように、ここにはフェラチオと手による男性器への愛撫の記述がない。ここではすべてが交接に向けられているのである。

このテクストへの――これまた想像上の――応答として、ある売春婦が顧客をその「性癖」に応じて分類したリストを作成している。「男根を揺すってもらう」、クンニリングスをする、「女陰にキスしたり愛撫したりする」、「素股でやってもらう」、「乳房にはさんでひっぱってもらう」、さらには「腋の下でやる」というものさえある(125)。要するに、「料金体系」を練り上げる必要性が、実践の分散をテクスト上に出現させているのである。

『ソドムの百二十日』の「語り女」たちによって作成されたこうしたカタログと気まぐれや性癖のカタログには当然、肛門性交の実践――男性間、男女間、さらには器具を用いた女性間で――と、すでに検討した手による男性器への愛撫、フェラチオ、レズビアニズム、鞭打ちといった要求がすべて組み込まれている。これに加えて、他の「情熱的な執着」と同じく主体の自律性を示す筋金入りの一連の孤独な快楽も、ここに組み込むことができるかもしれない。

当時の作者の脳裏、おそらくは読者の脳裏でも、最終的にひとつの結論が避けられなかった。すなわち、性的な快感は個人によってみな違い、したがってあらゆる嗜好を満足させるべく努めるべきだ、という結論である。この結論は、医者が目指す管理規制とは根本的に矛盾している。

とはいえ、「性癖」の介入によっていつまでも自分自身を失ったままになっていてよいわけではない。こうした洗練を欠いた房事は、エロティックな場面を描いた大方のテクストのベースになっている。そこでわれわれはしばらく足を止め、交接の物語のいくつかの瞬間を、次いで『魔法の夜』に描かれた肛門性交を見てみることにしよう。『魔法の夜』は、『明日はない(126)』と題されたヴィヴァン・ドゥノンの一八一二年のテクストの増補版だが、次の時代を予感させながらも、十八世紀のエロティック文学の紋切り型を要約しているからである。

性交中の話者はパートナーをこう描写している。両太腿は「見事に開かれ」、胸はこぼれ落ち、「魅惑の二枚貝」はしっとりと濡れ、身を委ねる瞬間に「体は蠱惑するように震える」。まもなくして男性は女性の腰の動きに、「優しく」「せっかちな」震えに、次いで、運動やテンポを刻む「魅惑の振動」や「リズミカルに波打つ尻」に支えられた「激しく速い振動」に気づく。この動作学における強度の巧妙な変奏、すなわち、身体の「見事な蝶番」を使ってニュアンスを増やしエクスタシーを長引かせる技、「ひとつになり、絡みあい、くっつき」吸いあう舌、それらすべてに伴う「呻き」、長いため息、とぎれとぎれの言葉、今にも死にそうな風情が、交接に先立つものを説明する。そのあいだ、ソファに身を投げ出したヒロインの腕は、強張っていることもあれば、男性の両脇に回されていることもある。第二回戦の時がやってくると、手技の効果に口への「甘噛み」の効果が結びつき、男性に「ヘラクレスの活力」を与える。テクストの稀にみる豊かさは、男性の上に座った女性を描く場面にある。というのも、作者は今度は、女性の秘所によって惹起される男性の触覚を克明に分析しようと試みているからである。

思いどおりにスカートを腰の上までたくしあげたトレヴィル夫人はわたしの上に座っていました。夫人の丸くぽっちゃりとした体が直接触れていたため、二人の快楽のために使う道具は途方もなくエネルギッシュな活動を促されています。官能のまんなかに突然身を潜めたその道具は、夫人の陰毛とわたしの陰毛の絡まり合いによっていわば遮られ、固定され、ひっかかっていました。この愛しい夫人の信じがたいほど活発な欲望によってあそこはしっとりと濡れそぼっていて、それがいっそうわたしの興奮を煽ります。片手を太腿に沿って這わせ、愛の内陣を頂く仙骨の下部に辿り着くと、そこが詰め所でもあるかのように入りこんで優しく動かし、もう一方の手は、等距離に置かれたふたつの乳房の上をさまよい、交互にその厚かましい蕾を刺激するのでした。夫人の弾力に富んだ体の巧みに案配された動きが彼女の体とわたしの上太腿のあいだに一定の間隔をおいて送り込むやさしく涼やかなそよ風は、このたゆまぬ鍛冶場の火を見事に保っています。わたしの頬を這っていた舌は、吸いたくてうずうずしていたわたしの唇の間に割って入り、果汁《ネクター》と甘露《アンブロシア》を放ってくれるのでした。要するに、あんなに甘美で優しい舌、あんなにしっかりとして丸い乳房、あんなに敏捷な腰、あんなに見事な臀部、あんなに動きの良いつややかな太腿、ばねのように反抗的なあの漆黒の陰毛、恵まれた愛の涙に濡れ、すべての快楽が集まってくるあの奥の小部屋、そしてとりわけ、すべてに躍動と生命を与える理解を越えた存在、これらすべてが、この恍惚の瞬間に、あらゆるもののなかで最も官能的な姿態を取らせることに協力していたのです……

この条りにすぐ続いて始まるのが、「女中尻、つまりぽっちゃりして、白くて、大理石のように固い尻」をした、刺激的で若々しい女中との肛門性交の山場である。テクストは、肛門性交の快楽の分析を始めている。「神秘の密かな安住の地へと至る道」に「嬉々として入りこんだ」男根が感じる快楽である。「なんという官能だろう」と話者は大声で叫ぶ。「このしなやかで弓なりに反った腰を、この丸い神聖な尻を、この興奮して脈打つ臀部を手で叩き［…］欲望に突き動かされて燃え立つわたしの短剣を包んでくれる優しい感触を味わい、そのあいだにも、優しく素早い指で刺激し、あの御神酒をたっぷりとふるまわせるのは。そしてあの可愛らしくて聡明な娘は、その酒で、彼女とわたしの太腿を、家具を、わたしの矢をびしょびしょに濡らし、その矢を片手で愛の矢筒に注意深く収めようとする一方で、もう一方の手があのふたつの球体をやさしく絶妙に、いかなる賛辞もかなわないほどの表現でくすぐってくれるのだ……」人目を盗んで行われるこのつかの間の性交は、愛人との交接とテンポが違っている。ここでは他人に見咎められるのではないかという不安が、官能を「激しく、迅速で、素早い」ものにしているのである。

十八世紀末になると、「性癖」や「常軌を逸した振る舞い」、過剰への言及が膨れあがる一方で、絶頂と目眩めく成功の追求が顕著になる。途轍もない男根をもち、大量の精液を放出し、繰り返しいくどでもできる男性が以前にもまして増え、いくらやっても満足できない女性が大部分を占めるようになる。古代のメッサリーナの影と、医者によって粗描された女子色情症《ニンフォマニア》の描像がポルノ作家につきまとっていたのである。

旧体制《アンシャンレジーム》末期と大革命期は、この種の文学が最も広まる時期であると同時に、絶頂を伴う猥褻さが枯渇した時期でもある。またこの時期には、肉体的な快楽、とりわけ女性が感じる肉体的快楽の分析をさらに進めようとする意思も窺われる。この欲望は、ポルノ作家の作品だけではなく、医者の著作にも読みとることができる。より正確に言えば、それは全身に放散する官能の追求であり、したがって、性的快感がもたらす肉体的恩恵の称揚により明確に結びついた探求である。

エロティック文学は、加えて、飽くことを知らぬ多様な女性の要求――そして求愛――に焦点を当てる傾向を示すようになる。その要求は、特に、エリート層の若い娘が抑えがたい好奇心をもったり、なかんずく宮廷の女性が常時欲望の虜になるという形で現れていた。こうしたエリート女性たちは、男性の能力を見抜き、力量を判断する例外的な能力を与えられた者として小説中に登場する。彼女たちの堅固な知は、その鋭い渇望と結びついているのである。ポルノ作家が読者に提示するこれらの女性たちは身長、頑健さ、力量に心を奪われ、取り巻きのパートナーたちがいったいどんな美質を備えているのか語り合っている。民衆のヘラクレスの男根を道具にしようというのである。彼女たちは仲間を集っては儀式化された乱交を開く。女性同性愛者の一群が組み込まれるのは、こうした女性登場人物のコーホートのリストの中である。

これらの女性たちとその奔放な欲求を前にして、世紀末文学は、女性の征服に関心をもつ誘惑者とは根本的に異なる男性＝機械を登場させている。民衆出身で、たいていの場合地方から「登ってきた」これらの主人公は電撃的な社会的地位向上を果たし、ときには国際的な名声を得る。だが、男性能力が移動するこの時期、あるいはこう言ってよければ、王の性から愛国者の性へと精子が移動するこの時期、彼らなかには、「精液再生」の積極的な担い手となった、アントワーヌ・ベックの描く「ヘラクレス的性交者」の先駆者も見ることができる。

『ヘラクレスの孫』[127]——これはほんの一例にすぎないが——を読む者は途方に暮れ、もはやだれが支配者なのかわからなくなる。この性交者だろうか。それとも、彼が満足させることのできる好色で経験を積んだ貴族の女性たちだろうか。ここでは物語が暴走して一連のエピソードへと砕け散り、それまでにないスピードで次々と語られてゆく。一八〇三年に出版されたピナゴ＝ルブランの『売春宿の子』のように、勢いづいたテクストが読者を巻き込む語りのリズムから、この種の作品は大衆文学の、より正確に言うなら十九世紀の新聞小説の祖型ではないかと考える専門家すらいる。

かくして、疲れ果てたり精神錯乱を呈したりする一部サド的貴族の生命力のないファルスに、疲れを知らず、シリング城の賓客に奉仕しなければならない者たちのように乱交の後でさえ決して犠牲者になることのない性交者の、怪物じみた男根が対置される。

今日では完全に史料的裏付けのある王妃マリー＝アントワネットの人物像は、以上のような観点から考え直すべきである。例のポルノまがいの虚構を作るうえで、ロイヤルカップルがいかに個《わたくし》人化されたかを強調する見事な研究もある。親密なものの上昇と秘密保護の意思がいかに噂へと向かわせていたかも明らかにされている。マリー＝アントワネットを標的にしたポルノ文学は、好色な貴族を俎上に載せた旧体制《アンシャンレジーム》末期のポルノ文学を模倣したものにすぎない。したがって、王妃はこのコーホートに組み入れるべきであろう。ただし、彼女を俎上に乗せた風刺文が、この点から見ると、典型の人物描写を極端にまで際立たせていることは別にして考えなければならないが[128]。

乳房が大きく、桁外れに女性的な身体をしていたマリー＝アントワネットは[129]、こうしたテクストにおいて、「嗜好」、「性癖」、「情熱的な執着」といった果てしなく繰り出されるカタログの全要素で満たされている。自らの義兄アルトワ伯爵と交わるマリー＝アントワネット。必要とあらば宵闇に紛れて民衆の放蕩者に身を任せるマリー＝アントワネット。怒り狂ったようにいくどもレズビアン的な関係に耽るマリー＝アントワネット。息子との近親相姦を犯すマリー＝アントワネット。獣姦まで実践するマリー＝アントワネット。すべての存在を道具にし、自らの飽くなき淫乱の足下に組み伏させずにはいられないマリー＝アントワネット。クンニリングス、フェラチオ、肛門性交と、ありとあらゆる愛撫に「嗜好性」をもっていたマリー＝アントワネット。乱交を欠かせないマリー＝アントワネット。

この「紙と空想の王妃」は、モーリス・ルヴェが正当にも力説するように、「集団的な創作の産物」である。彼女は、究極のメッサリーナ、旧体制《アンシャンレジーム》下のポルノ文学がもつありとあらゆる定型《トポス》が集中するマネキンなのである。その点からすれば、彼女をあげつらった風刺文はひとつの極致と考えることもできるが、そこにはハルピュイア〔ギリシア神話に登場する女面鳥身の伝説の生物。意地汚く、不潔で、下品な怪物とされる〕的な人物像、つまり政治的な怪物という人物像も加えられている。(130)

小道具と快楽機械

論旨の一貫性を途切らせないため、性的快感を惹起、強化するためにエロティック文学がたえず登場させていた技巧や小道具、機械の類については、ここまでいっさい触れずにきた。

こうした快楽の道具のなかでもひときわ目を惹くのが張形 gaudemiché（gaude mihi〔「我ヲ楽シメ」の意。語源にかんしては異説もある〕）である。張形は一六六〇年代にロンドンに現れ、王政復古期に特許利用許可が大流行したと言われており、コンドームのようにイタリアから輸入されたということになっている。だが、それは誤りである。(131) イタリアからの輸入説を支持する論者たちは、エロスにかんするものはすべてイタリア半島起源であろうという先入見の犠牲になっている。実のところ、張形はイギリスでもフランスでも十六世紀にはかなりポピュラーだったようで、張形の使用をやめるよう忠告していたブラントームはこれを克明に描写している。ロンサールも張形を激しく非難し、女性が男性の誘惑を避けるために張形を利用することが流行になっていると批判している。十七世紀には、宮廷で働く若い女性の寝室を厳しく検査してみるとよく張形が見つかっている。クロード・ル・プティは『ミューズたちの売春宿』で、男根の形をした象牙の嗅ぎ煙草入れを紹介している。十八世紀のエロティック文学は、きわめて官能的なこの人工器官にこだわり、嬉々として描いていた。

張形の一目でそれとわかる形、たいていかなりになるその大きさは、最も好色な膣に釣り合ったものとして描かれている。張形の相当な大きさは、女性の絶頂感覚に必要なもの、いや、引き裂かれたいという欲望に応えるものだとさえ考えられていたからである。『売春宿の子』で、センヌヴィル夫人は長さ一〇プース(三四センチ)直径六プース(二〇センチ)の器具を使っている[132]。その描写によれば張形の硬さは金属、たいていは銀によって、その滑らかさはビロードの覆いによって保証されており、接触点をより密着させるために、ときには細工が施されたものもある。最も完成度の高いものになると、内部にバネ仕掛けやピストン仕掛けの機械が仕込まれていて、牛乳や、より精液に似せて作られた巧妙な調合物が噴出するようになっている。リボンやバンドがついていれば、レズビアンも装着することができるし、亀頭部を二つ備えたものが描かれることもあった。ラ・コショワーズは、性教育を仕上げるレッスンで、バネを仕込んだ射精式張形を使い喜悦を味わっている。ただ、この種の文学に現れた張形の最も克明な描写はやはり、『幕は上がった、あるいはロールの教育[133]』と『ここに、そして、これが[134]』にある。ひとつめの作品の描写には器具の分解にかんする説明書きが付されており、ふたつめの作品では、作中の修道院で、志願者か、修練女か、修道立願者かによって張形の内径が異なっている。

好色な婦人が急場しのぎやその場限りで使う張形に医者が言及していることはすでに見た。エロティック文学も遅れを取ってはいない。あるフランシスコ会修道士とその愛人トマ夫人との房事を見て興奮したお喋り女マルゴは、たまたま手許の「粗末な棚」にあった蝋燭を使って、その興奮を鎮めている。「わたしは狂ったようにそれをつかむと、このふたりから目を離さぬまま、入るところまで自分の中にそれを入れました」[135]。

張形は取り締まりにもかかわらず十九世紀に一般化する。第二帝政の警察に押収された「ゴム製の自慰具」はかなりの数にのぼっている[136]。虚構の世界では、オクターヴが哀れなアルマンスに張形を与えようと申し出たとしてもおかしくないとスタンダールは考えているし[137]、当時のエロティックなリトグラフも張形を豊富に参照している。髪を結って着飾ったレズビアンが、それでも胸だけははだけて、ソファや閨房でくつろぎ、張形を使って快楽に耽る場面を描くことは、ひとつの紋切り型となっていた。

もちろん、人工的な男根はここで、女性による手技を改めて女性と男性の領域のあいだに組み込む役割を果たしている[138]。とはいえ、ゴムの自慰具が実際に快感を与えてくれることに変わりはない[139]。ミシェル・ドゥロンはこの道具の影響力についてもっともな論を展開し、男女の読者を興奮させることが目的のこの種の文学において、果てしなく繰り返すことができ、したがって、女性の欲望の飽くことを知らぬ性格に一致した人工的な性と、どんなに精力的な男性であっても枯渇の危機につねに脅かされている自然の性とのあいだに存在する差異が消滅していることを力説している。張形のおかげで、女性は「器官の現実的制約[140]」を免れることができるのである。これが、『回想録』でシュゾンが張形を称賛した条りの意味である。そのうえシュゾンは、指よりも張形の方がはるかに効果において勝っていると考えていた。

繰り返しになるが、エロティック文学は、乱交の視点を増加させる鏡と、房事へと誘い、これを促すありとあらゆる家具調度に紙面を大きく割いている。二人掛けソファ、長椅子、ソファ、寝椅子、ジュリエットが使ったようなハンモックなどがそれである。アンゴラと仙女ゾベイドが快楽の準備にいそしむ宮殿では「幾多の鏡、やさしく官能的な絵画の数々、デュシェス〔一五、六世紀に流行した背もたれつきの長椅子〕、クッション付き安楽椅子、寝椅子が、その使用目的をそれとなく告げているようだった。敬意の産物であるスツールは、この魅惑の場所から追放されていた」[141]。

妻を寝取られないかと怯える夫にとって「椅子ほど危険なものはまたとあるまい[142]」とこの半世紀後にバルザックは警告を発しているが、これも、当時のエロティックなリトグラフと響き合っている。上流社会では、房事といえばこうしてこっそり行うのが普通だったことを指摘しておこう。たとえばマクシム・デュ・カンがヴァランティーヌ・ドゥレセールと初めて快楽を味わったのがこのような形だったし[143]、貞節なミシュレも、妻アテナイスとの交接を容易にしてくれる小さな椅子を探し求めている[144]。

こうした日常的な小道具のほかにも、まさに快楽機械と言うべきものがある。その効果には間然するところがなく、男性は女性を扱うひとつの能力を授けられ、読者はその魔力と劇的効果で驚きを惹起される。一七八五年には『イギリス人のスパイ』〔マチュー＝フランソワ・ピダンサ・ド・メロベールの作品〕がこうした器具の激増を力説しており、移動式長椅子や、ハンモックに寝そべった中国の遊女にもそれとなく言及している。『シュゾンの回想録』は性的快感を補う機械のカタログを繰り広げていて、ヒロインはたとえば揺れるブランコのリズムで貫かれ、張形を備えつけた回転糸車を連れの女性と一緒に使っている[145]。運動音を強調し、体に弾みをつけてくれるバネを相も変わらず備えた虚構のベッドは、房事の強度と快適さを増すように作られていた。一七六五年にはすでにジョンヴァルが『教育的な過ち』のなかで、快楽を刺激するこの家具を描写している。「最初の興奮が過ぎ去ると」と、話者は打ち明けている。「このいっぷう変わったベッドの構造をつぶさに調べてみたくなりました。振り子時計のバネのように薄く幅の広い鋼の板が二〇枚斜交いに渡してあって、それがうっとりするような動きをもたらしていたのです。この心地よい機械の発明者に、わたしは心の底から拍手を送りました[146]」。アンドレア・ド・ネルシアの『アフロディテたち』で描かれる愛の選手権大会で用いられているベッドは、競争者たちが番いやすく、すばらしいパフォーマンスが得られるように作られている。「女性は繻子で覆われた半分の長さのマットレスに仰向けに寝て、マットレスが女性の頭部から腰部までを支える。太腿は中空に飛び出し、固定し詰め物を施した鐙に両足が差し込まれている。女性の上に覆いかぶさった男性の膝の下には幅広の柔らかい支えが横に渡してあり、両足は後橋《こうきょう》〔鞍の後方部〕に乗せる。この風変わりな道具のおかげで、カップルの動きはよりバランスよく容易になり、疲労せずに続けられる」(147)〔口絵10参照〕。倒すと長椅子になり、そこに女性が仰向けに寝かされて手足を拘束される陵辱機械は、当時の想像力に取り憑いて離れなかった。一七七九年、ピダンサ・ド・メロベールは、ラ・グールダンの店で使われていた陵辱機械を描いているし、カサノヴァはロンドンでこの種の器具を観察する機会を得ている(148)。ここで、ギロチンのことを思い出してしまうのも無理はない。

グレアム医師が患者に自由に使ってもらっていた電気ベッド——実在のもの——についてはすでにふれた。しかし、官能小説の著者たちはいっそう完璧な家具を想像している。彼らが描くのは、今日のポルノ産業が製造するオルガスム機械を先取りするような、女性を性的に喜ばせる装置である。ジュリエットと仲間たちは、自動張形が装備された可動式の揚げ床で、機械的に乱交を生み出すことができる装置を使っているが、これなど、以上の点から見てとりわけ興味深い。

日ごろから『百科全書』の挿し絵を眺め、ヴォーカンソンの自動機械に感嘆していた読者たちは、身体と機械のあいだに打ち立てられるいかなるアナロジーも受け入れる用意ができていた。技師の腕前によっては、パフォーマンスと感覚を厳密に量化し、強度にしたがって配分することもできただけになおさらであった。『アフロディテたち』では、一連の負荷重量から勃起の質を正確に測定できる器械が使われている(149)。

啓蒙主義の経験主義哲学が神経と振動弦のあいだに導入したアナロジーに従って、ミシェル・ドゥロンはこうした器具と楽器とを比較している。彼は、生きたクラヴサンという隠喩が流行っていたことにその根拠を求めている。

オルガンの管は身体の結合を喚起させ、その鍵盤は愛撫によって感応する部分を象徴する。その『回想録』のなかで、シュゾンは自分の音楽の先生がどんな手業を使うか描写している。「わたしにお仕事をしてくださるとき、先生は背中越しにオルガンの鍵盤に両手を伸ばし、必要なテンポで演奏してくださいました〔…〕わたしは先生が拍子を取る動きにとても満足したものです」[150]。官能小説は、この聖なる精神の楽器を、最悪のふしだらを行う冒瀆の共犯者に仕立てるのである。

治療のための鞭の使用についてはすでにふれた。医学の領域外でも、子どもや寄宿舎の生徒や兵舎の軍人、ときには使用人に懲罰を与えるために、鞭は日常的に使われていた。それはまた苦行用具でもあって、修道士や盛式誓願修道女の独居房にも置かれている。売春宿ではたえず鞭が使われていた。要するに、鞭の使用は、今日のわれわれの想像に反して、少しも例外的ではなかったのである。ポルノ小説では鞭が興奮を促している。ファニー・ヒルの波瀾万丈な物語にも鞭は出てくるし[151]、修道院内の禁域において鞭を使用するさいの規則がどのような効果を生むか、早くも分析していたアベ・デュ・プラは、人を恍惚にまで至らせる鞭打ちの両義性を力説していた[152]。

サドの小説は複雑で、演技者は、鞭や棒とともに、針刺しや、蝋燭、鉄、赤熱した砂利などによる火傷を用いている。それらが目指すところは、自分や他人の興奮にとどまらない。鞭打ったり、火傷を負わせたりすることによって、相手から軟化や服従を引き出したいのである。自らの支配的な立場と相手の犠牲者的な立場を比べて楽しみ、不平等の意識によって惹起される快楽を深めようというのだ。加えて、相手から忘れられないよう、消えない痕跡を肌に刻みたいとも思っている[153]。

乱交と「アレンジ」の技

エロティック文学は性的能力と絶頂を大いに好む。ポルノ作家は技能にたいする強迫観念を感覚の質にたいする強迫観念に結びつけ、欲望と倦怠、快楽と嫌悪感のあいだに生じかねない交替についてはいっさい口をつぐまなければならない。

絶頂の描像は、医者が必要に応じて描く描像と根本的に違わない。ただし、医者の激しく非難する性交過剰が、エロティック文学では読者を刺激するためのたんなる常套手段にすぎないという点だけが違っている。ローズは五時間以上にわたって男性たちの欲望に組み敷かれ、快楽のなかを漂いながらたえまなく気を遣り、息つく暇さえないままに二二回も戦いに臨んで三九回も精子を撒き散らされ、その果てに死ぬ。ところが、ローズの他界は、性的能力の質を裏付けはしても、『幕は上がった』の読者の心を揺り動かすことはほとんどない(154)。

乱交のなかでは絶頂が追求され、そこに乱交の意味のすべてが与えられる。乱交には、つねに「前代未聞の房〔葡萄の房のように数多くのものが一体を成しているもの〕(155)」の実現を目指してアレンジに細心の技が要求される(156)。ここではすべてがひとつにつながっている、とジャン＝マリ・グルモは力説する。乱交は「活動する欲望と快楽からたったひとつの集合体＝身体《コール》(157)」を作りあげる。複数のものを接合してひとつの共同体を作りあげるのである。「われわれ四人の身体は、たったひとつの身体になった(158)」と、早くも一七四一年に『シャルトル修道会の受付係修道士』の話者は、フランス文学において乱交のモデルとなったと考えられるテクストのなかで明言している。

房事が進むなかで重要なのは、あまりにも単純な普通の性交を徹頭徹尾排除すること、描像を完成させること、過たず同時に気を遣ること——サドの場合、それと同時に冒瀆的な言葉が頂点に達すること——、それによって精液および排出を惹起する神経インパルスの循環を可能にすることである。乱交は、運動伝達機械として配置されたさまざまな要素から成り立っている。交換と互酬性の圧倒的な広がりから帰結する以上、慈善行為として考えることもできる快楽を目指している。乱交にはまた、それが掻き立てる興奮によって精液の備蓄を——同時に瀆聖の備蓄を——促す目的もある。というのも、参加者の組み合わせをたえず入れ替えることによって、射精の反復がほとんど永続的にできるようになるはずだからである。必要な場合、各参加者の気まぐれや性癖、嗜好を誇示する機会も提供して、彼らの満足を図る。ときにはシーソー、ぶらんこ等の器具の助けを借り、身体の大胆なピラミッドを実現することもある。
以上のように構想され演出された乱交は、自我の祝祭になる。次々と替えられてゆく組み合わせは、収束と同時に流通の場なのだ。したがって、特権的な体位は、二人の間に挟まれ、前で攻め後ろから攻められる体位、能動者であると同時に受動者にもなる体位である。たとえばサドの文学において、快楽は機械的なものの法則に従っており、男性のイチモツの摩擦と運動と圧迫から生まれる。二人に挟まれる体位においては、全身が「擦られ、締め付けられ、圧迫され」て男根に同一化される。「中央にいるということは、囲繞する全エネルギーを自我に集中させ、そのエネルギーを吸収することであり、より多く受け取るためにだけ与えることである[159]」とギイ・ポワトリは書いている。この体位はまた、内部と外部の区別も攪乱する。

こうした自我の祝祭は、互酬的な快楽全体があてがわれた社会的アイデンティティーから解放してくれることからも生じている。乱交は、自我の周囲、表面、内部にあるセックスの多さにおいて常軌を逸している[160]。とはいえ、その自由も全面的だというわけではない。『ここに《ヒク》、そして《エト》、これが《ハエク》』にはっきりと読みとれるように、乱交がうまくゆくためには規則に従わなければならないからである。しかも、演技者は量的な競り上げをしなければならない。乱交を焚きつける火は、つねに燃料が供給されなければたちまち立ち消えになってしまう。おびただしい数の性的快感がいざいっせいに房事を締めくくるときまでは。というのも、たとえばミラボーが『わが改宗』のなかで描く大乱痴気騒ぎでは、三〇人の女性が同時に気を遣っているからだ。おびただしい数の女性に相も変わらず魅了され続けている読者にとっては、まさに快感の極みである。

一方サドの乱交――われわれが後で立ち返る必要が出てくるフーリエ的乱交とは根本的に異なる[161]――は、個人特有の気質《イディオサンクラズィ》の満足だけを想定して組織されているわけではない。それは社会的に階層化されており、性的な役割は、能動的であれ、受動的であれ、権力によって厳密に規定されている。ところが肛門への明らかな固執によって参照項目が喪失し、とりわけ性が混乱することによって、当時の読者のパニックは極端にまで押し進められた。そして、肛門性交の快感が語られると、それは、女性のように性を味わいたいという思いを抱いてきた一部の男性の夢の実現にすぎないと受け取られたのである。(162)

「自然の摂理に反する《アンチフィジック》」快楽

十八世紀末のエロティック文学は、同性個人間の肉体的結合にほとんど紙面を割いていない。その一方で、同性愛の女性は肛門性交よりもはるかに頻出している。女性同性愛の房事の描き方についてごく大ざっぱにまとめておこう。レズビアニズムに耽る女性は、互いにこすり合ったり、愛撫を交わしたり、張形を使ったりすることから強い快感を得ていることは間違いない。この点については、ブラントームのあるテクストが開祖だと考えられている。(163) 女性同性愛者の快楽が、しばしばレッスンの形をとって現れることはすでに見た。将来男性によってもたらされる真の快楽から啓示を受けることを目的とした予備教育に組み込まれているのである。『娘学校』や『修道院のヴィーナス』の作中人物がその例だが、『ファニー・ヒル』、またはある遊女の回想記』の作中人物にはそれがより明瞭に現れている。フィーベのふしだらな愛撫を受けて、まだ新米の主人公は、体中の血管に「精妙な火」が入りこんでくるのを感じ、「恍惚とした虚脱感」を味わう。話者は語る。「私は酔い、混乱し、夢中になって、初めて知ったそういう気持ちをもてあましました。私の五官は燃え、騒ぎ立ち、混乱して、私の頭を痺《しび》れさせ、喜びの涙が目から溢れ出て、それが幾分は体の中に荒れ狂っている火の熱を緩和しました(164)」。二人の女性のあいだで繰り広げられる房事は、たいていの場合、無害な快楽、戯れ、パロディ、さらには茶番としてしか表現されない。レズビアンがかかわるとき、こうしたエロティック文学においては、医者につきまとう例の巨大なクリトリスへの言及はほとんどなく、女性は性交を模倣したいのだから膣にもクリトリスにも同じくらいの快感を感じている、とされている。

とはいえ、レズビアンの性的快感が痙攣的で激烈な姿で描かれることもある。性行為を際限なく繰り返すことができるこの貪欲な女性たちはどうやらある欠如感に苛まていて、その欠如感によって彼女たちは絶頂に達することができるらしい。(165) 人数が多くなると、彼女たちは古代の乱痴気騒ぎを真似ることがある。その意味で『シャルトル修道会の受付係修道士』の山場は典型的である。この小説にも、また『わが改宗』の女性三〇人が耽る乱交にも、男女間で感じる肉体的快楽のステップ、シナリオ、リズムが認められる。つまり、張形も使わず、男性の存在を仮定することもなく、快感の絶頂に導く漸増と動きが認められるのである。だがそれも、乱痴気騒ぎが炸裂するまでのほんの序奏にすぎない。

合図が発せられると、と話者は報告する。「演習の第一段階は全員による揺れで」、次いで「接吻の音、ため息のざわめき、とぎれとぎれの声が聞こえてくる……早くもソファのぎしぎしいう音がする。甘いむせび泣きが漏れだし、身震いが襲う。女たちの気は遠のき、感覚の奔流に流されてゆく。なんという光景だろう！　三〇人の女がイクところをどう描いたらよいのか！　[…] 輪舞《ロンド》が終わると、乱交が始まる [………] わがレズビアンたちは、紛れもない淫魔になる […] 突然叫び声が、呪詛が、憤怒が快楽のただなかから湧き上がり、彼女たちの表情が変わる。だれがだれだか分からなくなり、互いに打擲し始める。乳房には痣ができ、蒼白になり、痙攣する。髪は地面を覆う。[…] ああだが！　彼女たちの力はその憤怒にもう応えることができない。疲労困憊し、血と、ワインと、食べ物にまみれたままカーペットの上に伸びている」。だが、この「地獄の売春窟」を演じる女たちは「宮廷貴婦人」なのである。(166) とはいえ、『ここに《ヒク》、そして《エト》、これが《ハエク》』で行われる乱交は、見たところもっと落ち着いている。「女たちの脚は絡まり合い、乳房は押されあい、唇は半ば開いて、舌はひとつに繋がっている。目は閉じ、手は虚空を彷徨い、官能には火がつく。濡れた唇からは柔らかなため息がもれ、腰は痙攣し、機敏な指は官能に濡れ […] 女たちに言葉はない……(167)」。

繰り返しになるが、この時代の官能小説においてレズビアン的快楽は、たいてい、剥奪の必然的帰結であった。このタイプの性的快感は、性交の快楽を奪う閉域や囲い込みといった孤立化を強いられている。女性のあいだで性的快感を享受することは、当時、ひとつの代替行為でしかなかったのである。

医学文献の記述とは反対に、エロティック文学は、女性にたいする嗜好性を個人特有《イディオサンクラズィ》の気質として感じる珍種の女性をいくにんか作中に登場させてはいても、著者たちがこの特殊な欲望の分析に手を染めることはない。ディドロが『修道女』でその興奮を描いた修道院長も同じで、肯定的であれ、否定的であれ、真の意味でのレズビアン・アイデンティティーを構築しようとはいっさい考えていないのである。

ピダンサ・ド・メロベールの『サッフォー嬢』〔正式なタイトルは『サッフォー嬢の告白あるいは女性同性愛者《アナンドリーヌ》の一派』〕と、彼が一七八四年に出版した『ある若い娘の告白』で描かれている女性同性愛者《アナンドリーヌ》の謎めいた一派の例は、これまでもたびたび取り上げられてきた。このテクストは、噂や風聞や「社交界の風評」に通じた秘密のジャーナリズムをよりどころにしている。だが、女性同性愛者《アナンドリーヌ》の身分規定は難しい[168]。そこで描かれるレズビアニズムはもはや通過儀礼《イニシエーション》でも待機でも代用でもなく、徹頭徹尾男性の幻想として経験されており、特殊な欲望の存在が想像しにくいということによってその幻想にはいっそうの拍車がかかっている。想像しにくいとはいっても、そこには根源的な敵愾心などいささかもなかった。アナンドリーヌ——男なしで済ます女——という用語には、真に敵意のこもった響きがあるわけではなかったのである。

テクストは、豪華な暮しを送る社交界婦人の性の秘技《アルス・エロティカ》を、夢幻的な雰囲気のなかで披瀝している。同性愛者の魔術的儀式や女性性器を思わせる建築の神殿によって、ヒロインは「自らの性にたいする自己愛的で反復的な自己同定的固着」[169]の対象になっているのではないか。ただしそれは、ここでもまた自然、すなわち真の性的快感の啓示へと回帰するまでのことだが、とピエール・サン＝タマンは述べている。

一方、ミラボーは『エロティカ・ビブリオン』のある章のなかで、女性同性愛者《アナンドリーヌ》にかんする定型《トポス》を繰り返し、「次々と打ち寄せては決して涸れることのない波のように、たえず求め続ける女性同性愛者のあの情熱」[170]を、興奮のネタ切れで悩む読者の鼻先にぶらさげるだけで満足している。

ここでひとつの疑問が湧く。仮に女性がレズビアンであるという意識を構築できたとするなら、それを促す文化的表象が当時存在したのだろうか。あるいはこう言ってもよいかもしれないが、当時の女性は、自らが暮らす社会のなかにモデルの存在しないアイデンティティーを獲得することなどできたのだろうか。ミシェル・フーコーがかつて似たような議論にコミットしたことは周知のとおりである。

現在は、このようなアイデンティティー構築の可能性を追って時間を遡り、各人に固有の欲望、当該個人の物質的条件、促進環境、文化的参照項目の獲得可能性といった可能条件を明確にしようとする傾向が強い。それはとりもなおさず、こうしたアイデンティティー構築において自我表象の内面的な練り上げがどのような作用を及ぼしているのか、すでに構築されているモデルをどのように採用しているのか、個人が既存の役割やモデルを心の奥底でどのように組み替え、どのようにアレンジして取り入れているのか、それらを問うことに他ならない。

こうした問いかけは、当時のエロティック文学の作者たちには無縁であった。その代わり、史料的裏付のしっかりしたある事例研究が、女性が自由に使える文化的な資源を想像させてくれる。アンヌ・リスター[171]の経験を読むと、このような過程において読書がいかなる役割を果たしていたかなるほど理解できる。紳士階級《ジェントリー》に属するこの若いイギリス人女性は、男性同士の愛の生活を示唆する古典の行間を読みながら、レズビアン関係を想像上で再構築せざるを得なかった。書写していた『ドン・ジュアン』を読んでバイロンにショックを受けたアンヌ・リスターは、友人たちがプラトンやカトゥルス、マルティアリスやユウェナリスをギリシア語やラテン語で読み、また彼女にも読んで聞かせてくれるのは、実は、翻訳だときわどい部分にぼかしが入っているからだということを知ることになる。かくして一八二〇年、彼女はホラティウスやマルティアリスやユウェナリスのなかにサッフォーへの言及箇所を探し始める。しかし、アンヌ・リスターは、告解の習慣がないかわりに霊的な自己糾明を促す英国国教会の文化にどっぷりと漬かっていた。強い性欲を感じながらも英国国教会の信仰を分かち持っていたのである。

リスターが丹念につけていた日記には、古代ローマ女性の浮気を描いたユウェナリスの『風刺詩』第六巻を読みながら手淫をするようすと、その後神に赦しを乞うたことがあからさまに記されている。ユウェナリス、そしてマルティアリスにいたってはいっそう、レズビアン関係にたいして否定的なイメージを抱いていたが、この若い娘はすぐにこの逆を主張するようになる。彼女は、マルティアリスが攻撃するラ・バッサの振る舞いに怯えたり、ショックを受けたり、嫌悪感を覚えたりすることはなかった。ただ、ラ・バッサは張形を使っていただろうか、と自問しているだけである。これらの作品では、女性同性愛《サフィズム》は断片的にしか紹介されていなかったが、アンヌ・リスターがテクストの余白にサフィズムという言葉を書き込むことができたのは自らの欲望に導かれてのことだった。彼女は、オウィディウスの『変身物語』が両性具有者《アンドロギュノス》とテイレシアスの出来事を語る条りを日記に書き留めている。小説、とりわけルソーの作品は彼女の心を掻き乱した。それでも、彼女の欲望の特殊性、ということは彼女のアイデンティティーの特殊性を示す大きな鍵が、まずはバイロンの作品の、次いで『ララ・ルク』の作者トマス・ムアの作品の読書にあったことにかわりはない。

とはいえ、アンヌ・リスターは、当時張形を使った形跡はないし、レズビアンのサブカルチャーに属する団体にもいっさい参加していない。われわれの研究対象から考えると、このケースで興味をそそられるのは、これが古典作品を読むことによってもたらされたアイデンティティーの直感的認識であり、自己構築《セルフコンストラクション》だという点である。

ちなみにそこには、十八世紀前半のイギリスで女性たちのあいだに確立していた理想的親密さのモデルからまったく影響が感じられないことを加えて指摘しておこう。ランガレンの淑女《レイディーズ》たちを互いに結びつけていた関係、シャーロット・ブロンテと、男性の支配がいっさい及ばぬところで社会的制約を受けずに暮らしたいと思っていた彼女の仲間たちとを結びつけていた関係をモデルにして、熱烈な友情関係の理想が存在していたのだが、その影響がまったく感じられないのである。[172]

いずれにせよ、本を読み、文章を日記に書き写し、相変わらず略号化された言葉遣いで自らの官能的な経験を手紙に書き記すことによって、アンヌ・リスターは少しずつ、やがて敢然と、レズビアンとしてポジティブなアイデンティティーを意識するようになり、口説き落とした女性たちとの肉体関係に耽ってゆく……だが、これはまた別の話である。

同性の個人を相手に肉体関係を実践する男性の場合、彼らを名指す攻撃文書の語彙は、十八世紀末、きわめて広く人口に膾炙していた。肛門性交を行う者も下劣漢、ホモ、ネコ、オカマ掘りとか、さもなければ反女陰主義者、肛門主義者、自然の摂理《アンチフィジック》に反する者などと言われている。大革命下においてはまた、「逆行市民[173]」と呼ばれ、蔑まれていた。この時期、とりわけパリでは、自らの性的アイデンティティーを意識した個人を統合する紛れもないサブカルチャーが存在した。男色家の社交、彼らの実践、彼らを処罰しようとする警察の弾圧は、今日、歴史研究のきわめて活発で豊かな一部門[174]に必要な情報を提供しているが、この部門は本質主義者の主張と歴史主義者主張が対立し、議論が交わされている[175]。歴史主義者の陣営は、否定的であれ、肯定的であれ、外から強いられたものであれ、自らが要求したものであれ、ひとつの現代的なアイデンティティーがいつ起こったか、その時期を確定しようと努めている。ただ、モデルや類型が多様で連続しているうえに重なり合っているため、考察は容易でない。一般に、十八世紀の黎明を迎えるまで、ヨーロッパの男色者、つまり「イタリア式悪徳」を実践する者は、青少年と女性の両方に関心のある個人として表象されていて、女々しい男とは規定されておらず、したがって、嘲笑や敵意の的になることも、抑圧の対象になることもなかったといわれている。だが、実を言えば、この主張はほぼ破綻している。

フランスでは、タルマン・デ・レオーがアンリ・ド・ブルボン大公やランスの大司教[176]を描き出し、サン＝シモンがヴァンドームやユクセル[177]のやりきれない人物描写をおこなって、彼らが若者たち、とりわけ「学生《エスコリエ》」、従僕、兵士、「尉官」たちにしか興味をもっていなかったことを明らかにしている。これ以降、女性にはまったく興味を示さず大人の男性だけに興味をもつ、新しいタイプの女々しい男色者像が描かれるようになったとして、彼らは攻撃されている。

すでに見たように、医学的文献や神学的文献はこの点についてほとんどなにも解説していない。この反＝自然の（自然の摂理に背いた《アンチフィジック》）振る舞いに罵声を浴びせかけており、そこから顔を背ける著者たちの気詰まりを伝えるだけである。一方ポルノ作家の場合、事情は異なっていて、彼らのテクストには男性による肛門性交が堂々と登場している。性的バリエーションと侵犯の追求という論理に組み込まれているからである。そのテーマは、大革命中の攻撃文書において、ヴィレット前侯爵（あるいは「後《しり》」侯爵とでも言おうか）とラ・マンシェット協会〔男色者の団体〕が頭角を現すころにその絶頂期を迎えている。

とりわけ重要な状況は三つある。（一）貞潔の誓いに閉じこめられた聖職者の状況。彼らは、閉域に閉じこめられ、男性を奪われた修道院のレズビアンに似た立場にある。（二）妻が愛人と姦通している現場を取り押さえた夫が、その愛人に3Pを強要する状況。（三）乱交に参加し、その組み合わせを実現するために男色を余儀なくされた貴族が選択する状況。以上である。

だが、サドの著作と大革命時のいくつか稀な攻撃文書を例外とすれば、その感覚や特殊な快楽が正確に言っていかなるものなのか問うもの、ましてや、男色を行う人のアイデンティティーがどうなっているのかを問うものは存在しない[178]。ポルノ作品には、外見、性格、暮らしぶり、来歴、特殊な子ども時代といった特徴から規定された男色者は見つからない。

男色はごく自然に性癖、嗜好、「情熱的な執着」のカタログに組み込まれているようで、したがって、その身分規定は女性によって実践される肛門性交と根本的に異ならないし、そこから引き出される感覚についても事情は変わらない。男色は放蕩者が疲弊した結果として表象されることが多く、ポルノ文学になおも登場しようとするなら受け身《ネコ》の役を引き受けざるを得ない。

哲学者たちの省察はこれとまったく違っている。哲学界、とりわけフランスの哲学界において、男色は豊かな省察を培っていたが、その目的はいかなる意味でも読者を興奮させることではなかった[179]。その言説は、当然のことながら、男色の表象を練り上げるうえで貢献している。加えて、男色を扱った大革命下の攻撃文書のなかには、権利要求のカタログという形を取るものもあった。『ソドムの子どもたち』にはその基本方針が表明されている。「わたしの男根とわたしの睾丸はわたしの所有に属している［…］わたしがそれを女陰に突っ込もうと肛門に突っ込もうと、なんぴとにもわたしの流儀に反して要求する権利などない[180]」。テクストは全体的に見ると、歴史的、地理的、医学的な議論を伴い、官能性への言及を含んでいた。たとえば著者たちは、肛門性交による公衆衛生上のリスクは少ないと断言している。また、男色は古代世界にも、世界のいくつかの地域にも広がっていたことを指摘し、肛門の狭さが生む快楽や尻の硬さから得られる快楽は素晴らしいと称賛している。

虚構の文学における性的失敗と梅毒

十八世紀のエロティック文学を支配する楽天性にいささか冷や水を浴びせる亡霊が二位現れる。性的失敗と梅毒である。とはいえ、たまさかの偶発事は別にすれば、それらが決定的な性的挫折や公衆衛生上の危険に至ることはほとんどなかった。

医学言説や書簡診察[181]、治療記録を悩ませ続けていた性的不能は、読者の興奮に水を差すだけに、ポルノグラフィックなテクストではきちんとした位置を与えられていない。性的失敗が関わるのはむしろリベルタン小説で、ときに「しゃれ者《プティ》メートル」[182]の不能に応えるべく登場している。ポルノ作家が描くのは一時的不能《フィアスコ》よりも、貯蔵精液を漏らすおそれのある早漏の方であった。

とはいえ、ポルノ作家の作品にも性的失敗をちらほら見かけることがある。もっとも言うまでもなく一時的な不能で、その後の見事な性的能力によって埋め合わせ以上の回復ができることになっている。たとえば、一六五〇年頃コルネイユ——作者にかんしては議論の的になっており、あるいはカントナックかもしれない——は、四〇のスタンスに乗せて性的悲劇とその幸せな結末を、微に入り細を穿って克明に描写している。ありとあらゆる姿態を見せつけられてもリザンドルはクロリスを抱くことができず、クロリスは苛立つ。悲しみに気も狂わんばかりになったリザンドルはクロリスの膝に身を投げ出して赦しを乞い、死なせてほしいと言う。翌日、この不幸な男は露わな姿で寝入ったクロリスの姿を目にする。開いた太腿から「神々の悦び」がのぞいている。リザンドルはクロリスが目を覚まさないように事に及ぶ。目が覚めて「濡れていることに気づいて恥ずかしくなった」クロリスは、彼と快楽を分かち合えなかったことが悔しいと言う。三幕ですべては正常に復し、ベッドが大きく「揺れる」。このテクストは、したがって、紛れもなくエロティック文学に属している[183]。『シャルトル修道会の受付係修道士』の主人公の、露わで人目を引く一時的不能《フィアスコ》についても同じことが言える。ありとあらゆる手業に長けた女性の一団が入ってきて張形を操り猥褻な姿態を見せても、主人公は興奮できないのである[184]。

一方、アンゴラ王子が仙女リュゼイドを相手に喫した性的失敗は、医者が確立した描像をなぞっている。王子の一時的惨事、屈辱、絶望の物語には、女性の恨みがましい反応や夜明けにふたりが味わう「苦い夢」が読みとれる[185]。だが、その後の陶酔がこの不慮の出来事を忘れさせてくれる。また、ある財界人に四分の三時間いじくり回されたすえ不発弾をお見舞されたお喋り女マルゴは、この落ちのない挿話をただ恬淡と報告している。

ルイ十六世の不能ぶりは、もちろん、ロイヤルカップルを標的にした風刺的ポルノ冊子に頻出している。勃たない陛下は代表的な不能者として描かれているが、これらのテクストはオーストリア出身の淫婦《メッサリーナ》にたいする激しい怒りという観点から見ないかぎり意味をもたない。性的失敗が真に劇的な展開を見せるのは十九世紀初頭に入ってからだが、一七五七年に出版された『ジャヴォット嬢』の数ページはその先駆けと見なすことができる。(186) ここでは一時的な不首尾ではなく完全な不能である。快楽を待ちわびるパートナーに直面すると武器が使えなくなるという不能に、ある若い弁護士が悩んでいた。この若者は気持ちが萎えてしまって「しゃれ者」になれない、性交過剰の犠牲者であった。彼は、大革命直後のエロティック文学に遍在することになる民衆的ヘラクレスの対極にあった。かつてルクレティウスが警戒した幻想に取り憑かれており、医者から不能者の宣告を受ける。彼は、十九世紀初頭の数十年間の文学に現れる絶望者〔十八世紀末から十九世紀前半には、不安と空虚の感情を特徴とするいわゆる「世紀病」が風靡し、絶望したり自殺する若者が急増した。文学にもその特徴が現れた〕を予告していた。

この同じ時期に瘡《ヴェロール》と呼ばれていた梅毒が人々を恐怖に陥れる。一八三七年以前には――少なくとも――、これは膿漏症梅毒《シフィリス》と区別されていないことを思い出しておこう。(187) この病気は強い警戒心を引き起こすが、テオドール・タルクジロはこれが手淫にたいする警戒心と対をなすと考えている。警告の発し方も同じなら、大げさなレトリックも同じで、大道薬売りにたいする関係も似ているし、いずれにも人口減少と器官退化の強迫観念を醸成するとらえどころのない不安がある。この領域にかんしても、医学言説は宗教的な参照枠に染まっていた。原罪のさまざまな帰結と救済の追求を、疾病分類学の領域に移し替えていたのである。(188) この点から見ると、十九世紀前半の著者たちは、先立つ数十年の延長上に位置していることがわかる。たとえば、一八四八年に発表されたディケンズの『ドンビー父子』には、遅まきながら、性病への言及が性的な罪の意識に結びついて、想像上の中産階級《ミドル・クラス》に付きまとう道徳的な堕落の参照枠と絡み合っているさまを看破することができる。[189]

ところがエロティック文学はこの不安を無遠慮な態度でしか反映していない。梅毒《ヴェロール》にたいする恐怖は、エロティック文学を規定する必然的な性的活動亢進状態を阻止する危険があるからである。作者たちは物語を区切ったり、エピソードの切り分けを促したり、登場人物を厄介払いしたり、道徳的な退廃で終わらせたいときにこの病気を用いていた。主人公の天罰には、彼の性的快感の物語によって生じたスキャンダルをやや緩和する働きがあるからである。『シャルトル修道会の受付係修道士』における性病が、この機能を担っているように思える。

この病気が問題になると、作者は「梅毒をシュエする」――スウェーデン《シュエード》やシリア《シリ》に行く〔「発散する」という意味の動詞 suer《シュエ》を使った地口〕――とか、それを「バヴェする」――バイエルン《バヴィエール》に行く〔「流す」という意味の動詞 baver《バヴェ》を使った地口〕――ことを暗示するだけにとどめている。必要な場合には、病気を冗談の種にする。タルマン・デ・レオーによれば、たとえばマレルブは三度梅毒をシュエしたことを自慢しているという。[190] つまり、おそらくは水銀だと思われるが、その薫蒸を受けるために椅子に座る治療をおこなったのである。フィクションの世界に話を移せば、フージュレ・ド・モンブロンの創造したヒロイン、お喋り女マルゴがビセートルの監獄病院で硫黄による治療を受けている。こうした小説の登場人物のなかには、避妊具の使い方となると寡黙になるくせに、バイエルン《バヴィエール》帰りの者もいる。フランソワ＝アントーワヌ・シェヴリエが『行商人』のなかで仄めかしているように、梅毒にたいするこうした屈託のない態度は、やはり、不安を少しでもうち消したいという気持ち[191]を表していると考えられる。フランスでは十九世紀前半に依然として、病気を笑いのネタにするような態度が残っていた。繰り返すが、最初 vérole〔瘡〕と呼ばれ、次いで正式に syphilis となった梅毒は、たしかに不安を引き起こしたが――スタンダールの経験がそれを十分に証明している――、かなり軽く受け取られていた例もある。フロベールやマクシム・デュ・カンの態度がまさにその例である。

一方、一七九三年と一八一九年に最盛期を迎える売春小説は梅毒の影に付きまとわれていた。陳情書と抗議文とパリの「娼家《ハーレム》」の生彩に富んだ紀行文をひとまとめにしたようなこのパレ＝ロワイヤルの産物は、官能小説と探偵小説の混合ジャンルを形成しているが、やがて診療所の誕生に結実することになる公衆衛生管理が練り上げられていたちょうどその時期、この文学では、性病が人々を恐怖に陥れていたのである。(192)

それで政治は？

この十八世紀末にエロティックな作品と政治的要求を結びつけていたものの研究は、これまで、歴史家がほぼ専有してきた。リン・ハント(193)によれば、旧体制《アンシャンレジーム》のポルノ文学はなによりもまず権威批判であり、政治的、社会的、宗教的な風刺であったという。性的な興奮を惹起することが第一義の目的ではなかったのである。事実、すでに見たように、当時の政治的な議論はきわめて強い性的負荷を帯びている。この女性歴史家によれば、この種の意図が頂点に達したのは一七八九年から一七九五年にかけてだという。その後、道徳を保証しようという気遣いが優位に立つことになる。

では、革命期初期に発達を遂げた周縁的ボヘミアンが書くエロティックな政治的小冊子もまた――あるいは、この小冊子こそとりわけ――仮想の読者を興奮へと導き、ますます増えていた売春婦の許へと通わせることを狙っていなかったかったと言い切れるだろうか。断定はむずかしい。この点については、男性の歴史家が――女性の歴史家であればなおさら――不幸にして抱えている先入観には警戒する必要がある。彼らには、自らの研究しているテクストが官能の点でどれほどの影響力を持ったか腰を据えて調べる気がなく、取り澄まして、お上品に見える政治的解釈の分析だけに終始しているからである。

目的が曖昧で、ときには支離滅裂でさえあるこの種の文学の政治的メッセージがどれほど複雑か、ジャン＝マリ・

グルモは正しく指摘している。(194) こうしたテクストの形づくるちぐはぐな全体は、首尾一貫した批判というよりも、諸価値の全般的な混信《ジャミング》を表わしているように思える。著者たちは貴族や亡命貴族ばかりでなく、代議士やフイヤン派やジャコバン派の快楽享受法まで攻撃し、宣誓司祭とまったく同じように宣誓拒否司祭や男色者や売春婦を物笑いの種にしているからである。しかも、ポルノ小冊子にはちぐはぐな要求が多数含まれていた。こうした文学に異議申し立ての射程があったことは否定できないにせよ、その領域における脈絡のなさを目にすると、結局ここにはいったい深い意図などあったのだろうかと訝からざるを得ない。おそらくこうした小冊子は、政治にあまり関心はないが買ってくれそうな人なら誰にでも武器を提供しようという日和見主義者の三文文士に、糊口の資を与えていたにすぎないのだろう。となれば、議論の俎上に載ったさまざまな解釈は、互いにさほど根本的に矛盾しているわけではない。われわれのテーマにとって重要なことはやはり、読者にたいする働きかけの膨張と、興奮をテクストによって伝える手法を広く普及させることのできる猥褻文学の大衆化なのである。

この分野においてより新しい研究と言えるのは、フランス大革命にたいしてイギリスが示した反応の研究であろう。イギリスでは当時、政治的言説は性的負荷をきわめて強く帯びていたが、帯びかたがフランスとは違っていた。女性の放蕩が原因でフランスに繰り広げられていたさまざまな出来事は、一七九〇年からイギリスに「性的パニック」を引き起こしたのではないか、という説をキャサリン・ビンハマー(195) は唱えている。イギリス王室はこれ以降、大陸由来の不道徳が伝染する恐怖に怯えることになる。これをどうにかしなければならないという気運が高まり、女性のセクシュアリティー〔sexuality〕——この語はすでに存在していた——をあらかじめ問題にしておこうということになった。子宮が興奮することによるリスクを一段と声高に告発する。性交のあいだに妻が受動的であることを称揚する。母性の働きを理想化しようとする。これらはいずれも、このパニックにたいする反応であったと思われる。

女性の貞潔と国民の名誉のあいだに新たな関係が打ち立てられたのは、おそらくこのときであろう。これ以降、性的な逸脱はいっさい政治的な罪として表象されることになる。たとえば、司法関係の記録文書を分析してみると、このころ姦通を抑圧しようという意志が高まっていたことに気づく。要するに、危機にあったこの数十年間が、おそらく十八世紀末に練り上げられた国内イデオロギーの勝利を確実ならしめ、近代性を準備したにちがいない。われわれはこの論証のうち、性的なパニックが存在した点だけを押さえておくことにしたい。一方ルドルフ・トランバックは、かつてないほど強力に誇示された男色者のアイデンティティーが「強迫的な異性愛」を生みだしたのではないかと考えている。イギリスのいわゆるヴィクトリア朝の道徳は、こうしたプロセスのなかから浮かび上がってきたのである。

第13章

新しさを求める十九世紀

医学的知にかんしても、倫理神学にかんしても、十九世紀前半が旧体制《アンシャンレジーム》と大革命期の延長でしかなかったことはすでに見た。だがこの同じ時期に、文学がかかわる環境では、肉体的営為の表象を変えようとする動きがいくつも現れている。

二つの性を区別する二形性の溝がうがたれ、男らしさが深化する。地下酒場[1]〔十八世紀末から十九世紀初頭にかけて、文人や芸術家が集まった〕、サークル[2]、カフェ、兵舎、公認の娼家《メゾン・ド・トレランス》はいうまでもないが、これらはいずれも男たちの集まる場所であった。社交的な接待の機会には喫煙室に集まり、男だけに許された政治談義に花を咲かせる。そうなれば打ち解けた仲間意識が醸成され、女の話にも弾みがつく。気分次第では「娘〔娼婦〕」のところまで足を伸ばしてみるか、という気持ちにもなる。

その一方で、女らしさも構築され、ますます鮮明になっていった。たしかに誇張は禁物である。男性と女性はサロンや散歩、劇場や夜会で出会っていたし、いうまでもなくベッドの上で相まみえていた。だが、私的領域が拡大し、母性の役割が増大し続けていたことを強調するとき、歴史家は間違っていない[3]。一八〇四年の民法典〔いわゆる「ナポレオン法典」〕も、男女の関係に変更を加えている。姦通をした妻は大幅なリスクを背負うことになり、そこから、男性は妻を所有物と考えるようになった。諸規範が変化した結果、夫婦の床と一定期間持続している関係をエロティックなシステムの中心に据えようという傾向が現れ始める。侵犯と行きずりの愛の逸楽が勢いづく。夫婦の親密さが増すにつれて、きわめて接近しやすく、若いころのときめきを思い出させてくれる女中、宿屋の娘、お針子、さらには売春婦といった庶民の娘へと社会的な遁走をしたいという男心に拍車がかかるのである。ここはこうして提供された肉体のカタログを完成させる場ではないので、これ以上は控えておくとしよう。

以上のプロセスは、ロマンチックな情熱の表象が少なくとも文学の領域において成立させた感情の革命と、時期的にぴったり重なっている。ロマンチックな情熱は、身体の出会いを複雑にし――あるいはおそらく称揚し――それまで大っぴらに誇示されていた官能性からこれを遠ざけ、詩神《ミューズ》や聖母《マドンナ》(4)であろうと愛人であろうとおかまいなしに、かつてない女性の理想化という新機軸を押し付ける。そのうえ、大革命下においては、処女性と純潔の崇拝、繰り返される夫婦の霊性というテーマ、悔悛の感覚の拡大といったものが、男性の会話や書簡において猖獗を極める好色な表象と矛盾をきたすことになる。

男女の性的二形性を分ける溝が深まる一方で、想像上の分割もますます厳密になってゆく。十九世紀初頭の男性は、処女、愛人、高級娼婦、お針子、「娘〔娼婦〕」など、期待する使用目的に応じてますます数と精度を増してゆくカテゴリーに、女性を割り振る必要性を感じるようになる。われわれとしては、当時働いていたエロティックな想像力の主たる変更点を大まかに述べるにとどめたい。すなわち、(一)男性の性的活力が誇示され、女性は踏み荒らすべきものだという雰囲気のなかで急速に力を伸ばしたあけすけな猥褻さ《ゴロワズリ》。(二)それとは逆に、大半は快適な房事を描いていたリトグラフの猥褻さ。(三)夫婦のエロティシズムと姦通のエロティシズムはたいてい緊密に結びついていたが、この両者が示す新たな相貌。(四)ラディカルな侵犯という想像界に膝を屈し、メドゥーサ的な美に魅了されていた、周辺者たちの文学が示す幻想。そしてもうひとつ、流星のように実は分類することができないのだが、未来においてしか姿を現すことのない愛の新世界で催すべくフーリエが提案した乱交パーティー《オージー》を挙げることにしよう。

席巻するあけすけな猥褻さ《ゴロワズリ》

十九世紀の最初の数十年に、とりわけ歌謡クラブで席巻した(5)あけすけな猥褻さ《ゴロワズリ》は、それまでの猥褻詩や猥歌の延長上にある。当時は旧体制《アンシャンレジーム》下の小品、すなわちヴォワズノン、ベルニ、グレクール、とりわけピロンといった作者の小品が読まれ、模倣され、普及していた。たとえば『プリアポスへの頌歌(6)』など頻繁に引用されている。

古代のテーマ体系も保存されていた。シュゾンがセックスのために連れ込まれるのは林であり、森であり、庭園である。売春宿に極まる反感傷癖《アンチセンチメンタリズム》が際立っている。男のあいだではこの反感傷癖を宣言することが大事であった。「愛が少なければ少ないほど、セックスはよくなる」。「汚れなき乙女の傍らでため息をつき、あばずれ女の傍らで一物を奮い立たせる」(7)。肉体の愛とは、ここでは「やること」でしかない。また、上半身と下半身を分ける蝶番のテーマもいたるところに顔を出している。

それでも、いくつかの「嗜好」、とりわけ「ともばら〔若い娘を指す隠語〕」にたいする嗜好ははっきりと現れている。生まれながらに手業の才能を与えられているけれども相変わらず「子ども」とされる十三、四歳の小娘と初老の男性が娼家で彩なす対照を、歌はしばしば物語っている。この嗜好は、若い女中、宿屋の娘、田舎娘といった、自然醇朴な交わりをする底抜けに愚かな娘たちと味わう快楽の評価にまで延長されていた。歌の作者は、「おいでマルゴ。キスしてあげる」(8)とだけしか言わない。前世紀の作家がもっていた恥じらいも楽しげな調子も失った歌謡作家は、今や、こうした娘たちが生まれつき直接的な身体言語をもっていると語るのである。忘れてはいけないが、歌謡クラブに通う男たちは、自分の身体と身体文化に属するすべてを、乳母、子守り、女中、売春婦といった手ほどき女に託する習慣を子どものころからもっていた(9)。彼らはこうした関係のなかにいても居心地が悪くなることはないし、敬意など彼らにはなんの用も足さないのである。

露骨な歌はとうぜん売春に結びつく。男たちは仲良くみんなで笑い興じると、その後娼婦のところに繰り出すのが好きだった。売春は彼らの会話にも怒鳴り合いにもつきものである。彼らは自らの職人技の名人芸を売春宿にも見いだそうとしていた。ルイ・ポトゥラの大ヒット歌謡『花しらべ』は、検閲に遭いながらも倦むことなく複写され暗唱されていたが、頂点に達していたこの男らしさの世界において「うまいセックス」がどのように表象されているか、全員に共通の好みを一覧にするといかなるものになるのかを垣間見させてくれる。作者がいちばん好きな体位に捧げた小唄がこれを示している。

男は仰向け、女の下さ
体はしっかり絡み合い
女はきんたま片手で撫でて
あちこちさわっちゃかきたてる
男は右手で御者やるか
下からおまんこかきまぜる
[…]
激しく揺れるよ見事な尻が
まるで荒波、土用波
沈むと思えばまた盛り上がる
男もますます燃え上がる！(10)

肉体関係に言及するときは、男性の活力、精力、激しさが強調される。歌のなかでは、結婚初夜が、強姦が、羊飼娘を手込めにする兵士たちの通過が笑いのネタにされる。また、「幸運な陵辱」というテーマ、すなわち、犯された女性がまたねだるというテーマが至る所に現れている(11)。

戦争と国粋主義の隠喩がこれに調子を合わせる。あけすけな猥褻《ゴロワズリ》さは、当時、国民性の賛美であった。歌は、本質的に享楽主義的なフランス人に固有の生き生きとした性を称賛している。集団になって大声で歌うために作られたこれらの歌のヒーローは、女性の身体を壊滅させるところまで男性の精力を押し進めている。もはや「仕切壁を引き裂き」、「シリンダーを破裂させる」、「血まみれの性交」なのである。[12] これは、パラン＝デュシャトレの作品に透けて見える娼婦と死んだ肉体、つまり肉と同じ位相にあることを思い出しておこう。[13] これが、一方で陽気で愉快であろうとしていたこうしたテクストの暗部であって、そこにはサドの存在を密かに感じさせるものがある。

そこでは、医学的なものがエロティックなものと結びついていた。これらの歌の背後には同時に、不能や梅毒や手淫の害にたいする恐怖、「面倒」にたいする不安、そして慢性的欠如状態に置かれた貪欲な色情症の女によって引き起こされる苦悶が表現されているのである。

肉体的結合の克明な描写は、前世紀の描像を暗く陰鬱にしていた。これらのテクストは、アルフレッド・デルヴォーの『エロティック事典』のように、折衷主義の雰囲気のなかで作りあげられている。竈の比喩は反復され、女性の下腹部は、繰り返すが、暖房器具――「シュゾン式集中暖房装置」[14]――として表現される。ばらばらにされた身体は決して全体として把握されることはない。描かれるのは腕であり、脚であり、足であり、「胴部」なのである。そしてなにより、広すぎる膣にたいする不安が表現されている。

こうしたあけすけな猥褻《ゴロワズリ》さで描写される愛撫は、革命的なポルノグラフィーのお題目を繰り返しているだけで、クンニリングスが強調されているが、その相手は売春婦だけである。動物性愛も例外的ではなく、とくに女性が小犬を調教して性的快感を与えてもらおうとしている。新しい要素としては、「喪に服す性」として知られる十九世紀の性が反映されていたことで、ペニスはつねに美をまったく欠いたものとして受け取られていた。[15] このような醜さを楽しむ女性は軽蔑すべき女性とされる。ところがこの同じペニスが、とりわけ醜い男――たとえばせむしなど――のものとなると絶倫の精力をもっと見なされるのである。また、マリー＝ヴェロニック・ゴーチエは、性的能力を讃えたおびただしい小唄にはまじないの効力があることを認めている。

前世紀の小品の特徴とは反対に、これらの小品では、掟の存在、スカトロジー、ケジラミ、「もぐり込んだ」先が「暗黒の膣[16]」である恐怖などが強調されている。また、レズビアニズムの存在が濃厚に示されており、『ガミアニ』〔ミュッセの筆になるとされる小説。ヒロイン、ガミアニのモデルは恋人だったジョルジュ・サンドであると考えられている〕の熱狂的な場面に比肩できるほどである。

露骨な歌や「猥歌」が目指す刺激方法は、ポルノ文学の刺激方法と同じではない。歌は黙って独りで読むものではなく、みなで高歌するものだからである。歌はまずもって場を盛り上げ、男らしさを目覚めさせる役割を担っている。歌の目的は、その場ですぐに興奮させることではない。歌を歌う人、それを聴く人に「埒を開け」させようというわけではないのだ。歌が果たすべき義務とは、欲望を徐々に高め、売春宿への訪問を準備させることにほかならない。マリー＝ヴェロニック・ゴーチエが強調するところによれば[17]、歌手が若い娼婦の腕に収まるところを擬することによって、男がこれから気を遣る場面をあらかじめ見せてくれる詩節もある。

手伝ってくれ、おまえ……
ああそうだ……
もっとやさしく……もっと早く……
おっとそこまで！
くそったれ……しっかり……
いいぞ！
あぁ！……もう、ふらふらだ……
おまえ好きか？　おれのこと……

だがこうした歌詞がときには孤独のうちに読まれ、写し取られ、さらには歌われることを忘れてはいけない。そうなると、その効果も変わってくる。

歌で表現されるあけすけな猥褻《ゴロワズリ》さは、アルフレッド・デルヴォーが大衆文化の対象にしようとしているエロティックな技とぴったり一致している。彼の『エロティック事典』(一八六四年)においてなによりも重要なのは男性の性的快感である。女性が快楽を感じることがあったとしても、それはただ、パートナーの性器の働きが良いことを示しているにすぎない。女性の快楽は男性のエネルギー、その活発さ、繰り返し性行為できる能力から自動的に帰結するのである。男性はしっかり勃起し、深くまで挿入でき、尽き果てるまで相手をたっぷり濡れさせ、いくどでもできなければならない。愛撫と体位にかんする評価も、この要請から生じる。かくしてデルヴォーは「後背位」を、エネルギーの発揮を容易にし、その結果、最高の性的快感を得させてくれる体位と考えていた。デルヴォーにとっては、その点で、これが「ブルジョワ式」と言われる体位、すなわち「対面位」よりもはるかに優れていると思えたのである。

女性の美質は、自らが恩恵を被っているこの男性エネルギーを刺激する技によって測られる。要するに、自らの活動によってパートナーの苦役を容易にすることで、自分自身の官能を準備するのである。そもそも女性は、うまくセックスしてもらうことしかパートナーに期待できない。『エロティック事典』の著者は、女性がうまく愛撫し、よく動き、必要とあらば身体のあらゆる褶曲で男性を喜ばせることを期待している。

デルヴォーが広めようとしたこうしたエロティシズムは、今日の性科学者が要求するテクニックとはかけ離れている。「前口上」、「おさわり」、「ディープキス」、「蕾愛撫」が遠回しに仄めかされる以外は、前戯はほとんど話題になっていない。前戯は、行為に必要なエネルギーに比べたらほとんど取るに足らないものなのである。ここでは、愛撫や房事の持続や体位の変化によって女性の快楽を上手に高める技術には注意が払われていない。冷感症となると暗示されることさえほとんどない。ただし、一時的な性的不能《フィアスコ》だけは苦悶を生じさせている。不安に陥れているのはエネルギーの欠如であって、男性としての経験不足ではない。アルフレッド・デルヴォーの『エロティック事典』は本書が扱う時代を締めくくる著作だが、ここに窺われる十九世紀中葉のポルノ文学は、このジャンルの古典への参照が蓄積したものである。その折衷主義は、繰り返しになるが、露骨であけすけな歌と一致しており、伝統と切り離されてはいない。ただし、この露骨であけすけな歌もまた、サドからひそかに影響を受けているらしいという一点を除いて。

快適な房事の画像表象

フランス国立図書館と数少ない個人コレクションに収蔵されたリトグラフを見てみると、この媒体が当時の支配層の想像界をどのように表現していたか明確に把握することができる[18]〔**口絵3参照**〕。アシル・ドゥヴェリアと彼の流派のメンバーの作品を除けば、ほとんどが無名のマイナー画家による作品である〔**口絵1・7参照**〕。作者が一定の信頼性の要請に従ってはいても、これらの画像は、たしかに、当時の日常的行為《プラティック》にかんする情報を与えてくれるわけではない。ただそのほとんどが、日常で起こりうることの領域にわれわれを誘うものであって、異国趣味や夢幻の領域に誘い込むものでないことは間違いない。これらの画像は、主題の選択によって模倣を促進しているのである。

画家は、学派の若者たちやせいぜい納入業者が関係をもった社交界の場面を描いており、それより下の社会階層には決して降りてゆかない。このことから、鑑賞者の照準が奈辺にあるかがわかる。房事を描くさい、男性は服を着たままでいることが多く、だらしのない格好であっても少なくともたいてい服は着用している。田舎を思わせる場面を描いていてもそれは変わらないし、軍人も血だらけになりながら制服だけは脱いでいない。したがって、顔、手……

そしてペニスを別にすれば、男性の身体は完全に隠されているのである。こうした場面の強迫的モチーフになっているペニスは、服にあとから付け加えた物体のように描かれている。それはまるで、睾丸を表すふたつの玉の上にそそり立った張形である。ときには孤立し、装飾的なモチーフとして扱われていることもある。明らかに、女性パートナーの視覚的渇望を惹起しており、女性は手で相手の性器を愛撫して必要な場合には射精にまで至らせ――より稀だが――、吸ったり、ときにはつかんで窯入れをしたりしている。要するにペニスは、男性の身体のあらゆる部分のうちで真に女性の関心を惹く対象だと仮定されているのである。

こうして、愛撫が描かれることはめったにないが、それは、男性の外観が醜いという信憑に発している。すでに見たように、おびただしい数の猥歌がそのことを示している。たしかに、これらの版画に登場する男性は自らの身体をあまり自慢に思っていないが、勃起の醜さだけはこれ見よがしに披露していて、そこにしがみついている。

女性の表象は「蝶番」の下の部分の裸像、事実上尻に集中しており、それがズーム効果によってしばしば画像の中心に据えられている。その丸々とした尻は、人形の尻のようにいささか非現実的である。尻へのこうしたフォーカシングは、画像に描かれた場面に後背位の頻度が高いという事実から出来している。さもなければ外陰部が、大きく開いた股のあいだで露骨に誇示される。前世紀の版画とは異なり、割れ目は丁寧に描かれている。こうした描写はとりもなおさず、つねに受け入れ態勢にある女性が、目を半ば閉じたり、脚を大きく開いたり、尻を広げたりしながら相手を待っていることを示している。この種の画像には、女性が「恥じらって」いたり、抵抗したり、遠慮がちだったりする場面は存在しない。上品な作品で描かれる初夜の表象とは対照的である。[19]

こうした人形のような身体の中央にあって、「快楽の中心」だけがすべてである。それはときに、男性パートナーがクリトリスへ繊細な愛撫が与えたり、3Pや乱交のときにさまざまな組み合わせをつくり出す必要からクンニリングスが課される根拠にもなる。つねに完璧なまでに白く丸い裸像として呈示される乳房が、パートナーによる接吻の対象になることはめったにない。パートナーはすでに次の段階に進んでいるか、もしくは、その前段階にとどまっているからである。リトグラフはまずもって交接を上演してみせる。ペニスが女性のなかに入っていることもしばしばで、ときには根元まで隠れている。これらの作品に描かれた行為では、複雑でアクロバティックな体位は要求されていない。『四十手の性技』を図解することが目的ではないからである。ここで支配権を揮うのは単純さである。すべては三大体位に収斂し、そのうち最も頻度が低いのが、女性が男性の上に跨る体位である。

挿入は錯乱を惹起しないようにみえる。貫入はあきらかなのに、男女二人はまるで鑞のマネキンのように平静を保ち、見たところ「快感の絶頂」からははるか遠くにいる。描かれた女性には、倦怠を帯びた待機や、たんなる好奇心が窺われることさえある。さもなければ、彼女の目は、熱狂や恍惚の追求よりむしろいたずらや、恥知らずな気晴しや、冗談を映し出している。

人目を盗んでそそくさと交わされる房事の魅力を表現した場面も数多い。隣の広間で繰り広げられている舞踏会から離れて交接が交わされることもあって、これは危険とすぐ隣り合わせにみえる。ところが、他人の視線が侵入してくることはない。どうやらふたりが現場を目撃されることはなさそうである。人目を忍ぶ交接は、男性パートナーが服を着たままでいられ、着衣の乱れも生じさせない点で好都合である。服をめくり上げられた女性も、ペチコートとドレスを下げ完全に慎重を期しているように見える。しかも、これらのリトグラフの多くでは、セットした髪が乱れないように配慮して体位が決められている。

交接は椅子——ドゥヴェリアの作品の場合——やソファや長椅子の上で繰り広げられる。官能的な身振りはビロードと調和し、豪華な紡毛織物が房事を際立たせている。これらの作品では青がしばしば支配的な色彩である。今やこの青は、パステル色調、薔薇色、緑、白ばかりか、前世紀の芸術に特徴的だった火のような赤さえも凌駕している。女性の内部の感触を暗示し象徴するビロードのようなこの感触、このドレープ、この奢侈が、明らかに安逸を好む身体結合を取り囲んでいる。サロンは房事に好都合だが、サロンでない場合は閨房のくしゃくしゃになったシーツや大量のランジェリーのうえで身体の結合は行われる。

人目を忍ぶと同時に安逸なこの性交に人は快楽を感じており、立位がめったにないのはそのためである。女性が固い家具に持たれたり寄りかかったりしているところは、ほとんど描かれない。カップルのようすからそれが売春宿の一場面ではなく、男性と愛人の結合、いや、妻との結合であるとさえ想像できる。当時親密さが台頭し、プライヴァシー〔privacy〕が支配権を握っていたことをエロティックな版画は証言しているのである。

こうした性交には明らかに錯乱が欠けているが、そこには情感も存在しない。フィレンツェ風キスが伴うことはめったにない。舌を絡ませる必要などないからである。画像を見る者はまったく別のことに意識を集中しているのだ。猥褻におけるこの冷静さはロマン主義的な情熱の表出と背馳しており、さまざまな点で前世紀の画像ポルノの延長線上にあるが、その一方で、画像によって描かれた場面は、歌に表現されるあけすけな猥褻《ゴロワズリ》さという大きなテーマとも矛盾をきたしている。登場人物の年齢差はさほど強いコントラストを帯びていない。美的な要請から、二人一組、三人一組、それ以上の組み合わせの形を取り、いずれも若くて美しい。いささか非現実的な形態のもたらすハーモニーが、こうしたリトグラフの魅力を醸し出している。

乱交を描くリトグラフもある。そこには、ブルジョワに挑戦するため貪るように侵犯に手を染めていたロマン主義世代の若い貴族、芸術家、学生たちが集まっていた。女性パートナーたちの服装や態度は、彼女たちが踊り子、歌劇場の女優、名高い遊び女、せいぜいお針子や高級娼婦どまりで、規制万能主義システムのなかで発達した「公娼」でないことを示している。

膣挿入。周囲の光景によって興奮した女性の孤立した手淫。女性同士の手による愛撫。それらを組み合わせたこの乱交場面は、乱交の伝統を汲みながらも、結局ところ、十八世紀末に描かれた乱交よりシンプルに——とはいえよりリアルに――見える。重要な新機軸は、こうした騒然とした場面のあちらこちらに、古代風にワインと陶酔がちりばめられていることである。パーティーの参加者が一定の人数に達するやいなやカップが掲げられ、房事が挙行される。画像に描かれた乱交は、こうした作品を見る人々にとっておそらくなじみ深い祝祭的な社交性を感じさせる。

　こうした資料体においては、レズビアニズムを描いた場面の多さが、男色の少なさと好対照を成している。いかなる論理からこうした不均一な表象が生じるかはすでに見た。手淫をしあったり、舐めあったり、張形を使ったりする場面を描いたリトグラフも少なからずあり、それよりはるかに少ないが、猫に舐めさせるところを描いたものもある。男性がいない場合、女中が協力することもあるが、女中は快楽には与らない。このように描かれたレズビアニズムには、当時のエロティックな言語テクストで表現されていた激しい房事を喚起するものはなにひとつ存在しない。

　二人組、三人組、四人組となっても、暗示される快感は快適さを維持している。全員が合意したうえで快感を味わっていることは明らかで、そこになにがしかの暴力が介在するとは想定されていない。支配を匂わすリトグラフは存在しないし、本当の意味での過剰さえ仄めかされてはいない。その意味で、ドゥヴェリアと彼の流派の芸術家は、サド作品の流れは汲んでいない。

　姦通の場面が少なくなり夫婦の描写が多くなるにつれて[20]、乱交、少なくとも限られた人数のグループによる乱交は、自然と、快適さの要求を反映した私的な空間にもぐり込むようになる。もっと人数の多い乱交の舞台は、娼家でもなければ娼婦たちが開く「パーティー」でもなく、オペラ座の舞踏会に見られるように芸術家たちのあいだで大流行していたお祭り気分の遊興や、派手なドンチャン騒ぎに近かった。この乱交は、生涯のある年齢にある若者たち、つまり結婚の秩序に身振りで異議申し立てをする年齢の若者たちがもつ活気、熱狂、気晴らしから生じている。もっとも主役の若者たちは、思い出を記憶に溜め込んだらやがて結婚の秩序に膝を屈し[21]、やっかいで退屈な結婚生活の憂さをその思い出で和らげることになるのだが。

夫婦の微妙なエロティシズム

親密な関係に対する欲望が増大したことにより、夫婦間の肉体的結合に重きが置かれるようになっていったその一方で、逆説的なことに、現実離れした文学――ジャン・ボリが少し前に力説していたように、広い意味でたしかにそれは「独身者」文学である[22]――は、夫婦の床についてわれわれにほとんどなにも語りかけてはくれていない。せめて身体に消え残った痕跡を手がかりに、夫婦の興奮について教えてくれるなんらかの仄めかしをおぼろげながらも読み解くことができるようになるためには、行間を読む必要がある。欲望の急速な高まりはときに描かれても、そこから推論できることも、また、夫婦の満足の仕方から推論できることも、彼らの房事が当時どのように表象されていたかについてはほとんどなにも教えてくれないからである。現実離れした文学において夫婦の興奮にかんする情報がこのように貧しい理由は、結婚の神聖な性格によっていかなる夫婦の性的快感の描写も暗黙のうちにタブー視されていたと考えれば説明がつく。読者は、女性の読者であればなおさら、秘跡に属するものを暴こうという意思には不快感をもつであろう。夫婦のエロティシズムの称揚者である医者からして、結婚のただなかで味わう官能的な快楽は時が経ち母親になるにつれて薄れてくるものだと考えている以上、ますますそういえる。ロマン主義的な情念の乱れや苦悩は、したがって、夫婦の秘跡に想定されている緊張感のない状態よりも、姦通による侵犯においてこそよりよい表現を得ることができる。日常の性的実践をより深く理解したい者は、したがって、日記や書簡に頼らざるを得ない。これなら、読者もこの先まだまだ食い足りることがないだろう[23]。

さて、残るは『結婚の生理学』の陽気な教育的性格である。ここまで述べてきたすべてのページ、とりわけあけすけな猥歌とエロティックなリトグラフィーにかんするページと突き合わせながら、結婚の生理学に捧げられたバルザックによる古典中の古典について考えてみよう。まず際立って感じられる特徴は、医者や神学者の著作で費やされる克明な描写と比較すると、描写が少ないという事実である――もっとも、これにかんしては検閲を考慮に入れなければならないが。

欲求と「生殖的享楽にたいする……欲求[24]」の激しさが重要だと確信していたバルザックは――この確信は神学者の確信と一致している――夫婦のエロティシズムを観念学派《イデオローグ》の教え、とりわけカバニスとデスチュット・ド・トラシーの教えと調和させるべく努めている。医者と同様に彼もまた、その後の夫婦生活を決すると信じる初夜の重要性を力説する。妻は「自分のあらんかぎりの無知や欲望をもって[25]」夫に身を任せるが、夫は「妻に渇望させるだけの才能が自分にはない快楽を、自分も決して望んでは[26]」ならぬとしている。その後、夫は夫婦の床を無限の創意と革新と美学の場にする必要がある。月を追うごとに「快楽のいろいろな色合いを巧みにとらえ、それを発展させ、新しい型や独創的な表現を与えること」が夫の勤めである。そこにこそ、芸術家としての「夫たる者の才能の本質[27]」が宿っている。なにしろ「欲望をうまれさせ、それをそだて、ひろげ、大きくし、そそり、満足させること、それは完璧な詩である[28]」のだから。

ちなみにバルザックは、当時のエロティシズムにおいて最も重要な要素のひとつを要約した警句を使っている。ただ、「きわめて貞淑な人妻も、きわめて官能的であり得る[29]」というこの警句は、文学史の専門家たちからはほとんど見過ごされている。夫婦の床では、愛撫にさほど貪欲でなくても、男が本物の竪琴を心ゆくまでかき鳴らして深い喜びを感じるかぎり、医者があれほど称揚する快楽の習慣が、売春宿で経験する巧みな快感とはまったく別種の洗練に道を拓くのである。ただし逆説的なことに、論じる対象を考慮に入れた結果、バルザックは古代のエロティシズムにおける女性の得意技の一覧を参照している。マリ＝クレール・グラッシが詳細に分析した夫婦の書簡や日記を読んでみると、いずれおとらず、バルザックが結婚のただなかにおけるエロティシズムに特有のテンポについて指摘していることを裏書きしている。「夫婦関係のテンポを知ることについては、おそらく一巻の書物全部を必要とするかもしれない」[30]と彼は書き記しているのである。

だが同時に姦通が待ちかまえている。有能なところを示すことによって、夫は「来るべき火にもえつきやすいよう、緑の生木を乾かしてしまったのだ」[31]。頑健でないかぎり満たすことのできないような旺盛な性欲を生みだしてしまったのである。しかも、夫婦関係を規定する「定まった時間の愛」[32]に合わせられない欲望が突然兆してくる。ところが、妻がベッドのなかで示す欲求の細かなサインを見破るのは容易なことではない。その点で、バルザックは神学者によく似ている。夫が妻の淫欲を見破ることに関心をもっているからである。

夫婦の床はまた、微妙な風化にさらされた舞台でもある。自らの身体と、欲望の烈しさに恃むところの少ない夫は、ときに、反応の乏しい妻にたいして意欲を見せることがばかばかしくなる。あるいは逆に、あまりに激しく興奮を露わにする妻に不安の入り交じった嫌悪を感じることもある。夫に飽きた妻のなかには、夫から離れようとして逆にこうした過剰なサインを使う者がいる、とさえバルザックは主張している。

十九世紀において、夫婦のエロティシズム――それは売春宿のエロティシズムとはかけ離れている――は姦通と緊密に結びついていた。姦通は、つかの間の侵犯が生む魅力、他人の妻や夫がもっている知識にたいする好奇心、男性の場合自分の勃起力がいかに優れているかを示したい欲望、当時所有者の価値を最も高めるとされていた財産すなわち妻の身体を所有者から奪うことによって生じる快感、また、妻に欺かれた夫を苦しめたいという復讐心などを糧にする。

というのも、民法典〔ナポレオン法典〕の振りかざす制裁が、肉体の所有価値を強調することによって、エロティシズムを根底から刷新したからである。と同時に、バルザックの力説するところによれば、妻は姦通のなかに「恐れと享楽、苦悩と快楽のそうした甘美な深淵」[33]を発見するようになった。このときから、夫は妻を絶えず詮索する運命を背負わされたのである。そして、このうえなく些細なサインの果てしない判読を勧めることにおいてバルザックの右に出る者はいなかった。妻に騙されたと信じる夫は、妻の身体から告白を得ようとやっきになる。夫はまるで臨床医のように妻の歩みや、足取り、運動性を——ルボー博士が淫奔さの度合いを測るようなやり方で——観察し、身体の表面に現れたり内なる欲望と興奮を否応なく暴露してしまうすべてを分析し、とりわけ、顔貌の記号学にたいして注意を払うが、透視力の病に憑かれた夫にしてみれば、それらはいずれも、実行すべき至上命令なのである。

唇のきわめてかすかな動き、鼻孔のほとんど人目にわからない収縮、瞳の感じられぬくらいの拡散、音声の変化、顔立ちをつつむなんともいいがたい曇りとか、それを輝かすほのお、あらゆるものがあなたにとっては言葉である［…］あなたから見れば、瞳は多少色づき、ひろがり、さもなければ縮まっている。まぶたがゆらめき、眉毛が動いた。海の上の水脈のように、たちまちに消える皺が一筋、額にあらわれた。唇がすぼんだ。それはかすかにゆがみ、あるいは活気づいた……あなたからすれば、妻はものをいったのである(34)。

とはいえ、ふたりの愛人が出会うとき、姦通は、危険によってピリッとした刺激が加わり、障害と間遠になった官能とによって掻き立てられた夫婦の結合のようなものとして感じ取られる。ただ一点、そこには根本的な違いがある。姦通のもたらす肉体関係の快感は、稀なケースを除いて、生殖の欲望によって美化されていないという一点である。ただし、姦通は場合によっては特殊な興奮を与えてくれる。たとえば、童貞を失わせるべきだと判断した若い男の子に不倫の女性が愛の薫陶を与えるときの快楽を、ガブリエル・ウーブルは力説している(35)。罪深い関係は、坂を下り始めた女性の、夫が消しきれなかった埋もれ火を、ときに思いがけなく掻き立ててくれるのである。

しかるべき時が来れば、一連の事例研究によって、こうした状況のすべてが容易に例証できるようになるだろう。

残念なことに、専門家の研究は今までのところ姦通にばかり集中しており、売春宿における露骨な官能を羞恥心から、夫婦のエロエティシズムが帯びる無限のニュアンスを無頓着から、なおざりにしてしまっている。これら三者のうち、情念の秘密を暴いてくれるのは姦通だけだと言わんばかりである。だが、バンジャマン・コンスタン、ヴィニー、ゴーチエ、さらにはミシュレのことを考えてみればよい。男性が――そして女性も[36]――エロティックな満足をいかに組み合わせていたか理解するためには、売春、夫婦関係、姦通というエロティックな活動の三側面を同時に考慮に入れることが必要であることがわかるはずである。とはいえ、この三側面に絞ってしまうと、文学が明るみに出すこの時代の周縁的エロスを無視する危険を犯すことになる。

口にできない他性と曖昧な同一性の描写

行政や宗教から厳しい検閲が課せられていたこの時代、逆説的なことに、著者も読者もとても口にできないような醜聞がぎっしり詰まった小説、侵犯の効果を強力に発揮する題材を扱った小説が、雨後の筍のように叢生した。周縁を描く作品、小説の予想しうる規範とは無縁の作品が、大量に出回ったのである。[37]これらの本では、メッセージが秘密めいた雰囲気のなかで発される。本来沈黙の領域に位置づけなければならない怪物的なものを扱っているからである。たとえば、アンヌ＝エマニュエル・ドゥマルティィーニは、ラスネールなる登場人物が七月王政社会にどれほど大きな影響を与えていたかを示している。裏に底知れぬ闇を抱えた、得も言われぬ奇妙な魅力を放つ怪物である。[38]ジュール・ジャナンが一八三四年に強調しているように、サドの密かな影響が当時の現実離れした小説に重くのしかかっていた。すべてがサドを参照して書かれ、サドの名前が取り沙汰されないテクストにさえ彼は影響を与えていたのである。ピエール・ラフォルグは自分の作品に「ロマン主義の堕落した写し[39]」を見ている。

口にしずらい他性のこうした怪物的描写は、支配的な性的二形性から微妙に距離をとっており、セックスとジェンダーのアイデンティティーに混乱を投じ、曖昧さを忍び込ませていた。われわれが粗描を試みている描像において、これらの描写が取る位置はそこにある。第一帝政期と王政復古期においてすでに、これらの例外小説は――レチフ・ド・ラ・ブルトンヌ流の父娘相姦ではなく――兄弟姉妹間の近親相姦を描いていた。(40) ピエール・ラフォルグは、隣接しあう問題作品の一覧を作成した。形而上学的な他性を帯びたカストラートと、(41) 半陰陽という形象と緊密に結びついて始源の合一への回帰欲望を表現する両性具有者《アンドロギュノス》を取り上げているが、これらなどはその好例である。この両性具有者《アンドロギュノス》の範疇において際立った印象を与えているのが、モーパン嬢という登場人物と彼女の変装癖である。これはたんなる変装というよりは、むしろ女性の変性に近い。性的同一性の不分明、ありうるものすべてであろうとする個人が取る中間態は、この時代を囲繞していた性的二形性の雰囲気をひそかに攪乱する。そこから、われわれが見るこの小説の重要性と、この小説が暗示する潜在的な第三の性の創始が導き出されてくる。

わたしの性は、まだ呼び名のない特殊な第三の性なのです。［…］男でも女でも、この先わたしは誰かを心ゆくまで愛することはできないでしょう。胸のうちには何かしら満たされない思いがつねに渦巻いています。恋人であろうと女友だちであろうと、わたしの気質の半面に応えることしかできない。［…］わたしの夢は、代わる代わる男になり女になって、この二重の本性を満足させることです。――今日は男、明日は女と姿を変えて、［…］なぜなら真実の幸福とは、持てる能力をあらゆる方向に自由に発展させて、可能な自己実現をすべて果たすことですもの。(42)

あれほどたびたび描かれ、あれほど頻繁に戯画的肖像の的になったジョルジュ・サンドの身体がパリの社交界のただなかに引き起こした攪乱は、これで理解できる。サンドの身体がこの時代に付きまとい不安を惹起していたのは、扇情的な胸の膨らみに見られるようなハイパーフェミニティーと、混信《ジャミング》を引き起こす男性性の誇示とのあいだに緊張が醸成されていたからである。ジョルジュ・サンドは性的差異の記号を転覆し、根底的な、したがって許容しがたい侵害を支配的なコードに及ぼしていた。彼女自身は自分の主体にかんして明白な留保をつけていたが、それでもこのことによって、親密な書き物のなかでさえ、女性的な打ち明け話は困難になっている。(43)

レズビアンの営為を直接克明に描写するよりもいっそう混乱を生じさせる小説『金色の眼の娘』に隠された秘密も、また、恐ろしくも魅力的な豹とともに砂漠でひとり暮らす兵士の暗示された獣姦も、(44)こうした観点から描かれている。これらはいずれも、この世に知れた文学に徘徊する人物たちだが、彼らの不分明な形象は当然、不能者の形象ともつながってくる。不能者もまたこうした秘密の背後から浮かび上がってくる形象である。一部の男性が抱く欲望とひそかに結びついている以上、(45)これに一瞥を与えておこう。

男性の一時的な性的不能《フィアスコ》は、当時、文学で頻繁に取り上げられていた。スタンダールにせよ、メリメにせよ、ゴンクールにせよ、書簡や日記で一時的な性的不能を告白する例は多い。スタンダールはその『恋愛論』の有名な一章をこの試練に充てている。しかし、この章だけですべてを語り尽くせるわけではない。王政復古期になると、デュラス公爵夫人の『オリヴィエ、あるいは秘密』(一八二二年)(46)の出版を嚆矢とし、匿名で出版された『アロワ、あるいはサン＝ベルナール山の修道士』を経て、スタンダールの『アルマンス』で洗練の極致に達する一連の小説が、「バビラン」(「バビラニスム〔男性の性的不能〕」の犠牲者)という典型を提示している。

著者たちは一時的な性的失敗を放棄し、不能者の苦悩の分析に没頭する。(47)かくしてフィアスコ、すなわち一過性の性的突発事故は、性的アイデンティティーの悲劇的な発見へと大きくシフトする。自らを怪物と考えるようになった者は、いまや沈黙を強いられる。ここに挙げた小説において、不能の告白はつねに頓挫している。たんなる器官の機能停止にすぎないものが、主人公も話者も口にできないほどの秘密になっているのである。主人公は、癒しようのない病の犠牲者になってしまったという意識をもつ。自らの男性機能を訓練することさえ不可能だと思っているらしい。口外できない恥ずべきアイデンティティーというこの意識が、小説のエクリチュールに秘密と曖昧さを課しているのである。

これらの物語には、こうした状況を脱しようという足掻きさえない。小説の目的が不能の上演ではなく、確実な無能力か少なくともうまくゆかない恐怖が引き起こす苦悩を示すことにあるからである。性的失敗の場面は、いなかる物語においても恐怖の地平となり、決して描かれることがない。当時の医者たちがこの種の患者から告白を引き出せなかったことを思いだしておこう。しかも、医者の指摘によれば、患者はできる範囲でさえ性交を試みようとしないのである。(48)

だが、新らしさは今し方述べたシフトにとどまらない。一時的な性的不能《フィアスコ》が概ね一夜だけのアバンチュールを含めた男女関係の枠内で描かれるのにたいし、制限選挙王政下（一八一五〜四八年）に出版された以上のような小説が扱う不能は、結婚という枠内に組み込まれている。夫婦を結びつけるものに関心が集中しているのである。不能はなによりもまず、婚姻連帯のただなかに引き起こされたトラブルとして認識されている。そこからもうひとつ別の転移が生じる。かつて男性が一時的な不能に陥った場合、女性はそのあとでかならず悔しがったり、激怒したりしていた。ところが、以上のような小説では、女性の要求がはっきり口にされることは決してない。まるで、婚約や婚姻関係が妻に不満の吐露をいっさい封じるかのようにすべては進んでいる。要するに、この当時表現されていた不能は、夫婦のただなかで進行していた身分規定の変容を度外視しては解釈できないのである。

人に言えない苦悩を抱えた人々の肖像画を陳列したこのギャラリーには、別のタイプの肖像画もある。男性が与えてくれるはずの快感に与れずひとり苦しむ老嬢《オールドミス》の肖像画もそのひとつである。この種の苦悩にかんして、文学は医学的な推論に荷担する。少なくとも朝ベッドのシーツがしわくちゃになっている描写からおそらく手淫をしていると考えられるコルモン嬢は、彼女を奪い合っている二人の初老男性のうち、不幸なことに、「門の悦楽」すなわちクリトリスへの手淫だけしか与えてくれない方を選んでしまうことになる。だが、こうしたことすべてをバルザックはかなりぼかして暗示しているにすぎない。(49) 加えて、アンディアナにせよ、レリアにせよ〔アンディアナもレリアも、ジョルジュ・サンドの同名の小説の主人公〕、バルザックの小説『あら皮』のフェードラにせよ、小説には性的快感を享受することに困難を覚える女性があふれている。彼女たちもまた、欲望の激しさによって官能の働きが麻痺してしまうのである。レリアは夫についてこう明言している。「わたしは彼のそばにいるとき奇妙で常軌を逸した渇望を感じたものですが、その渇望の源泉をわたしの知性の最も卓越した能力のなかから汲み取っていたので、どんな肉体的抱擁をもってしてもそれを満足させることはできませんでした〔…〕。わたしのなかで欲望とは魂の情熱にほかならず、官能の力を目覚めさせることができるまえにこれを麻痺させていたのです。それは荒々しいまでの熱狂であって、わたしの脳髄を襲い、過剰なまでにそこに埋没していました。わたしの意志が果てしなく飛翔しているかぎり、無力で貧しいわたしの血液は凍り付いていたのです(50)」。

これとは逆に、性的魅力があり快楽を手に入れたくてうずうずしている愛人との情熱的な抱擁に、自律的な主体として身体を自由に与える選りすぐりの女性を描く文学的着想があった。スタンダールによってとりわけ見事に例証され、ペトリュス・ボレルによっていっそう自由な表現を得た文学的着想である。こうした女性は、当時の人々を不安にしていた。商売女の性の奴隷化と男性による女性の身体の道具化にたいして、自然なものがもつエロティックな性質がより広範な人々を不安にさせていたのと同じである。(51)

というのも、以上のような肖像は、男性の欲望を描く新たなエクリチュールに真っ向から対置されていたからである。この新たなエクリチュールは、飽くことのない所有の対象である女性の身体、いやむしろ肉体と姿形というべきか、いずれにせよ、それを目にしたときの男性の凶暴さを、ときにはウジェーヌ・シューのような最も大衆的な作家の作品中にさえ表現していた。まだうら若きフロベールが『一一月』のなかですでにあれほどの力を込めて娼婦の欲望を描いたとき、そのエクリチュールを基礎づけていたものがこれにほかならない。マリーという「悦楽の中にあってこう沈みがちな」娼婦についてフロベールはこう書いている。「実際、これまでにこの女を所有してきた男たちが、残り香といったものを、消え失せた情熱の痕跡を、女のうえに残していた。それが、逸楽的でしかも威厳のある趣を女に与え、淫蕩が、女に凄艶さを加えていた。女は、これまでにらんちきさわぎにうちこまなかったら、あんな自殺者めいたうす笑いをうかべただろうか？　このうす笑いのために、女が、まるで情事の最中に目をさます死人とでもいったふうに見えてくるのだった」。フロベールははるか後の書簡で、[52]この魅惑を描いた箇所の表現に自作品中最も高い美的価値を認めている。十八世紀にはほとんど戯れにしか扱われていなかったものに、今や現実の苦い味わいが染み込んでいるのである。あけすけな猥歌《シャンソン・ゴロワース》に歌われた性的快感のどぎつさに通じるなにかがそこにはある。

　そこから、マリオ・プラーツが先ごろ強調したメドゥーサ的な美が惹起する魅惑へと、より正確に言うならば、性的欲望をそそる肉体と死が結ばれる場所へと至る途が拓かれる。「その味わいに愁苦が加われば加わるほど快感が潤沢に湧き出る美[53]」をわがものとしたゴーチエやメリメの一部ヒロインの悲劇的な誘惑。腐敗の最初の症状や病にむしばまれた瀕死の女性が放つ魅惑。あるいはもっと単純に、初老の女性の顔や胸に消え残るおぞましい罪や消し去った情熱の痕跡。痩せた裸体や骸骨のような美でさえボードレールのような一部の人間にたいして喚起する欲望。これらはいずれも、不透明で翳りを帯びた肉体、言い表しようのない欲動の隠れ家となった肉体にたいして抱く男性の欲望の刺激方法が変わったことを証す与件なのである。[54]とはいえ、こうした革新が相変わらず狭い世界に閉じこめられていたことを忘れてはならない。

　分類不可能の流星フーリエが、その死によって手稿のまま残された愛の新世界を組み立てていたのはまさにこの時期である。ただ、繰り返しになるが、その紛れもない反響が世に現れるのはその百年後のことにすぎない。この対象を論じたテクストの大部分が、われわれが扱っている期間のあいだほとんど外部に出回っていなかったにもかかわらず、十八世紀の乱交の想像世界から着想を得ながらも深い革新を成し遂げたフーリエの提案する乱交の想像世界は、当時思考可能な次元に属するものがいかなる境界を形づくっていたか、より明確に教えてくれる。ここで読者にはシモーヌ・ドゥブ、ロラン・バルト、ジョナサン・ビーチャー、ミシェル・ボゾンの著作[55]を参照してもらうようお願いし、これまで分析を進めてきた話の枠内でフーリエのヴィジョンを位置づけてくれそうな省察を二、三提示するにとどめたい。愛の新世界の一要素であるフーリエ的乱交は、医者や神学者やさらにはポルノ作家が断固として課す規範の裏返しであることは間違いないが、同時に、彼らの表象システムと命令システムによって決定されてもいるのである。

フーリエを読むと、乱交という形で表現される快楽の追求が、自分自身にかんする知識を、したがって、自己糾明を経由しており、ひとりの専門家──「男性聴罪司祭か女性聴罪司祭」──の援助のもと、内省、個人記録文書の読み直し、漸進的進展への欲望や他人と調和のとれた関係を築き上げたい欲望といった一連の手順を踏むことによって、この知が獲得できることがわかる。とはいえ、この歩みは、超越的な存在に訴えたり、救済を追求したりすることによって得られる類のものではまったくない。カトリシズムのパロディになっている部分があるとはいえ、漸進的進展という考え方は快楽にしかかかわらないからである。この内的冒険には罪もなければ痛悔もない。乱交はひたすら「自然」の要求に応えているだけである。ただしその要求は、ポルノ作家の場合と同じく、生殖にかかわることはない。

医者のように、フーリエは器官の充血という概念に助けを求める。彼は性交欠如と喪失が惹起する苦悶は引き合いに出すものの、性交過剰の孕む危険性については告発していない。子宮の激高、女子色情症、男子色情症といった病理は欲求の満足によって回避されているため、当然、彼の話には登場しないのである。フーリエは、快楽の調和を全面的に実現し、快楽をきちんと配分することはぜひとも必要だとするが、その一方で権力による性の統制については何も語っていない。年齢に大きな開きのあるパートナー同士の性的結合について彼が非難している箇所は見当たらない。

リベルタン小説を組織化するものとは反対に、フーリエのテクストでは、誘惑の戦略は問題になっていない。性をめぐる戦いもない。ここではすべてが真実であって、場も、狭いながら「セラドン風[56]」にできている。エロティック作品の作家にとって重要な「瞬間」の概念は消え去り、より調整された時間性がそれに取って代わっている。愛撫と房事が、集団的に秩序立てられた場面で上演されるのである。

フーリエは乱交場面そのもの、カップルの組み合わせ、五感の満足の追求、嗜好や性癖や「情念」のタイプを考慮に入れることなどにかんしては、ポルノ文学から借用している。だが、フーリエの目からみれば、文明人が地下で密かに催す支離滅裂な乱交を再現することが問題ではない。偏見に囚われ、自らの想像力の妄想の餌食になり、差異と同一性のあまりに皮相な概念に影響を受けた十八世紀人が、思い描き、打ち立てようとしていたおそれのある調和を、彼は拒否しているのである。その結果、フーリエ的乱交はポルノ作家が描く乱交の裏返しになる。フーリエ的乱交は真に調和的である。出会いの組み合わせ術を基礎にした快楽の日常的な組織化から帰結するからであり、侵犯の概念に頼ることがないからである。乱交の最中に相手を踏み荒らすなど問題外で、房事の最中にモノ扱いされることも、房事が終わったら棄てられるか消え去る運命の道具のように扱われることも決してない。その点で、フーリエの考える乱交とは、売春的な関係性から遠く離れている。組み合わせにかんする命令以外、命令を伝える垂直的な身体教育のいかなる場にもならない。それでもやはりそれはひとつの教育を含んでおり、若者の愛に満ちた組織化や、ほどよく調整された実習を伴う。フーリエの乱交はまた、臨床的な観察に属するアンケート調査を課しているが[57]、これなど、多くの愛人をもつ女性のコーホートにたいしてルボー博士が行ったアンケート調査を思わせるところがある。前もって綿密な分析を施した個人間にさまざまな感情からなる一大システムを打ち立てようというのである。

フーリエはたしかに売春の語彙を借用してはいる。彼の計画では、娼家の女主人が話題になっているし、裸体の陳列、階段席の光景、選択の手続き、身体の分類は売春宿の習慣を連想させなくもない。だがここでは、商売や金銭の流通が問題になっているわけではない。フーリエ的な乱交は、男女間の互酬性を基礎にして繰り広げられるからである。関係、合意、交換がなによりも求められる。相手の分類には自己の分類が対応しており、最も重要なのは各人が欲求を満たすことである。ここには、医者が望む身体と気質のたんなる調和を越えた慈善、人類愛が伴っている。この慈善は、「単一性愛」にかんするタブーを含め、いっさいのタブーなく、したがっていっさいの命令なく、自由に行われなければならない。

フーリエ的快楽主義は、したがって、十八世紀の放蕩《リベルティナージュ》とそのポルノグラフィーとも、また、その次の時代の売春とも異なっている。たしかに、売春からはいくつかの習慣をもらい受けてはいるが、その暴力とどぎつさは無力化されている。乱交、交換、見事なまでに整然とした演出、系列好み、計算癖など、サドの作品との近接性は指摘できるが、にもかかわらず、フーリエによる乱交はサドの作品とは根本的に異なっている。苦痛愛好症《アルゴフィリ》がまったく取り上げられていない点もつけ加えておこう。提示された愛の世界はどこまでも透明で、真摯なのである。フーリエは人々の虚偽や偽善に、広く取れば文明の虚偽や偽善に対抗して自らを規定し、たとえば金銭尽くの結婚や、頻繁な姦通から生じる欺瞞的な一夫多妻制、身体の商品化といったものを拒否していた。彼はたしかに「枢軸となる愛」の存在は認めている。だが、ひとたび欲望が満たされ衰弱すれば、彼のシステムには、関係の持続は存在しない。思い出の経済学など話題にすらならない。

フーリエの目からすれば、残るはさしあたって小さな村でユートピアの実験をすることであった——もっとも、実験をすればユートピアも無傷ではいられなかっただろう。たしかにそれはユートピアにとどまることを運命づけられた計画であったかもしれない。あらゆる種類の性病が完全に撲滅されて実現可能にならないかぎりは。

結論

——性科学の到来と快楽の調和の一時的な後退

一七七〇年から一八六〇年にかけて、医者、神学者、ポルノ作家が肉体的結合についていかなる発言をしていたか、われわれは注意深く耳を傾けてきたが、そこから、快楽の調和の追求こそこの時期の中心的課題であったという結論を引き出すことができる。当時の医者は受胎の成功と、たいてい暗黙裏ではあるが、生まれてくる子どもの質に注意を傾けており、こうした展望のもとで、夫婦の快楽が主たる関心事となっていた。古代人が夢見た完全な一体感を、自然主義の信奉者が再び発展させたのである。

この同じ時期、夫婦が十字架の下、祈祷台の傍らで抱き合い、子どもの誕生を待ち望みつつ、魂も肉体もひとつに溶かし込む興奮を味わう瞬間を倫理神学は称揚しようとしていた。われわれが「ギュリ契機」と名づけたものが、アメリ・オザナンによって見事に示された(1)この快楽の構造《エコノミー》を例証している。

しかし、ポルノグラフィックな虚構となると、調和という言葉では語りにくくなるように思える。そもそも、ポルノの身分規定は医学や神学の身分規定とはまったく異なっている。サドの読者がこの調和という言葉を耳にしたらさぞ驚くだろう。しかも、この言葉は、サド文学が示す他者への無関心と相容れない。十九世紀初頭に大流行したあけすけな猥褻《ゴロワズリ》さもまた、こうした探求とはかなりかけ離れている。だが、不調和は、狭い意味でのポルノグラフィーやその「性技」よりも、はるかにリベルタン文学の特徴である。ポルノグラフィーというジャンルを構成する膨大なページを読むと、結局のところ、二人で快楽を分かち合い、同時に快感を享受し、互いに満足を味わう場面のはてしない繰り返しが、最後には読者に調和の感覚をもたらしていることがわかる。生殖という使命にたいする暗示が介入することはないにしても。しかも、ポルノ小説がしばしば夫婦の「ハッピー・エンド」を伴っていることを忘れてはいけない。

十九世紀中葉から一八六〇年代のあいだに、われわれが本書の表題として掲げた表現〔本邦訳『快楽の歴史』の原題は *L'harmonie des plaisirs* すなわち、『さまざまな快楽のあいだの調和』である〕は少しずつ後景に追いやられ、医学——通俗的な著作は別として――や宗教やポルノグラフィックな著作の読者は、もはや別世界に入り込んだ感覚を抱くようになる。一方このころから、それまでわれわれが浸ってきた言語環境がその威光を失い、代わってドイツ語圏の著作が威光を持ち始めていることに気づく。クラフト＝エビング〔一八四〇―一九〇二、オーストリアの医学者、精神科医、性的倒錯の研究者〕、ヴェストファル〔一八三三―一八九〇、ドイツの神経科医、近代的な同性愛研究に先鞭をつけた〕、モル、その後のフロイト、ユング、ヒルシュフェルト〔一八六八―一九三五年、ドイツの内科医、性科学者〕、また分野は違うがザッヘル＝マゾッホの名前を挙げれば、この推移がいかに明瞭であったかを十分に推し量ることができる。

　一八四〇年代からすでに、この新しい世界の予兆がいくつも見えていたことは、われわれも繰り返し指摘してきた。性交の生理学、とりわけオルガスムを扱ったコベルトの著作。冷感症と女性の快楽の自律性にかんしてわれわれが「ルボー契機」と呼ぶもの。実験への配慮に満ちあふれたラルマンによる診察室の医療行為。幼児の性的欲動に当時向けられていた関心。これらはいずれもこの推移を構成する要素である。加えて、ブリエール・ド・ボワモンとラシボルスキの著作を筆頭とする著作全体から、不浄な月経という主題の後退が帰結する。魅せられたように妻アテナイスの生理を待つミシュレの目から見れば、出血する母胎の聖痕となった生理は、今や、飽くことなく妻に関心を寄せる根拠を与えてくれるように見えるのである。

　とはいえ、十九世紀半ばからより深い革新が始まっていたことに変わりはない。『人類の肉体的、知的、精神的変質についての概論』というタイトルをもつ一八五七年に刊行されたベネディクト＝オーギュスタン・モレルの著作は、その後長期にわたって人文科学に帝国主義的な影響をもつことになる生物学と心理学の一解釈を提示している。医学の概論書であるにもかかわらず、ヒステリーという用語は虚構の文学や庶民言語のなかに入り込んで女性の過剰な淫蕩を表すとされるあらゆる行動に自らの烙印を押すにいたり、(2) 女子色情症《ニンフォマニア》という古色蒼然たる形象が抑え込まれる。一八六〇年にはイギリスの医師ハッチンソンが、遺伝性の梅毒《シフィリス》に侵されていることを示すと考えられる「三」《トリアード》徴候を提案し、瘰《ヴェロール》と呼ばれてきたこの病にたいする古くからの恐怖心をその根本から復活させている。遺伝《エレド》による悲劇的人物の誕生を呼び起こしたのである。この贖うことのできない悲劇は、「性の脅威」によってもたらされる恐怖に油を注いだ。とはいえ、われわれの見地からすれば、男女のことを忘れて主体の自律性に終始する精神病理学の及ぼす影響に問題の本質がある点は、依然として変わらない。

われわれが著作の分析をしてきた医者たちは、「自然」の要求を実現しようとする生殖本能の強さや強度に魅了されていた。生殖本能の解剖学的、生理学的な表れにたいする彼らの称賛。唯一の関心事である性交にたいする彼らの賛美。この本能の不調、その過剰、その濫用にたいする彼らの不安。これらはすべてそこから来ている。肉体と精神を結ぶ関係をたえず探求し、器官と系のあいだに新たに打ち立てられた相互影響力に感興を抱いていた医者たちは、男女の欲望と快楽の精妙な経済を求めて、身体と精神の健康や想像力の抑制を強く勧めている。

この体系に亀裂が走り、次いで崩壊する。まず、気質という概念の萎縮とそこから導出される分類学の萎縮——とはいえ完全な消滅ではない——が認められる。「自然に反する者《アンチフィジック》」の描像もまた、綿密な解剖学的観察に基づいて、これを公然と非難する攻撃文書もろとも、次第にその影を薄くしてゆく。精神衛生学に取って代わり、行動の病理学化を基礎とした心理学に関心がますます募る。その意味で、クラフト゠エビングの『性の精神病理』が出版された一八八六年がきわめて重要な年であることは周知のとおりである。これ以降、性科学はその名称体系、「倒錯」の一覧、告白と文章による自己開示の手順、事例研究の新たな形式を練り上げ、次いでそれらの権威を確立してゆく。

この作業には、遺伝という概念の吟味が伴っていた。congénital（あるいは«congénial»〔いずれも「先天性」の意〕。素因。神経障害の家系。いつ起きてもおかしくない遺伝的異常による恐ろしい変容。それに伴うとされる損害の延長。これらが、世紀末に新たな悲劇を生む。

加えて、ごく当然な成り行きとして、性欲の出現、「性倒錯」の初期徴候の出現、遺伝的異常の交替可能な発現のいずれにかかわるものであれ、早期の発現にたいする関心が高まってゆく。各患者の医療記録は膨れあがる。これ以降、祖先、傍系家族、幼年時代の深甚な出来事、主体の感情的なトラウマ、通過儀礼《イニシエーション》が行われた状況、「倒錯」経験の有無、倒錯による苦悶の徴候などにかんする記録で膨れあがってゆくのである。同時に、性交の快楽や不調のなかで味わった感覚の分析にかんして、われわれが見てきた医者たちの行ったような精密な問診は、次第にその姿を消して行った。

一方この間に、虚構の文学は独自の方法でこの新しい知を普及させてゆく。ゴンクールやミラボーのように「倒錯」を舞台に乗せたり、ゾラのように遺伝的異常の伝達論理を衆目にさらす。ポルノグラフィーもまた、こうした過酷な仕事を担い、同じ一覧表を繰り広げている。

実験心理学と病理学と性科学がこうして結婚した結果、あるいはむしろ絡み合った結果と言うべきか、個人に関心が集中するようになり、カップルの構成要素であるパートナー同士を結びつける研究がなおざりになってしまった。かくして、心理的欲求を調整し、ある意味ではそれを強調しようとする個人的な悲劇が避けられなくなる。

本稿では、十九世紀最後の三分の一における肉体関係の実践の歴史を、たとえ簡単なものであれ、試みるつもりはない。すでに獲得された知見を二、三紹介するにとどめよう。最も明らかなことは、われわれが指摘してきた快楽の調和にたいするこの配慮が、一般大衆に広まったという事実に関係している。綺羅星のごとき医者たちが、夫婦の房事の処方を目的とするおびただしい数の概論書、手引き、「枕頭の書」をマーケットに送りだした。私もかつて指摘したことのある、あまたの証言を有する夫婦のエロス化に貢献したのが、おそらく彼らだろう。第三共和政の到来とともに検閲は緩和され、過去のポルノ小説が大量に再版されると同時に、読書の危険、とりわけ女性が本を読む危険は十九世紀半ばほど槍玉に挙げられなくなった。その一方で、ヴァチカンの教義の明らかな硬化と、人口増加主義者〔人口増加を富の源泉と考える説の信奉者〕のプロパガンダによって強化されたピウス猊下〔ピウス九世〕のキャンペーン〔第一回ヴァチカン公会議において出された教皇不可謬説を指すと思われる〕が、膨大な数のキリスト教徒夫婦の中断性交を真に回避できたとは思えない。その意味で、新たなる厳格主義と処女崇拝の高まりにもかかわらず、「ギュリ契機」は依然として存続し続けていた。

つまり、科学の分野における目覚ましい革新にもかかわらず、十九世紀最後の三分の一は、われわれがこれに先立つ時代について研究したものの残響をまだ受け取っていたのである。文化史はつねに、社会環境や個人によってさまざまに異なり時間的にもギャップのある層が、幾重にも折り重なって出来ていることを決して忘れないようにしよう。というのも、「性の脅威」を告発していた田舎が同時に新たな形の性の脅威を抱えていたこと、新たな堕落概念が精神の奥深くに刻みつけられていたことも否定できないからである。さもなければ、十九世紀末にブリユーの芝居や新たな装いの売春が大成功を収めたことの説明がつくだろうか。しかも、こうした徴候は他にいくらでもあるのだ。

その一方で、固有の意味の性科学に属するものは、さしあたって、より狭い領域に閉じこもっていた。たしかに、十九世紀も終焉間際になって現れてきたジェンダー・アイデンティティーの揺さぶりは、当然、歴史家たちによって力説されてはいるし、性科学もおそらくこれと無縁ではない(3)。とはいえやはり、性科学の成果が社会に浸透するのは二十世紀に入ってからのことで、それは、本書で扱った快楽の調和の歴史とはまったく異なる歴史になることだろう。

(56) オノレ・デュルフェの『アストレ』の登場人物セラドンに見られるような恋のときめき。

(57) このことは Michel BOZON, « Fourier, le Nouveau Monde amoureux et mai 1968... », *loc. cit., passim* において強調されている。

結　論——性科学の到来と快楽の調和の一時的な後退

(1) Cf. p. 266〔本書 300-301 頁〕.

(2) Cf. Nicole EDELMAN, *Les Métamorphoses de l'hystérique du début du XIXe siècle à la Grande Guerre*, Paris, La Découverte, 2003.

(3) Anne-Lise MAUGUE, *L'Identité masculine en crise au tournant du siècle*, Marseille, Rivage, 1987 による。ごく最近、男性性の歴史を探究する著作が現れた。Régis RÉVENIN (dir.), *Hommes et masculinités de 1789 à nos jours. Contributions à l'histoire du genre en France*, Paris, Autrement, 2007, préface d'Alain Corbin.

ou Naples et Paris en 1799, Paris, Desjonquères, 1983, p. 87-107 et de Balzac, *Sarrasine*, p. 128-146.

(42) Théophile GAUTIER, *Mademoiselle de Maupin, Paris*, Gallimard, coll. « Folio », 1973, p. 393-394〔『モーパン嬢』井村実名子訳、岩波文庫、277-278 頁〕. 分析は Pierre LAFORGUE, *L'Eros romantique..., op. cit.*, p. 205-224.

(43) これらの点についてはすべて、Christine PLANTÉ, « "Signes particuliers : aucun". Le corps de l'autobiographie dans Histoire de ma vie de George Sand », dans *Corps. littérature, société, 1789-1900, op. cit.*, p. 253 *sq*. 秘密の文学と小説規範の侵犯にかんするピエール・ラフォルグのケース・スタディーには、当然、『レリア』を加えることができる。

(44) Honoré de BALZAC, *Une passion dans le désert*, dans *Comédie humaine*, t. VIII, Paris, Gallimard, coll. « Bibliothèque de la Pléiade »〔オノレ・ド・バルザック「砂漠の情熱」『知られざる傑作』水野亮訳、岩波文庫、1965 年所収〕. この作品にかんしては、l'ouvrage cité de Pierre LAFORGUE, *L'Eros romantique..., op. cit.*, p. 147-162.

(45) これについてはアストルフ・ド・キュスティーヌの『アロワ、あるいはサン＝ベルナール山の修道士』〔*Aloys ou le religieux du Mont Saint-Bernard* d'Astolphe de Custine〕を特徴づける不分明や神秘や秘密を参照のこと。

(46) アストルフ・ド・キュスティーヌの不分明な人物造形に影響を受けている。

(47) これらの点についてはすべて cf. Yves CITTON, *Impuissances..., op. cit.*, chap. V« Complexe de jeunes privilégiés », p. 301-366.

(48) Cf. *supra*, p. 000.

(49) Honoré de BALZAC, *La Vieille Fille*〔オノレ・ド・バルザック『老嬢』小林正訳、東京創元社、バルザック全集第 8 巻〕.

(50) George SAND, *Lélia*, Paris, Edition Garnier, 1960, p. 174.

(51) Cf. François KERLOUÉGAN, « Madame Putiphar de Pétrus Borel : historicisation du corps et incarnation de l'histoire », dans *Corps, littérature, société, 1789-1900, op. cit.*, p. 191 *sq*. スタンダールについては、Alexandra PION, *Stendhal et l'érotisme romantique*, thèse, université Paris-XII, novembre 2007.

(52) Gustave FLAUBERT, *Novembre*, Paris, Gallimard, coll. « Folio », 2001, p. 168 et 184-185〔『フロベール全集　7』桜井成夫訳、筑摩書房、1966 年、100、116 頁〕. とりわけ 1853 年 6 月 1 日に書かれたルイーズ・コレへの長い書簡は、Gustave FLAUBERT, *Correnpondance, op. cit.*, t. II, p. 339-340.

(53) 今や古典となった彼の著書 Mario PRAZ, *La Chair, la mort et le diable dans littérature du XIXe siècle*. Le romantisme noir, Paris, Denoël, 1977（1966 pour ce qui est de l'édition italienne）et Gallimard, coll. « Tel », 1988〔マリオ・プラーツ『肉体と死と悪魔』倉智恒夫・土田知則・草野重行・南条竹則訳、国書刊行会、2008 年、60 頁〕. のなかで。

(54) François KERLOOEGAN, *Ce fatal excès du désir. Poétique du coup romantique*, Paris, Champion, 2006, *passim*.

(55) 続く乱交にかんする諸段落は、以下の著作から着想を借りた。Simone DEBOUT, *L'Utopie de Charles Fourrier*, Paris, Payot, 1978（réed. Paris, Les Presses du Réel. 1998）; Jonathan BEECHER, *Fourier. Le visionnaire et son monde*, Paris, Fayard, 1993（1er éd. américaine : 1986）; Roland BARTHES, *Sade Fourier, Loyola*, Paris, Le Seuil et, plus récement, Michel BOZON, « Fourier, le Nouveau Monde amoureux et mai 1968. Politique des passions, égalité des sexes et science sociale », *Clio, Histoire. Femmes et sociétés*, 22/2005 « Utopies sexuelles ». そして Charles FOURIER, *Des harmonies polygames en amour*, Paris, Payot et Rivages, 2003 という書名でラウール・ヴァネジャンが実現した、フーリエの手書き原稿の編集の試みも忘れてはならない。

CORBIN, Jean-Jacques COURTINE, Georges VIGARELLO, *Histoire du corps*, Paris, Le Seuil, 2005, t. 2,〔アラン・コルバン／J-J・クルティーヌ／G・ヴィガレロ監修『身体の歴史　II』小倉孝誠監訳、藤原書店、2010年〕にもある。figures 15, 23, 24 et 25〔これらの図版は邦訳には掲載されていない〕. 以下の頁でわれわれが解説を加えているのは、これらの作品全体にたいしてである。

(19) Cf. *ibid.*, figure 1 « La nuit de noce »〔前掲邦訳書、ただしこの図版も掲載されていない〕.

(20) 見事な一例が Paula COSSART (présenté par), *Vingt-cinq ans d'amour adultères. Correspondance sentimentale d'Adèle Schunck et d'Aimé Guyet de Fernex*, 1824-1849, Paris, Fayard, 2005.

(21) たとえばウジェーヌ・シューの『さまよえるユダヤ人』にこうした雰囲気を伝える場面が数多くみつかる。

(22) Jean BORIE, *Le Célibataire français*, Paris, Sagittaire, 1976.

(23) 夫婦間で交わされた書簡に見られる関係を研究した Marie-Claire GRASSI の著作の貢献度がかなり大きい。cf. *Correspondances intimes (1700-1860). Etude littéraire, stylistique et historique*, doctorat d'Etat, université de Nice, 1895. L'article cité« Des lettres qui parlent d'amour » は、その貢献度を簡潔に示している。

(24) Honoré de BALZAC, *Physiologie du mariage, op. cit.*, p. 71〔オノレ・ド・バルザック『結婚の生理学』安士正夫・古田幸男訳、東京創元社、バルザック全集第2巻、46頁〕.

(25) *Ibid.*, p. 88〔前掲書、p. 58〕.

(26) *Ibid.*, p. 111〔前掲書、p. 74〕.

(27) *Ibid.*, p. 88〔前掲書、p. 58〕.

(28) *Ibid.*, p. 89〔前掲書、p. 59〕.

(29) *Idem*〔前掲書、p. 58〕. ここに記されたコメントから、バルザックが、夫婦において欲望と快楽の調和がいかに重要だと考えていたかがわかる。ちなみに、『結婚の生理学』の著者は当時の医者たちと全面的に同意見であった。この夫婦の技（アルス・コンユガリス）を推奨していたバルザックは、妻が家庭においては愛と母性によって霊的な能力を開花させるものだと信じて疑わなかった。これらの点については、cf. Arlette MICHEL, *Le Mariage chez Honoré de Balzac, amour et féminisme*, Paris, Les Belles Lettres, 1978.

(30) Honoré de BALZAC, *Physiologie du mariage, op. cit.*, p. 358〔オノレ・ド・バルザック『結婚の生理学』安士正夫・古田幸男訳、東京創元社、バルザック全集第2巻、246頁。ただし文脈に合わせて訳文に変更を加えた〕.

(31) *Ibid.*, p. 124〔前掲書、p. 82〕.

(32) *Ibid.*, p. 223〔前掲書、p. 149〕.

(33) *Ibid.*, p. 137〔前掲書、p. 91〕.

(34) *Ibid.*, p. 200〔前掲書、p. 133〕.

(35) Gabrielle HOUBRE, *Les Disciplines de l'amour*, Paris, Perrin, 1997.

(36) 一般に、女性が急場凌ぎに取る行動については、男性ほど読解が容易ではない。

(37) Pierre LAFORGUE, *L'Eros romantique. Représentations de l'amour en 1830*, Paris, PUF, 1998.

(38) Anne-Emmanuelle DEMARTINI, *L'Affaire Lacenaire*, Paris, Aubier, « Collection historique », 2000.

(39) Pierre LAFORGUE, *L'Eros romantique..., op. cit.*, p. 43.

(40) 言うまでもなく、シャトーブリアンの『ルネ』が念頭にある。

(41) Pierre LAFORGUE, *L'Eros romantique..., op. cit.* A propos de H. de Latouche, *Fragoletta*

恐怖の変遷については cf. Alain CORBIN, « L'hérédosyphilis ou l'impossible rédemption », *Le Temps, le désir et l'horreur. Essai sur le XIXe siècle, op. cit.*, p. 141-171〔アラン・コルバン『時間・欲望・恐怖』小倉孝誠他訳、藤原書店、1993 年、143-170 頁〕. また、文学の領域では Patrick Wald LASOWSKI, *Syphilis. Essai sur la littérature française du XIXe siècle*, Paris, Gallimard, 1982.

(192) Cf. Jill HARSIN, *Policing prostitution in XIXth century*, Princeton University Press, 1895.

(193) Lynn HUNT (ed.), *The Invention of pornography...op. cit.*, 特に、« Pornography and the French Revolution ».

(194) Jean-Marie GOULEMOT, *Ces livres qu'on ne lit que d'une main..., op. cit.*, p. 43-45.

(195) Katherine BINHAMMER, « The Sex panic of the 1790's », *Journal of the History of Sexuality*, vol. 6.3, janvier 1996.

第 13 章　新しさを求める 19 世紀

(1) Marie-Véronique GAUTHIER, *Chanson, sociabilité et grivoiserie au XIXe siècle*, Paris, Aubier, 1992.

(2) Maurice AGULHON, *Le Cercle dans la France bourgeoise (1810-1848)*, Paris, Colin, 1977.

(3) Philippe ARIÈS et Georges DUBY (dir.), *Histoire de la vie privée*, Paris, Le Seuil, t. 3 : Michelle PERROT, *De la Révolution à la grande guerre*, 1987, *passim*.

(4) Stéphane MICHAUD, *Muse madone. Visages de la femme de la Révolution française aux apparitions de Lourdes*, Paris, Le Seuil, 1985.

(5) Cf. Marie-Véronique GAUTHIER, *Chanson, sociabilité et grivoiserie..., op. cit.* 以下の頁は、きわめて重要なこの著作に負っている。著者は、当時のあけすけな猥褻さ（ゴロワズリ）がもつ男性想像力を見事に読み解いている。

(6) Sur Piron, *ibid.*, p. 14-16.

(7) *Ibid.*, p. 240.

(8) *Ibid.*, p. 220.

(9) Cf. Alain CORBIN, « La mauvaise éducation de la prostituée au XIXe siècle », dans *Le Temps, le désir et l'horreur..., op. cit.*, p. 107-115〔アラン・コルバン『時間・欲望・恐怖』小倉孝誠他訳、藤原書店、1993 年、105-116 頁〕.

(10) Cité par Marie-Véronique GAUTHIER, *Chanson, sociabilité et grivoiserie..., op. cit.*, p. 223 の引用による。Alfred DELVEAU, *Dictionnaire érotique moderne, op. cit.* 御者をやる :「性交中に女性または男性の尻のなかに指（ふつう人差し指）を挿入して快感を倍加させること」。

(11) *Ibid.*, p. 219.

(12) *Ibid.*, p. 236.

(13) PARENT-DUCHÂTELET, *La Prostitution à Paris au XIXe siècle, op. cit.*, p. 14 et 41.

(14) Marie-Véronique GAUTHIER, *Chanson, sociabilité et grivoiserie..., op. cit.*, p. 256.

(15) Alain CORBIN, « Le sexe en deuil et l'hisoire des femmes », dans *Le Temps, le désir et l'horreur..., op. cit.*, p. 91-105〔アラン・コルバン『時間・欲望・恐怖』小倉孝誠他訳、藤原書店、1993 年、85-102 頁〕.

(16) Marie-Véronique GAUTHIER, *Chanson, sociabilité et grivoiserie..., op. cit.*, p. 243.

(17) *Ibid.*, p. 259.

(18) Cf. le fonds des lithographies coloriées de la Bibliothèque nationale de France, BnF, estampes et photographies, Ae 76 Pet. Fol. Res. et la collection regroupée dans *Romantique. L'art érotique au début du XIXe siècle*, The Pepin Press, 2000. le n° 7 cité de la *Revue de la Bibliothèque nationale de France.* も見よ。これらの版画の複製のいくつかが Alain

また「哲学的罪」とも呼ばれている。

(178) ちなみにジャン・メニル(*Dans les règles du plaisir..., op. cit.*, p. 113)が強調するところによれば、『娘学校』では肛門性交はひとりの男性とひとりの女性のあいだで行われており(神学者がいう「不完全肛門性交」)、男性間の性交の可能性が自然にたいする怪物の強姦として提示されている。

(179) これにかんして Jeremy BENTHAM, *Essai sur la pédérastie (1785), question de genre, GKC*, n° 55, 2003 にはこれにかんする病歴書と資料集が収められている。同書におけるジェレミー・ベンサムの著作の翻訳には、ベッカリーア、ブラックストーン、ディドロ(『百科全書』の「肛門性交」の項目)、エルヴェシユス、モンテスキュー、そしてとりわけヴォルテールらが 18 世紀末に書いた「同性愛」にかんするさまざまなテクストが付録として添えられている。ヴォルテールにかんしては、présenté par Claude COUROUVE, « Voltaire : l'article "l'amour socratique"du *Dictionnaire philosophique portatif* », *Cahiers gai kitsch Camp*, 24, 1994, p. 79-87. も見よ。

これらの主題にかんしては、Michel DELON, « The priest, the philosopher and homosexuality », dans *Enlightenment France : unauthorized sexual behaviour during the Enlightenment*, Cambridge, Cambridge University Press (USA), 1988. および Pierre PEYRONNET の先駆的論文、« Le péché philosophique », dans Paul VIALLANEIX, Jean EHRARD (dir.), *Aimer en France, 1760-1860*, université de Clermond-Ferrand, 1980, t. II, p. 471-477.

(180) « Réponse de M. Grand Maître des Enculeurs et de ses adhérents », dans *Les Enfants de Sodome à l'Assemblée nationale* (1790), *op. cit.*, p. 95 et 96.

(181) Cf. le cas d'Elie de Beaumont, *Obèse et impuissant. Le dossier d'Elie de Beaumont, 1765-1776*, textes réunis et présenté par Daniel Teysseire, Grenoble, Jérôme Million, coll. « Mémoires du corps », 1995.

(182) 次の文献がきわめてうまく論じている。Yves CITTON, *Impuissances, Défaillances masculines et pouvoir politique de Montaigne à Stendhal*, Paris, Aubier, 1994. « Perversions des petits-maîtres », p. 227-301.

(183) Pierre CORNEILLE (?), « L'occasion perdue recouverte ». 不能のテーマは以前、Rémi BELLEAU によって論じられていた。cf. « Jean qui ne peut » (1577).

(184) *Le Portier des Chartreux, Histoire de dom Bougre écrite par lui-même. op. cit.*, p. 198 et 199. この場面はペトロニウスの『サチュリコン』を思わせる。

(185) LA MORLIÈRE, *Angola. Histoire indienne* (1746), dans *Romans libertins du XVIIIe siècle, op. cit.*, p. 476.

(186) *Mademoiselle Javotte, ouvrage moral, écrit par elle-même et publié par une de ses amies* (1757) dans Maurice LEVER, *Anthologie érotique..., op. cit.*, p. 466-467.

(187) Cf. Claude QUÉTEL, *Le Mal de Naples. Histoire de la syphilis*, Paris, Seghers, 1986. イギリスについては、とりわけ Linda E. MERIANS (ed), *The Secret malady: Venereal disease in 18th century Britain and France*, Lexington, University Press of Kentucky, 1996 を見よ。スーザン・P・コナーとフィリップ・K・ウィルソンは治療を研究している。結論から言うと、17 世紀末にはまだ風刺のネタでにすぎなかった「vérole(瘡、梅毒)」は、18 世紀末には真の社会問題になりつつあった。管見によれば良い分析である。

(188) Théodor TARCZYLO, *Sexe et liberté..., op. cit.*, p. 167-172.

(189) Cf. Andrew H. MILLER and James Eli ADAMS (ed.), *Sexualities in Victorian Britain*, Bloomington, Indian University Press, 1996.

(190) TALLEMANT DES RÉAUX, *Historiettes, op. cit.*, t. I, 1960, p. 119.

(191) François-Antoine CHEVRIER, *Le Colporteur, op. cit.*, p. 769. 梅毒によって惹起される

anadrynes : un difficile embarquement pour Lesbos », *Tangence*, 57, mai 1998 も参照のこと。
(170) MIRABEAU, *Erotika Biblion, op. cit.,* « L'anandryne »p. 530.
(171) Cf. *supra*, note 31, p. 509.
(172) この風潮については Sharon MARCUS, *Revue d'histoire moderne et contemporaine*, article cité を見よ。そこには、18、19 世紀イギリスの女性間の友情にかんして豊富な文献が言及されているが、この主題（友情と恋）にかんする文献は膨大である。以下に引用する文献はその一部にすぎない。Lillian FADERMAN, *Surpassing the love of men: Romantic friendship and love Between women from the Renaissance to the present*, New York, Morrow, 1981 ; Emma DONOGHUE, *Passions between women: British lesbian culture, 1668-1801*, London, Scarlett Press, 1993; Ross BALLASTER, *Seductive forms: Women's amatory fiction from 1684 to 1740*, Oxford, Oxford University Press, 1992 ; Elisabeth Susan WAHL, *Invisible relations: Representations of female intimacy in the age of enlightenment*, Stanford University Press, 1999. シャローン・マーカスは、フランスにかんするかぎり、解剖学に関心が集中していた医学の言説と、女性間の愛が紋切り型になっていた 17 世紀文学とのあいだに鋭い対照があったことを強調している（cf. Pontus de Tyard, « Elégie pour une dame enamoutrée d'une autre dame »）。だが、同時に、この愛は失敗を定められており、肉体的に全うされることは決してなく、男性への回帰で終わるべく運命づけられている。女性間の書簡では、この愛にたいする指向性は魂や精神の結びつきという理想で表現されている。
(173) Cf. *Les Enfants de Sodome à l'Assemblée nationale* (et autres écrits), *loc. cit.*, présentation par Patrick Cardon, p. 12 et 22.
(174) フランスにかんしては、cf. Mihel REY, « Police et sodomie à Paris au XVIIIe siècle. Du péché au désordre », *Revue d'histoire moderne et contemporaine*, 29, 1982, p. 113-124 et ID., « 1700-1750. Les sodomites parisiens créent un mode de vie », *Cahiers gai kitsch Camp* (*GKC*), n° 24 : « Les infâmes sous L'Ancien Régime », Documents recueillis par Paul d'Estrée, p. XI-XXXIII. 素晴らしい研究である。

(Jeffrey) MERRICK et Bryant T. RAGAN J^{nr}, *Homosexuality in the modern France: Studies in the history of sexuality*, Oxford, Oxford University Press, 1996. 同じ共著者たちが同じテーマで、伝統、表象、抑圧等々にかんするテクストを編んでいる（*Homosexuality in early modern France. A documentary collection*, Oxford, Oxford University Press, 2001）。そこにはしたがって、肛門性交と男色家の実践にかんする神学、法学、医学などのテクストが集められている。抑圧にかんしては、Maurice LEVER, *Les Bûchers de Sodome. Histoire des infâmes*, Paris, Fayard, 1985. を見よ。
(175) この議論にかんしては Rictor NORTON, *Mother claps. Molly house: The gay subculture in England, 1700-1830*, London, G. M. P., 1992 がその一例。著者は本質主義説を主張している。その他、近代同性愛の起源を 18 世紀末とする者もいれば（Michel Foucault, Jeffrey Weeks）、この出現をもう少し遡って考え、ただしわれわれが指摘している推移を辿ったとする者もいる（Michael Rocke, Theo Van der Meer, Rudolph Trumbach）。要するに、1700 年なのか、1720 年なのか、18 世紀末なのか、年代にかんしてはまだ不確定要素が残っている。
(176) TALLEMANT DES RÉAUX, *Historiettes*, Paris, Gallimard, coll.« Bibliothèque de la Pléiade », t. I, 1960, p. 417-418 et 424.
(177) SAINT-SIMON, *Mémoires*, Paris Gallimard, « Bibliothèque de la Pléiade », t. II (1701-1707), 1983, p. 303 et 693 *sq. Mémoires* の中の「イタリア式悪徳」は、ブイヨン枢機卿ら一連の登場人物たちに帰せられている。それを輸入したとして非難されていたのがマザランの甥のド・ヌヴェール公爵である（t. II, p. 1244）。この「イタリア式悪徳」は

(147) Sarane ALEXADRIAN, *Histoire de la littérature érotique, op. cit.*, p. 175, *Les Aphrodites* d'Andréa NERCIAT（paru hors de France en 1793）を要約している。

(148) これらの点については Michel DELON, *Le Savoir-vivre libertin, op. cit.*, p. 63-66. 続く文は SADE, *Œuvres, op. cit.*, III, p. 1062-1064.

(149) Sarane ALEXANDRIAN, *Histoire de la littérature érotique. op. cit.*, p. 174.

(150) ANONYME, *Mémoires de Suzon... , op. cit.*, p. 929. これにかんして、ミシェル・ドロンは、フェリシア自身がひとつの器具だと言える、と指摘している。

(151) たとえば John CLELAND/Fougeret DE MONTBRON, *Fanny Hill : la fille de joie, op. cit.*, p. 81〔ジョン・クレランド『ファニー・ヒル』吉田健一訳、河出書房新社、1993年、213-222頁〕。

(152) Abbé DU PRAT, *Vénus dans le cloître..., op. cit.*, p. 94. 著者はアンジェリクに「お尻に」受ける鞭がおよぼすさまざまな効果の論理を語らせている。

(153) これらの点については Michel DELON, *Le Savoir-vivre libertin, op. cit.*, p. 217 et 223.

(154) *Le Rideau levé ou l'Education de Laure..., op. cit.*, p. 421-422.

(155) Jean-Christophe ABRAMOVICI, « Sade et les corps fantômes », dans Jean-Marie ROULIN（dir.）, *Corps, littérature, société..., op. cit.*, p. 62. これらの点について、しかし、より広い見地から見たい場合には以下を参照のこと。Marcel HENAFF のエッセー *L'invention du corps libertin,* Paris, PUF, 1978 et le classique de Lucienne FRAPPIER-MAZUR, *Sade et l'écriture de l'orgie*, Paris, Nathan, 1991.

(156) Cf. Béchir GARBOUJ, « L'infraction didactique... », *loc. cit.*, p. 228.

(157) Jean-Marie GOULEMOT, *Ces livres que l'on ne lit que d'une main..., op. cit.*, p. 162.

(158) *Le Portier des Chartreux, Histoire de dom Bougre écrite par lui-même. op. cit.*, p. 190.

(159) Guy POITRY, « Sade ou le plaisir de l'entre-deux », *loc. cit.*, p. 72 et 76.

(160) *Ibid.*, p. 76.

(161) Cf. *infra*, p. 447-450.

(162) この「多形の官能」については、cf. Michel DELON, *Le Savoir-vivre libertin, op. cit.*, p. 272 *sq.*

(163) BRANTÔME, *Recueil des Dames..., op. cit.*, II, I, p. 364-365〔ブラントーム『ダーム・ギャラント　好色女傑伝 I』鈴木豊訳、講談社、1971年、276-277頁。『好色女傑伝　上』講談社文芸文庫、2002年、248-249頁〕.

(164) John CLELAND/Fougeret DE MONTBRON, *Fanny Hill : la fille de joie, op. cit.*, p. 18-19〔ジョン・クレランド『ファニー・ヒル』吉田健一訳、河出書房新社、1993年、22頁〕.

(165) こうした表象については Marie-Jo BONNET, *Un choix sans équivoque..., op. cit., passim.* またこれほど明瞭ではないが、*Les Relations amoureuses entre femmes, op. cit.*, p. 62-65.

(166) *Ma conversion*, attribué à Mirabeau, *op. cit.*, p. 128-129.

(167) *Hic et Haec, op. cit.*, p. 265.

(168) 続く箇所の解釈については、cf. Pierre SAINT-AMAND, présentation de PIDANSAT de MAIROBERT, *Confession d'une jeune fille, dans Romanciers libertins du XVIIIe siècle, op. cit.*, t. II, p. 1577-1587.

(169) *Ibid.*, p. 1584. したがって著者は、女性同性愛にかんするこの種のスキャンダルがいまだに道徳的で保守的であると判断し、リベルタンたちが女性同性愛をすでに病理的対象として考えることをやめ社会的事実として考えていたはずだ、とするマリ＝ジョ・ボンネの説に異論を唱えている。Cf. *Les Relations amoureuses entre les femmes, op. cit.*, p. 150-177. この複雑な問題にかんしては、Anne RICHARDOT, « La secte des

révolutionnaire d'Alexandre Dumas », dans Jean-Marie ROULIN (dir.), *Corps, littérature, société* (*1789-1900*), Saint-Etienne, Publication de l'université de Saint-Etienne, 2005, p. 148.

(130) この点にかんしては、Annie DUPRAT, « L'affaire du collier de la Reine », dans Christian DELPORTE et Annie DUPRAT (dir.), *L'Evénement, représentation, mémoire*, Paris, Créaphis, 2003, p. 13-31.

(131) イギリスにかんしては、大革命期のポルノグラフィーと政治にかんする以下に所収の Rachel WEIL の文献を参照のこと。Lynn HUNT (dir.), *The Invention of pornography: obscenity and the origins of modernity, 1500-1800*, New York, Zone Books, 1996, とりわけ p. 30 *sq.*

(132) PIGAULT-LEBRUN, *L'Enfant du bordel, op. cit.*, p. 1276.

(133) *Le Rideau levé ou l'éducation de Laure..., op. cit.*, p. 398-399.

(134) *Hic et Haec, op. cit.*, p. 258-259.

(135) Fougeret DE MONTBRON, *Margot la Ravaudeuse, dans Romans libertins du XVIIIe siècle, op. cit.*, p. 703.

(136) Sylvie AUBENAS, « Auguste Belloc et la photographie pornographique sous le Second Empire », *Revue de la Bibliothèque nationale*, n° 7 cité, p, 55.

(137) STENDHAL, lettre à Prosper Mérimée, Paris, 23 décembre 1826.

(138) このような組み込みの意思は Marie-Jo BONNET, *Un choix sans équivoque. Recherches historiques sur les relations amoureuses entre femmes* (*XVIe-XXe siècles*), Paris, Denoël, 1981 et *Les Relations amoureuses entre les femmes*, Paris, Odile Jacob, 1995 できわめて早くから力説されている。

(139) 今日、この目的でゴムの自慰具の使用を勧める性科学者を参照のこと。

(140) Michel DELON, *Le Savoir-vivre libertin, op. cit.*, p. 109〔ミシェル・ドゥロン『享楽と放蕩の時代』稲松三千野訳、原書房、2002年、94頁。ただし文脈に合わせて一部変更〕. サドの小説については、*Juliette ou les prospérités du vice et Mémoires de Suzon* dans *Romans libertins du XVIIIe siècle, op. cit.*, t. II, p. 897.

(141) LA MORLIÈRE, *Angola. Histoire indienne* (1746), dans *Romans libertins du XVIIIe siècle, op. cit.*, p. 415.

(142) Honoré de BALZAC, *Physiologie du mariage, op. cit.*, p. 192〔オノレ・ド・バルザック『結婚の生理学』安士正夫・古田幸男訳、東京創元社、バルザック全集第2巻、128頁〕.

(143) Lettre de Maxime Du Camps à Gustave Flaubert. Mardi soir, fin août-début septembre 1851, dans Gustave FLAUBERT, *Correspondance*, Paris, Gallimard, coll. « Bibliothèque de la Pléiade », t. II, 1980, p. 860. ヴァランティーヌ（ドゥレセール）についてはこう記されている。「彼女は腰を下ろし、ぼくは膝をついた。ぼくはあれ（トマ）を誇示した。彼女はそれを手に取ると自らの中に導き入れた」。ヴァランティーヌは当時のエロティックな版画とまったく同じ姿勢を取っている。その意味でこの描写は興味深い（cf. *infra*, p. 436.）。

(144) Jules MICHELET, *Journal*, Paris, Gallimard, t. II, p. 438. 31 octobre 1858. たとえば、「椅子が自然の甘美な犠牲となる栄光を与えられるような小さな書斎を準備し」と書かれている。

(145) Anonyme, *Mémoires de Suzon...* (1778 ou 1783), non publilé avant 1830 à Bruxelle, dans *Romanciers libertins du XVIIIe siècle, op. cit.*, t. II, p. 927 et 948. この著作については、cf. Henri LAFON, « Machines à plaisir dans le roman français du XVIIIe siècle », *Revues des sciences humaines*, n° 186-187, 1982, p. 116-117.

(146) JONVAL, *Les Erreurs instructives*, Londres-Paris, 1765, cité par Michel DELON dans ANONYME, *Art de foutre en quarante manières..., op. cit.*, p. 90-91.

(110) *Le Portier des Chartreux, Histoire de dom Bougre écrite par lui-même. op. cit.*, p. 15.
(111) Andréa NERCIAT, *Le Diable au corps* (1er publication intégrale 1803, le texte datant de 1777), cité par Sarane ALEXANDRIAN, *Histoire de la littérature érotique. op. cit.*, p. 172.
(112) Cf. *infra*, p. 406-407.
(113) Béchir GARBOUJ, « L'infraction didactique... », *loc. cit.*, p. 226.
(114) *L' Académie des Dames* の教えにかんしては Jean MAINIL, *Dans les règles du plaisir..., op. cit.*, p. 106-108. 最終的には、肛門性交は膣の快楽を高めることのできるかぎりで許容されている。
(115) 後に見るように、*La Nuit merveilleuse* (*infra*, p. 406) の何頁かがこの例外にあたる。
(116) Jean-Marie GOULEMOT, *Ces livres que l'on ne lit que d'une main..., op. cit.*, p. 157 et 161.
(117) それらのエピソードについては、Michel DELON, *Le Savoir-vivre libertin. op. cit., passim* et Guy POITRY, « Sade ou le plaisir de l'entre-deux », *Equinoxe, reveue de sciences humaines*, n° 19, printemps 1998, p. 76.
(118)「人間というものは謎だなあ」、「人間は人間を理解しようとするより、その人間と快楽を共にした方がよい」と明言するブランジ公爵に応えてキュルヴァル法院長が最終的に示しているのがこれである。ひとつの謎がもうひとつの謎と入れ替わっているにすぎない。SADE, *Œuvres*, t. 1, *op. cit.*, p. 255〔マルキ・ド・サド『ソドムの百二十日』佐藤晴夫訳、青土社、1990年、260頁〕.
(119) Donatien Alphonse François de SADE, *Les Cent Vingt Journées de Sodome..., op. cit.*, p. 249〔マルキ・ド・サド『ソドムの百二十日』佐藤晴夫訳、青土社、1990年、254頁。ただし文脈にあわせて一部変更〕.
(120) Michel DELON, *Le Savoir-vivre libertin, op. cit.*, p. 261 et 262〔ミシェル・ドゥロン『享楽と放蕩の時代』稲松三千野訳、原書房、2002年、238-239頁。ただし文脈に合わせて一部変更〕. 著者はアンドレア・ド・ネルシアの『肉体の悪魔』を例に取っている。
(121) Jean-Marie GOULEMOT, « Lumières et pornographie », *Equinoxe*, n° 19, 1998, p. 18 et 19.
(122) Michel DELON, *Le Savoir-vivre libertin, op. cit.*, p. 221.
(123) 娼家（セラーユ）と売春宿（ボルデル）とについては、すでに引用した Erica-Marie BENABOU の著作の他に、*Les Sérails de Paris ou vies et portraits des dames Pâris, Gourdan, Montigny et autres appareilleuses. Ouvrage contenant la description de leurs sérails, leurs intrigues et les aventures des plus fameuses courtisanes...*, récemment réédité dans Maurice LEVER, *Anthologie érotique, Le XVIIIe siècle*, Paris, Laffont. coll. « Bouquin », 2003, p. 861-1025. またこの種のものには、Rochon de CHABANNES et Moufle D'ANGERVILLE, *Les Cannevas de la Pâris ou Mémoires pour servir à l'histoire de l'hôtel du Roule* (1750), p. 557-622 et *Correspondance de Madame Gourdan dite la Petite comtesse* (1783), p. 623-703がある。
(124) *Les Enfants de Sodome à l'Assemblée nationale* (et autres écrits), *loc. cit.*, p. 82.
(125) *Ibid.*, p. 86 et 87.
(126) 続く一連の引用は、Dominique Vivant DENON, *Point de lendemain* (version de 1812), *op. cit.*, p. 180, 181, 183, 184, 186-189 から。
(127) *Petit-fils d'Hercule* のテクストは *Romanciers libertins du XVIIIe siècle, op. cit.*, t. II, p. 1077-1132. に収録されている。
(128) マリー・アントワネットにかんするポルノグラフィックなテクストはすべて Maurice LEVER, *Anthologie érotique..., op. cit.* sous la rubrique « Sexe et politique : une reine de papier », p. 1039-1157 に発表されている。
(129) Corinne SAMINDAYAR-PERRIN, « L'insaisissable corps du peuple dans le cycle

1991, とりわけ p. 114-118.

(85) Honoré de BALZAC, *Physiologie du mariage* (édition présentée, établie par Samuel Sylvestre de Sacy), Paris, Gallimard, 1971, p. 218〔オノレ・ド・バルザック『結婚の生理学』安士正夫・古田幸男訳、東京創元社、バルザック全集第2巻、145 頁〕.

(86) Raymond TROUSSON, *Romans libertins du XVIIIe siècle, op. cit.*, p. LIV.

(87) Jean-Marie GOULEMOT, *Ces livres que l'on ne lit que d'une main..., op. cit.*, p. 153-154.

(88) Michel DELON, *Le Savoir-vivre libertin, op. cit.*, p. 183.

(89) LA METTRIE, *L'Art de jouir* (1751), dans *Œuvres complètes*, Paris, Fayard, 1987, t. II, p. 314-315 に詳しく述べられている。

(90) Cf. *supra*, première partie, *passim*.

(91) Michel DELON, *Le Savoir-vivre libertin, op. cit.*, p. 82〔ミシェル・ドゥロン『享楽と放蕩の時代』稲松三千野訳、原書房、2002 年、69-70 頁〕.

(92) *Ibid.*, p. 82 et 190 *sq.*

(93) LA MORLIÈRE, *Angola. Histoire indienne* (1746), dans *Romans libertins du XVIIIe siècle, op. cit.*, p. 459 et SADE, *Histoire de Juliette, Œuvres*, Paris, Gallimard, coll. « Bibliothèque de la Pléiade », *op. cit.*, t. III, p. 482.

(94) ニコラ・ショリエのこの作品は――『娘学校』が 17 世紀末のあいだと 18 世紀にはほとんど引用されなかったのに対し――頻繁に引用されているが、1660 年に『愛とヴィーナスの秘密にかんするトレドのルイーサ・シゲアのソタデス風サテュロス劇』という題名で地下の出版社からラテン語で出版され、次いで、1680 年に『アロワサまたは貴婦人たちのアカデミックな対話』という題名で翻訳縮約版が出版された。作品は 6 つの対話から構成されているが、第 6 の対話がとくにオッタウィアとその愛人に勧める体位とポーズにかんするトゥリアのレッスンに充てられている。

(95) *Ma conversion*, attribué à Mirabeau, *op. cit.*, p. 135 et *Mémoires de Suzon dans Romans libertins du XVIIIe siècle, op. cit.*, t. II, p. 943. この作品については、Patrick WALD LASOWSKI, *La Science pratique de l'amour. Manuels révolutionnaires érotique, op. cit.*

(96) ANONYME, *Art de foutre en quarante manières ou la science pratique des filles du monde* (1833), Notes et postface par Michel DELON, Paris, Fayard/Mille et une nuits, 2005.

(97) Cf. *infra*, p. 403.

(98) *L'Ecole des filles, dans Libertins du XVIIe siècle, op. cit.*, p. 1190-1191 et Jean MAINIL, *Dans les règles du plaisir..., op. cit.*, p. 69-73.

(99) *Le Portier des Chartreux, Histoire de dom Bougre écrite par lui-même. op. cit.*, p. 119.

(100) Abbé DU PRAT, *Vénus dans le cloître..., op. cit.*, p. 99-100.

(101) *Hic et Haec, op. cit.*, p. 257.

(102) Cf. *supra*, p. 77.

(103) Jean-Marie GOULEMOT, *Ces livres que l'on ne lit que d'une main..., op. cit.*, p. 158, sur le « discours inarticulé de la jouissance ».

(104) *Hic et Haec, op. cit.*, p. 200.

(105) *Ma conversion*, attribué à Mirabeau, *op. cit.*, p. 101.

(106) Cf. *Le Rideau cramoisi* de Jules Barbey d'Aurevilly.

(107) François-Antoine CHEVRIER, *Le Colporteur. Histoire morale et critique* (1761), dans *Romans libertins du XVIIIe siècle, op. cit.*, p. 782.

(108) Donatien Alphonse François de SADE, *Les Cent Vingt Journées de Sodome..., op. cit.*, p. 113 et 114〔マルキ・ド・サド『ソドムの百二十日』佐藤晴夫訳、青土社、1990 年、109-110 頁〕.

(109) *Le Rideau levé ou l'Education de Laure..., op. cit.*, p. 342-344.

(63) Michel DELON, *Le Savoir-vivre libertin, op. cit., passim.*
(64) BRANTÔME, *Recueil des Dames..., op. cit.,* II, I, p. 358 et II, I, p. 273〔ブラントーム『ダーム・ギャラント　好色女傑伝 I』鈴木豊訳、講談社、1971 年、259、82 頁。『好色女傑伝　上』講談社文芸文庫、2002 年、232、84 頁〕.
(65) *Ibid.*, II, I, p. 239〔『ダーム・ギャラント　好色女傑伝 I』13 頁。『好色女傑伝　上』14 頁〕.
(66) *Ibid.*, II, I, p. 272〔『ダーム・ギャラント　好色女傑伝 I』79 頁。『好色女傑伝　上』81 頁〕.
(67) *Ibid.*, II, I, p. 373〔『ダーム・ギャラント　好色女傑伝 I』288 頁。『好色女傑伝　上』260 頁〕.
(68)「fourbissure〔磨きをかけること〕」などといった表現はブラントームによるものである。たとえば II, I, p. 347. を見よ〔『ダーム・ギャラント　好色女傑伝 I』235 頁〕。
(69) *Ibid.*, この表現の出現回数は多い。II, V, p. 588〔『ダーム・ギャラント　好色女傑伝 II』134 頁。『好色女傑伝　下』31 頁。ただしここに引用された「窯入れをする」enfourner という単語はこのページには見当たらない〕.
(70) この点でブラントームの意見は神学者の意見と完全に一致している。
(71) *Ibid.*, I, I, p. 262 et II, IV, p. 555〔『ダーム・ギャラント　好色女傑伝 III』59、300 頁。『好色女傑伝　下』59、398 頁。ただしひとつめの引用は文脈に合わせて新たに訳し直した〕.
(72) *Ibid.*, II, IV, p. 556〔『ダーム・ギャラント　好色女傑伝 III』303 頁。『好色女傑伝　下』401 頁〕.
(73) *Ibid.*, II, IV, p. 574〔『ダーム・ギャラント　好色女傑伝 III』341 頁。『好色女傑伝　下』444 頁〕.
(74) *Ibid.*, II, IV, p. 460 et 462〔『ダーム・ギャラント　好色女傑伝 III』109 頁。『好色女傑伝　下』279 頁〕.
(75) *Ibid.*, II, I, p. 365〔『ダーム・ギャラント　好色女傑伝 I』272 頁。『好色女傑伝　上』244 頁〕.
(76) これらの点については Michel DELON, *Le Savoir-vivre libertin, op. cit., passim,* とりわけ p. 52 et 53〔ミシェル・ドゥロン『享楽と放蕩の時代』稲松三千野訳、原書房、2002 年、44 頁〕.
(77) Cf., *supra,* p. 258〔前掲書〕.
(78)「服を着たまま一儀に及ぶは至上のたのしみ（、という金言を高唱しているくらいである）。まあ、思いめぐらしてもごらんなされい、金糸銀糸の衣裳、金ピカの着物、絹の衣、それに加えてアクセサリーの真珠やら宝石やらを大地に折り敷き、踏みしだき、圧しつぶし、手荒く横たえようというのだから、考えるだけでも熱が昂まり、満足感は数倍増［…］」とブラントームは書いている。ブラントームの仲間には、こうして女性を愛する方が、「凝りに凝ったみごとな飾りをほどこしたベッドで、着物を全部脱ぎ捨てたヌード美人と一発つかまつるよりは」感興はひとしお深いと打ち明ける者もいた。BRANTÔME, *Recueil des Dames..., op. cit.,* II, II, p. 402-403〔『ダーム・ギャラント　好色女傑伝 I』34-36 頁。『好色女傑伝　上』313、315 頁〕.
(79) Jean MAINIL, *Dans les règles du plaisir..., op. cit.,* p 72.
(80) Cf., *supra,* p. 282.
(81) Jean-Marie GOULEMOT, *Ces livres que l'on ne lit que d'une main..., op. cit.,* p. 99.
(82) *Ma conversion,* attribué à Mirabeau, *op. cit.,* p. 118.
(83) *Ibid.*, p. 122.
(84) Pierre CHODERLOS DE LACLOS, *De l'éducation des femmes,* Grenoble, Jérôme Millon,

Souvenirs d'égotisme, œuvres intimes, Paris, Gallimard, coll. « Bibliothèque de la Pléiade », t. II, 1982, p. 483-485.
(38) Cf. *infra*, p. 434-438.
(39) Raymond TROUSSON, *Romans libertins du XVIIIe siècle, op. cit.*, p. XXI.
(40) *Ibid.*, p. LIII et LIV.
(41) ファンニの身体にたいするアミザダールの愛撫については、Denis DIDEROT, *Les Bijoux indiscrets, op. cit.*, p. 285.
(42) LA MORLIÈRE, *Angola. Histoire indienne* (1746), dans *Romans libertins du XVIIIe siècle, op. cit.*, p. 410.
(43) Jean-Jacques ROUSSEAU, *La Nouvelle Héloïse, op. cit.*, 1re partie, lettre LIV, p. 202〔『新エロイーズ (1)』、安士正夫訳、岩波文庫、1960年、245頁〕.
(44) *Ma conversion*, attribué, de manière douteuse, à Mirabeau, *Œuvres érotiques de Mirabeau, op. cit.*, p. 117 et 85.
(45) Pierre LAROUSSE, *Dictionnaire universel du XIXe siècle*, article « Génital ».
(46) BRANTÔME, *Recueil des Dames..., op. cit.*, II, V, p. 600〔ブラントーム『ダーム・ギャラント　好色女傑伝 II』鈴木豊訳、講談社、1971年、158頁。『好色女傑伝　下』講談社文芸文庫、2002年、49頁〕.
(47) LA MORLIÈRE, *Angola. Histoire indienne* (1746), dans *Romans libertins du XVIIIe siècle, op. cit.*, p. 411.
(48) Jean MAINIL, *Dans les règles du plaisir..., op. cit.*, p 109.
(49) *Le Rideau levé ou l'Education de Laure..., op. cit.*, p. 363.
(50) *Hic et Haec, Œuvres érotiques de Mirabeau, op. cit.*, p. 214.
(51) John CLELAND/Fougeret DE MONTBRON, *Fanny Hill : la fille de joie, op. cit.*, p. 33〔ジョン・クレランド『ファニー・ヒル』吉田健一訳、河出書房新社、1993年、おおよそp. 54に該当するが、フジュレ・モンブロンの仏訳と吉田健一の邦訳にかなりの相違があるため、仏訳より新たに訳出した〕.
(52) MIRABEAU, *Erotika Biblion, op. cit.*, p. 517-518.
(53) Donatien Alphonse François de SADE, *Les Cent Vingt Journées de Sodome..., op. cit.*, p. 108〔マルキ・ド・サド『ソドムの百二十日』佐藤晴夫訳、青土社、1990年、104頁〕.
(54) 大革命下における絶頂と猥褻さの枯渇については、Patrick WALD LASOWSKI, introduction à *La Science pratique de l'amour. Manuels révolutionnaires érotiques*, Arles, Picquier, 1998, intitulée « Anatomie de la posture », p. 7-45.
(55) Danielle MUZERELLE, « Mœurs de bibliophile : le marquis de Paulmy », *Revue de la Bibliothèque nationale*, n° 7 cité, p. 39-42.
(56) « Requête et décret en faveur des putains, des fouteuses, des macquerelles et des branleuses »..., publié dans *Les Enfants de Sodome à l'Assemblée nationale*, présenté par Patrick Cardon, cahier n° 57 des *Cahiers question de genre*, 2005, GKC, p. 80.
(57) Jean-Marie GOULEMOT, « Lumières et pornographie », *Equinoxe*, n° 19, 1998, p. 12.
(58) Jean-Marie GOULEMOT, *Ces livres qu'on ne lit que d'une main..., op. cit.*, p. 155.
(59) 今日、性の歴史に重くのしかかっている禁忌である。
(60) Jean MAINIL, *Dans les règles du plaisir..., op. cit.*, p. 64. による強調。内的な感覚を喚起する *L'Ecole des filles* のこれらのテクストは、*Romanciers libertins du XVIIe siècle*, Paris, Gallimard, coll. « Bibliothèque de la Pléiade », 2000, とりわけ p. 1126, 1128, 1140, 1144, 1182に登場する。
(61) Michel DELON, *Le Savoir-vivre libertin, op. cit.*, p. 312-313.
(62) Raymond TROUSSON, *Romans libertins du XVIIIe siècle, op. cit.*, préface, *passim*.

1998, p. 230-231〔ヨアン・ヨアヒム・ヴィンケルマン『古代美術史』中山典夫訳、中央公論美術出版、2001 年〕.

(19) *Le Portier des chartreux, op. cit.*, p. 113. このコントラストはサドにも、またルヴェ・ド・クヴレーの『フランスのメッサリーナ』にもうかがえる。こうした点にかんする詳細は、Michel DELON, « Les couleurs du corps : roman pornographique et débats esthétiques au XVIIIe siècle », *The Eighteenth Century body art, Art History. Litterature, Medecine*, A. Goodden, ed., Berne, Peter Lang, 2002, p. 59-72.

(20) Jean-Jacques ROUSSEAU, *La Nouvelle Héloïse, op. cit.*, p. 325〔『新エロイーズ（2)』安士正夫訳、岩波文庫、1960 年、136 頁〕.

(21) Alain CORBIN, *Le Miasme et la jonquille. L'odorat et l'imaginaire soial*（*XVIIIe-XIXe siècles*), Paris, Aubier, 1982〔アラン・コルバン『においの歴史』山田登世子・鹿島茂訳、藤原書店、新版 1990 年〕.

(22) Cf. *supra*, p. 22.

(23) Jean-Jacques ROUSSEAU, *La Nouvelle Héloïse, op. cit.*, p. 135〔『新エロイーズ（1)』安士正夫訳、岩波文庫、1960 年、132-133 頁〕.

(24) LA MORLIÈRE, *Angola. Histoire indienne*（1746), dans *Romans libertins du XVIIIe siècle, op. cit.*, p. 419.

(25) Dominique Vivant DENON（texte remanié en 1812 sous le titre *La Nuit merveilleuse*), *Point de lendemain*, présenté par Michel Delon, Paris, Gallimard. Collection « Folio classique, n° 2739 », 1995, p. 178, ajouts à la version de 1777.

(26) これについては、*Le Petit-fils d'Hercule*, dans *Romanciers libertins du XVIIIe siècle, op. cit.*, 1, notice de Patrick Wald Lasowski, p. 1554-1555. この架空の風船の重要性については、Patrick Wald LASOWSKI, *L'Ardeur et la galanterie*, Paris, Gallimard, 1986.

(27) Michel DELON, *Le Savoir-vivre libertin, op. cit.*, p. 108.

(28) SADE, *Œuvres, op. cit.*, t. III, 1998, p. 648.

(29) BRANTÔME, *Recueil des Dames..., op. cit.*, II, II, p. 408, 410 et 411〔ブラントーム『ダーム・ギャラント　好色女傑伝 II』鈴木豊訳、講談社、1971 年、44、49、50 頁。『好色女傑伝　上』講談社文芸文庫、2002 年、322、328、324 頁〕.

(30) マロのペンによる逆ブラゾンを参照のこと。

(31) BRANTÔME, *Recueil des Dames..., op. cit.*, II, I, p. 297〔ブラントーム『ダーム・ギャラント　好色女傑伝 I』鈴木豊訳、講談社、1971 年、132 頁。『好色女傑伝　上』講談社文芸文庫、2002 年、128 頁〕.

(32) *Ibid.*, p. 411〔前掲書、329 頁〕.

(33) Jean-Marie GOULEMOT, présentation de Restif de la Bretonne, *Le Pied de Fanchette*, dans *Romanciers libertins du XVIIIe siècle*, Paris, Gallimard, coll. « Bibliothèque de la Pléiade », 2005, p. 1409-1427.

(34) Elizabeth CAMPBELL DENLINGER, « The Garment and the man: Masculine desir in *Harry's list of Covent garden ladies*, 1764-1793 », *Journal of the History of sexuality*. vol. 11. 3, juillet 2002, p. 357-394.

(35) イギリスでは、欲望と風景とのこの結びつきには、女性の性的活動を物語ることを禁じる作用が伴っている点を力説しておかなければならない。その結果、アンヌ・リスターのように、自らの生活空間に性を帯びさせる必要性を感じる女性が現れることになる。

(36) Elizabeth CAMPBELL DENLINGER, « The Garment and the man... », *loc. cit.*, cf. 1793 年のリストについては p. 385 *sq*.

(37) Cf. le récit de la « partie de filles » dans le quartier de Westminster Road, STENDHAL,

(105) Charles SOREL, « Histoire comique de Francion », dans *Romanciers du XVIIe siècle*, Paris, Gallimard, coll. « Bibliothèque de la Pléiade », 1958, p. 210.
(106) Sarane ALEXANDRIAN, *Histoire de la littérature érotique*, Paris, Payot, 1989, p. 117. の引用による。
(107) *Ibid.*, p. 166.
(108) David STEVENSON, « Recording the Unspeakable... », *loc. cit.*, p. 226 *sq.*
(109) Jean-Jacques ROUSSEAU, *La Nouvelle Héloïse, op. cit.,* lettre 15, p. 295.〔『新エロイーズ (2)』安土正夫訳、岩波文庫、90 頁〕ルソーと手淫については、Philippe LEJEUNE, « Le dangereux supplément. Lecture d'un aveu de Rousseau ». *Annales ESC*, 29, 1974, p. 1005-1032.

第 12 章 「性技」とエロティックな錯乱

(1) Béchir GARBOUJ, « L'infraction didactique... », *loc. cit.*, p. 223 et Marcel HÉNAFF, *Sade, l'invention du corps libertin*, Paris, PUF, 1978, chap. V.
(2) この点にかんしては、Lawrence D. KRITZMAN の主著 *The rhetoric of sexuality and the literature of the French Renaissance,* Columbia University Press, 1991, とりわけ p. 97-114. また Roland BARTHES, *S/Z*, Paris, Le Seuil, 1970 および Susan Rubin SULEIMAN (ed.), *The Female body in western culture: contemporary perspective*, Cambridge, Harvard University, Press, 1986 を見よ。
(3) Jean-Marie GOULEMOT, *Ces livres que l'on ne lit que d'une main..., op. cit.,* p. 156.
(4) マウリシオ・フィチーノと風刺詩の流れを汲む伝統的分割による。
(5) Cf. *supra*, la première partie.
(6) Georges BENREKASSA, « L'article"jouissance"... », *loc. cit.*, p. 12.
(7) Denis DIDEROT, *Les Bijoux indiscrets, op. cit.*
(8) Béchir GARBOUJ, « L'infraction didactique... », *loc. cit.*, p. 225.
(9) Lawrence D. KRITZMAN, *The rhetoric of sexuality..., op. cit.,* p. 97 *sq.*
(10) Simon RICHTER, « Wet-nursing, Onanism, and the Breast in 18th century Germany », *loc. cit.* こうして医学へ立ち戻っているのは、ポルノグラフィックなテクストを解明するためである。
(11) この点にかんしては、Anne VINCENT-BUFFAULT, *Histoire des larmes, XVIIIe-XIXe siècle*, Marseille, Rivages, 1986〔アンヌ・ヴァンサン＝ビュフォー『涙の歴史』持田明子訳、藤原書店、1994 年〕.
(12) Simon RICHTER, « Wet-nursing... », *loc. cit.*, p. 21.
(13) *Ibid.*, p. 15.
(14) *Le Portier des Chartreux, Histoire de dom Bougre écrite par lui-même.* 使用した版は l'édition Actes Sud, 1993, p. 114.
(15) Michel DELON, *Le Savoir-vivre libertin, op. cit.,* p. 150〔ミシェル・ドゥロン『享楽と放蕩の時代』稲松三千野訳、原書房、2002 年、130-131 頁。ただし文脈に合わせて一部変更〕. 続く引用も同箇所。
(16) Cf. Alain CORBIN, préface à Alain BELTRAN et Patrice A. CARRÉ, *La Fée et la servante, La société française face à l'électricité, XIXe-XXe siècle*, Paris, Belin, 1991〔アラン・ベルトラン、パトリス・A・カレ『電気の精とパリ』松本栄寿・小浜清子訳、玉川大学出版部、1999 年〕.
(17) Michel DELON, *Le Savoir-vivre libertin, op. cit.,* chap. IX :« Le miroir et le roman », p. 230 *sq.*
(18) Johan Joachim WINCKELMANN, *Histoire de l'art de l'antiquité*, 1781, t. II, reproduit par Pierre LAFORGUE, *L'Eros romantique. Représentations de l'amour en 1830*, Paris, PUF,

いては Anne RICHARDOT, « Lumières sur les jeunes filles : éloquence et artifices de la physiologie », dans Louise BRUT *et alii, Le Corps des jeunes filles de l'Antiquité à nos jours*, Paris, Perrin, 2001, p. 264-294.

(78) PIGAULT-LEBRUN, *L'Enfant du bordel, op. cit.*, p. 1243.

(79) Jean-MAINIL, *Dans les règles du plaisir..., op. cit.* p. 46.

(80) *Ibid.*, p. 87.

(81) *Idem.*

(82) John CLELAND/Fougeret DE MONTBRON, *Fanny Hill : la fille de joie*, Arles, Actes Sud, Coll. « Babel, 61 », 1993, p. 78〔ジョン・クレランド『ファニー・ヒル』吉田健一訳、河出書房新社、1993年、231-237頁。ただし、フジュレ・ド・モンブロンの仏訳は原文をかなり自由に脚色しつつ要約しているため、以後、おおよその該当箇所を示す〕.

(83) Fougeret DE MONTBRON, « Margot la Ravaudeuse », dans *Romans libertius du XVIIIe siècle, op. cit.*, p. 680.

(84) Béchir GARBOUJ, « L'infraction didactique... », *loc. cit.*, p. 222.

(85) Fougeret DE MONTBRON , « Margot la Ravaudeuse », *op. cit.*, p. 681.

(86) Cf. *supra*, p. 137.

(87) *Le Rideau levé ou l'Education de Laure* (1788), dans *Œuvres érotiques de Mirabeau, L'Enfer de la Bibliothèque nationale*, t. 1, Paris, Fayard, 1984, p. 352 et 355. 著者はミラボーであろうと言われている。

(88) Jean-Marie GOULEMOT, *Ces livres qu'on ne lit que d'une main..., op. cit.*, p. 52.

(89) Thomas LAQUEUR, *Le Sexe en solitaire..., op. cit.*, とくに p. 233 *sq.*

(90) *Le Portier des Chartreux, op. cit.*, p. 136.

(91) Jean-Baptiste de BOYER D'ARGENS, *Thérèse philosophe, ou Mémoires pour servir à l'histoire du P. Dirrag et Mlle. Eradice*, Arles, Actes Sud, coll. « Babel », 1992, p. 53-56. エロティック文学は反手淫運動に無関心だったという言い方に異論を唱える著作もある。cf. Théodor TARCZYLO, *Sexe et liberté..., op. cit.*, p. 222.

(92) Jean-Marie GOULEMOT, « Fureurs utérines », *Dix-huitième siècle*, n° 12, 1980, n° cité p. 101.

(93) *Ibid.*, p. 102. 続く部分も同箇所。

(94) *Ibid.*, p. 99.

(95) *Ibid.*, p. 102.

(96) *Ibid.*, p. 103.

(97) Fougeret DE MONTBRON , « Margot la Ravaudeuse », *op. cit.*, p. 680.

(98) Jean-Marie GOULEMOT, « Fureurs utérines », *loc. cit.*, p. 106.

(99) *Ibid.*, p. 107.

(100) Théodor TARCZYLO, *Sexe et liberté..., op. cit.*, p. 223.

(101) これは紋切り型であって、たとえば『哲学者テレーズ』にも見られる。

(102) ただし、異性のパートナー間では、こうした手淫の影響を示す者はいない。Cf. *Œuvres érotiques de Mirabeau, L'Enfer de la Bibliothèque nationale*, t. 1, *op. cit.*: *Erotika Biblion*, « Le Thabala », p. 514-515.

(103) ちなみに、テオドール・タルクジロはすでに引用した条りで、資料体を構成する小説を読解したのちに作成した一覧表上で、房事の場面を見ることによって惹起される手淫と、物を使って、とりわけベッドの柱に陰部を擦りつけて行う自慰――これはひとつの紋切り型（トポス）になっている――と、第三者によって、あるいは相互に行われる手淫とを綿密に区別している。

(104) MALHERBE, *Œuvres*, Paris, Gallimard. coll. « Bibliothèque de la Pléiade », 1971, p. 168.

(58) これらの点については、Abbé DU PRAT の小説、*Vénus dans le cloître ou La religieuse en chemise*（1672）, Arles, Actes Sud, 1994. が重要であることを強調しておこう。

(59) Abbé DU PRAT, *Vénus dans le cloître ou La religieuse en chemise , op. cit.*, p. 17. 小説において、張形の利用に資格を与えるために新米の愛人が使うのが、この決まり文句である。

(60) Cristopher RIVERS, « Safe Sex: the Prophylactic Walls of the Cloister in the French Libertine Covent Novel of the 18th Century », *Journal of the History of Sexuality*, vol. 5, n° 3, 1995, p. 381-402.

(61) Alain Corbin, *Les Filles de noce. Misère sexuelle et prostitution au XIXe siècle*, Paris, Aubier 1978, *passim*〔アラン・コルバン『〈新版〉娼婦　上・下』杉村和子監訳、藤原書店、1991 年〕.

(62) Alexandre PARENT-DUCHÂTELET, *La Prostitution à Paris au XIXe siècle*, Paris, Le Seuil, 1981, présentation d'Alain Corbin, p. 176-177.

(63) Erica-Marie BENABOU, *La Prostitution et la police des mœurs au XVIII siècle*, Paris, Perrin, 1987, p. 215 *sq*.

(64) Arlette FARGE et Michel FOUCAULT, *Le Désordre des familles. Lettres de cachet des archives de la Bastille au XVIIIe siècle*, Paris, Gallimard/Julliard, coll. « Archive, 91 », 1982.

(65) Donatien Alphonse François DE SADE, *Les Cent Vingt Journées de Sodome, ou l'Ecole du libertinage*, dans *Œuvres*, Paris, Gallimard, coll. « Bibliothèque de la Pléiade », t. 1, 1990, p. 193〔マルキ・ド・サド『ソドムの百二十日』佐藤晴夫訳、青土社、1990 年、192-193 頁〕.

(66) Michel DELON, *Le Savoir-vivre libertin, op. cit.*, p. 61.

(67) Raymond TROUSSON, *Romans libertins du XVIIIe siècle, op. cit.*, p. xxx.

(68) Michel DELON, *Le Savoir-vivre libertin, op. cit.*, p. 99.

(69) Jean-Jacques ROUSSEAU, *La Nouvelle Héloïse*, éd. Librairie générale française, 2002. Introduction de Jean-Marie Goulemot, I lettre 14, p. 117. ルソー『新エロイーズ（1)』安土正夫訳、岩波文庫、1960 年、101-104 頁。

(70) 見せ場のひとつが、Claude-Joseph DORAT, *Les Malheurs de l'inconstance*（1772）, *Romans libertins du XVIIIe siècle, op. cit.*, p. 977. にある。

(71) Cf. *infra*, p. 375.

(72) Michel DELON, *Le Savoir-vivre libertin, op. cit.*, p. 119〔ミシェル・ドゥロン『享楽と放蕩の時代』稲松三千野訳、原書房、2002 年、102 頁〕. 著者は、移動ルートに合わせたこの欲望の進展において建築、絵画、鏡、香水、音楽がいかなる役割を果たしているか説明している。

(73) *Ibid.*, p. 101〔前掲書、87 頁〕.

(74) *Ibid.*, p. 105〔前掲書、90 頁〕.

(75) LA MORLIÈRE, *Angola. Histoire indienne*（*1746*）, dans *Romans libertins du XVIIIe siècle, op. cit.*, p. 405.

(76) ここでわれわれが利用している Jean MAINIL, *Dans les règles du plaisir..., op. cit.* は、18 世紀にかんし、『コー地方の女性たち』で張形の助けを借りて展開される解剖学の教えを伝えている（p. 26)。また、教育文学とポルノグラフィックな文学の親近性については、James Grantham TURNER, *Schooling sex: Libertine litterature and erotic education in Italy, France and England*, Oxford, Oxford University Press, 2003. 著者は、イタリア語、フランス語、英語で出版された著作を読む能力を多くの読者が備えていたことを強調している。

(77) Béchir GARBOUJ, « L'infraction didactique... », *loc. cit.*, p. 221 et 222. より広い見地からの、若い娘の感受性の表象や「性的機械、可感的立像といった」表象につ

——ぼかしていたことを忘れてはならない。有名なビュデのコレクションでも依然としてそうしていた。マルティアリスのエロティックな作品の翻訳は、ごく最近になるまで出版されていない。MARTIAL, *Epigrammes érotiques et pédérastiques*, traduit par Thierry Martin, G. K. C. 2000.

(43) 具体的には 1822 年、1827 年、1832 年、1834 年、1841 年、1853 年。

(44) Maurice LEVER, *Anthologie érotique, Le XVIIIe siècle*, Paris, Robert Laffont. Coll. « Bouquins », 2003, p. 1029.

(45) Robert DARNTON, *Edition et sédition. L'univers de la littérature clandestine au XVIIIe siècle*, Paris, Gallimard, 1991. Antoine DE BAECQUE, *Le Corps de l'histoire, Métaphores et politique, 1770-1800*, Paris, Calmann-Lévy, 1993. Michel PORRET, « Il libro osceno », *Sul luogo del delitto, Pratica penale, inchiesta e perizia a Ginevra* (*XVIII-XIX*), Bellinzona, Casagrande, 2007, p. 117-129.

(46) ただし Sarane ALEXANDRIAN (œuvres choisies et présentées par), *L'Erotisme au XIXe siècle*, Paris, Jean-Claude Lattès, Coll. « Les romanesques », 1993 はその例外。

(47) 1822 年 12 月 21 日にセーヌの国王裁判所によって、1842 年 8 月 9 日にセーヌの重罪院によって、1865年5月12日にセーヌの軽罪裁判所によって命令が下されている。

(48) Philippe BOUTRY が、禁書目録に記載された項目を 19 世紀全般にわたって徹底的に調査し、公開したことはすでに述べた。« Papauté et culture au XIXe siècle. Magistère, orthodoxie, tradition », *Revue d'histoire du XIXe siècle*, n° 28-1, 2004, p. 31-58.

(49) Raymond TROUSSON, *Romans libertins du XVIIIe siècle, op. cit.*, p. 165 からの引用。

(50) この問題にかんする要点は、Stéphane PUJOL, Notice du *Supplément au voyage de Bougainville* de Denis Diderot, dans Denis DIDEROT, *Contes et romans*, édition publiée sous la direction de Michel Delon, Paris, Gallimard, Coll. « La Pléiade », 2004, p. 1098-1107.

(51) 当時の人類学については、現在でも Michèle DUCHET, *Anthropologie et histoire au siècle des Lumières*, Paris, Albin Michel, 1971. が基本的著作である。

性の想像世界の革命および旅行物語のイギリスとフランスにおける影響については、Pamela CHEEK, *Sexual antipodes : enlightenment globalization and the placing of sex*, Stanford University Press, 2003.

(52) Cf. Théodor TARCZYLO, *Sexe et liberté..., op. cit.*, p. 79-80.

(53) サドは『ジュリエット物語あるいは悪徳の栄え』のなかでこの相対性について長々と力説している。Cf. SADE, *Œuvres, op. cit.*, III, p. 242-244 et 344-348.

(54) これらの点については Anne RICHARDOT, « Cythère redécouverte : la nouvelle géographie érotique des Lumières », *Clio. Histoire. Femmes et Société*, n° 22, 2005, p. 83-100 et Serge TCHERKEZOFF, « La Polynésie des vahinés et la nature des femmes : une utopie occidentale masculine », *Clio. Histoire. Femmes et Société*, n° 22, 2005, p. 63-82. および、同著者による一連の業績、とりわけこの対象について人類学者が眼差しを向けた長期的歴史にかんする業績を見よ。

(55) Hélène RICHARD, *Une grande expédition scientifique au temps de la Révolution française : le voyage d'Entrecasteaux à la recherche de La Pérouse*, Paris, CTHS, 1986 et Carol E. HARRISON, « Ethnographie française et masculinité dans la mer du Sud à l'époque de la Révolution », *Hommes et masculinités de 1789 à nos jours. Contribution à l'histoire du genre en France*, Paris, Autrement, 2007.

(56) ジャン＝マリ・グルモは、この問題にかんし、200 タイトルについて数量的な研究を行った。

(57) Odile ARNOLD, *Le Corps et l'âme. La vie des religieuses au XIXe siècle*, Paris, Editions du Seuil, coll. « L' Univers historique », 1984.

huitième siècle, n° 12, 1980. p. 19.

(19) Jean-Marie GOULEMOT, *Ces livres qu'on ne lit que d'une main..., op. cit.,* p. 153.

(20) *Ibid.*, p. 10 et 11.

(21) Michel DELON, *Le Savoir-vivre libertin*, Paris, Hachette Littératures, 2000, p. 73〔ミシェル・ドゥロン『享楽と放蕩の時代』稲松三千野訳、原書房、2002年、62頁〕.

(22) Jean MAINIL, *Dans les règles du plaisir..., Théorie de la différence dans le discours obscène, romanesque et médical de l'Ancien Régime*, Paris, Kimé, 1996. p. 25.

(23) Jean-Marie GOULEMOT, *Ces livres qu'on ne lit que d'une main..., op. cit.,* p. 56.

(24) *Ibid.*, p. 90. 続く引用も同書 p. 92.

(25) BRANTÔME, *Recueil des Dames, poésies et tombeaux*, Paris, Gallimard, coll. « Bibliothèque de la Pléiade », 1991, édition établie par Etienne Vaucheret, *Recueil des Dames*, I. 263-265, II, IV, p. 482.

(26) Jean-MAINIL, *Dans les règles du plaisir..., op. cit.,* p. 31 *sq.*

(27) David STEVENSON, « Recording the Unspeakable: masturbation in the diary of William Drummond, 1657-1659 », *Journal of the History of Sexuality*, vol. 9, n° 3, juillet 2000, p. 223-239.

(28) Thomas LAQUEUR, *Le Sexe en solitaire. Contribution à l'histoire culturelle de la sexualité*, Paris, Gallimard, 2003, p. 201-203 に引用されたテクストを参照のこと。

(29) Alexandre Wenger, « Lire l'onanisme. Le discours médical sur la masturbation et la lecture féminines au XVIIIe siècle », *Clio. Histoire. Femmes et Sociétés,* n° 22 « Utopies sexuelles », 2005, p. 227-243. を見よ。

(30) Cf. *supra*, p. 155.

(31) アンヌ・リスターにかんする文献と著作全体については、Anna CLARK, « Anne Lister's Construction of Lesbian Identity », *Journal of the History of Sexuality*, vol. 7, n° 1, juillet 1996, p. 23-50.

　アンヌ・リスターの位置づけにかんしてフランス語で読める文献としては、Sharon MARCUS, « Entre femmes : l'amitié et le jeu du système dans l'Angleterre victorienne », *Revue d'histoire moderne et contemporaine*, 53-4, octobre-décembre 2006, p. 32-52. を見よ。

(32) 個人が文書によってどれほどの影響を受けていたか知ることの難しさについては、英語圏ではティム・ヒッチコック、次いでカレン・ハーヴィーが力説している。たとえば、Cf. Karen HARVEY, « The Century of sex? Gender, bodies and sexuality in the long eighteenth century », *The Historical Journal,* vol. 45, 4, december 2002, p. 915.

(33) この点にかんしては、Cf. Raymond TROUSSON, Préface à *Romans libertins du XVIIIe siècle*, Paris, Robert Laffont, 1993, p. I-LXVIII, *passim,* とくに p. XIX et XX.

(34) Georges BENREKASSA, « L'article "jouissance" », *loc. cit.,* p. 17.

(35) Béchir GARBOUJ, « L'infraction didactique... », *loc. cit.,* p. 227.

(36) Théodore TARCZYLO, *Sexe et liberté au siècle des Lumières, op. cit.,* p. 185.

(37) Anne LEBRUN, « Volupté perdue », *Revue de la Bibliothèque nationale de France*, n° 7, janvier 2001, p. 23. によって力説されている。

(38) Jean MAINIL, *Dans les règles du plaisir..., op. cit.,* p. 215.

(39) たとえば、われわれが引用したヴィレーの著作全体がこの信念をいくども繰り返し述べている。

(40) JUVÉNAL, *Satires*, Paris, Les Belles Lettres, 1931, 6e satire, p. 63.

(41) たとえばアンドレア・ド・ネルシアは『フェリシア、私の火遊び』のなかでこの作品を参照している。

(42) これらの作家の作品の翻訳がきわどいところを——検閲とまでは言わないにせよ

(89) Abbé J. GAUME, *ibid.*, p. 447-448. に引用された人物像。
(90) いずれにせよ、総告白において小罪は明かさなくてよい。
(91) Abbé VALENTIN, *Le prêtre juge et médecin...*, *op. cit.*, t. 2, p. 209.
(92) *Ibid.*, p. 208.
(93) *Idem.*
(94) Joseph POCHARD, *Méthode pour la direction des âmes...*, *op. cit.*, t. 1, p. 319 et 320.
(95) Thomas GOUSSET, *Théologie morale à l'usage des curés et des confesseurs...*, *op. cit.*, t. 2, p. 364.
(96) Cf. *supra*, p. 320.

第III部　快感の絶頂

第11章　猥褻なものの魅力と快楽の予備教育

(1) 以下の全体にかんして、われわれが多く負っている最重要文献は、Jean-Marie GOULEMOT, *Ces livres qu'on ne lit que d'une main. Lecture et lecteurs de livres pornographiques au XVIIIe siècle*, Paris, Minerve, 1994 (1er édition 1991), p. 30 et 17 である。
(2) *Ibid.*, p. 11 *sq.*
(3) Michel DELON, « Le prétexte anatomique », *Dix-huitième siècle*, n° 12 « Représentations de la vie sexuelle », 1980, p. 46-47.
(4) Jean-Marie GOULEMOT, « Des mots et des images. L'illustration du livre pornographique. Le cas de *Thérèse philosophe* », *Revue de la Bibliothèque nationale de France*, n° 7 « Erotisme et pornographie », janvier 2001, p. 32.
(5) Pierre CHARTIER, « Asmodée ou l'effraction », *Dix-huitième siècle*, n° 12, 1980, p. 215.
(6) Jean-Marie GOULEMOT, *Ces livres qu'on ne lit que d'une main...*, *op. cit.*, p. 66.
(7) CRÉBILLON fils, *Le Sopha*.
(8) Denis DIDEROT, *Les Bijoux indiscrets*.
(9) Jean-Marie GOULEMOT, « Des mots et des images... », *loc. cit.*, p. 33 et Alain GUILLERME, « Le système de l'iconographie galante », *Dix-huitième siècle*, n° 12, 1980.
(10) Jean-Christophe ABRAMOVICI, *Entre vision et fantasme : la réception en France des curieux microscopes*, ENS éditions, 1998, p. 386-387 et Jann MATLOCK, « Voir aux limites du corps. Fantasmagories et femmes invisibles dans les spectacles de Robertson », dans Ségolène LE MEN (dir), *Lanternes magiques. Tableaux transparents*, Paris, Réunion des Musées nationaux, 1995, そしてとりわけ、« Censoring the realist gaze », dans Margaret COHEN et Christopher PRENDERGAST (ed.), *Spectacles of realism, gender, body, genre*, Minneapolis, University of Minnesota Press, 1995, とくに p. 37-46. また、*Mémoires de Suzon, sœur de Dom Bougre, portier des Chartreux, écrits par elle-même,* dans *Romanciers libertins du XVIIIe siècle*, Paris, Gallimard, coll. « Bibliothèque de la Pléiade », t. II, 2005, p. 940-942. も見よ。
(11) Jean-Marie GOULEMOT, *Ces livres qu'on ne lit que d'une main...*, *op. cit.*, p. 145.
(12) *Ibid.*, p. 67.
(13) *Ibid.*, p. 94.
(14) Béchir GARBOUJ, « L'infraction didactique : notes sur la *Philosophie dans le boudoir* », *Dix-huitième siècle*, n° 12, 1980, p. 225.
(15) Jean-Marie GOULEMOT, « Lumières et pornographie », *Equinoxe*, n° 19 « Pornographie », printemps 1998, p. 19.
(16) Jean-Marie GOULEMOT, *Ces livres qu'on ne lit que d'une main...*, *op. cit.*, p. 152.
(17) Jean-Marie GOULEMOT, « Lumières et pornographie », *loc. cit.*, p. 17.
(18) Georges BENREKASSA, « L'article "jouissance" et l'idéologie érotique de Diderot », *Dix-*

(60) *Ibid.*, p. 186-187.
(61) Abbé J. GAUME, *Manuel des confesseurs, op. cit.,* 1837, p. 340. トマ・グッセの前掲書にも同様の考え方が伺える。
(62) Alphonse Marie de LIGUORI, *Œuvres complètes du bienheureux, op. cit.,* t. 25, p. 134.
(63) *Ibid.*, p. 135.
(64) これらの点については、Alphonse Marie de LIGUORI, *Œuvres complètes du bienheureux, op. cit.,* t. 25, p. 140 et t. 26, p. 291 et 292.
(65) *Ibid.*, t. 25, p. 136. 続く引用も同箇所。
(66) Abbé VALENTIN, *Le prêtre juge et médecin..., op. cit.,* t. 1, p. 78. 続く引用も同箇所。
(67) *Ibid.*, p. 79-80.
(68) Abbé J. GAUME, *Manuel des confesseurs, op. cit.,* 1837, p. 357.
(69) Alphonse Marie de LIGUORI, *Œuvres complètes du bienheureux, op. cit.,* t. 26, p. 290.
(70) Pierre-Jean-Corneille DEBREYNE, *Moechialogie..., op. cit.,* p. 255-256.
(71) *Ibid.*, p. 256.
(72) これらの点については、たとえば、abbé GAUME, père DEBREYNE, *op. cit.* の先に引用した箇所参照。
(73) 自瀆中の思念の対象、自瀆した人の身分、罪が犯された場所、共犯者がいる場合にはその共犯者、使った道具、とりわけ官能の度合いについては Cf. Ren. LOUVEL, *Traité de chasteté..., op. cit.,* p. 310-311. 似たような敷衍については BOUVIER (*Dissertatio in sextum decalogi praeceptum*), traduction citée, p. 86-87 et Pierre-Jean-Corneille DEBREYNE, *Moechialogie..., op. cit.,* p. 77-80. 言うまでもなく、ここに引いたブーヴィエ、ドゥブレーヌ、ルヴェルの頁は反教権主義者に恰好の材料を与えたが、聖職者は、生理学的な描像にかんするかぎり、われわれがすでに分析した医学の言説から着想を得ているにすぎないことはお気づきのことだろう。聖職者たちにとって最も重要なものは内面に属している。したがって、過ちとなるものに至るまでの、ということは、淫蕩の意思的同意に至るまでの経路を看破することがなによりも重要である。
(74) これらの点については Alphonse Marie de LIGUORI, *Œuvres complètes du bienheureux, op. cit.,* t. 26, p. 292 et Abbé VALENTIN, *Le prêtre juge et médecin..., op. cit.,* t. 2, p. 46-51.
(75) Joseph POCHARD, *Méthode pour la direction des âmes..., op. cit.,* t. 1, p. 274.
(76) Abbé VALENTIN, *Le prêtre juge et médecin..., op. cit.,* t. 2, p. 54.
(77) *Ibid.*, p. 228, 230 et 231.
(78) Traduction française : Léonard DE PORT-MAURICE (Porto-Maurizio), *Traité de la confession générale, composé à l'usage des missions*, Tournay, J. Casterman, 1834.
(79) *Ibid.*, p. 11-12.
(80) Bernard DOMPNIER, « Missions et confession au XVIIe siècle », dans *Pratiques de la confession..., op. cit.,* p. 220.
(81) Philippe BOUTRY, « Réflexions sur la confession au XIXe siècle... », article cité, p. 236.
(82) Léonard DE PORT-MAURICE, *Traité de la confession générale. op. cit.,* p. 8.
(83) Bernard DOMPNIER, « Missions et confession au XVIIe siècle », dans *Pratiques de la confession..., op. cit.,* p. 211-212.
(84) Abbé VALENTIN, *Le prêtre juge et médecin..., op. cit.,* t. 2, p. 192-211.
(85) Michel LAGRÉE, « La confession dans les visites pastorales et les status synodaux bretons aux XIXe et XXe siècles », dans *Pratiques de la confession..., op. cit., passim.*
(86) Joseph POCHARD, *Méthode pour la direction des âmes..., op. cit.,* t. 1, p. 284.
(87) Abbé J. GAUME, *Manuel des confesseurs, op. cit.,* 1842, p. 345.
(88) *Ibid.*, p. 344-345.

Abbé J. GAUME, *Manuel des confesseurs, op. cit.*, 1837, p. 258. に再録。

(38) というのも、告解の対話はできるかぎりこの小部屋の中でなされるが、田舎の小教区でよくあるように、椅子を2つ並べたり、聖具室のなかに置かれた肘掛け椅子と椅子を使うこともある。続く箇所についてはトマ・グッセ、ゴーム神父、ヴァランタン神父、そして当然ながらアルフォンソ・デ・リグオリとジョゼフ・ポシャール神父の著作を見よ。この分野については厳格主義者とリグオリの門弟とのあいだに目立った違いはない。

(39) Abbé J. GAUME, *Manuel des confesseurs, op. cit.*, 1837, p. 257.

(40) *Ibid.*, p. 255.

(41) Joseph POCHARD, *Méthode pour la direction des âmes..., op. cit.*, t. 1, p. 40, 41 et 139.

(42) *Ibid.*, p. 140.

(43) *Ibid.*, p. 139.

(44) Philippe BOUTRY, « Réflexions sur la confession au XIXe siècle... », article cité, p. 233 によって力説されている。

(45) Abbé VALENTIN, *Le prêtre juge et médecin..., op. cit.*, t. 1, p. 341, 343, 348 et 350.

(46) Joseph POCHARD, *Méthode pour la direction des âmes..., op. cit.*, t. 1, p. 177.

(47) Thomas GOUSSET, *Théologie morale à l'usage des curés et des confesseurs..., op. cit.*, t. 2, p. 357-358.

(48) Joseph POCHARD, *Méthode pour la direction des âmes..., op. cit.*, t. 1, p. 182.

(49) Thomas GOUSSET, *Théologie morale à l'usage des curés et des confesseurs..., op. cit.*, t. 2, p. 358.

(50) Alphonse Marie de LIGUORI, *Œuvres complètes du bienheureux, op. cit.*, t. 26, p. 149-150.

(51) Abbé J. GAUME, *Manuel des confesseurs, op. cit.*, 1842, p. 352.

(52) Thomas GOUSSET, *Théologie morale à l'usage des curés et des confesseurs..., op. cit.*, t. 2, p. 358.

(53) *Ibid.*, p. 359.

(54) *Idem.*

(55) Abbé J. GAUME, *Manuel des confesseurs, op. cit.*, 1842, p. 353 et 358.

(56) Thomas GOUSSET, *Théologie morale à l'usage des curés et des confesseurs..., op. cit.*, t. 2, p. 358.

(57) Abbé VALENTIN, *Le prêtre juge et médecin..., op. cit.*, t. 1, p. 141.

(58) Abbé J. GAUME, *Manuel des confesseurs, op. cit.*, 1842, p. 338-339. ジャン・スタンジェとアンヌ・ファン・ネックは（*Histoire d'une grande peur : la masturbation. op. cit.*, p. 30-48〔ジャン・スタンジェ、アンヌ・ファン・ネック『自慰――抑圧と恐怖の精神史』稲松三千野訳、原書房、2001年〕.）、ガエタヌス〔カイェタン〕、次いでフランシスコ会修道士ベネディクトがその『罪全書』の中で思念や悦楽や接触による意図的な遺精（ポリュシオン）が大罪を構成すると念押ししたことを強調したあとで、倫理神学は安定していたものの、われわれの論じる主題が始まる18世紀中葉以前には、聴罪司祭たちは手淫にたいする闘いを最優先していなかったことは間違いないとしている。聴罪司祭たちは、体液の鬱滞と劣化をなによりも恐れるガレノス医学の影響を受けていたのかもしれない。この議論はわれわれが扱う問題ではないが、ただ、その後に執筆した神学者が参照する多くの文献を見るにつけ、このいわゆる無頓着という言い方は緩和すべきではないかと思われる。加えて、固有の意味での手淫ではなく、自瀆＝遺精（ポリュシオン）という言葉で推論を組み立てるべきではないかという点を指摘しておきたい。

(59) Joseph POCHARD, *Méthode pour la direction des âmes..., op. cit.*, t. 1, p. 179-180.

異なり、ゴーム神父の前掲著作は、概ねそれ以前の諸テクストを編纂したもので、全体的には、ジョゼフ・ポシャールの著作にまだ明瞭だったリグオリ主義から遠ざかっている印象がある。Marcel BERNOS, « Saint Charles Borromée et ses Instrucions aux confesseurs », *Pratiques de la confession..., op. cit.,* p. 199. によれば、ジョゼフ・ポシャールの手稿は1772年に遡るとされ、1783年以降ブザンソンに存在したらしい。この著作はまだカルロ・ボッロメオの影響を強く受けていたことを言い添えておく。

(16) Philippe BOUTRY, « Réflexions sur la confession au XIXe siècle... », article cité, p. 237.

(17) Jean DELUMEAU, *Le Péché et la peur..., op. cit.,* p. 518〔ジャン・ドリュモー『罪と恐れ――西欧における罪責意識の歴史／13世紀から18世紀』佐野泰雄他訳、新評論、2004年〕の引用による。

(18) Ralph GIBSON, « Rigorisme et liguorisme dans le diocèse de Périgueux, XVIIe-XIXe siècles », *loc. cit.,* p. 340.

(19) Philippe BOUTRY, *Prêtres et paroisses..., op. cit.,* p. 403.

(20) Marcel BERNOS, « Saint Charles Borromée et ses Instrucions aux confesseurs... », article cité, p. 185.

(21) Bernard DOMPNIER, « Missions et confessions au XVIIe siècle », dans *Pratiques de la confessions..., op. cit.,* p. 220.

(22) Marcel BERNOS, *Femmes et gens d'Eglise dans la France classique* (*XVIIe-XVIIIe siècles*), *op. cit., passim.*

(23) Alphonse Marie de LIGUORI, *Œuvres complètes du bienheureux, op. cit.,* t. 26, p. 395.

(24) *Ibid.*, p. 403.

(25) *Ibid.* p. 404.

(26) *Ibid.*

(27) *Ibid.*, p. 407.

(28) Philippe BOUTRY, *Prêtres et paroisses..., op. cit.,* p. 404, et « Réflexions sur la confession au XIXe siècle... », article cité, p. 235 によって力説されている。

(29) カルロ・ボッロメオの諸著作は、後に、あらゆるところで参照されるようになった。このミラノ大司教は、聴罪司祭が人品や罪が犯された状況を考慮に入れることを望み、慎重に判断する必要があることを力説していた。したがって、彼をにべもない厳格主義の擁護者と考えることはできない。

(30) Thomas GOUSSET, *Théologie morale à l'usage des curés et des confesseurs..., op. cit.,* t. 2, p. 329.

(31) Joseph POCHARD, *Méthode pour la direction des âmes..., op. cit.,* t. 1, p. 171. 著者は聴罪司祭に不可欠な用心を列挙している。

(32) *Ibid.*, p. 115.

(33) *Ibid.*, p. 116. 続く2箇所の引用は、p. 117 et 116.

(34) Abbé VALENTIN, *Le prêtre juge et médecin..., op. cit.,* t. 1, p. 244. フランソワ・ラブレーにかんしては、*Œuvres complètes*, Paris, Gallimard. Coll. « La Pléiade », 1955, p. 419. ド・ヴィラール夫人については TALLEMANT DES RÉAUX, *Historiettes, op. cit.,* t. I, p. 85. Marguerite DE NAVARRE, *L'Heptaméron*, Paris, Gallimard, Coll. « Folio », 2000, p. 519-520.

(35) Thomas GOUSSET, *Théologie morale à l'usage des curés et des confesseurs..., op. cit.,* t. 2, p. 412.

(36) Abbé J. GAUME, *Manuel des confesseurs, op. cit.,* 1837, p. 250. できるなら「聴罪司祭の勤めに伴われるべき諸注意」の章を全文（p. 243-272）引用するべきところである。

(37) Alphonse Marie de LIGUORI, *Œuvres complètes du bienheureux, op. cit.,* t. 26, p. 221.

(50) Joseph POCHARD, *Méthode pour la direction des âmes..., op. cit.*, t. 2, p. 292.
(51) MASSILLON, *Discours inédit sur les dangers des mauvaises lectures* (1717).
(52) Joseph POCHARD, *Méthode pour la direction des âmes..., op. cit.*, t. 2, p. 294.
(53) Pierre-Jean-Corneille DEBREYNE, *Moechialogie..., op. cit.*, p. 196-198.
(54) *Ibid.*, p. 198.
(55) 今日われわれが感嘆しながら読んでいるこの頃の小説のほとんどが、当時禁書目録に入っていたことを忘れてはいけない。cf. Philippe BOUTRY, « Papauté et culture au XIXe siècle, Magistère, orthodoxie, tradition », *Revue d'histoire du XIXe siècle*, n° 28-1, 2004, p. 31-58.

第10章　告白の綿密さと罪の算術

(1) これらの点については Carla CASAGRANDE et Silvana VECCHIO, *Histoire des péchés capitaux..., op. cit.*, p. 333.
(2) Philippe BOUTRY, « Réflexions sur la confession au XIXe siècle : autour d'une lettre de sœur Marie-Zoé au curé d'Ars (1858) », dans *Pratiques de la confession..., op. cit.*, p. 238.
(3) Philippe BOUTRY, *Prêtres et paroisses..., op. cit.*, p. 384.
(4) これらの点については Jean DELUMEAU, *Le Péché et la peur. La culpabilisation en Occident, XIIIe-XVIIIe siècles*, Paris, Fayard, 1983〔ジャン・ドリュモー『罪と恐れ——西欧における罪責意識の歴史／13世紀から18世紀』佐野泰雄他訳、新評論、2004年〕et *l'Aveu et le pardon..., op. cit., passim.*〔ジャン・ドリュモー『告白と許し——告解の困難、13-18世紀』福田素子訳、言叢社、2001年〕も参照のこと。
(5) Jean DELUMEAU, *Le Péché et la peur..., op. cit.*, p. 523〔前掲書、899頁〕. 著者はブールダルーを引用している。
(6) CHATEAUBRIAND, *Mémoires d'outre-tombe*, Paris, Garnier-Flammarion, 1977, Livre II, 6, p. 119-120, édité par Nicolat Perot.
(7) Philippe BOUTRY, *Prêtres et paroisses..., op. cit.*, p. 438. 告解の対話中に告白される淫蕩の罪については、これ以前の時期にかんする研究の対象になった。たとえば16・17世紀のスペインにかんしては、Stephen HALICZER, *Sexuality in the confessional. A sacrament profaned,* New York, Oxford University Press, 1996. 著者は告解場が近代スペインで最もエロティックな場のひとつであり、エロティックなファンタジーのオアシスであったと考え、異端審問の記録文書のなかに誘惑のケースが123件あったと指摘している。聴罪司祭の「犠牲者」はたいてい女中、貧しい女性、不幸な結婚をしている女性、誘惑に同意した女性である。なかには聖職者を誘惑しようとする女性もいた。要するに、告白はそれが棄て去ろうとしている快楽にかえって注意を惹きつけてしまう結果になっていたようである。
(8) *Idem.*
(9) *Ibid.*, p. 439.
(10) *Idem.*
(11) Philippe Boutry. *Ibid.*, p. 444-445 の引用による。
(12) *Idem.*
(13) *Ibid.*, p. 444.
(14) Claude LANGLOIS, *Le Crime d'Onan..., op. cit.*, の文献目録で論じられている。
(15) Joseph POCHARD, *Méthode pour la direction des âmes..., op. cit.*, t. 1, p. 175. ちなみに、「ブザンソン方式」とも呼ばれるこの著作は1784年に刊行され、1811年から1855年にかけて16版を重ねたが、その後、これに代えて次第にゴーム神父の前掲著作が用いられるようになり、1872年まで12版を重ねた。ジョゼフ・ポシャールの著作と

(29) *Ibid.*, p. 208.
(30) Thomas GOUSSET, *Théologie morale à l'usage des curés et des confesseurs..., op. cit.,* t. 2, p. 370.
(31) Abbé VALENTIN, *Le prêtre juge et médecin..., op. cit.,* t. 1, p. 297-298.
(32) Alphonse Marie de LIGUORI, *Œuvres complètes du bienheureux, op. cit.,* t. 23, p. 462.
(33) Thomas GOUSSET, *Théologie morale à l'usage des curés et des confesseurs..., op. cit.,* t. 1, p. 287. Pierre-Jean-Corneille DEBREYNE, *Moechialogie..., op. cit.,* p. 182. 視覚と触覚の統制にかんして、ドゥブレーヌはリグオリとブーヴィエの見解（(*Dissertatio in sextum decalogi præceptum*), *Dissertation sur le VI*[e] *commandement du Décalogue*, traduction citée, *Manuel secret des confesseurs*）を冗漫に表現しているにすぎない。この点については p. 105-114. 続く諸段落は神学者たちの見解を要約している。
(34) Pierre-Jean-Corneille DEBREYNE, *Moechialogie..., op. cit.,* p. 184.
(35) これらの点については Alphonse Marie de LIGUORI, *Œuvres complètes du bienheureux, op. cit.,* t. 23, p. 462 et Jean-Baptiste BOUVIER, *op. cit.*
(36) Alphonse Marie de LIGUORI, *Œuvres complètes du bienheureux, op. cit.,* t. 23, p. 459-460. cf. aussi abbé VALETIN, *Le prêtre juge et médecin..., op. cit.,* t. 1, p. 249-250.
(37) Pierre-Jean-Corneille DEBREYNE, *Moechialogie..., op. cit.,* p. 171 et 173（citation Billuart）.
(38) *Ibid.*, p. 174.
(39) *Ibid.*, p. 175.
(40) Alphonse Marie de LIGUORI, *Œuvres complètes du bienheureux, op. cit.,* t. 23, p. 460-461. 強姦にかんして延々と詳説を展開している。このテーマにかんしては、Georges VIGARELLO, *Histoire du viol, XVI*[e]*-XX*[e] *siècle*, Paris, Editions du Seuil, Coll. « L' Univers historique », 1998〔ジョルジュ・ヴィガレロ『強姦の歴史』藤田真利子訳、1999 年、作品社〕.
(41) Jean-Baptiste-BOUVIER（*Dissertatio in sextum decalogi præceptum*）, *Dissertation sur le VI*[e] *commandement du Décalogue*, traduction citée, p. 103-105 et Pierre-Jean-Corneille DEBREYNE, *Moechialogie..., op. cit.,* p. 178-182. また接吻にかんしては以下を参照のこと。cf. Guy BECHTEL, *La Chair, le diable et le confessseur..., op. cit.,* p. 208-212.
(42) Pierre-Jean-Corneille DEBREYNE, *Moechialogie..., op. cit.,* p. 199.
(43) Thomas GOUSSET, *Théologie morale à l'usage des curés et des confesseurs..., op. cit.,* t. 1, p. 295.
(44) *Idem.*
(45) Pierre-Jean-Corneille DEBREYNE, *Moechialogie..., op. cit.,* p. 201. カルロ・ボッローメオからの引用にかんしても同箇所。
(46) 以上がブーヴィエの見解例である。Cf. Pierre-Jean-Corneille DEBREYNE, *Moechialogie..., op. cit.,* p. 208. ダンスにかんする同じような見解は、Abbé VALENTIN, *Le prêtre juge et médecin..., op. cit.,* t. 1, p. 105-110.
(47) François de SALES, *Introduction à la vie , op. cit.,* p. 206. 続く引用は p. 206-207.
(48) Pierre-Jean-Corneille DEBREYNE, *Moechialogie..., op. cit.,* p. 193.
(49) これらの点についてはすべて、Alphonse Marie de LIGUORI, *Œuvres complètes du bienheureux, op. cit.,* t. 23, p. 463. ブーヴィエとグッセはリグオリに同調している。 cf. Thomas GOUSSET, *Théologie morale à l'usage des curés et des confesseurs..., op. cit.,* t. 1, p. 290 *sq.* 続く歌についても、BOUVIER, *Dissertatio in sextum decalogi præceptum*, traduction citée, p. 118-119. ブーヴィエ（p. 120）は、とりわけ淫らな歌詞に笑う女性の社会的危険性について力説している。

op. cit.〔ジャン・ドリュモー『罪と恐れ――西欧における罪責意識の歴史／13 世紀から 18 世紀』佐野泰雄他訳、新評論、2004 年〕の引用による。
(4) Jean DELUMEAU, *L'Aveu et le pardon. op. cit.*, p. 172〔ジャン・ドリュモー『告白と許し――告解の困難、13-18 世紀』福田素子訳、言叢社、2001 年、194 頁〕.
(5) François de SALES, *Introduction à la vie dévote, op. cit.*, p. 305.
(6) *Ibid.*, p. 115.
(7) *Ibid.*, p. 259.
(8) *Ibid.*, p. 258.
(9) *Ibid.*, p. 260-261.
(10) Cf. *infra*, p. 299-300.
(11) Abbé VALENTIN, *Le prêtre juge et médecin au tribunal de la Pénitence ou méthode pour bien diriger les âmes*, Paris, Mellier, 1847（3e éd.）, t. 1, p. 196-197.
(12) *Ibid.*, p. 198.
(13) François de SALES, *Introduction à la vie dévote, op. cit.*, p. 268.
(14) *Ibid.*, p. 266.
(15) Alphonse Marie de LIGUORI, *Œuvres complètes du bienheureux, op. cit.*, t. 26, p. 216. 続く部分は p. 217.
(16) Joseph POCHARD, *Méthode pour la direction des âmes..., op. cit.*, t. 1, p. 336-337. Jean-Baptiste BOUVIER, *Manuel secret des confesseurs* あるいは *Diaconales, traduction de Dissertatio in sextum decalogi præceptum*（*Dissertation sur le VIe commandement du Décalogue*）. 最新の翻訳は、Paris, Arléa, 1999, présenté par Emmanuel Pierrat, p. 79. 反教権主義者がこの本を標的にするまで、この本の普及はきわめて限られていたことを強調しておきたい。
(17) Pierre-Jean-Corneille DEBREYNE, *Moechialogie..., op. cit.*, p. 59.
(18) Abbé VALENTIN, *Le prêtre juge et médecin..., op. cit.*, t. 1, p. 199.
(19) Alphonse Marie de LIGUORI, *Œuvres complètes du bienheureux, op. cit.*, t. 23, p. 183 et Jean-Baptiste BOUVIER, *Manuel secret des confesseurs..., op. cit.*, p. 98.
(20) Thomas GOUSSET, *Théologie morale à l'usage des curés et des confesseurs..., op. cit.*, t. 1, p. 285 et Pierre-Jean-Corneille DEBREYNE, *Moechialogie..., op. cit.*, p. 1.
(21) Pierre-Jean-Corneille DEBREYNE, *ibid*, p. 4. この著作には、この問題(「意志的悦楽(デレクタシオン・モローズ)」）にかんする 1840 年代初頭の状況をきわめて仔細に分析した箇所がある。ドゥブレーヌは「悦楽の感覚」と「悦楽への同意」のあいだには大きな違いがあることを力説している（p. 166)。しかも彼は、「意志的悦楽（デレクタシオン・モローズ)」は、性行為にたいする欲望も性行為を完遂しようとする意思もない、「対象の表象」にとどまったままの悦楽と定義している。
(22) *Ibid.*, p. 5.
(23) Alphonse Marie de LIGUORI, *Œuvres complètes du bienheureux, op. cit.*, t. 23, p. 168. ジャン＝バティスト・ブーヴィエは感じることと同意することの区別を再び取り上げ、強調している。Jean-Baptiste BOUVIER, *Dissertatio in sextum decalogi præceptum*（*Dissertation sur le VIe commandement du Décalogue*, traduction française citée, *Manuel secret des confesseurs..., op. cit.*, p. 100）.
(24) Abbé J. GAUME, *Manuel des confesseurs*, Paris, Gaume frères, 1842, p. 317.
(25) *Ibid.*, p. 318. 放蕩者（リベルタン）と肖像画については p. 322.
(26) *Ibid.*, p. 319.
(27) Joseph POCHARD, *Méthode pour la direction des âmes..., op. cit.*, t. 1, p. 198.
(28) *Ibid.*, p. 198. ここではカルロ・ボッローメオを敷衍している。

(110) P. FELINE. *Catéchisme des gens mariés, op. cit.*, p, 27.
(111) D. Ren. LOUVEL, *Traité de chasteté..., op. cit.*, p. 290.
(112) P. FELINE. *Catéchisme des gens mariés, op. cit.*, p, 2.
(113) Cf. Marie-Claire GRASSI, « Des lettres qui parlent d'amour », *Romantisme*, n° spécial « Amour et société », n° 68, 1990, p. 23-33.
(114) 以上はアルフォンソ・デ・リグオリの見解。Alphonse Marie de LIGUORI, *Œuvres complètes du bienheureux, op. cit.*, t. 25, p. 326.
(115) ドゥブレーヌはその *Moechialogie..., op. cit.* のなかでこの問題に繰り返し立ち帰っている。とりわけ p. 167.（引用も同箇所から)。
(116) これがアルフォンソ・デ・リグオリの結論であった。Alphonse Marie de LIGUORI, *Œuvres complètes du bienheureux, op. cit.*, t. 25, 1837, p. 326.
(117) Alphonse Marie de LIGUORI, *Œuvres complètes du bienheureux, op. cit.*, t. 23, 1837, p. 186.
(118) Claude LANGLOIS, *Le Crime d'Onan..., op. cit.*, p. 174. この著作はここで取り上げた議論を総括し、ブーヴィエが果たした役割を綿密に分析している。クロード・ラングロワがブーヴィエの見解の普及者——実際にはそれにとどまらなかったが——と考えるドゥブレーヌは、1840 年代中頃においてこの問題がどうなっていたか、いく度となく明らかにしている。cf. *Essai sur la théologie morale, op. cit.*, chapitre 5 « De l'onanisime conjugale », p. 162-169.
(119) たとえば、Thomas GOUSSET, *Théologie morale à l'usage des curés et des confesseurs..., op. cit.*, t. 2, p. 599. 彼は 1822 年と 1823 年の教皇庁内赦院の見解に基づいている。
(120) Pierre-Jean-Corneille DEBREYNE, *Essai sur la théologie morale..., op. cit.*, p. 166.
(121) Claude LANGLOIS, *Le Crime d'Onan..., op. cit.*, p. 125-126.
(122) *Ibid.*, p. 126.
(123) Thomas GOUSSET, *Théologie morale à l'usage des curés et des confesseurs..., op. cit.*, t. 2, p. 599. この問題と、教皇赦院およびブーヴィエによる重大な原因の解釈については、Claude LANGLOIS, *Le Crime d'Onan..., op. cit.*, p. 119-120.
(124) Pierre-Jean-Corneille DEBREYNE, *Essai sur la théologie morale..., op. cit.*, p. 185. Claude LANGLOIS, *Le Crime d'Onan..., op. cit.*, p. 169 に再録。
(125) *Ibid.*, p. 138.
(126) Pierre-Jean-Corneille DEBREYNE, *Essai sur la théologie morale..., op. cit.*, p. 185.
(127) *Ibid.*, p. 185 et 186.
(128) *Idem*, p. 187. Cf. *supra*, p. 85.
(129) *Ibid.*, p. 185.
(130) Thomas GOUSSET, *Théologie morale à l'usage des curés et des confesseurs..., op. cit.*, t. 2, p. 599. この問題について彼は再度リグオリを参照している。
(131) Claude LANGLOIS, *Le Crime d'Onan..., op. cit.*, p. 176.
(132) Claude LANGLOIS, *op. cit.*, p. 288 の引用による。ギュリの貢献については同書に負っている。
(133) 続く記述についてはクロード・ラングロワに引用された著作を参照のこと。

第 9 章　淫奔さに対する自省の洗練

(1) Thomas GOUSSET, *Théologie morale à l'usage des curés et des confesseurs..., op. cit.*, t. 1, p. 284.
(2) Joseph POCHARD, *Méthode pour la direction des âmes dans le tribunal de la Pénitence et pour le bon gouvernement des paroisses*, Besançon, Gauthier, 1821, t. 1, p. 337.
(3) Jean DELUMEAU, *Le Péché et la peur. La culpabilisation en Occident, XIIIe-XVIIIe siècles,*

(77) *Ibid.*
(78) Alphonse Marie de LIGUORI, *Œuvres complètes du bienheureux, op. cit.,* t. 24, 1837, p. 508 et t. 25, p. 324.
(79) Thomas GOUSSET, *Théologie morale..., op. cit.,* t. 2, p. 597. この点にかんしては、アルフォンソ・デ・リグオリの方が寛大主義的に見える。cf. *Œuvres complètes du bienheureux, op. cit.,* t. 25, p. 322.
(80) P. FELINE. *Catéchisme des gens mariés, op. cit.,* p, 35.
(81) Pierre-Jean-Corneille DEBREYNE, *Moechialogie..., op. cit.,* p. 304.
(82) Alphonse Marie de LIGUORI, *Œuvres complètes du bienheureux, op. cit.,* t. 25, p. 325.
(83) P. FELINE. *Catéchisme des gens mariés, op. cit.,* p, 36.
(84) Thomas GOUSSET, *Théologie morale..., op. cit.,* t. 2, p. 597.
(85) Pierre-Jean-Corneille DEBREYNE, *Moechialogie..., op. cit.,* p. 307. et *Essai sur la théologie morale considérée dans ses rapports avec la physiologie et la médecine. Ouvrage spécialement destiné au clergé,* Bruxelles, Vanderborght, 4e éd., 1844, p. 100 et 171.
(86) Thomas GOUSSET, *Théologie morale..., op. cit.,* t. 2, p. 597.
(87) Alphonse Marie de LIGUORI, *Œuvres complètes du bienheureux, op. cit.,* t. 25, p. 322. Thomas GOUSSET, *Théologie morale..., op. cit.,* t. 2, p, 597.
(88) P. FELINE. *Catéchisme des gens mariés, op. cit.,* p, 32 et 33.
(89) *Ibid.,* p. 33.
(90) たとえば、Thomas GOUSSET, *Théologie morale..., op. cit.,* t. 2, p. 597.
(91) Alphonse Marie de LIGUORI, *Œuvres complètes du bienheureux, op. cit.,* t. 25, p. 322-323.
(92) *Ibid.,* t. 25, p. 323.
(93) P. FELINE. *Catéchisme des gens mariés, op. cit.,* p, 28.
(94) D. Ren. LOUVEL, *Traité de chasteté..., op. cit.,* p. 280.
(95) これらの点についてはたとえば、cf. Thomas GOUSSET, *Théologie morale..., op. cit.,* t. 2, p. 599. et P. FELINE. *Catéchisme des gens mariés, op. cit.,* p, 25.
(96) Cf. D. Ren. LOUVEL, *Traité de chasteté..., op. cit.,* p. 283.
(97) Alphonse Marie de LIGUORI, *Œuvres complètes du bienheureux, op. cit.,* t. 25, p. 323-324.
(98) たとえば、Alphonse de LIGUORI, *ibid.,* p. 324.
(99) Pierre-Jean-Corneille DEBREYNE, *Essai sur la théologie morale..., op. cit.,* p. 189.
(100) Pierre-Jean-Corneille DEBREYNE, *Moechialogie..., op. cit.,* p. 340.
(101) Alphonse Marie de LIGUORI, *Œuvres complètes du bienheureux, op. cit.,* t. 25, p. 325-326.
(102) Thomas GOUSSET, *Théologie morale..., op. cit.,* t. 2, p. 599 の引用による。
(103) *Ibid.,* t. 2, p. 600. 続く部分も同箇所。
(104) P. FELINE. *Catéchisme des gens mariés, op. cit.,* p, 26. 同じ見解が D. Ren. LOUVEL, *Traité de chasteté..., op. cit.,* p. 289. に見られる。
(105) P. FELINE. *Catéchisme des gens mariés, op. cit.,* p, 26.
(106) *Ibid.,* p. 27.
(107) *Ibid.,* p. 7.
(108) これらの点については、Guy BECHTEL, *La Chair, le diable et le confesseur,* Paris, Hachette littérature. coll. « Pluriel », 1994, p. 260. もっとも、著者はルヴェルの発言が結局フェラチオは容認も許可もするが、パートナーの口の中への遺精は許さないということになる、と考えている。
(109) Cf. Erica-Marie BENABOU, La *Prostitution et la police des mœurs au XVIIIe siècle,* Paris, Perrin, 1987. p. 392-394.

siècles », *loc., cit.*, p. 316. 攻撃は幾ばくかの地域で、イエズス会士や無原罪聖母宣教会員、また、たとえばベリー司教区のドゥヴィ猊下など一定数の司教によって企てられていた。

(55) Jean DELUMEAU, *L'Aveu et le pardon. Les difficultés de la confession, XIIIe-XVIIIe siècles*, Paris, Fayard, 1990, p. 67 et 147-149〔ジャン・ドリュモー『告白と許し――告解の困難、13-18 世紀』福田素子訳、言叢社、2001 年〕.

(56) *Ibid.*, p. 167〔前掲書、190 頁〕.

(57) Cf. Michel PORRET, *Le Crime et ses circonstances. De l'esprit de l'arbitraire au siècle des Lumières selon les réquisitoires des procureurs généraux de Genève*, Genève, Droz. Coll. « Travaux d'histoire éthico-politique, 54 », *passim*.

(58) Philippe BOUTRY, *Prêtres et paroisses au pays du curé d'Ars*, Paris, Cerf, 1986, p. 419.

(59) Abbé J. GAUME, *Manuel des confesseurs*, Paris, Gaume frères, 1837, p. 275.

(60) Claude LANGLOIS は Thomas GOUSSET *Le Crime d'Onan..., op. cit.*, p. 210 を引用している。

(61) P. FELINE. *Catéchisme des gens mariés, op. cit.,* Claude LANGLOIS, *Le Crime d'Onan..., op. cit.,* p. 36 の引用による。

(62) Jean DELUMEAU, *L'Aveu et le pardon. op. cit.,* p. 161-162〔ジャン・ドリュモー『告白と許し――告解の困難、13-18 世紀』福田素子訳、言叢社、2001 年〕.

(63) Claude LANGLOIS, *Le Crime d'Onan..., op. cit.*, p. 201.

(64) Alphonse Marie de LIGUORI, *Œuvres complètes du bienheureux*, Paris, Parent-Desbarres, t. 25, 1837, chap. « De usu licito matrimonii », p. 333.

(65) P. FELINE. *Catéchisme des gens mariés, op. cit.,* p, 4 et Thomas GOUSSET, *Théologie morale à l'usage des curés et des confesseurs*, t. 2, « De debito conjugali aut usu matrimonii », p. 594.

(66) P. FELINE. *Catéchisme des gens mariés, op. cit.,* p, 4.

(67) *Ibid.*, p. 38.

(68) たとえば *Ibid.*, p. 47. これらの点については、はるかに後の、Pierre-Jean-Corneille DEBREYNE, *Moechialogie, traité des péchés contre les sixième et neuvième commandements du décalogue, et de toutes les questions matrimoniales qui s'y rattachent... suivi d'un abrégé pratique d'embryologie sacrée...*, Bruxelles, Vanderborght, 1848, p. 297-298.

(69) Thomas GOUSSET, *Théologie morale..., op. cit.,* t. 2, p. 594.

(70) Alphonse Marie de LIGUORI, *Œuvres complètes du bienheureux, op. cit.,* t. 26, 1837, p. 173.

(71) これらの点について、および拒否の理由については、Alphonse Marie de LIGUORI, *Œuvres complètes du bienheureux, op. cit.,* t. 25, p. 328 *sq.* ; P. FELINE. *Catéchisme des gens mariés, op. cit.,* p, 21 *sq.*（体液の不機嫌解消にかんしては、p. 24.）Thomas GOUSSET, *Théologie morale..., op. cit.,* t. 2, p. 594 *sq.* et Pierre-Jean-Corneille DEBREYNE, *Moechialogie..., op. cit.,* p. 298 *sq.*

(72) Thomas GOUSSET, *Théologie morale..., op. cit.,* t. 2, p. 595 et Pierre-Jean-Corneille DEBREYNE, *Moechialogie..., op. cit.,* p. 314-315.

(73) Cf. Alphonse Marie de LIGUORI, *Œuvres complètes du bienheureux, op. cit.,* t. 25, p. 332. リグオリはとりわけトマス・アクィナスを参照している。

(74) *Ibid.*, t. 25. p. 328.

(75) Alphonse Marie de LIGUORI, *Œuvres complètes du bienheureux, op. cit.,* t. 24, 1837, p. 507.

(76) たとえば D. Ren. LOUVEL, *Traité de chasteté..., op. cit.,* p. 276. による。

(29) Agnès WALCH, *La Spiritualité conjugale..., op. cit.*, p. 329.
(30) Maurice DAUMAS, *Le Mariage amoureux. op. cit.*, p. 260 et 261, 続く引用も同箇所 .
(31) Agnès WALCH, *La Spiritualité conjugale..., op. cit.*, p. 330 et 331.
(32) *Ibid.*, p. 338.
(33) Thomas GOUSSET, *Théologie morale à l'usage des curés et des confesseurs..., op. cit.*, t. 2, p. 503-506.
(34) Dominique Julia, Agnès WALCH, *La Spiritualité conjugale..., op. cit.*, p. 343 の引用による .
(35) Maurice DAUMAS, *Le Mariage amoureux..., op. cit.*, p. 281.
(36) Agnès WALCH, *La Spiritualité conjugale..., op. cit.*, p. 341-342.
(37) Ralph GIBSON, « Rigorisme et liguorisme dans le diocèse de Périgueux, XVIIe-XIXe siècles », *Revue d'histoire de l'Eglise de France*, n° 195, juillet-décembre 1989, p. 319 *sq.*
(38) Cf. Marcel BERNOS. « Saint-Charles Borromée et ses *Instructions aux confesseurs*. Une lecture rigoriste par le clergé français, XVIe-XIXe siècles », dans *Pratiques de la confession, Des Pères du désert à Vatican II*, Paris, Cerf, 1983.
(39) D. Ren. LOUVEL, vicaire général de l'évêché d'Evreux, supérieur du séminaire de Sées, *Traité de chasteté. Questionnaire à l'usage des confesseurs pour interroger les jeunes filles qui ne savent pas ou n'osent pas faire l'aveu de leurs péchés d'impureté*, Paris, s. d. (vers 1850), réédité par Jérôme Martineau, 1968, p. 285.
(40) *Ibid.*, p. 287.
(41) まったく非意思的であって、したがっていかなる種類の罪にもあてはまらない夜間遺精が含まれることは言うまでもない。
(42) Claude LANGLOIS, *Le Crime d'Onan, Le discours catholique sur la limitation des naissances (1816-1930)*, Paris, Les Belles Lettres, 2005, p. 173.
(43) *Ibid.*, p. 81.
(44) *Ibid.*, p. 443.
(45) このむずかしさがブーヴィエ猊下の知的な歩みを導いていた。Claude LANGLOIS, *op. cit.* がこの歩みを詳しく辿っている。
(46) たとえばベネディクト会は 1584 年に夫婦のオナニズムを告発している。
(47) フェリーヌ神父のかなり謎めいた人格は現在調査の対象になっている。1782 年に刊行されたその著書——ただしアニェス・ヴァルシュはすでに 1743 年には書かれていた可能性があるとしている——は 1880 年に再版されている。われわれが使っているのはこの版である。P. FELINE. *Catéchisme des gens mariés*, Caen, Leroy, 1782, réimprimé par Lemonnyer, Rouen, 1880. Cf. Claude LANGLOIS, *Le Crime d'Onan..., op. cit.*, p. 35.
(48) Claude LANGLOIS, *Le Crime d'Onan..., op. cit.*, p. 122.
(49) Ralph GIBSON, « Rigorisme et liguorisme dans le diocèse de Périguex, XVIIe-XIXe siècles », *loc., cit.*, p. 327.
(50) Claude LANGLOIS, *Le Crime d'Onan..., op. cit.*, p. 149.
(51) *Ibid.*, p. 123.
(52) D. Ren. LOUVEL, *Traité de chasteté..., op. cit.*, p. 287.
(53) これらの点については、cf. Jean-Louis FLANDRIN, *L'Eglise et le contrôle des naissances*, Paris, Flammarion, 1970; Jean STENGERS, « Les pratiques anticonceptionelles dans le mariage aux XIXe et XXe siècles ; problèmes humains et attitudes religieuses », *Revue belge de philologie et d'histoire*, t. 49, 1971, p. 403-481 et 1119-1174 ; また、より新しくより詳しいものとして、Claude LANGLOIS, *Le Crime d'Onan..., op. cit.*
(54) Ralph GIBSON, « Rigorisme et liguorisme dans le diocèse de Périgueux, XVIIe-XIXe

(23) *Ibid.*, p. 420.
(24) *Ibid.*, p. 421.

第8章　夫婦の床——そのタブーと快楽

(1) こうした諸点について、とりわけトリエント公会議については cf. Agnès WALCH, *La Spiritualité conjugale dans le catholicisme français, XVIe-XIXe siècle*, Paris, Cerf, Coll. « Histoire religieuse de la France, 19 », 2002, *passim*.
(2) Maurice DAUMAS, *Le Mariage amoureux. Histoire du lien conjugale sous l'Ancien Régime*, Paris, Armand Colin, 2004, p. 49. モーリス・ドーマ（p. 49-54）はロベール・ミュッシャンブレの公式を発展させている。ここで問題になっていることにかんしてはモーリス・ドーマの見事な論文 « La sexualité dans les traités sur le mariage, France, XVIe-XVIIIe siècles », *Revue d'Histoire moderne et contemporaine*, 51-1, janvier-mars 2004, p. 7-35. も参照のこと。
(3) *Ibid.*, p. 30 *sq.*, とりわけ p. 39, 54-56.
(4) Thomas GOUSSET, *Théologie morale à l'usage des curés et des confesseurs*, t. 1, Paris, Lecoffre, 5e éd., 1848, p. 507.
(5) Agnès WALCH, *La Spiritualité conjugale..., op. cit.*, p. 49. 続く引用も同箇所。
(6) Cf. *infra*, p. 356 *sq.*
(7) Cf. Maurice DAUMAS, *Le Mariage amoureux..., op. cit.*, p. 53.
(8) この点にかんしては、以下の本が詳しく展開している。Jean-Louis FLANDRIN, *Le Sexe et l'Occident. Evolution des attitudes et des comportements*, Paris, Le Seuil, 1981, p. 131-135« Le droit de la femme au plaisir »〔ジャン＝ルイ・フランドン『性の歴史』宮原信訳、藤原書店、1992年〕.
(9) François de SALES, *Introduction à la vie dévote*, dans *Œuvres*, Paris, Gallimard, Coll, « La Pléiade », 212, 1969, p. 234.
(10) *Ibid.*, p. 235.
(11) *Idem.*
(12) *Ibid.*, p. 303.
(13) *Ibid.*, p. 240.
(14) *Ibid.*, p. 243.
(15) *Ibid.*, p. 249. 続く引用も同箇所。
(16) *Ibid.*, p. 268.
(17) *Ibid.*, p. 236.
(18) *Ibid.*, p. 237.
(19) François de SALES, *Traité de l'amour de Dieu*, dans *Œuvres, op. cit.*, p. 377.
(20) François de SALES, *Introduction à la vie dévote*, dans *Œuvres, op. cit.*, p. 243.
(21) François de SALES, *Traité de l'amour de Dieu*, dans *Œuvres, op. cit.*, p. 382-383.
(22) *Ibid.*, p. 383.
(23) *Ibid.*, p. 384.
(24) *Ibid.*, p. 385 et 392.
(25) *Ibid.*, p. 392.
(26) エドマンド・レイツがピューリタンに見いだしたものと似ている。cf. *La passion du bonheur. Conscience puritaine et sexualité moderne*, Paris, Cerf, Coll. « Passages », 1988.
(27) Agnès WALCH, *La Spiritualité conjugale..., op. cit.*, p. 295 *sq.* 続く引用も同箇所。
(28) Marcel BERNOS, *Femmes et gens d'Eglise dans la France classique* (*XVIIe-XVIIIe siècle*), Paris, Cerf, Coll. « Histoire religieuse de la France, 23 », 2003.

(111) Cf. COLOMBAT DE L'ISÈRE, *Traité complet des maladies de femmes..., op. cit.*, t. 3, p. 1133.
(112) Charles MENVILLE DE PONSAN, *Histoire philosophique et médicale de la femme..., op. cit.*, t. 2, p. 166.

第II部　肉体の反逆
緒言　情欲の系譜を粗描する

(1) Aline ROUSSELLE, *Porneia. De la maîtrise du corps à la privation sensorielle, IIᵉ-IVᵉ siècles de l'ère chrétienne*, Paris, PUF, coll. « Les chemins de l'histoire », 1983.
(2) Peter BROWN, *Le Renoncement à la chair. Virginité, célibat et continence dans le christianisme primitif*, Paris, Gallimard, coll. « Bibliothèque des histoires », 1995. パウロについてはとりわけ Marie-Françoise BASLEZ, *Saint Paul*, Paris, Fayard, 1991. を参照のこと。アウグスティヌスにかんしてはとりわけ Peter BROWN, *La Vie de saint Augustin* (1971), rééd. Paris, Paris Gallimard, 2001. を見よ。この先の記述には *Dictionnaire de spiritualité ascétique et mystique*, Paris, Beauchesne, 1937-1995 所収の多数の記事、とりわけ « Chair », « Virginité », « Chasteté », « Concupiscence », « Spiritualité » を使用している。
(3) Saint AUGUSTIN, *La Cité de Dieu*, Paris, Le Seuil, 1994, voir : t. 1, livres 1 à 10〔アウグスティヌス『神の国 1-5』服部英次郎・藤本雄三訳、岩波文庫、1982-1991 年〕. 婚姻にかんするアウグスティヌスの貢献にかんしては *De Bono conjugali* を見よ。同書最新の翻訳は *Le Bonheur conjugal*, Paris, Payot, 2001.
(4) Saint AUGUSTIN, *La Cité de Dieu, op. cit.*, t. 2, p. 177.
(5) *Ibid.*, p. 118.
(6) *Idem.*
(7) Carla CASAGRANDE, Silvana VECCHIO, *Histoire des péchés capitaux au Moyan Age*, Paris, Aubier, 2000, p. 231.
(8) François DUPUIGRENET-DESROUSSILLES, préface à Augustin, *De Bono conjugali, op. cit.*, p. 30.
(9) Saint AUGUSTIN, *La Cité de Dieu, op. cit.*, livre XIV, t. 2, p. 147-148.
(10) *Ibid.*, p. 149.
(11) *Ibid.*, p. 178 et 180.
(12) François DUPUIGRENET-DESROUSSILLES, préface à Augustin, *De Bono conjugali, op. cit.*, p. 25.
(13) Carla CASAGRANDE, Silvana VECCHIO, *Histoire des péchés capitaux..., op. cit.*, p. 242.
(14) *Ibid.*, p. 243.
(15) *Ibid.*, p. 245.
(16) たしかに 12 世紀には「原罪の脱性化」が始まろうとしていたが、それでも指摘した全般的な傾向を阻むものではなかった。
(17) こうした点および続く箇所にかんしては、Jean DELUMEAU, *Le Péché et la peur. La culpabilisation en Occident, XIIIᵉ-XVIIIᵉ* siècles, Paris, Fayard, 1983〔ジャン・ドリュモー『告白と許し――告解の困難、13-18 世紀』福田素子訳、言叢社、2001 年〕。
(18) THOMAS D'AQUIN, *Somme contre les gentils. Livre sur la vérité de la foi catholique contre les erreurs des infidèles*, Paris, Garnier-Flammarion, 1999, t. III, titre du chap. 121, p. 417.
(19) *Ibid.*
(20) *Ibid.*, chap. 124, p. 426.
(21) *Ibid.*, p. 424.
(22) *Ibid.*, p. 429.

フランスではこのことが本当の意味で議論の俎上に載せられるのは、1864 年 1 月 13 日に開催されたパリ外科学会でリシェが、良家の若い女性手淫常習者をクリトリス切除によってごく一時的に治癒した方法を発表してからのことにすぎない（cf. Jean STENGERS et Anne VAN NECK, *Histoire d'une grande peur...*, *op. cit.*, p. 14〔ジャン・スタンジェ、アンヌ・ファン・ネック『自慰——抑圧と恐怖の精神史』稲松三千野訳、原書房、2001 年〕の引用による)。

(84) Cf. *supra*, p. 48.

(85) Léop. DESLANDES, *De l'onanisme...*, *op. cit.*, p. 450 et 452. デランドは le docteur SIMON DE METZ, *Hygiène de la jeunesse*, 1827, p. 174. を引いている .

(86) Docteur ROZIER, *Des habitudes secrètes...*, *op. cit.*, p. 220. ロズィエ医師はここで、偉大な衛生学者アレの影響を受けている。

(87) *Ibid.*, p. 221.

(88) Claude François LALLEMAND, *Des pertes séminales...*, *op. cit.*, t. III, p. 367-368 et Jean STENGERGS et Anne VAN NECK, *Histoire d'une grande peur...*, *op. cit.*, p. 20.〔ジャン・スタンジェ、アンヌ・ファン・ネック『自慰——抑圧と恐怖の精神史』稲松三千野訳、原書房、2001 年〕の引用による。

(89) J. CAPURON, *Traité des maladies des femmes...*, *op. cit.*, p. 260.

(90) L. A. CHALINE. *Du traitement de la nymphomanie...*, thèse, Paris, 1842, n° 142, p. 8. Léop. DESLANDES, *De l'onanisme...*, *op. cit.*, p. 552.

(91) Docteur ROZIER, *Des habitudes secrètes...*, *op. cit.*, p. 217.

(92) S. N. P. LANGLOIS DE LONGUEVILLE, *Education physique et morale de la jeune fille*, thèse citée, p. 28. フリートレンダー、クロメリック医師、オーギュスト・ドゥベの意見については、cf. Jean STENGERS et Anne VAN NECK, *Histoire d'une grande peur...*, *op. cit.*, p. 19 et 21.〔ジャン・スタンジェ、アンヌ・ファン・ネック『自慰——抑圧と恐怖の精神史』稲松三千野訳、原書房、2001 年〕の引用による。

(93) Docteur ROZIER, *Des habitudes secrètes...*, *op. cit.*, p. 253.

(94) 以下の指示は、カピュロン、モンダ、ロズィエ、マルク、リュイエ、リニャックらの著作から引いた。

(95) Jean CIVIALE, *Traité pratique sur les maladies des organes génito-urinaires*, *op. cit.*, t. 2, p. 183.

(96) Cf. *infra*, p. 306-308.

(97) Docteur ROZIER, *Des habitudes secrètes...*, *op. cit.*, p. 280.

(98) Léop. DESLANDES, *De l'onanisme...*, *op. cit.*, p. 531.

(99) S. N. P. LANGLOIS DE LONGUEVILLE, *Education physique et morale de la jeune fille*, thèse citée, p. 35.

(100) *Ibid.*, p. 35-36.

(101) Docteur ROZIER, *Des habitudes secrètes...*, *op. cit.*, p. 256.

(102) *Ibid.*, p. 268. また、続く引用については *op. cit.*, p. 256 *sq.*

(103) *Ibid.*, p. 265 et 266.

(104) *Ibid.*, p. 237.

(105) *Ibid.*, p. 237, 238 et 242.

(106) *Ibid.*, p. 246 et 247.

(107) *Ibid.*, p. 249.

(108) Léop. DESLANDES, *De l'onanisme...*, *op. cit.*, p. 529.

(109) *Idem.*

(110) Félix ROUBAUD, *Traité de l'impuissance...*, *op. cit.*, t. 2, p. 528.

(60) VIREY, article « Frigidité », *Dictionnaire des sciences médicales, op. cit.*, p. 25.
(61) MARC, article « Impuissance », *Dictionnaire des sciences médicales, op. cit.*, p. 186.
(62) *Ibid.*, p. 187.
(63) Félix ROUBAUD, *Traité de l'impuissance..., op. cit.*, t. 2, p. 529.
(64) Jean CIVIALE, *Traité pratique sur les maladies des organes génito-urinaires, op. cit.*, t. 2, p. 217.
(65) ここまでの記述にかんしては、cf. Docteur ROZIER, *Des habitudes secrètes..., op. cit., passim.*
(66) Félix ROUBAUD, *Traité de l'impuissance..., op. cit.*, t. 2, p. 559.
(67) Docteur ROZIER, *Des habitudes secrètes..., op. cit.*, p. 232. 続く引用も同箇所。
(68) Léop. DESLANDES, *De l'onanisme..., op. cit.*, p. 534.
(69) J.-L. DOUSSIN-DUBREUIL, *Lettres sur les dangers de l'onanisme et conseils relatifs au traitement des maladies qui en résultent, op., cit.*, p. 183.
(70) *Ibid.*, p. 184.
(71) *Ibid.*, p. 184-185. 続く引用も同箇所。
(72) *Ibid.*, p. 186. 続く箇所にかんしては、Franz X. EDER, « Discourse and sexual desire: German language discourse on masturbation in the late 18th century », *Journal of the history of sexuality*, vol. 13, n° 4, oct. 2004.
(73) *Ibid.*, p. 34. 精液漏の予防策については上記文献参照。ただし、ここに引用したのは、手淫と戦うための強制のケースである。
(74) *Ibid.*, p. 35 et 36.
(75) Docteur ROZIER, *Des habitudes secrètes..., op. cit.*, p. 292-293 et docteur SIMON, *Traité d'hygiène appliquée à l'éducation de la jeunesse*. Jean STENGERS et Anne VAN NECK, *Histoire d'une grande peur : la masturbation*, Paris, Les Empêcheurs de Penser en Rond, 1998, p. 22〔ジャン・スタンジェ、アンヌ・ファン・ネック『自慰――抑圧と恐怖の精神史』稲松三千野訳、原書房、2001年〕の引用による。
(76) Léop. DESLANDES, *De l'onanisme..., op. cit.*, p. 536. ここまでの引用および続く引用も同箇所。
(77) Léop. DESLANDES, *op. cit.*, p. 536〔ジャン・スタンジェ、アンヌ・ファン・ネック『自慰――抑圧と恐怖の精神史』稲松三千野訳、原書房、2001年〕の引用による。
(78) Jean CIVIALE, *Traité pratique sur les maladies des organes génito-urinaires, op. cit.*, t. 2, p. 215 et RASPAIL, *Manuel annuaire de la santé ou Médecine et pharmacie domestiques*, Paris, 1845, p. 211-212. Jean STENGERS et Anne VAN NECK, *Histoire d'une grande peur..., op. cit.*, p. 16〔ジャン・スタンジェ、アンヌ・ファン・ネック『自慰――抑圧と恐怖の精神史』稲松三千野訳、原書房、2001年〕の引用による。
(79) Claude François LALLEMAND, *Des pertes séminales..., op. cit.*, t. III, p. 282-283.
(80) *Ibid.*, t. I, p. 続く引用はすべて 418, 419 et 420.
(81) *Ibid.*, t. III, p. 500.
(82) Léop. DESLANDES, *De l'onanisme..., op. cit.*, p. 267.
(83) MONDAT, *De la stérilité de l'homme et de la femme..., op. cit.*, p. 121. この方法は、*De l'impuissance et de la stérilité* (p. 47), thèse de L. A. GANNE soutenue en 1837. に治療として挙げられている。イギリスの医師と社会の不安については、Ornella MOSCUCCI, «Clitoridectomy, circumcision and the politics of sexual pleasure in Mid-victorian Britain», dans Andrew H. MILLER et James Eli ADAMS, *Sexualities in Victorian Britain, Bloomington*, Indiana University Press, 1996. この論文は、1850年代と60年代を扱っており、クリトリス切除と衛生の表象と性的な拘束のあいだに生じていた関係を明らかにしている。

とりわけガンヌ、ヴィレー、モンダ、リュイエ、マルクの著作や論文に依拠している。
(25) Charles MENVILLE DE PONSAN, *Histoire philosophique et médicale de la femme...*, *op. cit.*, t. 3, p. 301.
(26) Félix ROUBAUD, *Traité de l'impuissance...*, *op. cit.*, t. 1, p. 214.
(27) *Ibid.*, p. 215.
(28) *Ibid.*, p. 216.
(29) Félix ROUBAUD, *Traité de l'impuissance...*, *op. cit.*, t. 1, p. 208 の引用による。マルクもまた摩擦を勧めている。
(30) *Ibid.*, p. 208.
(31) Armand TROUSSEAU, *Clinique médicale...*, *op. cit.*, t. 2, p. 234.
(32) J. CAPURON, *Traité des maladies des femmes...*, *op. cit.*, p. 260-261.
(33) Félix ROUBAUD, *Traité de l'impuissance...*, *op. cit.*, t. 1, p. 199, 209 et 233.
(34) *Ibid.*, p. 199.
(35) Ernst WICHMANN, *Dissertation sur la pollution diurne involontaire*, *op. cit.*, p. 90-91.
(36) Félix ROUBAUD, *Traité de l'impuissance...*, *op. cit.*, t. 1, p. 217 et 218.
(37) MARC, article « Impuissance », *Dictionnaire des sciences médicales*, *op. cit.*, 191 et 187.
(38) Félix ROUBAUD, *Traité de l'impuissance...*, *op. cit.*, t. 1, p. 209.
(39) *Ibid.*, p. 234-235.
(40) *Ibid.*, p. 231.
(41) MONDAT, *De la stérilité de l'homme et de la femme...*, *op. cit.*, p. 58-59.
(42) *Ibid.*, p. 104-105.
(43) *Ibid.*, p. 115-116.
(44) Charles MENVILLE DE PONSAN, *Histoire philosophique et médicale de la femme...*, *op. cit.*, t. 2, p. 166.
(45) Félix ROUBAUD, *Traité de l'impuissance...*, *op. cit.*, t. 1, p. 203 et 204.
(46) MARC, article « Impuissance », *Dictionnaire des sciences médicales*, *op. cit.*, p. 187.
(47) Charles MENVILLE DE PONSAN, *Histoire philosophique et médicale de la femme...*, *op. cit.*, t. 3, p. 298. グレアムのベッドにかんする同様の描写は、マルクとカピュロンの著作にある。
(48) *Ibid.*, t. 3, p. 299. ベルトロン医師は「無性欲症は勃起不全から、病的色情亢進は勃起過剰から来ているという説を主張している」。
(49) Armand TROUSSEAU et H. PIDOUX, *Traité de thérapeutique et de matière médicale*, *op. cit.*, t. 1, p. 817.
(50) Jean CIVIALE, *Traité pratique sur les maladies des organes génito-urinaires*, *op. cit.*, t. 2, p. 185.
(51) Félix ROUBAUD, *Traité de l'impuissance...*, *op. cit.*, t. 1, p. 290.
(52) *Ibid.*
(53) *Ibid.*, p. 439.
(54) *Ibid.*, p. 440.
(55) *Ibid.*, p. 441-442.
(56) フェリックス・ルボーによる報告。*Ibid.*, p. 223.
(57) *Ibid.*, p. 423.
(58) Docteur Amédée Latour dans *Société médicale du Temple*, 3 janvier 1843. Félix ROUBAUD, *ibid.*, p. 427 の引用による。
(59) *Ibid.*, p. 262. 同じ助言が、たとえば L. A. GANNE, *De l'impuissance et de la stérilité*, thèse citée, p. 49 に見られる。

(78) Léon JOUBERT, *Des caractères de l'anaphrodisie*..., thèse citée, p. 11.
(79) Jean CIVIALE, *Traité pratique sur les maladies des organes génito-urinaires, op. cit.*, t. 2, p. 198.
(80) Félix ROUBAUD, *Traité de l'impuissance*..., *op. cit.*, t. 1, p. 226.
(81) J. CAPURON, *Traité des maladies des femmes*..., *op. cit.*, p. 253-254.
(82) Nicolas CHAMBON DE MONTAUX, *Des maladies des filles, op. cit.*, t. 2, p. 260.
(83) Cf. *infra*, p. 269.
(84) Félix ROUBAUD, *Traité de l'impuissance*..., *op. cit.*, t. 2, p. 541.
(85) *Ibid.*, p. 450. 続く引用も同箇所。
(86) *Ibid.*, p. 521. 続く引用は p. 522.
(87) *Ibid.*, p. 531.
(88) *Ibid.*, p. 549.
(89) *Ibid.*, p. 755.
(90) *Ibid.*, p. 582.
(91) Cf. *supra*, p. 113 et 116.
(92) *Ibid.*, p. 777.
(93) *Ibid.*, p. 819.

第7章　ほど良い好色さ

(1) Félix ROUBAUD, *Traité de l'impuissance*..., *op. cit.*, t. 1, p. 405.
(2) *Ibid.*, p. 195.
(3) Léop. DESLANDES, *De l'onanisme*..., *op. cit.*, p. 522. et le professeur LISFRANC, *Clinique médicale*, t. 2, p. 671.
(4) Jean CIVIALE, *Traité pratique sur les maladies des organes génito-urinaires, op. cit.*, t. 2, p. 197. 続く引用も同箇所。
(5) Félix ROUBAUD, *Traité de l'impuissance*..., *op. cit.*, t. 1, p. 410-411.
(6) Jean CIVIALE, *Traité pratique sur les maladies des organes génito-urinaires, op. cit.*, t. 2, p. 199.
(7) *Ibid.*, p. 200.
(8) MONDAT, *De la stérilité de l'homme et de la femme*..., *op. cit.*, p. 43 et 44.
(9) *Ibid.*, p. 47.
(10) *Ibid.*, p. 160 et 161.
(11) *Ibid.*, p. 67-68.
(12) *Ibid.*, p. 71 et 72.
(13) *Ibid.*, p. 73, 74 et 75.
(14) *Ibid.*, p. 77.
(15) Armand TROUSSEAU, *Clinique médicale*..., *op. cit.*, t. 2, p. 233.
(16) *Ibid.*, p. 232.
(17) *Ibid.*, p. 233.
(18) Félix ROUBAUD, *Traité de l'impuissance*..., *op. cit.*, t. 1, p. 161.
(19) MONDAT, *De la stérilité de l'homme et de la femme*..., *op. cit.*, p. 97.
(20) DE LIGNAC, *De l'homme et de la femme*..., *op. cit.*, t. 1, p. 361.
(21) VIREY, article « Frigidité », *Dictionnaire des sciences médicales, op. cit.*, p. 25.
(22) MARC, article « Impuissance », *Dictionnaire des sciences médicales, op. cit.*, p. 186.
(23) Ernst WICHMANN, *Dissertation sur la pollution diurne involontaire, op. cit.*, p. 113 et 114.
(24) Antoine SÉLIGNAC, *Des rapprochements sexuels*..., thèse citée, p. 46. ここまでの段落は

(39) VIREY, article « Frigidité », *Dictionnaire des sciences médicales, op. cit.*, 1816, p. 19.
(40) Claude François LALLEMAND, *Des pertes séminales..., op. cit.*, t. II, p. 30.
(41) Félix ROUBAUD, *Traité de l'impuissance..., op. cit.*, t. 1, p. 292.
(42) Claude François LALLEMAND, *Des pertes séminales..., op. cit.*, t. II, p. 108-111.
(43) VIREY, article « Frigidité », *Dictionnaire des sciences médicales, op. cit.*, 1816, p. 21.
(44) François Gabriel DUMONT, *Dissertation inaugurale sur l'agénésie, l'impuissance...*, thèse citée, p. 23 et 24. 続く引用も同箇所。
(45) Léop. DESLANDES, *De l'onanisme..., op. cit.*, p. 272.
(46) P. MAUR, *Essai sur les causes de l'impuissance...*, thèse citée, p. 19 et 20.
(47) VIREY, article « Frigidité », *Dictionnaire des sciences médicales, op. cit.*, 1816, p. 22.
(48) François Gabriel DUMONT, *Dissertation inaugurale sur l'agénésie, l'impuissance...*, thèse citée, p. 25.
(49) VIREY, article « Frigidité », *Dictionnaire des sciences médicales, op. cit.*, 1816, p. 22.
(50) Claude François LALLEMAND, *Des pertes séminales..., op. cit.*, t. II, p. 248.
(51) Félix ROUBAUD, *Traité de l'impuissance..., op. cit.*, t. 1, p. 437.
(52) Cf. *supra*, p. 116.
(53) VIREY, article « Frigidité », *Dictionnaire des sciences médicales, op. cit.*, 1816, p. 20.
(54) Félix ROUBAUD, *Traité de l'impuissance..., op. cit.*, t. 1, p. 351.
(55) MARC, article « Impuissance », *Dictionnaire des sciences médicales, op. cit.*, p. 181.
(56) François Gabriel DUMONT, *Dissertation inaugurale sur l'agénésie, l'impuissance...*, thèse citée, p. 29.
(57) *Ibid.*, p. 28.
(58) MONDAT, *De la stérilité de l'homme et de la femme..., op. cit.*, p. 152.
(59) VIREY, article « Frigidité », *Dictionnaire des sciences médicales, op. cit.*, 1816, p. 17.
(60) MARC, article « Impuissance », *Dictionnaire des sciences médicales, op. cit.*, p. 181.
(61) *Ibid.*, p. 193.
(62) *Ibid.*, p. 179.
(63) Félix ROUBAUD, *Traité de l'impuissance..., op. cit.*, t. 1, p. 186. こうした恐怖についてのその他の考察は、Virey « Frigidité », Chaussier et Adelon « Erection », Marc « Inpuissance » の引用論文およびデクルティルの引用博士論文を参照のこと。
(64) Léon JOUBERT, *Des caractères de l'anaphrodisie...*, thèse citée, p. 11.
(65) C. F. BURDACH, *Traité de physiologie..., op, cit.*, t. II, p. 223.
(66) Félix ROUBAUD, *Traité de l'impuissance..., op. cit.*, t. 1, p. 186.
(67) *Idem.*
(68) *Ibid.*, p. 357.
(69) *Ibid.*, p. 365.
(70) VIREY, article « Frigidité », *Dictionnaire des sciences médicales, op. cit.*, 1816, p. 23.
(71) Félix ROUBAUD, *Traité de l'impuissance..., op. cit.*, t. 1, p. 227.
(72) VIREY, article « Frigidité », *Dictionnaire des sciences médicales, op. cit.*, 1816, p. 23.
(73) DE LIGNAC, *De l'homme et de la femme..., op. cit.*, t. 1, p. 201.
(74) *Ibid.*, p. 202. et François Gabriel DUMONT, *Dissertation inaugurale sur l'agénésie, l'impuissance...*, thèse citée, p. 29.
(75) Félix ROUBAUD, *Traité de l'impuissance..., op. cit.*, t. 1, p. 445.
(76) MARC, article « Impuissance », *Dictionnaire des sciences médicales, op. cit.*, p. 184.
(77) François Gabriel DUMONT, *Dissertation inaugurale sur l'agénésie, l'impuissance...*, thèse citée, p. 29.

Paris, Brosson, 1807, M. E. DESCOURTILZ, *Propositions sur l'anaphrodisie...*, thèse citée, p. 19.
(4) CHAUSSIER et ADELON, article « Erection », *Dictionnaire des sciences médicales, op. cit.*, 1815, p. 144. これにかんしては、Buffon, *Œuvres, op. cit.*, p. 230.
(5) VIREY, article « Frigidité », *Dictionnaire des sciences médicales, op. cit.*, 1816, p. 14-15.
(6) *Ibid.*, p. 18.
(7) MARC, article « Impuissance », *Dictionnaire des sciences médicales, op. cit.*, 1818, notamment p. 185.
(8) L. A. GANNE, *De l'impuissance et de la stérilité*, thèse, Paris, 1837, n° 139, notamment p. 40-41.
(9) VIREY, article « Frigidité », *Dictionnaire des sciences médicales, op. cit.*, 1816, p. 15. et MARC, article « Impuissance », *Dictionnaire des sciences médicales, op. cit.*, 1818, p. 186.
(10) Félix ROUBAUD, *Traité de l'impuissance..., op. cit.*, t. 2, p. 522-523, 続く引用も同箇所。
(11) *Ibid.*, t. 2, p. 526. ルボーは矛盾も厭わず筆を進めているようである。
(12) *Ibid.*, p. 524.
(13) ミシェル・フーコーはこの点に気づいていないようである。
(14) Claude François LALLEMAND, *Des pertes séminales..., op. cit.*, t. II, p. 203. ラルマンは p. 194 で不能の外見的特徴を描写し、腰の形態の重要性を力説している。
(15) *Ibid.*, t. III, p. 123 et 124.
(16) *Ibid.*, t. III, p. 123.
(17) *Ibid.*, t. III, p. 126. 続く引用は p. 119.
(18) Félix ROUBAUD, *Traité de l'impuissance..., op. cit.*, t. 1, p. 161.
(19) François Gabriel DUMONT, *Dissertation inaugurale sur l'agénésie, l'impuissance et la dysgénésie*, thèse citée, p. 14.
(20) Félix ROUBAUD, *Traité de l'impuissance..., op. cit.*, t. 1, p. 177. 続く引用も同箇所。
(21) Léon JOUBERT, *Des caractères de l'anaphrodisie...*, thèse, Paris, 1841, n° 97, p. 13.
(22) M. E. DESCOURTILZ, *Propositions sur l'anaphrodisie...*, thèse citée, p. 16.
(23) ヴィレーは勃起の持続力不足を不能と名づけている。
(24) Félix ROUBAUD, *Traité de l'impuissance..., op. cit.*, t. 1, p. 220.
(25) *Ibid.*, p. 226.
(26) *Ibid.*, p. 220. 続く引用は p. 221.
(27) Léon JOUBERT, *Des caractères de l'anaphrodisie...*, thèse citée, p. 13.
(28) P. MAUR, *Essai sur les causes de l'impuissance et la stérilité*, thèse, Paris, an XIII (1805), p. 21.
(29) DE LIGNAC, *De l'homme et de la femme..., op. cit.*, t. 1, p. 209.
(30) モール、ジュモン、ガンヌ、マルク、ルボーの引用著作のなかで敷衍されている。
(31) MONDAT, *De la stérilité de l'homme et de la femme..., op. cit.*, p. 122.
(32) Félix ROUBAUD, *Traité de l'impuissance..., op. cit.*, t. 2, p. 489.
(33) François Gabriel DUMONT, *Dissertation inaugurale sur l'agénésie, l'impuissance...*, thèse citée, p. 45.
(34) VIREY, article « Frigidité », *Dictionnaire des sciences médicales, op. cit.*, 1816, p. 23. 続く引用も同箇所。
(35) MARC, article « Anaphrodisie », *Dictionnaire des sciences médicales, op. cit.*, 1818, p. 185.
(36) Félix ROUBAUD, *Traité de l'impuissance..., op. cit.*, t. 1, p. 186.
(37) P. MAUR, *Essai sur les causes de l'impuissance...*, thèse citée, p. 10.
(38) L. A. GANNE, *De l'impuissance et de la stérilité*, thèse citée, p. 35.

(128) Charles MENVILLE DE PONSAN, *Histoire philosophique et médicale de la femme..., op. cit.,* t. 2, p. 172.
(129) Julien Joseph VIREY, article « Libertinage », *Dictionnaire des sciences médicales, op. cit.,* p. 145.
(130) DE LIGNAC, *De l'homme et de la femme..., op. cit.,* t. 2, p. 197.
(131) RENAULDIN, article « Clitoris », *Dictionnaire des sciences médicales. op. cit.,* 1813, p. 374.
(132) *Idem.*
(133) Charles MENVILLE DE PONSAN, *Histoire philosophique et médicale de la femme..., op. cit.,* t. 3, p. 289.
(134) *Ibid.,* t. 3, p. 290. 続く引用も同箇所。
(135) *Idem.*
(136) Cf. Alain CORBIN, Présentation aux extraits de l'ouvrage d'Alexandre Parent-Duchâtelet intitulé *De la prostitution à Paris,* Paris, Le Seuil, coll. « L'Univers historique », 1981.
(137) Félix ROUBAUD, *Traité de l'impuissance.... op. cit.,* t. 2, p. 461.
(138) こうした歴史学は、アングロ＝サクソン圏においてとりわけ充実している。フランスに限れば、ミシェル・レーの業績の重要性を強調する必要がある。ミシェル・レーの業績についてはまた後にふれるつもりである。Cf. *infra,* p. 421 *sq.*
(139) REYDELLET, article « Pédérastie », *Dictionnaire des sciences médicales. op. cit.,* 1819. 1821年の同事典でフルニエとペスケが「肛門性交」について書いた論文は、男性が女性そして／または他の男性たちと行う行為だけしか扱っていない。神学者が完全な肛門性交と不完全な肛門性交のあいだに立てた区別については、*infra,* p. 253 を参照のこと。
(140) 以上は « Libertinage », *Dictionnaire des sciences médicales. op. cit.,* p. 145. に引用された論文のなかでヴィレーが提示した説明である。
(141) FOURNIER, article « Sodomie », *Dictionnaire des sciences médicales. op. cit.,* p. 446-447.
またしてもフルニエが特殊な快楽について注意を促しているのは、それが、男女ともに肛門性交のみがもたらす快楽だからである。フルニエの目から見れば、肛門性交は「下劣な性交」にとどまっていた。
(142) Julien Joseph VIREY, article « Libertinage », *Dictionnaire des sciences médicales. op. cit.,* p. 145.
(143) Félix ROUBAUD, *Traité de l'impuissance.... op. cit.,* t. 1, p. 438. 続く引用も同箇所。
(144) *Ibid.,* p. 439.
(145) REYDELLET, article « Pédérastie », *Dictionnaire des sciences médicales. op. cit.,* p. 45. に引用されている。
(146) FOURNIER, article « Sodomie », *Dictionnaire des sciences médicales. op. cit.,* p. 447. 続く引用も同箇所。

第6章　器官の気まぐれ

(1) M. E. DESCOURTILZ, *Propositions sur l'anaphrodisie distinguée de l'agénésie et considérée comme impuissance en amour,* thèse, Paris, 1814, n° 208, p. 16.
(2) たしかに、冷感症という用語自体はとりわけヴィレーによってときおり使用されていたが、受胎という照準は相変わらず設定されており、したがって、ルボーの著作で用いられる意味とは異なっていなかった。もっともルボーは不妊症の専門家であった。不妊という口実なしに冷感症の診察に来る立派なご婦人など考えられなかったからである。
(3) Philippe PINEL, *Nosographie philosophique ou méthode de l'analyse appliquée à la médecine,*

（98）*Ibid.*, p. 336.
（99）Armand TROUSSEAU, *Clinique médicale*..., *op. cit.*, p. 217.
（100）Léop. DESLANDES, *De l'onanisme*..., *op. cit.*, p. 314.
（101）Claude François LALLEMAND, *Des pertes séminales*..., *op. cit.*, t. II, p. 329-330.
（102）*Ibid.*, t. 1, p. 6. 1805年に発表されたその地味な博士論文（*Essai sur les causes de l'impuissance*..., *op. cit.*, p. 19 et 20）のなかで、モール医師は、過剰な手淫は「感受性の過剰な興奮を引き起こし、たいてい」ペニスが完全に勃起しないうちに「精液が不随意に漏れ出すようになる」ことを強調し、「手による淫蕩な接触を習慣的に与えてくれる若い女性たちとしじゅうつき合っていたこと」によってこの病の犠牲者になった若い男性の例を引用している。
（103）Léop. DESLANDES, *De l'onanisme*..., *op. cit.*, p. 316 *sq.* における記述。
（104）Armand TROUSSEAU, *Clinique médicale*..., *op. cit.*, t. 2, p. 226.
（105）Félix ROUBAUD, *Traité de l'impuissance*.... *op. cit.*, t. 1, p. 392.
（106）Claude François LALLEMAND, *Des pertes séminales*..., *op. cit.*, t. II, p. 422.
（107）*Ibid.*, p. 395.
（108）*Ibid.*, p. 409.
（109）Félix ROUBAUD, *Traité de l'impuissance*.... *op. cit.*, t. 1, p. 393.
（110）Armand TROUSSEAU, *Clinique médicale*..., *op. cit.*, t. 2, p. 185.
（111）Claude François LALLEMAND, *Des pertes séminales*..., *op. cit.*, t. II, p. 291.
（112）精液漏の治療のために尿道に灼焼術を施すさいの医師と患者の関係が、中学校で相互に手淫をし合っていたときの関係（p. 396）を再現しており、精液漏は結局（p. 398）「ホモエロティックな」行為の代用を提供していると示唆するとき、われわれはエレン・バユク・ローゼンマンの説を受け入れることはできない。Cf. Ellen Bayuk ROSENMAN, « Body doubles... », *loc. cit.*
（113）Claude François LALLEMAND, *Des pertes séminales*..., *op. cit.*, t. I, p. 554-555, observation 78.
（114）*Ibid.*, t. II, p. 47-48.
（115）*Ibid.*, t. III, p. 91-92.
（116）神経系を刺激するため、患部に火をつけた円錐状の苧垢（あおか）を置く療法。
（117）F. V. M., article « Redingotes anglaises », *Dictionnaire des sciences médicales, op. cit.*, 1820, p. 329.
（118）これらの点についてはすべて、Alain CORBIN, « Les prostituées du XIXe siècle et "le vast effort du neant" », dans *Le Temps, le désir et l'horreur*, Paris, Flammarion, coll. « Champs », 1991, p. 117-141〔アラン・コルバン『時間・欲望・恐怖』小倉孝誠・野村正人・小倉和子訳、藤原書店、1993年〕と、言うまでもなく、Angus McLAREN, *Histoire de la contraception de l'Antiquité à nos jours*, Paris, Ed. Noêsis, 1996.
（119）Jean-Ennemond DUFIEUX, *Nature et virginité*..., *op. cit.*, p. 453 *sq.* 引用は p. 458 と p. 462.
（120）*Ibid.*, p. 461.
（121）*Idem.*
（122）*Ibid.*, p. 462.
（123）*Ibid.*, p. 463. 続く引用も同箇所。
（124）*Ibid.*, p. 464-465. 続く 2 つの引用も同箇所。
（125）*Ibid.*, p. 467.
（126）これはわれわれの見解とは異なる。
（127）Cf. *infra*, p. 417 et 521.

しようと試みている。
(65) Docteur ROZIER, *Des habitudes secrètes...*, *op. cit.*, p. 66.
(66) RULLIER, article « Génital », *Dictionnaire des sciences médicales, op. cit.*, p. 140.
(67) ROZIER, *op. cit.*, p. 20.
(68) Léop. DESLANDES, *De l'onanisme...*, *op. cit.*, p. 370.
(69) *Ibid.*, p. 370 et 371.
(70) Félix ROUBAUD, *Traité de l'impuissance.... op. cit.*, t. 1, p. 376.
(71) Léop. DESLANDES, *De l'onanisme...*, *op. cit.*, p. 528.
(72) *Ibid.*, p. 119.
(73) *Ibid.*, p. 120.
(74) *Ibid.*, p. 121-122.
(75) Docteur ROZIER, *Des habitudes secrètes...*, *op. cit.*, p. 5.
(76) N. M. BUET, *Dissertation sur la masturbation...*, *thèse citée.*, p. 10.
(77) Docteur ROZIER, *Des habitudes secrètes...*, *op. cit.*, p. 12. 著者はポルタル（Portal）の *Observations sur le rachitisme* を、次いでマルク＝アントワーヌ・プティ（Marc-Antoine Petit）を引用している。
(78) Léop. DESLANDES, *De l'onanisme...*, *op. cit.*, p. 125 et 126.
(79) *Ibid.*, p. 188.
(80) Docteur ROZIER, *Des habitudes secrètes...*, *op. cit.*, p. 88. 著者はピネル、カンプ、フォーゲルなどを参照している。
(81) DE MONTÈGRE, article « Continence », *Dictionnaire des sciences médicales, op. cit.*, p. 100.
(82) *Ibid.*, p. 100-101.
(83) FOURNIER et BÉGIN, article « Masturbation », *Dictionnaire des sciences médicales, op. cit.*, p. 119.
(84) Léop. DESLANDES, *De l'onanisme...*, *op. cit.*, p. 127.
(85) Alexandre Isidore DUPUIS, *Dissertations sur le catarrhe utéro-vaginal* (leucorrhée), thèse, Paris, 1817, n° 220, p. 32 et 33.
(86) Charles MENVILLE DE PONSAN, *Histoire philosophique et médicale de la femme...*, *op. cit.*, t. 2, p. 62.
(87) Félix ROUBAUD, *Traité de l'impuissance...*, *op. cit.*, t. 2, p. 558.
(88) Claude François LALLEMAND, *Des pertes séminales...*, *op. cit.*, t. I, p. 487.
(89) Docteur ROZIER, *Des habitudes secrètes...*, *op. cit.*, p. 94.
(90) FOURNIER et BÉGIN, article « Masturbation », *Dictionnaire des sciences médicales, op. cit.*, p. 112. ここで医者たちはティソの路線に沿っている。「射精筋のたんなる痙攣だけでも」、ひっきりなしに繰り返されれば「思考力のエネルギーが失われる」ことになる、とすでにこのスイスの医師は嘆いていた。だが、19 世紀の臨床医たちは、このような漠然とした決まり文句には満足していない。
(91) Léop. DESLANDES, *De l'onanisme...*, *op. cit.*, p. 128-129.
(92) Ernst WICHMANN, *Dissertation sur la pollution diurne involontaire, op. cit.*, p. 17-18.
(93) Jean-Ennemond DUFIEUX, *Nature et virginité...*, *op. cit.*, p. 330.
(94) Ellen Bayuk ROSENMAN « Body doubles: the spermatorrhea panic », *Journal of the history of sexuality*, vol. 12, 2003, p. 365-399.
(95) Claude François LALLEMAND, *Des pertes séminales...*, *op. cit.*, t. II, p. 305. による引用。
(96) Armand TROUSSEAU, *Clinique médicale...*, *op. cit.*, p. 216. *sq.*
(97) Claude François LALLEMAND, *Des pertes séminales...*, *op. cit.*, t. II, p. 327.

(31) FOURNIER et BÉGIN, article « Masturbation », *Dictionnaire des sciences médicales, op. cit.*, p. 105. 続く引用も同箇所。
(32) *Ibid.*, p. 106.
(33) S. N. P. LANGLOIS DE LONGUEVILLE, *Education physique et morale de la jeune fille*, thèse, Paris, 1819, n° 260, p. 24.
(34) Claude François LALLEMAND, *Des pertes séminales…, op. cit.*, t. I, p. 423.
(35) *Ibid.*, p. 424.
(36) Léop. DESLANDES, *De l'onanisme…, op. cit.*, p. 205.
(37) FOURNIER et BÉGIN, article « Masturbation », *Dictionnaire des sciences médicales, op. cit.*, p. 110.
(38) *Ibid.*, p. 109.
(39) Docteur ROZIER, *Des habitudes secrètes…, op. cit.*, p. 231 et 232.
(40) FOURNIER et BÉGIN, article « Masturbation », *Dictionnaire des sciences médicales, op. cit.*, p. 118.
(41) Léop. DESLANDES, *De l'onanisme…, op. cit.*, p. 53. 続く部分も同箇所。
(42) FOURNIER et BÉGIN, article « Masturbation », *Dictionnaire des sciences médicales, op. cit.*, p. 119.
(43) Léop. DESLANDES, *De l'onanisme…, op. cit.*, p. 137.
(44) Docteur ROZIER, *Des habitudes secrètes…, op. cit.*, p. 125-126.
(45) Léop. DESLANDES, *De l'onanisme…, op. cit.*, p. 380 et 381.
(46) Claude François LALLEMAND, *Des pertes séminales…, op. cit.*, t. I, p. 456.
(47) *Ibid.*, p. 457.
(48) F. G. DUMONT, *Dissertation inaugurale sur l'agénésie, l'impuissance et dysgénésie*, thèse citée, p. 56-57.
(49) Léop. DESLANDES, *De l'onanisme…, op. cit.*, p. 277. 続く引用も同箇所。
(50) Claude François LALLEMAND, *Des pertes séminales…, op. cit.*, t. I, p. 442 et 443.
(51) *Ibid.*, p. 576.
(52) VIREY, article « Fille », *Dictionnaire des sciences médicales, op. cit.*, p. 504. また、ラシボルスキ（RACIBORSKI）については、*De la puberté et de l'âge critique chez la femme, op. cit.*, p. 280.
(53) Docteur FABRE (dir.), *Bibliothèque du médecin praticien, op. cit.*, t. 1, p. 86.
(54) Félix ROUBAUD, *Traité de l'impuissance…. op. cit.*, t. 2, p. 509.
(55) Nicolas CHAMBON DE MONTAUX, *Des maladies des filles, op. cit.*, t. 2, p. 74 et 77.
(56) FOURNIER et BÉGIN, article « Masturbation », *Dictionnaire des sciences médicales, op. cit.*, p. 108.
(57) Cf. COLOMBAT DE L'ISÈRE, *Traité complet des maladies des femmes…, op. cit.*, p. 511 et 512.
(58) FOURNIER et BÉGIN, article « Masturbation », *Dictionnaire des sciences médicales, op. cit.*, p. 127.
(59) Félix ROUBAUD, *Traité de l'impuissance…. op. cit.*, t. 2, p. 530.
(60) Antoine Séverin BELMER. *Dissertation sur la Nymphomanie…*, thèse citée, p. 17.
(61) Nicolas CHAMBON DE MONTAUX, *Des maladies des filles, op. cit.*, t. 2, p. 101-102.
(62) Claude François LALLEMAND, *Des pertes séminales…, op. cit.*, t. III, p. 76.
(63) *Ibid.*, p. 77.
(64) フルニエ、ビュエ、ラングロワ・ド・ロングヴィル、デランド、マンヴィル・ド・ポンサン、ロズィエといった臨床医は、手淫を、それに近い別の言葉で間接的に叙述いるが、にもかかわらず、この本の構造は神学に属しているのである。同様に、ティソの目からするなら、神の掟（ロワ）と生理学の法則（ロワ）は矛盾していなかった。こうした観点から、このスイスの医師の業績は、宗教に起源をもつ古いタブーを強化するために用いられた。この考え方は、結局のところ、アンヌ・キャロル（Anne Carol）（« Les médecins et la stigmatisation du vice solitaire, fin XVIIIe siècle-début du XIXe siècle » 近刊予定）の考え方からそう遠くない。私としては、夫婦の不正行為（本書204-206頁を参照）にたいし1860年から医者たちが始めた攻撃もまた、同じプロセスに属していると考える。神学者による「夫婦オナニー」の告発を強化するものでしかなかったからである。

(4) DE LIGNAC, *De l'homme et de la femme..., op. cit.,* t. 2, p. 257.

(5) Léop. DESLANDES, *De l'onanisme..., op. cit.,* p. 526.

(6) Claude François LALLEMAND, *Des pertes séminales..., op. cit.,* t. I, p. 314.

(7) Ernst WICHMANN, *Dissertation sur la pollution diurne involontaire, op. cit.,* p. 88. DE MONTÈGRE, article « Continence », *Dictionnaire des sciences médicales, op. cit.,* 1813. p. 360.

(8) FOURNIER et BÉGIN, article « Masturbation », *Dictionnaire des sciences médicales, op. cit.,* 1819, p. 122-125.

(9) Léop. DESLANDES, *De l'onanisme..., op. cit.,* p. 528.

(10) Claude François LALLEMAND, *Des pertes séminales..., op. cit.,* t. I, p. 313.

(11) Félix ROUBAUD, *Traité de l'impuissance.... op. cit.,* t. 2, p. 556-557.

(12) Adam RACIBORSKI, *De la puberté..., op. cit.,* p. 281. 続く引用は p. 282.

(13) Nicolas CHAMBON DE MONTAUX, *Des maladies des filles, op. cit.,* t. 2, p. 94-95.

(14) Adam RACIBORSKI, *De la puberté..., op. cit.,* p. 281-282.

(15) Nicolas CHAMBON DE MONTAUX, *Des maladies des filles, op. cit.,* t. 2, p. 67. Charles MENVILLE DE PONSAN, *Histoire philosophique et médicale de la femme..., op. cit.,* t. 3, p. 569. Armand TROUSSEAU et H. PIDOUX, *Traité de thérapeutique et de matière médicale, op. cit.,* t. 2, p. 603. N. M. BUET, *Dissertation sur la masturbation, et les moyens propres à y remédier,* thèse, Paris, 1822, n° 221, p. 6.

(16) Claude François LALLEMAND, *Des pertes séminales, op. cit.,* t. I, p. 458.

(17) FOURNIER et BÉGIN, article « Masturbation », *Dictionnaire des sciences médicales, op. cit.,* p. 103 et 128.

(18) Claude François LALLEMAND, *Des pertes séminales..., op. cit.,* t. I, p. 368.

(19) FOURNIER et BÉGIN, article « Masturbation », *Dictionnaire des sciences médicales, op. cit.,* p. 103-105.

(20) Simon RICHTER, « Wet-nursing, Onanism, and the Breast in 18th century Germany », *Journal of the History of Sexuality,* vol. 7.1, juillet 1996, p. 17-20.

(21) Nicolas CHAMBON DE MONTAUX, *Des maladies des filles, op. cit.,* t. 2, p. 90.

(22) Léop. DESLANDES, *De l'onanisme..., op. cit.,* p. 282.

(23) Docteur ROZIER, *Des habitudes secrètes..., op. cit.,* p. 193.

(24) Jacques Louis MOREAU DE LA SARTHE, *Histoire naturelle de la femme..., op, cit.,* t. 2, p. 268.

(25) Claude François LALLEMAND, *Des pertes séminales..., op. cit.,* t. I, p. 414.

(26) *Ibid.,* p. 415.

(27) *Ibid.*

(28) *Ibid.,* p. 418.

(29) *Ibid.,* p. 611 et 612.

(30) *Ibid.,* p. 613.

(126) J. A. DURAND, *De l'influence de la puberté...*, thèse citée, p. 44.
(127) Cf. Antoine SÉLIGNAC, *Des rapprochement sexuels...*, thèse citée, p. 39.
(128) 女性の性交過剰から生じるさまざまな病理の描像については、Sélignac, Fabre, Colombat de l'Isère, Deslandes, Gardanne, Barrailler, Huguier, Labrunie, Burdach, *op. cit.* を参照のこと。
(129) Et. LABRUNIE, *Dissertation sur les dangers de la privation et de l'abus des plaisirs...*, thèse citée p. 43. 続く引用も同箇所。
(130) こうした医学文献の常套句。きわめて精密な病像がリニャックに引用された著作(*De l'homme et de la femme..., op. cit.*, t. 2, p. 118-119.)に見られる。著者はニコラ・ヴネットの描像を再修正している。
(131) C. F. BURDACH, *Traité de physiologie..., op. cit.*, t. II, p. 172.
(132) DE LIGNAC, *De l'homme et de la femme..., op. cit.*, t. 2, p. 127.

第5章 「まがいものの快楽」と官能の衰弱

(1) Claude François LALLEMAND, *Des pertes séminales..., op. cit.*, t. I, p. 160. 医学的な著作では、「女性を使う」とか「女性のところに通う」といった表現がいくども出てくる。
(2) トマス・ラカーが消費の進展という言葉で説明していた現象。Thomas LAQUEUR, *Le Sexe en solitaire. Contribution à l'histoire culturelle de la sexualité*, Paris, Gallimard, 2003. « Masturbation, modernité et marché », p. 305 *sq.* を参照のこと。
(3) ティソの本については、Théodore TARCZYLO, *Sexe et liberté au siècle des Lumières*, Paris, Presse de la Renaissance, 1983, とりわけ p. 114 *sq.* を見よ。

Théodore TARCZYLO, « "Prêtons la main à la nature", I. L'onanisme de Tissot », *Dix-huitième siècle*, n° 12: *Représentations de la vie sexuelle*, 1980, p. 79-96.

Vincent BARRAS, Micheline LOUIS-COURVOISIER (dir.), *La Médecine des Lumières. Tout autour de Tissot, op. cit.*

18 世紀初頭の『オナニア』刊行に先立つ伝染病については、Michaël Stolberg によって認識が根底から一新された(cf. « Self-pollution, moral reform, and the venereal trade: notes on the sources and historical context of *Onania* (1716) », *Journal of the history of sexuality*, vol. 9, janv.-avril 2000, p. 37-62.)精液漏と同じくらい重大なものとしてすでに表面化していたのが、手淫による陰茎亀頭および生殖器の繊維状組織への影響と、心理的な刺激で勃起力が低下したり、生成不良から精液の排出量が低下することにより高まる不能の危険性である。女性にかんしては、クリトリスの伸長と子宮が男性の精液を引きとどめることができなくなる恐れが指摘されていた。また、道徳病理学の領域において手淫にたいする告発は、この 17 世紀末、不倫、売春、肛門性交、うち続く伝染病の危険性に照準を合わせたより広い反不道徳キャンペーンに組み込まれていた。こうしたデータのどれを見ても、ティソの著作は、また、それ以前の『オナニア』は、たんに当時の資料を取り集めたものにすぎず、さして斬新なわけでないと考えざるを得ない。テオドール・タルクジロは、すでに四半世紀前に(*Sexe et liberté au siècle des Lumières, op. cit.*, p. 110)、この著作が「当時の倫理神学のさえない反映に過ぎない」ことを強調していた。

ごく最近の研究の見地からするとどうだろうか。パトリック・シンギー(Patrick Singy)——博士論文が出版準備中である——は(« Friction of the genitales and secularization of morality », *Journal of the history of sexuality*, vol. 12, n° 3, juillet 2003 およびトマス・ラカー(Thomas Laqueur)の前掲書(*Le Sexe en solitaire, Critique*, 2006)のなかの批判的な報告)、性道徳が聖職者の手から離れて世俗化した証拠を『オナニア』に見るのは間違いだと力説している。『オナニア』の著者は医学的な言葉を使っては

(91) Nicolas CHAMBON DE MONTAUX, *Des maladies des filles, op. cit.*, t. 2, p. 151.
(92) J. MOREL DE RUBEMPRÉ, *Les secrets de la génération..., op. cit.*, p. 77.
(93) Charles MENVILLE DE PONSAN, *Histoire philosophique et médicale de la femme..., op. cit.*, t. 1, p. 333.
(94) Julien Joseph VIREY, article « Infibulation », *Dictionnaire des sciences médicales, op. cit.*, p. 458. 続く引用も同箇所。
(95) Pierre ROUSSEL, *Système physique et moral..., op. cit.*, p. 218.
(96) Julien Joseph VIREY, article « Femme », *Dictionnaire des sciences médicales, op. cit.*, 1815, p. 539.
(97) Cf. J. CAPURON, *La médecine légale relative à l'art des accouchements, op. cit.*, p. 38 *sq.* et DE LIGNAC, *De l'homme et de la femme..., op. cit.*, t. 2, p. 324-326.
(98) J. CAPURON, *La médecine légale relative à l'art des accouchements, op. cit.*, p. 38-39.
(99) Jean CIVIALE, *Traité pratique sur les maladies des organes génito-urinaires, op. cit.*, t 2, p. 200. ヴォルネーは放蕩の犠牲者と、犠牲者を襲う病についてすでに詳細な描像を描いていた。Cf. Constantin-François de Chassebœuf, comte de VOLNEY, *La Loi naturelle*, éd. Paris, Garnier, 1980, p. 53-54.
(100) Julien Joseph VIREY, *De la femme..., op. cit.*, p. V.
(101) Julien Joseph VIREY, article « Libertinage », article cité, p. 144.
(102) Claude François LALLEMAND, *Des pertes séminales..., op. cit.*, t. I, p. 598. 続く引用も同箇所。
(103) *Ibid.*, t. I, p. 601.
(104) *Ibid.*, t. I, p. 602. 続く引用も同箇所。
(105) Félix ROUBAUD, *Traité de l'impuissance.... op. cit.*, p. 758.
(106) *Ibid.*, p. 767 et 768.
(107) Claude François LALLEMAND, *Des pertes séminales..., op. cit.*, t. I, p. 621.
(108) *Ibid.*, p. 624.
(109) Jean CIVIALE, *Traité pratique sur les maladies des organes génito-urinaires, op. cit.*, t 2, p. 165 et 166.
(110) MARC, article « Copulation », *Dictionnaire des sciences médicales. op. cit.*, p. 550.
(111) Claude François LALLEMAND, *Des pertes séminales..., op. cit.*, t. I, p. 524 et 525.
(112) Julien Joseph VIREY, article « Homme », *Dictionnaire des sciences médicales. op. cit.*, 1817, p. 236.
(113) Jean Baptiste Félix DESCURET, *La médecine des passions..., op. cit.*, p. 482.
(114) J. MOREL DE RUBEMPRÉ, *Les secrets de la génération..., op. cit.*, p. 284.
(115) Julien Joseph VIREY, article « Libertinage », article cité, p. 113.
(116) DE LIGNAC, *De l'homme et de la femme..., op. cit.*, t. 2, p. 124.
(117) Julien Joseph VIREY, article « Fille », article cité, p. 505.
(118) Pierre-Jean-Georges CABANIS, *Rapport du physique et du moral..., op. cit.*, p. 204.
(119) Jacques Louis MOREAU DE LA SARTHE, *Histoire naturelle de la femme..., op. cit.*, t. 2, p. 283.
(120) *Ibid.*, p. 284.
(121) Claude François LALLEMAND, *Des pertes séminales..., op. cit.*, t. I, p. 615.
(122) Antoine SÉLIGNAC, *Des rapprochements sexuels...*, thèse citée, p. 53-54. による引用。
(123) Claude François LALLEMAND, *Des pertes séminales..., op. cit.*, t. II, p. 227.
(124) *Ibid.*, t. II, p. 228.
(125) J. CAPURON, *Traité des maladies des femmes..., op. cit.*, p. 253.

(55) *Ibid.*
(56) Cf. J. A. ROBION, *Essai sur la nymphomanie ou fureur utérine*, thèse citée, p. 10.
(57) Joseph Stephan Louis LEMANSKI, *Des caractères de la nymphomanie*, thèse citée, p. 8.
(58) Louis Charles ROCHE et Louis Joseph SANSON, *Nouveaux éléments de pathologie médico-chirurugicale...*, *op. cit.*, t. 2, p. 336-337.
(59) Henri Louis BAYARD, *Essai médico-légale sur l'utéromanie...*, thèse citée, p. 60.
(60) *Ibid.*, P. 46 et LOUYER-VILLERMAY, article « Nymphomanie », *Dictionnaire des sciences médicales, op. cit.*, p. 587.
(61) *Ibid.*, p. 570-571.
(62) Henri Louis BAYARD, *Essai médico-légale sur l'utéromanie...*, thèse citée, p. 36.
(63) *Ibid.*, p. 38.
(64) Carol GRONEMAN, *Nymphomania: A history*. New York, W. Norton, 2000.
(65) 18 世紀末にこの描像を広めた者はリニャックひとりではない。
(66) Jacques Louis MOREAU DE LA SARTHE, *Histoire naturelle de la femme..., op, cit.*, p. 414.
(67) *Ibid.*, p. 415. 続く引用も同箇所。
(68) *Ibid.*, p. 414.
(69) *Ibid.*, p. 415 et 416.
(70) *Ibid.*, p. 416.
(71) *Ibid.* 続く引用も同箇所。
(72) Anthelme RICHERAND, *Nouveaux éléments de physiologie, op. cit.* t. 2, p. 470.
(73) *Ibid.*
(74) *Ibid.*
(75) モロー・ド・ラ・サルトの描く子宮気質もその例である。
(76) Jacques Louis MOREAU DE LA SARTHE, *Histoire naturelle de la femme..., op, cit.*, p. 421.
(77) 一連の引用は Felix ROUBAUD, *Traité de l'impuissance.... op. cit.*, tome. I, p. 228-229.
(78) *Ibid.*
(79) Anthelme RICHERAND, *Nouveaux éléments de physiologie, op. cit.* t. 2, p. 473.
(80) *Ibid.* p. 488.
(81) この気質の見事な描像が C. P. L. GARDANNE, *De la ménopause..., op. cit.*, p. 73-74. にある。
(82) *Ibid.*, p. 77.
(83) *Ibid.*, p. 78.
(84) Jean Baptiste Félix DESCURET, *La médecine des passions..., op. cit.*, p. 66.
(85) Jacques Louis MOREAU DE LA SARTHE, *Histoire naturelle de la femme..., op, cit.*, p. 419. 続く引用も同箇所。
(86) A. CANGRAIN, *Du célibat*, thèse citée, p. 25.
(87) Julien Joseph VIREY, article « Jouissances anticipées », *Dictionnaire des sciences médicales, op. cit.*, 1818, p. 418. 続く引用も同箇所。
(88) Julien Joseph VIREY, article « Infibulation », *Dictionnaire des sciences médicales, op. cit.*, 1818, p. 458.
(89) P. BARAILLER-LAPLANTE（aîné）, *Dissertation sur le cancer de l'utérus*, thèse, Paris, 1812, n° 104, p. 9. に引用された調査結果。続く引用も同箇所。
(90) 処女膜の保存がその徴候となるか否かについてが、とりわけその一例である。J. CAPURON（*La médecine légale relative à l'art des accouchements*, Paris, Croullebois, 1821, p. 25 *sq.*）がこの点にかんする総括をしている。ビュフォンにかんしては、cf. *Œuvres, op. cit.*, p. 221-223.

observations Médicales, suivi d'une adresse envoyée à l'assemblée nationale, le 12 juin 1790. Paris, Imprimerie de l'abbé de Saint-Pierre, 1791.

(33) A. P. DUPREST-RONY, *Dissertation sur le satyriasis*, thèse citée, p. 4.

(34) *Ibid.*, p. 5. 続く引用も同箇所。

(35) カブロルによって紹介されたオルゴン（ピレネー地方）の男性は、医学文献において男子色情症患者の典型例になっているが、節欲が病因ではなかった。「妻が神に誓って語ったところによれば、彼の性行為はすさまじく、2晩で87回も事に及んだことがあった。もっとも、この回数も不首尾に終わった10回以上を含めない数字である。この哀れな患者は、われわれが診察している最中にも、まるで妻に抱きつくようにベッドの脚に抱きつくと、腰を振り、われわれの目の前で3回射精した」、とカブロルは断言している。引用は A. P. DUPREST-RONY, thèse citée, p. 17. による。

(36) *Ibid.*, p. 15.

(37) これらの語彙にかんしては次のものを参照されたい。J. E. P. BAGET, *Questions sur diverses branches des sciences médicales. 1° Des causes de la nymphomanie, et de son siège...*, thèse, Paris, 1839, p. 5; Joseph Stephan Louis LEMANSKI, Des caractères de la nymphomanie, thèse, Paris, 1843. n° 153 et Henri Louis BAYARD, *Essai médico-légale sur l'utéromanie* (nymphomanie), thèse, Paris, 1836, n° 324, p. 9.

(38) LOUYER-VILLERMAY, article « Nymphomanie », *Dictionnaire des sciences médicales, op. cit.,* 1819, p. 576.

(39) *Ibid.*

(40) Henri Louis BAYARD, *Essai médico-légale sur l'utéromanie...*, thèse citée, p. 33.

(41) LOUYER-VILLERMAY, article « Nymphomanie », *Dictionnaire des sciences médicales, op. cit.,* 1819, p. 576. また、以下の著作には女子色情症とヒステリーの区別にかんする見事な説明があり、当時の学者たちのさまざまな立場についてもふれられている。FABRE (dir.), *Bibliothèque du médecin praticien*, Paris, Bureau de la Gazette des Hôpitaux, 1844, t. 2, p. 216-250.

(42) J. D. T. BIENVILLE, *De la nymphomanie ou Traité de la fureur utérine*, 1771. ジャン＝マリ・グルモによる再版、解説付き（Paris, Le Sycomore. 1980.）を参照のこと。

(43) Nicolas CHAMBON DE MONTAUX, *Des maladies des filles, op. cit.*, t. 2, p. 238 et 239.

(44) Jacques HERPAIN, *Essai sur la nymphomanie ou fureur utérine*, thèse citée.

(45) J. E. P. BAGET, *Questions sur diverses branches des sciences médicales...*, thèse citée, p. 19.

(46) コロンバ・ド・リゼールが女子色情症を扱った章を参照のこと。Colombat de L'ISÈRE, *Traité complet des maladies de femmes..., op. cit.,* t. 3, p. 1018 sq.

(47) J. CAPURON, *Traité des maladies des femmes..., op. cit.,* p. 76 sq. これらの原因については、すでに引用したバジェとエルパンの博士論文および J. A. ROBION, *Essai sur la nymphomanie ou fureur utérine*, thèse, Paris, 1808, n° 137. を参照のこと。

(48) Antoine Séverin BELMER. *Dissertation sur la Nymphomanie, ou Fureur utérine*, thèse citée, p. 12.

(49) Henri Louis BAYARD, *Essai médico-légal sur l'utéromanie..., op. cit.,* t. 3, p. 22.

(50) Colombat de L'ISÈRE, *Traité complet des maladies de femmes..., op. cit.,* t. 3, p. 1022.

(51) LOUYER-VILLERMAY, article « Nymphomanie », *Dictionnaire des sciences médicales, op. cit.,* p. 577.

(52) Jacques HERPAIN, *Essai sur la nymphomanie ou fureur utérine*, thèse citée, p. 13 et 14.

(53) Louis Charles ROCHE et Louis Joseph SANSON, *Nouveaux éléments de pathologie médico-chirurgicale..., op. cit.,* t. 2, p. 335-336.

(54) *Ibid.*, p. 336.

p. 357.

(5) Et. LABRUNIE, *Dissertation sur les dangers de la privation et de l'abus des plaisirs vénériens chez les femmes*, thèse citée p. 14.

(6) Anthelme RICHERAND, *Nouveaux éléments de physiologie, op. cit.*, cité par J. BOUSQUET, *Du mariage considéré comme moyen préservatif et curatif des maladies*, thèse citée, p. 15.

(7) François Charles QUESNEL, *Recherches relatives à l'influence de la continence sur l'économie animale*, Paris, thèse, 1817, n° 201, p. 7.

(8) Félix ROUBAUD, *Traité de l'impuissance.... op. cit.*, t. 1, p. 372.

(9) A. CANGRAIN, *Du célibat*, thèse citée, p. 6.

(10) Claude François LALLEMAND, *Des pertes séminaires involontaires, op. cit.*, t. II, p. 245.

(11) 同じ意見は Jean CIVIALE, *Traité pratique sur les maladies des organes génito-urinaires, op. cit.*, t 2, p. 195. と Claude François LALLEMAND, *Des pertes séminaires involontaires, op. cit.*, t. II, p. 242. に見られる。

(12) DE MONTÈGRE, article « Continence », *Dictionnaire des sciences médicales, op. cit.*, 1813. p. 118.

(13) *Ibid.*, p. 119.

(14) Nicolas CHAMBON DE MONTAUX, *Des maladies des filles, op. cit.*, t. 1, p. 41, 42 et 46.

(15) すでに引用したケスネル、カングラン、ラブリュニ、アゲット、ブスケ、デュランの博士論文もこうした苦しみを描いている。

(16) C. P. L. GARDANNE, *De la ménopause..., op. cit.*, p. 33.

(17) A. CANGRAIN, *Du célibat*, thèse citée, p. 28.

(18) 18世紀の最初の数十年まで、神経トラブルを抱えた患者はこうなると思われていた。

(19) Cité par DE MONTÈGRE, article « Continence », *Dictionnaire des sciences médicales, op. cit.*, 1813. p. 117.

(20) Jacques Louis MOREAU DE LA SARTHE, *Histoire naturelle de la femme..., op, cit.*, t. 2, p. 280.

(21) Claude François LALLEMAND, *Des pertes séminales..., op. cit.*, t. II, p. 252.

(22) すでに引用したカングラン、アゲット、シモン医師たちの博士論文と Mayer, *op. cit.*

(23) Cf. Alain CORBIN, Jean-Jacques COURTINE, Georges VIGARELLO (dir), *Histoire du corps*, Paris, Le Seuil, 2005, t 2, p. 66-67.

(24) Jean-Ennemond DUFIUEX, *Nature et virginité. Considération physiologique sur le célibat religieux, op. cit.*, passim.

(25) Cf, *supra*, p. 242 sq.

(26) A. P. DUPREST-RONY, *Dissertation des sciences médicales, op. cit.*, 1820, p. 49.

(27) Louis Charles ROCHE et Louis Joseph SANON, *Nouveaux éléments de pathologie médico-chirurgicale ou traité théorique et pratique de médecine et de chirurgie*, 3e éd, Paris, J.-B. Baillère, 1833, t. 2, p. 324.

(28) A. P. DUPREST-RONY, *Dissertation sur le satyriasis*, thèse, Paris, an XII (1804), n° 404.

(29) RONY, article « Satyriasis », *Dictionnaire des sciences médicales, op. cit.*, 1820, p. 49.

(30) Louis Charles ROCHE et Louis Joseph SANSON, *Nouveaux éléments de pathologie médico-chirurugicale ou traité et pratique de médecine et de chirurgie*, 3e éd, Paris, Baillière, 1833, t. 2, p. 324.

(31) A. P. DUPREST-RONY, *Dissertation sur le satyriasis*, thèse citée, p. 7.

(32) *Ibid.*, p. 8. また続く引用については、*Les funestes effets de la vertu de chasté dans les prêtres ou mémoire de M. Blanchet, curé de Cours, près de la Réole, en Guyenne avec des*

(47) Frédéric SARDET, « Consulter Tissot : hypothèses de lecture », *op. cit.*, p. 65.
(48) Félix ROUBAUD, *Traité de l'impuissance.... op. cit.*, t. 1, p. 227 et 304.
(49) Claude François LALLEMAND, *Des pertes séminaires involontaires, op. cit.*, t. 2, p. 91.
(50) *Ibid.*, t. 1, p. 557 et 558.
(51) Antoine SÉLIGNAC, *Des rapprochements sexuels...*, thèse citée, p. 48-49.
(52) Léop. DESLANDES, *De l'onanisme..., op. cit.*, p. 181.
(53) Claude François LALLEMAND, *Des pertes séminaires involontaires, op. cit.*, t. 1, p. 112.
(54) Antoine Séverin BELMIER, *Dissertation sur la nymphomanie ou fureur utérine*, thèse, Paris, 1818, n° 187, p. 29.
(55) Claude François LALLEMAND, *Des pertes séminaires involontaires, op. cit.*, t. 1, p. 560, 561 et 563.
(56) *Ibid.*, t. 1, p. 93 sq.
(57) *Ibid.*, p. 178.
(58) *Ibid.*, t. 1, p 414. 続く引用も同箇所。
(59) *Ibid.*, t. 1, p. 418.
(60) Léop. DESLANDES, *De l'onanisme..., op. cit.*, p. 348.
(61) Adam RACIBORSKI, *De la puberté..., op. cit.*, p. 471-478.
(62) Alexadre Jacques François BRIERRE DE BOISMONT, *De la menstruation considérée dans les rapports physiologiques et pathologiques, op. cit.*, p. 153-163.
(63) Félix ROUBAUD, *Traité de l'impuissance.... op. cit.*, t. 2, p. 761.
(64) *Ibid.*, p. 792 et 760.
(65) Jürgen SCHLUMBOHM, « Les limites du savoir : médecin et femmes enceintes à la maternité de l'universtié de Göttingen aux alontours de 1800 », *Revue d'Histoire moderne et contemporaine*, n° 52-1, janvier-mars 2005.
(66) Pierre Carles HUGUIER, *Mémoire sur les maladies des appareils sécréteurs des organes génitaux externes de la femme, op. cit., passim.*
(67) Achille BOURBON, *De l'influence du coït et de l'onanisme...*, thèse citée, observation 12, p. 28.
(68) *Ibid.*, p. 19.
(69) *Ibid.*, observation 16 et 17, p. 32, 33 et 34.
(70) *Ibid.*, p. 38. 続く引用も同箇所。
(71) Félix ROUBAUD, *Traité de l'impuissance.... op. cit.*, t. 2, p. 528.
(72) *Ibid.*, p. 752.
(73) Achille BOURBON, *De l'influence du coït et de l'onanisme..., op. cit.*, p. 44.
(74) Félix ROUBAUD, *Traité de l'impuissance.... op. cit.*, t. 1, p 309 sq. この実験については、Jacqueline CARBOY, « Les "visions tout idéales dues au haschich" de Félix Roubaud. Intoxication par le haschich », *Le Portique*, n° 10, 2e semestre 2004.
(75) *Ibid.*, t. 2, p. 792.

第4章　欠如の苦しみと過剰の苦しみ

(1) DE LIGNAC, *De l'homme et de la femme..., op. cit.*, t. 2, p. 275. BUFFON がその *Histoire naturelle de l'homme* のなかで性交過剰とともに節欲の危険も力説していたことに注意しよう。cf. *Œuvres, op. cit.*, p. 227-228.
(2) *Ibid.*
(3) A. CANGRAIN, *Du célibat*, thèse citée, p. 5.
(4) DE MONTÈGRE, article « Continence », *Dictionnaire des sciences médicales, op. cit.*, 1813.

(27) *Ibid.*, 続く部分も同箇所。
(28) Jean Baptiste MONFALCON, article « Médecin », *Dictionnaire des sciences médicales, op. cit.*, p. 302.
(29) J. A. ROBION, *Essai sur la nymphomanie ou fureur utérine*, thèse, Paris, 1808, n° 137, p. 12. 同書でロビオン医師は、絶えず引用されるガレノスの観察所見を暗に参照している。ガレノスは、古代ローマのさる貴婦人がピラデスと称する若いダンサーに恋心を抱いていることを脈を取っただけで見破ったという。この点にかんしては、Véronique BOUDON-MILLOT, « Un médecin grec dans la société romaine de son temps : Galien de Pergame (IIe siècle) », dans Anne-Marie FLAMBRD-HÉRICHER et Yannick MAREC, *Médecine et société de l'Antiquité à nos jours*, Cahiers du GRHIS, n° 16, Publications des universités et du Havre, 2005.
(30) Antoine SÉLIGNAC, *Des rapprochement sexuels...*, thèse citée, p. 41.
(31) Cf. *supra*, p. 208 sq.
(32) Léop. DESLANDES, *De l'onanisme..., op. cit.*, p. 376.
(33) Docteur ROZIER, *Des habitudes secrètes ou des maladies produites par l'onanisme chez les femmes*, 3e éd., Paris, Audin, 1830, p. 50 et 21.
(34) Charles-Pierre-Louis GARDANNE, *Dissertation sur les avis à donner aux femmes qui entrent dans l'âge critique, thèse*, Paris, Imp. Diot Jeune, 1812, n° 108. ただし引用は *De la ménaupose ou de l'âge critique des femmes*, 2e éd., Paris, Méquignon-Marvis, 1821, p. 419 et 420.
(35) Nicolas CHAMBON DE MONTAUX, *Des maladies des filles, op. cit.*, t. 2, p. 88.
(36) *Ibid.*, p. 100-101.
(37) Armand TROUSSEAU et H. PIDOUX, *Clinique médicale de l'Hôtel de Dieu de Paris, op. cit.*, p. 670.
(38) Félix ROUBAUD, *Traité de l'impuissance.... op. cit.*, t. 2, p. 522, 524 et 528.
(39) Alexadre MAYER, *Des rapports conjugaux considérés sous le triple point de vue de la population, de la santé et de la morale publique*, 3e éd., Paris, 1857 (la première édition date de 1849), p. 149-150.
(40) Jean CIVIALE, *Traité pratique sur les maladies des organes génito-urinaires, op. cit.*, t 2, p. 196.
(41) *Ibid.*, p. 93.
(42) Cf. *supra*, p. 93.
(43) Alfred Armand Louis VELPEAU, *Maladies de l'utérus*, Paris, Baillère, 1854. Leçon 9 octobre et 6 novembre 1849, p. 61-62.
(44) Félix ROUBAUD, *Traité de l'impuissance.... op. cit.*, t. 1, p. 427.
(45) Cf. Alain CORBIN, *Le Territoire du vide, L'Occident et le désir de rivage*, Paris, Aubier, 1988, rééd. Le Seuil, coll. « Champ », 1990, p. 104-113〔アラン・コルバン『浜辺の誕生——海と人間の系譜』福井和美訳、藤原書店、1992年〕.
(46) Cf. Frédéric SARDET, « Consulter Tissot : hypothèse de lecture », dans Vincent BARRAS, Micheline LOUIS-COURVOISIER (dir.), *La médecine des Lumières. Tout autour de Tissot*, Genève, Georg, 2001, p. 58. この主題にかんしては同書のなかの、Philip RIEDER et Vincent BARRAS, « Ecrire sur la maladie au siècle des Lumières » を参照のこと。この論文は興味津々たるものがあるが、19世紀前半のフランスにおいて、著者たちが暗示するほど患者の話が整然と客観的で、身体が「中立的な」空間として感じられ、視線や知にたいして開かれており、それゆえ「個々人の歴史から解放されていた」かといえば、疑わしいと思う。

第３章　疑惑から告白へ

(1) Jean Baptist MONFALCON, article « Médecin », *Dictionnaire des sciences médicales, op. cit.,* 1819, p. 370 et 371. 続く引用も同箇所。この点にかんしては以下の文献が役に立つ。Bernard HOENRI, *Histore de l'examen clinique*, Paris, Imhotep-Maloine, 1996. また言うまでもなく、Michel FOUCAULT, *Histoire de la clinique*, Paris, Presses universitaires de France, 1963.

(2) *Ibid.*, p. 370.

(3) J. A. DURAND, *De l'influence de la puberté...*, thèse citée, p. 66.

(4) François Victor MÉRAT, article « Interrogation » (des malades), *Dictionnaire des sciences médicales, op. cit.,* 1818, p. 527.

(5) Jacques Louis DOUSSIN-DUBREUIL, *Lettres sur les dangers de l'onanisime et conseil relatifs au traitement des maladies qui en résultent. Ouvrage utile aux pères de famille et aux instituteurs*, Paris, Moreau, 1806, p. 13.

(6) *Ibid.*, p. 51.

(7) Claude François LALLEMAND, *Des pertes séminaires involontaires, op. cit.,* t. 1, p. 93.

(8) Jean Baptist MONFALCON, article « Médecin », *Dictionnaire des sciences médicales, op. cit.,* 1819, p. 369 et 370.

(9) Léop. DESLANDES, *De l'onanisme..., op. cit.,* p. 525.

(10) Jean Baptist MONFALCON, article « Médecin », *Dictionnaire des sciences médicales, op. cit.,* p. 370.

(11) François Victor MÉRAT, article « Interrogation », *Dictionnaire des sciences médicales, op. cit.,* p. 526.

(12) Jean Baptiste MONFALCON, article « Médecin », *Dictionnaire des sciences médicales, op. cit.,* p. 372.

(13) *Ibid.*, p. 374.

(14) *Ibid.*, p. 371.

(15) J. CAPURON, *Traité des maladies des femmes.... op. cit.,* p. 100.

(16) François Victor MÉRAT, article « Interrogation », *Dictionnaire des sciences médicales, op. cit.,* 1818, p. 525.

(17) Jean Baptiste MONFALCON, article « Médecin », *Dictionnaire des sciences médicales, op. cit.,* p. 371.

(18) Jean CIVIALE, *Traité pratique sur les maladies des organes génito-urinaires, op. cit.,* t. 2, p. 184.

(19) *Ibid.*, p. 217.

(20) Léop. DESLANDES, *De l'onanisme..., op. cit.,* p. 378.

(21) *Ibid.*, p. 379.

(22) *Ibid.*, p. 380.

(23) Claude François LALLEMAND, *Des pertes séminaires involontaires, op. cit.,* t. 2, p. 86.

(24) Docteur B. DUNAL, *Étude médico-chirurgicales sur les déviations utérines,* Paris, Victor Masson, 1840, p. 75, 76, 77, 78.

(25) Jean Baptiste MONFALCON, article « Médecin », *Dictionnaire des sciences médicales, op. cit.,* p. 374. 続く部分も同箇所。

(26) Jean Nicolas GUILBERT, *Considérations pratiques sur certaines affections de l'utérus, en particulier sur la phlegmasie chronique de cet organe et les avantages de l'application immédiate des sangsues,* Paris, J.- Baillière, 1826, p. 109.

maladies, thèse, Paris, 1821, n° 137, p. 14.
(218) FODÉRÉ, article « Mariage », *Dicitionnaire des sciences médicales, op. cit.*, p. 26.
(219) C. F. BURDACH, *Traité de physiologie..., op. cit.*, t. 2, 61-62.
(220) MONDAT, *De la stérilité de l'homme et de la femme et des moyens d'y remédier*, 4e éd, augmentée, 1833 (1er éd. 1820) p. 171.
(221) Claude François LALLEMAN, *Des pertes séminales..., op. cit.*, t. III, p. 109.
(222) DE LIGNAC, *De l'homme et de la femme..., op. cit.*, t. 2, p. 139.
(223) *Ibid.*, t. 2, p. 238.
(224) *Ibid.*, t. 2, p. 343.
(225) *Ibid.*, t. 1, p. 304.
(226) *Ibid.*, t. 1, p. 382.
(227) *Ibid.*, t. 1, p. 304-305.
(228) *Ibid.*, t. 1, p. 305.
(229) *Ibid.*, t. 2, p. 128.
(230) *Ibid.*, t. 2, p. 129.
(231) C. F. BURDACH, *Traité de physiologie..., op. cit.*, t. 2, p. 169.
(232) A. CANGRAIN, *Du célibat, thèse citée*, p. 26.
(233) G. T. R. SIMON, *De l'influence des passions sur l'économie animale*, thèse, Paris, an XIV, 1805, n° 570, p. 12.
(234) Léop. DESLANDES, *De l'onanisme..., op. cit.*, p. 42-43. 同様の描像が Armand TROUSSEAU, *Clinique médicalee de l'Hôtel-Dieu de Paris*, Paris, J.-B. Baillère, 1862, p. 221. にある。
(235) Léop. DESLANDES, De l'onanisme..., *op. cit.*, p. 40.
(236) Armand TROUSSEAU, *Clinique médicalee..., op. cit.*, p. 211.
(237) Cf. supra, p. 148.
(238) J. MOREL DE RUBEMPRÉ, *Les secrets de la génération..., op. cit.*, p. 257.
(239) *Ibid.*, p. 271.
(240) DE MONTÈGRE, article « Continence », *Dictionnaire des sciences médicales, op. cit.*, 1813. p. 120.
(241) VIREY, article « Fille », *Dictionnaire des sciences médicales, op. cit.*, p. 505.
(242) J. M. François BERTHIER, *Considération physiolosiques...*, thèse citée, p. 29.
(243) J. A. DURAND, *De l'influence de la puberté, de la masturbation et du mariage sur la santé et sur les maladies des femmes*, thèse, Paris, 1816, n° 136, p. 41.
(244) J. BOUSQUET, *Du mariage considéré comme moyen préservatif et curatif des maladies*, thèse, Paris, 1820, n° 32, p. 22, *passim*.
(245) Augustin HAGUETTE, *Essai sur le plaisir..., op. cit.*; F. C. Léon HÉRBERT, *Considérations sur l'utilité du mariage...*, thèse citées. RULLIER, article « Génital », *Dictionnaire des sciences médicales, op. cit.*, p. 133.
(246) Docteur FABRE (dir.), *Bibliothèque du médecin praticien*, Paris Bureau de la Gazette des hôpitaux, 1844, t. 2, p. 130.
(247) Frédéric Célestin PLANTIER, *Considérations sur le mariage sous le rapport médical,* thèse, Paris, 1829, n° 262, p. 8, 10 et 13.
(248) COLOMBAT DE L'ISÈRE, *Traité complet des maladies des femmes..., op. cit.*, t. 2, p. 569.
(249) C. F. BURDACH, *Traité de physiologie..., op. cit.*, t. II, p. 170.
(250) Et. LABRUNIE, *Dissertation sur les dangers de la privation et de l'abus des plaisirs vénériens chez les femmes*, thèse citée p. 41.

cit., t. 1, p. 359.

(191) Cité par Jacques ROGER, *Les Sciences de la vie dans la pensée française du XVIII*[e] siècle. La génération des animaux de Descartes à l'Encyclopédie, Paris, Armand Colin, 1963, p. 60.

(192) DE LIGNAC, *De l'homme et de la femme..., op. cit.,* t. 2, p. 142. 前後の引用は p. 141 et 139.

(193) Félix ROUBAUD, Traité de l'impuissance.... *op. cit.,* t. 2, p. 532.

(194) ここまでの引用は Julien Joseph VIREY, *De la femme..., op. cit.,* p. 165-167.

(195) *Ibid.*, p. 405.

(196) Jacques HERPAIN, *Essai sur la nymphomanie ou fureur ultérieur*, thèse, Paris, n° 43, p. 5.

(197) Jean-Etienne DANCE, *De l'influence des passions sur la santé des femmes, thèse,* Paris, 1811, n° 32, p. 15.

(198) Georg Ludwig KOLBERLT, *De l'appareil..., op. cit.,* p. 116, note 1. コベルトは、オルガスムの近代的定義にかんして決定的な貢献をもたらしたが、（女性の）「器官」は「そのひとつひとつにいたるまで、男性の器官と完全に類似している」（71 頁）と書いている。すなわち、この発見者は、19 世紀中葉において依然として、トマス・ラカーの語る「ワン・セックス・モデル」に固執していたことになる。

(199) Docteur Bruno Jacques BÉRAUD, *Eléments de physiologie..., op. cit.,* t. 2, p. 416. ときにはコベルトからまるまる引き写しするほどまで強い影響を受けていたベローだが、女性がつねに自律的排卵を行っているという説にたいして 1857 年に疑念を呈している点に注目したい。ベローは、「交接は卵子の落下の本源的な原因ではないにせよ、少なくとも、この現象を促進する力を、いやそれどころか、この現象が流れてしまうことを妨げる力さえもっている」と考えている（397 頁）。自律的排卵理論の受容がいかに複雑であったかを示す新たな証拠である。したがって、この件にかんしてはいかなる単純化も避けなければならない。

(200) Jean Baptiste Félix DESCURET, *La médecine des passions..., op. cit.,* p. 520 et 521.

(201) C. F. BURDACH, *Traité de physiologie..., op. cit.,* t. II, p. 69. ここまでの引用も同箇所。

(202) Adam RACIBORSKI, *De la puberté..., op. cit.,* p. 486.

(203) Jean-Ennemond DUFIUEX, *Nature et virginité. Considération physiologique sur le célibat religieux*, Paris, Julien, Lanier, 1854, p. 496.

(204) Léop. DESLANDES, *De l'onanisme..., op. cit.,* p. 48-51.

(205) Pierre ROUSSEL, *Système physique et moral..., op. cit.,* p. 215.

(206) Jacques Louis MOREAU DE LA SARTHE, *Histoire naturelle de la femme..., op, cit.,* p. 186.

(207) BILON, article « Plaisir », *Dictionnaire des sciences médicales, op. cit.,* 1820, p. 133.

(208) François Gabriel DUMONT, *Dissertation inaugurale sur l'agénésie, l'impuissance et la dysgénésie,* thèse, Paris, 1830, n° 223, p. 75 et 76.

(209) DE LIGNAC, *De l'homme et de la femme..., op. cit.,* t. 1, p. 98.

(210) Cf. *infra*, p. 408.

(211) 引用した言い回しにかんしては DE LIGNAC, *op. cit.,* t. 1, p. 268-272.

(212) *Ibid.*, t. 1, p. 366.

(213) *Ibid.*, t. 1, p. 295.

(214) FOURNIER, article « Coït » *Dictionnaire des sciences médicales, op. cit.,* 1813, p. 527.

(215) DE MONTÈGRE, article « Continence », *Dictionnaire des sciences médicales, op. cit.,* 1813. p. 120.

(216) Augustin HAGUETTE, *Essai sur le plaisir...*, thèse citée, p. 20.

(217) F. C. Léon HÉRBERT, *Considérations sur l'utilité du mariage et de la grossesse dans plusieurs*

(156) Georg Ludwig KOLBERLT, *De l'appareil du sens génital des deux sexes dans l'espèce humaine et dans quelques mammifières au point de vue anatomique et physiologique*, traduction H. Kaula, Paris, Labé, 1851 (l'édition allemande date de 1844, Friburg-en-Brisgau), p. VII. コベルトは、問題がフランスで提起されたことを誇張しているがリシュランによって提起されたにすぎない。
(157) *Ibid.*, p. 115.
(158) *Ibid.*, p. 33.
(159) *Ibid.*, p. 34 et 35.
(160) *Ibid.*, p. 38.
(161) Docteur Bruno Jacques BÉRAUD, *Elément de physiologie..., op. cit.,* t. 2, p. 383. Félix ROUBAUD, *Traité de l'impuissance..., op. cit.,* t. 1, p. 38 et 39.
(162) Félix ROUBAUD, *Traité de l'impuissance..., op. cit.,* t. 1, p. 38 et 39.
(163) Pierre DIONIS, *Dissertation sur la mort subite*, Paris, Houry, 1710.
(164) J. M. François BERTHIER, *Considérations physiolosiques...*, thèse citée, p. 46.
(165) Cité par P. COURBEY, *Des effets généraux des passions..., op. cit.,* 12.
(166) Cité par FOURNIER et BÉGIN, article « Masturbation », *Dictionnaire des sciences médicales, op. cit.,* p. 117.
(167) Léop. DESLANDES, *De l'onanisme..., op. cit.,* p. 83.
(168) Cf. FOURNIER, article « Coït » *Dictionnaire des sciences médicales, op. cit.,* p. 525.
(169) C. F. BURDACH, *Traité de physiologie..., op. cit.,* t. II, p. 210.
(170) Cf. *supra*, p. 46.
(171) DE LIGNAC, *De l'homme et de la femme..., op. cit.,* t. 2, p. 341.
(172) *Ibid.*, p. 221.
(173) *Ibid.*, p. 222.
(174) *Ibid.*, p. 224.
(175) J. MOREL DE RUBEMPRÉ, *Les secrets de la génération..., op. cit.,* p. 79.
(176) C. F. BURDACH, *Traité de physiologie..., op. cit.,* t. II. p. 163.
(177) Docteur Bruno Jacques BÉRAUD, *Elément de physiologie..., op. cit.,* t. 2, p. 415.
(178) Armand TROUSSEAU et H. PIDOUX, *Traité de thérapeutique et de matière médicale*, Paris, Béchet, 1851, t. 2, p. 277-278.
(179) August CANGRAIN, *Du célibat, thèse, Paris*, 1838, n° 214, p. 26.
(180) GUILHERMOND, *Lettre au Maillot sur son système de la génération et sur l'art de procréer les sexes à volonté*, Paris, Ouvrier, 1802.
(181) C. F. BURDACH, *Traité de physiologie..., op. cit.,* t. II, p. 225 et 210. 以下に言及されているビュフォンの叙述にかんしては *Œuvres, op. cit.,* p. 235.
(182) Jacques Louis MOREAU DE LA SARTHE, *Histoire naturelle de la femme..., op, cit.,* p. 187.
(183) Anthelme RICHERAND, *Nouveaux éléments de physiologie, op. cit.,* t. II, p. 386.
(184) *Claude François LALLEMAN, Des pertes séminales..., op. cit.,* t. II, p. 522.
(185) Charles MENVILLE DE PONSAN, *Histoire philosophique et médicale de la femme... op. cit.,* t. 1, p. 350.
(186) Pierre ROUSSEL, *Système physique et moral..., op. cit.,* p. 258.
(187) VIREY, article « Génération », *Dictionnaire des sciences médicales, op. cit.,* 1817. p. 59.
(188) VIREY, article « Frigidité », *Dictionnaire des sciences médicales, op. cit.,* 1816. p. 24.
(189) C. F. BURDACH, *Traité de physiologie..., op. cit.,* t. II, p. 206.
(190) Charles MENVILLE DE PONSAN, *Histoire philosophique et médicale de la femme... op.*

(125) J. MOREL DE RUBEMPRÉ, *Les secrets de la génération..., op. cit.*, p. 73.
(126) DE LIGNAC, *De l'homme et de la femme..., op. cit.*, t. 1, p. 300.
(127) *Ibid.*, p. 296.
(128) Antoine SÉLIGNAC, *Des rapprochement sexuels dans leur rapport étiologique avec les maladies*, thèse, Paris, 1961, n° 209, p. 22. に引用されている。
(129) Achille BOURDON, *De l'influence du coït et de l'onanisme dans la station sur la production des paralyses*, thèse, Paris, 1859, n° 115.
(130) Jean CIVIALE, *Traité pratique sur les maladies des organes génito-urinaires*, Paris, Fortin, 2e éd, 1841, t. II, p. 160 et 161.
(131) DE LIGNAC, *De l'homme et de la femme..., op. cit.*, t. 1, p. 296.
(132) Cf. *supra*, p. 46.
(133) Jacques Louis MOREAU DE LA SARTHE, *Histoire naturelle de la femme..., op, cit.*, t. II, p. 301.
(134) DE LIGNAC, *De l'homme et de la femme..., op. cit.*, t. 1, p. 301.
(135) Cf. *infra*, 113-114.
(136) Charles MENVILLE DE PONSAN, *Histoire philosophique et médicale de la femme... op. cit.*, t. II, p. 164.
(137) Félix ROUBAUD, *Traité de l'impuissance.... op. cit.*, t. 2, p. 772.
(138) DE LIGNAC, *De l'homme et de la femme..., op. cit.*, t. 1, p. 298.
(139) DEMARQUAY (chirurgien), *Des lésions du pénis déterminés par le coït*, Paris, Asselin, 1861, p. 10. これに詳細な説明を加えているのが Antoine SÉLIGNAC, *Des rapprochement sexuels...*, thèse citée, p. 60. 症例は 1853 年のユギエの診察による。
(140) DE LIGNAC, *De l'homme et de la femme..., op. cit.*, t. 2, p. 137.
(141) MAINE DE BIRAN, *Les Discours philosophiques de Bergerac, Œuvres*, Paris, Alcan, 1925, t. 5, p. 37. BILON, article « Plaisir », *Dictionnaire des sciences médicales, op. cit.*, 1820, p. 133. も同じ分析をしている。
(142) VIREY, article « Génération », *Dictionnaire des sciences médicales, op. cit.*, 1817. p. 29.
(143) VIREY, article « Frigidité », *Dictionnaire des sciences médicales, op. cit.*, 1816. p. 24.
(144) Léop. DESLANDES, *De l'onanisme..., op. cit.*, p. 37.
(145) *Ibid.*, p. 41.
(146) Docteur Bruno Jacques BÉRAUD, *Elément de physiologie..., op. cit.*, t. 2, p. 375.
(147) Cf. *infra*, p. 73.
(148) J. M. François BERTHIER, *Considérations physiolosiques et médicales sur le plaisir*, thèse, Paris, 1821, n° 39, p. 10.
(149) C. F. BURDACH, *Traité de physiologie..., op. cit.*, t. II, p. 343. 電気的なショックはピエール・ルーセルやブルダッハが引用するその他の学者たちによってすでに言及されていた。
(150) Anthelme Richerand, *Nouveaux éléments de physiologie, op. cit.*, p. 382.
(151) C. F. BURDACH, *Traité de physiologie..., op. cit.*, t. II, p. 163.
(152) Ernest WICHMAN, *Dissertation sur la pollution diurne involontaire (1782), traduction par le docteur Sainte-Marie*, Lyon, Reymann, 1817, p. 79. 続く箇所は p. 80.
(153) VILLENEUVE, article « Éjaculation », *Dictionnaire des sciences médicales, op. cit.*, 1815. p. 245.
(154) Claude François LALLEMAN, *Des pertes séminales involontaires, op. cit.*, t. 1, p. 622 et 623.
(155) Léop. DESLANDES, *De l'onanisme..., op. cit.*, p. 39-41.

les femmes grosses, thèse, Paris, 1807, n° 9, p. 25.

(91) Augustin HAGUETTE, *Essai sur le plaisir...*, thèse citée, Paris, p. 25.

(92) Charles Louis MOLLARD, *Essai sur l'hygiène des femmes enceintes*, thèse, Paris, 1815, n° 158, p. 34.

(93) F. M. CAILLRD, *Dissertation sur les dangers de l'incontinence...*, thèse citée, p. 19.

(94) COLOMBAT DE L'ISÈRE, *Traité complet des maladies des femmes..., op. cit.*, t. 3, p. 1355-1356.

(95) Charles MENVILLE DE PONSAN, *Histoire philosophique et médicale de la femme... op. cit.*, t. 2, p. 194.

(96) Anthelme RICHERAND, *Nouveaux éléments de physiologie..., op. cit.*, t. 2, p. 194.

(97) Charles MENVILLE DE PONSAN, *Histoire philosophique et médicale de la femme... op. cit.*, t. 1, p. 414 et 434.

(98) RULLIER, article « Génital », *Dictionnaire des sciences médicales, op. cit.*, p. 133.

(99) COLOMBAT DE L'ISÈRE, *Traité complet de maladies de femmes..., op. cit.*, t. 1, p. 88 et 89.

(100) Albert BONHOMME, *De la lactation et de l'allaitement*, thèse, Paris, 1859, n° 89, p. 48.

(101) Joseph COQUIN (dit Martel), *Essai sur l'hygiène de la femme après l'accouchement*, thèse, Paris, 1815, n° 156, p. 25.

(102) J. CAPURON, *Traité des maladies des femmes depuis la puberté jusqu'à l'âge critique inclusivement, op. cit.*, 1817, p. 576.

(103) *Ibid.*, p. 599.

(104) *Ibid.*, p. 603.

(105) C. F. BURDACH, *Traité de physiologie..., op. cit.*, t. II, p. 32. また、これに先立つ箇所は、Julien Joseph VIREY, article « Femme » cité, *Dictionnaire des sciences médicales, op. cit.*, 1817, p. 576.

(106) DE LIGNAC, *De l'homme et de la femme..., op. cit.*, t. 1, p. 369.

(107) *Ibid.*, p. 371.

(108) *Ibid.*, p. 377 et 378.

(109) *Ibid.*, p. 380.

(110) *Ibid.*, p. 381.

(111) *Ibid.*, p. 379.

(112) RULLIER, article « Génital », *Dictionnaire des sciences médicales, op. cit.*, p. 122.

(113) Julien Joseph VIREY, *De la femme..., op. cit.*, p. 409.

(114) DE LIGNAC, *De l'homme et de la femme..., op. cit.*, t. 1, p. 365. 続く引用は p. 366.

(115) たとえば C. F. BURDACH, *Traité de physiologie..., op. cit.*, t. II, p. 148.

(116) Julien Joseph VIREY, *De la femme..., op. cit.*, p. 409.

(117) RULLIER, article « Génital », *Dictionnaire des sciences médicales, op. cit.*, 1817. p. 120. 続く引用も同箇所。

(118) Julien Joseph VIREY, *De la femme..., op. cit.*, p. 195. 続く箇所も同箇所。

(119) *Ibid.*, p. 524.

(120) こうした厳命はわれわれが調べた著作では常套句になっている。

(121) ここまでの部分にかんしてはすべて MARC, article « Impuissance », *Dictionnaire des sciences médicales, op. cit.*, p. 520.

(122) MARC, article « Copulation », *Dictionnaire des sciences médicales, op. cit.*, p. 520.

(123) *Ibid.*, p. 524.

(124) C. F. BURDACH, *Traité de physiologie..., op. cit.*, t. II, p. 156.

(60) LOUYER-VILLERMAY, article « Nymphomanie », *Dictionnaire des sciences médicales, op. cit.*, 1819, p. 109.
(61) Anthelme RICHERAND, *Nouveaux éléments de physiologie, op. cit.*, t. II, p. 50.
(62) Et. LABRUNIE, *Dissertation sur les dangers...*, thèse citée p. 34.
(63) FOURNIER, article « Coït » *Dictionnaire des sciences médicales, op. cit.*, 1813, p. 524.
(64) Pierre ROUSSEL, *Système physique et moral..., op. cit.*, p. 151.
(65) FOURNIER et BÉGUIN, article « masturbation », *Dictionnaire des sciences médicales, op. cit.*, 1819, p. 109.
(66) J. MOREL DE RUBEMPRÉ, *Les secrets de la génération ou l'art de procréer à volonté des filles ou des garçons, de faire des enfants d'esprit...*, 12e éd, Paris, Jules Ador, 1840. p. 109.
(67) 医者がそれぞれ勝手に病理とみなす行為について一貫性を明らかにし、逐一詳細な説明をしないですませるためには、今後、このような医者の処方をひとまとめにして分類し直すことが重要になる。
(68) Pierre ROUSSEL, *Système physique et moral..., op. cit.*, p. 169.
(69) *Ibid.*, p. 171.
(70) *Ibid.*, p. 216-217.
(71) アリベールは（その *Physiologie des passions* あるいは *Nouvelle doctrine des sentiments moraux*, Paris, Béchet, 1825, t. II, p. 385 のなかで）「障害の法則」について明言し、羞恥心がもつ効果の強さと文明の進歩のあいだには相関関係があると述べている。
(72) Julien Joseph VIRERY. article « Fille », article citée, 1816, p. 500 et article « Femme », *Dictionnaire des sciences médicales, op. cit.*, 1815, p. 506. このテーマについては著書 *De la femme...* で再度ふれている。
(73) J. MOREL DE RUBEMPRÉ, *Les secrets de la génération..., op. cit.*, p. 253.
(74) *Ibid.*, p. 253-254.
(75) Julien Joseph VIREY, article « Génération », *Dictionnaire des sciences médicales, op. cit.*, 1817. p. 13.
(76) *Ibid.*, p. 28.
(77) *Ibid.*, p. 25.
(78) *Ibid.*, p. 23.
(79) J. MOREL DE RUBEMPRÉ, *Les secrets de la génération..., op. cit.*, p. 263.
(80) DE MONTÈGRE, article « Continence », *Dictionnaire des sciences médicales, op. cit.*, 1813. p. 125.
(81) BILON, article « Plaisir », *Dictionnaire des sciences médicales, op. cit.*, 1820. p. 132-133.
(82) Augustin HAGUETTE, *Essai sur le plaisir considéré relativement à la médecine*, thèse, Paris, 1820, n° 271, p. 36.
(83) FOURNIER, article « Coït » *Dictionnaire des sciences médicales, op. cit.*, p. 521.
(84) Fodéré cité par MARC, article « Impuissance » *Dictionnaire des sciences médicales, op. cit.*, 1818, p. 521.
(85) Léop. DESLANDES, *De l'onanisme..., op. cit.*, p. 90.
(86) 推奨されている禁欲のタイミングはもはや倫理神学のものではない。
(87) *Ibid.*, p. 91.
(88) Jacques Louis MOREAU DE LA SARTHE, *Histoire naturelle de la femme..., op, cit.*, t. 2, p. 299.
(89) F. M. CAILLRD, *Dissertation sur les dangers de l'incontinence pendant la gestation*, thèse, Paris, an XIII（1805）, n° 435 p. 13.
(90) P. COURBY, *Des effets généraux des passions dans l'économie animale et de leur influence chez*

ド・トラシーに全面的に賛同している（*De l'amour*, 1815. édition Gilbert Chinard, Paris, Les Belles Lettres, 1926, p. 2. を見よ）。

（29）1767年、ル・カは「第六感」を、単純な触覚とは区別される高度な快楽と官能の感覚として記述している（Claude-Nicolas LE CAT, *Traité des sensations et des passions en général et des sens particulier*, Paris, Vallat-La Chapelle, 1767, t. II, p. 215-217.）。サン゠ベルナールはこの「第六感」を「繁殖欲」と同一視している。（« Analyse de l'homme et de la femme », *Œuvres philosophiques*, Paris, H. Agasse）, p. 801, t. I, p. 55.

（30））RULLIER, article « Génital », *Dictionnaire des sciences médicales, op. cit.*, 1817. p. 124.

（31）Nicolas Philibert ADELON, *Physiologie de l'homme, op, cit.*, t. IV, p. 68 et p. 69. 続く引用は p. 70.

（32）Claude François LALLEMAND, *Des pertes séminales involontaires,* Paris, Béchet jeune, 1836-1842, t. 2, p. 158 et 159.

（33）RULLIER, article « Génital », *Dictionnaire des sciences médicales, op. cit.*, p. 125. 続く引用も同箇所。

（34）*Ibid.*, p. 126.

（35））Nicolas CHAMBON DE MONTAUX, *Des maladies des filles*, Paris, 1785, t. II, p. 73.

（36）Julien Joseph VIREY, *De la femme..., op. cit.*, p. 185.

（37）Jacques Louis MOREAU DE LA SARTHE, *Histoire naturelle de la femme..., op, cit.*, p. 190.

（38）RENAULDIN, article « Clitoris », *Dictionnaire des sciences médicales, op. cit.*, 1813, p. 374.

（39）Léop. DESLANDES, *De l'onanisme..., op. cit.*, p. 421.

（40）Félix ROUBAUD, *Traité de l'impuissance et de la stérilité chez l'homme et chez la femme, comprenant l'exposition des moyens pour y remédier*, Paris, J.-B. Baillière, 1855, p. 533.

（41）*Ibid.*, p. 533.

（42）*Idem.*

（43）Charles MENVILLE DE PONSAN, *Histoire philosophique et médicale de la femme... op. cit.*, t. III, p. 289.

（44）*Ibid.*, t. III, 1821, p. 290.

（45）MURAT, article « Vagin », *Dictionnaire des sciences médicales, op. cit.*, 1828. p. 163.

（46）Pierre Charles HUGUIER, *Mémoire sur les maladies des appareils sécréteurs des organes génitaux externes de la femme*, Paris, J.-B. Baillère, 1850.

（47）COLOMBAT DE L'ISÈRE, *Traité complet des maladies des femmes..., op. cit.*, p. 62, 63 et 64.

（48）Léop. DESLANDES, *De l'onanisme..., op. cit.*, p. 442.

（49）*Ibid.*, p. 444.

（50）*Ibid.*, p. 446.

（51）RULLIER, article « Génital », *Dictionnaire des sciences médicales, op. cit.*, 1817, p. 126. 続く引用は 127.

（52）*Ibid.*, p. 126.

（53）Pierre-Jean-Georges CABANIS, *Rapport du physique et du moral..., op. cit.*, p. 198.

（54）*Ibid.*, p. 199.

（55）*Ibid.*, p. 202.

（56）RULLIER, « Génital », article, cité, p. 132.

（57）レオポルド・デランド（*De l'onanisme..., op. cit.*, p. 386）はこの点にかんする問題の一覧表を示している。

（58）Claude François LALLEMAN, *Des pertes séminales..., op. cit.*, t. II, p. 172.

（59）これらの問題については、Deslandesの他 Lallemand, *Ibid.*, t. II. p. 57 sq. を参照のこと。

第2章　快楽の質と細部

(1) 以下の引用にはフランス語訳を用いる。*La Génération ou exposition des phénomènes relatifs à cette fonction naturelle*, traduit de la *Physiologie* de M. de Haller, Paris, 1774.

(2) *Ibid.*, t. I, p. 82.

(3) *Ibid.*, t. I, p. 88.

(4) *Ibid.*, t. I, p. 83.

(5) Cf. *infra*, p. 148-149.

(6) *Ibid.*, t. I, p. 49. 子宮と乳房と頭の共感については cf. BUFFON, *Œuvres, op. cit.*, p. 217.

(7) *Ibid.*, t. I, p. 84.

(8) フーコーの分析を除き、19 世紀初頭の医学文献が男性支配の歴史の観点、あるいは性的抑圧の観点からのみ解釈されてきたのはそのためである。本稿はこの解釈を取らない。

(9) Docteur Bruno Jacques BÉRAUD, *Eléments de physiologie de l'homme et des principaux vertébrés*, Paris, Germer-Baillière, 1857. たとえば、ミシュレはこの本を読んでおり、その重要性を語っている。

(10) DE LIGNAC (chirurgien), *De l'homme et de la femme considérés physiment dans l'état du mariage*, Lille. Henry, 2 vol., 1772.

(11) Anthelme RICHERAND, *Nouveaux éléments de physiologie*, Paris, Caille & Ravier, 1811, t. II, p. 369.

(12) Julien Joseph VIREY, article « Homme », *Dictionnaire des sciences médicales, op. cit.,* 1817. p. 230-231. 続く要素も同箇所。

(13) Julien Joseph VIREY, article « Libertinage », *Dictionnaire des sciences médicales, op. cit.,* 1818, p. 117 et 118. 続く引用も同箇所。

(14) *Ibid.*, p. 119. ヴィレーはここで *l'Histoire naturelle de l'homme, Œuvres, op. cit.*, p. 301. に見られる考察を発展させている。

(15) Julien Joseph VIREY, *De la femme..., op. cit.*, p. 192.

(16) Julien Joseph VIREY, article « Libertinage », article cité, p. 146-147.

(17) Julien Joseph VIREY, article « Homme », article cité, p. 208. ビュフォンはすでにこの手の役割を力説していた。ヴォルテールは *Dictionnaire philosophique* (article « amour ») のなかで、交尾中の動物は一方向でしか快感を感じないと考えていた。

(18) Julien Joseph VIREY, article « Libertinage », article cité. p. 119. 続く引用も同箇所。

(19) Julien Joseph VIREY, article « Homme », article cité, p. 198. また、引用のテキストにかんしては、Jacques Louis MOREAU DE LA SARTHE, *Histoire naturelle de la femme..., op, cit.*, t. 1, p. 48.

(20) Cf. *infra*, p. 93.

(21) Pierre ROUSSEL, *Système physique et moral..., op. cit.*, p. 145 et 146.

(22) *Ibid.*, p. 143.

(23) Julien Joseph VIREY, article « Frigidité », *Dictionnaire des sciences médicales, op. cit.,* 1816, p. 23.

(24) DE MONTÈGRE, article « Continence », *Dictionnaire des sciences médicales, op. cit.,* 1813, p. 102.

(25) C. F. BURDACH, *Traité de physiologie..., op. cit.,* t. II, p. 17, 19 et 20.

(26) Jean Baptiste Félix DESCURET, *La médecine des passions ou les passions considérées dans leurs rapports avec les maladies, les lois et la religion*, Paris, Béchet et Labé, 1841, p. 6.

(27) *Ibid.*, p. 19.

(28) *Ibid.*, p. 222. デキュレはここで、器官の欲望は愛の基礎であるとするデステュット・

(55) C. F. BURDACH, *Traité de physiologie..., op. cit.,* t. 1, p. 313.
(56) こうした描写については例えば Jacques Louis MOREAU DE LA SARTHE, *Histoire naturelle de la femme..., op. cit.,* p. 77.
(57) この主題の長々とした展開については Nicolas Philibert ADELON, *Physiologie de l'homme, op. cit.,* t. IV, p. 45-51.
(58) これらの諸点および引用については Jacques Louis MOREAU DE LA SARTHE, *Histoire naturelle de la femme..., op. cit.,* p. 113. と Nicolas Philibert ADELON, *Physiologie de l'homme, op. cit.,* t. IV, p. 45. を見よ。
(59) Charles MENVILLE DE PONSAN, *Histoire philosophique..., op. cit.,* t. 1, p. 161.
(60) Pierre ROUSSEL, *Système physique et moral..., op. cit.,* p. 30.
(61) Joseph CAPURON, *Traité des maladies des femmes depuis la puberté jusqu'à l'âge critique inclusivement,* Paris, Croullebois, 1817, p. 8-9.
(62) Nicolas Philibert ADELON, *Physiologie de l'homme, op. cit.,* t. IV, p. 51.
(63) Jacques Louis MOREAU DE LA SARTHE, *Histoire naturelle de la femme..., op. cit.,* p. 118-122.
(64) Charles MENVILLE DE PONSAN, *Histoire philosophique..., op. cit.,* t. 1, p. 186.
(65) Jacques Louis MOREAU DE LA SARTHE, *Histoire naturelle de la femme..., op. cit.,* p. 81.
(66) Georges BENREKASSA, « L'article"jouissance" et l'idéologie érotique de Diderot », *Dix-huitième siècle.* n° 12, 1980, « représentations de la vie sexuelle », p. 9-34, *passim.*
(67) 続く引用も含めて Jacques Louis MOREAU DE LA SARTHE, *Histoire naturelle de la femme..., op. cit.,* p. 80. 同じ描写が Nicolas Philibert ADELON, *Physiologie de l'homme, op. cit.,* t. IV, p. 45. にもある。
(68) C. F. BURDACH, *Traité de physiologie... op. cit.,* t. 1, p. 322.
(69) Pierre ROUSSEL, *Système physique et moral..., op. cit.,* p. 83-84.
(70) 続く引用も含めて COLOMBAT DE L'ISÈRE, *Traité complet des maladies des femmes..., op. cit.,* p. 48.
(71) 続く２箇所の引用も含めて Pierre ROUSSEL, *Système physique et moral..., op. cit.,* p. 84.
(72) *Ibid.,* p. 85.
(73) Jacques Louis MOREAU DE LA SARTHE, *Histoire naturelle de la femme..., op. cit.,* p. 408.
(74) 続く２箇所の引用も含めて COLOMBAT DE L'ISÈRE, *Traité complet des maladies des femmes..., op. cit.,* p. 49, 51, 54.
(75) Charles MENVILLE DE PONSAN, *Histoire philosophique..., op. cit.,* t. 1, p. 168.
(76) Jacques Louis MOREAU DE LA SARTHE, *Histoire naturelle de la femme..., op. cit.,* p. 72. BUFFON, *Œuvres, op. cit.,* p. 236.
(77) C. F. BURDACH, *Traité de physiologie..., op. cit.,* t. 1, p. 278.
(78) Jacques Louis MOREAU DE LA SARTHE, *Histoire naturelle de la femme..., op. cit.,* p. 72.
(79) C. F. BURDACH, *Traité de physiologie..., op. cit.,* t. 1, p. 307. 続く引用は同書 p. 308.
(80) *Ibid.,* p. 309.
(81) Joseph CAPURON, *Traité des maladies des femmes..., op. cit.,* p. 8.
(82) C. F. BURDACH, *Traité de physiologie..., op. cit.,* t. 1, p. 377.
(83) Charles MENVILLE DE PONSAN, *Histoire philosophique..., op. cit.,* t. 1, p. 201. 良識のある女性が最初の障害を越えたことによってこうむる致命的な危険は、当時大変な当たりを取ったリチャードソンの小説『クラリッサ・ハーロウ』の主題である。
(84) Alain CORBIN, Introduction à Parent-Duchâtelet (Alexandre), *La Prostitution à Paris au XIXe siècle,* Paris, Editions du Seuil, « L'Univers historique », 1981.

(26) 続く引用を含めて Léop. DESLANDES, *De l'onanisme..., op. cit.*, p. 36. 続きの引用も同じ（p. 30）。
(27) このあたりの表現はすべて Augustin Polinière（*Essai sur la puberté*, p. 20）に引用された博士論文および Adam RACIBORSKI, *De la puberté..., op. cit.*, p. 102 による。
(28) Pierre ROUSSEL, *Système physique et moral..., op. cit.*, p. 82.
(29) Adam RACIBORSKI, *De la puberté..., op. cit.*, p. 103.
(30) Julien Joseph VIREY, article « Fille », *Dictionnaire des sciences médicales., op. cit.*, t. 15, 1816, p. 500.
(31) 続く引用を含めて Pierre-Jean-Georges CABANIS, *Rapport du physique et du moral..., op. cit.*, p. 104.
(32) Et. LABRUNIE, *Dissertation sur les dangers de la privation et de l'abus des plaisirs vénériens chez les femmes*, thèse, Paris, an XIV-1805, n° 549, p. 34-35.
(33) Pierre-Jean-Georges CABANIS, *Rapport du physique et du moral..., op. cit.*, p. 105.
(34) Julien Joseph VIREY, article « Fille », article cité, p. 503.
(35) *Ibid.*, p. 502.
(36) Pierre-Jean-Georges CABANIS, *Rapport du physique et du morale..., op. cit.*, p. 103.
(37) ルーセルが巧みに強調しているように。
(38) Nicolas Philibert ADELON, *Physiologie de l'homme*, Paris, Compère, 1824, t. IV, p. 41.
(39) 続く引用を含めて Jacques Louis MOREAU DE LA SARTHE, *Histoire naturelle de la femme..., op. cit.*, p. 70.
(40) Pierre ROUSSEL, *Système physique et moral..., op. cit.*, p. 12.
(41) Anne CAROL, *Histoire de l'eugénisme en France : les médecins et la procréation, XIXe-XXe siècle*, Paris, Editions du Seuil, « L'Univers historique », 1995.
(42) Charles MENVILLE DE PONSAN, *Histoire philosophique et médicale de la femme considérée dans toutes les époques principales de la vie*, Paris, Baillière, 1846. 引用は l'édition de 1858, t. 1, p. 153. による。
(43) このような紋切り型はたとえば MOREAU DE LA SARTHE（*Histoire naturelle de la femme...*）, t, 1, p. 253. などに見られる。
(44) Nicolas Philibert ADELON, *Physiologie de l'homme, op. cit.*, t. IV, p. 43.
(45) たとえば Jacques Louis MOREAU DE LA SARTHE, *Histoire naturelle de la femme..., op. cit.*, p. 96. et C. F. BURDACH, *Traité de physiologie... op. cit.*, t. 1, p. 329.
(46) Nicolas Philibert ADELON, *Physiologie de l'homme, op. cit.*, t. IV, p. 43. アドゥロンの肉体論については *Physiologie de l'homme, op. cit.*, t. IV, p. 42-45. で、精神論と感覚論については同書 p. 45-51. で、機能全般については同書 p. 52-54. で極めて詳細な描像を得ることができる。
(47) Nicolas Philibert ADELON, *Physiologie de l'homme, op. cit.*, t. IV, p. 43. ここまでの描写もすべて同箇所。
(48) C. F. BURDACH, *Traité de physiologie..., op. cit.*, t. 1, p. 352.
(49) Jacques Louis MOREAU DE LA SARTHE, *Histoire naturelle de la femme..., op. cit.*, p. 43.
(50) Charles MENVILLE DE PONSAN, *Histoire philosophique..., op. cit.*, t. 1, p. 164. 同様の描写が ADELON, *Physiologie de l'homme, op. cit.*, t. IV, p. 44. にある。
(51) Adam RACIBORSKI, *De la puberté..., op. cit.*, p. 168. 著者は「欠如」と「角張り」に罵声を浴びせ、人類の肥育に人々の関心がないことを嘆いている（p. 168）。
(52) C. F. BURDACH, *Traité de physiologie..., op. cit.*, t. 1, p. 321.
(53) これは、例えばモロー・ド・ラ・サルトに繰り返し現れる主題である。
(54) マンヴィル・ド・ポンサンの前掲書ではこの点が力説されている。

femme sous ses rapports physiologique, moral et littéraire, Paris, Crochard, 1825.

また、より遅い年代の次の文献も参照のこと。機能にかんしては C. F. BURDACH（仏訳）, *Traité de physiologie considérée comme science d'observation,* avec des additions des professeurs Baer, Meyer, etc., Paris, J.-B. Ballière, 1837. note 2, p. 2. また「種の分裂」としての性については t. 1, p. 303. 引用したブルダッハ第 1 巻第 2 章はさらに « Des rapports de la sexualité avec l'organisme en général » と « Résumé des considérations sur la sexalité » に分かれている。

(3) 続く引用も含めて Julien Joseph VIREY, article « Sexe », *Dicitionnaire des sciences médicales*, Paris, Panckoucke, t. 51, 1821. p. 218-219.

(4) Pierre ROUSSEL, *Système physique et moral de la femme ou tableau philosophique de la constitution, de l'état organique, du tempérament, des mœurs et des fonctions propres au sexe*, Paris, Chez Vincent, 1775.

(5) *Ibid.*, p. 2.

(6) *Ibid.*, p. 7. こうした考察については、フランス圏内における当時の医学について最も良く知るジャン＝ピエール・プテールの全著作に基づいている。

(7) Jacques Louis MOREAU DE LA SARTHE, *Histoire naturelle de la femme..., op. cit.*, t. 1, p. 672. 著者はここでビュフォンの著作のかなりの頁を発展させている（cf. *Histoire naturelle de l'homme*）。『ビュフォン作品集』が最近刊行されたおかげで、現在、以上の文献は容易に参照できるようになった。*Œuvres de Buffon, op. cit.*, p. 181-307.

(8) Pierre ROUSSEL, *Système physique et moral..., op. cit.*, p. 80.

(9) Léop. DESLANDES, *De l'onanisme et des autres abus vénériens considérés dans leurs rapports avec la santé*, Paris, Lelarge, 1835, p. 82.

(10) Pierre ROUSSEL, *Système physique et moral..., op. cit.*, p. 82.

(11) Pierre-Jean-Georges CABANIS, *Rapport du physique et du moral de l'homme.* スリーズ医師の長い序文を含む 1843 年版（Paris, Fortin, Masson）を使用する。両性の思春期の描像にもたらされた修正については、とりわけ p. 203-226 を参照のこと。

(12) Adam RACIBORSKI, *De la puberté et de l'âge critique chez la femme: au point de vue physiologique, hygiénique et médical, et de la ponte périodique chez la femme et les mammifères*, Paris, J.-B. Baillère, 1884.

(13) Alexandre-Jacques-François BRIERRE DE BOISMONT, *De la menstruation considérée dans ses rapports physiologiques et pathologiques*, Paris, Germer-Baillière, 1842.

(14) Pierre ROUSSEL, *Système physique et moral..., op. cit.*, p. 81.

(15) Léop. DESLANDES, *De l'onanisme..., op. cit.*, p. 28.

(16) そのうち最も特徴的なものが、Augustin-Pierre-Isidore POLINIÈRE, *Essai sur la puberté,* thèse, Paris, 1815, n° 157.

(17) Adam RACIBORSKI, *De la puberté..., op. cit.*, p. 91.

(18) 続く引用を含めて Julien Joseph VIREY, article « Fille », *Dictionnaire des sciences médicales, op. cit.*, t. 15, 1816, p. 501.

(19) Jean-Jacques ROUSSEAU, *La Nouvelle Héloïse*, cf. p. 371. によって用いられた表現。

(20) Julien Joseph VIREY, article « Fille », article cité, *ibid.*, p. 501.

(21) *Ibid.*

(22) Adam RACIBORSKI, *De la puberté..., op. cit.*, p. 92.

(23) Léop. DESLANDES, *De l'onanisme..., op. cit.*, p. 34.

(24) COLOMBAT DE L'ISÈRE, *Traité complet des maladies des femmes et de l'hygiène de leur sexe*, Paris, Labé, 1843, 3 vol., t. I, p. 28.

(25) Pierre-Jean-Georges CABANIS, *Rapport du physique et du moral..., op. cit.*, p. 104-105.

原　注

序──熱・忘我・錯乱

(1) PIGAULT-LEBRUN, *L'Enfant du bordel,* dans *Romanciers libertins du XVIIIe siècle*, Paris, Gallimard, « Bibliothèque de la Pléiade », 2005, p. 1270.
(2) *Ibid.*, p. 1238.
(3) *Ibid.*, p. 1239.
(4) *Ibid.*, p. 1250 et 1251.
(5) 現在の状況を解明し、起源を把握するために時間を遡る方法をいう。たとえば、Sylvie CHAPERON, *Les Origines de la sexologie, 1850-1900*, Paris, Audibert, 2007.
(6) しかも私見によれば、本書が対象とするこの期間、われわれの論じる問題にかんするかぎり、アングロ＝サクソンの世界はイタリアやドイツ語圏よりも貢献度は低かった。もっとも、議論の余地はあるかもしれないが。
(7) Michel FOUCAULT, *Histoire de la sexualité*, Paris, Gallimard, t. 1: *La volonté de savoir*, 1977〔ミシェル・フーコー『性の歴史Ⅰ　知への意志』渡辺守章訳、新潮社、1986年〕.
(8) Cf. *infra*, p. 82.

第Ⅰ部　欲情の制御

第1章　「自然」の要求

(1) 自然主義と生気論を扱った著作を以下刊行年代順に列挙する。Jean EHRARD, *L'idée de nature en France dans la première moitié du XVIIIe siècle*, Paris, Sevpen, 1963, réédition: Paris, Albin Michel, 1994; Jacques ROGER, *Les Sciences de la vie dans la pensée française du XVIIIe siècle. La génération des animaux de Descartes à L'Encyclopédie*, Paris, Armand Colin, 1963; Roselyne REY, *Naissance et développement du vitalisme en France de la deuxième moitié du XVIIIe siècle à la fin du Premier Empire*, Oxford, Voltaire Foudation, 2000; Michèle DUCHET, *Anthropologie et histoire au siècle des Lumières*, Paris, Albin Michel, 1971; Paul HOFFMANN, *La Femme dans la pensée des Lumières*, Paris, Ophrys, 1977; BUFFON, *Œuvres*, Paris, Gallimard, « Bibliothèque de la Pléiade », 2007, préface de Michel Delon, présenté par Stéphane Scmitt; Yvonne KNIBIEHLER, « Les médecins et "l'amour conjugal" au XIXe siècle », dans Paul VIALLANEIX et Jean EHRARD (dir.), *Aimer en France, 1760-1860*, Clermont-Ferrand, t. II, 1980, p. 357-366 et « Les médecins et la nature féminine au temps du code civil », *Annales ESC*, vol. 31, n° 4, 1976, p. 824-845; Thomas LAQUEUER, *La Fabrique du sexe. Essai sur le corps et le genre en Occident*, Paris, Gallimard, 1992〔トマス・ラカー『セックスの発明』高井宏子・細谷等訳、工作舎、1998年〕; Francisco VASQUEZ GARCIA et Andres MORENO MENGIBAR, *Sexo y razon. Una genealogia de la morale sexual en España* (*siglos XVI-XX*), Madrid, Akal, 1997.
　全般的な問題にかんしては言うまでもく、Michel FOUCAULT, *Histoire de la sexualité*, Paris, Gallimard. t. 1: *La volonté de savoir*, 1977〔ミシェル・フーコー『性の歴史Ⅰ　知への意志』渡辺守章訳、新潮社、1986年〕.
(2) Jacques Louis MOREAU DE LA SARTHE, *Histoire naturelle et la femme, suivie d'un traité d'hygiène appliquée à son régime physique et moral aux différentes époques de la vie*, Paris, Duprat, Letellier, 1803.
　ヴィレーにかんしては以下に引用する諸論文の他に：Julien Joseph VIREY, *De la*

訳者あとがき

本書は Alain Corbin, *L'harmonie des plaisirs* ——*Les manières de jouir du siècle des Lumières à l'avènement de la sexologie*, Éditions PERRIN, 2008 の全訳である。

邦題は簡潔に『快楽の歴史』とした。原題を直訳すれば『快楽の調和《ハーモニー》——啓蒙の世紀から性科学出現までの快感享受法』となる。意のあるところを汲みながら多少膨らませて訳し直せば『さまざまな快楽のあいだの調和《ハーモニー》——啓蒙の世紀から性科学が誕生するまでの時代に、人々は性的な快感をいかに享受してきたか』とでもなるだろう。具体的に言えば、一七七〇年から一八六〇年まで、すなわちイタリアに代わってフランスの医学が揺るぎない地位を保つようになった時期からゲルマン系の精神病理学や性科学が権威を確立するまでの時代のフランス語圏における性的快楽のありようとその転変を、医学、宗教（カトリシズム）、文学（ポルノグラフィー）との関わりで語ろう——訳者の印象ではほとんど「蘇らせよう」——というのが本書の眼目である。

この原題について二つのことに注目したい。まずそこに「性」という言葉がないこと。そしてその代わりに「快楽」という言葉が用いられ、しかもそれが複数形に置かれていることである。

「性」と訳すことができるフランス語に（le）sexe と（la）sexualité の二つがあることは旧聞に属するかもしれない。渡辺守章氏の言葉を借りれば「通念的には、生物学的・解剖学的現実として «sexe» があり、そこから発動する様々な本能的衝動、欲望、行動、現象などが «sexualité» と呼ばれることになる」（フーコー『性の歴史Ⅰ　知への意志』「訳者あとがき」）。フロイトの『性欲論三編』の訳語として用いられ、一九二四年以後、「性本能とその充足に関する行動の総体」を意味するようになったのがこの sexualité（セクシュアリテ）らしい。要するに、精神病理学や性科学が確立して以後の語彙なのである。したがって、この語が存在しなかった（ということは語の内包する概念も存在しなかった)時代をこの語で語るとすれば、致命的な時代錯誤《アナクロニズム》を犯すことになろう。コルバンが「序」で「フロイトが『欲望』に賦与した意味を、彼が定着させ世に知らしめた『性《セクシュアリテ》』の概念を忘れよう」と力説しているのはそのためである(本書一六頁)。細心の注意を払って時代錯誤《アナクロニズム》を避けようとするその態度に、誠実な歴史学者コルバンの姿勢が窺われる。

したがって、本書でコルバンが扱う史料に sexualité の語が皆無であることは言うまでもない。しかしそこにはまた sexe という語も皆無ではないにせよきわめて稀なのである。つまり、本書が扱うこの時代、医者も司祭も官能小説家も、ましてや一般庶民にいたってはなおのこと、現在われわれが「性」という言葉で捉えている行為や現象を sexualité という言葉でも sexe という言葉でも捉えていなかったということを意味する。紛れもなく「性」を扱った著作であるにもかかわらず、自著のタイトルをつけるにあたって、コルバンがこの言葉の使用を周到に避けている理由はここに求める他ない。ちなみにフーコーの『性の歴史』の原題は *L'histoire de la sexualité* 、フランドランの『性の歴史』の原題は *Le sexe et l'Occident* である。

次に「快楽(plaisirs)」という言葉を考えてみたい。例えばフーコーは「快楽」という言葉をどう語っているか。「キリスト教の『公式』は欲望を消滅させようとしながら欲望を強調しています。行為は中性的なものにならなければならないのです。行為の唯一の目的は生殖または夫婦の義務の達成だけです。快楽は、実践においても理論においても、排除されています。したがって(欲望)—行為—(快楽)という公式になります」(「倫理の系譜学について」『フーコー・コレクション5』二〇八頁)あるいはまた、「大事なのは欲望であり、快楽は何でもないのだと説明している現在の経験」(「倫理の系譜学について」前掲書、一八五頁)という言い方もしている。近代以降の西洋キリスト教世界において重要なのは、欲望と、欲望という個人の真理を開示するセクシュアリテであって、快楽そのものではないということだろう。要するに、「西洋においては、(性愛の術をそなえた社会では、快楽の密度を高めることによって、身体を性の真理から解き放とうとしているのにたいし)、このような諸法則による快楽のコード化がついにはセクシュアリテという装置一式を誕生させることに」なった(「身体をつらぬく権力」前掲書、二一七頁)、という認識である。

ということは、フーコーが、西洋では排除され、セクシュアリテによってコード化されてしまったとする「快楽」を、コルバンはあえて自著の表題に掲げたことになる。「快楽の歴史」を語ろう。「セクシュアリテの歴史」ではなく。コルバンはそう言っているのだ。

しかもその「快楽」が複数形に置かれている。なんの複数だろうか。人間の複数か。行為の複数か。身体部位の複数か。そのいずれもが考えられるだろう。いずれにせよ重要なのは快楽が複数の相の下に捉えられ、そのあいだの調和《ハーモニー》（言い換えれば調整）が問題になっていることである。ここには性を個人の身体内に封じこめられた病理やトラウマに還元する性科学や精神病理学の発想や視点はない。複数の快楽のあいだの調和が語られるとき、個人の裡に閉じこめられ垂直に沈殿した秘密を真理として暴く言説の場としてのセクシュアリテが問題になっていないことは明らかである。フーコーの指摘する「真理を知る快楽」ではなく、快楽それ自体のための快楽（とはいえそこにはたしかに生殖という目的が控えているのだが）や快楽を最大限にするための調和（調整）が語られるとき、フーコーが西洋社会が備えていないとした「性愛の術《アルス・エロティカ》」（このいささか性急で図式的な命題は後にいくぶんか修正されるものの）に通じるものさえ感じられないだろうか。ここには、セクシュアリテという言葉で代表される十九世紀終盤以降の「憶見《ドクサ》」の埒外でこの時代を語ろうとするコルバンの姿勢が感じられる。

そもそも、本書『快楽の歴史』の執筆動機のひとつに、フーコーの『性の歴史』に対する密かな批判があったのではないか。訳者ならずともそういう疑念を持ちたくなるだろう。批判という言葉が強すぎるなら、一定の相対化と言い換えてもよい。というのも、全体の認識論的視座にかかわり、コルバンが本書のなかで控えめながらも批判的に言及している名前はフーコーだけだからである。

いささか楽屋話めくが、コルバンは『娼婦』（杉村和子監訳、藤原書店、一九九一年、新版二〇一〇年）を出版したさい、「フーコーの思想に従属している」と攻撃されたことがあるらしい（小倉和子訳『感性の歴史家アラン・コルバン』藤原書店、二〇〇一年、六三頁）。「『ル・モンド』紙にあまり好意的でない書評」が出て、『娼婦』が「フーコーについてはほとんど言及していない」にもかかわらず、その書評なかに「『またフーコーか。この歴史家もフーコーの弟子だ、云々』という一節があった」というのである。その一方で、『娼婦』を献呈したフーコーからは「四ページにわたって、細かい字でびっしり書かれた非常に長い手紙を受け取」り、それが「かなり褒めてくれた手紙」だったので「非常にうれしかった」と個人的な思い出を語っている。つまりコルバンはフーコーの思想に「従属」していたわけでもなければ、ましてや弟子などではありえなかったし、かといって、二人のあいだに個人的な確執や敵対関係があったわけでもないのである。送られてきた手紙に「フーコーという人の能力に大きな敬意を覚えた」と語っている条りを読めば、それは火を見るより明らかだ。コルバンはフーコーに対して明らかに敬意を抱いている（以上はすべて、小倉孝誠他訳『時間・欲望・恐怖』藤原書店、一九九三年、三六九―三七〇頁）。

それならばなぜコルバンはフーコーの『性の歴史』に対する密かな批判、あるいは相対化ともみなしうることを企てたのだろうか。フーコーとコルバンがいずれ劣らずまれに見る誠実な思想家であり歴史家であることはだれにも首肯できよう。だが、そのまさに誠実さゆえになされたのがこの批判であり、書かれたのがこの書物だったのではないか。

フーコーは『性の歴史』の第一巻「知への意志」で、西洋、とりわけキリスト教的近代西洋が、人々にセクシュアリテを語らせることによっていかに真理を産出させ、セクシュアリテを知である権力という形へといかに整えてきたかを理論的に語った。しかし、周知のように、その後八年の沈黙を経て姿を顕した研究は、グレコ・ローマン古代世界の性と主体の倫理をめぐる思索へと大きくシフトしていた。つまり、キリスト教西洋近代分析の実際編、第一巻の理論編に対応するべき論証編は結局書かれることがなかったのである。フーコーは、異常なものと正常なものを区別しながらセクシュアリテを性科学《スキエンチア・セクスアリス》に仕立て上げてゆく医学的言説の具体例をなにひとつ示すことなく、また、セクシュアリテの告解（告白）という形で真理を産出させ、その真理を握る主人になろうとする牧人＝司祭型「知への意志」の具体例をなにひとつ挙げることなく終わってしまった。具体的な資料がないままでは、フーコー理論の歴史的な妥当性を検証しようにも、できようはずがない。

資料的裏付けを欠いた理論。歴史家にとってこれほど不誠実なものもあるまい。しかも、それが世界的な影響力をもち、無数のエピゴーネンを生みだした理論であれば余計である。キリスト教西洋近代について勇ましい理論や輝くばかりの図式だけが、鳴り物入りで繰り返し喧伝される。それなのに、そこには当の理論や図式を裏付けるべき歴史事実だけが見当たらないのだ。これが誠実な歴史家に耐えられる状況だろうか。かくして思想家の誠実さ（というのも、フーコーが思想家として誠実であることは疑問の余地がないから）に歴史家の誠実さが応答することとなる。フーコーの勇ましい命題をふりかざすことで、歴史的現実を等閑視してはいけない。そもそも歴史的現実はそんなに図式的だろうか。フーコーを忘れよう。フロイトを忘れよう。われわれの性観念を忘れよう。虚心坦懐、裸眼で資料と向かい合ってみようではないか。膨大な資料にぴたりと身を寄せるようにしてありのままの歴史の姿を細部にわたって蘇らせようとするコルバンの試みは、ここに『快楽の歴史』となって結実した。

それでは『快楽の歴史』を『性の歴史』に対する批判の書とのみ考えるべきだろうか。まずコルバンが本書でフーコーに認識論的な論争を挑んだり、理論的な批判を浴びせているわけではないことに注意したい。たしかにコルバンはフーコーのセクシュアリテの命題に、「複数快楽間の調和《ハーモニー》」という命題を対置させたかのように見える。だが、「複数快楽間の調和《ハーモニー》」という命題を証明するために本書はまるまる一冊書かれたのだろうか。そういう印象を持つ方は少ないだろう。コルバンの命題ないし結論は実に控えめである。『快楽の歴史』は要するにテーゼのための書物ではないのだ。

それだけではない。本書に援用されたさまざまな、そして膨大ともいって良い資料の類は、そのまま、フーコーの命題の裏付けとしても十分通用するようにさえ思える。例えば、医者や聴罪司祭が自慰や「夫婦の不正行為」を追い詰めるその執拗さは、まさにセクシュアリテを通して真理を握る主人になろうとするキリスト教西洋の意志の凄まじさをまざまざと感じさせないだろうか。「自然」の要求という啓蒙の世紀の〈神〉の下、汲々として快楽の調和《ハーモニー》を追究する医学的言説も、結局、フーコーの語る生殖の保証という事実に行き着かざるを得ない。つまり本書は、フーコーによって書かれなかった『性の歴史』の資料編、実証編としての価値をもつ可能性を否定できないのである。その意味で、コルバンの『快楽の歴史』は、フーコーの『性の歴史』第一巻「知への意志」の補遺とさえ考えることができよう。

ただ、繰り返しになるが、フーコーのような解釈はあくまで系譜学的な遡行を経て初めて可能になる。当時の医者や司祭がわれわれの知るセクシュアリテの観念の下に診療や聴罪をしていたわけではないことを忘れてはいけない。当時の医者が具体的に何に配慮をし、当時の聴罪司祭が具体的に何を悩んでいたのか。そのあらゆる微妙な色合いと、絶えず移りゆく推移の現実全体を捉えようとするなら、系譜学的な遡行によって見いだされた図式で十分だろうか。そもそも、医学も神学も互いに矛盾するさまざまな力のせめぎ合いのなかにあるわけだし、一七七〇年から一八六〇年までという比較的短い期間でさえも、絶えずその性質を変化させていることはお読みになった通りである。

こうして見て来ると、『快楽の歴史』は必ずしも『性の歴史』を批判する著作としてのみ捉えることができないことに気づく。いやむしろ、十八世紀半ば過ぎから十九世紀の三分の二までにわたるカトリック・フランス語圏に踏みとどまり、そこにおける性的快楽をつぶさに辿ることによって、コルバンはフーコーにオマージュを捧げていたのではないか。歴史家として必要不可欠な批判的距離を取りながらも、フーコーのやり残した仕事を継続しようとしているのではないか。フーコーの衣鉢を継ごうとしているのではないか。そこには、誠実な思想家だったフーコーの仕事に対し、歴史学者のものではあっても、同じ誠実さで応答しようとするコルバンの姿を見る思いがする。

とはいえ、本書をフーコーとの関係だけで語り尽くすことはできない。訳者の管見によれば、『快楽の歴史』の最大の特徴は、なんといっても、性的快楽と文学（ポルノグラフィー）の関わりを語った第Ⅲ部にあると思う。訳者が最も興味をそそられたのも、実はこの第Ⅲ部である。リベルタン文学やハイカルチャーの古典作品における「性」についても、これまでもさんざん語られてきた。だが、ポルノグラフィーを正面から扱った文学研究があっただろうか。訳者は寡聞にして知らない。ましてや、ポルノグラフィー（とりわけ官能小説や猥歌の類）をこれだけ真正面から論じた歴史学者が、フーコーを含めて、はたしていたか。研究者の臆病からか、権威主義からか、怠惰からか、コルバンも本書中で嘆いているように、ポルノグラフィーは歴史家の研究対象とされてこなかった。サドやレチフの小説、あるいはミュッセの『ガミアニ夫人』など、文学史のお墨付きをもらった作品は別として、そもそも、日本の読者にとっては、十八、十九世紀のフランスのポルノ文学を翻訳で読める機会すらほとんどない。

また、性や猥褻さや快楽に関わる事柄は、文学研究者が作品を読むときに陥りやすい盲点かもしれない。対象作品の受容者（つまり読者や研究者）は自前の感性や感覚を暗黙の前提にしてしまうからである。読者は性や欲望がそんなに自分と違うはずはないと思い込んでいる。いや、そういう意識化さえなされていない。だが、本当にそうだろうか。例えば、両性種子説（女性も男性と同じように精子を射出しているという説）が広く信じられていた時代に、男性が女性の性的快感をどう捉えていたか、われわれに想像できるだろうか。不能がたんなる医療の技術的な問題ではなく、個人の根源的な宿命として口にされることさえ不可能だった時代の恐ろしさや苦しみを、われわれはリアルに感じることができるだろうか。こうした感性のずれというものは思った以上に手強い。意識化しづらいからである。文学を読む者、文学を研究する者はこうした感性のズレにたいし、十分意識的にならなければならない。「日本の読者へ」でコルバンが「ロマン派の詩人や小説家の理解をいっそう深めることもできるようになるだろう」と述べているのは、おそらくそういう意味においてであろう。文学の愛好者や研究者は、文学の基礎にある感性にたいして歴史的な意識化をせよ——訳者は、『快楽の歴史』の翻訳作業を通じて、そのメッセージに思いを至らせずにはいられなかった。文学に精通し、文学的な教養を豊かに持ち合わせた稀有な歴史家コルバン。われわれの時代がこの歴史家を持ち得たことに感謝したい。

訳語について二、三触れておく。本文中でも適宜補足したが、頻出するキイワードの仏—和対応はおおよそ以下の通りである。

plaisir ＝（性的）快楽
jouissance ＝（性的）快感
volupté ＝官能
délectation ＝悦楽
orgasme ＝オルガスム

désir ＝欲望
besoin ＝欲求

最大の問題は plaisir と jouissance の訳し分けである。plaisir と jouissance の区別とくれば、読者によっては『テクストの快楽』におけるロラン・バルト独特の定義を思い出す向きもあると思うが、性にかんする通常の使用域では、

plaisirがより軽度で広範な歓び（想像的なものも含む）を、jouissanceはより強度のある集中的な快楽（現実的な肉体的接触によって惹起されるもののみ）を言い表すために用いているようである。plaisirは「快楽」という訳語が定着しているから良いとしても、問題はjouissanceである。「性的快楽」という訳語を掲載している辞書もあるが、これではplaisirとだぶってしまう。オルガスムやエクスタシーに近い使用域だが、それぞれorgasme、extaseの訳語としてすでに定着しているからもちろんこれらは使えない。「官能」はvoluptéの訳語に取っておいた。結局、「(性的)快感」に落ち着いた。本書におけるjouissanceの出現頻度はplaisirとともに突出しているので、当初は訳文の単調さを避けるべく、文脈に応じて「悦楽」、「逸楽」、「性的歓喜」、「性の歓び」、「喜悦」等々さまざまな訳語を充てていたが、基本タームであることに配慮し、編集部とも相談の上で統一を図ることにした。そのため訳文がやや生彩を欠き、文脈によっては訳語が馴染まない場所も出てきたが、読者諸賢には伏してご寛恕を請いたい。

もうひとつ、別のグループに属するタームを見ておこう。

masturbation＝手淫（自慰）
onanisme＝オナニー
pollution＝精液漏／自瀆

masturbationの訳語にかんして一言述べておく。訳語としては「手淫」、「オナニー」、「マスターベーション」、「自慰」、「自瀆」という訳語が選択肢に上るが、「オナニー」と「自瀆」はそれぞれonanismeとpollutionという訳語を充てたので、「手淫」、「マスターベーション」、「自慰」の三者が残る。そのなかから、簡潔で、かつ「手」という語組成を維持している（masturbationの語源には諸説あるが、ラテン語のMANUS「手」＋TURBATIO「攪乱」説を取ることにする）「手淫」の訳語を選んだ。ただし、手を使わず家具やさまざまな道具を使って孤独な快楽を得る場合、「手淫」では語義矛盾をきたす。その場合にかぎり「自慰」とした。『旧約聖書』「創世記」におけるオナンの逸話に発するonanismeはそのまま「オナニー」を使い、「汚す」という意味をもつpollutionの訳語としては「自瀆」を用いた。

ただし、この語の医学的な文脈については「遺精」や「精液漏」を意味する。カトリック的な文脈における pollution の豊かな含意については本文を参照していただきたい。

『においの歴史』（山田登世子・鹿島茂訳、藤原書店、一九九〇年、新版一九九八年）以来すっかりコルバンのファンになり、「文学寄りの歴史家」などと勝手なレッテルを貼って悦に入っていた訳者だったから、藤原社長から新作の翻訳依頼を頂戴したときには一も二もなく飛びついた。ところが、いざバッターボックスに立ってバットを振り回してみると、外野で気楽に観戦しているのとはわけが違った。ボールがちっともバットに当たらない。つまり、日本語にならないのだ。フランス語が日本語になりにくいことはこれまでも嫌というほど思い知らされてきたが、これほど日本語になりにくいフランス語に出会ったのも初めてである。やはり、というべきだろう、翻訳のお話を頂いてからここまで漕ぎ着けるのに三年もの月日が流れてしまった。原著の刊行が二〇〇七年だから、それから数えると実に四年が経過している。コルバンの新刊書を楽しみにしていらっしゃった読者諸賢には申し訳ない気持ちでいっぱいである。ただ、こうして翻訳作業が遅々として進まなかったおかげで、その間にコルバン監修の『身体の歴史』（A・コルバン、J-J・クルティーヌ、G・ヴィガレロ監修、全三巻、鷲見洋一・小倉孝誠・岑村傑監訳、藤原書店、二〇一〇年）と『キリスト教の歴史』（アラン・コルバン編、浜名優美監訳、藤原書店、二〇一〇年）の邦訳刊行を見届けることができた。コルバン関係の著作としては、結果として、原著の刊行順になった。『身体の歴史』と『キリスト教の歴史』は主題として『快楽の歴史』と重なるところがあるとはいえ、あれだけ大きな企画を監修、編集し、自らも執筆しながら、これほど浩瀚な著作（しかも渉猟した文献たるや恐るべき分量に上っている）をものするコルバンのエネルギーにはただただ驚愕し、敬服するのみである。

コルバンの翻訳を慫慂くださった藤原社長には深く感謝したい。訳文の一部を読んで示唆をくださったみなさま、ありがとうございました。小出石敦子さん（フランス十八世紀文学）はルソーを中心として、田戸カンナさん（フランス十九世紀文学）はスタンダールを中心として、訳者の知識不足、情報不足を補ってくださった。お二人には特別の謝意を捧げたい。また、藤田尊潮氏（カトリック文学）は、第Ⅱ部全体を読んで数々の修正や示唆をくださったばかりか、カトリシズムにかんする訳者のたび重なる疑問にも倦むことなく丁寧に答えてくださった。氏には満腔の謝意を表したい。編集の西泰志さんにはたいへんお世話になった。西さんの正鵠を射た指摘がなければ、『快楽の歴史』はとても世に送り出せる代物にはならなかっただろう。

二〇一一年九月

尾河直哉

ル

レ

ロ

モ

モール，P（Maur P.）　225
モヤール，シャルル・ルイ（Mollard Charles, Louis）　71
モリソー，フランソワ（Mauriceau François）　71
モレル，ベネディクト=オーギュスタン（Morel Bénédict-Augustin）　520
モレル・ド・リュバンプレ，J（Morel de Rubempré J.）　66-69, 79, 91, 108, 110
モロー・ド・ラ・サルト，ジャック・ルイ（Moreau de la Sarthe Jacques, Louis）　27, 40-41, 43-44, 53, 60, 68, 71, 90, 95, 103, 140, 152, 156, 166, 178, 399
モンダ，V（Mondat V.）　125, 229, 243-244, 246, 250, 252-253
モンテーグル，アントワーヌ・フランソワ・ジュナン・ド（Montègre Antoine, François, Genin de）　69, 105, 110, 137-138, 158, 175, 178
モンテーニュ，ミシェル・ド（Montaigne Michel de）　218, 229, 397
モンファルコン，ジャン=バティスト（Monfalcon Jean-Baptiste）　115-117, 121

ユ

ユウェナリス（Juvénal）　77, 147, 392, 395, 477-478
ユギエ，ピエール・シャルル（Huguier Pierre, Charles）　61, 132, 168

ラ

ラ・フォンテーヌ，ジャン・ド（La Fontaine Jean de）　177, 247, 392, 394, 397
ラ・メトリ，ジュリアン・オフレ・ド（La Mettrie Julien Offray de）　444
ラカー，トマス（Laqueur Thomas）　364
ラグレ，ミシェル（Lagrée Michel）　372
ラシボルスキ，アダン（Raciborski Adam）　31, 34, 38, 101, 131, 176, 184, 520
ラスパーユ，フランソワ・ヴァンサン（Raspail François-Vincent）　195, 262
ラフォルグ，ピエール（Laforgue Pierre）　507-508
ラブリュニ，Et（Labruni Et.）　65, 110, 112, 137, 168
ラブレー，フランソワ（Rablais François）　359, 385, 397
ラルース，ピエール（Larousse Pierre）　77, 430
ラルマン，クロード・フランソワ（Lallemand Claude, François）　58-59, 86, 96, 106, 120, 127-131, 138, 140-141, 161-162, 164-167, 173-175, 177-180, 182, 184, 186, 191-192, 195-203, 221, 226-229, 241, 261-266, 392, 520
ラングロワ，クロード（Langlois Claude）　303, 307, 322, 325, 356
ラングロワ・ド・ロングヴィル，S・N・P（Langlois de Longueville S. N. P.）　180, 268

リ

リヴァーズ，クリストファー（Rivers Christopher）　403
リオラン，大ジャン（Riolan, le père）　98
（聖）リグオリ，アルフォンソ・デ（Liguori, Alphonse de, saint）　279, 292, 299, 301, 304, 306-309, 311, 313-314, 316, 318-321, 323, 331, 336-339, 343-347, 357-358, 363, 367, 369, 371-372, 378
リシュラン，アンテルム（Richerand Anthelme）　55, 60, 96, 137, 153, 158
リスター，アンヌ（Lister Anne）　392, 477-479

ボルドゥー，テオフィル（Bordeu Théophile） 31
ポルミ侯爵（アントワーヌ=ルネ・ド・ヴォワイエ・ダルジャンソン）（Voyer d'Argenson Antoine-René, marquis de Paulmy） 435
ポレ，ミシェル（Porret Michel） 398
ボレル，ペトリュス（Borel Pétrus） 511
ボワイエ・ダルジャン，ジャン・バティスト（Boyer d'Argens Jean-Baptiste） 451
ボワシエ・ド・ソヴァージュ，フランソワ（Boissier de Sauvage François） 138, 189
ポワトリ，ギイ（Poitry Guy） 443, 473
ボンネ，マリ=ジョ（Bonnet Marie-Jo） 207

マ

マオン，ポール・オーギュスタン・オリヴィエ（Mahon Paul, Augustin, Olivier） 71
マシヨン，ジャン=バティスト（Masillon Jean-Baptiste） 269, 390
マリー=アントワネット（Marie-Antoinette） 386, 396, 465-466
マルク，シャルル・クレチアン・アンリ（Marc Charles, Chrétien, Henri） 78-79, 164, 189, 219-220, 225-226, 229-230, 232, 247, 251, 256
マルグリット・ド・ナヴァール（Marguritte de Navarre） 358
マルシャル，ヴィクトル（Marchal Victor） 354
マルティアリス（Martial） 208, 396, 477-478
マレルブ，フランソワ・ド（Malherbe François de） 413-414, 484
マロ，クレマン（Marot Clément） 418
マンヴィル・ド・ポンサン，シャルル（Menville de Ponsan Charles） 37, 39, 44, 60, 72, 96-97, 159, 177, 191, 207-209, 249, 253, 272

ミ

ミシュレ，ジュール（Michelet Jules） 128, 168, 247, 354-356, 469, 507, 520
ミュッシャンブレ，ロベール（Muchambled Robert） 290
ミュラ 61
ミラボー伯爵，オノレ・ガブリエル（Mirabeau Honoré, Gabriel, comte de） 398, 409, 412, 424, 430, 432, 434, 442-443, 447, 473, 477, 522

ム

ムニュレ・ド・シャンボー，ジャン=ジャック（Menuret de Chambaud Jean-Jacques） 174

メ

メイエ，アレクサンドル（Mayer Alexandre） 96, 124-125
メーヌ・ド・ビラン（マリ・フランソワ・ピエール・ゴンチエ・ド・ビラン）（Maine de Biran Marie, François, Pierre, Gontier de Biran dit） 83
メニル，ジャン（Mainil Jean） 390-391, 394, 407, 437, 450
メラ，フランソワ・ヴィクトル（Mérat François, Victor） 116, 118
メリメ，プロスペル（Mérimée Prosper） 397, 509, 512
メルシエ，ルイ=セバスチヤン（Mercier Louis-Sébastien） 397

ブシャール，ジャン=ジャック（Bouchard Jean-Jacques）　413
ブスケ，J（Bousquet J）　111
プティ，マルク=アントワーヌ（Petit Marc-Antoine）　189, 467
ブトリ，フィリップ（Boutry Philippe）　307, 357
ブナブ，エリカ=マリ（Benabou Erica-Marie）　404, 435
プラーツ，マリオ（Praz Mario）　512
ブラウン，ピーター（Brown Peter）　280
ブランシェ（Blanchet, curé de Cour）　143
（聖）フランシスコ・サレジオ（François de Sales）　293-298, 300-301, 313, 332-333, 335-336, 339, 347, 358, 451
プランティエ，フレデリック・セレスタン（Plantier Frédéric, Célestin）　111-112
ブラントーム（Brantôm）　391, 394, 396-397, 420, 425-426, 431, 438-439, 442, 447, 450, 466, 474
フランドラン，ジャン=ルイ（Flandrin Jean-Louis）　292
フリートレンダー，ミヒャエル（Friedlander Michel）　266
ブリエール・ド・ボワモン，アレクサンドル・ジャック・フランソワ（Brierre de Boismont Alexadre, Jacques, François）　31, 131, 520
ブルダッハ，カール=フリードリッヒ（Burdach Larl-Friedrich）　27, 37, 39, 41, 44-46, 57, 74, 77, 79, 84-85, 90-91, 95-97, 101, 106, 108, 112, 169, 230
ブルッセ，フランソワ（Broussais François）　146, 176
フルニエ・ド・ペスケ，フランソワ（Fournier de Pescay François）　213
ブルボン，アシル（Bourbon Achille）　80, 132-133, 182, 480
フルランス，ピエール（Flourens Pierre）　64
ブレー，アンリ=マリ（Bouley Henri-Marie）　80
ブレスボワ，カミーユ（Blessebois Camille）　414
フロベール，ギュスターヴ（Flaubert Gustave）　20, 128, 244, 249, 406, 430, 484, 512
ブロンテ，シャーロット（Brontë Charlotte）　479

ヘ

ベジャン，ルイ・ジャック（Bégin Louis, Jacques）　177-178, 180-181, 183-185, 190, 193
ベルティエ，フランソワ・J・M（Berthier J. M. François）　84, 89, 111
ベルノス，マルセル（Bernos Marcel）　297
ベルメール，セヴラン・アントワーヌ（Belmer Antoine, Séverin）　129, 185
ベロー，ブリュノ・ジャック（Béraud Bruno, Jacques）　53, 84, 87-88, 91, 100

ホ

ボードレール，シャルル（Baudelaire Charles）　512
ポシャール，ジョゼフ（Pochard Joseph）　331, 337, 340, 342, 348, 356, 358, 362, 365-366, 371, 374, 377
ボゾン，ミシェル（Bozon Michel）　513
ボッローメオ，カルロ（Borromée Charles）　301, 346, 358-361
ポトラ，ルイ（Potrat Louis）　395
ボノンム，アルベール（Bonhomme Albert）　73
ホフマン，フリードリヒ（Hofmann Friedrich）　89-90, 169, 189
ボリ，ジャン（Borie Jean）　503

ピゴー=ルブラン，シャルル・アントワーヌ・ギヨーム（ピゴー・ド・レスピノワ・ド）（Pigault-Lebrun Charles, Antoine, Guillaume, Pigault de l'Espinoy de）　13, 359, 398, 406-407, 420
ビシャ，マリ・フランソワ・グザヴィエ（Bichat François, Marie, Xavier）　84, 176
ピダンサ・ド・メロベール，マチュー・フランソワ（Pidansat de Mairobert Matthieu, François）　469-470, 476
ピネル，フィリップ（Pinel Philippe）　89, 145, 190, 218
ピノ・デュクロ，シャルル（Pinot Duclot Charles）　399-400, 432
ヒポクラテス（Hipocrate）　27, 31, 52, 71, 74, 85, 90, 93-94, 105, 112, 126, 138, 152, 169, 219, 247
ビヤンヴィル，J・D・T（Bienville J. D. T）　101, 146
ビユアール，シャルル（Billuart Charles）　306, 318, 320, 338, 344
ビュエ，M・N（Buet N. M.）　177, 180, 189
ビュッシ=ラビュタン（ロジェ・ド・ラビュタン，ビュッシ伯爵）（Bussy-Rabutin Roger de Rabutin, comte de Bussy）　391
ビュフォン，ジョルジュ=ルイ・ルクレール（Buffon (Georges-Louis Leclerc)）　30-31, 37, 41-42, 44, 52, 79, 93, 96, 143, 159, 218-219
ピロン，アレクシス（Piron Alexis）　177, 392, 394, 399, 492
ビロン，フランソワ・マリ・イポリット（Bilon François, Marie, Hippolyte）　69, 103
ビンハマー，キャサリン（Binhammer Katherine）　486
ピ猊下（Pie Mgr）　327

フ

ファーブル，アントワーヌ・フランソワ・イポリット（Fabre Antoine, François, Hippolyte）　111, 147, 184
ファン・スヴィーテン，ゲラルト（Van Swieten Gérard）　169, 189
ファン・ネック，アンヌ（Van Neck Anne）　364
ブイヨー，ジャン=バティスト（Bouillaud Jean-Baptiste）　64
（聖）フィリッポ・ネーリ（Néri, saint Philippe）　358, 364, 379
ブーヴィエ，ジャン=バティスト（Bouvier Jean-Baptiste）　303, 305-307, 309, 321-327, 337-338, 344, 346, 370, 372
ブーヴェ，フランシスク（Bouvet Francisque）　354
ブーガンヴィル伯爵，ルイ・アントワーヌ（Bougainville Louis, Antoine, comte de）　399, 401
フーコー，ミシェル（Foucault Michel）　1, 18, 178, 210, 379, 477
フージュレ・ド・モンブロン，ルイ・シャルル（Fougeret de Montbron Louis, Charles）　406, 409, 433, 484
フーリエ，シャルル（Fourier Charles）　473, 492, 512-515
ブールハーフェ，ヘルマン（Boerhaave Herman）　90, 169, 189, 195
フェヌロン，フランソワ・ド・サリニャック（Fénelon François de Salignac）　269, 299
フェリーヌ神父（Féline, père）　304, 309, 311-312, 314-316, 319-320
フォデレ，ジョゼフ・ブノワ，フランソワ・エンマニュエル（Fodéré Joseph, Benoît dit François Emmanuel）　70, 106, 160

ドゥマルケ（Demarquay） 81
ドゥマルティーニ，エンマニュエル（Demartini Emmanuelle） 507
トヴリー，ダニエル（Tauvry Daniel） 194
トゥルソー，アルマン（Trousseau Armand） 92, 110, 124, 177, 196-197, 200, 245-246, 251, 254
トゥルッソン，レモン（Trousson Raymon） 429, 444
ドゥロン，ミシェル（Delon Michel） 87, 393, 398, 405, 421, 424, 437, 446, 448, 459, 468, 470
ドーマ，モーリス（Daumas Maurice） 290, 296, 298
トマス・アクイナス（Thomas d'Aquin） 283
ドラモンド，ウィリアム（Drummond William） 391, 414
トランバック，ルドルフ（Trumbach Rudolph） 487
ドリュモー，ジャン（Delumeau Jean） 306, 331-332
トンマーゾ・デ・ヴィオ（カエタン）（Thomas de Vio（Cajetan）） 289

ニ

ニコル，ピエール（Nicole Pierre） 297

ネ

ネルシア，アンドレア・ド（Nerciat Andréa de ） 392, 394, 398, 455, 469

ハ

バイイ，ルイ（Bailly Louis） 306, 322
パヴェ・ド・クルテーユ，Ch（Pavet de Courteille Ch.） 261
（聖）パウロ（Paul, saint） 279, 289, 299, 303, 315, 333
パスキエ，エチエンヌ（Pasquier Étienne ） 292
ハッチンソン卿，ジョナサン（Hutchinson Jonathan, sir） 520
バヤール，アンリ・ルイ（Bayard Henri, Louis） 148-149, 151
ハラー，アルブレヒト・フォン（Haller Albrecht von） 39, 51-52, 61, 77, 95, 189, 195, 236, 418
バライエ=ラプラント（Barailler-Laplante） 158
パラン=デュシャトレ，アレクサンドル（Parent-Duchâtelet Alexandre） 163, 178, 209-210, 403, 448, 495
バルザック，オノレ・ド（Balzac Honoré de） 20, 72, 406, 443, 469, 504-506, 511
バルテ，ポール=ジョゼフ（Bathez Paul-Joseph） 222
バルト，ロラン（Barthes Roland） 513
パルニ子爵，エヴァリスト・デジレ（Parny Évariste, Désiré, vicomte de） 394
ハンター，ジョン（Hunter John） 195
ハント，リン（Hunt Lynn） 485
バンルカッサ，ジョルジュ（Benrekassa Georges） 418

ヒ

ビーチャー，ジョナサン（Beecher Jonathan） 513
ピープス，サミュエル（Peypes Sammuel） 391
（聖）ヒエロニムス（Jérôme, saint） 280, 313, 360

テ

ティエデマン，フリードリヒ（Tiedeman Frédéric）　62
ディオニ，ピエール（Dionis Pierre）　89
ディケンズ，チャールズ（Dickens Charles）　483
ティソ，サミュエル・オーギュスト・ダヴィッド（Tissot Samuel, Auguste, David）　76, 80, 89, 126, 138, 140, 169, 174-175, 178, 187-188, 193, 229, 261, 267
ディドロ，ドゥニ（Dederot Denis）　100, 398, 418, 429, 476
テオフィル・ド・ヴィオー（Théophile de Viau）　394
デキュレ，ジャン=バティスト・フェリックス（Descuret Jean-Baptiste, Félix）　57, 101, 109, 271
デクルティル，M・E（Descourtilz M. E.）　218, 223, 229, 234
デステュット・ド・トラシー伯爵，アントワーヌ・ルイ・クロード（Destutt de Tracy Antoine, Louis, Claude, comte de）　65, 504
デュ・カン，マクシム（Du Camps Maxime）　469, 484
デュ・プラ，アベ（Du Prat, abbé）　403, 407, 451, 471
デュシェンヌ・ド・ブローニュ，ギヨーム・バンジャマン（Duchenne de Boulogne Guillaume, Benjamin）　253
デュナル，B（Dunal B.）　121, 183
デュピュイ，アレクサンドル・イジドール（Dupuis Alexadre, Isidore）　191
デュピュイトラン，ギヨーム（Dupuiytren Guillaume）　64
デュフィユ，ジャン=エヌモン（Dufieux Jean-Ennemond）　141, 195, 205-206
デュプレ=ロニ，A・P（Duprest-Rony A. P.）　142, 145
デュボス，ジャン=バティスト，アベ（Dubos Jean-Baptiste, abbé）　400
デュモン，フランソワ・ガブリエル（Dumont François, Gabriel）　103, 183, 222, 227-228
デュラス公爵夫人（Duras, duchesse de）　509
デュラン，J・A（Durand J. A.）　111, 116, 167
デランド，レオポルド（Deslandes Léopold）　53, 60-62, 64, 70, 73, 83, 86, 89-90, 102, 109-110, 117, 119-120, 122, 129, 131, 166, 174-175, 178, 180, 182-183, 188-190, 193, 196-197, 227, 241, 247, 261-264, 266, 268, 270-271
デルヴォー，アルフレッド（Delveau Alfred）　394, 438, 495, 497-498

ト

ドゥヴェリア，アシル（Deveria Achille）　498, 500, 502
ドゥヴェルジー，アルフォンス・マリ・ギヨーム（Devergie Alphonse, Marie, Guillaume）　198
ドゥッサン=デュブルイユ，ジャック・ルイ（Doussin-Dubreuil Jacques, Louis）　116, 259-260, 268
ドゥノン，ドミニク・ヴィヴァン（Denon Dominique, Vivant）　424, 451, 461
ドゥブ，シモーヌ（Debout Simone）　513
ドゥブレーヌ，ピエール・ジャン・コルニーユ（Debreyne Pierre, Jean, Cornille）　304-305, 307, 309, 312, 314, 316-317, 320, 322, 324-325, 337-338, 344, 346-348, 362, 368-370
ドゥベ，オーギュスト（Debay Auguste）　266

シモン医師（Simon G. T. R., Dr.）　261
シャトーブリアン子爵，ルネ・フランソワ（Chateaubriand François-René, vicomte de）　354
ジャナン，ジュール（Janin Jules）　507
シャリーヌ，L・A（Chaline L. A.）　266
（聖）ジャン・クリソストム（Jean Chrysostome, saint）　346
シャンボン・ド・モントー，ニコラ（Chambon Nicolas de Montaux）　59, 123, 138, 147, 176-178, 184, 186, 234
シュタール，ゲオルク・エルンスト（Stahl Georg Ernst）　29
ジュベール，レオン（Joubert Léon）　223, 230
シュルンボーム，ユルゲン（Schlumbohm Jügen）　131
ショスィエ，フランソワ（Chaussier François）　218
ショパール，フランソワ（Chopart François）　80
ショファール，マリ・ドニ・イアサント（Chauffard Marie, Denis, Hyacinthe）　63-64
ショリエ，ニコラ（Chorier Nicolas）　385, 407, 432
ジョルジェ，エチエンヌ・ジャン（Georget Etienne, Jean）　147, 175
ジョンヴァル，ジャン（Jonval Jean）　469

ス

スエトニウス（Suéton）　396
スタンジェ，ジャン（Stengers Jean）　364
スタンダール，アンリ・ベール（Stendhal Henri Beyle）　20, 178, 392, 399, 428, 468, 484, 509, 511
スティーヴンスン，デイヴィッド（Stevenson David）　414

セ

セナック・ド・メラン，ガブリエル（Senac de Meilhan Gabriel）　414
セリニャック，アントワーヌ（Selignac Antoine）　80, 122, 128, 249

ソ

ソト，ドミンゴ・デ（Soto Domonique）　289
ソレル，シャルル（Sorel Charles）　385, 394, 397, 406, 413

タ

タルクジロ，テオドール（Tarczylo Théodore）　412, 483
タルディユ，アンブロワーズ（Tardieu Ambroise）　211, 213
タルマン・デ・レオー，ジェデオン（Tallemant des Réaux Gédéon）　17, 359, 394, 413, 480, 484
ダルントン，ロベール（Darnton Robert）　398
ダンス，ジャン=エチエンヌ（Dance Jean-Etienne）　100
ダントルカストー騎士，アントワーヌ・レモン・ジョゼフ・ド・ブリュニ（Entrecasteaux Antoine, Raymond, Joseph de Bruni, chevalier d'）　401

グルモ，ジャン=マリ（Goulemot Jean Marie）　388-390, 398, 410-411, 426, 436-437, 442, 444, 452, 456, 459, 472, 486
グレクール，ジャン=バティスト・ジョゼフ・ヴィラール・ド（Grécourt Jean-Baptiste, Joseph Willart de）　395, 492
（聖）グレゴリウス（Grégoire, saint）　282, 313
クレランド，ジョン（John Cleland）　433
グロヌマン，キャロル（Groneman Carol）　152
クロムランク，C（Crommelinck C.）　266

ケ

ケスネル，フランソワ・シャルル（Quesnel François, Charles）　47

コ

ゴーチエ，テオフィル（Gauthier Théophile）　20, 512
ゴーチエ，マリー=ヴェロニック（Gauthier Marie-Véronique）　495-496
ゴーム神父，J（Gaume J., abbé）　307-308, 327, 340-341, 359, 361, 364, 366-367, 372, 374-376, 378
コカン，ジョゼフ（Coquin Joseph）　73
ゴダール・ドクール，クロード（Godard d'Aucourt Claude）　398
コックビュルヌ，ギヨーム（Cockburn Guillaume）　222
コデルロス・ド・ラクロ，ピエール（Choderlos de Laclos Pierre）　443
コベルト，ゲオルグ・ルートヴィヒ（Kobelt Georg, Ludwig）　61, 87-88, 91-93, 100, 235, 520
コルネーユ，ピエール（Corneille）　397
コロンバ・ド・リゼール，マルク（Colombat de l'Isère Marc）　43, 61, 72-73, 112, 147-148, 184, 272
ゴンクール，ジュールおよびエドモン・ド（Goncourt Jules et Edmond de ）　522

サ

サド，ドナチヤン・アルフォンス・フランソワ（Sade Donatien, Alphonse, François）　231, 359, 388, 393, 398-399, 404-405, 408, 422, 431, 435, 443, 453, 456-460, 465, 471-473, 480, 495, 498, 502, 507, 515, 519
サルランディエール医師（Sarlandière, Dr.）　250
サン=シモン公爵，ルイ（Saint-Simon Louis, duc de）　480
サン=タマン，ピエール（Saint-Amand Pierre）　476
サンソン，ルイ・ジョゼフ（Sanson Louis, Joseph）　142, 148-150
サンチェス神父，トマーシュ（Sanches Tomás, père）　292, 313-314, 316, 319, 321, 323
サンド，ジョルジュ（Sand George）　20, 508-509
サント=マリー，エチエンヌ（Sainte-Marie Étienne）　175, 194-195, 248, 251

シ

シヴィアル，ジャン（Civial Jean）　80, 119, 125, 160, 162-163, 232, 241, 252, 254, 257, 262, 267
シェヴリエ，フランソワ=アントーワヌ（Chevrier François-Antoine）　453, 484
ジェルソン，ジャン・シャルリエ・ド（Gerson, Jean Charlier, dit Jean de）　331

エ

エスキロル，ジャン=エチエンヌ・ドミニク（Esquirol Jean-Etienne, Dominique）108, 148, 150
エベール，F・C・レオン（Hébert F. C. Léon）106, 111
エルパン，ジャック（Herpain Jacques）100, 147

オ

オウィディウス（Ovide）218, 391, 396, 447, 478
オザナン，アメリー（Ozanam Amélie）300, 307, 519
オリジェーヌ（Origène）346

カ

カッシアン（Cassien）282
カトリーヌ・ド・シエンヌ（Catherine de Sienne）333, 335, 358
カバニス，ピエール・ジャン・ジョルジュ（Cabanis Pierre, Jean, Georges）29, 31, 34, 52, 62-63, 73, 76, 165, 218-219, 270, 504
カピュロン，ジョゼフ（Capuron Joseph）40, 45, 73, 118, 160, 167, 233, 249, 251, 266, 271
カヤール，F・M（Callard F. M.）71-72
ガル，フランツ・ヨーゼフ（Gall Franz Joseph）31, 63-64, 147, 202
カルヴァン，ジャン（Calvin Jean）289
ガルダンヌ，シャルル・ピエール・ルイ（Gardanne Charles, Pierre, Louis）123
ガルブージ，ベシール（Garbouj Béchir）456
ガレノス，クラウディウス（Galien Claude）52, 90, 94, 96, 122, 138, 152, 169
カレン，ウィリアム（Cullen William）145
カングラン，オーギュスト（Cangrin Auguste）92, 109, 137, 141, 157
ガンヌ，L・A（Ganne L. A.）219, 225-226, 234, 250
カンペ，ヨアヒム・H（Campe Joachim H）177

キ

ギブソン，ラルフ（Gibson Ralph）301, 306
ギヤール・ド・セルヴィニェ（Guillard de Servigné）443
キャロル，アンヌ（Carol Anne）36
キャンベル・デンリジャー，エリザベス（Campbell Denliger Elizabeth）427
ギュリ，ジャン（Gury Jean）234, 279, 325-327, 519, 523
キュルリエ，ミシェル・ジャン（Cullerier Michel, Jean）213
ギルベール，ジャン・ニコラ（Guilbert Jean, Nicolas）121

ク

グッセ，トマ（Gousset Thomas）290, 299-300, 306-309, 311-312, 314, 318, 320, 323, 325, 327, 331, 333, 338, 340, 342-343, 346, 358-359, 363-364, 372, 378
グラッシ，マリ=クレール（Grassi Marie-Claire）504
クラフト=エビング，リヒャルト・フォン（Kraft-Ebing Richard von）520-521
クルビー，P（Courby P.）71, 89

人名索引

本文に登場する人物を対象とした。

ア

（聖）アウグスティヌス（Augustin, saint）　69, 280-282, 294, 297, 301, 360, 454
アクトン，ウィリアム（Acton William）　200
アゲット，オーギュスタン（Haguette Augusutin）　84, 106, 111
アドゥロン，ニコラ・フィリベール（Adelon Nicolas, Philibert）　35, 37, 39-40, 58, 87, 103, 218
アリストテレス（Aritote）　68, 71, 106
アリベール，ジャン=ルイ（Alibert Jean-Louis）　151, 256
アルノー，アントワーヌ（Arnauld Antoine）　297
アレ，ジャン=ノエル（Hallé Jean Noël）　153, 175
アレティーノ，ピエトロ（Arétin (l'), Pietro Bacci dit）　390, 397, 447
アンジェラ・ダ・フォリーニョ（Angèle de Foligno）　333
（聖）アンブロシウス（Ambroise, saint）　280

イ

（聖）イグナチオ・デ・ロヨラ（Ignace de Loyola, saint）　373

ウ

ヴァランタン神父（Valentin, abbé）　307, 309, 335, 337, 340, 342, 358, 362, 364, 368, 371-374, 376-379
ヴァルシュ，アニェス（Walch Agnés）　290-291, 298-299
ヴァルト・ラソウスキ，パトリック（Wald Lasowski Patrick）　424
（聖）ヴァンサン・ド・ポール（Vincent de Paul, saint）　269, 373
ヴァンジェ，アレクサンドル（Wenger Alexandre）　391
ヴィヒマン，エルンスト（Wichman Ernst）　85, 128, 175, 194-195
ウィリス，トマス（Willis Thomas）　64
ヴィルヌーヴ（Villeneuve）　85
ヴィレー，ジュリアン・ジョゼフ（Virey Julien, Joseph）　27, 37, 44, 55, 60, 67-69, 74, 76-78, 83-84, 97, 99-100, 157-160, 162, 165, 184, 207, 213, 219, 222-224, 226, 228-229, 231, 247, 256, 399
ヴィレット侯爵（Vilette, maruis de）　480
ヴィンケルマン，ヨアン・ヨアヒム（Winckelmann Johan Joachim）　421
ウーブル，ガブリエル（Houbre Gabrielle）　506
ヴェルポ，アルフレッド（Velpeau Alfred）　125
ヴォルテール，フランソワ・マリ・アルエ（Voltaire François, Marie Arouet）　440
ヴォルネー伯爵，コンスタンタン・フランソワ・ド（Volney Constantin, François, comte de）　160
ヴォワズノン，クロード=アンリ・フュゼ・ド（Voisenon Claude-Henri Fuzée de）　492
ヴネット，ニコラ（Venette Nicolas）　74-75, 77, 100

著者紹介

アラン・コルバン（Alain CORBIN）

1936年、フランスのオルヌ県に生れる。カーン大学卒業後、歴史学の教授資格取得（1959年）。リモージュのリセで教えた後、トゥール（フランソワ・ラブレー）大学教授として現代史を担当（1972–1986）。1987年よりパリ第一（パンテオン・ソルボンヌ）大学教授として、モーリス・アギュロンの跡を継いで19世紀史の講座を担当。現在、パリ第一大学名誉教授。本書のほかに『娼婦』『においの歴史』『浜辺の誕生』『時間・欲望・恐怖』『人喰いの村』『感性の歴史』（フェーヴル、デュビィ共著）『音の風景』『記録を残さなかった男の歴史』『感性の歴史家　アラン・コルバン』『風景と人間』『身体の歴史』（全3巻、編著）（いずれも藤原書店刊）がある。

訳者紹介

尾河直哉（おがわ・なおや）

1958年生。早稲田大学大学院文学研究科フランス文学専攻博士課程単位取得退学。カーン大学D. E. A. 修了。日本女子大学他講師。専攻はフランス文学・ロマンス諸語文学。訳書にトロワイヤ『バルザック伝』（白水社、1999年）フランドロワ編『「アナール」とは何か』（藤原書店、2003年）ブローデル『地中海の記憶』（藤原書店、2008年）など多数。

快楽《かいらく》の歴史《れきし》

2011年10月30日　初版第1刷発行 ©

訳　者　尾河直哉

発行者　藤原良雄

発行所　株式会社　藤原書店

〒162–0041　東京都新宿区早稲田鶴巻町523

電　話　03（5272）0301

FAX　03（5272）0450

振　替　00160 - 4 - 17013

info@fujiwara-shoten.co.jp

印刷・製本　中央精版印刷

落丁本・乱丁本はお取替えいたします　Printed in Japan

定価はカバーに表示してあります　ISBN978–4–89434–824–0